Oldenbourg

Rechneraufbau und Rechnerstrukturen

von
Prof. Dr. em. Walter Oberschelp, RWTH Aachen
und
Prof. Dr. Gottfried Vossen, Universität Münster

8., korrigierte Auflage

Oldenbourg Verlag München Wien

Die Deutsche Bibliothek - CIP-Einheitsaufnahme

Oberschelp, Walter:
Rechneraufbau und Rechnerstrukturen / von Walter Oberschelp und Gottfried Vossen. – 8., korrigierte Aufl. – München ; Wien : Oldenbourg, 2000
  ISBN 3-486-25340-9

© 2000 Oldenbourg Wissenschaftsverlag GmbH
Rosenheimer Straße 145, D-81671 München
Telefon: (089) 45051-0, Internet: http://www.oldenbourg.de

Lektorat: Dr. Georg W. Botz
Herstellung: Rainer Hartl
Umschlagkonzeption: Kraxenberger Kommunikationshaus, München
Gedruckt auf säure- und chlorfreiem Papier
Gesamtherstellung: Druckhaus „Thomas Müntzer" GmbH, Bad Langensalza

Inhaltsverzeichnis

Vorwort zur ersten Auflage

Der vorliegende Text gibt eine Einführung in die logischen, insbesondere die mathematischen und organisatorischen Probleme beim Entwurf von Rechenanlagen. Zugrunde liegen Erfahrungen der Autoren aus einer Vorlesung mit Übungen an der RWTH Aachen im Sommersemester 1983 und erneut 1984 (Informatik IIb) für Studenten im zweiten Fachsemester Informatik. Vorausgesetzt wurden beim Studenten einerseits gewisse Grundkenntnisse über theoretische Konzepte der Informatik, z.B. über unbeschränkte Registermaschinen und endliche Automaten, andererseits Vertrautheit mit einer anwendungsorientierten Programmiersprache (PASCAL). Auf eine der Aachener Studiensituation entsprechende Erfahrung im Umgang mit mathematischen Basistheorien (Analysis, lineare Algebra, Graphentheorie) sowie mit Aussagenlogik, Mengenlehre und mathematischer Beweistechnik allgemein wird an einigen Stellen zurückgegriffen. Die Darstellung versucht auch, gewisse technologische Informationen zu geben, doch dienen diese zur *Motivation* der Begriffsbildungen; sie sind nicht "offizieller" Bestandteil. Der Standpunkt des Textes ist der einer anwendungsnahen, technologie-motivierten *logischen* Begriffsbildung gemäß der behaviouristischen Technik, Dinge durch ihr Verhalten zu beschreiben.

In vergleichbaren Ansätzen muß stets die Entscheidung zwischen einer Top-Down-Darstellung (vom Gesamtrechner herunter auf die Bit-Ebene) oder dem umgekehrten Bottom-Up-Zugang getroffen werden. Wir entschieden uns für ein gemischtes Vorgehen: Im *ersten* Teil stehen die Bestandteile von Rechnern im Vordergrund, entwickelt bottom-up vom Bit zum fertigen Modul (Kapitel 1 - 6). Die Diskussion dieser *lokalen* Konzepte unterscheidet grundlegend zwischen asynchronen Schaltnetzen und Schaltwerken mit Delays und versucht, die logische Bedeutung dieser Unterscheidung bis in den Geräte-Entwurf durchzuziehen. An mehreren Stellen werden Phänomene behandelt, welche im weiteren Studium wichtig sind: Komplexitätsanalysen und das Effizienzproblem werden z.B. durch Hervorhebung des Überdeckungsproblems vorbereitet (Kapitel 3), im VLSI-Kapitel wird die Schwierigkeit und die praktische Relevanz einer unteren Aufwandsabschätzung (Area-Time-Tradeoff) am Beispiel des Sortierproblems erläutert. Der *zweite* und der *dritte* Teil behandeln *globale* Rechnerkonzepte, im Prinzip im Top-Down-Approach. Wir wollten durch schrittweise Verfeinerung von den Strukturprinzipien konkreter Rechner die Darstellung herunterziehen auf die mittlere Ebene der Bauelemente, welche das Ziel des ersten Teils war. Der Problematik der Typenvielfalt konkreter Rechner sind wir nicht ganz ausgewichen.

Im Mittelpunkt des zweiten Teils der Vorlesung hat das *von Neumannsche* Konzept des SISD-Zentralprozessors gestanden, exemplifiziert an einem Einblick in die Maschinensprache des Z80. Es ist klar, daß Beispiele für einzelne Prozessor-Architekturen einem schnellen Veralterungsprozeß unterliegen und in kurzer Zeit höchstens noch historisches Interesse genießen; andererseits muß ein Text der vorliegenden Art auch der momentanen Situation Rechnung tragen. Daneben haben wir versucht, einen Strang "zeitlos gültiger" Überlegungen durchzuziehen, wobei die zugehörige Mathematik so konkret wie möglich dargestellt wurde. Dies gilt insbesondere für die Scheduling-Probleme in Kapitel 10 und für die Klassifikation von Verbindungsnetzwerken in Kapitel 12. Diese bringen die Überleitung zum Teil III:

Wir wollen mit diesem Text auch den Anspruch erheben, in den abgehandelten Fragenkreis die Grundkonzepte für *Parallel-Rechner*-Architekturen zu integrieren. Wir gestehen, daß aus Zeitgründen — es standen nur drei Vorlesungswochenstunden zur Verfügung — der Stoff des letzten Teils de facto zu kurz gekommen ist; insofern gibt das Ende dieses Textes (Kapitel 12 - 14) eher ein Ideal als eine Vorlesungswirklichkeit wieder. Der Student kann aber hoffentlich solche deskriptiven State-of-the-Art-Darstellungen leichter durch Eigenlektüre zur Kenntnis nehmen, als dies bei der Behandlung komplexer Strukturprobleme möglich ist.

Es ist unsere Überzeugung, daß in Zukunft der Informatiker, welcher vollen Gebrauch von seiner Hardware machen möchte, mehr und mehr auch die problemnahe Mathematik von Entwurfsalgorithmen kennen und teilweise auch beherrschen sollte. Insofern soll dieser Text werben für das "Aachener Konzept", Informatik in vollem Kontakt mit der — vor allem diskreten — Mathematik zu belassen. Schon in der hier protokollierten Grundvorlesung kann man die Grundlinien eines Durchblickes entwerfen, welcher in einer zukunftsorientierten Informatikausbildung erzielt werden muß und der uns — selbstverständlich neben praktischer Tätigkeit — unverzichtbar erscheint.

Die mitgegebenen Übungen sollen ein gewisses Abbild der Wirklichkeit vermitteln. Zur Anerkennung war eine Bearbeitung im Umfang von etwa 40% erforderlich, daneben das Bestehen einer Klausur, in der Aufgaben analog zu den vorher behandelten Hausübungen gestellt wurden.

Wir danken insbesondere einer ganzen Reihe von wachen Studenten, die in den ersten Reihen mit viel Engagement mitgearbeitet haben, die viele Verbesserungen eingebracht haben und die durch ihre Kritik eine Reihe von möglichen didaktischen Fehlern und zu abstrakte Ausflüge in die Theorie in statu nascendi verhindert haben. Besonderer Dank gilt den Mitarbeiterinnen, die bei der technischen Erstellung dieser Ausarbeitung mitgewirkt haben, sowie Herrn Dipl.-Inform. A.P. Heinz für das sorgfältige Anfertigen der Zeichnungen und Herrn Dipl.-Ing. K.-M. Rauscheid für die hilfreichen Anmerkungen zu Kapitel 11 und zum Anhang.

Aachen, im Juni 1985

W. Oberschelp
G. Vossen

Vorwort zur dritten Auflage

Nachdem 1987 eine zweite Auflage unseres Buches erschienen war, die sich auf die Korrektur einzelner kleiner Fehler beschränken mußte, wird mit der vorliegenden Auflage versucht, den Text an die weiter fortgeschrittene technische Entwicklung so gut wie möglich anzupassen. Das gesamte Schriftbild ist zudem neu in LaTeX gesetzt und durchgegliedert worden, so daß sich ein völlig neuer Satzspiegel ergibt.

Von den Änderungen ist der sehr grundsätzlich angelegte Teil I am wenigsten betroffen. Neu ist hier lediglich eine Ergänzung über Verdrahtungsprobleme im VLSI-Entwurf in Abschnitt 6.3.

In Teil II finden sich die gravierendsten Änderungen dieser Neuauflage. Zunächst sollte mit einer neuen Reihenfolge der Kapitel der Gedankengang im Sinne einer Entwicklung vom allgemeinen Prinzip zum konkreten Rechner klarer herausgearbeitet werden: Kapitel 7 und 8 sind unabhängig von konkreter Hardware zu lesen, der grundlegende Organisationsplan eines von Neumann-Rechners steht vor der Realisierung von Daten in den rechnerspezifischen Datenstrukturen. Auf die Diskussion des Befehlssatzes eines konkreten Rechners (Kapitel 9) folgt dann eine Beispielsammlung anderer kommerziell verfügbarer Einprozessor-Rechner-Architekturen (Kapitel 10) und schließlich (Kapitel 11) eine Diskussion der System-Software, welche die Abläufe im Rechner organisiert.

Als inhaltliche Änderung springt vor allem die Ablösung des Rechners Z80 durch den 32-Bit-Mikroprozessor WE32100 ins Auge. Diese Änderung ist motiviert einerseits durch den Versuch, die technologische Realität in der Diskussion der Maschinenbefehle zu beachten. Andererseits zeigt sich in der Wahl eines Prozessors, der nicht unbedingt als Marktführer, sondern eher als ein "neutrales" Modell anzusehen ist, die prinzipielle Einheitlichkeit in den Entwürfen moderner Mikroprozessoren: Wer die Arbeitsweise eines solchen Prozessors verstanden hat, hat alles Wesentliche verstanden und braucht beim Übergang zu einem anderen Prozessor nicht grundlegend neu hinzuzulernen.

Die wichtigsten Neu-Einfügungen in Teil II sollen kurz aufgelistet werden: Der Abschnitt 7.5 über die E/A-Einheit wurde völlig neu aufgenommen, die Komplement-Darstellungen in 8.1.2 und die Darstellung von Gleitkomma-Zahlen in 8.2 wurden stark erweitert. Selbstverständlich mußte die Beschreibung der Maschinenbefehle (Abschnitte 9.1 und 9.2) völlig neu formuliert werden. Ein Abschnitt über RISC-Architekturen (9.4) wurde neu eingefügt; die Beschreibung der VAX-Familie in 10.4 wurde wesentlich erweitert, und auch der Abschnitt 11.1 über System-Software und die Beschreibung von UNIX (in 11.2) wurden ausführlicher. Schließlich wurde ein Abschnitt 11.4 über Assembler, Linker und Lader neu eingefügt.

Teil III wiederum ist nicht grundlegend geändert worden. Neben zusätzlichen Informationen über Multicomputer- und Multimikroprozessor-Systeme, insbesondere den

Transputer (Kapitel 13.5 und 13.6), sind besonders die Schichten des ISO-Referenz-Modells wesentlich detaillierter erläutert worden.

In den neuen Text sind vor allem Erfahrungen eingeflossen aus Vorlesungen, die G. Vossen 1987 und 1988 an der University of California, San Diego, abgehalten hat. Der letztgenannte Autor dankt seinen Kollegen C.K. Cheng und G. Hidley für zahlreiche Anregungen.

Diese Einflüsse haben auch zu einer grundlegenden Erweiterung des Übungsmaterials geführt, das nunmehr die im Haupttext dargestellten Überlegungen flächendeckend zu vertiefen sucht.

Mit der Neuorganisation der bibliographischen Angaben am Ende eines jeden Kapitels erhoffen sich die Autoren einerseits eine bessere Lesbarkeit des Haupttextes, andererseits eine Konzentrierung weitergehender Hinweise.

Der Löwenanteil der aktuellen Erweiterungen und Verbesserungen ist auf G. Vossen zurückzuführen. Beide Autoren danken Frau M. Vossen für das Erfassen und Setzen des Textes in LATEX.

Aachen, im Juli 1988

W. Oberschelp
G. Vossen

Vorwort zur sechsten Auflage

Nachdem in der vierten und fünften Auflage nur geringfügige Änderungen vorgenommen wurden, ist die vorliegende 6. Auflage das Resultat einer eingehenden Durchsicht und einer Analyse, welche den Stellenwert und das Selbstverständnis unseres Buches selbstkritisch hinterfragt hat. Angesichts der atemberaubenden Weiterentwicklung der Hardware- und Rechnertechnologie könnte man ein Buch über Rechneraufbau und Rechnerstrukturen, dessen Kern vor einem Jahrzehnt geschrieben worden ist, bestenfalls als "klassisch", aber jedenfalls als hoffnungslos veraltet ansehen. In der Tat sind die Angaben, welche in früheren Auflagen über den Stand der Rechnertechnologie gemacht wurden, größtenteils nur noch von historischem Interesse. Das Gleiche gilt für viele Literaturangaben, deren Hinzuziehung heute nicht mehr lohnt. Andererseits hat uns die Akzeptanz, die unser Werk insbesondere im Hochschulunterricht für Informatik-Studierende offensichtlich hat, ermutigt, eine Neuauflage zu erstellen und auch für die weitere Zukunft auf dieses Buch zu setzen. Es hat sich nämlich gezeigt, daß neben dem vielen Neuen doch bereits ein stabiler Wissenskern für unsere Thematik existiert und daß klar erkennbare Grundprinzipien, die man als langfristige "Bildungsinhalte" ansehen könnte, herausgearbeitet werden können. In einem Wissensbereich, der sich nicht einer Stabilität erfreuen kann, die sich wie in der Mathematik über Jahrzehnte, Jahrhunderte oder gar über Jahrtausende erstreckt, muß ein besonders sorgfältiger Abgleich zwischen der Fixierung essentieller Grundgedanken und der Entrümpelung obsoleter Konzepte vorgenommen werden. Diese Auflage soll ein erster Schritt in diese Richtung sein und unserem Buch zu weiterer Stabilität verhelfen. Es ist uns insbesondere klar geworden, daß wir Abschied nehmen müssen von dem Anspruch, die jeweils neuesten Produkte der Technologie in der jeweils neuesten Auflage darstellen zu können. Eine solche Aufgabe kann nur ein Kompendium mit einer Loseblatt-Sammlungstechnik bei mehrmaligem jährlichen Update erfüllen — ein solches Vorhaben liegt jenseits unserer Absichten und unserer Kompetenz. Andererseits erheben wir den Anspruch, die grundlegenden Paradigmen der Rechnertechnik in einer überschaubaren und sachgerechten, zeitlich stabilen Darstellungsform zu präsentieren.

Die in der Unterrichtstätigkeit der Autoren gesammelten Erfahrungen, daß ein charakteristisches Beispiel fester im Bewußtsein sitzen bleibt als ein möglichst allgemein gehaltenes Theorem, daß das Studium der Wirkungsweise einiger typischer Maschinenbefehle auf einem (möglicherweise exotischen) Rechner mehr zeigen kann als eine vollständige und auf den neuesten Stand gebrachte Befehlsliste für die letztgültige Prozessor-Version, ist für uns in noch stärkerem Maße eine Ermutigung geworden, den bisherigen Stil des Buches beizubehalten. Wir verstehen diesen Entschluß nicht als eine Alibi-Entscheidung, uns auf das bequeme Ruhekissen der zeitlosen, jeder

Aktualität entkleideten Grundstukturen zu legen. Stattdessen haben wir viele Herausforderungen neuer Trends und Hinweise, die sich aus unserer Forschungs- und
Lehrtätigkeit ergaben, verinnerlicht und verarbeitet. Als Autoren, die in der Tradi-
tion der Mathematik groß geworden sind, auch dort wissenschaftlich arbeiten und
diesen Ursprung keineswegs verleugnen wollen, haben wir keine Profilierungsängste
im Hinblick auf mathematische Vollständigkeit. Wir fühlen uns also nicht berufen
und ausersehen, statt eines technologischen Werkes ein bloß abstrakt-logisches oder
gar ein phänomenologisches Buch zu verfassen. Nach unseren Erfahrungen sind eine
konsequente gedankliche Strukturierung der Phänomene in Verbindung mit möglichst
charakteristischen Beispielen, welche die Modellierungskraft der Strukturen belegen
und zu kreativen eigenen Anwendungen anregen, die beste Garantie, einen langdau-
ernden und möglichst zeit-invarianten Bildungserfolg zu erzielen. Wir versprechen also
unserem Leser keine aktuelle Enzyklopädie, sondern eine repräsentative und lebendige
Auswahl von Ideen und Techniken in einer sachgerechten Strukturierung.

Als Konsequenz aus diesen Überlegungen haben wir uns entschlossen, die aktuellen Statusbeschreibungen unseres Buches zu historischen Exkursen umzufunkti-
onieren gemäß der Devise, daß Geschichte nicht so schnell altert wie die Gegenwart
und daß geschichtliches Wissen als Hilfe zur Gegenwartsbewältigung vollgültig neben das (natürlich unentbehrliche) aktuelle Wissen der täglichen Neuigkeiten zu treten hat. Wir verzichten keineswegs auf die Schilderung der Grund-Prinzipien und
-Funktonsweisen auch der modernsten Hardware, halten uns aber mit Typ- und
Versions-Angaben stark zurück. Ferner sind die teilweise sehr umfangreichen Literaturhinweise dahingehend gestrafft worden, daß nur noch Referenzen gegeben werden
auf historisch besonders wichtige und weiterführende Arbeiten sowie auf Quellen, in
denen besagtes aktuelles Wissen sprudelt. Dem übersichtlichen Update der Referenzen, so daß eine wirkliche Hilfe zur vertieften Beschäftigung mit unserer Materie und
zu einem Überblick über den aktuellen Stand der Technik gegeben ist, wird auch in
kommenden Auflagen große Aufmerksamkeit gewidmet werden. Wir sind gespannt
darauf, wie unser Buch im Jahr 2000 auszusehen hat.

Als wichtige Änderungen gegenüber den früheren Auflagen sind folgende Punkte
besonders zu erwähnen:

Gestrichen wurde Kapitel 1.5 über Boolesche Differentiation, da der eigentliche
Witz dieser schönen Technik erst in einem Spezialtext über diskrete Funktionen und
ihre Differentiation sichtbar werden kann. Kapitel 2 enthält mit der Einfügung eines Top-Down-Entwurfes für einen Multiplexer eine systematische Verbreiterung hinsichtlich der Gestaltungsmöglichkeiten für lokale Bausteine. Kapitel 3 wurde nur ge-
ringfügig korrigiert. Ob in einer späteren Auflage der lang ersehnte Beweis für P $\neq$
NP dargestellt werden kann? Kapitel 4 wurde im Abschnitt über lineare Schaltkreise stark modifiziert. Der Aspekt der fehlerkorrigierenden Codes tritt gegenüber den
neueren und spektakuläreren kryptologischen Codes heute etwas in den Hintergrund
– trotzdem wollten wir auf die Anwendungshinweise für die Schieberegister-Technik
nicht vollständig verzichten.

Als wichtigste Änderung, welche sich in der Gliederung niederschlägt, ist die Ver-
lagerung des früheren Kapitels 8 (Darstellung von Daten im Rechner, Rechnerarithmetik) in den Teil I (Kapitel 5) anzusehen; hier werden nämlich ausschließlich lokale
Konzepte behandelt.

Kapitel 6 über PLAs wurde entsprechend seiner Bedeutung für die Bausteintechnik bedeutend erweitert. Der Gedanke der Universalität vorgefertigter Hardware wird hier – auch in Verbindung mit dem in Abschnitt 2.1 neu eingeführten universellen Multiplexer – besonders herausgearbeitet. Neu ist ferner ein Abschnitt über die Faltung von PLAs.

Von einer weitgehenden Revision von Kapitel 7 (VLSI-Schaltungen) wurde zunächst noch abgesehen. Die grundlegenden Komplexitätsresultate der Theorie von Thompson und Ullmann (Abschnitt 7.2) sind zwar im Rahmen der konstruktiven Weiterentwicklung der VLSI-Technik in den Hintergrund getreten; auch ist das 3-Ebenen-Modell nicht mehr aktuell. Wir kennen aber keine überzeugendere Behandlung der grundlegenden Problematik, den Informationsfluß in seiner logischen und mathematischen Eigengesetzlichkeit sachgerecht zu modellieren. Die Entwicklung der Verdrahtungstechnik mit teilweise konkurrierenden Paradigmen ist noch in vollem Gange, so daß eine zeitstabile Neufassung von Abschnitt 7.3 noch nicht durchführbar ist. Abschnitt 7.4 über systolische Netze wurde noch einmal erweitert, um die Modellierungstechnik dezidierter hardware-orientierter Parallel-Algorithmen im besonders wichtigen Anwendungskontext der Matrix-Multiplikation zu unterstreichen; hier wird bereits eine Brücke geschlagen zu den ebenfalls immer wichtiger werdenden parallelen Algorithmen auf unspezifischer Hardware (vgl. Kapitel 12 und 13).

Kapitel 8 über den Organisationsplan eines von Neumann-Rechners wurde einer besonders sorgfältigen Durchsicht unterzogen. Am Beispiel des Prozessors WE32100 wurde in Kapitel 9 aus bereits genannten Gründen festgehalten. Allerdings wurde der Abschnitt über das RISC-Konzept in das darauf folgende Kapitel verlagert. Dieses Kapitel 10 wurde grundlegend revidiert. Es wird auch in künftigen Neubearbeitungen als eine historische Übersicht konzipiert sein, welche aus der geschichtlichen Entwicklung heraus den Lernprozeß hinsichtlich des gegenwärtigen Standes und die Spekulation über die Zukunft ergänzt. Kapitel 11 blieb im wesentlichen unverändert.

Hingegen wurde Kapitel 12 in vielfacher Hinsicht verändert: Obwohl die PRAM auch heute noch als ein nur schwer realisierbares Rechnerkonzept gilt, wurde sie dennoch als wichtiges und modellierungsstarkes Konzept eingeführt und angewendet. Durch die Hereinnahme der prinzipiell wichtigen Matrix-Multiplikations-Technik von Dekel, Nassimi und Sahni werden aber auch die Möglichkeiten und Grenzen heutiger Parallelrechner mit festem Verbindungsnetz verdeutlicht. Die Theorie der Superkonzentratoren mußte trotz ihrer mathematischen Attraktivität stark gestrafft werden, da die Bedeutung dieser Verbindungstechnik im Vergleich zu der kaum aufwendigeren Technik der Permutations-Verbindungsnetze nachgelassen hat. Demzufolge wurde die Darstellung dynamischer Permutationsnetze und der Äquivalenzsatz von C.P. Krüskal und M. Snir ebenso aufgenommen wie die grundlegenden Ideen des Beneš- und des Clos-Netzes.

Auch Kapitel 13 mußte der neuen Entwicklung angepaßt werden. Es scheint, daß bei der Weiterentwicklung spezieller Parallelrechner-Architekturen die erste Sturm- und Drang-Periode vorüber ist und wir bereits deutlich merkbar auf eine geschichtliche Entwicklung zurückblicken können.

Kapitel 14 erhebt nunmehr von der Überschrift her nur noch einen spezielleren Anspruch: Die Thematik der verteilten Systeme muß einem spezielleren Text vorbehalten bleiben. Die technologische Weiterentwicklung der Rechnernetze hat selbstverständlich zu Anpassungen und Änderungen geführt, die teilweise ebenfalls zu historisierenden Passagen führen.

Der frühere Anhang zur Technologie von Rechenanlagen wurde gestrichen bzw. in die jeweiligen historischen Passagen eingearbeitet.

Die Verfasser danken in ganz besonderem Maße Frau Dipl. Kauffrau Christine Müller für ihre Hilfe und ihre wertvollen Eigen-Initiativen bei der graphischen Perfektionierung unseres Textes.

Aachen und Münster, im April 1994

W. Oberschelp
G. Vossen

Vorwort zur siebten Auflage

Das im Vorwort zur sechsten Auflage ausführlich diskutierte Problem, einen vernünftigen Ausgleich zwischen aktueller Information und zeit-robuster gedanklicher Strukturierung zu finden, hat auch die vorliegende Auflage geprägt.

Neben einer Reihe von Ergänzungen, die im Teil I besonders im Abschnitt 2.2 ihren Niederschlag gefunden haben, und einigen (teilweise nicht unerheblichen) Korrekturen wurden in Teil II die Kapitel 9 und 10 völlig umgestaltet. Wir haben uns dabei vom Prozessor WE32100 abgesetzt und stattdessen einen RISC-Prozessor mit einer gewissen Zukunftsperspektive als Basisbeispiel eingeführt: den PowerPC. Dieser sicherlich nicht als *der* Marktführer anzusprechende Prozessor scheint uns aber angesichts der Durchsichtigkeit des RISC-Konzeptes und angesichts der lobenswerten Transparenz sowohl der Architektur wie auch der hierfür zur Verfügung stehenden Dokumentation zur Zeit das optimale Veranschaulichungsobjekt zu sein. Obwohl wir wissen, daß der Prozessormarkt zur Zeit von anderen CISC-Prozessoren beherrscht wird, sind wir dann aber doch auch bei einer besonders detaillierten Schilderung des WE32100 geblieben.

Die Ära der „General-Purpose-Großrechner" ist im wesentlichen vorbei. Auch die Euphorie des reinen Parallelrechners scheint abzuklingen. Der Transputer ist nicht mehr erhältlich, das Paradigma der engen Kopplung von Rechnern scheint angesichts der Weiterentwicklung des verteilten Rechnens zu verblassen. Die hiervon betroffenen Kapitel sind aber außer einigen Kürzungen nicht wesentlich verändert worden, weil die dort dargestellten Grundideen und historischen Lösungen uns noch von erheblicher konzeptioneller Bedeutung zu sein scheinen; ihre Relevanz ist für uns weiterhin darstellenswürdig, auch dann, wenn von der Anwenderseite z.B. anspruchsvolle Parallelitätskonzepte wie Semaphore usw. als mental kaum beherrschbar und damit als irrelevant apostrophiert werden. Die „brutale" Parallelität, wie sie etwa in der Bildverarbeitung oder im Number Crunching benutzt wird, ist zwar ein wichtiges Thema, scheint aber aus der Sicht paralleler Architekturen keine besonderen Herausforderungen zu stellen und wird nach wie vor nicht behandelt.

Weitere Änderungen in Teil III stehen in Zusammenhang mit dem Versuch, in Kapitel 14 mit der rasanten Entwicklung der Rechnernetz-Technik Schritt zu halten. Die Darstellung des ISO-Referenzmodells wurde abgespeckt; besonders die höheren Ebenen dieses Konzeptes haben ihre Relevanz als Standardisierungsinstanz verloren und werden von konkreten Anwendungen unmittelbar wahrgenommen. Bei der Darstellung von Netzcomputern wollen wir noch eine gewisse Saturierung der Entwicklung abwarten.

Ein vom Erstautor an der RWTH Aachen im Sommersemester 1997 veranstaltetes Proseminar im Anschluß an einen ersten Versuch, den PowerPC vorlesungsmäßig darzustellen, ist die Basis für die Darstellung in Kapitel 9 geworden. Die Verfasser danken Herrn Dr. Volker Penner und den engagierten Referenten N. Bayer, Th. Brehm, L. Calmes, J. Herbers, M.A. Hermanns, D. Keysers, A. Latz, A. Simon und H.J. Viechtbauer für die Knochenarbeit, die sie bei der Auswertung von Manuals usw. geleistet haben. Wir danken ferner Frau Monika Rengers sowie Frau Petra Weiermann für ihre Hilfe bei der elektronischen Erfassung der zahlreichen Abbildungen.

Aachen und Münster, im August 1997

W. Oberschelp
G. Vossen

Teil I

Bausteine und Lokale Grundkonzepte

In diesem ersten Teil werden wir uns mit der Frage nach den Bausteinen, aus denen ein Rechner besteht, beschäftigen. Wir werden theoretische Hilfsmittel vorstellen, mit welchen sich Geräte entwerfen lassen, die gewisse Probleme lösen können. Der Entwurf wird dabei aus rein *logischer* Sicht betrieben: Ein Rechner erscheint uns zunächst als eine „Black Box", die durch ein bestimmtes Verhalten charakterisiert ist. Gesucht sind nun Bausteine, mit denen sich diese Black Box so ausfüllen läßt, daß das nach außen sichtbare Verhalten erklärbar wird.

In Kapitel 1 behandeln wir zweiwertige Schaltfunktionen, insbesondere Boolesche Funktionen. Für diese entwickeln wir Schaltnetze als Realisierungsmöglichkeit, und wir zeigen die Universalität dieses Konzeptes auf. In Kapitel 2 behandeln wir Standardbausteine zur Realisierung Boolescher Schaltungen, Addierer sowie an diesen exemplarisch die Optimierung von Schaltnetzen: Durch erhöhten Hardware-Aufwand lassen sich Schaltnetze beschleunigen; Vereinfachungsmethoden dienen „umgekehrt" dazu, den Hardware-Aufwand eines Schaltnetzes möglichst gering zu halten. Fehlerdiagnose spielt eine Rolle bei der Herstellung von Schaltungen; Hasards stellen ein Problem beim praktischen Einsatz von Schaltnetzen dar.

Einige der in Kapitel 2 angesprochenen Probleme sind nach dem heutigen Kenntnisstand generell „schwierig" zu lösen. Dies deuten wir in Kapitel 3 an, in welchem wir einen allgemeinen Rahmen für das Problem der Bestimmung einer minimalen Testmenge für ein Schaltnetz abstecken.

Zentrales Thema in Kapitel 4 ist die Einführung von Speicherbausteinen, welche dann auf (getaktete) sequentielle Maschinen führt. Als wichtige Anwendung derartiger Schaltwerke skizzieren wir zwei für jeden Rechner fundamentale Problemkreise: das Rechnen selbst und den (gegen technische Defekte gesicherten) Transport von Daten.

In Kapitel 5 behandeln wir die Grundlagen der Darstellung von Daten (positive und negative Integer- bzw. Real-Zahlen oder allgemein Zeichenketten) in einem Rechner sowie der Rechnerarithmetik.

Kapitel 6 handelt von PLAs und PALs. Dies sind universelle, einheitlich formatierte Bausteine, die für eine automatisierte Herstellung sehr gut geeignet sind und daher heute vielfache Verwendung in Rechnern finden, z.B. im Zusammenhang mit Mikroprogrammierung.

In Kapitel 7 vollziehen wir die Integration von Gattern *und* Delays in *einen* Baustein auf logischer Ebene nach: Die Betrachtung von hochintegrierten, technisch heute realisierbaren VLSI-Schaltungen wirft auch aus theoretischer Sicht neue, interessante Probleme auf. Wir kommen darin zu Aussagen über untere Schranken für Größe und Geschwindigkeit von VLSI-Chips und skizzieren Entwurfsmöglichkeiten für parallele Algorithmen.

Kapitel 1

Schaltfunktionen und ihre Darstellung

1.1 Zahlendarstellungen

Maschinenmodelle wie die hier als bekannt vorausgesetzte „unbeschränkte Registermaschine" oder der „endliche Automat" verarbeiten Worte über einem fest gewählten (Input-) Alphabet Σ, d.h. Aneinanderreihungen von Symbolen aus Σ, für deren Länge a priori keine Begrenzung festgelegt wird, die also *variable Länge* haben dürfen. Für eine Beschäftigung mit den *realen* Rechnern zugrunde liegenden Konzepten ist diese idealisierte Sicht nicht sinnvoll; wir machen daher hier die generelle Voraussetzung, daß wir zu vorgegebenem Alphabet Σ nur Worte *fester Länge* über Σ betrachten. (Genauer bedeutet dies, daß wir zusätzlich zu einem Σ eine Wortlänge $n \in \mathbf{N}$ festlegen und nur Elemente von Σ^n betrachten.)

Wir wollen uns zunächst mit Zahlensystemen und den Alphabeten beschäftigen, auf denen sie basieren. Sei dazu $b > 1$ eine beliebige natürliche Zahl; dann heißt $\Sigma_b := \{0, \ldots, b-1\}$ Alphabet des b-adischen Zahlensystems.

Beispiel 1.1 (a) Dem *Dezimalsystem* liegt das Alphabet $\Sigma_{10} = \{0, 1, 2, \ldots, 9\}$ zugrunde. Dieses „klassische" Alphabet der indogermanischen Kultur wird jedem Leser bestens vertraut sein. Worte über diesem Alphabet sind z.B. 123, 489, 2046. Feste Wortlänge, etwa $n = 4$, erreicht man offensichtlich durch „führende Nullen": 0123, 0489, 2046.

(b) $\Sigma_2 = \{0, 1\}$: Dual- oder Binäralphabet

$\Sigma_8 = \{0, 1, 2, 3, 4, 5, 6, 7\}$: Oktalalphabet

$\Sigma_{16} = \{0, \ldots, 9, A, \ldots, F\}$: Hexadezimalalphabet

Man beachte, daß Σ_{16} strenggenommen das Alphabet $\{0, \ldots, 15\}$ bezeichnet; anstelle der „Ziffern" 10, 11 usw. werden jedoch generell, d.h. in allen Alphabeten Σ_b mit $b > 9$, „neue" Symbole A, B usw. (hier also $A, \ldots, F$) verwendet.

Diese Basen $b = 2$, 8 bzw. 16 spielen in der Informatik eine besondere Rolle, wie sich bald zeigen wird. Das gleiche gilt für $b = 256$, auf welcher der ASCII-Code (American Standard Code for Information Interchange) basiert (vgl. Kapitel 5).

(c) Von geringerer Bedeutung sind heute die Basen $b = 12$ („Dutzend", „Gros"), $b = 20$ (franz. „vingt") und $b = 60$ (Zeitrechnung).   □

Die Bedeutung solcher Basen und der ihnen entsprechenden Alphabete erhellt der folgende Satz:

Satz 1.1 *(b-adische Darstellung natürlicher Zahlen)* Sei $b \in \mathbf{N}$ mit $b > 1$. Dann ist jede natürliche Zahl z mit $0 \le z \le b^n - 1$ (und $n \in \mathbf{N}$) eindeutig als Wort der Länge n über Σ_b darstellbar durch

$$z = \sum_{i=0}^{n-1} z_i b^i$$

mit $z_i \in \Sigma_b$ für $i = 0, \ldots, n-1$. Als vereinfachende Schreibweise ist dabei die folgende Ziffernschreibweise üblich (wobei strenggenommen Wert und Schreibweise einer Zahl nicht identifiziert werden dürften):

$$z = (z_{n-1} z_{n-2} \ldots z_1 z_0)_b$$

Auf den Beweis dieses Satzes wollen wir an dieser Stelle verzichten (vgl. Aufgabe 1.1); als einfache Folgerung hieraus, die uns im folgenden noch beschäftigen wird, notieren wir:

Korollar 1.2 *(Dualdarstellung natürlicher Zahlen)* Sei $n \in \mathbf{N}$. Dann ist jede natürliche Zahl z mit $0 \le z \le 2^n - 1$ eindeutig darstellbar in der Form

$$z = \sum_{i=0}^{n-1} z_i 2^i$$

mit $z_i \in \Sigma_2 = \{0, 1\}$ $(i = 0, \ldots, n-1)$.

Zu $b > 1$ und festem $n \in \mathbf{N}$ gibt es b^n Worte der Länge n über Σ_b, wobei man feste Wortlänge (d.h. alle b^n Worte sind gleich lang) durch „führende Nullen" erreicht (vgl. Beispiel 1.1).

Beispiel 1.2 (a) $b = 10$ („Dezimalsystem") Die Darstellung von $z = 2046$ lautet dann gemäß Satz 1.1

$$z = 2 \cdot 10^3 + 0 \cdot 10^2 + 4 \cdot 10^1 + 6 \cdot 10^0$$

und in Ziffernschreibweise $z = (2046)_{10}$.

(b) $b = 2$ („Dualsystem") Die Darstellung von $z = 87$ lautet dann gemäß Satz 1.1 (bzw. Korollar 1.2)

$$z = 1 \cdot 2^6 + 0 \cdot 2^5 + 1 \cdot 2^4 + 0 \cdot 2^3 + 1 \cdot 2^2 + 1 \cdot 2^1 + 1 \cdot 2^0$$

und in Ziffernschreibweise $z = (1010111)_2$. In diesem Beispiel ist $n = 7$. Mit Dualzahlen der Länge 7 sind somit die Zahlen von 0 bis $2^7 - 1 = 127$ darstellbar.   □

Man beachte, daß bei Verwendung der Ziffernschreibweise die Klammerung sowie die explizite Angabe der Basis b im folgenden häufig entfallen werden, wenn aus dem Zusammenhang hervorgeht, welches b gemeint ist.

Aus der in Satz 1.1 angegebenen Summendarstellung läßt sich die Ziffernschreibweise offensichtlich leicht gewinnen; da der Stellung jeder Ziffer dabei jeweils eine bestimmte Potenz der Basis entspricht, spricht man von solchen b-adischen Zahlendarstellungen auch als von *Stellenwertsystemen*. Es sei darauf hingewiesen, daß natürliche Zahlen auch völlig anders dargestellt werden können, etwa wie folgt:

Satz 1.3 *(Polyadische Darstellung natürlicher Zahlen)* Es sei $(b_n)_{n \in \mathbb{N}}$ eine Folge natürlicher Zahlen mit $b_n > 1$ für alle $n \in \mathbb{N}$. Dann gibt es für jede natürliche Zahl z genau eine Darstellung der Form

$$z = \sum_{i=0}^{N} z_i \prod_{j=0}^{i-1} b_j = z_0 + z_1 b_0 + z_2 b_1 b_0 + \ldots + z_N b_{N-1} \cdot \ldots \cdot b_0$$

mit $0 \leq z_i < b_i$ für $i = 0, \ldots, N$. (ohne Beweis)

1.2 Boolesche Algebra

Von den in Beispiel 1.1 angegebenen Basen für Zahlensysteme spielt die Basis $b = 2$ eine besondere Rolle: Die beiden Elemente 0 und 1 von Σ_2 spiegeln einerseits das in der Natur häufig anzutreffende „Prinzip der Zweiwertigkeit" wieder, welches sich in Gegensätzen wie „ja — nein", „wahr — falsch" oder „hoch — tief" findet. Dieses Prinzip liegt auch der auf Aristoteles zurückgehenden (klassischen) Aussagenlogik zugrunde („tertium non datur"). Andererseits sind 0 und 1 leicht technisch realisierbar, wenn man sie als zwei wohlunterschiedene Zustände versteht wie z.B. „es fließt Strom — es fließt kein Strom", „es liegt eine Spannung an — es liegt keine Spannung an" usw. Daher wollen wir uns zunächst mit diesem Alphabet $\Sigma_2 = \{0,1\}$ näher beschäftigen, für welches wir von nun an die Bezeichnung B verwenden (zur Erinnerung an den englischen Mathematiker George Boole, der sich Mitte des vorigen Jahrhunderts zuerst mit dieser „Struktur" aus mathematischer Sicht beschäftigte). Dabei wollen wir 1 als Wahrheitswert W (wahr) und 0 als Wahrheitswert F (falsch) interpretieren.

Wir notieren zunächst zwei mathematische Tatsachen über B:

(1) Erklärt man auf B zwei zweistellige Operationen „$\nleftrightarrow$" und „$\cdot$" durch

$$0 \nleftrightarrow 0 = 1 \nleftrightarrow 1 = 0,$$

$$1 \nleftrightarrow 0 = 0 \nleftrightarrow 1 = 1,$$

$$0 \cdot 0 = 0 \cdot 1 = 1 \cdot 0 = 0,$$

$$1 \cdot 1 = 1,$$

so ist $(B, \nleftrightarrow, \cdot)$ ein Körper der Ordnung 2 (häufig auch als Galoisfeld GF(2) bezeichnet) mit dem Nullelement 0 und dem Einselement 1.

(2) Erklärt man auf B drei Verknüpfungen wie folgt: Seien $x, y \in B$:

$$x \cup y := \operatorname{Max}(x, y)$$

$$x \cap y := \operatorname{Min}(x, y)$$

$$\overline{x} := 1 - x$$

so ist $(B, \cup, \cap, {}^{-})$ eine *Boolesche Algebra*, d.h. ein distributiver, komplementärer Verband, in welchem es ein kleinstes (0) und ein größtes (1) Element gibt.

Die wichtigsten, in einer Booleschen Algebra geltenden Gesetze lauten:

(a) *Kommutativgesetze:* $x \cup y = y \cup x$, $x \cap y = y \cap x$

(b) *Assoziativgesetze:* $(x \cup y) \cup z = x \cup (y \cup z)$, $(x \cap y) \cap z = x \cap (y \cap z)$

(c) *Verschmelzungsgesetze:* $(x \cup y) \cap x = x$, $(x \cap y) \cup x = x$

(d) *Distributivgesetze:* $x \cap (y \cup z) = (x \cap y) \cup (x \cap z)$, $x \cup (y \cap z) = (x \cup y) \cap (x \cup z)$

(e) *Komplementgesetze:* $x \cup (y \cap \overline{y}) = x$, $x \cap (y \cup \overline{y}) = x$

(f) $x \cup 0 = x$, $x \cap 0 = 0$, $x \cap 1 = x$, $x \cup 1 = 1$

(g) *de Morgansche Regeln:* $\overline{x \cup y} = \overline{x} \cap \overline{y}$, $\overline{x \cap y} = \overline{x} \cup \overline{y}$

(h) $x = x \cup x = x \cap x = \overline{\overline{x}}$

Es sei bemerkt, daß es sehr viele nichttriviale Beispiele für Boolesche Algebren gibt, insbesondere solche mit unendlicher Grundmenge B. Wir haben es hier lediglich mit dem allereinfachsten Beispiel zu tun:

Satz 1.4 Für $B = \{0, 1\}$ liegt eine Boolesche Algebra vor.

Beweis: Wir wollen den Beweis nicht vollständig führen, sondern lediglich die Beweismethode exemplarisch für (c) erläutern und den Rest dem Leser überlassen. Da B nur zwei Elemente besitzt, reicht es, eine Liste mit allen möglichen Belegungen der in der Gleichung vorkommenden Variablen mit diesen beiden Werten anzulegen; sodann rechnen wir mit Hilfe der Definitionen der vorkommenden Operationen die linke bzw. rechte Seite aus und vergleichen, ob jeweils der gleiche Wert für entsprechende Belegungen herauskommt. Für $(x \cup y) \cap x = x$ erhalten wir die in Tabelle 1.1 zusammengefaßten Resultate. Die Gleichheit der beiden rechten Spalten beweist die Behauptung. ∇

Die in Satz 1.4 angegebenen Rechenregeln werden wir noch häufig benutzen; wir wollen jedoch die Tatsache, daß wir dabei in der zweielementigen Booleschen Algebra rechnen, nicht mehr explizit erwähnen und uns stattdessen das Rechnen dadurch etwas erleichtern, daß wir für $\cup$ und $\cap$ die vertrauteren Symbole $+$ und $\cdot$ verwenden. Wir bezeichnen diese auch wieder als Addition bzw. Multiplikation in B (und $^{-}$ als Komplement) und geben ihre Funktionstafeln in Tabelle 1.2 noch einmal gesondert an.

Tabelle 1.1: Zum Beweis von Satz 1.4 (c).

Argumente			linke Seite	rechte Seite
x	y	$x \cup y$	$(x \cup y) \cap x$	x
0	0	0	0	0
0	1	1	0	0
1	0	1	1	1
1	1	1	1	1

Tabelle 1.2: Boolesche Addition, Multiplikation und Negation.

x	y	$x + y$	$x \cdot y$	$\overline{x}$
0	0	0	0	1
0	1	1	0	1
1	0	1	0	0
1	1	1	1	0

Digitale Rechenanlagen arbeiten nun im Gegensatz zu Analogrechnern mit endlich vielen, sogar nur zwei verschiedenen Spannungswerten. Daher ist das Dualsystem zur Darstellung von Ein- bzw. Ausgabedaten für einen solchen Rechner naheliegend, aber auch für die rechnerinterne „Codierung" von Daten und Befehlen. Nun wird man aus Gründen der besseren Lesbarkeit Eingabedaten lieber als Dezimalzahlen angeben und ebenso Ausgabedaten dezimal erhalten. Dazu muß der Rechner also in der Lage sein, eingegebene Dezimalzahlen in Dualzahlen zu konvertieren, sodann intern damit zu rechnen und schließlich rekonvertierte Dualzahlen auszugeben. Hierbei spielen somit Umwandlungen von Zahlen zu einer Basis b in Zahlen zu einer Basis b' eine Rolle, auf welche wir kurz eingehen wollen:

Für im Dualsystem arbeitende Rechner sind Multiplikationen mit 2 bzw. Divisionen durch 2 besonders einfach — durch Stellenverschiebung („shiften") — realisierbare Operationen; daher ist für die Umwandlung von $b = 10$ nach $b' = 2$ das Divisionsrestverfahren („analytische" Konvertierung), für die Umwandlung von $b = 2$ nach $b' = 10$ das Verfahren der fortgesetzten Multiplikation und Addition („synthetische" Konvertierung) günstig. Wir wollen dies exemplarisch erläutern:

Beispiel 1.3 (a) Konvertierung dezimal $\rightarrow$ dual: Man dividiert die gegebene Dezimalzahl mit Rest durch die Basis und wendet die gleiche Operation solange auf den jeweiligen Quotienten an, bis man das Divisionsergebnis 0 erhält. Die gesuchte Dualdarstellung ergibt sich dann durch „rückwärtiges" Lesen der Reste:

$$49 : 2 \;=\; 24 \text{ Rest } 1$$
$$24 : 2 \;=\; 12 \text{ Rest } 0$$
$$12 : 2 \;=\; 6 \text{ Rest } 0$$
$$6 : 2 \;=\; 3 \text{ Rest } 0$$
$$3 : 2 \;=\; 1 \text{ Rest } 1$$

$$1:2 \;=\; 0 \text{ Rest } 1$$

Hieraus folgt: $(49)_{10} = (110001)_2$.

Ein richtiges Resultat ist offensichtlich auch durch das im folgenden Beispiel demonstrierte Vorgehen erzielbar:

$$
\begin{aligned}
99 &= 1 \cdot 2^6 + 35 \\
35 &= 1 \cdot 2^5 + 3 \\
3 &= 0 \cdot 2^4 + 3 \\
3 &= 0 \cdot 2^3 + 3 \\
3 &= 0 \cdot 2^2 + 3 \\
3 &= 1 \cdot 2^1 + 1 \\
1 &= 1 \cdot 2^0 + 0
\end{aligned}
$$

Hieraus folgt: $(99)_{10} = (1100011)_2$

(b) Konvertierung dual $\rightarrow$ dezimal:

$$
\begin{aligned}
(1010110)_2 &= 0 \cdot 2^0 + 1 \cdot 2^1 + 1 \cdot 2^2 + 0 \cdot 2^3 + 1 \cdot 2^4 + 0 \cdot 2^5 + 1 \cdot 2^6 \\
&= 0 + 2 + 4 + 0 + 16 + 0 + 64 \\
&= (86)_{10}
\end{aligned}
$$

$\square$

Für spezielle Paare von Basen sind auch einfachere („lokale") Verfahren möglich, zum Beispiel wenn es sich bei b und b' um Zweierpotenzen handelt. Ist etwa $b = 2$ und $b' = 8 = 2^3$ (bzw. $b' = 16 = 2^4$), so kann man je drei (bzw. vier) Dualziffern lokal in eine Oktalziffer (bzw. Hexadezimalziffer) umwandeln und umgekehrt.

Beispiel 1.4

$$
\begin{aligned}
(110010111)_2 &= (627)_8 \\
&= (197)_{16}
\end{aligned}
$$

$$
\begin{aligned}
(110001011001)_2 &= (6131)_8 \\
&= (C59)_{16}
\end{aligned}
$$

$$
\begin{aligned}
(A9F)_{16} &= (101010011111)_2 \\
&= (5237)_8
\end{aligned}
$$

$$
\begin{aligned}
(716)_8 &= (111001110)_2 \\
&= (1CE)_{16}
\end{aligned}
$$

$\square$

Angemerkt sei an dieser Stelle, daß Digitalrechner zwar intern im Dualsystem arbeiten, das Oktal- bzw. Hexadezimalsystem aufgrund der engen „Verwandtschaft" zum Dualsystem jedoch häufig dazu benutzt werden, die Inhalte von Registern oder Speicherzellen eines Rechners darzustellen. Solche Zellen enthalten im allgemeinen 0-1-Folgen (im folgenden auch häufig Bit^1-Folgen genannt) einer festen Länge n (der sogenannten *Wortlänge* des betreffenden Rechners). Da n recht groß sein kann (z.B. n = 64), ist eine Zusammenfassung von drei bzw. vier Dualstellen zu einer Oktal- bzw. Hexadezimalstelle etwa bei der Angabe von Registerinhalten häufig sinnvoll, da sie die Lesbarkeit vereinfacht.

1.3 Schaltfunktionen und Boolesche Funktionen

Wir wollen nun auf Rechner selbst zu sprechen kommen, und zwar aus einer „logischen" Sicht, d.h. wir wollen die Frage diskutieren, wie sich ein Rechner oder genauer die Elemente eines Rechners verhalten. Aus der Sicht eines Benutzers erscheint ein Rechner in starker Idealisierung und Vereinfachung als eine „ Black Box ", die zu einem bestimmten Input (I) einen eindeutig bestimmten Output (O) liefert:

Dabei hängt die Art, *wie* der Output vom Input bestimmt wird, offensichtlich vom Aufbau des Rechners ab; ferner arbeitet der Rechner *deterministisch*, d.h. er reagiert in eindeutiger Weise auf einen bestimmten Input. Unter der bereits erwähnten Annahme, daß Input und Output aus Daten und genauer (mittels oben erläuterter Konvertierungen) aus Dualfolgen bestehen, läßt sich diese Benutzersicht, welche die Black Box durch ihr *Verhalten* zu beschreiben versucht, wie folgt präzisieren:

Definition 1.1 Seien $n, m \in \mathbf{N}$, $n, m \geq 1$. Dann heißt eine Funktion $\mathcal{F} : B^n \to B^m$ *Schaltfunktion*.

Input für den Rechner ist also ein Bit-n-Tupel, Output ein Bit-m-Tupel. An einigen Beispielen wollen wir die Universalität dieses Konzeptes demonstrieren:

Beispiel 1.5 Addition von zwei 16-stelligen Dualzahlen: Input ist hier ein Bitvektor der Länge 32

$$b_1 \ldots b_{16} b_{17} \ldots b_{32},$$

dessen erste 16 Bits als erster, die zweiten 16 Bits als zweiter Summand aufgefaßt werden. Output ist ein Bitvektor der Länge 17 (wegen der Möglichkeit eines Übertrags), welcher die Summe der beiden Dualzahlen darstellt. Die entsprechende Schaltfunktion lautet somit:

$$\mathcal{A} : B^{32} \to B^{17}$$

---

[1]Bit ist eine Kurzform für <u>bi</u>nary di<u>git</u> = Binär- oder Dualzahl.

□

Beispiel 1.6 Multiplikation von zwei 16-stelligen Dualzahlen: In Analogie zu Beispiel 1.5 lautet die entsprechende Schaltfunktion:

$$\mathcal{M} : B^{32} \to B^{32}$$

$$\text{mit } \underbrace{b_1 \ldots b_{16}}_{\text{1. Faktor}} \underbrace{b_{17} \ldots b_{32}}_{\text{2. Faktor}} \mapsto \underbrace{c_1 \ldots c_{32}}_{\text{Ergebnis}}$$

□

Beispiel 1.7 Sortieren von 30   16-stelligen Dualzahlen: Input ist ein Vektor aus $30 \cdot 16 = 480$ Bits, welcher 30 (unsortierte) Dualzahlen der Länge jeweils 16 darstellt. Output ist ein anderer Bitvektor der Länge 480, welcher die gleichen Dualzahlen, nun jedoch (aufsteigend oder absteigend) sortiert, darstellt. Die Schaltfunktion lautet:

$$\mathcal{S} : B^{480} \to B^{480}$$

□

Beispiel 1.8 Primzahltest: Unsere „Black Box" soll nach Eingabe einer 480-stelligen Dualzahl x eine 1 ausgeben, falls die dieser Dualzahl entsprechende Zahl x eine Primzahl ist, und 0 sonst, d.h. die Schaltfunktion lautet:

$$p : B^{480} \to B$$

$$\text{mit } p(x) = \left\{ \begin{array}{ll} 1 & \text{falls } x \text{ Primzahl} \\ 0 & \text{sonst} \end{array} \right.$$

p führt also den Primzahltest durch für jede natürliche Zahl x mit

$$x \leq 2^{480} - 1 \approx 3,12175 \cdot 10^{144}.$$

Mit heutiger Technologie ist p schwierig zu realisieren, hätte aber andererseits hohe praktische Bedeutung, da Primzahltests (gerade wegen ihrer häufig schwierigen Durchführbarkeit) eine wichtige Rolle in der Kryptologie spielen. Ein entsprechendes Gerät, welches als Wert den größten Primfaktor von x ausgibt, gilt heute als nicht realisierbar.   □

Für die nächsten beiden Beispiele benötigen wir einige Begriffe aus der Graphentheorie: Es sei P eine endliche Punktmenge, o.B.d.A. $P \subseteq \mathbf{N}$. Ist dann $K \subseteq P \times P$ eine symmetrische, nicht-reflexive Relation über P, so heißt das Paar $G := (P, K)$ ein (gewöhnlicher) *Graph* mit der Punktmenge P und der Kantenmenge K. Üblicherweise faßt man zwei zueinander inverse Kanten (p_i, p_j), (p_j, p_i) zu einer „ungerichteten" Kante $\{ p_i, p_j \}$ zusammen. Ein n-Tupel $w = (p_1, p_2, \ldots, p_n)$ von Punkten aus P heißt ein *Weg* in G, falls für alle $i = 1 \ldots n - 1$ die ungerichtete Kante $\{ p_i, p_{i+1} \}$ zu G gehört. Ein solcher Weg w heißt weiter ein *Euler-Kreis*, falls $p_1 = p_n$ ist und alle Kanten von G auf dem Weg genau einmal vorkommen; w heißt *Hamilton-Kreis* („Traveling-Salesman-Tour"), falls $p_1 = p_n$ ist und alle Punkte von G auf dem Weg genau einmal vorkommen.

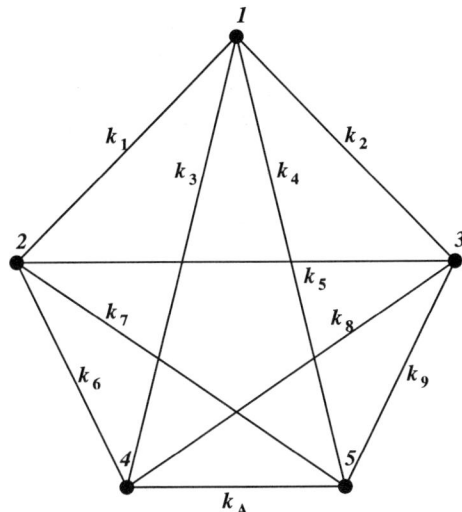

Abbildung 1.1: Ungerichteter Graph mit 5 Punkten.

Beispiel 1.9 Existenz eines Euler-Kreises in einem Graphen mit 5 Punkten: Sei

$$G = (\{1, \ldots, 5\}, K).$$

Ein solcher Graph kann bis zu $\binom{5}{2} = 10$ Kanten haben, d.h. es gibt 2^{10} verschiedene ungerichtete Graphen mit 5 Punkten. Wir wählen nun die in Abbildung 1.1 gezeigte Numerierung für Punkte bzw. Kanten. Damit codieren wir einen beliebigen solchen Graphen durch einen Bitvektor $(x_1, x_2, \ldots, x_A)$ wie folgt:

$$x_i = \begin{cases} 1 & \text{falls } k_i \in K \\ 0 & \text{sonst} \end{cases}$$

(Man beachte die Verwendung des Hexadezimalalphabets in diesem Beispiel: Der Buchstabe A bedeutet 10.) Will man nun mit Hilfe eines Rechners entscheiden, ob ein gegebener Graph mit 5 Punkten einen Euler-Kreis besitzt oder nicht, so lautet die entsprechende Schaltfunktion:

$$e : B^{10} \to B$$

$$\text{mit } e(x_1, \ldots, x_A) := \begin{cases} 1 & \text{falls der durch } (x_1, \ldots, x_A) \text{ codierte} \\ & \text{Graph einen Euler-Kreis besitzt} \\ 0 & \text{sonst} \end{cases}$$

$\square$

Wir werden auf dieses Beispiel in Abschnitt 2.1 noch einmal zurückkommen.

Beispiel 1.10 Existenz eines Hamilton-Kreises in einem Graphen mit 250 Punkten:
Sei nun $|P| = 250$, so gilt $|K| \leq \binom{250}{2} = 31125$, d.h. ein Graph mit 250 Punkten

kann bis zu 31125 Kanten besitzen. Wie im letzten Beispiel läßt sich ein solcher Graph unter der Annahme einer festen Kantennumerierung durch einen Bitvektor der Länge 31125 codieren, und die Frage, ob in einem solchen Graphen ein Hamilton-Kreis existiert, ist formal beschreibbar durch die Schaltfunktion

$$h : B^{31125} \to B$$

$$\text{mit } h(x) := \begin{cases} 1 & \text{falls der durch } x \text{ codierte Graph einen} \\ & \text{Hamilton-Kreis besitzt} \\ 0 & \text{sonst} \end{cases}$$

Prinzipiell ist diese Aufgabe algorithmisch „leicht" zu lösen: Man durchlaufe zu gegebenem $G = (P, K)$ alle möglichen Reihenfolgen der 250 Punkte und schaue nach, ob in G die dadurch geforderten Kanten tatsächlich vorkommen. Nun gibt es allerdings 250! solcher Reihenfolgen, d.h. nach der Stirlingschen Formel

$$n! \approx \left(\frac{n}{e}\right)^n \cdot \sqrt{2\pi n}$$

gibt es etwa

$$250! \approx \left(\frac{250}{e}\right)^{250} \cdot \sqrt{500\pi} \approx 3,232 \cdot 10^{492}$$

Reihenfolgen. Daß unsere Funktion h damit schwierig zu realisieren ist, sieht man wie folgt: Nehmen wir an, wir besäßen eine Schaltung (einen „Rechner"), deren Bauteile innerhalb von 10 Picosekunden, d.h. 10^{-11} sec, eine Operation ausführen können, und nehmen wir optimistisch an, daß die gesamte Schaltung eine Hierarchietiefe von 100 hat, d.h. sie besteht aus 100 „Ebenen" von Bauteilen, die jeder Input sequentiell zu durchlaufen hat (vgl. Abbildung 1.2).

Dann kann *ein* Input, ein Bitvektor der Länge 31125, in $100 \cdot 10^{-11}$ sec $= 10^{-9}$ sec bearbeitet werden. *Ein* Graph, welcher Anlaß zu etwa $3,232 \cdot 10^{492}$ Inputs gibt, ist dann in folgender Zeit mit unserem Algorithmus zu bearbeiten:

$$3,232 \cdot 10^{492} \cdot 10^{-9} \text{ sec}$$
$$\approx \quad 3,232 \cdot 10^{483} \text{ sec}$$
$$\approx \quad 1,023 \cdot 10^{476} \text{ Jahre}$$

Selbst mit einer Technologie, welche Schaltungszeiten der oben erwähnten Art ermöglicht, ist h somit nicht zu realisieren. Es sei bereits an dieser Stelle angemerkt, daß auch für die Zukunft hier keine wesentlichen Verbesserungen mehr erwartet werden dürfen, wenngleich sich Bauteile mit Schaltzeiten im Picosekunden-Bereich schon im Laborstadium befinden. Denn einerseits würden wesentlich „schnellere" Bauteile, die etwa in 10^{-20} sec schalten, keine Verbesserung bringen; die Anzahl der Jahre an Rechenzeit würde von 10^{476} auf 10^{465} fallen. Andererseits sind solche Bauteile aber kaum zu realisieren, denn natürliche Grenzen unserer Technologie sind die Lichtgeschwindigkeit und die Wärme-Entwicklung, welche bei der Integration vieler Bauteile auf einem Chip auftritt.   □

Dem Leser wird aufgefallen sein, daß wir in den letzten Beispielen große Buchstaben zur Bezeichnung von Schaltfunktionen der Form $\mathcal{F} : B^n \to B^m$ mit $m > 1$

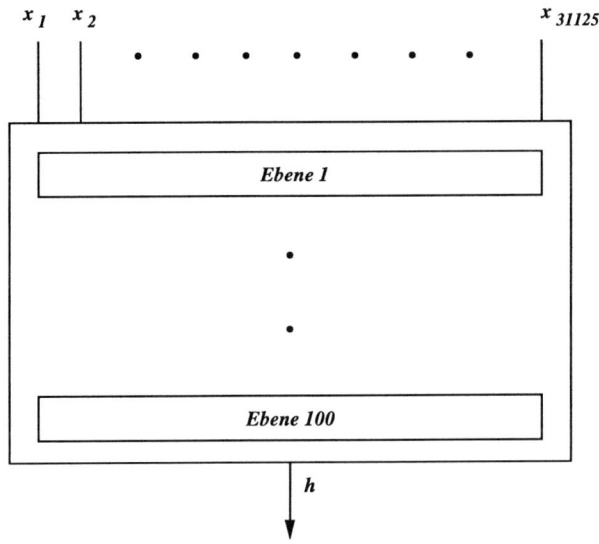

Abbildung 1.2: Schaltung der Hierarchietiefe 100.

(Beispiele 1.5 - 1.7) und kleine Buchstaben im Fall $m = 1$ (Beispiele 1.8 - 1.10) verwendet haben. Dieser Unterscheidung liegt ein wichtiger Spezialfall zugrunde, den wir nun näher betrachten wollen:

Definition 1.2 Eine Schaltfunktion $f : B^n \to B$ heißt (n-stellige) *Boolesche Funktion*.

Zwischen Schaltfunktionen und Booleschen Funktionen besteht folgender Zusammenhang: Sei $\mathcal{F} : B^n \to B^m$ mit $\mathcal{F}(x_1, \ldots, x_n) = (y_1, \ldots, y_m)$. Setzt man dann für jedes $i \in \{1, \ldots, m\}$
$$f_i : B^n \to B,$$
definiert durch
$$f_i(x_1, \ldots, x_n) = y_i$$
so ist $\mathcal{F}$ offensichtlich wie folgt darstellbar:
$$\mathcal{F}(x_1, \ldots, x_n) = (f_1(x_1 \ldots x_n), f_2(x_1 \ldots x_n), \ldots, f_m(x_1 \ldots x_n))$$
für alle $x_1, \ldots, x_n \in B$.

Jede Schaltfunktion ist also durch eine Folge von Booleschen Funktionen beschreibbar, so daß es keine Einschränkung bedeutet, wenn wir uns zunächst mit Booleschen Funktionen näher beschäftigen. Dabei wollen wir zuerst die Frage klären, wieviele n-stellige Boolesche Funktionen es zu vorgegebenem $n > 0$ gibt. Für $n = 1$ und $n = 2$ geben wir alle Möglichkeiten an:

Beispiel 1.11 Einstellige Boolesche Funktionen der Form $f : B \to B$: Das einzige Argument kann nur die Werte 0 oder 1 annehmen; für die Funktionswerte stehen ebenfalls nur diese Werte zur Verfügung. *Alle* einstelligen Booleschen Funktionen erhält

Tabelle 1.3: Alle einstelligen Booleschen Funktionen.

x	$f_0(x)$	$f_1(x)$	$f_2(x)$	$f_3(x)$
0	0	0	1	1
1	0	1	0	1

Tabelle 1.4: Die 16 zweistelligen Booleschen Funktionen.

(1)		$x \cdot \overline{x}$	$x \cdot y$	$x \cdot \overline{y}$	x	$\overline{x} \cdot y$	y	$\not\leftrightarrow$	$x + y$
(2)		$\equiv 0$	Min	$>$	x	$<$	y	$\neq$	Max
(3)			$\wedge$	$\not\rightarrow$	x	$\not\leftarrow$	y	$\leftrightarrow\!\!\!\!/$	$\vee$
x	y	f_0	f_1	f_2	f_3	f_4	f_5	f_6	f_7
0	0	0	0	0	0	0	0	0	0
0	1	0	0	0	0	1	1	1	1
1	0	0	0	1	1	0	0	1	1
1	1	0	1	0	1	0	1	0	1

(1)		$\overline{x + y}$		$\overline{y}$	$x + \overline{y}$	$\overline{x}$	$\overline{x} + y$	$\overline{x \cdot y}$	$x + \overline{x}$
(2)		1-Max	$=$	1-y	$\geq$	1-x	$\leq$	1-Min	$\equiv 1$
(3)		$\downarrow$	$\leftrightarrow$	$\neg y$	$\leftarrow$	$\neg x$	$\rightarrow$	$\uparrow$	
x	y	f_8	f_9	f_{10}	f_{11}	f_{12}	f_{13}	f_{14}	f_{15}
0	0	1	1	1	1	1	1	1	1
0	1	0	0	0	0	1	1	1	1
1	0	0	0	1	1	0	0	1	1
1	1	0	1	0	1	0	1	0	1

man durch Bildung aller möglichen Kombinationen dieser Werte, was wir in Tabelle 1.3 zusammenfassen. Offensichtlich gilt $f_0(x) \equiv 0$, $f_1(x) = x$, $f_2(x) = \overline{x}$, $f_3(x) \equiv 1$. f_0 und f_3 sind konstante Funktionen, welche nicht von x abhängen; f_1 ist die Identität und f_2 die Negation. $\square$

Beispiel 1.12 Zweistellige Boolesche Funktionen der Form $f : B^2 \to B$: Die beiden Argumente können nun auf $2^2 = 4$ verschiedene Arten mit 0 oder 1 belegt werden, und für jedes dieser vier Argumente sind wieder nur die Funktionswerte 0 oder 1 möglich, so daß wir $2^4 = 16$ zweistellige Boolesche Funktionen erhalten. Wir geben diese in Tabelle 1.4 an, wobei wir auch einige alternativ gebräuchliche Funktionssymbole notieren: Die mit (1) markierten Zeilen dieser Tabelle enthalten jeweils die in Zusammenhang mit der Booleschen Algebra ($+$, $\cdot$, $^-$) bzw. dem Booleschen Körper ($\leftrightarrow\!\!\!\!/$, $\cdot$) verwendeten Schreibweisen. Die in den mit (2) markierten Zeilen angegebenen Schreibweisen werden in der Arithmetik verwendet. Die mit (3) markierten Zeilen zeigen die in der Logik gebräuchlichen Schreibweisen. Für einige dieser Funktionen sind auch Namen in Gebrauch:

f_1 *Konjunktion (AND)*

Tabelle 1.5: Boolesche Funktion zu Beispiel 1.13.

i	x_1	x_2	x_3	$f(x_1, x_2, x_3)$
0	0	0	0	0
1	0	0	1	0
2	0	1	0	0
3	0	1	1	1
4	1	0	0	0
5	1	0	1	1
6	1	1	0	0
7	1	1	1	1

f_7 *Disjunktion (OR)*

f_6 *Antivalenz (Exclusive Or, XOR, $\nleftrightarrow$, manchmal auch $\oplus$)*

f_9 *Äquivalenz*

f_8 *Peircescher Pfeil (Not Or, NOR, $\downarrow$)*

f_{14} *Shefferscher Strich (Not And, NAND, $\uparrow$)*

□

Die in diesen beiden Beispielen angestellten Anzahlbetrachtungen lassen sich nun ohne weiteres verallgemeinern:

Satz 1.5 Für jedes $n \in \mathbf{N}$ mit $n \geq 1$ gibt es 2^{2^n} n-stellige Boolesche Funktionen.

Satz 1.5 über die Anzahl Boolescher Funktionen zu gegebener Stellenzahl n kann als Korollar aus folgendem Resultat abgeleitet werden: Für jedes $n, m \in \mathbf{N}$ mit $n, m \geq 1$ gibt es $2^{m \cdot 2^n}$ Schaltfunktionen der Form $\mathcal{F} : B^n \to B^m$.

Wie wir oben sahen, gibt es für $n = 1$ genau $2^{2^1} = 4$, für $n = 2$ genau $2^{2^2} = 16$ Boolesche Funktionen. Da die Anzahl Boolescher Funktionen vorgegebener Stellenzahl also sehr stark wächst (für $n = 3$ gibt es bereits 256, für $n = 4$ schon 65.536 solcher Funktionen), ist es unmöglich, das oben praktizierte Vorgehen, alle Möglichkeiten anzugeben, weiter fortzusetzen. Wir wollen als nächstes zeigen, daß dies aber auch keineswegs nötig ist, denn jede beliebige n-stellige Boolesche Funktion läßt sich aus wenigen Grundfunktionen „zusammenbauen", und wir werden sogar sehen, daß ein- und zweistellige Funktionen dazu ausreichen.

Wir stellen dazu einige Vorüberlegungen an: Sei $n \geq 1$ und $f : B^n \to B$ eine beliebige n-stellige Boolesche Funktion. Dann kann f dargestellt werden durch eine Funktionstafel mit 2^n Zeilen, wobei die Argumente so angeordnet seien, daß in der i-ten Zeile ($0 \leq i \leq 2^n - 1$) gerade die Dualdarstellung von i steht; i heißt ein *Index* zu f.

Beispiel 1.13 $f : B^3 \to B$ sei die in Tabelle 1.5 gezeigte Boolesche Funktion.   □

Sei nun i eine solche Zeilennummer, und sei $i_1 \ldots i_n$ die Ziffernfolge der Dualdarstellung von i.

Definition 1.3 i heißt *einschlägiger* Index zu f, falls $f(i_1, \ldots, i_n) = 1$ ist.

In Beispiel 1.13 sind also 3, 5 und 7 die einschlägigen Indizes zu f.

Definition 1.4 Sei i ein Index von $f : B^n \to B$ und $(i_1 \ldots i_n)_2$ die Dualdarstellung von i. Dann heißt die Funktion

$$m_i : B^n \to B$$

definiert durch

$$m_i(x_1, \ldots, x_n) := x_1^{i_1} \cdot x_2^{i_2} \cdot \ldots \cdot x_n^{i_n}$$

i-ter Minterm von f. Dabei sei

$$x_j^{i_j} := \begin{cases} x_j & \text{falls } i_j = 1 \\ \overline{x}_j & \text{falls } i_j = 0 \end{cases}$$

In Beispiel 1.13 sind also z.B. $m_3(x_1, x_2, x_3) = \overline{x}_1 \cdot x_2 \cdot x_3$, $m_4(x_1, x_2, x_3) = x_1 \cdot \overline{x}_2 \cdot \overline{x}_3$. Der Einfachheit halber lassen wir von nun an bei Mintermen die Argumente weg und schreiben kurz m_i für $m_i(x_1, \ldots, x_n)$. Bei Konjunktionen lassen wir ferner (wie üblich) in Zukunft den Punkt weg und schreiben kurz xy für $x \cdot y$.

Bemerkung: Wesentlich für das Folgende ist die Beobachtung, daß ein Minterm m_i *genau dann* den Wert 1 annimmt, wenn das Argument $(x_1, \ldots, x_n)$ die Dualdarstellung von i liefert. In Beispiel 1.13 sieht man sofort:

$$m_3 = 1 \quad \Leftrightarrow \quad \overline{x}_1 = 1 \wedge x_2 = 1 \wedge x_3 = 1$$
$$\Leftrightarrow \quad x_1 = 0 \wedge x_2 = 1 \wedge x_3 = 1,$$

und 011 ist die Dualdarstellung von 3.

Damit können wir Minterme wie folgt zur Beschreibung Boolescher Funktionen verwenden:

Satz 1.6 *(Darstellungssatz für Boolesche Funktionen)* Jede Boolesche Funktion $f : B^n \to B$ ist eindeutig darstellbar als Summe (im Sinne der Funktion f_7) der Minterme ihrer einschlägigen Indizes, d.h. ist $I \subseteq \{0, \ldots, 2^n - 1\}$ die Menge der einschlägigen Indizes von f, so gilt

$$f = \sum_{i \in I} m_i,$$

und keine andere Minterm-Summe stellt f dar.

Beweis: Zu zeigen ist zweierlei: (1) Es existiert eine solche Darstellung, und (2) diese ist eindeutig.

Zu (1) (Existenz): Wir zeigen, daß die Funktionen f und $\sum_{i \in I} m_i$ für jedes Argument den gleichen Wert liefern: Sei dazu $j \in \{0, \ldots, 2^n - 1\}$ und $j_1 \ldots j_n$ die Dualdarstellung von j. Zwei Fälle sind zu unterscheiden:

(a) $f(j_1 \ldots j_n) = 1$: Hieraus folgt $j \in I$, d.h. j ist ein einschlägiger Index von f. Also kommt m_j in der Summe $\sum_{i \in I} m_i$ vor; somit gilt (nach obiger Bemerkung) $\sum_{i \in I} m_i = 1$.

(b) $f(j_1 \ldots j_n) = 0$: Hieraus folgt $j \notin I$, d.h. j ist kein einschlägiger Index von f. Dann kommt aber laut Voraussetzung m_j in $\sum_{i \in I} m_i$ nicht vor. Da nach obiger Bemerkung aber nur dieser Minterm den Wert 1 hätte beitragen können, folgt $\sum_{i \in I} m_i = 0$.

Zu (2) (Eindeutigkeit): Angenommen, es gibt zwei verschiedene Darstellungen von f durch Summen von Mintermen, d.h. es existieren $I, J \subseteq \{0, \ldots, 2^n - 1\}$ mit $I \neq J$ und

$$f = \sum_{i \in I} m_i = \sum_{j \in J} m_j \quad (*)$$

Wegen $I \neq J$ gibt es dann einen Index, etwa k, der in der einen, aber nicht in der anderen Menge liegt. Sei etwa $k \in I$ und $k \notin J$. Sei dann $k_1 \ldots k_n$ die Dualdarstellung von k, so gilt:

$$\sum_{i \in I} m_i(k_1, \ldots, k_n) = 1 \text{ da } k \in I$$

$$\sum_{j \in J} m_j(k_1, \ldots, k_n) = 0 \text{ da } k \notin J$$

Die beiden Summen stellen also verschiedene Funktionen dar, ein Widerspruch zu unserer Annahme $(*)$. $\triangledown$

Zu diesem Satz sind einige Bemerkungen angebracht:

1. In der in Satz 1.6 angegebenen Darstellung einer Booleschen Funktion ist zu jedem Argument höchstens ein Summand gleich 1 (nämlich der dem Argument entsprechende Minterm, falls das Argument einen einschlägigen Index darstellt). Dies werden wir später noch benutzen, um eine alternative Darstellung Boolescher Funktionen anzugeben (vgl. Satz 1.12).

2. Die in Satz 1.6 angegebene Darstellung heißt auch *disjunktive Normalform* (DNF) einer Booleschen Funktion.

3. Ist die darzustellende Boolesche Funktion f identisch 0, so ist die leere Summe von Mintermen die entsprechende DNF-Darstellung. (Allerdings läßt sich $f \equiv 0$ auch wie folgt schreiben: $f(x_1, \ldots, x_n) = x_1 \overline{x}_1$, was jedoch keine Mintermdarstellung ist.)

Für Beispiel 1.13 liefert Satz 1.6 folgendes:

$$
\begin{aligned}
f(x_1, x_2, x_3) &= m_3 + m_5 + m_7 \\
&= \overline{x}_1 x_2 x_3 + x_1 \overline{x}_2 x_3 + x_1 x_2 x_3
\end{aligned}
$$

Eine wichtige Folgerung aus diesem Satz, welche uns die weiter oben gestellte Frage nach möglichen „Grundbausteinen" für Boolesche Funktionen positiv beantwortet, ist:

Korollar 1.7 Jede n-stellige Boolesche Funktion ist mittels der zweistelligen Booleschen Funktionen $+$ und $\cdot$ sowie der einstelligen Funktion $^-$ darstellbar.

Die oben angegebenen ein- und zweistelligen Booleschen Funktionen reichen für weitere Betrachtungen also nicht nur völlig aus, sondern liefern bereits wesentlich mehr, als man tatsächlich benötigt. Daher wollen wir für solche „Funktionensysteme" eine eigene Bezeichnung einführen:

Definition 1.5 Ein System $\mathcal{B} = \{f_1, \ldots, f_n\}$ Boolescher Funktionen heißt (funktional) *vollständig*, wenn sich jede Boolesche Funktion allein durch Einsetzungen bzw. Kompositionen von Funktionen aus $\mathcal{B}$ darstellen läßt.

Damit lautet Korollar 1.7 kurz:

Korollar 1.8 $\{+, \cdot, ^-\}$ ist funktional vollständig.

Mit Hilfe der in Satz 1.4 (g) angegebenen de Morganschen Regeln erhält man daraus sofort:

Korollar 1.9 $\{+, ^-\}$ und $\{\cdot, ^-\}$ sind vollständig.

Beweis: $x \cdot y = \overline{\overline{x} + \overline{y}}$, $x + y = \overline{\overline{x} \cdot \overline{y}}$ $\triangledown$

Ebenso sieht man leicht ein, daß man in keinem dieser drei vollständigen Systeme auf $^-$ verzichten kann, da $^-$ nicht mittels $+$ und $\cdot$ „simulierbar" ist. Andererseits ist auch $^-$ nicht vollständig, jedoch werden wir in Abschnitt 2.1 andere einelementige vollständige Systeme kennenlernen (vgl. Satz 2.1).

Bevor wir diese Überlegungen zum Anlaß nehmen wollen, für $+$, $\cdot$ und $^-$ spezielle Schaltelemente einzuführen, wollen wir noch kurz auf eine zur DNF „duale" Darstellung Boolescher Funktionen eingehen.

Definition 1.6 Sei i ein Index von $f : B^n \to B$, und sei m_i der i-te Minterm von f. Dann heißt die Funktion
$$M_i : B^n \to B,$$
definiert durch
$$M_i(x_1, \ldots, x_n) := \overline{m_i(x_1, \ldots, x_n)}$$

i-*ter Maxterm* von f.

Wie bei Mintermen lassen wir auch bei Maxtermen die Argumente weg, wenn es der Zusammenhang erlaubt, so daß wir Definition 1.6 auch kurz wie folgt schreiben können: $M_i := \overline{m_i}$. In Beispiel 1.3 sind also z.B.

$$M_3 = \overline{\overline{x}_1 \cdot x_2 \cdot \overline{x}_3} = x_1 + \overline{x}_2 + \overline{x}_3$$

$$M_4 = \overline{x_1 \cdot \overline{x}_2 \cdot \overline{x}_3} = \overline{x}_1 + x_2 + x_3$$

In Analogie zu Mintermen gilt dann: Ein Maxterm M_i nimmt genau dann den Wert 0 an, wenn das Argument $(x_1 \ldots x_n)$ die Dualstellung von i ist. Damit beweist man leicht den folgenden Satz:

Satz 1.10 Jede Boolesche Funktion $f : B^n \to B$ ist eindeutig darstellbar als Produkt der Maxterme ihrer nicht einschlägigen Indizes.

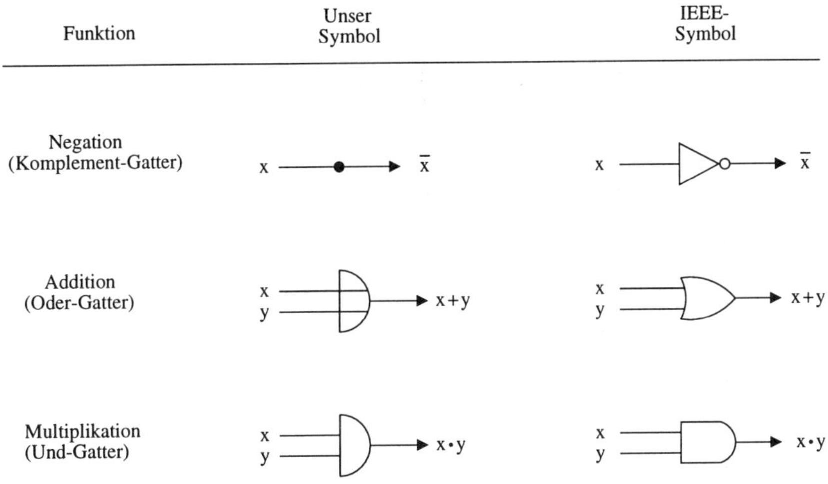

Funktion	Unser Symbol	IEEE-Symbol

Negation
(Komplement-Gatter)
$x \longrightarrow\bullet\longrightarrow \bar{x}$
$x \longrightarrow\!\!\triangleright\!\!\circ\longrightarrow \bar{x}$

Addition
(Oder-Gatter)
$x,y \longrightarrow x+y$
$x,y \longrightarrow x+y$

Multiplikation
(Und-Gatter)
$x,y \longrightarrow x\cdot y$
$x,y \longrightarrow x\cdot y$

Abbildung 1.3: Grundbausteine zur Realisierung Boolescher Funktionen.

Diese Darstellung heißt auch *konjunktive Normalform* (KNF) von f. Für Beispiel 1.13 liefert Satz 1.10:

$$\begin{aligned}
f(x_1 x_2 x_3) &= M_0 \cdot M_1 \cdot M_2 \cdot M_4 \cdot M_6 \\
&= (x_1 + x_2 + x_3) \cdot (x_1 + x_2 + \overline{x_3}) \cdot (x_1 + \overline{x_2} + x_3) \\
&\quad \cdot (\overline{x_1} + x_2 + x_3) \cdot (\overline{x_1} + \overline{x_2} + x_3)
\end{aligned}$$

Zählt man die in dieser Darstellung vorkommenden Operationen (19) und vergleicht diese Anzahl mit der in der weiter oben für die gleiche Funktion angegebenen DNF vorkommenden (10), so erhält man ein einfaches Kriterium für die Verwendung dieser Normalformen: Offensichtlich ist die DNF zu bevorzugen, wenn die Anzahl der einschlägigen Indizes kleiner ist als die Anzahl der nicht einschlägigen (wie in Beispiel 1.13); ansonsten verwende man die KNF.

1.4 Schaltnetze

Die Bedeutung der letzten Beobachtung wird sofort klar, wenn wir nun für die Operationen $+$, $\cdot$ und $^-$ Schaltelemente einführen und damit in der Lage sind, „schwarze Kästen", welche Boolesche Funktionen berechnen sollen, auszufüllen: Jedes Schaltelement verursacht „Kosten" (z.B. Materialkosten), und man wird natürlich bestrebt sein, solche Kosten niedrig zu halten.

Abbildung 1.3 zeigt gebräuchliche Symbole („Gatter") zur graphischen Darstellung der Booleschen Negation, Addition und Multiplikation im Zusammenhang mit Schaltungen. Wir zeigen in dieser Abbildung sowohl die von uns im folgenden verwendeten (einfacheren) Symbole als auch die vom Institute of Electrical and Electronics Engineers (IEEE) vorgeschlagenen (und speziell in der englischsprachigen Literatur häufig verwendeten) Symbole.

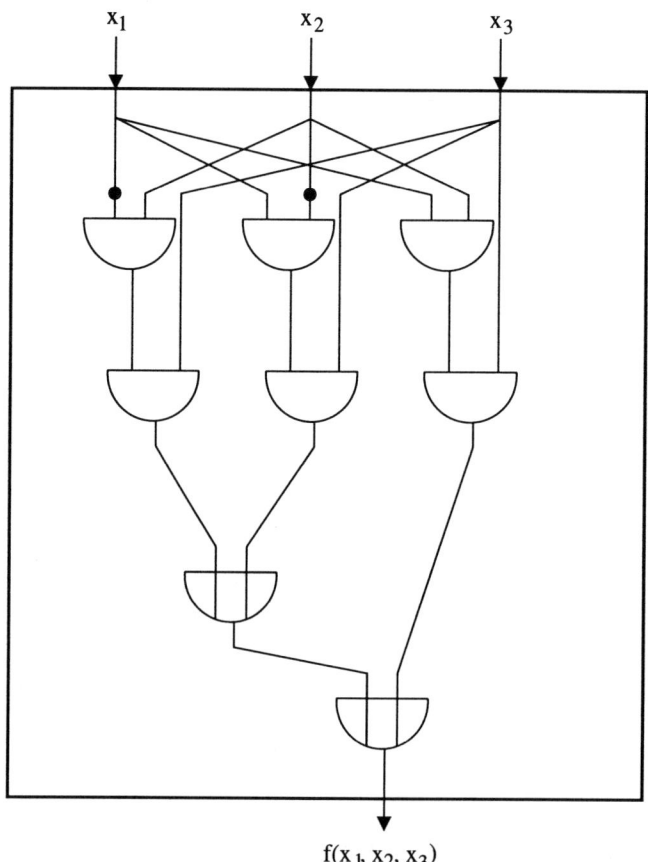

$$f(x_1, x_2, x_3)$$

Abbildung 1.4: Schaltung für die Boolesche Funktion aus Beispiel 1.13.

Werden solche Bausteine zusammengeschaltet, so spricht man von *Schaltnetzen*. Uns interessieren hier nicht die technischen Einzelheiten solcher Geräte, d.h. insbesondere nicht die Frage nach der Realisierung von Gattern bzw. Schaltnetzen durch Transistoren, Widerstände und Dioden, sondern wir unterstellen, daß sie uns als Bausteine zur Verfügung stehen, und wollen uns daher nur mit ihrem *logischen* Aufbau entsprechend der zugehörigen Booleschen Funktionen beschäftigen.

Die Sätze 1.6 bzw. 1.10 besagen also jetzt, daß jedes Gerät, dessen Arbeitsweise durch eine Boolesche Funktion beschrieben werden kann, durch ein Schaltnetz realisierbar ist, welches nur aus Invertern, Oder- und Und-Gattern besteht. Für Beispiel 1.13, d.h. die Funktion

$$f(x_1, x_2, x_3) = \overline{x}_1 x_2 x_3 + x_1 \overline{x}_2 x_3 + x_1 x_2 x_3,$$

sieht ein solches „Gerät" wie in Abbildung 1.4 gezeigt aus.

Damit haben wir erstmalig eine „Black Box" ausgefüllt, indem wir ein Schaltnetz für die sie beschreibende Boolesche Funktion angegeben haben. Zur Vereinfachung

Abbildung 1.5: Alternative Darstellung von Invertern.

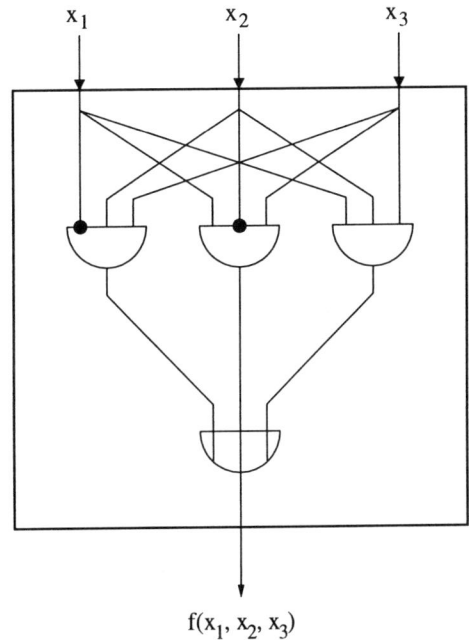

Abbildung 1.6: Alternative Schaltung für die Funktion aus Beispiel 1.13.

solcher Zeichnungen werden im allgemeinen Inverter direkt vor den entsprechenden Eingang eines nachfolgenden Und- oder Oder-Gatters gesetzt („integriert"), wie in Abbildung 1.5 angedeutet. Außerdem verwendet man auch Und- und Oder-Gatter mit mehr als zwei Eingängen. Das in Abbildung 1.4 gezeigte Schaltnetz würde damit die in Abbildung 1.6 gezeigte Form erhalten.

Von diesen Vereinfachungsmöglichkeiten werden wir im folgenden verschiedentlich Gebrauch machen. Kommen wir jedoch auf das erste, für dieses f angegebene Schaltnetz zurück: Jedem Operator, der in der DNF von f vorkommt, entspricht dort genau ein Gatter; insgesamt besteht das Schaltnetz aus 10 Gattern. Die in Beispiel 1.10 bereits angesprochene „Schaltzeit" eines solchen „Moduls" läßt sich nun besser als oben demonstrieren: Unter der Annahme, daß jedes Gatter nach 10 psec = 10^{-11} sec „geschaltet" hat, d.h. daß 10^{-11} sec nach Anlegen eines Inputs der entsprechende Output eines Gatters vorliegt, und infolge der Tatsache, daß jeder dreistellige Input 5 „Stufen" zu durchlaufen hat, liegt ein Funktionswert somit nach $5 \cdot 10^{-11}$ sec vor. Dies ist insofern idealisiert, als wir dabei die Zeit vernachlässigt haben, die ein Signal benötigt, einen Leitungsweg (von einem Input oder einem Gatter zu einem anderen Gatter) zurückzulegen. Für unsere Betrachtungen kann dieser Fehler in Kauf genommen werden, da er prinzipiell keine Veränderung des Ergebnisses bewirkt. Es sei jedoch an dieser Stelle darauf hingewiesen, daß in der Praxis die Länge von Verbindungsdrähten durchaus eine Rolle spielt. Ein Signal kann eine Leitung höchstens mit Lichtgeschwindigkeit durchlaufen, d.h. mit einer Geschwindigkeit von

$$3 \cdot 10^5 \, \frac{\text{km}}{\text{sec}} = 0,3 \cdot 10^{12} \, \frac{\text{mm}}{\text{sec}} = 0,3 \, \frac{\text{mm}}{\text{psec}}.$$

Deshalb können sich z.B. Signale innerhalb einer Picosekunde grundsätzlich nicht über einen Chip mit einer Längenausdehnung von 1 mm ausbreiten.

Als nächstes wollen wir eine formale Definition eines Schaltnetzes angeben. Dazu kommen wir zurück auf den weiter oben eingeführten Begriff des Graphen, den wir nun durch Auszeichnung von Richtungen wie folgt abändern: Sei P eine endliche Punktmenge und $K \subseteq P \times P$ eine (beliebige) Relation über P. Dann heißt $G :=$ (P, K) ein *gerichteter Graph* mit der Punktmenge P und der Menge K von gerichteten Kanten. Die weiter oben gegebene Definition eines Weges in G kann offensichtlich ohne Änderungen auf gerichtete Graphen übertragen werden, und wir bezeichnen einen Weg als Kreis oder *Zykel*, falls sein Anfangs- und Endpunkt übereinstimmen.

Definition 1.7 Ein *Schaltnetz* ist ein gerichteter, zykelfreier Graph (engl.: <u>D</u>irected <u>A</u>cyclic <u>G</u>raph; kurz: DAG). Als *Input* (eines Schaltnetzes) bezeichnet man die Punkte in einem DAG, in die keine Kante hineinführt, und entsprechend als *Output* die Punkte, aus denen keine Kante herausführt.

Das erste der oben angegebenen Schaltnetze für die Boolesche Funktion aus Beispiel 1.13 (vgl. Abbildung 1.4) entspricht dem in Abbildung 1.7 gezeigten DAG. Von jedem Input gehen in diesem Beispiel drei Kanten aus, was in den bisher gezeigten Schaltnetzen der Auffächerung eines jeden x_i in drei Signale entspricht. Die hierfür übliche Bezeichnung ist *Fan-Out*: Jeder Input hat (hier) einen Fan-Out von 3, und kein anderer Punkt (bzw. Gatter) hat einen Fan-Out (was jedoch unter Umständen durchaus zugelassen ist).

Markiert man in einem solchen DAG — wie oben geschehen — alle Punkte, welche nicht Input sind, mit den Symbolen der ihnen zugeordneten Booleschen Funktion, so spricht man von einem *Operator-Schaltnetz*, anderenfalls von einem *Verbindungsnetz*.

Warum man in Definition 1.7 Zykelfreiheit fordert, soll das durch Abbildung 1.8 illustrierte Beispiel erläutern: Die dort gezeigte simple Schaltung enthält einen Zykel, d.h. einen Kantenzug, der in sich zurückläuft. Sei $x = 0$. Liegt nun in der rechten Schleife eine 0 an, erhält z den Wert 1; dann liegt aber am rechten Eingang diese 1 an und z erhält den Wert 0 usw., d.h. die Schaltung zeigt ein instabiles Verhalten (man spricht auch von einer „Flimmerschaltung") und ist damit für die Praxis unbrauchbar.

Satz 1.11 Jeder (nichtleere) DAG (mit endlich vielen Punkten) hat mindestens einen Input und mindestens einen Output.

Beweis: Sei $G = (P, K)$ ein DAG mit $P \neq \emptyset$, $\mid P \mid < \infty$. Angenommen, G hat keinen Input. Sei dann p_1 ein beliebiger Punkt von G, so hat dann p_1 (mindestens) einen Vorgänger p_2. p_2 hat wiederum (mindestens) einen Vorgänger p_3 usw. Da G endlich ist und laut Annahme in jeden Punkt (mindestens) eine Kante hineinführt,

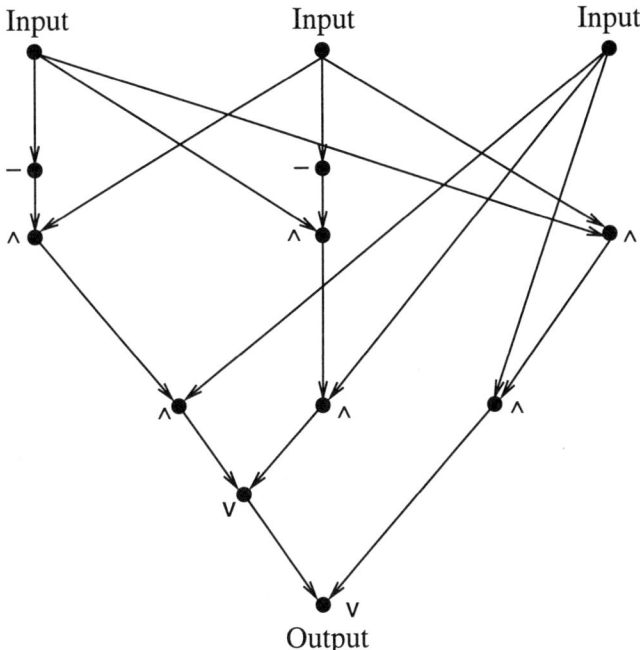

Abbildung 1.7: DAG zum Schaltnetz aus Abbildung 1.4.

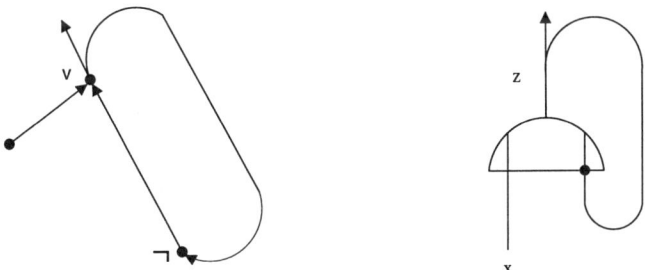

Abbildung 1.8: Flimmerschaltung.

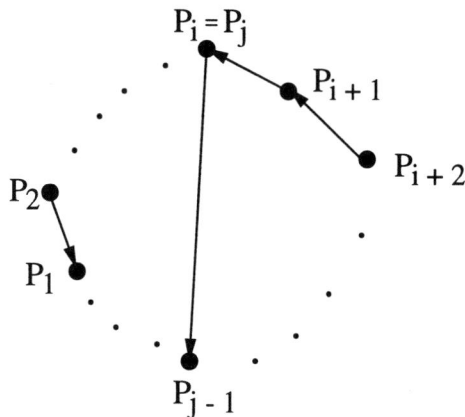

Abbildung 1.9: Zum Beweis von Satz 1.11.

gilt irgendwann $p_i = p_j$ für $i < j$, d.h. es liegt die in Abbildung 1.9 gezeigte Situation vor. Damit enthält G also einen Zykel, im Widerspruch zur Voraussetzung. Völlig analog zeigt man durch Konstruktion eines Nachfolgerzykels, daß G (mindestens) einen Output besitzt. $\triangledown$

Wir bemerken bereits an dieser Stelle, daß Schaltnetze heute als Chips oder integrierte Schaltungen realisiert werden, bei welchen große Anzahlen von Gattern und Verbindungsleitungen zwischen diesen aus Halbleitern auf einer sehr kleinen Fläche konstruiert werden. Die dabei verwendeten Konstruktionsmethoden und Technologien erlegen dem Entwurf effizienter Schaltungen eine Reihe von Beschränkungen auf, auf welche wir kurz eingehen wollen:

1. Geschwindigkeit:
   Jedes Gatter hat, wie bereits erwähnt, eine gewisse *Verzögerung* bzw. Schaltzeit, welche zwischen der Aktivierung der Inputs und dem Bereitstehen des Outputs vergeht. Diese Zeit kann für einzelne Gatter im Bereich weniger Picosekunden liegen; die Verzögerung eines Schaltnetzes hängt jedoch davon ab, wieviele Stufen von Gattern Inputsignale insgesamt zu durchlaufen haben. Eine dreistufige Schaltung ist daher im allgemeinen langsamer als eine zweistufige. Generell wird man versuchen, Schaltungen mit möglichst wenigen Stufen zu realisieren.

2. Größe:
   Die Herstellungskosten eines Schaltnetzes sind im wesentlichen proportional zur Anzahl der verwendeten Gatter, so daß eine geringe Gatteranzahl erstrebenswert ist. Diese Anzahl wiederum beeinflußt die Chip-Fläche und damit die Schaltgeschwindigkeit: Kleine Schaltungen sind i. a. schneller als große. Je größer ein Chip wird, desto höher ist auch die Wahrscheinlichkeit, daß sich bei seiner Herstellung Produktionsfehler einschleichen; außerdem erfordern große Chips längere Verbindungen zwischen ihren Schaltelementen.

3. Fan-In/Out:
   Wie oben erwähnt, heißt die Anzahl der Inputs, mit denen der Output eines

Gatters verbunden ist, *Fan-Out*; analog heißt die Anzahl der Inputs eines Gatters *Fan-In*. Gatter mit hohem Fan-In oder hohem Fan-Out sind im allgemeinen langsamer als solche mit geringem Fan-In/Out. Zu bevorzugen sind also Schaltungen, deren Gatter einen kleinen Fan-In/Out haben. Außerdem muß man eventuell einen sehr hohen Fan-Out durch „Treiberschaltungen" verstärken.

Die gerade genannten Entwurfsziele großer Schaltungen (möglichst wenig Schaltungsstufen, möglichst wenig Gatter bzw. kleine Fläche, geringer Fan-In/Out) sind nicht immer gleichzeitig erreichbar.

1.5 Ringsummendarstellung Boolescher Funktionen

Weiter oben haben wir (funktional) vollständige Systeme von Booleschen Funktionen kennengelernt (Korollare 1.8, 1.9), welche auf die Negation nicht verzichten konnten. Wir werden nun ein System angeben, welches ohne diese auskommt. Dazu kommen wir wieder auf die DNF-Darstellung einer Booleschen Funktion zurück: Sei $f : B^n \to B$, und sei I die Menge der einschlägigen Indizes von f, so gilt nach Satz 1.6:

$$f = \sum_{i \in I} m_i.$$

Wir haben bereits bemerkt, daß ein Minterm m_i genau dann den Wert 1 annimmt, wenn sein Argument die Dualdarstellung von i liefert. Daraus erhält man:

Satz 1.12 *(Ringsummen-Normalform, RNF)* Sei $f : B^n \to B$ und $I = \{\alpha_1, \ldots, \alpha_k\}$ die Menge der einschlägigen Indizes von f. Dann gilt:

$$f = m_{\alpha_1} \oplus m_{\alpha_2} \oplus \ldots \oplus m_{\alpha_k}$$

(Dabei ist $\oplus$ die aus Beispiel 1.12 bekannte Funktion f_6, die Antivalenz oder XOR, welche man auch als Ringsumme bezeichnet.)

Beweis: f liege in DNF vor, d.h.

$$f = \sum_{i=1}^{k} m_{\alpha_i}.$$

Sei nun $x \in B^n$. Wir unterscheiden 2 Fälle:

(a) $f(x) = 0 \Rightarrow$ alle Summanden sind gleich 0

(b) $f(x) = 1 \Rightarrow$ genau ein Summand ist gleich 1, nämlich derjenige, dessen Index α_i die Dualdarstellung von x ist.

Daraus folgt die Behauptung, da eine Ringsumme genau dann den Wert 1 annimmt, wenn eine ungerade Anzahl von Summanden gleich 1 ist. ▽

Korollar 1.13 $\{\oplus, \cdot, ^-\}$ ist funktional vollständig.

Bevor wir ein vollständiges System ohne Negation angeben, stellen wir einige Eigenschaften der Ringsumme ohne Beweis zusammen:

Satz 1.14 Für alle $x, y, z \in B$ gilt:
(a) $x \oplus 1 = \bar{x}$, $x \oplus 0 = x$
(b) $x \oplus x = 0$, $x \oplus \bar{x} = 1$
(c) $x \oplus y = y \oplus x$ (Kommutativität)
(d) $x \oplus (y \oplus z) = (x \oplus y) \oplus z$ (Assoziativität)
(e) $x \cdot (y \oplus z) = x \cdot y \oplus x \cdot z$ (Distributivität bzgl. $\cdot$)
(f) $0 \oplus 0 \oplus \ldots \oplus 0 = 0$
(g) $\underbrace{1 \oplus 1 \oplus \ldots \oplus 1}_{n-\text{mal}} = \begin{cases} 1 & \text{falls } n \text{ ungerade} \\ 0 & \text{falls } n \text{ gerade} \end{cases}$

Satz 1.15 *(Komplementfreie Ringsummenentwicklung nach Reed und Muller 1954)*
Jede Boolesche Funktion $f : B^n \to B$ ist eindeutig darstellbar als Polynom (Multinom) in den Variablen $x_1, \ldots, x_n$ mit Koeffizienten $a_0, \ldots, a_{1\ldots n} \in B$ wie folgt:

$$
\begin{aligned}
f = \quad & a_0 \\
& \oplus a_1 x_1 \oplus a_2 x_2 \oplus \ldots \oplus a_n x_n \\
& \oplus a_{12} x_1 x_2 \oplus \ldots \oplus a_{n-1,n} x_{n-1} x_n \\
& \quad\vdots \\
& \oplus a_{1\ldots n} x_1 x_2 \ldots x_n.
\end{aligned}
$$

Beweis:

(a) Existenz der Darstellung:
f liege in DNF vor, d.h. $f = \sum_{i=1}^{k} m_{\alpha_i}$, wobei $I = \{\alpha_1, \ldots, \alpha_k\}$ die Menge der einschlägigen Indizes von f sei. Nach Satz 1.12 erhält man daraus die RNF-Darstellung von f, indem man jeweils $+$ durch $\oplus$ ersetzt:

$$f = m_{\alpha_1} \oplus \ldots \oplus m_{\alpha_k}$$

In den Mintermen dieser Darstellung kann nur noch die Negation vorkommen, die gemäß Satz 1.14 (a) eliminiert wird. Sodann liefert eine wiederholte Anwendung der Regeln (e), (g) und (b) das Gewünschte. (Wir geben weiter unten ein Beispiel an.)

(b) Eindeutigkeit der Darstellung:
Angenommen, es gibt zwei verschiedene Darstellungen von f der oben genannten Form, d.h.

$$
\begin{aligned}
f &= a_0 \oplus a_1 x_1 \oplus \ldots \oplus a_{1\ldots n} x_1 \ldots x_n \\
&= b_0 \oplus b_1 x_1 \oplus \ldots \oplus b_{1\ldots n} x_1 \ldots x_n
\end{aligned}
$$

Nach den Rechenregeln aus Satz 1.14 gilt dann:

$$
\begin{aligned}
0 &= f \oplus f \\
&= [a_0 \oplus \ldots \oplus a_{1\ldots n} x_1 \ldots x_n] \oplus [b_0 \oplus \ldots \oplus b_{1\ldots n} x_1 \ldots x_n] \\
&= (a_0 \oplus b_0) \oplus (a_1 \oplus b_1) x_1 \oplus \ldots \oplus (a_{1\ldots n} \oplus b_{1\ldots n}) x_1 \ldots x_n
\end{aligned}
$$

Da die Darstellungen verschieden sein sollen, müssen sich die Koeffizienten für mindestens einen Summanden unterscheiden, so daß für diesen Summanden die entsprechende Klammer den Wert 1 erhält. Wir wählen den *ersten* solchen Summanden, der durch den Koeffizientenindex $i_1 \ldots i_k$ beschrieben sei, und betrachten die letzte Gleichung für das folgende n-Tupel von Variablen-Werten:

$$x_{i_1} = x_{i_2} = \ldots = x_{i_k} = 1, \text{ alle anderen } x_{i_j} = 0.$$

Dann gilt:

1. $(a_{i_1 \ldots i_k} \mathbin{\oplus} b_{i_1 \ldots i_k}) x_{i_1} \ldots x_{i_k} = 1$.

2. Alle *vor* diesem Summanden stehenden Ausdrücke sind gleich 0, da laut Konstruktion bei diesen die Koeffizienten übereinstimmen;

3. alle *hinter* diesem Summanden stehenden Ausdrücke sind gleich 0, da in diesen jeweils mindestens ein x_{i_j} den Wert 0 hat.

Hieraus folgt $0 = f \mathbin{\oplus} f = (a_{i_1 \ldots i_k} \mathbin{\oplus} b_{i_1 \ldots i_k}) x_{i_1} \ldots x_{i_k} = 1$, ein Widerspruch.

Damit folgt die Behauptung. $\triangledown$

Beispiel 1.13 (Fortsetzung) An diesem mittlerweile bekannten Beispiel vollziehen wir die in Teil (a) des Beweises angegebene Konstruktion nach:

$$
\begin{aligned}
f &= \overline{x}_1 x_2 x_3 + x_1 \overline{x}_2 x_3 + x_1 x_2 x_3 \\
&= \overline{x}_1 x_2 x_3 \mathbin{\oplus} x_1 \overline{x}_2 x_3 \mathbin{\oplus} x_1 x_2 x_3 \\
&= (x_1 \mathbin{\oplus} 1) x_2 x_3 \mathbin{\oplus} x_1 (x_2 \mathbin{\oplus} 1) x_3 \mathbin{\oplus} x_1 x_2 x_3 \\
&= x_1 x_2 x_3 \mathbin{\oplus} x_2 x_3 \mathbin{\oplus} x_1 x_2 x_3 \mathbin{\oplus} x_1 x_3 \mathbin{\oplus} x_1 x_2 x_3 \\
&= x_1 x_3 \mathbin{\oplus} x_2 x_3 \mathbin{\oplus} x_1 x_2 x_3
\end{aligned}
$$

Also gilt:

$$a_0 = 0 = a_1 = a_2 = a_3, \ a_{12} = 0, \ a_{13} = a_{23} = 1, \ a_{123} = 1$$

$\square$

Als Korollar aus Satz 1.15 erhalten wir das weiter oben angekündigte funktional vollständige System Boolescher Funktionen ohne Negation:

Korollar 1.16 : $\{\mathbin{\oplus}, \cdot, 1\}$ ist funktional vollständig.

1.6 Übungen

1.1 Man beweise Satz 1.1, d.h. man zeige die *Existenz* einer solchen Darstellung (konstruktiv, unter Verwendung der analytischen Konvertierungsmethode, vgl. Beispiel 1.3 (a)) und deren *Eindeutigkeit* (durch einen Widerspruchsbeweis).

1.2 Man beweise Satz 1.3.

1.3 Man zeige, daß jede natürliche Zahl z eine Darstellung der folgenden Form besitzt:

$$(a)\ z = \sum_{i=1}^{N} z_i \cdot i!\ \text{mit}\ 0 \le z_i \le i,$$

$$(b)\ z = \sum_{i=0}^{N} z_i(-b)^i\ \text{mit}\ 0 \le z_i < b$$

1.4 Man stelle Additions- und Multiplikationstabellen für das Dual-, Oktal- und Hexadezimalsystem auf.

1.5 Man vervollständige den Beweis von Satz 1.4.

1.6 Man zeige mittels der aus Abschnitt 1.2 bekannten Gesetze, daß in jeder Booleschen Algebra folgende Gleichung gilt:

$$(a \cup b) \cap (b \cup c) \cap (c \cup a) = (a \cap b) \cup (b \cap c) \cup (a \cap c)$$

1.7 Man zeige:

   (a) In jeder Booleschen Algebra mit mehr als einem Element sind die Elemente 0 und 1 verschieden.

   (b) Es gibt keine Boolesche Algebra mit einer dreielementigen Grundmenge.

1.8 Man beweise Satz 1.10.

1.9 Sei $x \sim y := x \cdot \overline{y}$. Man zeige oder widerlege:
   (a) $x + y = x + (y \sim x)$
   (b) $x \cdot y = x \sim (x \sim y)$
   (c) $x \cdot (y \sim z) = (x \cdot y) \sim (x \cdot z)$
   (d) $x + (y \sim z) = (x + y) \sim (x + z)$.

1.10 Sei $I = \{0, \ldots, 15\}$. Jedes $i \in I$ kann dann durch eine vierstellige Dualzahl $d(i)$ dargestellt werden. Man entwerfe ein Schaltnetz für einen Ringzähler modulo 16, der durch folgende Schaltfunktion beschreibbar ist:

$$\Re : B^4 \to B^4$$

$$\Re(d(i)) := d(i + 1 \bmod 16),$$

d.h. man fülle den in Abbildung 1.10 gezeigten „schwarzen Kasten" aus.

1.11 Man beweise Satz 1.14.

1.12 Man entwerfe ein Schaltnetz, welches zwei zweistellige Dualzahlen multipliziert.

1.13 Man bestimme die DNF, die RNF und die KNF der in Tabelle 1.6 gegebenen Funktion.

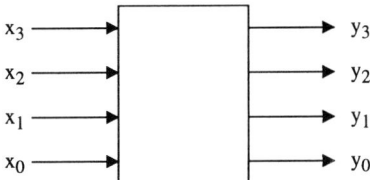

Abbildung 1.10: „Schwarzer Kasten" zu Aufgabe 1.10.

Tabelle 1.6: Boolesche Funktion zu Aufgabe 1.13.

x_1	x_2	x_3	x_4	f
0	0	0	0	1
0	0	0	1	0
0	0	1	0	0
0	0	1	1	0
0	1	0	0	1
0	1	0	1	1
0	1	1	0	1
0	1	1	1	0
1	0	0	0	0
1	0	0	1	1
1	0	1	0	0
1	0	1	1	0
1	1	0	0	1
1	1	0	1	1
1	1	1	0	1
1	1	1	1	1

1.14 Gegeben sei die Boolesche Funktion $f : B^3 \to B$ mit

$$f(x_1, x_2, x_3) = x_1 x_2 (\overline{x}_3 + \overline{x}_1) + x_3 (\overline{x}_3 x_2 + x_1 x_2) + x_1 x_2 \overline{x}_3 + \overline{x}_2 (x_3 x_1 + x_2)$$

Man leite DNF, KNF und RNF von f her.

1.15 Sei $f : B^n \to B$ eine Boolesche Funktion und $a \in B$. Weiter sei

$$f(x_i/a) := f(x_1 \ldots x_{i-1}, a, x_{i+1}, \ldots, x_n),$$

d.h. $f(x_i/a)$ entsteht aus f durch *feste* Belegung der Variablen x_i mit dem Wert $a \in B$. Man zeige, daß sich jede Boolesche Funktion $f : B^n \to B$ wie folgt darstellen läßt:

$$f(x_1, \ldots, x_n) = x_1 \cdot f(x_1/1) + \overline{x}_1 \cdot f(x_1/0)$$

1.16 Die untenstehende Figur wird durch die Knotenmenge $\{v_1, v_2, v_3, v_4\}$ und die zwischen den Knoten verlaufenden Kanten definiert. Eine *Teilfigur* entsteht durch Wegnahme einer (beliebigen) Teilmenge der eingezeichneten Kanten k_1, k_2, ..., k_6, wobei die Knoten bestehen bleiben.

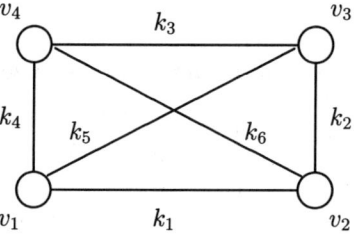

(a) Wieviele Teilfiguren gibt es; wie wird eine Teilfigur als Bitstring codiert?

(b) Man gebe Boolesche Funktionen in DNF oder KNF an, die dem Code einer Teilfigur genau dann eine 1 zuordnen, wenn die Teilfigur

    (i) kreuzungsfrei ist,

    (ii) höchstens drei Kanten hat und jede der vier Ecken an einer Kante hängt, also nicht isoliert ist,

    (iii) vier Kanten hat, von denen drei ein Knotendreieck bilden.

1.7 Bibliographische Hinweise

Weitere Einzelheiten zu den hier beschriebenen Darstellungen natürlicher Zahlen findet der Leser z.B. bei Schneider (1985). Die in Beispiel 1.3 erläuterten Verfahren der analytischen bzw. synthetischen Konvertierung können bei jeder Transformation einer Zahl zu einer Basis b in eine Zahl zu einer Basis b' angewandt werden. Schneider (1985) geht auch auf Arithmetik im Dual-, Oktal- und Hexadezimalsystem ein.

Wie in Abschnitt 1.2 erwähnt, wurde die „Struktur" B zuerst von George Boole untersucht; als eines seiner Hauptwerke sei dazu Boole (1854) genannt. Für weitere Einzelheiten zur Booleschen Algebra vergleiche der Leser ferner Lyndon (1964).

Für die Boolesche Funktion Xor findet man in der Literatur auch häufig das Symbol $\oplus$ anstelle von $\leftrightarrow$; man vergleiche etwa die Darstellung von Savage (1976). Diese Quelle beschreibt neben den Normalformen DNF, KNF und RNF auch die hier verwendeten Schaltnetze zur Realisierung Boolescher Funktionen; darüber hinaus untersuchen Savage (1976), Wegener (1987) und Papadimitriou (1994) Boolesche Funktionen ausführlich aus komplexitätstheoretischer Sicht.

Weitere Einzelheiten zu Schaltnetzen aus konzeptioneller Sicht, aber auch zu deren technischer Realisierung (durch diskrete Bauelemente oder auf einem integrierten Modul) entnehme man z.B. Tanenbaum (1999) oder Katz (1994).

Kapitel 2

Spezifische Schaltnetze und ihre Verbesserung (Optimierung)

In Kapitel 1 haben wir Möglichkeiten kennengelernt, das „Innenleben" einer Black Box, deren Verhalten durch eine Boolesche Funktion beschreibbar ist, aus einfachen Grundgattern für die Operatoren $+$, $\cdot$ und $^-$ aufzubauen. Allgemeine Prinzipien zur Synthese von Schaltnetzen lieferten die verschiedenen Darstellungssätze, bei denen es sich allerdings um eher theoretische Hilfsmittel handelt. In diesem Kapitel werden wir Entwurfsverfahren kennenlernen, mit deren Hilfe man in speziellen Situationen zu einfacheren Schaltnetzen gelangt als über die verschiedenen Normalformen. Daneben stellen wir eine Reihe von Standardbausteinen vor, mit welchen sich Boolesche Funktionen realisieren lassen. Von besonderer Bedeutung, auch für später anzustellende Überlegungen, sind dabei Addiernetze; für diese betrachten wir unter anderem das Problem der schnellen Berechnung eines Additionsübertrags und damit das Problem der Beschleunigung. Außerdem werden wir Fragen der Vereinfachung und Fehlerdiagnose von Schaltnetzen behandeln und das Phänomen der Hasards vorstellen.

2.1   Entwurf von Schaltnetzen: Vorüberlegungen

Zum Entwurf von Schaltnetzen beschreiben wir zwei unterschiedliche Techniken: Beim *Bottom-Up-Entwurf* werden komplexe Schaltungen aus elementaren Bausteinen sukzessive zusammengesetzt. Ein *Top-Down-Entwurf* beginnt mit einer Zerlegung der gesamten Entwurfsaufgabe in wohldefinierte Teilaufgaben, welche unter Umständen mehrfach weiter verfeinert werden; die gewünschte Schaltung ergibt sich aus einer Realisierung der Komponenten der feinsten Verfeinerungsstufe.

Die Idee des Bottom-Up-Entwurfs findet bereits dann Anwendung, wenn aus den in Kapitel 1 eingeführten Gattern komplexere Schaltungen aufgebaut werden. Diese können dann ihrerseits als neue „Grundbausteine" betrachtet und verwendet werden. Ein solches Zusammenfassen gewisser Module zu neuen bezeichnet man als *„Integration"*, und es sei darauf hingewiesen, daß heute nahezu jeder (auch hoch integrierte)

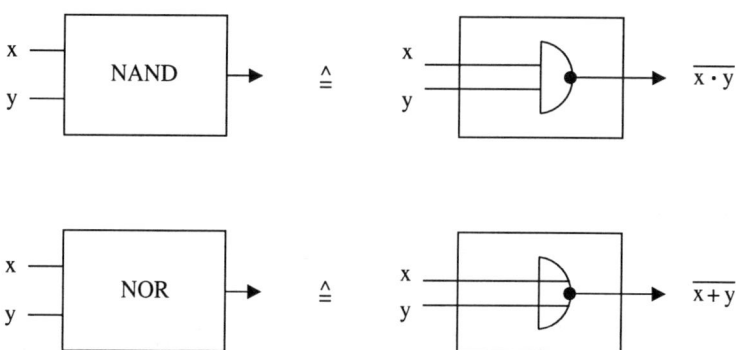

Abbildung 2.1: Repräsentation von Nand und Nor durch elementare Gatter.

Baustein als Chip kurzfristig herzustellen ist. Auf einem Chip können heute sogar viele tausend Bauteile untergebracht werden, was im allgemeinen als VLSI (Very Large Scale Integration) bezeichnet wird (vgl. Kapitel 7).

Wir geben zunächst einfache Beispiele für derartige „höher integrierte" Bausteine und damit für den Bottom-Up-Entwurf an und kommen dazu auf den Vollständigkeitsbegriff aus Definition 1.5 zurück: In Beispiel 1.12 findet man die Funktionstafeln für die zweistelligen Booleschen Funktionen NAND (f_{14}, Shefferscher Strich, $\uparrow$) und NOR (f_8, Peircescher Pfeil, $\downarrow$). Es gilt nun:

Satz 2.1 $\{\uparrow\}$ und $\{\downarrow\}$ sind funktional vollständig.

Beweis: Wir führen den Beweis nur für „$\uparrow$"; für „$\downarrow$" verläuft er völlig analog (vgl. Aufgabe 2.9). Zu zeigen ist, daß *jede* Boolesche Funktion allein durch Nand dargestellt werden kann. Da nach Korollar 1.9 bereits $\{+, {}^-\}$ als vollständig bekannt ist, reicht es, für diese Funktionen Nand-Darstellungen anzugeben:

$$
\begin{aligned}
\overline{x} &= x \uparrow x \\
x + y &= (x \uparrow x) \uparrow (y \uparrow y) \qquad \bigtriangledown
\end{aligned}
$$

Korollar 2.2 Als neue „Grundbausteine" erhalten wir die in Abbildung 2.1 gezeigten Nand- bzw. Nor-Gatter.

Einer dieser beiden Bausteine reicht also prinzipiell aus, um *jede* Boolesche Funktion durch eine Schaltung zu realisieren.

Als nächstes kommen wir, als weiteres Beispiel für den Bottom-Up-Entwurf, auf Beispiel 1.9 zurück und wollen für das dort geschilderte Problem spezielle Lösungsbausteine entwerfen: Gesucht ist ein Schaltnetz zur Realisierung der Booleschen Funktion e, welches also zu 10 gegebenen Inputs entscheidet, ob der dadurch codierte Graph einen Euler-Kreis besitzt oder nicht. Zur Lösung ziehen wir das aus der Graphentheorie bekannte „Euler-Kriterium" heran: Ein (zusammenhängender) Graph besitzt einen Euler-Kreis genau dann, wenn jeder Punkt des Graphen einen geraden Grad hat. (Dabei ist der Grad eines Punktes gleich der Anzahl der Kanten, die an ihm zusammentreffen.)

Tabelle 2.1: Klassifikation von Graphen mit 5 Punkten und Euler-Kreis.

Typ	Ecke	1	2	3	4	5
a		2	2	2	2	2
b		4	2	2	2	2
c		4	4	2	2	2
d		4	4	4	4	4

Da wir nur Graphen mit 5 Punkten betrachten, welche zusätzlich als zusammenhängend vorausgesetzt werden (insbesondere hat damit keine Ecke den Grad 0), kommen hier nur die Gradzahlen 2 und 4 in Frage. Daher können wir uns leicht eine Übersicht über alle Graphen mit 5 Punkten verschaffen, die einen Euler-Kreis besitzen. Wir geben dazu die Gradzahl jeder Ecke in Tabelle 2.1 an. In dieser Tabelle bedeutet z.B. Zeile 1, daß alle Ecken den Grad 2 haben; ein solcher Graph (vom Typ a) hat die in Abbildung 2.2 (a) gezeigte Gestalt. Entsprechend bedeutet Zeile 2, daß eine Ecke den Grad 4 hat und alle anderen den Grad 2 (vgl. Abbildung 2.2 (b)). Man beachte, daß es in diesen Fällen wie auch bei (c) und (d) jeweils mehrere Graphen gibt, welche diese Gestalt haben, denn mit jeder neuen Numerierung der Ecken erhält man im Prinzip einen neuen Graphen. Für (c) und (d) erhält man analog zu oben die in Abbildung 2.2 (c) bzw. (d) gezeigten Gestalten.

Man sieht unmittelbar, daß in Tabelle 2.1 die Zeilen $(4, 4, 4, 2, 2)$ und $(4, 4, 4, 4, 2)$ nicht auftreten können. Wir erläutern dies nur für die erste dieser beiden (für die andere verläuft die Argumentation völlig analog): Haben in einem Graph mit 5 Punkten 3 Ecken den Grad 4, d.h. sie sind mit allen anderen Punkten verbunden, so liegt mindestens die in Abbildung 2.2 (e) gezeigte Situation vor; also haben die verbleibenden Ecken mindestens den Grad 3.

Für das zu entwerfende Schaltnetz bedeuten diese Betrachtungen: Einerseits reicht es zu testen, ob ein gegebener Input das Euler-Kriterium bzw. die spezifischen Folgerungen daraus für Graphen mit 5 Punkten erfüllt, andererseits können die oben genannten „unmöglichen" Fälle mit in den Entwurf einbezogen werden, da entsprechende Inputs nicht auftreten können. Die Hinzunahme dieser Fälle aber bedeutet, daß zu einem Input bestehend aus 10 Bits lediglich zu testen ist, ob jede Ecke des Graphen Grad 2 oder 4 hat. Dazu entwerfen wir einen neuen Baustein mit der in Abbildung 2.3 gezeigten Bezeichnung, welcher eine 1 als Output liefern soll, wenn der Grad der Ecke i gleich 2 oder 4 ist. Für die Ecke 1 geben wir diesen Baustein explizit an:

Ecke 1 hat Grad 2 oder 4

$\Longleftrightarrow$ G enthält die Kanten $(k_1$ und k_2 und nicht $k_3 \ldots$ und nicht $k_A)$

oder $(k_1$ und $k_3 \ldots)$

oder $(k_1$ und $k_4 \ldots)$

oder $(k_2$ und $k_3 \ldots)$

oder $(k_2$ und $k_4 \ldots)$

oder $(k_3$ und $k_4 \ldots)$

oder $(k_1$ und k_2 und k_3 und $k_4 \ldots)$

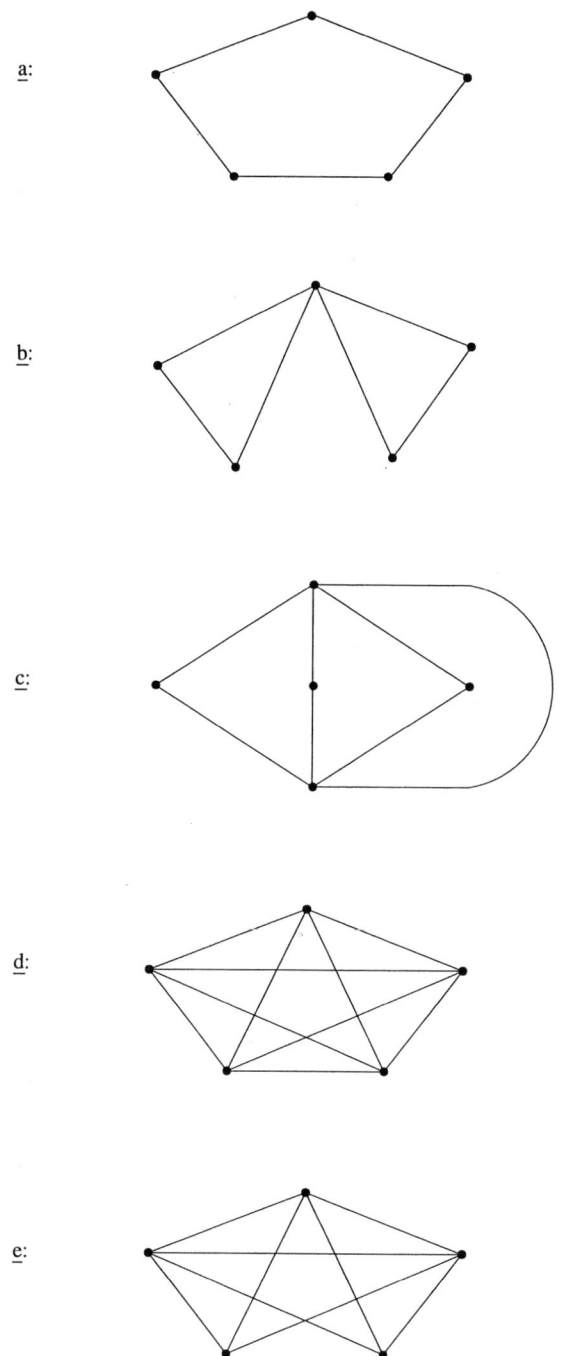

Abbildung 2.2: (a)–(d) Graphen mit 5 Punkten, welche einen Euler-Kreis enthalten; (e) enthält keinen Euler-Kreis.

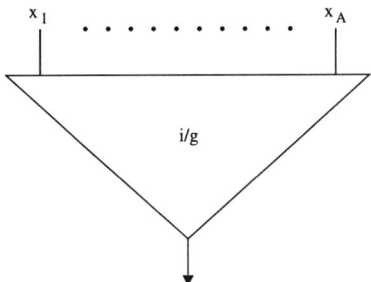

Abbildung 2.3: Symbol für Baustein zum Test einer Ecke auf geraden Grad.

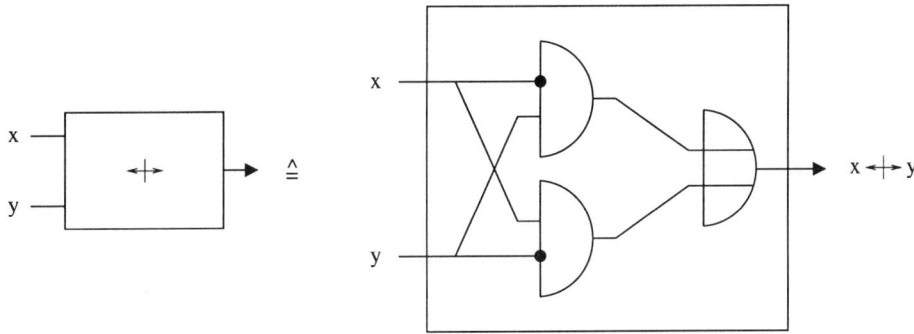

Abbildung 2.4: Baustein zur Realisierung von ⫠.

$\Longleftrightarrow$ die Anzahl der Einsen im „Input-Bereich" $x_1, \ldots, x_4$ ist positiv
und gerade

$\Longleftrightarrow \overline{x_1 \oplus x_2 \oplus x_3 \oplus x_4} \wedge (x_1 \vee x_2 \vee x_3 \vee x_4)$

Für ⫠ setzen wir bereits einen eigenen Baustein ein, welcher in Abbildung 2.4 gezeigt
ist. Wie in Kapitel 1 bereits erwähnt, fassen wir auch jetzt identische Bausteine mit
2 Eingängen (unter Verwendung des Assoziativgesetzes; hier Satz 1.14 (d)) zu einem
Bauteil mit mehreren Eingängen zusammen, so daß wir die in Abbildung 2.5 gezeigte
Darstellung erhalten (zur Vereinfachung versehen wir alle Bauteile mit 10 Inputs).
Mit Hilfe dieses neuen Bausteins erhalten wir nun sofort das gesuchte Schaltnetz,
welches in Abbildung 2.6 gezeigt ist.

2.2 Multiplexer und andere Bausteine zur Realisierung Boolescher Funktionen

Als Alternative zu der im letzten Abschnitt beschriebenen Methode des Bottom-Up-
Entwurfs von Schaltnetzen betrachten wir in diesem Abschnitt die Vorgehensweise
des Top-Down-Entwurfs, und zwar am Beispiel des Multiplexers. Wir stellen damit

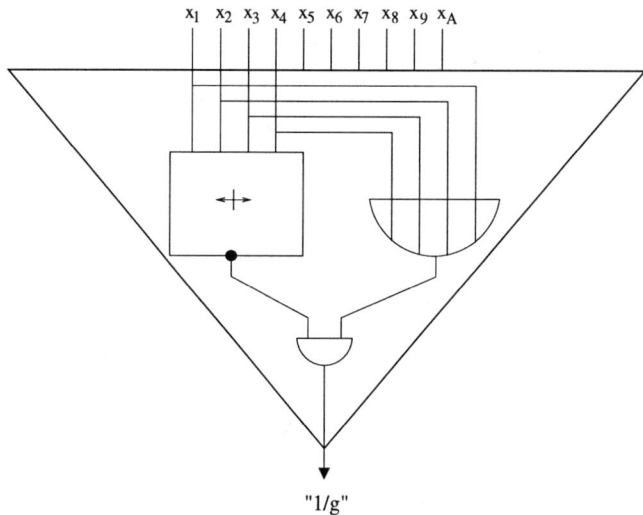

Abbildung 2.5: Baustein zum Test der Ecke 1 auf geraden Grad.

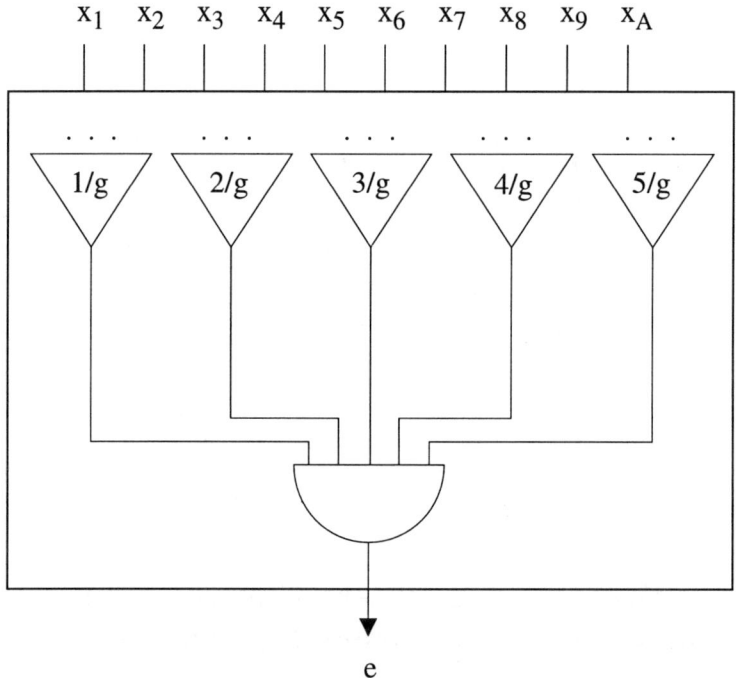

Abbildung 2.6: Schaltnetz zur Realisierung der Funktion e aus Beispiel 1.9.

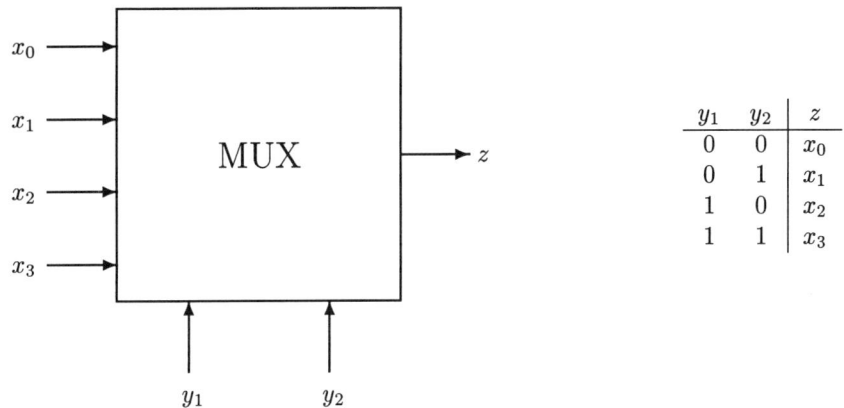

Abbildung 2.7: MUX für $d = 2$ (4 Daten-Inputs).

gleichzeitig einen ersten Standardbaustein zur Realisierung Boolescher Funktionen vor; weitere derartige Bausteine, die wir ebenfalls in diesem Abschnitt behandeln, sind der Demultiplexer, der Decoder und der Encoder.

Ein *Multiplexer*, abgekürzt MUX, ist ein häufig verwendetes Selektionsschaltnetz, welches als Input 2^d Daten-Inputs $x_0, \ldots, x_{2^d-1}$ sowie d Steuersignale $y_1, \ldots, y_d$ hat, und bei welchem an dem einzigen Output z genau einer der Daten-Inputs in Abhängigkeit von den Steuersignalen erscheint; es wird also ein Daten-Input als Output selektiert. Als erstes Beispiel zeigt Abbildung 2.7 einen MUX mit $d = 2$ Steuersignalen und $2^d = 4$ Daten-Inputs.

Abbildung 2.8 zeigt den allgemeinen Aufbau eines MUX. Man beachte, daß die Steuersignale für jede feste Belegung eine Dualzahl zwischen 0 und $2^d - 1$ darstellen; der Output eines MUX ist damit jeweils gleich dem Input $x_{(y_1 \ldots y_d)_2}$.

Wie die in Abbildung 2.7 angegebene Tabelle zeigt, läßt sich der Output z des in dieser Abbildung gezeigten MUX auch wie folgt beschreiben:

$$z = x_0 \overline{y}_1 \overline{y}_2 + x_1 \overline{y}_1 y_2 + x_2 y_1 \overline{y}_2 + x_3 y_1 y_2.$$

In dieser Summe tritt also pro Daten-Input x_i ein Summand auf. Dabei hat der Summand mit x_i, $0 \leq i \leq 3$, jeweils alle Steuersignale, und zwar negiert oder nicht negiert in Abhängigkeit von der Dualdarstellung von i. Ist z. B. $i = 2 = (10)_2$, so wird y_1 nicht negiert und y_2 negiert. Man beachte, daß diese Regel für jede Anzahl d von Steuersignalen gilt.

Aus der gerade angestellten Überlegung folgt unmittelbar, daß jeder MUX durch eine dreistufige Schaltung realisierbar ist: Auf der ersten Stufe werden die Negationen der Steuersignale berechnet. Die zweite Stufe besteht aus Und-Gattern für die einzelnen Summanden, wobei das i-te dieser Gatter das Produkt von x_i mit den entsprechenden negierten bzw. nicht negierten Kontrollsignalen bildet. Der Output des i-ten Gatters ist damit stets 0, es sei denn, die Steuersignale stellen die Binärcodierung von i dar; in diesem Fall ist der Output x_i. Die dritte Stufe besteht aus einem

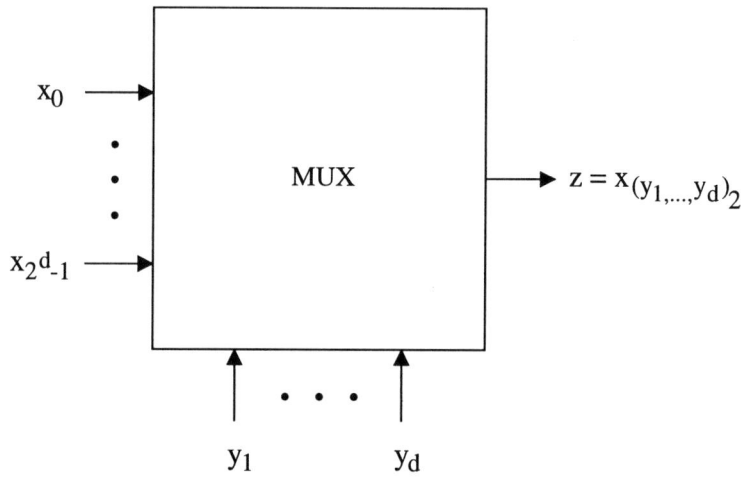

Abbildung 2.8: Allgemeiner Aufbau eines MUX.

Oder-Gatter mit Inputs von jedem Und-Gatter; dieses Gatter berechnet die Summe, in welcher stets genau ein Summand ungleich 0 ist. Abbildung 2.9 zeigt ein solches Schaltnetz für den MUX aus Abbildung 2.7.

Dieser einfache Entwurf eines MUX ist allgemein nicht akzeptabel, da der an den einzelnen Gattern auftretende Fan-In sehr hoch werden kann: Das Oder-Gatter hat einen Fan-In von 2^d (im Beispiel $= 4$), die Und-Gatter haben einen Fan-In von $d + 1$ (im Beispiel $= 3$). Wir werden als nächstes zeigen, wie sich durch eine Top-Down-Zerlegung des MUX-Entwurfs ein Schaltnetz angeben läßt, in welchem jedes Gatter einen Fan-In von höchstens 2 hat. Allerdings steigt die Anzahl der Stufen an.

Im folgenden bezeichnen wir als *d-MUX* ein Schaltnetz für einen Multiplexer mit d Steuersignalen und 2^d Daten-Inputs. Der in Abbildung 2.7 gezeigte MUX ist damit ein 2-MUX. Die Idee der Zerlegung besteht darin, die Steuersignale in zwei Hälften zu spalten und einen $2d$-MUX aus $2^d + 1$ Kopien von d-MUXen zu konstruieren. Wir beginnen mit der Konstruktion eines 1-MUX, welcher in Abbildung 2.10 gezeigt ist. Man beachte, daß jedes der bei diesem 1-MUX verwendeten Gatter einen Fan-In $\leq$ 2 hat. Gemäß dem oben beschriebenen allgemeinen Vorgehen läßt sich sodann ein 2-MUX aus 3 Kopien des 1-MUX konstruieren; dies ist in Abbildung 2.11 gezeigt. Die obere Zeile von Bausteinen des 2-MUX erhält die „obere Hälfte" der Steuersignale, und jeder 1-MUX dieser Zeile erhält 2^1 Daten-Inputs. Ist dann z. B. $y_2 = 1$, so werden in dieser Zeile x_1 und x_3 selektiert und an den 1-MUX der unteren Zeile weitergeleitet. Ist z. B. $y_1 = 0$, so wird dort x_1 selektiert.

Die allgemeine Konstruktion ist in Abbildung 2.12 gezeigt. Jeder d-MUX der oberen Zeile hat 2^d Daten-Inputs: Der erste hat die Inputs $x_0, \ldots, x_{2^d-1}$, der zweite die Inputs $x_{2^d}, \ldots, x_{2 \times 2^d-1}$, der 2^d-te die Inputs $x_{(2^d-1)2^d}, \ldots, x_{2^{2d}-1}$. Man beachte, daß der Index des ersten x jeweils ein Vielfaches von 2^d ist. Die in der oberen Zeile anliegenden Steuersignale $y_{d+1}, \ldots, y_{2d}$ selektieren jeweils den k-ten Daten-Input mit

$$k = (y_{d+1} \quad y_{2d})_2,$$

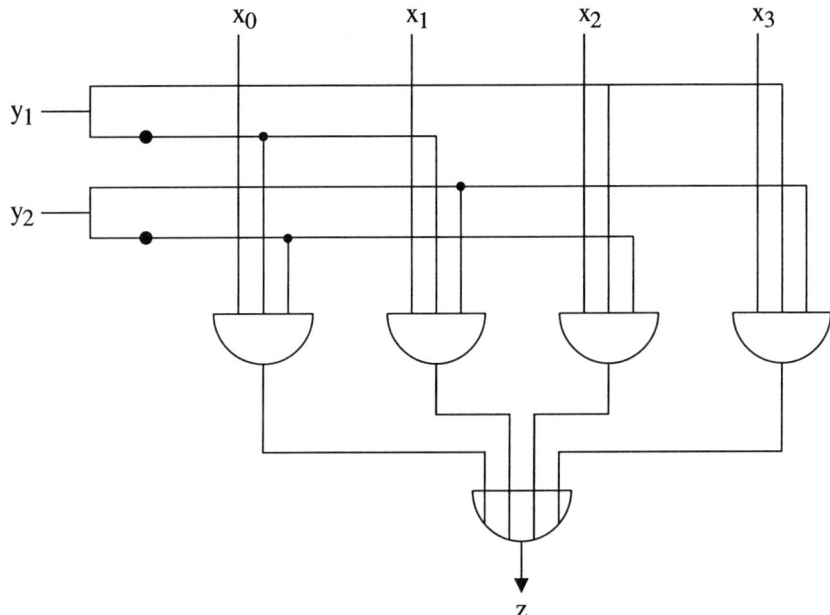

Abbildung 2.9: Realisierung des MUX aus Abbildung 2.7 als dreistufiges Schaltnetz.

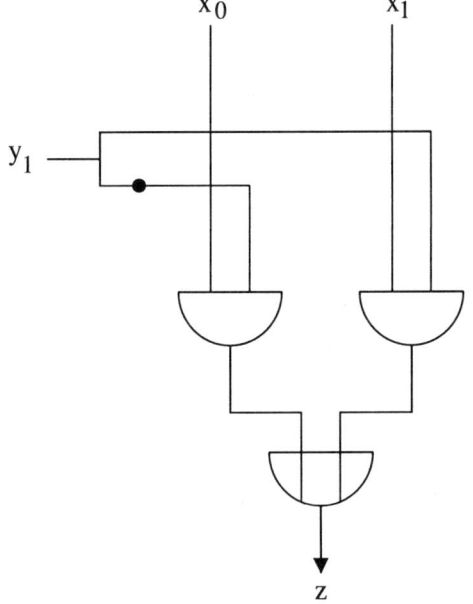

Abbildung 2.10: 1-MUX.

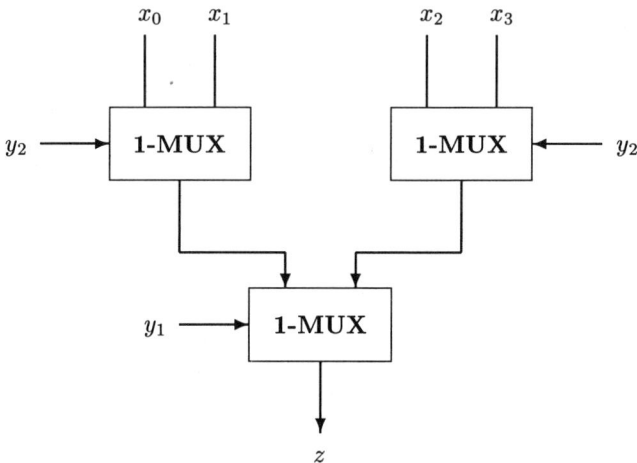

Abbildung 2.11: 2-MUX, konstruiert aus drei 1-MUXen.

wobei der linkeste Input jeder Gruppe als 0 gezählt wird. Am d-MUX der unteren Zeile kommt daher der folgende Input an:

$$x_k, x_{2^d+k}, x_{2\times 2^d+k}, \ldots, x_{(2^d-1)2^d+k}.$$

Dieser MUX hat die Steuersignale $y_1, \ldots, y_d$ und selektiert daher den j-ten Input mit $j = (y_1 \ldots y_d)_2$ als Output, wobei wieder der linkeste Input als 0 gezählt wird. Der selektierte Output ist damit $x_{j\cdot 2^d+k}$.

Insgesamt wird also aus den 2^{2d} Daten-Inputs der i-te ausgewählt mit $i = j \cdot 2^d + k$. Dies gilt aufgrund folgender Überlegung: Wie oben erwähnt ist $j = (y_1 \ldots y_d)_2$. Eine Multiplikation von j mit 2^d entspricht einem Linksshift um d Stellen in der Dualdarstellung von j:

$$j \cdot 2^d = (y_1 \ldots y_d \underbrace{0 \ldots 0}_{d})_2$$

Wegen $k = (y_{d+1} \ldots y_{2d})_2$ folgt hieraus

$$j \cdot 2^d + k = (y_1 \ldots y_d y_{d+1} \ldots y_{2d})_2.$$

Der $2d$-MUX selektiert daher den Daten-Input x_i mit $i = (y_1 \ldots y_{2d})_2$.

Wir wollen als nächstes die Gatter-Anzahlen des einfachen MUX und des aus obiger Konstruktion folgenden rekursiv aufgebauten d-MUX vergleichen. Beim d-MUX können die Inverter in der folgenden Überlegung ignoriert werden, da jedes der d Steuersignale einmal invertiert wird, so daß eine Addition von d am Ende der Rechnung dies korrigiert. Bezeichne dann $G(d)$ die Anzahl der Und- und Oder-Gatter eines d-MUX, so gilt:

$$\begin{aligned} G(1) &= 3 \\ G(2d) &= (2^d + 1) \cdot G(d) \end{aligned}$$

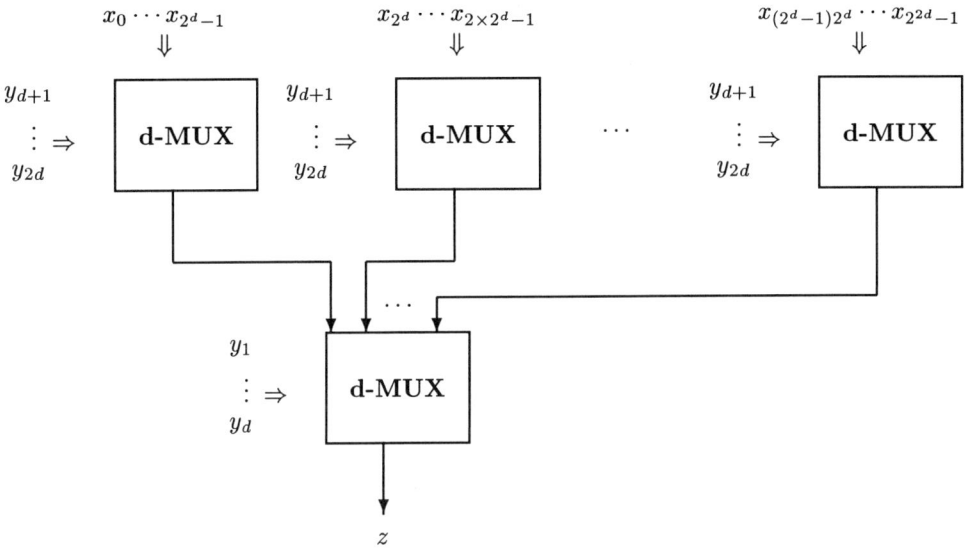

Abbildung 2.12: Top-Down-Multiplexer-Entwurf.

Durch vollständige Induktion (vgl. Aufgabe 2.6) kann man zeigen, daß diese Rekursionsgleichung folgende Lösung besitzt:

$$G(d) = 3 \cdot (2^d - 1)$$

Es gilt also z. B. $G(2) = 9$, $G(4) = 45$, $G(8) = 765$.

Zum Vergleich betrachten wir die Gatteranzahl bei einem einfachen MUX, welcher so modifiziert sei, daß alle Gatter ebenfalls einen Fan-In von höchstens 2 besitzen. Dazu wird jedes der 2^d Und-Gatter durch eine mehrstufige Schaltung (einen Baum) von d Und-Gattern und das finale Oder-Gatter mit 2^d Inputs durch $2^d - 1$ binäre Oder-Gatter ersetzt. Die Gesamtzahl der Gatter ergibt sich damit zu

$$2^d \cdot d + 2^d - 1 = 2^d \cdot (d + 1) - 1.$$

Für $d = 4$ hat ein einfacher MUX also 79 Gatter, für $d = 8$ bereits 2303.

Wir erwähnen als nächstes eine wichtige Anwendung von Multiplexern: Sie können als Grundbausteine zur Realisierung beliebiger Boolescher Funktionen verwendet werden. Als Beispiel betrachten wir die durch folgende Funktionstafel gegebene Funktion f:

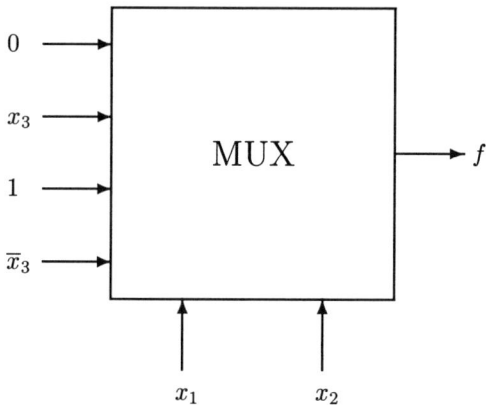

Abbildung 2.13: MUX zur Realisierung einer Booleschen Funktion.

x_1	x_2	x_3	f
0	0	0	0
0	0	1	0
0	1	0	0
0	1	1	1
1	0	0	1
1	0	1	1
1	1	0	1
1	1	1	0

Die Funktion f ist in alleiniger Abhängigkeit von x_1 und x_2 auch wie folgt darstellbar:

x_1	x_2	f
0	0	0
0	1	x_3
1	0	1
1	1	$\overline{x}_3$

Für jede Belegung von x_1 und x_2 entspricht der Wert von f also einem der Terme 0, 1, x_3 oder $\overline{x}_3$. Diese Beobachtung gilt für *jede* dreistellige Funktion. Dies legt folgende Realisierung nahe: Man verwende einen MUX mit x_1 und x_2 als Steuersignalen und den vier Daten-Inputs 0, 1, x_3, $\overline{x}_3$. Der Output dieses MUX, welcher in Abbildung 2.13 gezeigt ist, ist dann gerade der jeweilige Wert von f.

Allgemein ist dieses Vorgehen auf jede Stellenzahl anwendbar. Zur Realisierung aller Booleschen Funktionen der Form $f : B^3 \to B$ reicht *ein* MUX mit 4 Daten-Inputs, für Funktionen der Form $f : B^4 \to B$ ein solcher mit 8 Daten-Inputs (vgl. Aufgabe 2.16), allgemein für $f : B^n \to B$ ein MUX mit 2^{n-1} Daten-Inputs (und $n-1$ Steuersignalen). Dem individuellen Wertverlauf der Funktion f wird man durch die Schaltungs-Reihenfolge gerecht.

Wir zeigen noch eine einfachere Realisierung einer Booleschen Funktion durch einen MUX, welche die betreffende Funktion direkt in Hardware umsetzt und in der

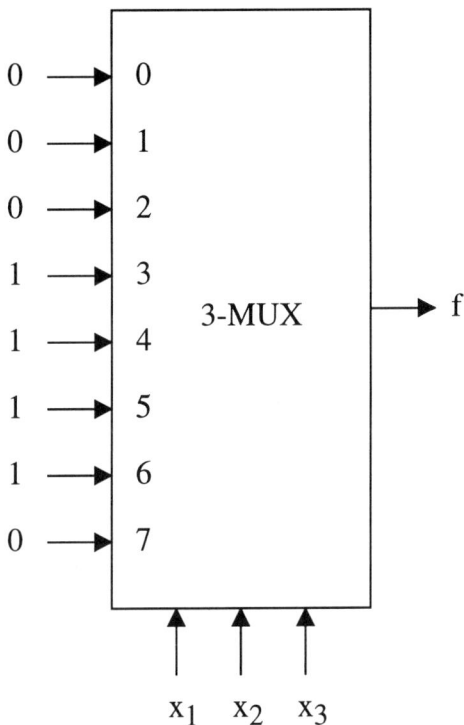

Abbildung 2.14: Alternative MUX-Realisierung einer Booleschen Funktion.

Literatur auch als *Hardware-Lookup* bezeichnet wird: Die gerade betrachtete Funktion f hat offensichtlich die Minterm-Darstellung

$$f(x_1, x_2, x_3) = m_3 + m_4 + m_5 + m_6.$$

Wir verwenden sodann einen 3-MUX zur Realisierung von f, bei welchem die drei Variablen als Steuersignale dienen und die acht Daten-Inputs mit 0 oder 1 fest beschickt werden in Abhängigkeit von ihrer Position: Wie aus Abbildung 2.14 zu ersehen ist, wird ein Daten-Input i mit 0 belegt, falls der Minterm m_i in der DNF von f fehlt, und mit 1 sonst. Zur Verifikation dieser Realisierung, die offensichtlich einfacher ist als die erste oben angegebene, dafür jedoch mehr Hardware erfordert, überlegen wir uns: Ist z.B. $x_1 = x_2 = x_3 = 0$, so wird der Input mit dem Index 0 zum Output durchgeschaltet; da dieser auf 0 gesetzt ist, folgt $f = 0$, also der richtige Wert. Analoge Überlegungen gelten für die anderen möglichen Werte der Steuer-Signale bzw. Variablen von f.

Wie eine genaue Betrachtung der eingangs angedeuteten formalen Beschreibung eines MUX als Boolesche Funktion zeigt, kann man jeden MUX unter Verwendung der aus Definition 1.4 bekannten Minterme wie folgt darstellen: Zu gegebenen Variablen $y_1, \ldots, y_d$ und einer Zahl i, $1 \leq i \leq 2^d - 1$ mit Dualdarstellung $(i_1 \ldots i_d)_2$ sei

$m_i(y_1 \ldots y_d)$ definiert durch

$$m_i(y_1, \ldots, y_d) := y_1^{i_1} \cdot y_2^{i_2} \cdot \ldots \cdot y_d^{i_d}$$

mit

$$y_j^{i_j} := \left\{ \begin{array}{ll} y_j & \text{falls } i_j = 1 \\ \overline{y}_j & \text{falls } i_j = 0 \end{array} \right.$$

Ein *d-MUX* ist damit wie folgt beschreibbar:

- 2^d Daten-Inputs $x_0, \ldots, x_{2^d-1}$,

- d Steuersignale $y_1, \ldots, y_d$,

- 1 Output z mit $z = \sum_{i=0}^{2^d-1} x_i \cdot m_i(y_1, \ldots, y_d)$

Aus dieser Darstellung läßt sich leicht die Darstellung eines *Demultiplexers*, im folgenden abgekürzt als DeMUX, gewinnen. Informal hat ein DeMUX 1 Daten-Input sowie d Steuer-Signale wie ein MUX, die festlegen, auf welchen der 2^d Outputs der Input geschaltet wird. In der gerade für den MUX-Output z angegebenen Darstellung entfällt also die Summenbildung, und sämtliche x_i stimmen überein, d.h.

$$x_0 = x_1 = \ldots = x_{2^d-1}.$$

Bezeichnen wir den einen Input kurz mit x, so ist ein *d-DeMUX* wie folgt beschreibbar:

- 1 Daten-Input x,

- d Steuersignale $y_1, \ldots, y_d$,

- 2^d Outputs $z_0, \ldots, z_{2^d-1}$ mit $z_i = x \cdot m_i(y_1, \ldots, y_d)$ für $1 \leq i \leq 2^d - 1$.

Abbildung 2.15 zeigt einen 1-DeMUX (man vergleiche hierzu den 1-MUX in Abbildung 2.10); entsprechend zeigt Abbildung 2.16 einen 2-DeMUX (hierzu vergleiche man Abbildung 2.9). Der allgemeine Aufbau eines DeMUX der oben angegebenen Form ist in Abbildung 2.17 gezeigt; hierzu vergleiche man den MUX-Aufbau aus Abbildung 2.8. Wir bemerken zu diesem Baustein, daß ein DeMUX im Gegensatz zu einem MUX *nicht* universell ist, d.h. nicht zur Realisierung jeder Booleschen Funktion geeigneter Stellenzahl verwendet werden kann.

Wird bei einem Demultiplexer der Input x konstant mit „1" belegt, so folgt für den i-ten Output, $1 \leq i \leq 2^d - 1$:

$$z_i = 1 \cdot m_i(y_1, \ldots, y_d)$$

In diesem Fall wird also $z_i = 1$ genau dann, wenn $(y_1, \ldots, y_d)_2 = i$ ist. Der Demultiplexer fungiert jetzt als *Decoder*; x wird auch das *Aktivierungssignal (Enable Signal)* genannt, da x jetzt lediglich als Ein/Ausschalter wirkt. Aus den in den Abbildungen 2.15 bis 2.17 gezeigten DeMUXen erhält man also durch Vernachlässigung der jeweiligen x-Signale bereits Decoder; auf Grund ihrer engen Verwandschaft werden die Bezeichnungen „DeMUX" und „Decoder" häufig auch synonym verwendet.

Ein Decoder kann damit aufgefaßt werden als ein Baustein mit d Inputs und 2^d Outputs, welcher genau einen der Outputs auf „1" setzt in Abhängigkeit von dem

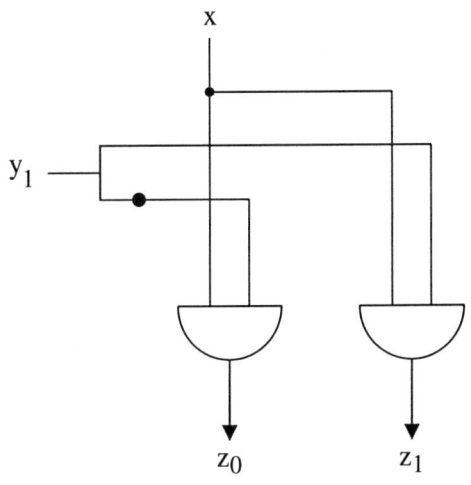

Abbildung 2.15: 1-DeMUX.

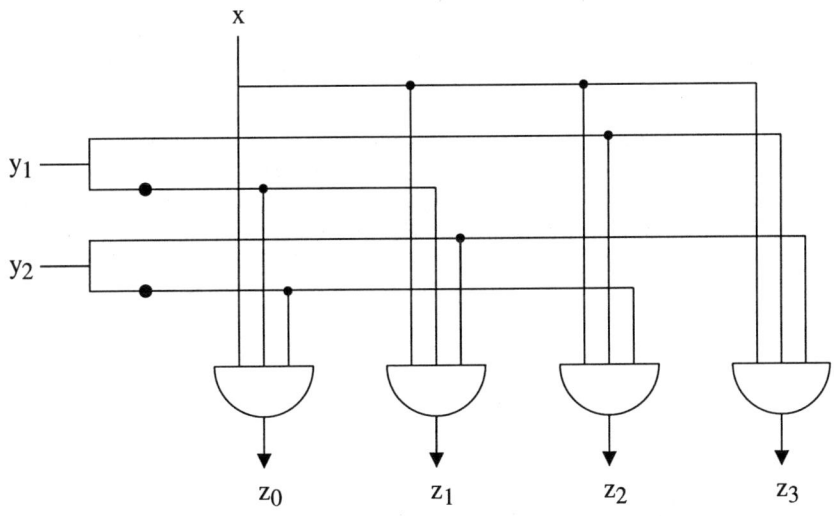

Abbildung 2.16: 2-DeMUX.

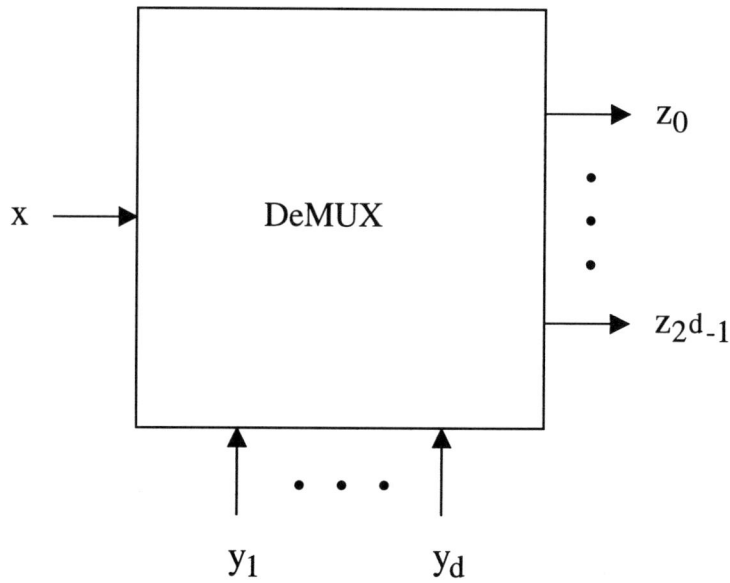

Abbildung 2.17: Allgemeiner Aufbau eines DeMUX.

durch die Inputs binär codierten Index. Anders ausgedrückt wird durch die Inputs ein bestimmter Output *adressiert*; wir werden hierauf in Kapitel 6 im Zusammenhang mit der Anwendung von PLAs zurückkommen.

Der Vollständigkeit halber zeigt Abbildung 2.18 eine Darstellung des 2-DeMUX aus Abbildung 2.16 ohne das (jetzt als konstant $= 1$ angenommene) x-Signal, also einen Decoder. Da dieser 2 Eingänge auf $2^2 = 4$ Ausgänge schaltet, wird er auch als 2×4-Decoder bezeichnet.

Als letzten Standardbaustein erwähnen wir den *Encoder*, der die umgekehrte Funktion eines Decoders hat. Ein Encoder hat 2^d Inputs und d Outputs; anstatt eine Adresse zur Aktivierung eines bestimmten Outputs zu verwenden, *erzeugt* ein Encoder die Adresse des aktuell aktiven Input-Signals. Ein Beispiel für einen 4×2-Encoder zeigt Abbildung 2.19; die Funktionstafel des in dieser Abbildung gezeigten Encoders lautet:

x_0	x_1	x_2	x_3	y_0	y_1
1	0	0	0	0	0
0	1	0	0	0	1
0	0	1	0	1	0
0	0	0	1	1	1

Man beachte, daß bei einem Encoder stets angenommen wird, daß genau ein Input aktiviert ist; die Schaltfunktion ist also partiell.

Wir demonstrieren abschließend noch einmal die Universalität von Multiplexern und Decodern durch die Angabe drei verschiedener Schaltungen für die Funktion

$$f(x_1, x_2, x_3, x_4) = \overline{x}_1 \overline{x}_2 \overline{x}_3 \overline{x}_4 + \overline{x}_1 x_2 \overline{x}_3 x_4 + x_1 x_2 x_3 x_4 + x_1 \overline{x}_2 x_3 \overline{x}_4 :$$

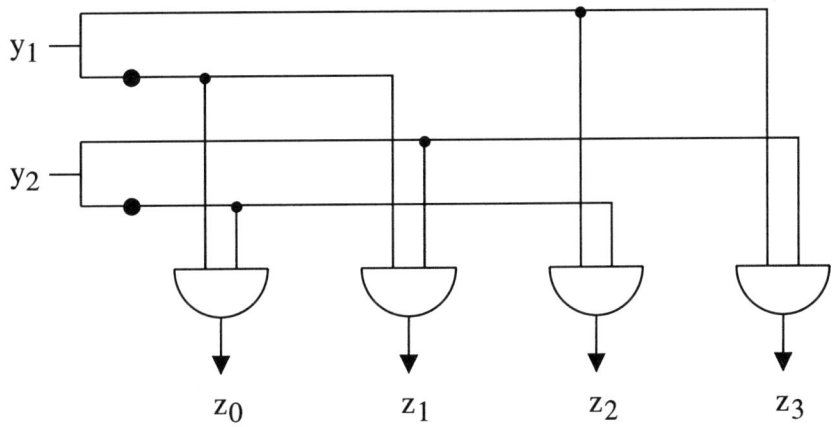

Abbildung 2.18: 2×4-Decoder.

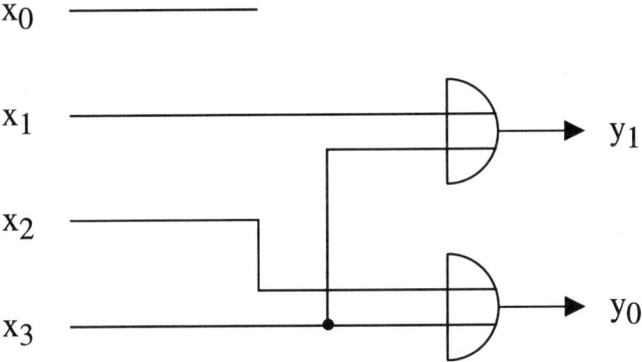

Abbildung 2.19: 4×2-Encoder.

1. Verwendung eines 4-MUX: In Analogie zu Abbildung 2.14 werden die x_i als Steuersignale verwendet; die Inputs, welche den Mintermen m_0, m_5, m_{10} und m_{15} entsprechen, werden auf 1 gesetzt, alle anderen auf 0.

2. Verwendung eines Decoders mit 4 Inputs $x_1, \ldots, x_4$ und 16 Outputs gemäß Abbildung 2.20: Die Outputs, welche den 4 Mintermen zu einschlägigen Indizes entsprechen, werden durch ein Oder-Gatter verknüpft.

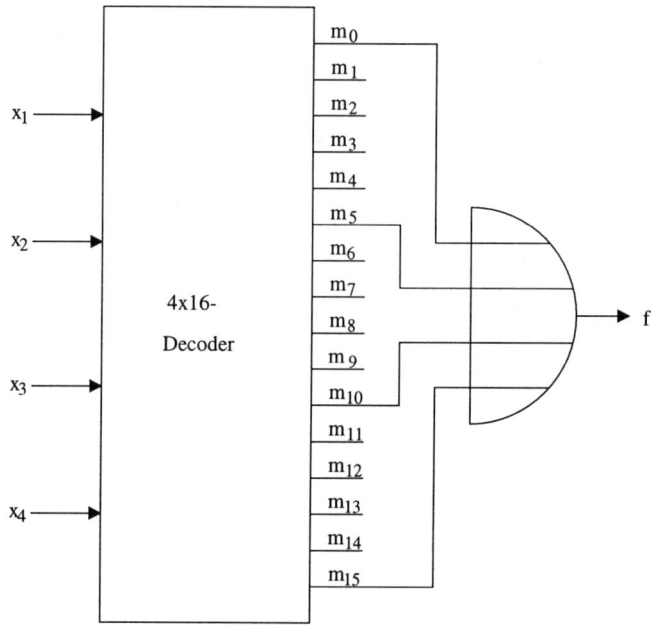

Abbildung 2.20: Realisierung einer Booleschen Funktion mittels Decoder.

3. Kombination von Decoder und MUX: Es gibt 4 Input-Kombinationen, für welche $f = 1$ gilt:

   (a) $x_1 x_2 = 00$ und $x_3 x_4 = 00$,

   (b) $x_1 x_2 = 01$ und $x_3 x_4 = 01$,

   (c) $x_1 x_2 = 11$ und $x_3 x_4 = 11$,

   (d) $x_1 x_2 = 10$ und $x_3 x_4 = 10$.

Wir verteilen die Inputs auf einen 2×4-Decoder und einen 2-MUX gemäß Abbildung 2.21: Gilt z.B. $x_1 x_2 = 00$, so setzt der Decoder z_0 auf 1; gilt außerdem $x_3 x_4 = 00$, so wird dieses Signal an den Ausgang des MUX weitergegeben.

2.3 Addiernetze

Wir wenden uns als nächstes der Entwicklung von Schaltnetzen für die *Addition* zu, welche sich als zentrale Bausteine in Rechnern erweisen werden. Auch bei der Addition

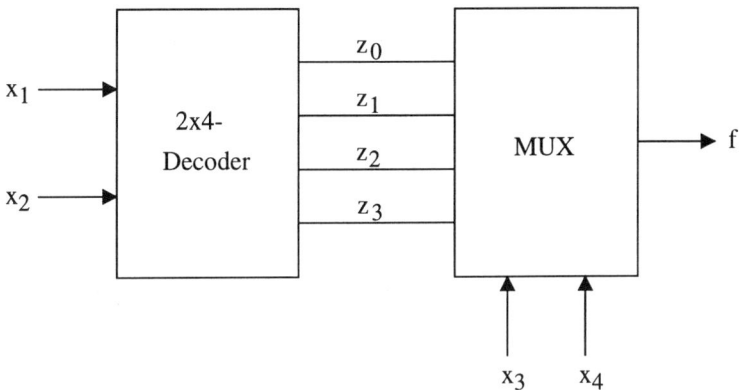

Abbildung 2.21: Realisierung einer Booleschen Funktion mittels Decoder und MUX.

kann man durch andere Verfahren als die aus den Darstellungssätzen resultierenden zu geeigneten Schaltnetzen kommen.

Dazu betrachten wir exemplarisch noch einmal die Addition von zwei 16-stelligen Dualzahlen (vgl. Beispiel 1.5): Eine Möglichkeit, ein Schaltnetz zur Lösung dieser Aufgabe zu entwerfen, besteht sicherlich darin, für die Schaltfunktion

$$\mathcal{A} : B^{32} \to B^{17}$$

bzw. die entsprechenden 17 Booleschen Funktionen Tabellen aufzustellen und Satz 1.6 anzuwenden. Jede dieser 17 Funktionen hat $2^{32} \approx 4 \cdot 10^9$ Argumente-Tupel, und unter der Annahme, daß jede Funktion für etwa 50% der Argumente-Tupel den Wert 1 annimmt, ist dann mit ungefähr $2 \cdot 10^9 \cdot 17 = 3,4 \cdot 10^{10}$ einschlägigen Mintermen zu rechnen. Da man pro Minterm 15 Und-Gatter mit je 2 Eingängen benötigt, wären für eine entsprechende Schaltung allein rund $5,1 \cdot 10^{11}$ Und-Gatter erforderlich. Dies ist offensichtlich nicht realisierbar, und auch Und-Gatter mit 16 Eingängen würden keine spürbare Vereinfachung bringen. Völlig analoge Überlegungen zeigen, daß schon die Addition von zwei 8-stelligen Dualzahlen zu ähnlichen Problemen führt: Bei 65.536 Argumente-Tupeln wäre nun mit ca. $2,9 \cdot 10^5$ Mintermen zu rechnen. Wir müssen uns daher ein anderes Vorgehen überlegen und demonstrieren dies für die Addition von zwei 4-stelligen Dualzahlen: Ausgangspunkt ist die Betrachtung der Addition im Dualsystem. Bekanntlich kann man im Dualsystem genauso wie im Dezimalsystem kalkülmäßig addieren, indem man von hinten beginnend die einzelnen Stellen addiert und dabei eventuell auftretende Überträge berücksichtigt:

Beispiel 2.1 Addition von 183 und 197 im Dezimal- bzw. Dualsystem:

Dezimal-Addition:	Dual-Addition:
183	10110111
+197	+11000101
11	1 111
———	—————
380	101111100

Tabelle 2.2: Funktionstafel eines Halbaddierers.

x	y	R	U
0	0	0	0
0	1	1	0
1	0	1	0
1	1	0	1

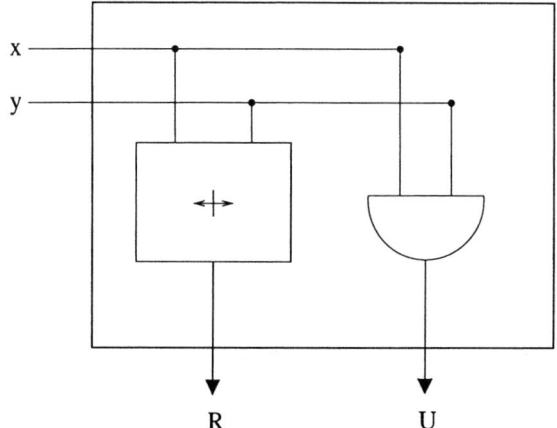

Abbildung 2.22: Halbaddierer.

□

Offensichtlich gilt in diesem Beispiel folgendes: Die letzte Stelle (ganz rechts) hat als einzige Stelle keinen Übertrag zu berücksichtigen, an allen anderen Stellen kann ein Übertrag auftreten; wir analysieren dies genauer:

(a) Wir betrachten zunächst die *letzte* Stelle: Eingabe sind hier zwei Dualziffern x und y, Ausgabe eine Resultatstelle R und ein Übertrag U für die nächste Stelle, und wir erhalten die in Tabelle 2.2 gezeigte Funktionstafel. Offensichtlich gilt : $R = \overline{x} \cdot y + x \cdot \overline{y} = x \nleftrightarrow y$ und $U = x \cdot y$, so daß wir das in Abbildung 2.22 gezeigte Schaltnetz erhalten (unter Verwendung des oben bereits beschriebenen Bausteins für $\nleftrightarrow$). Diesen Modul betrachten wir von nun an als neuen Baustein und nennen ihn *Halbaddierer* mit der in Abbildung 2.23 gezeigten Kurzbezeichnung. Es sei darauf hingewiesen, daß Halbaddierer in der Praxis heute keine Rolle mehr spielen, zumindest nicht als separate Bauteile. Wir verwenden ihn lediglich konzeptionell. Des weiteren sei bemerkt, daß wir bei dem in Abbildung 2.22 gezeigten Schaltbild des Halbaddierers bereits von einer zeichnerischen Vereinfachung Gebrauch gemacht haben, welche immer dann Verwendung findet, wenn die Inputs einen hohen Fan-Out haben: Man zeichnet die Inputs dann als *Schienen*.

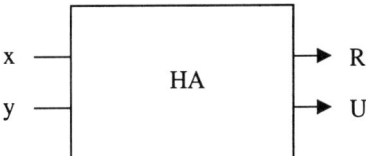

Abbildung 2.23: Kurzbezeichung für den Baustein „Halbaddierer".

Tabelle 2.3: Funktionstafel eines Volladdierers.

x	y	u	R	U
0	0	0	0	0
0	0	1	1	0
0	1	0	1	0
0	1	1	0	1
1	0	0	1	0
1	0	1	0	1
1	1	0	0	1
1	1	1	1	1

(b) Betrachten wir nun eine *beliebige andere* Stelle unserer Additionsaufgabe: Jede Stelle ungleich der letzten muß unter Umständen einen Übertrag berücksichtigen. Eingabe sind somit zwei Dualziffern x, y *und* ein dualer Übertrag u, Ausgabe wie oben ein Resultat R und ein Übertrag U für die nächste Stelle, so daß wir jetzt die in Tabelle 2.3 gezeigte Funktionstafel erhalten. Als Darstellungen für R und U erhalten wir nach kurzer Überlegung:

$$R = x \nleftrightarrow y \nleftrightarrow u$$
$$U = x \cdot y + x \cdot u + y \cdot u$$
$$= x \cdot y + (x \nleftrightarrow y) \cdot u$$

Damit erhalten wir das in Abbildung 2.24 gezeigte Schaltnetz, bei welchem wir den Halbaddierer bereits als Baustein einsetzen. Dieses Schaltnetz nennen wir *Volladdierer* und bezeichnen es als Baustein wie in Abbildung 2.25 gezeigt.

Damit haben wir nun genügend Bausteine zusammen, um ein Schaltnetz für die Addition von zwei 4-stelligen Dualzahlen zu entwerfen (vgl. Abbildung 2.26), welches „lediglich" den bekannten Ziffernkalkül nachvollzieht; die zu addierenden Zahlen x und y seien dabei in Dual-Ziffernschreibweise $x_3x_2x_1x_0$ bzw. $y_3y_2y_1y_0$ so gegeben, daß die Indizes jeweils den Zweierpotenzen entsprechen.

Dieses Schaltnetz nennt man auch *asynchrones (Parallel-) Addiernetz*. Offensichtlich läßt es sich durch Hinzunahme weiterer Volladdierer beliebig auf Inputs mit mehr als vier Stellen erweitern. Für 16-stellige Dualzahlen z.B. reichen 15 Volladdierer und 1 Halbaddierer aus (anstelle der Betrachtung von 3,4 Milliarden Mintermen). Außerdem sei bemerkt, daß dieses Addiernetz auch allein aus Volladdierern aufgebaut werden kann; in diesem Fall muß dafür gesorgt werden, daß am u-Eingang des ersten (rechtesten) Volladdierers stets eine 0 anliegt. Da bei beiden Realisierungsvarianten der

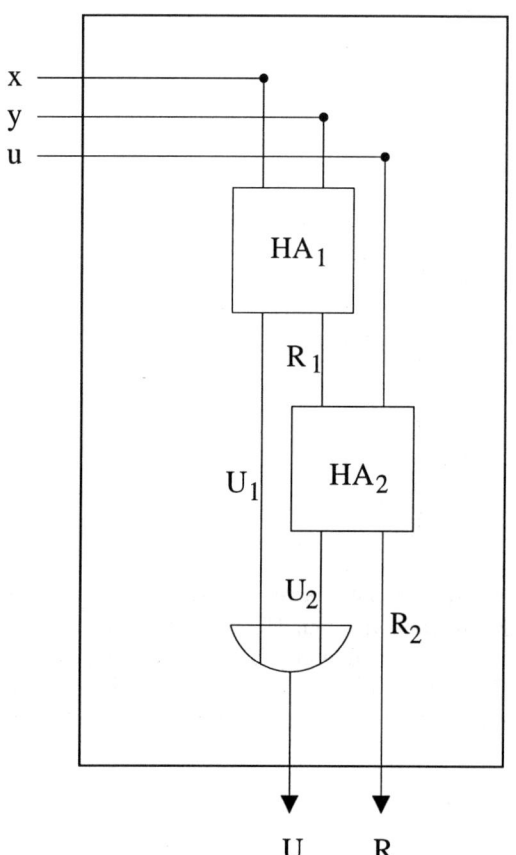

$$U_1 = x \cdot y$$

$$R_1 = x \dashv\vdash y$$

$$U_2 = (x \dashv\vdash y) \cdot u$$

$$R_2 = (x \dashv\vdash y) \dashv\vdash u$$

Abbildung 2.24: Volladdierer.

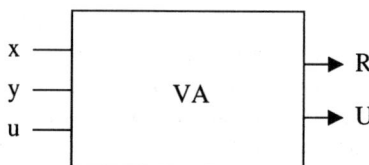

Abbildung 2.25: Kurzbezeichnung für den Baustein „Volladdierer".

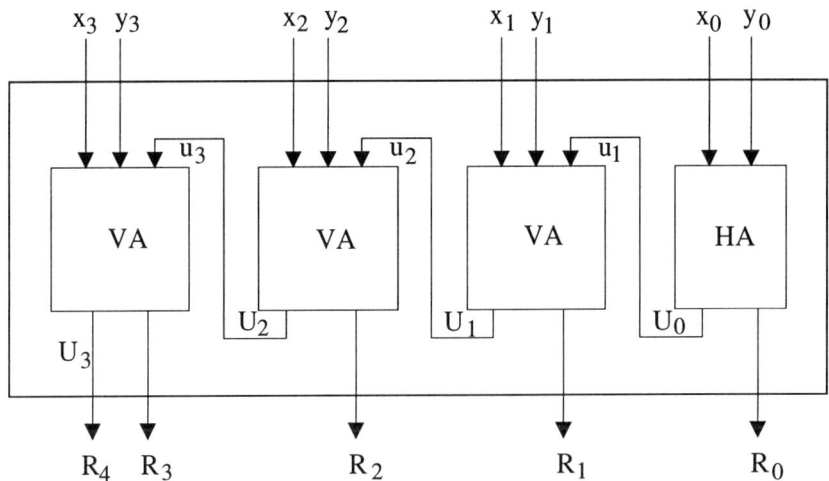

Abbildung 2.26: Addiernetz für zwei 4-stellige Dualzahlen.

endgültige Übertrag durch das gesamte Schaltnetz „rieselt", bezeichnet man diesen Addierer auch als *Ripple-Carry-Adder*.

Am Beispiel der dualen Addition wollen wir nun auf das Problem der *Beschleunigung* von Schaltnetzen eingehen. Dazu überlegen wir uns, nach welcher Zeit wir beim 4-stelligen Ripple-Carry-Addiernetz mit dem (vollständigen) Ergebnis rechnen können: Unterstellen wir wie in Kapitel 1 eine Schaltzeit von 10 psec $=10^{-11}$ sec pro Gatter, so liefert ein Halbaddierer beide Outputs nach 30 psec, ein Volladdierer nach 70 psec. Da nun bei obigem Addiernetz ein Übertrag (wie z.B. bei der Addition von 1111 und 0001) unter Umständen das ganze Netz durchlaufen kann, ist (im schlimmsten Fall) erst nach (70+70+70+30) psec = 240 psec mit einem „vollständigen" Ergebnis $R_4 \dots R_0$ zu rechnen. Wir wollen nun daran gehen, diese Zeit zu verkürzen durch die Verwendung zusätzlicher Hardware, wobei wir alle Überlegungen exemplarisch für derartige Addiernetze durchführen.

Das eventuelle Durchlaufen des Übertrags durch die ganze Schaltung stört offensichtlich besonders bei großen Wortlängen wie z.B. $n = 32$. Eine Idee zur Beschleunigung eines solchen Addiernetzes ist daher die Verringerung der Anzahl der Schaltebenen durch Zusammenfassung von Bit-Gruppen der Größe $g = 4$, wie in Abbildung 2.27 skizziert. Dabei besteht A_4 aus drei Volladdierern und einem Halbaddierer, $\tilde{A}_4$ jeweils aus vier Volladdierern. Der zeitliche Engpaß liegt offenbar an den Übergangsstellen zwischen den einzelnen Modulen, d.h. bei U. Würde also U schneller zur Verfügung stehen, könnte im jeweils nächsten Modul bereits weiter gerechnet werden. Dies führt auf die Einführung einer zusätzlichen Schaltung zur schnellen Bestimmung von U (engl. *Carry-Look-Ahead* oder *Carry-Bypass*), welche wir gemäß folgender Formel für U (entspricht R_4 in dem in Abbildung 2.26 angegebenen 4-stelligen Addiernetz) entwickeln:

$$U = x_3 y_3$$
$$+ (x_3 + y_3)x_2 y_2$$

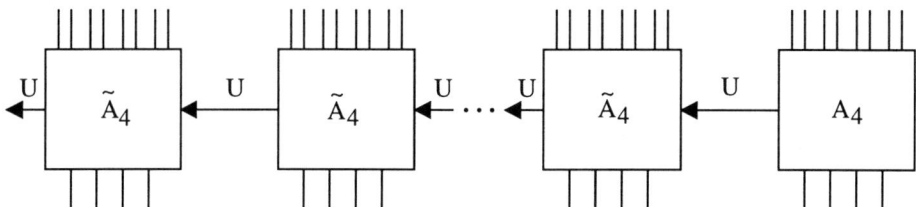

Abbildung 2.27: Prinzipschaltbild eines n-stelligen Addiernetzes.

$$+ (x_3 + y_3)(x_2 + y_2)x_1y_1$$
$$+ (x_3 + y_3)(x_2 + y_2)(x_1 + y_1)x_0y_0$$
$$+ (x_3 + y_3)(x_2 + y_2)(x_1 + y_1)(x_0 + y_0)u$$

Dabei entfällt die letzte Zeile für einen Baustein vom Typ A_4. Die Bausteine vom Typ $\tilde{A}_4$ erweitern wir somit wie in Abbildung 2.28 gezeigt (unter der Voraussetzung, daß uns auch für mehr als zwei Inputs schnelle Und- bzw. Oder-Gatter zur Verfügung stehen). Die dort gezeigte Schaltung ist dreistufig: Auf der ersten Stufe werden jeweils zwei Inputs multiplikativ und additiv verknüpft, auf der zweiten werden dann die benötigten Produkte gebildet und auf der dritten schließlich die Summe. Also liegt U nach 30 psec vor, wenn man wieder pro Stufe von einer Schaltzeit von 10 psec ausgeht. Gegenüber der oben angegebenen Schaltung ist diese also um den Faktor 8 schneller, was den Übertrag betrifft. Es sei bemerkt, daß sich die Situation auch für Bit-Gruppen-Zusammenfassungen der Größe $g = 8$ nicht wesentlich ändert: Auch dann kommt man mit einer dreistufigen Zusatzschaltung aus, wenn man U schnell ermitteln will, nur wird diese „breiter" sein wegen der höheren Zahl von Inputs.

Die Konstruktion der Carry-Bypass-Schaltung in der gerade beschriebenen Form hat den offensichtlichen Nachteil, daß sie ein Oder- sowie ein Und-Gatter mit einem Fan-In von jeweils 5 (bzw. allgemein $n + 1$ bei Stellenzahl n der zu addierenden Operanden) aufweist. Für höhere Stellenzahlen ist dies schwierig zu realisieren; allerdings kann man durch eine geeignete Modularisierung hier Abhilfe schaffen.

Wir wollen eine solche Art der Modularisierung an einem anderen Addiernetz illustrieren: Beim *Carry-Select-Addiernetz* wird ebenfalls zusätzliche (redundante) Hardware dazu verwendet, die Addition bzw. die Berechnung des Übertrags zu beschleunigen. Für den Fall $n = 8$ ist das Prinzip dieser Schaltung in Abbildung 2.29 gezeigt: Die untere Hälfte der Input-Operanden ($x_3 \ldots x_0$ sowie $y_3 \ldots y_0$) wird in einem Addiernetz für vierstellige Dualzahlen verarbeitet. Die obere Hälfte wird dagegen *zweimal* addiert: einmal für den möglichen Übertrag 0 aus der unteren Hälfte, einmal für den möglichen Übertrag 1. Steht dieser Übertrag (in Abbildung 2.29 mit r_4 bezeichnet) schließlich fest, so bestimmt dieses Signal, welches der beiden möglichen Ergebnisse E bzw. N zur oberen Hälfte des Outputs wird.

Für den Fall, daß mehr als 2 Summanden addiert werden sollen, kann man ein *Carry-Save-Addiernetz* verwenden. Ein solches Netz ist ein im allgemeinen mehrstufiges Addiernetz, welches in der ersten Stufe drei Summanden addiert, in jeder weiteren Stufe jeweils einen weiteren Summanden hinzuaddiert. Die pro Addition auftretenden Ergebnisbits bilden einen Summanden der nächsten Stufe, die auftretenden Carry-Bits

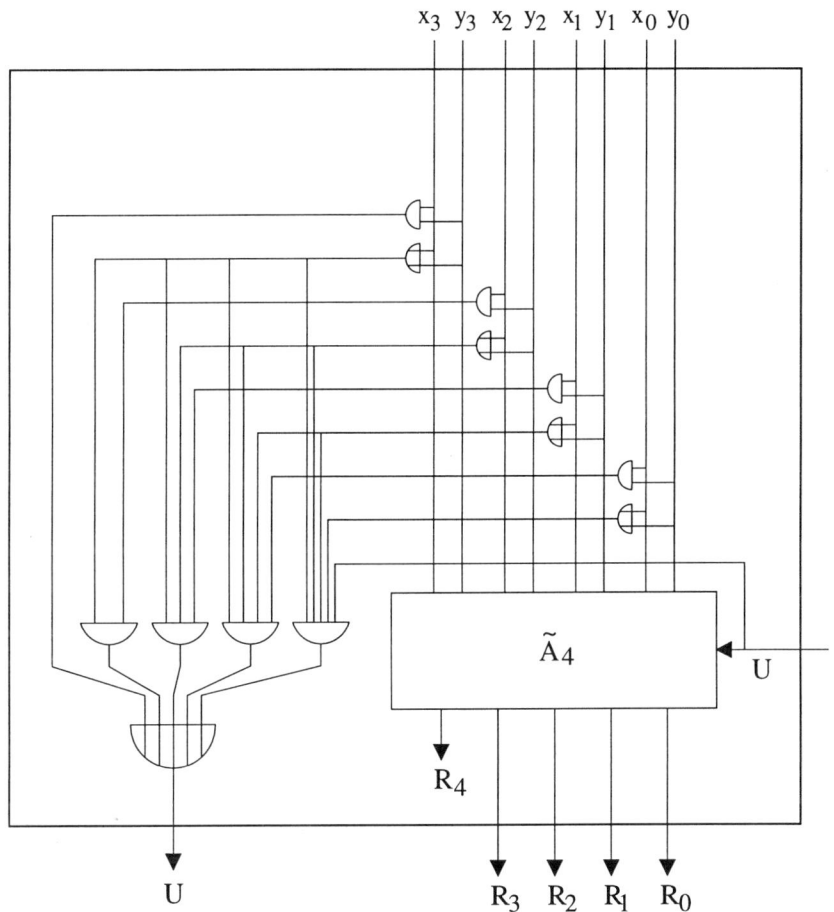

Abbildung 2.28: Carry-Bypass-Addiernetz.

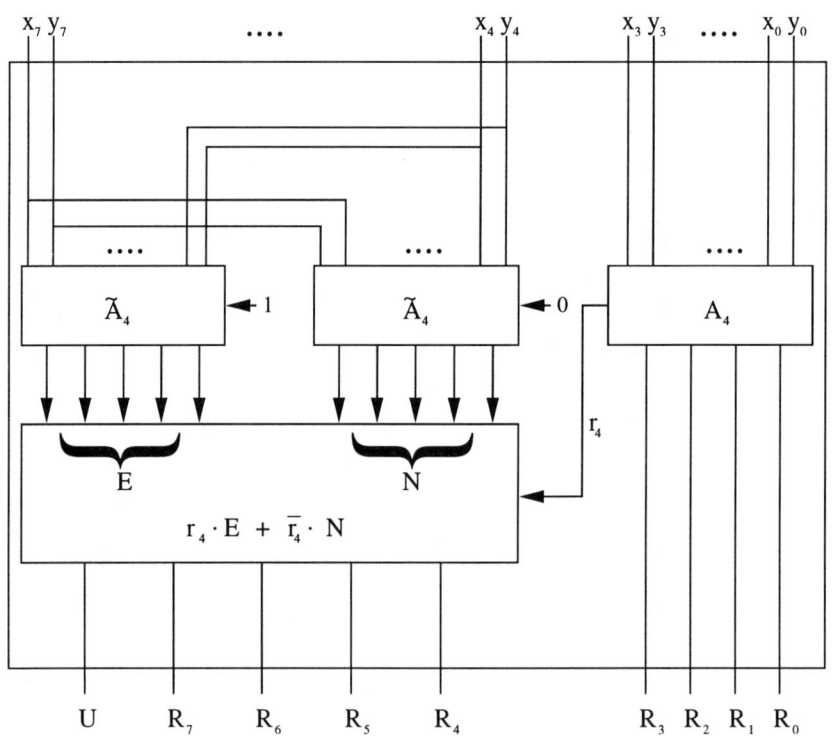

Abbildung 2.29: 8-stelliges Carry-Select-Addiernetz.

bilden einen weiteren solchen Summanden (die Carry-Bits werden also nicht unmittelbar aufsummiert, sondern für die nächste Stufe erhalten). Wir illustrieren dies an zwei Beispielen von 4 Summanden X, Y, Z und W mit der Stellenzahl $n = 4$, für welche ein Ablauf z.B. wie folgt lauten kann:

X	0101		1111	
Y	0011		1101	
Z	+ 0100	bzw.	+ 0111	
Summe	0010		0101	
Übertrag	1010		11110	

Man beachte, daß der Übertrag eventuell eine zusätzliche Stelle erfordert.

Im nächsten Schritt werden die berechnete Summe und der (separate) Übertrag zum nächsten Summanden addiert:

Summe	0010		0101	
Übertrag	1010		11110	
W	+ 0001	bzw.	+ 1111	
neue Summe	1001		10100	
neuer Übertrag	0100		11110	

In jeder Stufe werden drei Summanden durch einen „Carry-Save-Addierbaustein" (CSA) auf zwei Summanden reduziert, von denen der eine sich aus den Summenausgängen und der andere sich aus den Übertragsausgängen der Volladdierer ergibt. In der darauf folgenden Stufe kann ein weiterer Summand hinzugenommen werden. Schließlich verbleiben zwei Summanden aus den letzten Summen- bzw. Übertragsausgängen. Diese können mit irgendeinem Addiernetz zur Addition von *zwei* Summanden, z.B. einem der oben vorgestellten, zur Endsumme verknüpft werden. Es ergibt sich damit insgesamt ein Addiernetz wie in Abbildung 2.30 gezeigt. Das Prinzip der Carry-Save-Addition ist für den oben geschilderten Fall von 4 Summanden in Abbildung 2.31 dargestellt.

Wir können nun mit dieser Idee möglichst viele CSAs in *einer* Stufe parallel schalten. In Abbildung 2.32 ist eine solche Möglichkeit für die Addition von 8 Summanden gezeigt. Man schaltet von den jeweils noch verbliebenen Summanden (unter Auslassung von gegebenenfalls ein oder zwei Summanden) je drei zusammen und iteriert dieses Verfahren. Es entsteht eine baumartige Anordnung von CSAs; man spricht auch von einem *Adder-Tree* bzw. nach seinem Autor von einem *Wallace-Tree*. Es kann gezeigt werden, daß die Anzahl der CSA-Stufen eines Wallace-Trees oberhalb des finalen Addiernetzes für m Summanden durch $\log m$ — genommen zur Basis 3/2 — beschränkt ist. Da der Volladdierer eine feste Tiefe hat, ist die Gesamt-Tiefe des Wallace-Trees von logarithmischer Größenordnung. Obwohl sich von oben nach unten die erforderliche Stellenzahl der einzelnen CSA-Stufen erhöhen kann, nimmt deren Gesamtzahl pro Stufe ab. Es läßt sich zeigen, daß sich bei einer anfänglichen Stellenzahl $n \geq 3$ der Wallace-Tree nach unten hin schnell verjüngt.

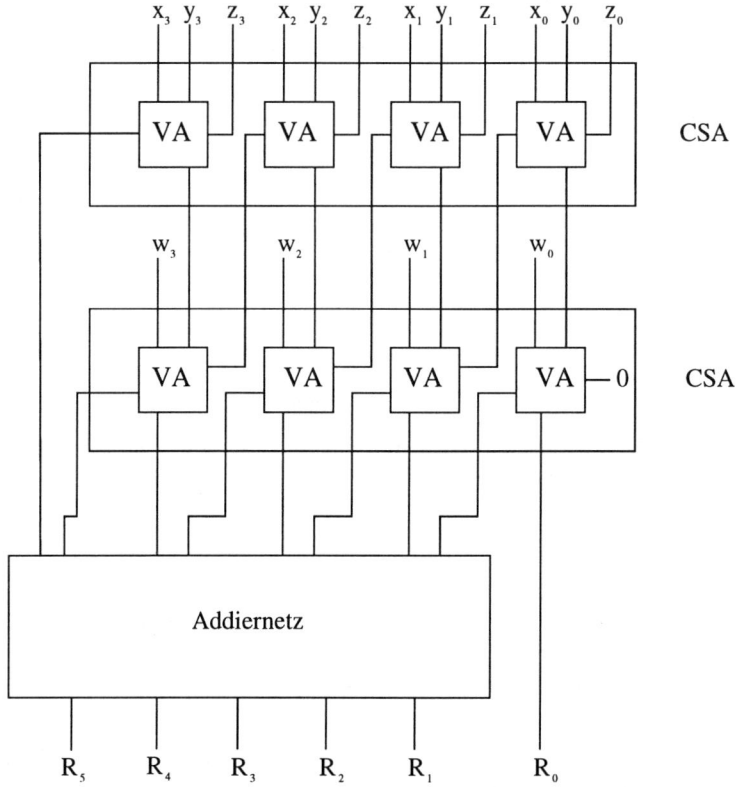

Abbildung 2.30: 4-stelliges Carry-Save-Addiernetz für 4 Summanden.

2.4   Vereinfachung von Schaltnetzen

2.4.1   Das Verfahren von Karnaugh

Schaltnetze lassen sich also beschleunigen, d.h. in ihrem zeitlichen Verhalten verbessern, indem man sie mit zusätzlicher Hardware ausstattet. Wir wollen als nächstes ein gewissermaßen dazu „komplementäres" Problem behandeln, nämlich das der *Vereinfachung* von Schaltnetzen, d.h. das Einsparen von Hardware, wann immer es möglich ist, aber ohne Veränderung des Verhaltens eines Schaltnetzes. Dazu betrachten wir zunächst zwei Beispiele, welche eine Anwendung von Satz 1.4 darstellen:

Beispiel 2.2 (a)

$$
\begin{aligned}
f(x_1, x_2, x_3) &= \overline{x}_1 x_2 x_3 + x_1 x_2 x_3 \\
&= \underbrace{(\overline{x}_1 + x_1)}_{=1} x_2 x_3 \\
&= x_2 x_3
\end{aligned}
$$

Hier wurde offensichtlich folgende Vereinfachungsregel, welche auch unter dem Namen *Resolutionsregel* bekannt ist, angewendet:

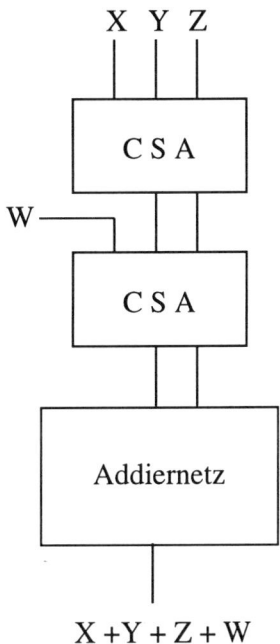

X   Y   Z

C S A

W ——

C S A

Addiernetz

X + Y + Z + W

Abbildung 2.31: Prinzip der Carry-Save-Addition.

Kommen in einer disjunktiven Form zwei Summanden vor, welche sich in *genau einer* komplementären Variablen unterscheiden, so können diese beiden Summanden durch den ihnen gemeinsamen Teil ersetzt werden.

(Zur Erläuterung des Begriffs „disjunktive Form" vergleiche man Definition 2.2.)

(b) Die Resolutionsregel darf auch mehrfach angewendet werden, z. B.

$$\begin{aligned} f(x_1, x_2, x_3, x_4) &= x_1\overline{x}_2x_3x_4 + x_1\overline{x}_2\overline{x}_3x_4 + x_1x_2x_3x_4 + \overline{x}_1\overline{x}_2\overline{x}_3x_4 + \overline{x}_1\overline{x}_2x_3x_4 \\ &= x_1\overline{x}_2x_4 + x_1x_3x_4 + \overline{x}_2\overline{x}_3x_4 + \overline{x}_1\overline{x}_2x_4 \\ &= \overline{x}_2x_4 + x_1x_3x_4 + \overline{x}_2\overline{x}_3x_4 \end{aligned}$$

$\square$

Eine mehrfache Anwendung der Vereinfachungsregel beruht dabei auf dem Gesetz $x + x = x$, welches das Verdoppeln von Summanden erlaubt. Wir werden nun ein graphisches Verfahren nach Karnaugh vorstellen, mit dessen Hilfe man leicht eine Übersicht über alle möglichen Resolutionen zu einer gegebenen Booleschen Funktion der Stellenzahl ≤ 4 erhält:

Definition 2.1 Ein *Karnaugh-Diagramm* (engl. *Karnaugh map* bzw. kurz *K-map*) einer Booleschen Funktion $f : B^n \to B$ mit $n \in \{3, 4\}$ ist eine graphische Darstellung der Funktionstafel von f durch eine 0-1-Matrix der Größe 2×4 für $n = 3$ bzw. 4 $\times$ 4 für $n = 4$, deren Spalten mit den möglichen Belegungen der Variablen x_1 und

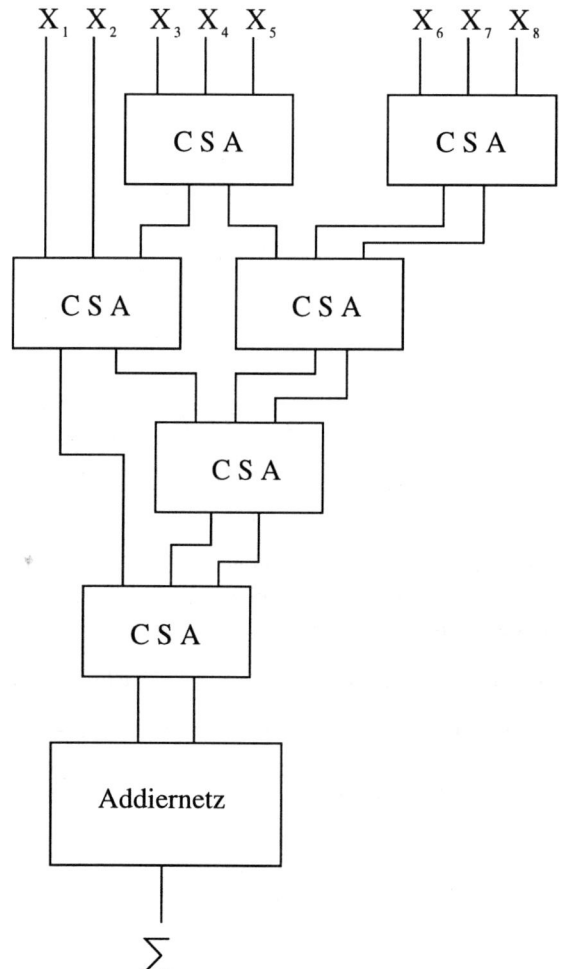

Abbildung 2.32: Carry-Save-Addierer für 8 Summanden (Wallace-Tree).

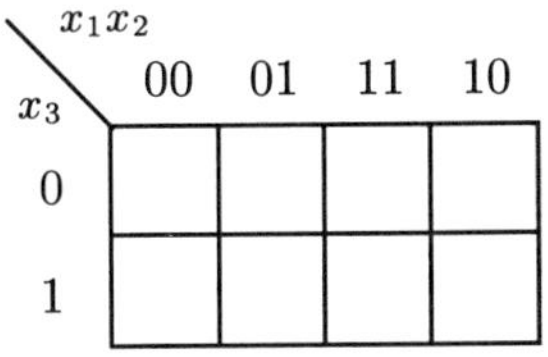

$$x_1 x_2$$

	00	01	11	10
x_3				
0				
1				

Abbildung 2.33: Karnaugh-Diagramm-Schema für $n = 3$.

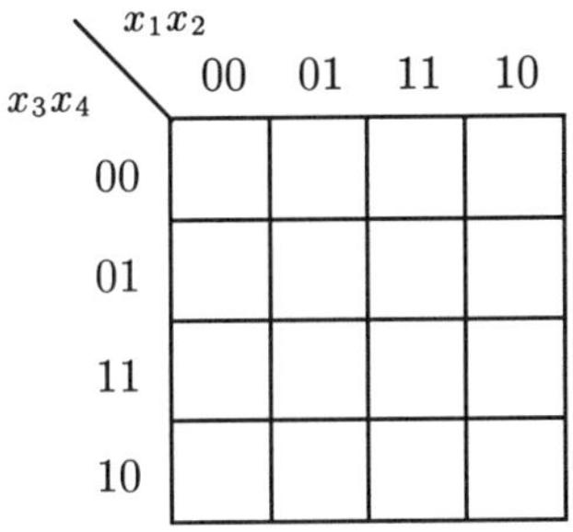

$$x_1 x_2$$

$x_3 x_4$	00	01	11	10
00				
01				
11				
10				

Abbildung 2.34: Karnaugh-Diagramm-Schema für $n = 4$.

x_2 und deren Zeilen mit den möglichen Belegungen der Variablen x_3 bzw. x_3 und x_4 beschriftet sind (vgl. Abbildung 2.33 bzw. 2.34). Die Reihenfolge der Beschriftung erfolgt dabei so, daß sich zwei zyklisch benachbarte Spalten oder Zeilen nur in genau einer Komponente unterscheiden. (Zyklisch benachbart heißt, daß auch obere und untere Zeile bzw. linke und rechte Spalte als benachbart angesehen werden.)

In die entsprechenden Felder der Matrix werden nun die Funktionswerte von f eingetragen, wobei es ausreicht, nur die Einsen tatsächlich zu markieren. Jedem Minterm von f mit einschlägigem Index entspricht dann genau eine 1 im Karnaugh-Diagramm von f und umgekehrt. Folglich entsprechen zwei zyklisch benachbarte Einsen zwei Mintermen, welche sich in genau einer komplementären Variablen unterscheiden und auf die somit die Resolutionsregel angewendet werden kann. Zwei solche Einsen bilden einen sogenannten „Zweierblock", und der durch Resolution entstehende Term hat gerade eine Variable weniger als die ihm zugrunde liegenden Minterme. Diese Beobachtung läßt sich verallgemeinern auf Einer-, Vierer-, Achter-, und Sechzehner-Blöcke wie folgt: Rechteckige $2^r \times 2^s$-Blöcke ($r, s \in \{0, 1, 2\}$) von zyklisch benachbarten Ein-

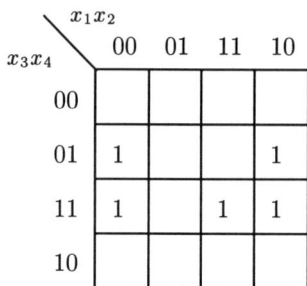

Abbildung 2.35: Karnaugh-Diagramm zu Beispiel 2.2 (b).

sen entsprechen $2^r \cdot 2^s$ Mintermen, welche sich paarweise höchstens in $r + s$ Variablen unterscheiden, wobei alle Möglichkeiten des negierten bzw. nicht negierten Auftretens dieser Variablen vorkommen. Daher läßt sich die Summe dieser Minterme durch wiederholte Resolution zu dem Term vereinfachen, welcher gemeinsamer Bestandteil aller dieser Minterme ist. Die Gestalt dieses Terms ist dabei aus der Randbeschriftung des Karnaugh-Diagramms abzulesen.

Beispiel 2.2 (b) (Fortsetzung):

$$f = x_1\overline{x}_2x_3x_4 + x_1\overline{x}_2\overline{x}_3x_4 + x_1x_2x_3x_4 + \overline{x}_1\overline{x}_2\overline{x}_3x_4 + \overline{x}_1\overline{x}_2x_3x_4$$

f nimmt also für folgende Argumente den Wert 1 an: 1011, 1001, 1111, 0001, 0011. Daher erhält man das in Abbildung 2.35 gezeigte Karnaugh-Diagramm.   □

Das oben Gesagte bedeutet für das Auffinden einer vereinfachten Darstellung von f aus dem Karnaugh-Diagramm folgendes: Man überdecke alle im Diagramm auftretenden Einsen durch möglichst große „Resolutions-Blöcke" der Form $2^r \times 2^s$, d.h. man markiere maximal große Rechtecke von Einsen, wähle von diesen soviele aus, daß jede Eins mindestens in einem Block vorkommt, und bilde die Summe der diesen Blöcken entsprechenden Terme. Für das Diagramm aus Abbildung 2.35 erhalten wir die in Abbildung 2.36 gezeigte Situation. In diesem Diagramm hängt der Vierer-Block nicht von x_1 und nicht von x_3 ab, da seine Einsen sowohl dort stehen, wo x_1 bzw. x_3 Null ist, als auch dort, wo diese Variablen den Wert Eins annehmen. Der ihm entsprechende Term enthält also nur x_2 und x_4 und hat, da die Einsen gerade in den Spalten (Zeilen) für $x_2 = 0$ ($x_4 = 1$) stehen, die Form $\overline{x}_2x_4$. Eine analoge Überlegung liefert für den Zweierblock den Term $x_1x_3x_4$, so daß wir erhalten:

$$f = \overline{x}_2x_4 + x_1x_3x_4$$

Allgemein liefert ein Block mit 2^k Einsen ($k \in \{0, \cdots, 4\}$) einen Term mit $n - k$ Variablen. Das Auffinden des einem Block entsprechenden Terms wird etwas erleichtert, wenn man als Zeilen- bzw. Spaltenbeschriftung statt der Variablenwerte die Variablen

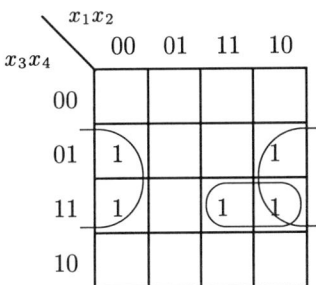

Abbildung 2.36: Überdeckung der Einsen in Beispiel 2.2 (b).

selbst wie folgt verwendet: Man bezeichne die Spalten bzw. Zeilen mit x, für welche die Variable x den Wert 1 annimmt (und die anderen mit $\overline{x}$).

Beispiel 2.3

$$f(x_1, x_2, x_3, x_4) = \overline{x}_1\overline{x}_2\overline{x}_3\overline{x}_4 + x_1\overline{x}_2\overline{x}_3\overline{x}_4 + \overline{x}_1x_2\overline{x}_3x_4 + x_1x_2\overline{x}_3x_4$$
$$+\overline{x}_1x_2x_3x_4 + x_1x_2x_3x_4 + \overline{x}_1\overline{x}_2x_3\overline{x}_4 + x_1\overline{x}_2x_3\overline{x}_4$$

Ein Karnaugh-Diagramm zu f (mit alternativer Beschriftung) ist in Abbildung 2.37 gezeigt. In diesem Beispiel sind alle Einsen durch zwei Viererblöcke zu überdecken, und wir erhalten als vereinfachte Form

$$f = x_2x_4 + \overline{x}_2\overline{x}_4 .$$

□

Bei der Auswahl der Blöcke, welche alle Einsen in einem Diagramm überdecken, ist es unter Umständen nicht sinnvoll, unbedingt die größten Blöcke (bzgl. der Anzahl der Einsen) zu berücksichtigen, z.B. in der in Abbildung 2.38 gezeigten Situation: Die isoliert stehenden Einsen in den Rand-Zeilen bzw. -Spalten sind durch Zweier-Blöcke überdeckbar, welche dann bereits die Einsen des mittleren Vierer-Blocks erfassen.

Bisher haben wir bei der Behandlung von Schaltnetzen immer vorausgesetzt, daß die zu realisierende Boolesche Funktion *total* war, d.h. daß für $f : B^n \to B$ der Definitionsbereich von f ganz B^n umfaßte oder — anders ausgedrückt — daß alle 2^n Elemente von B^n als Argumente für f möglich waren. Häufig tritt jedoch der Fall ein, daß nur gewisse der 2^n Inputs, etwa k, möglich sind, und somit die Funktionswerte von f für $2^n - k$ Argumente durch die betreffende Aufgabenstellung nicht festgelegt werden (wie z. B. beim früher besprochenen Problem „Euler-Kreis in Graphen mit 5 Punkten"). Diese restlichen Argumente-Tupel bezeichnet man als „*Don't-Care*"-Fälle.

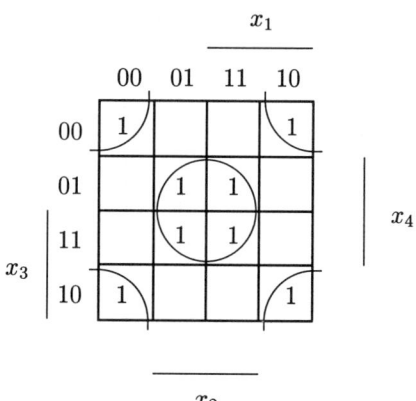

Abbildung 2.37: Karnaugh-Diagramm zu Beispiel 2.3.

Ist eine gegebene Boolesche Funktion f *partiell*, so kann man beim Entwurf eines Schaltnetzes für f offensichtlich für die Don't-Care-Argumente willkürlich Funktionswerte festsetzen d.h. f wird zu einer totalen Funktion vervollständigt („fortgesetzt"). Ist f drei- oder vierstellig und will man ein möglichst einfaches Schaltnetz für f mit dem Karnaugh-Verfahren entwerfen, so bietet sich an, für Don't-Care-Argumente den Funktionswert 1 zu unterstellen, wenn dadurch bereits vorhandene Blöcke vergrößert werden können. Selbstverständlich brauchen Don't-Care-Stellen nicht durch Blöcke überdeckt zu werden.

Beispiel 2.4 Sei f für $x \in \{0, \ldots, 9\}$ definiert durch:

$$f(x) := \begin{cases} 1 & \text{falls } x \in \{1,\, 5,\, 8,\, 9\} \\ 0 & \text{sonst} \end{cases}$$

Zur Binärcodierung der 10 Argumente werden hier vierstellige Dualzahlen benötigt, mit denen man jedoch $2^4 = 16$ Argumente codieren könnte, so daß wir sechs Don't-Care-Fälle erhalten. In Tabelle 2.4 bzw. im Karnaugh-Diagramm von Abbildung 2.39 sind diese durch „D" gekennzeichnet, wobei D hier dem Funktionswert 1 entsprechen soll. Unter Ausnutzung der Don't-Cares erhält man:

$$f(x_1, x_2, x_3, x_4) = x_1 + \overline{x}_3 x_4$$

Zum Vergleich geben wir die Darstellung von f an, welche man ohne Ausnutzung der Don't-Cares aus dem Karnaugh-Diagramm erhält:

$$f(x_1, x_2, x_3, x_4) = x_1 \overline{x}_2 \overline{x}_3 + \overline{x}_1 \overline{x}_3 x_4$$

□

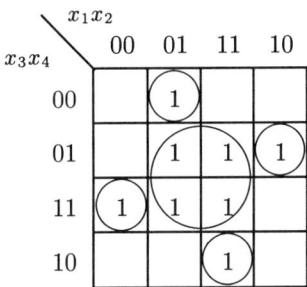

Abbildung 2.38: Karnaugh-Diagramm mit „isolierten" Einsen.

Es sei an dieser Stelle bemerkt, daß man aus dem Karnaugh-Diagramm einer drei- oder vierstelligen Funktion auch auf einfache Weise (nicht notwendig komplement-freie) Ringsummen-Darstellungen gewinnen kann. Dazu wählt man zunächst zyklisch benachbarte Blöcke aus, die nunmehr inhomogen sein dürfen (d.h. außer Einsen dürfen sie auch Nullen enthalten). Nun hat man darauf zu achten, daß jede 1 durch eine un-gerade und jede 0 durch eine gerade Anzahl der ausgewählten Blöcke erfaßt wird. Für die Boolesche Funktion aus Beispiel 2.2 (b) erhält man etwa (vgl. Abbildung 2.40):

$$f = x_4 \oplus \overline{x}_1 x_2 x_4 \oplus x_1 x_2 \overline{x}_3 x_4$$

Auf eine Begründung dieses Vorgehens sei hier verzichtet (vgl. Aufgabe 2.10).

Außerdem sei darauf hingewiesen, daß die Beschriftung der Ränder von Karnaugh-Diagrammen gemäß Definition 2.1 so zu erfolgen hat, daß sich zwei (zyklisch) benach-barte Spalten oder Zeilen nur in genau einer Komponente unterscheiden. Beim Über-gang von einer beliebigen Stelle im Karnaugh-Diagramm zu einer benachbarten in vertikaler oder horizontaler Richtung ändert sich also immer nur genau ein Bit. Dieses „Bauprinzip" ist dem *Gray-Code* entliehen, der wie die (dem Leser inzwischen ver-traute) natürliche Binärcodierung zur Verschlüsselung z. B. der Dezimalziffern benutzt werden kann und auch heute noch insbesondere bei der Analog/Digital-Umwandlung (A/D-Umwandlung) eine Rolle spielt. Für die Dezimalziffern kann er z. B. wie in Tabelle 2.5 gewählt werden. Wesentliches Merkmal des Gray-Codes ist, daß sich die Codierungen zweier aufeinanderfolgender Ziffern und von 9 und 0 nur an genau einer der vier Stellen unterscheiden. Man beachte, daß dieser Code im allgemeinen *nicht* eindeutig bestimmt ist. (Jedoch gibt es Verfahren, mit denen man Gray-Codes für Dualzahlen systematisch erzeugen kann, ohne die Wortlänge vergrößern zu müssen.) Bei der A/D-Umwandlung z.B. von Meßwerten in Bitfolgen bedeutet diese Eigen-schaft, daß nur *eine* Bit-Stelle mit Unsicherheit behaftet ist, verursacht etwa durch nicht ganz exakte Positionierung eines Meßwertgebers.

Tabelle 2.4: Boolesche Funktion aus Beispiel 2.4.

x	x_1	x_2	x_3	x_4	f
0	0	0	0	0	0
1	0	0	0	1	1
2	0	0	1	0	0
3	0	0	1	1	0
4	0	1	0	0	0
5	0	1	0	1	1
6	0	1	1	0	0
7	0	1	1	1	0
8	1	0	0	0	1
9	1	0	0	1	1
A	1	0	1	0	D
B	1	0	1	1	D
C	1	1	0	0	D
D	1	1	0	1	D
E	1	1	1	0	D
F	1	1	1	1	D

Tabelle 2.5: Mögliche Gray-Codierung der Dezimalziffern.

x	Gray-Codewort zu x	Alternative z. B.
0	0000	0000
1	0001	0001
2	0011	0011
3	0010	0010
4	0110	0110
5	0111	1110
6	0101	1010
7	0100	1011
8	1100	1001
9	1000	1000

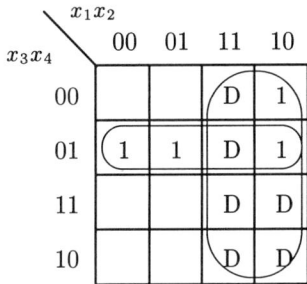

Abbildung 2.39: Karnaugh-Diagramm zu Beispiel 2.4.

2.4.2 Das Verfahren von Quine und McCluskey

Das im letzten Abschnitt vorgestellte Karnaugh-Verfahren ermöglicht das Auffinden einer einfacheren Darstellung als z. B. die DNF für Boolesche Funktionen der Stellenzahl ≤ 4. Dieses Verfahren läßt sich auch auf Boolesche Funktionen höherer Stellenzahl erweitern; so betrachtet man für $n = 5$ etwa zwei Oberflächen eines dreidimensionalen Würfels. Jedoch wird der geometrische Aufbau des Diagramms bereits für $n \geq 6$ zu kompliziert, um auf einfache Art überdeckende Blöcke von Einsen auffinden zu können. In diesem Abschnitt werden wir ein anderes Vereinfachungsverfahren vorstellen, welches für Boolesche Funktionen beliebiger Stellenzahl besser geeignet ist. Dazu stellen wir zunächst einige Begriffe bereit:

Definition 2.2 Eine Boolesche Funktion $f : B^n \to B$ liegt in *disjunktiver Form* vor, wenn f als Summe von Termen

$$\sum_{i=1}^{k} M_i \, , \; k \geq 1,$$

dargestellt ist. Dabei verstehen wir unter einem Term M_i künftig ein Produkt der Form

$$\prod_{j=1}^{l} x_{i_j}^{\alpha_j} \, , \; l \geq 1,$$

wobei x^α für $\alpha \in B$ wie in Definition 1.4 erklärt ist.

Die disjunktive Normalform einer Booleschen Funktion $f : B^n \to B$ ist damit eine disjunktive Form, bei welcher jeder Term ein Minterm ist, d.h. jeder Term enthält alle n Variablen. Die Terme einer beliebigen disjunktiven Form von f enthalten im allgemeinen weniger als n Variablen. Disjunktive Formen geben Anlaß zu sogenannten *zweistufigen* Schaltungen: Auf der ersten Stufe werden die Werte der einzelnen (Produkt-) Terme mit Hilfe von (großen) Und-Gattern berechnet, auf der zweiten

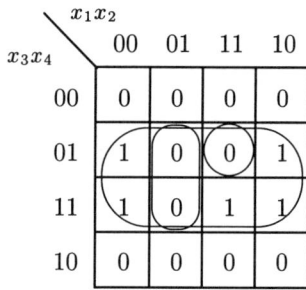

Abbildung 2.40: Karnaugh-Diagramm zu Beispiel 2.2 (b).

werden diese Ergebnisse durch ein (großes) Oder-Gatter verknüpft. Derartige Schaltungen sind für praktische Realisierungen besonders wünschenswert, da sie geringe Signallaufzeiten aufweisen (vgl. die Bypass-Schaltung in Abschnitt 2.3).

Definition 2.3 Sei $f : B^n \to B$ eine Boolesche Funktion, und sei d eine Darstellung von f in disjunktiver Form aus der Menge $D(f)$ aller Darstellungen von f. Für d erklären wir die *Kosten* $K(d)$ wie folgt:

(i) Für $d \equiv x_{i_1}^{\alpha_1} \cdot x_{i_2}^{\alpha_2} \cdot \ldots \cdot x_{i_t}^{\alpha_t} : K(d) := t - 1$

(ii) Für $d \equiv M_1 + \ldots + M_k : K(d) := (k - 1) + \sum_{i=1}^{k} K(M_i)$

Bei dieser Festlegung der Kosten einer disjunktiven Form d stellen wir uns anschaulich ein Schaltnetz für d vor, welches aus Und- und Oder-Gattern und Invertern besteht. Die Kosten von d sind dann gerade die Anzahl der Und- und Oder-Gatter dieses Netzes, wobei wir annehmen, daß Inverter keine Kosten verursachen.

Beispiel 2.5   (a) Sei $f : B^n \to B$ in DNF dargestellt durch

$$d \equiv M_1 + \ldots + M_k.$$

Da jeder Term nun Minterm ist, hat d die Kosten

$$
\begin{aligned}
K(d) &= (n - 1)k + k - 1 \\
     &= n \cdot k - 1
\end{aligned}
$$

(b) (Fortsetzung von Beispiel 2.3) Wegen (a) gilt für die DNF von $f : B^4 \to B$:

$$K(d) = 4 \cdot 8 - 1 = 31$$

Für die mit Hilfe des Karnaugh-Verfahrens gewonnene disjunktive Form

$$d \equiv x_2 x_4 + \overline{x}_2 \overline{x}_4$$

erhält man

$$
\begin{aligned}
K(d) &= (2-1) + K(x_2 x_4) + K(\overline{x}_2 \overline{x}_4) \\
&= 1 + 1 + 1 \\
&= 3
\end{aligned}
$$

$\square$

Teil (b) von Beispiel 2.5 zeigt exemplarisch, wie das, was das Karnaugh-Verfahren leistet, allgemein formuliert werden kann als

Vereinfachungsproblem Boolescher Funktionen:

Man bestimme zu einer gegebenen Booleschen Funktion $f : B^n \rightarrow B$, welche z.B. als Tabelle oder in DNF vorliege, eine sie darstellende disjunktive Form d mit minimalen Kosten $K(d)$.

Nach dem bisher Gesagten ist nun klar, daß es sich beim Karnaugh-Verfahren um ein Verfahren zur Lösung dieses Problems handelt für $n = 3$ oder $n = 4$. Für das angekündigte weitere Lösungsverfahren benötigen wir noch:

Definition 2.4 Sei $f : B^n \rightarrow B$ eine Boolesche Funktion. Ein Term M heißt *Implikant* von f, kurz $M \leq f$, falls $M(x) \leq f(x)$ für alle $x \in B^n$ gilt, d.h.

$$
M(x) = 1 \Rightarrow f(x) = 1 \quad \text{für alle } x \in B^n.
$$

Ein Implikant M von f heißt *Primimplikant* (von f), falls keine echte Verkürzung von M noch Implikant von f ist.

Beispiel 2.2 (b) (Fortsetzung) Implikanten von f sind:

$$
x_1 \overline{x}_2 x_3 x_4, \ x_1 \overline{x}_2 \overline{x}_3 x_4, \ x_1 x_2 x_3 x_4, \ \overline{x}_1 \overline{x}_2 \overline{x}_3 x_4, \ \overline{x}_1 \overline{x}_2 x_3 x_4,
$$

$$
x_1 \overline{x}_2 x_4, \ x_1 x_3 x_4, \ \overline{x}_1 \overline{x}_2 x_4, \ \overline{x}_2 \overline{x}_3 x_4, \ \overline{x}_2 x_4
$$

Primimplikanten sind $\overline{x}_2 x_4$ und $x_1 x_3 x_4$.

Zur letzten Definition sind einige Anmerkungen zu machen:

1. Minterme zu einschlägigen Indizes einer Booleschen Funktion f sind Implikanten von f.

2. Ist M Implikant von f, und ist m ein Minterm von f derart, daß M eine Verkürzung von m ist, so gilt $m \leq M$, d.h. m ist Implikant von M.

3. Im Karnaugh-Diagramm entsprechen rechteckige Blöcke von Einsen den Implikanten und maximale derartige Blöcke den Primimplikanten.

Der folgende Satz zeigt nun, daß die im Karnaugh-Verfahren für $n = 3, 4$ verwirklichte Idee, das Vereinfachungsproblem auf die Bestimmung von Primimplikanten zurückzuführen, für disjunktive Formen tatsächlich Kostenminimalität garantiert:

Satz 2.3 Sei $f : B^n \to B$ eine Boolesche Funktion, $f \not\equiv 0$. Ist $d \equiv M_1 + \ldots + M_k$ eine Darstellung von f als disjunktive Form mit minimalen Kosten, so sind die $M_i, i = 1, \ldots, k$, Primimplikanten von f.

Beweis: Wir bemerken zunächst, daß alle $M_i, i = 1, \ldots, k$, Implikanten von f sind: Sei $x \in B^n$ beliebig und $M_i(x) = 1$. Dann folgt $f(x) = 1$, da f durch d als Disjunktion der M_i dargestellt ist. Angenommen, einer der Terme, etwa M_j, ist kein Primimplikant von f. Dann existiert nach Definition 2.4 eine echte Verkürzung V von M_j, welche ebenfalls Implikant von f ist, und es gilt $M_j \leq V$. Wir erhalten dann eine weitere Darstellung von f als disjunktive Form d', indem wir in d den Term M_j durch V ersetzen:

$$d' \equiv M_1 + \ldots + M_{j-1} + V + M_{j+1} + \ldots + M_k$$

Die Kosten dieser Darstellung ergeben sich zu:

$$K(d') = (k - 1) + \sum_{i=1}^{j-1} K(M_i) + K(V) + \sum_{i=j+1}^{k} K(M_i)$$

Da V *echte* Verkürzung von M_i ist, folgt $K(d') < K(d)$. Dies ist aber ein Widerspruch zu der Voraussetzung, daß die Kosten von d bereits minimal waren. Daraus folgt die Behauptung. $\triangledown$

Nach diesen Vorbereitungen können wir nun ein Vereinfachungsverfahren für Boolesche Funktionen skizzieren, welches zuerst 1952 von W. Quine angegeben und 1956 von E. McCluskey verbessert wurde. Es besteht aus den folgenden Schritten:

1. Bestimmung aller Primimplikanten;

2. kostenminimale Auswahl von Primimplikanten.

Wir beschreiben dieses Verfahren an folgendem Beispiel:

Beispiel 2.6 Sei $f : B^4 \to B$ gegeben durch die DNF- Darstellung

$$\begin{aligned} f \;=\;& \overline{x}_1 \overline{x}_2 \overline{x}_3 \overline{x}_4 + \overline{x}_1 x_2 \overline{x}_3 \overline{x}_4 + \overline{x}_1 x_2 x_3 \overline{x}_4 + x_1 \overline{x}_2 x_3 x_4 \\ &+ x_1 x_2 \overline{x}_3 \overline{x}_4 + x_1 x_2 \overline{x}_3 x_4 + x_1 x_2 x_3 \overline{x}_4 \end{aligned}$$

$\square$

Wir erläutern zunächst Schritt (1) des Verfahrens: Alle Primimplikanten lassen sich offensichtlich durch wiederholte Anwendung der aus Abschnitt 2.4.1 bekannten Resolutionsregel (bzw. für $n = 3, 4$ mit dem Karnaugh-Verfahren) – ausgehend von Mintermen – ermitteln. Dabei unterscheiden sich zwei Terme, auf welche die Regel anwendbar ist, in genau einer Variablen, die in dem einen negiert, in dem anderen nicht negiert vorkommt. Daher teile man die zu betrachtenden Minterme anhand der Anzahl der vorkommenden Negationszeichen in Gruppen ein wie in Tabelle 2.6 gezeigt. Alle Paare von Mintermen, auf welche die Resolutionsregel anwendbar ist, findet man damit durch die Betrachtung aller Mintermpaare aus benachbarten Gruppen. Alle dabei gewonnenen verkürzten Implikanten tragen wir in eine neue Tabelle

Tabelle 2.6: Minterme zu Beispiel 2.6 (gemäß Anzahl der Negationen).

Gruppe	Minterm	einschlägiger Index	Dezimaldarstellung des Index
1	$x_1\overline{x}_2x_3x_4$	1011	11
	$x_1x_2\overline{x}_3x_4$	1101	13
	$x_1x_2x_3\overline{x}_4$	1110	14
2	$\overline{x}_1x_2x_3\overline{x}_4$	0110	6
	$x_1x_2\overline{x}_3\overline{x}_4$	1100	12
3	$\overline{x}_1x_2\overline{x}_3\overline{x}_4$	0100	4
4	$\overline{x}_1\overline{x}_2\overline{x}_3\overline{x}_4$	0000	0

Tabelle 2.7: Tabelle 2.6 nach (erster) Anwendung der Resolutionsregel.

Gruppe	Implikant	Index	Minterm-Nummern
1	$x_1\overline{x}_2x_3x_4$	1011	11
	$x_2x_3\overline{x}_4$	*110	6, 14
	$x_1x_2\overline{x}_3$	110*	12, 13
	$x_1x_2\overline{x}_4$	11*0	12, 14
2	$\overline{x}_1x_2\overline{x}_4$	01*0	4, 6
	$x_2\overline{x}_3\overline{x}_4$	*100	4, 12
3	$\overline{x}_1\overline{x}_3\overline{x}_4$	0*00	0, 4

ein, welche ebenfalls vier Spalten enthält, jedoch in der Indexspalte „herausgefallene" Variablen durch * kennzeichnet und in der Nummernspalte die Nummern aller beteiligten einschlägigen Indizes enthält; ferner übernehmen wir in die neue Tabelle alle Implikanten, auf welche die Regel bereits nicht mehr anwendbar ist (vgl. Tabelle 2.7). Das sind genau diejenigen Implikanten, die nicht als Resolutionspartner benutzt worden sind; sie können auch später nicht mehr benutzt werden, da die noch aktiven Implikanten immer kürzer werden. Mit dieser neuen Tabelle wird das Verfahren iteriert, und zwar solange, bis eine gerade erzeugte Tabelle mit der zuletzt erzeugten übereinstimmt. Diese Tabelle enthält dann nur noch Primimplikanten, und zwar alle von ihnen (vgl. Tabelle 2.8).

Tabelle 2.8: Alle Primimplikanten zu Beispiel 2.6.

Gruppe	Implikant	Index	Minterm-Nummern
1	$x_1\overline{x}_2x_3x_4$	1011	11
	$x_1x_2\overline{x}_3$	110*	12, 13
	$x_2\overline{x}_4$	*1*0	4, 6, 12, 14
3	$\overline{x}_1\overline{x}_3\overline{x}_4$	0*00	0, 4

Tabelle 2.9: Implikationsmatrix zu Beispiel 2.6.

Minterm\\Primimplikant	0	4	6	11	12	13	14
$x_1\overline{x}_2x_3x_4$	0	0	0	1	0	0	0
$x_1x_2\overline{x}_3$	0	0	0	0	1	1	0
$x_2\overline{x}_4$	0	1	1	0	1	0	1
$\overline{x}_1\overline{x}_3\overline{x}_4$	1	1	0	0	0	0	0

Als nächstes erläutern wir Schritt (2) des Verfahrens: Den in Schritt (1) festge-stellten Zusammenhang zwischen Primimplikanten und Mintermen halten wir nun in einer Matrix $\mathcal{A} = (a_{ij})$ fest, deren Zeilen Primimplikanten und deren Spalten Minter-me repräsentieren wie folgt:

$$a_{ij} := \begin{cases} 1 & \text{falls Minterm } j \leq \text{Primimplikant } i \text{ (im Sinne von Definition 2.4)} \\ 0 & \text{sonst} \end{cases}$$

a_{ij} hat also den Wert 1, falls der j-te Minterm an der Bildung des i-ten Primimplikan-ten beteiligt war (vgl. Tabelle 2.9). In dieser Matrix hat man nun noch eine Auswahl von Zeilen, d.h. Primimplikanten, so zu treffen, daß einerseits die von diesen Zeilen gebildete Teilmatrix in jeder Spalte mindestens eine Eins enthält, andererseits die Gesamtkosten dieser Primimplikanten minimal sind unter allen möglichen Auswahlen mit der ersten Eigenschaft.

Im laufenden Beispiel benötigt man alle vier Primimplikanten, um alle Minterme zu „überdecken": Die Unentbehrlichkeit des ersten Primimplikanten folgt z. B. dar-aus, daß in der Spalte des Minterms 11 keine andere Eins als die in der ersten Zeile vorhanden ist. Damit erhält man als kostengünstigste Darstellung d von f:

$$d \equiv x_1\overline{x}_2x_3x_4 + x_1x_2\overline{x}_3 + x_2\overline{x}_4 + \overline{x}_1\overline{x}_3\overline{x}_4$$

mit $K(d) = 11$.

Es sei darauf hingewiesen, daß Schritt (2) unter Umständen sehr hohen Aufwand erfordert, wenn man viele mögliche Auswahlen bzgl. ihrer Kosten miteinander verglei-chen muß. Von einer optimalen algorithmischen Präzisierung des Schrittes (2) kann also im Quine-McCluskey-Verfahren noch nicht die Rede sein. Wir werden darauf in Kapitel 3 zurückkommen.

2.5   Fehlerdiagnose von Schaltnetzen

Wir wollen nun einen dritten Problemkreis behandeln, welcher auch eine Art Opti-mierung darstellt, nämlich die *Fehlerdiagnose von Schaltnetzen*. Dies ist für die Pro-duktion von Schaltelementen von großer Bedeutung. Die heutige VLSI-Technologie stellt sehr große Schaltnetze, ja ganze CPUs auf einem Chip zur Verfügung. Zur Zeit lassen sich etwa 10^6 Bauteile auf einem quadratischen Chip mit 4mm Kantenlänge unterbringen. Bei dieser Größe kann man natürlich im allgemeinen nicht mehr nach defekten Bauteilen oder gerissenen Verbindungsdrähten auf einem Chip suchen, sondern man muß sich oft darauf beschränken, Chips als Ganzes auf Defekte zu testen und gegebenenfalls auszusondern. (Tatsächlich rechnet man z. B. bei der Produktion solcher Chips mit einem Ausfall von 90%, jedoch ist der Fertigungsprozeß heute soweit fortgeschritten, daß man ohne weiters in Kauf nehmen kann, wenn nur 10% intakte Chips produziert werden.)

Wie kann man nun eine solche behavioristische Qualitätsprüfung bzw. Endkontrolle vornehmen? Betrachten wir z. B. — wie in diesem Kapitel schon mehrfach geschehen — ein Addiernetz für 16-stellige Dualzahlen: Eine Möglichkeit besteht sicher darin, alle möglichen Inputs anzulegen und die entsprechenden Ergebnisse zu verifizieren. In diesem Fall wären somit $2^{32} \approx 4 \cdot 10^9$ Argumente-Tupel („Tests") durch die Schaltung zu schicken, was offensichtlich ein zu hoher Aufwand ist. Wir werden nun eine Methode vorstellen, nach welcher man aus der Menge aller möglichen Tests für ein gegebenes Schaltnetz diejenigen auswählen kann, mit der sich bereits alle Fehler einer bestimmten Art aufdecken lassen. Die Fehlerart wird dabei bestimmt durch eine vorher zu treffende *Fehlerannahme*, die z. B. wie folgt lauten kann:

(a) Es tritt im gegebenen Schaltnetz höchstens ein Fehler auf;

(b) der Defekt, welcher einen Fehler verursacht, ist ein gerissener Verbindungsdraht.

Teil (b) beschreibt einen sehr häufig auftretenden Defekt; neben diesem sind noch Kurzschlüsse, defekte Gatter durch fehlerhafte Halbleiter usw. denkbar. Dieser Fehler (b) wird auch als *0-Verklemmung* (engl. „stuck-at 0") bezeichnet (unter der Vorstellung, daß ein defekter Draht keinen Impuls übermitteln kann).

Unter dieser Ein-Fehler-Annahme (a) + (b) wollen wir nun für das in Abbildung 1.4 angegebene Schaltnetz der Booleschen Funktion aus Beispiel 1.13 eine sogenannte *minimale Testmenge* bestimmen. Dazu geben wir das Schaltnetz wieder als DAG an (vgl. Abbildung 2.41). In diesem Beispiel können 18 Drähte reißen, und wir verschaffen uns zunächst in Tabelle 2.10 eine Übersicht über die Auswirkungen eines defekten Drahtes auf nachfolgende Gatter bzw. Leitungen und insbesondere auf den Output; diesen bezeichnen wir mit f_i, falls Draht i gerissen ist. Aus $f(x_1, x_2, x_3) = \overline{x}_1 x_2 x_3 + x_1 \overline{x}_2 x_3 + x_1 x_2 x_3$ erhalten wir für die f_i folgende Darstellungen:

$$
\begin{aligned}
f_1 &= \overline{0} \cdot x_2 x_3 + x_1 \overline{x}_2 x_3 + x_1 x_2 x_3 = x_2 x_3 + x_1 x_3 \\
f_2 &= 0 \cdot x_2 x_3 + x_1 \overline{x}_2 x_3 + x_1 x_2 x_3 = x_1 \overline{x}_2 x_3 + x_1 x_2 x_3 = x_1 x_3 \\
f_3 &= \overline{x}_1 x_2 x_3 + x_1 x_2 x_3 = x_2 x_3 \\
f_4 &= \overline{x}_1 x_2 x_3 + x_1 \overline{x}_2 x_3 \\
f_5 &= x_1 \overline{x}_2 x_3 + x_1 x_2 x_3 = x_1 x_3 \\
f_6 &= \overline{x}_1 x_2 x_3 + x_1 x_3 \\
f_7 &= x_2 x_3 \\
f_8 &= \overline{x}_1 x_2 x_3 + x_1 \overline{x}_2 x_3 \\
f_9 &= x_1 x_3 \\
f_{10} &= x_2 x_3
\end{aligned}
$$

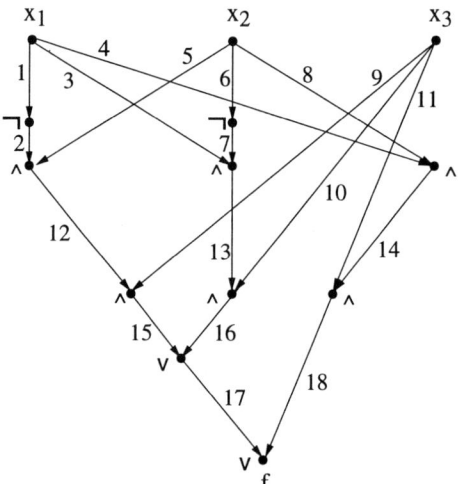

Abbildung 2.41: DAG zu Beispiel 1.13 mit „Draht-Nummern".

Tabelle 2.10: Fehlermöglichkeiten in Abbildung 2.41 (Ausfalltafel).

x_1	x_2	x_3	f_1	f_2	f_3	f_4	f_5	f_6	f_7	f_8	f_9
0	0	0	0	0	0	0	0	0	0	0	0
0	0	1	0	0	0	0	0	0	0	0	0
0	1	0	0	0	0	0	0	0	0	0	0
0	1	1	1	0	1	1	0	1	1	1	0
1	0	0	0	0	0	0	0	0	0	0	0
1	0	1	1	1	0	1	1	1	0	1	1
1	1	0	0	0	0	0	0	0	0	0	0
1	1	1	1	1	1	0	1	1	1	0	1

x_1	x_2	x_3	f_{10}	f_{11}	f_{12}	f_{13}	f_{14}	f_{15}	f_{16}	f_{17}	f_{18}
0	0	0	0	0	0	0	0	0	0	0	0
0	0	1	0	0	0	0	0	0	0	0	0
0	1	0	0	0	0	0	0	0	0	0	0
0	1	1	1	1	0	1	1	0	1	0	1
1	0	0	0	0	0	0	0	0	0	0	0
1	0	1	0	1	1	0	1	1	0	0	1
1	1	0	0	0	0	0	0	0	0	0	0
1	1	1	1	0	1	1	0	1	1	1	0

Tabelle 2.11: Ausfallmatrix zu Abbildung 2.41.

x_1	x_2	x_3	f_1	f_2	f_3	f_4	f_{17}
0	0	0	0	0	0	0	0
0	0	1	0	0	0	0	0
0	1	0	0	0	0	0	0
0	1	1	1	0	1	1	0
1	0	0	0	0	0	0	0
1	0	1	1	1	0	1	0
1	1	0	0	0	0	0	0
1	1	1	1	1	1	0	1

$$
\begin{aligned}
f_{11} &= \overline{x}_1 x_2 x_3 + x_1 \overline{x}_2 x_3 \\
f_{12} &= 0 \cdot x_3 + x_1 \overline{x}_2 x_3 + x_1 x_2 x_3 = x_1 x_3 \\
f_{13} &= x_2 x_3 \\
f_{14} &= \overline{x}_1 x_2 x_3 + x_1 \overline{x}_2 x_3 \\
f_{15} &= x_1 x_3 \\
f_{16} &= x_2 x_3 \\
f_{17} &= x_1 x_2 x_3 \\
f_{18} &= \overline{x}_1 x_2 x_3 + x_1 \overline{x}_2 x_3
\end{aligned}
$$

Tabelle 2.10 zeigt die sogenannte *Ausfalltafel*, welche sich verkürzen läßt zu einer *Ausfallmatrix* durch Weglassen doppelter Spalten, denn offensichtlich gilt:

$$
\begin{aligned}
f_1 &= f_6 \\
f_2 &= f_5 = f_9 = f_{12} = f_{15} \\
f_3 &= f_7 = f_{10} = f_{13} = f_{16} \\
f_4 &= f_8 = f_{11} = f_{14} = f_{18}
\end{aligned}
$$

Als Ausfallmatrix erhalten wir die in Tabelle 2.11 gezeigte Matrix. Diese Matrix zeigt für alle möglichen Eingaben die beobachtbaren globalen Abweichungen vom gewünschten Ausgabeverhalten, welche durch 0-Verklemmung entsprechend unserer Fehlerannahme erzeugbar sind. Da das Ziel ist, aus der Menge aller möglichen Inputs (hier $2^3 = 8$ Stück) diejenigen herauszufinden, mit deren Hilfe bereits alle Abweichungen vom geforderten Verhalten feststellbar sind, bietet sich zunächst der Übergang von der Ausfallmatrix zur sogenannten *Fehlermatrix* an, die man erhält, indem man jede f_i-Spalte durch $f \nleftrightarrow f_i$ ersetzt. Diese Matrix ist in Tabelle 2.12 gezeigt; jede Spalte zeigt gerade die Stellen (durch eine 1) an, an der das beobachtete Verhalten von f abweicht. Unsere Aufgabe besteht nun noch darin, möglichst wenig Tests (d. h. Input-Zeilen so auszuwählen, daß jeder Fehler aufgedeckt wird. In diesem Beispiel ist offensichtlich { 3, 5, 7 } eine minimale Testmenge, d. h. allein durch probeweises Anlegen von (0, 1, 1), (1, 0, 1) und (1, 1, 1) an die Schaltung sind *alle* aus unserer Fehlerannahme resultierenden Defekte erkennbar. Die Anzahl der Tests ist somit von 8 auf 3 gefallen. (Man beachte, daß in diesem Beispiel der Defekt Nr. 1, welcher zur

Tabelle 2.12: Fehlermatrix zu Abbildung 2.41.

Zeilen-Nr.	x_1	x_2	x_3	$f \nleftrightarrow f_1$	$f \nleftrightarrow f_2$	$f \nleftrightarrow f_3$	$f \nleftrightarrow f_4$	$f \nleftrightarrow f_{17}$
0	0	0	0	0	0	0	0	0
1	0	0	1	0	0	0	0	0
2	0	1	0	0	0	0	0	0
3	0	1	1	0	1	0	0	1
4	1	0	0	0	0	0	0	0
5	1	0	1	0	0	1	0	1
6	1	1	0	0	0	0	0	0
7	1	1	1	0	0	0	1	0

Funktion f_1 führt, nach außen hin nicht als Defekt erkennbar ist wegen $f_1 \equiv f$; liegt also dieser Defekt vor, leistet das Schaltnetz dennoch das Gewünschte.)

Diese exemplarisch vorgeführte Methode bezeichnet man auch als *schaltungsabhängige Fehlerdiagnose*; damit kann man feststellen, ob ein gegebenes Schaltnetz, dessen logischer Aufbau bekannt ist, mit einem bestimmten Fehler, welcher in einer Fehlerannahme spezifiziert wird, behaftet ist oder nicht. Die *Lokalisierung* eines Fehlers ist mit dieser Methode offensichtlich im allgemeinen nicht möglich.

Wir wollen noch kurz auf eine andere Methode, die *schaltungsunabhängige Fehlerdiagnose*, hinweisen, bei welcher nicht mehr der logische Aufbau eines fertigen Schaltnetzes eine Rolle spielt, sondern nur die zu realisierende Boolesche Funktion. Man möchte dabei also Testmengen bestimmen, mit denen man gewisse Defekte in *allen* Schaltnetzen erkennen kann, welche eine gegebene Funktion $f : B^n \to B$ realisieren. Wie oben ist zunächst wieder eine Fehlerannahme zu machen, die nun aber nicht auf eine konkrete Realisierung von f Bezug nehmen darf, sondern etwa wie folgt zu lauten hat:

Es tritt ein Defekt auf, welcher die tatsächliche Abhängigkeit von f von der i-ten Variablen zerstört.

Man beachte, daß diese Fehlerannahme relativ allgemein ist; sie deckt keineswegs alle wirklich möglichen Schaltungsfehler auf.

Beispiel 2.7 Sei $f : B^3 \to B$ definiert durch

$$f(x_1, x_2, x_3) = \overline{x}_1 x_3 + x_2$$

Offensichtlich hängt f von x_1 ab, denn es gilt:

$$f(0, 0, 1) = 1$$

$$f(1, 0, 1) = 0$$

Sei nun S irgendein Schaltnetz zur Realisierung von f. Dann läßt sich allein mit den Eingaben $(0, 0, 1)$ und $(1, 0, 1)$, die wir als *Testpaar* bezeichnen, feststellen, ob gemäß obiger Annahme ein Defekt vorliegt, der die Abhängigkeit von f von x_1 zerstört. Ein solcher Defekt liegt vor, wenn S für dieses Testpaar jeweils den gleichen Output liefert (einer von ihnen muß dann selbstverständlich falsch sein). □

Allgemein sei nun $f : B^n \to B$ eine Boolesche Funktion. Ein n-Tupel $a \in B^n$ heißt dann ein *Test*. Zwei Tests a und b bilden ein *f-Testpaar für x_i*, wenn sich a und b nur an genau der i-ten Stelle unterscheiden und $f(a) \not\equiv f(b)$ gilt. Eine *minimale Testmenge für f* ist dann eine Menge T von Tests derart, daß es für jede Variable x_i, von der f tatsächlich abhängt, ein f-Testpaar $\{a, b\}$ für x_i mit $\{a, b\} \subseteq T$ gibt, und die minimal ist unter allen möglichen Testmengen bzgl. Mengeninklusion.

Für die Funktion aus Beispiel 2.7 ergeben sich folgende Testpaare:

$$
\begin{array}{ll}
\text{für } x_1: & (0, 0, 1) \text{ und } (1, 0, 1) \\
\text{für } x_2: & (1, 0, 0) \text{ und } (1, 1, 0) \text{ bzw.} \\
& (1, 0, 1) \text{ und } (1, 1, 1) \text{ bzw.} \\
& (0, 0, 0) \text{ und } (0, 1, 0) \\
\text{für } x_3: & (0, 0, 0) \text{ und } (0, 0, 1)
\end{array}
$$

Eine minimale Testmenge für f ist

$$\{ (0, 0, 0), (0, 0, 1), (1, 0, 1), (1, 1, 1) \}$$

bzw.

$$\{ (0, 0, 0), (0, 0, 1), (0, 1, 0), (1, 0, 1) \}.$$

Diese vier Tests (anstatt acht) reichen also aus, um unter obiger Fehlerannahme jedes beliebige, f realisierende Schaltnetz im Hinblick auf Abhängigkeitsfehler zu diagnostizieren.

2.6   Hasards in Schaltnetzen

Zum Abschluß dieses Kapitels wollen wir noch einen vierten Aspekt der Verbesserung von Schaltnetzen behandeln, welcher mit der technischen Funktionssicherheit derartiger Schaltungen zusammenhängt. Bisher haben wir physikalische Probleme, die bei der Realisierung von Schaltnetzen auftreten können, gemäß unserer „Black Box-Philosophie" vernachlässigt; auch bei der im letzten Abschnitt behandelten Fehlerdiagnose war davon nie die Rede. Für die Praxis des Aufbaus und der Verwendung von Schaltnetzen jedoch ist die Einbeziehung physikalischer Tatsachen unerläßlich, und wir wollen dies jetzt tun, indem wir folgende Annahmen machen:

1. Jedes Signal, welches ein Gatter durchläuft, hat eine zwar kurze, aber nicht vernachlässigbare Laufzeit;

2. Änderung von Input-Signalen, welche logisch gleichzeitig erfolgen, können im allgemeinen physikalisch nicht gleichzeitig stattfinden.

3. Signal-Laufzeiten können für die einzelnen Gatter eines Schaltnetzes unterschiedlich groß sein (Spezifizierung von Annahme 1).

Eine Folge aus diesen Annahmen, welche für die Praxis tatsächlich realistisch sind, ist, daß das Umschalten von gewissen Input-Signalen für ein Schaltnetz auf andere Signalwerte einer Verzögerung unterliegt. Diese Verzögerung kann dazu führen, daß sich der Wert am Ausgang des Schaltnetzes kurzzeitig ändert, was aber unter Umständen unerwünscht ist.

Beispiel 2.8 Sei $f(x_1, x_2, x_3) = x_1 x_3 + x_2 \overline{x}_3$, so gilt:

$$
\begin{aligned}
f(1,1,0) &= 1 \\
f(1,1,1) &= 1 \\
f(1,0,0) &= 0 \\
f(1,0,1) &= 1
\end{aligned}
$$

$\square$

Sei nun S irgendein Schaltnetz für f, an dessen Eingängen das Input-Tupel $(1, 1, 0)$ anliege. Soll dann auf den Input $(1, 0, 1)$ umgeschaltet werden, so könnte dies gemäß Annahme (2) in zwei unterschiedlichen Abfolgen erfolgen: Entweder wird zunächst der Wert von x_2 von 1 in 0 und dann der Wert von x_3 von 0 in 1 geändert oder diese Umschaltung verläuft in umgekehrter Reihenfolge. Wird der zweite Weg beschritten, ändert sich das Ausgangssignal von S nicht, da auch für das „Zwischen-Tupel" der Funktionswert gleich 1 ist. Wird jedoch der erste Weg gewählt, „kippt" das Ausgangssignal von S kurzzeitig auf 0 (wegen $f(1, 0, 0) = 0$), bevor es dann wieder den „richtigen" Wert 1 annimmt. Dieses Verhalten ist unerwünscht z. B. dann, wenn das Ausgangssignal ein sehr empfindliches Gerät steuert, welches im schlimmsten Fall defekt wird, wenn das Signal auch nur kurze Zeit auf 0 kippt.

Phänomene dieser Art nennt man *Hasards* (engl.: hazard; Gefahr, Risiko). Wie bei der Fehlerdiagnose unterscheidet man zwei Arten von Hasards: (Schaltungsunabhängige) *Funktionshasards*, welche nur durch das „Übergangsverhalten" der gegebenen Booleschen Funktion (entsprechend Annahme (2) oben) bedingt sind, und (schaltungsabhängige) *Schaltungshasards*, welche sich als Folgerung aus Annahme (3) ergeben. (Darüber hinaus unterscheidet man bei beiden Arten noch *statische* und *dynamische* Hasards: Ein statischer Hasard bewirkt die unerwünschte Veränderung eines Output-Signals während des „Umkippens" von Inputsignalen; ein dynamischer Hasard liegt vor, wenn sich das Ausgangssignal für neue Inputs tatsächlich ändern soll, die Veränderung sich aber erst nach einem gewissen „Flimmern" endgültig einstellt. Wir befassen uns hier nicht weiter mit dynamischen Hasards.)

Die Boolesche Funktion aus Beispiel 2.8 besitzt also einen *Funktions*hasard. Wir wollen diesen Hasard-Begriff präzisieren:

Definition 2.5 Sei $f : B^n \to B$ eine Boolesche Funktion und seien $a_0 \in B^k$ ($1 \le k < n$), $a_1 \in B^{n-k}$, $a = (\{a_0, a_1\})$, $b = (\{a_0, \overline{a}_1\})$. (Die [unterbestimmte] Schreibweise $a = (\{a_0, a_1\})$ soll dabei andeuten, daß eine gewisse Auswahl der Komponenten von a den Vektor a_0 bildet und die dabei nicht berücksichtigten Komponenten den Vektor a_1 bilden. In Spezialfällen[1] kann also a_0 den Anfang und a_1 das Ende des Vektors a

---

[1]Im Sinne einer Vereinfachung der Schreibweise werden wir künftig nur diesen Spezialfall betrachten. Unter dieser Annahme entfallen dann die geschweiften Klammern.

x_3x_4 \\ x_1x_2	00	01	11	10
00	0	1	0	0
01	0	1	1	1
11	1	1	1	0
10	0	0	1	0

Abbildung 2.42: Karnaugh-Diagramm zu Beispiel 2.9.

bedeuten.) f besitzt einen (statischen) *Funktionshasard* (für den Input-Wechsel von a nach b), falls gilt:

(i) $f(a) = f(b)$;

(ii) es gibt ein $a_1' \in B^{n-k}$ so, daß für $c = (\{a_0, a_1'\})$ gilt: $f(a) \neq f(c)$.

Beispiel 2.8 (Fortsetzung): Setze für $k = 1$

$$\begin{aligned}
a_0 &= (x_1) = (1) \\
a_1 &= (x_2, x_3) = (1, 0) \\
a_1' &= (x_2', x_3') = (0, 0)
\end{aligned}$$

so gilt:

$$\begin{aligned}
f(a) &= f(a_0, a_1) = f(1, 1, 0) = 1 \\
f(c) &= f(a_0, a_1') = f(1, 0, 0) = 0 \\
f(b) &= f(a_0, \bar{a}_1) = f(1, 0, 1) = 1
\end{aligned}$$

Also besitzt f einen Funktionshasard für den Inputwechsel von $(1, 1, 0)$ nach $(1, 0, 1)$. □

Beispiel 2.9 (vgl. Abschnitt 2.4.1) Sei $f : B^4 \to B$ durch das in Abbildung 2.42 gezeigte Karnaugh-Diagramm gegeben. Zur Bestimmung der Funktionshasards von f (gemäß Definition 2.5) stellen wir eine Tabelle auf, welche für $k = 1, 2, 3$ in Abhängigkeit von a_0 die a_1-Tupel angibt, für die ein Hasard vorliegt. Die Tabelleneinträge werden dabei durch Betrachtung des Karnaugh-Diagramms wie folgt ermittelt:

$k = 1$: Wählt man zunächst $a_0 = (0)$, so ist nur die „linke" Hälfte des Karnaugh-Diagramms zu betrachten. Die Stellen im Diagramm, an denen komplementäre a_1-Tupel liegen, sind in Abbildung 2.43 durch Linien verbunden. Wegen Bedin-

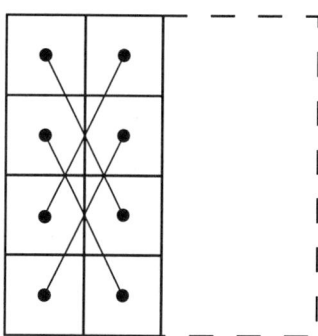

Abbildung 2.43: Bestimmung der Funktionshasards in Beispiel 2.9 (1).

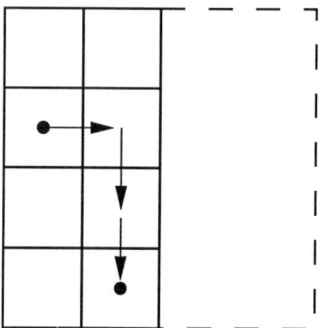

Abbildung 2.44: Bestimmung der Funktionshasards in Beispiel 2.9 (2).

gung (i) von Definition 2.5 reicht es nun, solche durch eine Linie verbundenen Paare von Punkten zu betrachten, an denen jeweils der gleiche Funktionswert steht. Annahme (2) oben besagt dann, daß das Umschalten von einem Input-Tupel auf ein anderes nicht entlang dieser Linie, sondern nur über horizontale oder vertikale Nachbarfelder (eventuell zyklische Nachbarn!) erfolgen kann, also z. B. für den Wechsel von 0001 auf 0110 wie in Abbildung 2.44 gezeigt. Hat eines dieser „Zwischenfelder" einen anderen Funktionswert als Start und Ziel, so liegt (für diesen Input-Wechsel) ein Funktionshasard vor.

Für die Wahl $a_0 = (1)$ betrachtet man analog die rechte Hälfte des Karnaugh-Diagramms. Der erste Teil der Tabelle lautet damit wie in Tabelle 2.13 angegeben.

$k = 2$: Für a_0 hat man nun vier Wahlmöglichkeiten, welche jeweils einer Spalte des Karnaugh-Diagramms entsprechen. Komplementäre a_1-Tupel liegen dann an den in Abbildung 2.45 exemplarisch für Spalte 2 gezeigten Stellen. Da ein Input-Wechsel z. B. von 1 nach 3 nur über 2 erfolgen kann, ist das Auffinden der Hasards gegenüber Fall $k = 1$ bereits wesentlich leichter: Ist der Funktionswert an den Stellen 1 und 3 identisch, und weicht er an der Stelle 2 von diesem Wert ab, so liegt offensichtlich ein Funktionshasard vor. Die Fortsetzung von

Tabelle 2.13: Zu Beispiel 2.9: $k = 1$.

k	a_0	a_1	$f(a_0, a_1) = f(a_0, \bar{a}_1)$	mögl. a_1'	$f(a_0, a_1')$
1	(0)	(0, 0, 1)	0	(1, 0, 1)	1
		(1, 0, 0)	1	(0, 0, 1)	0
1	(1)	(1, 0, 0)	0	(1, 0, 1)	1
		(0, 0, 1)	1	(0, 1, 1)	0

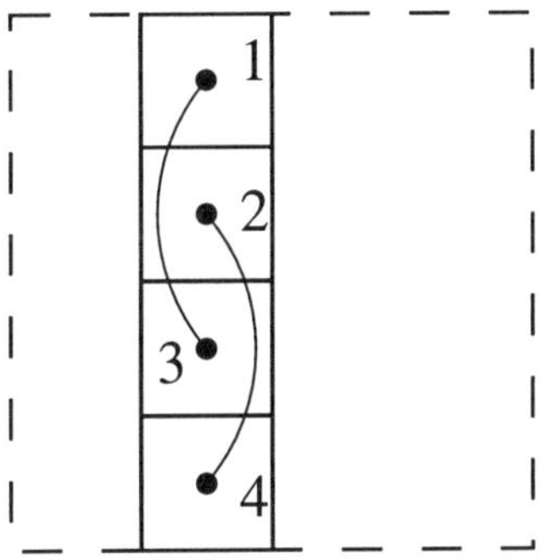

Abbildung 2.45: Bestimmung der Funktionshasards in Beispiel 2.9 (3).

Tabelle 2.13 lautet damit wie in Tabelle 2.14 angegeben.

$k = 3$: Nun ergeben sich acht Wahlmöglichkeiten für a_0, welche jeweils der ersten oder zweiten Hälfte einer Spalte des Karnaugh-Diagramms entsprechen. Da man also nur noch benachbarte Zeilen zu betrachten hat, so daß Wahlmöglichkeiten für a_1' entfallen, ist unmittelbar einzusehen, daß bereits alle Funktionshasards von f gefunden sind.

Zusammenfassend haben wir für f bei folgenden Input-Wechseln einen Funktionshasard gefunden (selbstverständlich liegen auch jeweils in der umgekehrten Richtung Funktionshasards vor):

$$(1)\ 0001 \ \rightarrow \ 0110$$
$$(2)\ 0100 \ \rightarrow \ 0011$$

Tabelle 2.14: Zu Beispiel 2.9: $k = 2$.

k	a_0	a_1	$f(a_0, a_1) = f(a_0, \bar{a}_1)$	mögl. a_1'	$f(a_0, a_1')$
2	(0 , 0)	(0 , 1)	0	(1 , 1)	1
2	(0 , 1)	(0 , 0)	1	(1 , 0)	0
2	(1 , 1)	(0 , 1)	1	(0 , 0)	0
2	(1 , 0)	(0 , 0)	0	(0 , 1)	1

$$
\begin{array}{llll}
(3) & 1100 & \rightarrow & 1011 \\
(4) & 1001 & \rightarrow & 1110 \\
(5) & 0001 & \rightarrow & 0010 \\
(6) & 0100 & \rightarrow & 0111 \\
(7) & 1101 & \rightarrow & 1110 \\
(8) & 1000 & \rightarrow & 1011
\end{array}
$$

Hierzu kommen unter Umständen weitere, welche sich ergeben, wenn man sich nicht nur auf den hier beschriebenen Spezialfall (vgl. letzte Fußnote) beschränkt. □

Es ist klar, daß man sich bei Funktionshasards im allgemeinen auf deren *Erkennung* beschränken muß, da sie von der gegebenen Booleschen Funktion abhängen, nicht aber von einem speziellen Schaltnetz. Systematischere Erkennungsalgorithmen als das in Beispiel 2.9 exerzierte Nachrechnen der Definition werden im Rahmen der *Schaltkreistheorie* behandelt. Vermeiden lassen sich Funktionshasards nur durch eine Abänderung der gegebenen Booleschen Funktion, jedoch ist es möglich, durch künstliche *Synchronisation* die in dieser Art Hasard liegende Gefahr zu überspielen; man hat dann dafür zu sorgen, daß das Umkippen einzelner Input-Bits beim Übergang von einem auf einen anderen Input in einer Reihenfolge geschieht, welche das Ausgangs-Signal unverändert läßt (falls eine solche existiert). In Beispiel 2.8 würde dies z. B. durch die Reihenfolge „zuerst x_3, dann x_2" beim Wechsel von $(1, 1, 0)$ auf $(1, 0, 1)$ gewährleistet.

Die nun zu betrachtenden *Schaltungs*hasards sind — wie gesagt — eine Folge aus obiger Annahme (3): Verschiedene Signalwege können unterschiedliche Signallaufzeiten bewirken.

Beispiel 2.8 (Fortsetzung) Wir betrachten die in Abbildung 2.46 gezeigte Schaltung für $f = x_1 x_3 + x_2 \overline{x}_3$ und einen Input-Wechsel von $(1, 1, 0)$ nach $(1, 1, 1)$. Dann gilt: $f(1,1,0) = f(1,1,1) = 1$, und es liegt *kein* Funktionshasard vor, da es bei diesem Übergang kein „Zwischentupel" gibt. Dennoch kann hier Unerwünschtes passieren: Beim Umschalten von x_3 von 0 auf 1 sind die beiden Signalwege ACE und BDE zu durchlaufen. Unterstellen wir nun (gemäß Annahme 3), daß z. B. der Weg ACE „langsamer" ist als BDE, so kann folgende Situation eintreten: Der linke Eingang von Gatter E steht *noch* auf 0, während der rechte *schon* auf 0 steht (als Ausgang von Gatter D, das den neuen Input $x_3 = 1$ bereits verarbeitet hat). Am Ausgang von E erscheint dann der Wert 0, d. h. wieder liegt eine kurzzeitige Fehlfunktion vor, welche aber nicht durch einen Funktionshasard verursacht wird. Wir fassen dies wie folgt zusammen:

Definition 2.6 Sei $f : B^n \rightarrow B$ eine Boolesche Funktion, S ein Schaltnetz, welches f realisiert, und $a, b \in B^n$. S besitzt einen (statischen) *Schaltungshasard* (logischen Hasard) für den Input-Wechsel von a nach b, falls gilt:

(i) $f(a) = f(b)$;

(ii) f besitzt keinen Funktionshasard für den Wechsel von a nach b;

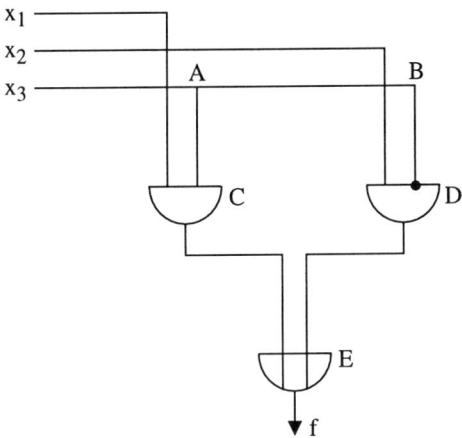

Abbildung 2.46: Schaltung zu Beispiel 2.8.

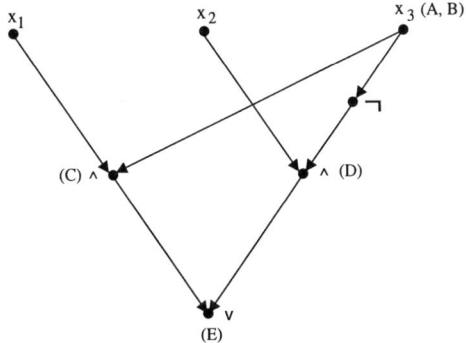

Abbildung 2.47: DAG zu Beispiel 2.8.

(iii) während des Wechsels von a nach b ist am Ausgang von S eine vorübergehende Fehlfunktion beobachtbar.

Im in Abbildung 2.46 angegebenen Schaltnetz liegt der Grund für den auftretenden Schaltungshasard offenbar in dem Fan-Out von x_3 (an den Stellen A und B) und der anschließenden Re-Konvergenz des *kritischen* x_3-Signals an der Stelle E; aus der Darstellung dieses Netzes als DAG (gemäß Definition 1.7) ist sofort ersichtlich, daß es *zwei* Wege vom Input x_3 zum Output E gibt (vgl. Abbildung 2.47).

Methoden zur *Erkennung* von Schaltungshasards werden ebenfalls im Rahmen der Schaltkreistheorie behandelt. Wir beschränken uns hier darauf, eine Methode zur *Beseitigung* von Schaltungshasards anzugeben. Der in obigem Schaltnetz auftretende logische Hasard ist offensichtlich durch zusätzliche Hardware ("Gegenschaltung") eliminierbar wie folgt:

Betrachtet man das in Abbildung 2.48 gezeigte Karnaugh-Diagramm von f, so erkennt man, daß f die drei Primimplikanten $x_1 x_3$, $x_2 \overline{x}_3$ und $x_1 x_2$ besitzt. Von diesen reichen zur Darstellung von f die ersten beiden aus, was zu der in Abbildung 2.46

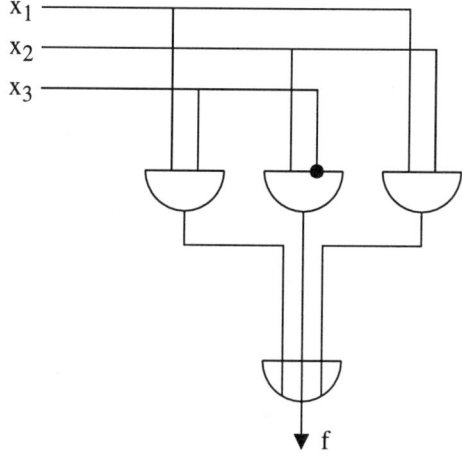

x_1x_2	00	01	11	10
0		1	1	
1			1	1

Abbildung 2.48: Karnaugh-Diagramm zu Beispiel 2.8.

Abbildung 2.49: Erweiterung der Schaltung aus Abbildung 2.46.

gezeigten Schaltung führte. Schaltet man nun den dritten Primimplikanten hinzu, so erkennt man unmittelbar, daß der Schaltungshasard beim Input-Wechsel von $(1, 1, 0)$ nach $(1, 1, 1)$ eliminiert ist, da der Summand x_1x_2 jetzt ein konstantes Output-Signal garantiert. Dies ist eine zweistufige Schaltung, welche *alle* Primimplikanten von f enthält. Diese Beobachtung läßt sich verallgemeinern zu einem *hinreichenden* Kriterium für die Vermeidung von Schaltshasards:

Satz 2.4 *(Eichelberger 1965)* Ein zweistufiges Schaltnetz S für eine Boolesche Funktion f in disjunktiver Form ist frei von (statischen) Schaltungshasards, wenn die Und-Gatter von S in einer 1-1-Korrespondenz zu den Primimplikanten von f stehen, d. h. jedes Und-Gatter von S realisiert einen Primimplikanten von f, und jedem Primimplikanten von f entspricht ein Und-Gatter in S.

Beweis: O. B. d. A. beweisen wir den Satz nur für den Fall, daß *eine* Variable, etwa x_n, ihren Wert ändert, und das Tupel $(x_1, \ldots, x_{n-1})$ unverändert seinen Wert $(a_1, \ldots, a_{n-1})$ behält. Nehmen wir ferner an, daß f keinen Funktionshasard für den

Input-Wechsel von $(a_1, \ldots, a_{n-1}, 0)$ nach $(a_1, \ldots, a_{n-1}, 1)$ (oder umgekehrt) besitzt und daß $f(a_1, \ldots, a_{n-1}, 0) = f(a_1, \ldots, a_{n-1}, 1)$ gilt, so bleibt gemäß Definition 2.6 zu zeigen: Während des Wechsels von $(a_1, \ldots, a_{n-1}, 0)$ nach $(a_1, \ldots, a_{n-1}, 1)$ ist (unter der oben angegebenen Voraussetzung) am Ausgang von S *keine* vorübergehende Fehlfunktion zu beobachten. Wir unterscheiden zwei Fälle:

(a) $f(a_1, \ldots, a_{n-1}, 0) = f(a_1, \ldots, a_{n-1}, 1) = 1$: Dann sind offensichtlich

$$x_1^{a_1} \cdot \ldots \cdot x_{n-1}^{\alpha_{n-1}} x_n$$

und

$$x_1^{\alpha_1} \cdot \ldots \cdot x_{n-1}^{\alpha_{n-1}} \overline{x}_n$$

einschlägige Minterme von f. Aus diesen erhält man durch Anwendung der Resolutionsregel den Implikanten $x_1^{\alpha_1} \cdot \ldots \cdot x_{n-1}^{\alpha_{n-1}}$. Ist dieser bereits Primimplikant, ist nichts mehr zu zeigen. Anderenfalls existiert ein Primimplikant von f, welcher echte Verkürzung dieses Implikanten ist. In beiden Fällen gibt es also einen Primimplikanten von f, der x_n *nicht* enthält, und dem nach Voraussetzung ein Und-Gatter in S entspricht. Dieses Gatter stellt dann sicher, daß der Wechsel des Input-Signals x_n am Ausgang von S *nicht* zu beobachten ist.

(b) $f(a_1, \ldots, a_{n-1}, 0) = f(a_1, \ldots, a_{n-1}, 1) = 0$: Sei dann M ein beliebiger Primimplikant von f, so gilt wegen $M \leq f$ (vgl. Definition 2.4):

$$M(a_1, \ldots, a_{n-1}, 0) = M(a_1, \ldots, a_{n-1}, 1) = 0$$

Das bedeutet aber, daß dasjenige Und-Gatter des Schaltnetzes, welches M entspricht, seinen Output nicht ändert, wenn x_n seinen Wert wechselt. Da M beliebig gewählt war, gilt dies *für alle* Primimplikanten von f. Da also alle Und-Gatter nicht auf den x_n-Wechsel reagieren, ist diese Input-Änderung auch nicht am Ausgang von S zu beobachten.

Für den Fall, daß mehrere Variablen (gleichzeitig) ihren Wert ändern, verläuft die Argumentation völlig analog (vgl. Aufgabe 2.11). $\triangledown$

Der Satz von Eichelberger liefert also eine Möglichkeit, Schaltungen zu entwerfen (durch erhöhten Hardware-Aufwand), welche frei sind von Schaltungshasards. Er zeigt einmal mehr die Bedeutung der Primimplikanten einer Booleschen Funktion und von Algorithmen, diese zu bestimmen. Allerdings sei angemerkt, daß die in diesem Satz angegebene Bedingung *nicht notwendig* für die Vermeidung von Schaltungshasards ist.

Es sei in diesem Zusammenhang auf eine für die Praxis ebenfalls denkbare Methode zur de facto-Vermeidung von Schaltungshasards hingewiesen: Durch Verlängerung von Verbindungsdrähten können gegebenenfalls unterschiedliche Signallaufzeiten ausgeglichen werden, und zwar mit einer solchen Genauigkeit, daß der Hasard am Ausgang nicht mehr erkennbar ist.

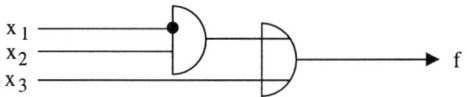

Abbildung 2.50: Schaltung zu Aufgabe 2.5.

2.7 Übungen

2.1 Die Funktionen $f_i : B^4 \to B, i = 1, 2$ seien wie folgt definiert:

$$f_1(x_1, x_2, x_3, x_4) := \begin{cases} 1 & \text{falls } x_1 x_2 x_3 x_4 \text{ ein Codewort des Gray-Codes} \\ 0 & \text{sonst} \end{cases}$$

$$f_2(x_1, x_2, x_3, x_4) := \begin{cases} 1 & \text{falls } x_1 x_2 x_3 x_4 \text{ echter Teiler von } 1101001 \text{ ist} \\ 0 & \text{sonst} \end{cases}$$

(a) Man entwerfe unter Verwendung des Karnaugh-Verfahrens möglichst einfache Schaltnetze zur Berechnung der f_i.

(b) Man vereinfache die unter (a) gewonnene Schaltung für f_2 durch Ausnutzung der Don't-Care-Fälle unter der Voraussetzung, daß f_2 nur für $0000 \leq (x_1 x_2 x_3 x_4)_2 \leq 1001$ definiert sei.

2.2 Im Karnaugh-Diagramm für vierstellige Boolesche Funktionen werden jeweils 2^k ($k \in \{0, \ldots, 4\}$) Einsen — falls möglich — zu einem Block zusammengefaßt.

(a) Wieviele verschiedene solcher Blöcke gibt es in Abhängigkeit von k?

(b) Sei $f : B^4 \to B$ und K_f ein zugehöriges Karnaugh-Diagramm. Zwei Blöcke in K_f heißen *unabhängig*, wenn sie nicht beide zusammen durch einen Block überdeckt werden können. Man zeige, daß jede Eins in höchstens sechs paarweise unabhängigen Blöcken liegen kann.

(c) Man gebe eine Funktion f an, für welche es tatsächlich eine von sechs paarweise unabhängigen Blöcken überdeckte Eins gibt.

2.3 Die Funktion $f : B^5 \to B$ habe genau die folgenden einschlägigen Indizes: 1, 3, 4, 5, 6, 7, 10, 11, 12, 13, 14, 16, 18, 19, 20, 23, 26, 27, 31. Mit Hilfe des Verfahrens von Quine und McCluskey bestimme man eine kostenminimale disjunktive Darstellung für f.

2.4 Man bestimme eine minimale Testmenge für die Ein-Fehler-Erkennung (Draht-Reißen) bei der Resultatsstelle des Volladdierers. Dabei verwende man lediglich (gegebenenfalls höherstellige) Und- bzw. Oder-Gatter mit integrierten Invertern.

2.5 Die Boolesche Funktion $f(x_1, x_2, x_3) = \overline{x}_1 x_3 + x_2$ aus Beispiel 2.7 wird durch das in Abbildung 2.50 gezeigte Schaltnetz realisiert. Mittels schaltungsabhängiger Fehlerdiagnose bestimme man hierfür eine minimale Testmenge unter der Fehler-Annahme, daß höchstens ein Draht gerissen ist, dadurch aber eine 0 - *oder* 1-Verklemmung entstehen kann.

Tabelle 2.15: Boolesche Funktion zu Aufgabe 2.8.

x_1	x_2	x_3	x_4	f
0	0	0	0	0
0	0	0	1	1
0	0	1	0	0
0	0	1	1	1
0	1	0	0	0
0	1	0	1	1
0	1	1	0	0
0	1	1	1	1
1	0	0	0	0
1	0	0	1	1
1	0	1	0	0
1	0	1	1	0
1	1	0	0	1
1	1	0	1	1
1	1	1	0	1
1	1	1	1	1

2.6 Es bezeichne $G(d)$ die Anzahl der Und- und Oder-Gatter eines rekursiv konstruierten d-MUX (vgl. Abschnitt 2.2). Durch vollständige Induktion zeige man

$$G(d) = 3 \cdot (2^d - 1).$$

2.7 In jedem b-adischen Zahlensystem kann die Subtraktion auf die Addition zurückgeführt werden. Im Dualsystem geschieht das etwa wie folgt: Sei $x = (x_n \ldots x_0)_2$, so heißt

$$K_1(x) := (1 - x_n \ldots 1 - x_0)_2$$

das *Einer-Komplement* von x. Es gilt dann:

$$x + K_1(x) = \underbrace{(1 \ldots 1)}_{n+1} = \sum_{i=0}^{n} 2^i = 2^{n+1} - 1$$

Man zeige, daß das in Abbildung 2.26 gezeigte Addiernetz auch zur Subtraktion von Dualzahlen verwendet werden kann, indem man einen Kalkül aufstelle, mit dem sich $y - x$ ausrechnen läßt, falls $y \geq x$ ist und y dual ebenfalls mit $n + 1$ Stellen darstellbar ist.

2.8 Sei $f : B^4 \to B$ durch Tabelle 2.15 gegeben.

   (a) Für dieses f löse man das in Abschnitt 2.4.2 beschriebene Vereinfachungsproblem;

   (b) man bestimme alle Funktionshasards von f;

(c) ist eine zweistufige Schaltung, welche aufgrund der unter (a) vorgenommenen Optimierung gewonnen wurde, frei von Schaltungs-Hasards?

2.9 Man zeige: { ↓ } ist funktional vollständig.

2.10 Man begründe die Korrektheit des in Abschnitt 2.4.1 beschriebenen Verfahrens zur Herleitung einer Ringsummen-Darstellung einer Booleschen Funktion aus einem Karnaugh-Diagramm.

2.11 Man vervollständige den Beweis von Satz 2.4 (für den Fall, daß mehrere Variablen gleichzeitig ihren Wert ändern).

2.12 Man entwerfe ein möglichst einfaches Schaltnetz zur Multiplikation dreistelliger Dualzahlen $x_2x_1x_0$ mit zweistelligen Dualzahlen y_1y_0. Man verwende keine Halb- oder Volladdierer.

2.13 Zum japanischen Sogo-Spiel verwendet man ein quadratisches Brett, in das 16 Stäbe in einem 4×4 - Quadratgitter eingesetzt sind. Zu dem Spiel gehören weiterhin schwarze und weiße Kugeln, von denen bis zu vier auf einen Stab gesteckt werden können.

Man beschreibe ein Verfahren, mit dem man alle Primimplikanten k-stelliger Boolescher Funktionen, $k \in \{3, 4, 5, 6\}$ mit Hilfe eines Sogo-Spiels mit hinreichend vielen Kugeln durch „scharfes Hinsehen" bestimmen kann.

2.14 Man verwende das in Abschnitt 2.2 beschriebene Top-Down-Entwurfsverfahren zur Konstruktion eines 4-MUX.

2.15 Man konstruiere mit dem Verfahren aus Abschnitt 2.2 einen 3-MUX und überlege, wie allgemein ein MUX konstruiert werden kann, dessen Anzahl von Daten-Inputs keine Zweierpotenz ist.

2.16 Man realisiere die Boolesche Funktion

$$f(x_1, x_2, x_3, x_4) = x_1 x_3 \overline{x}_4 + \overline{x}_1 \overline{x}_3 x_4 + \overline{x}_2 \overline{x}_3 \overline{x}_4$$

durch einen MUX mit 8 Daten-Inputs.

2.17 Eine Boolesche Funktion sei in zweistufiger disjunktiver Form (nicht unbedingt Normalform!) dargestellt. Diese Darstellung kann bekanntlich direkt zur Konstruktion eines zweistufigen Schaltnetzes mit einer Und-Ebene und einer Oder-Ebene benutzt werden. Man zeige die Äquivalenz der folgenden Aussagen i) und ii):

    i) Jeder Drahtriß führt zu einem fehlerhaften Verhalten des Schaltnetzes.

    ii) Die dem Schaltnetz zugrunde liegende Funktionsdarstellung ist nicht verkürzbar.

2.18 Man realisiere einen Volladdierer unter Verwendung eines geeignet dimensionierten Decoders.

2.8 Bibliographische Hinweise und Ergänzungen

Standardbausteine zur Realisierung Boolescher Funktionen, insbesondere die in Abschnitt 2.2 beschriebenen, finden sich z.B. bei Feldman (1997), Katz (1994) oder Zargham (1996). Unsere Darstellung des Multiplexers folgt Aho und Ullman (1992) sowie Hamacher et al. (1996). Addiernetze sowie die beschleunigte Berechnung des Carry-Bits (bzw. allgemeiner die Beschleunigung von Schaltnetzen durch zusätzliche Hardware) behandeln u. a. Hennessy und Patterson (1995), Katz (1994), Spaniol (1976), Swartzlander (1997), sowie Zargham (1996).

McCluskey (1986) beschreibt die Verwendung des Karnaugh-Verfahrens zur Vereinfachung Boolescher Funktionen mit mehr als 4 Variablen. Die Idee besteht darin, für eine Funktion mit z.B. 5 Variablen $x_1, \ldots, x_5$ *zwei* Diagramme der Dimension 4×4 (bzw. einen *Würfel* der Dimension $4 \times 4 \times 2$) anzulegen, von welchen das erste die Belegung $x_5 = 0$ und das zweite die Belegung $x_5 = 1$ repräsentiert. Analog kann man für 6 Variablen $x_1, \ldots, x_6$ vier Diagramme der Dimension 4×4 verwenden, je eines für $\overline{x}_5\overline{x}_6, x_5\overline{x}_6, \overline{x}_5x_6, x_5x_6$. McCluskey (1986) gibt darüber hinaus eine allgemeinere Darstellung des Vereinfachungsverfahrens von Quine und McCluskey für Boolesche Funktionen beliebiger Stellenzahl.

Zur Minimierung bzw. Vereinfachung Boolescher Funktionen werden in der Praxis heute generell *rechnerunterstützte* Verfahren eingesetzt, welche sich überwiegend der Quine/McCluskey-Methode bedienen. Die dabei auszuführenden zwei Schritte (Bestimmmung aller Primimplikanten und kostenminimale Auswahl solcher) erfordern — wie in Abschnitt 2.4.2 bereits angedeutet — unter Umständen sehr hohen Aufwand: Einerseits kann man zeigen, daß eine Boolesche Funktion mit n Variablen bis zu $\frac{3^n}{n}$ Primimplikanten besitzen kann. Andererseits gehört Schritt 2 zur Klasse der NP-vollständigen Probleme, auf welche wir im nächsten Kapitel kurz eingehen werden. Als Konsequenz ergibt sich hieraus, daß beide Schritte (bis heute) nur *exakt* mit Algorithmen zu lösen sind, welche sehr hohen Rechenaufwand erfordern. Daher verwendet man de facto *Heuristiken*, welche schnell, aber nicht stets exakt arbeiten. Man vergleiche hierzu Brayton et al. (1984), Katz (1994) sowie Eschermann (1993).

Die Herstellung und Verwendung von (integrierten) Schaltungen bringt eine Vielzahl von Test-Problemen mit sich, von der wir in Abschnitt 2.5 nur einen kleinen Ausschnitt behandelt haben. Unsere Betrachtungen lassen sich jedoch leicht verallgemeinern: Zur Fehlerdiagnose eines konkreten Schaltnetzes ist stets eine geeignete *Test-Strategie* zu finden, mit welcher sich Fehler entdecken und auch lokalisieren lassen. Dazu sind (1) mögliche Fehlfunktionen zu identifizieren — in Abschnitt 2.5 führte dies auf eine (spezielle) *Fehlerannahme* — und (2) Modelle für die (logischen) Effekte solcher Fehler aufzustellen. Die in der Literatur betrachteten „klassischen" Fehler sind der „*stuck-at fault*" und der „*bridging fault*": Bei ersterem wird unterstellt (vgl. Abschnitt 2.5), daß ein Verbindungsdraht konstant 0 oder 1 „transportiert"; bei letzterem geht man davon aus, daß sich zwei Drähte berühren, so daß Signale „vermischt" bzw. überlagert werden können. Als weitere, häufig verwendete Methode sei die *Pfad-Sensibilisierung* (engl. path sensitization) genannt; dabei werden die Signale eines bestimmten Pfades durch ein Schaltnetz als variabel (Input-abhängig) angenommen und alle anderen als konstant. Insbesondere läßt sich auf diese Weise etwa die Abhängigkeit des Output von bestimmten Inputs feststellen. Das stets zentrale Problem der Erzeugung von Testmengen wird in der Praxis wie die Minimierung von

Schaltnetzen rechnerunterstützt gelöst. Aufgrund der hohen Komplexität der Fehlerdiagnose wird speziell bei „großen" Schaltnetzen deren *Testbarkeit* häufig direkt in den Entwurf mit einbezogen; man spricht dann von „design for testability". Als weiterführende Literatur zu dieser Thematik seien McCluskey (1986), Abramovici et al. (1995), Gajski et al. (1992), Klenke et al. (1992) sowie Wunderlich und Schulz (1992) genannt. Schließlich sei erwähnt, daß heute auch *Selbsttesteinrichtungen* direkt auf dem Chip untergebracht werden; man spricht dann von *Built-In Self-Test* (BIST), vgl. Könemann et al. (1996) oder Murray und Hayes (1996).

McCluskey (1986) und Katz (1994) geben auch eine weiterführende Darstellung von Hasards in Schaltnetzen. Zu Satz 2.4 vergleiche man auch Eichelberger (1965).

Kapitel 3

Das Überdeckungsproblem als Optimierungsaufgabe

3.1 Überdeckungsmatrizen

Wir wollen uns nun zu einigen der in Kapitel 2 behandelten Verbesserungsprobleme einen etwas systematischeren Zugang verschaffen. Dazu machen wir zwei grundlegende Beobachtungen:

Bei der *Vereinfachung* von Schaltnetzen ging es darum, zu einer gegebenen Booleschen Funktion eine Darstellung in disjunktiver („zweistufiger") Form mit minimalen Kosten zu finden. Für drei- bzw. vierstellige Funktionen ist dies mit dem Karnaugh-Verfahren zu bewerkstelligen; alle Einsen einer gegebenen Funktion sind dann durch möglichst große (rechteckige) Blöcke zu überdecken. Für beliebige Stellenzahl haben wir als Verallgemeinerung davon das Quine-McCluskey-Verfahren kennengelernt: Man stelle eine Primimplikanten-Minterm-Matrix auf und wähle daraus Zeilen so aus, daß alle darin auftretenden Einsen erfaßt („überdeckt") werden.

Bei der *Fehlerdiagnose* von Schaltnetzen war das Ziel, alle Fehler mit möglichst wenig Tests aufzudecken, d. h. aus der Fehlermatrix Zeilen so zuwählen, daß wiederum alle Einsen überdeckt werden.

Beide Probleme haben wir mit 0-1-Matrizen veranschaulicht: Bei der Vereinfachung entsprachen die Zeilen dieser Matrix den maximalen Blöcken bzw. den Primimplikanten, die Spalten den einschlägigen Mintermen; bei der (schaltungsabhängigen) Fehlerdiagnose entsprachen die Zeilen den Tests, die Spalten den Fehlern. Wir wollen diese Beobachtungen jetzt verallgemeinern:

Definition 3.1 Eine 0-1-Matrix $\mathbf{A} = (a_{ij})$ heißt *Überdeckungsmatrix*, falls

(a) alle Spalten voneinander verschieden sind,

(b) die Nullspalte fehlt.

Die Spalten einer solchen Matrix heißen *Objekte*, die Zeilen (Überdeckungs-) *Mengen*. Ist $a_{ij} = 1$, so sagt man, „die Menge i *überdeckt* das Objekt j".

Tabelle 3.1: Überdeckungsmatrix $\mathbf{A}_0$ zu Beispiel 3.1.

	0	1	2	3	4	5	6	7	8	9
0	0	1	0	1	0	1	0	1	0	1
1	1	1	1	1	0	1	1	1	1	1
2	1	0	1	1	0	1	0	0	1	1
3	0	1	0	0	1	0	1	0	1	1
4	1	1	0	0	1	1	0	0	1	1
5	0	0	1	1	0	0	1	0	1	1
6	0	0	1	0	1	1	0	1	0	1
7	1	1	0	1	0	0	1	1	0	1

Es sei angemerkt, daß die Bedingungen (a) und (b) dieser Definition entbehrlich sind; sie dienen uns hier zur Vereinfachung der Betrachtungen. Mit dieser Terminologie sind dann also Fehler (bzw. Minterme zu einschlägigen Indizes) Objekte und Tests (bzw. Primimplikanten) Mengen. Die aus diesen Anwendungen bekannten speziellen Überdeckungsprobleme lassen sich nun allgemeiner als Optimierungsaufgabe formulieren: Man suche möglichst wenige Mengen, welche alle Objekte überdecken (eine sogenannte *Minimalüberdeckung*).

Beispiel 3.1 Tabelle 3.1 zeigt eine Überdeckungsmatrix $\mathbf{A}_0$, für die z. B. gilt: Menge 7 überdeckt Objekt 9, Menge 3 überdeckt Objekt 1 usw. Mit den Mengen 1 und 3 lassen sich hier bereits alle Objekte überdecken, und da man unmittelbar einsieht, daß in diesem Beispiel jede Minimalüberdeckung mindestens zweielementig sein muß, ist { 1, 3 } bereits eine Lösung obiger Optimierungsaufgabe.   □

3.2 Minimalüberdeckungen

Im Fall der Fehlerdiagnose kam es nur darauf an, irgendeine Minimalüberdeckung zu finden; standen mehrere Alternativen zur Auswahl, konnte davon eine beliebige zur Diagnose herangezogen werden. Beim Vereinfachungsproblem haben wir dagegen eine etwas andere Strategie verfolgt: Überdeckende Primimplikanten sollten möglichst geringe Gesamtkosten verursachen, d. h. das entsprechende Schaltnetz sollte aus möglichst wenig Und- und Oder-Gattern bestehen (es sollte möglichst „einfach" sein). Dies formalisieren wir nun dadurch, daß wir jeder (Überdeckungs-) Menge i *Kosten* $w(i)$ zuordnen und damit das Optimierungsproblem allgemeiner wie folgt formulieren: Man bestimme eine *kostenminimale Überdeckung*, d. h. ein überdeckendes Mengensystem M mit möglichst geringen Gesamtkosten $\sum_{i \in M} w(i)$. (Für Karnaugh-Diagramme kann man z. B. als Variante zu Definition 2.3 als Kosten $w(i)$ eines Blockes i die Anzahl der in dem ihm entsprechenden Term vorkommenden Variablen festlegen; für einen Block i mit 2^k Einsen gilt dann $w(i) = n - k$ für eine Boolesche Funktion mit n Variablen.)

Diese kurz *Überdeckungsproblem* genannte Optimierungsaufgabe findet man in einer Vielzahl von Anwendungen, von denen wir zwei im letzten Paragraphen kennengelernt haben. Es sei schon jetzt darauf hingewiesen, daß für dieses Problem zur Zeit kein einfacher allgemeiner Lösungsalgorithmus bekannt ist; darauf werden wir weiter unten zurückkommen. Wir wollen uns daher nur mit der Frage nach einer teilweisen Lösung näher beschäftigen und erinnern dazu noch einmal an das Vorgehen bei der Bestimmung einer minimalen Testmenge aus einer Fehlermatrix, für das wir allgemein folgende Terminologie einführen:

Definition 3.2 Sei $\mathbf{A}$ eine $(m \times n)$-Überdeckungsmatrix, und seien $z_i = (z_{i_1} \ldots z_{i_n})$, $z_j = (z_{j_1} \ldots z_{j_n})$ Zeilen und $s_k = (s_{k_1} \ldots s_{k_m})$, $s_l = (s_{l_1} \ldots s_{l_m})$ Spalten von $\mathbf{A}$:

$$z_i \leq z_j :\Leftrightarrow z_{i_r} \leq z_{j_r} \text{ für } r = 1, \ldots, n$$

$$s_k \leq s_l :\Leftrightarrow s_{k_r} \leq s_{l_r} \text{ für } r = 1, \ldots, m$$

Für eine Fehlermatrix ergeben sich damit zwei sogenannte *elementare* Vereinfachungsregeln:

Z: Gilt $z_i \leq z_j$ für zwei Zeilen z_i und z_j, so streiche z_i.
S: Gilt $s_k \leq s_l$ für zwei Spalten s_k und s_l, so streiche s_l.

Wir wollen im folgenden für alle Mengen gleiche Kosten annehmen, so daß diese daher in den Regeln Z und S nicht erwähnt zu werden brauchen.[1] Eine anschauliche Begründung dieser Regeln ist offensichtlich für Z:

Gilt $z_i \leq z_j$, so überdeckt die Menge z_j mindestens all das, was auch z_i überdeckt („der Test z_j deckt alle Fehler auf, welche auch z_i aufdeckt"), und daher kann z_i gestrichen werden;

und für S:

Gilt $s_k \leq s_l$, so wird das Objekt s_l immer dann überdeckt, wenn auch s_k überdeckt wird; daher braucht man sich um die Überdeckung von s_l nicht zu kümmern („man versuche, harmlose Fehler aufzudecken; die schwerwiegenderen werden dann gleich mit erkannt").

Beispiel 3.1 (Fortsetzung): Es gilt:

$$z_0 \leq z_1, z_2 \leq z_1, z_5 \leq z_1, z_7 \leq z_1$$

$$s_k \leq s_9 \text{ (sogar für alle } k = 0, \ldots, 8)$$

Streicht man also z_0, z_2, z_5, z_7 und s_9, so erhält man das in Tabelle 3.2 gezeigte Ergebnis $\mathbf{A}_1$. Es gilt dann weiter $s_3 \leq s_l$ für alle $l \in \{0, 1, 2, 5, 6, 7, 8\}$, so daß eine erneute Anwendung der S-Regel das in Tabelle 3.3 gezeigte Resultat $\mathbf{A}_2$ liefert. Schließlich gilt noch $z_4 \leq z_3, z_6 \leq z_3$ (und natürlich $z_3 \leq z_6, z_3 \leq z_4$ usw.), so daß man mit der Z-Regel die in Tabelle 3.4 gezeigte Matrix $\mathbf{A}_3$ erhält. Es verbleiben also die Mengen 1 und 3; diese bilden (*hier*) sogar eine *Minimal*überdeckung für die Überdeckungsmatrix $\mathbf{A}_0$. □

---

[1]Für den allgemeinen Fall müßte Regel Z lauten: Gilt $z_i \leq z_j$ und $w(i) \geq w(j)$, so streiche z_i (ohne die Annahme $w(i) \geq w(j)$ wäre es u. U. nötig, z_i beizubehalten).

Tabelle 3.2: Erste Anwendung von Z- und S-Regel auf $\mathbf{A}_0$ mit Ergebnis $\mathbf{A}_1$.

	0	1	2	3	4	5	6	7	8
1	1	1	1	1	0	1	1	1	1
3	0	1	0	0	1	0	1	0	1
4	1	1	0	0	1	1	0	0	1
6	0	0	1	0	1	1	0	1	0

Tabelle 3.3: Weitere Anwendung der Regeln Z, S auf $\mathbf{A}_1$ mit Ergebnis $\mathbf{A}_2$.

	3	4
1	1	0
3	0	1
4	0	1
6	0	1

Tabelle 3.4: Minimalüberdeckung $\mathbf{A}_3$ für $\mathbf{A}_0$.

	3	4
1	1	0
3	0	1

Tabelle 3.5: Irreduzible, aber verkürzbare Überdeckungsmatrix **B**.

	0	1	2
0	1	1	0
1	1	0	1
2	0	1	1

$\mathbf{A}_3$ wurde in diesem Beispiel aus $\mathbf{A}_0$ durch sukzessives Anwenden der Regeln Z und S gewonnen. Man beachte, daß die Reihenfolge dieser Anwendungen nicht eindeutig bestimmt ist, so daß man bei anderer Reihenfolge unter Umständen zu einem anderen Ergebnis kommt (man sagt, das Verfahren arbeitet *nichtdeterministisch*). In jedem Fall aber wird dieses Verfahren *terminieren*, d. h. nach endlich vielen Schritten stoppen, da durch eine Regel-Anwendung niemals eine Dimensionsvergrößerung der Ausgangsmatrix erfolgen kann.

Für Überdeckungsmatrizen führen wir nun einige Sprechweisen ein:

Definition 3.3 Sei **A** eine Überdeckungsmatrix:

(i) **A** heißt *reduzibel*, falls (mindestens) eine der Regeln S oder Z auf **A** anwendbar ist; anderenfalls heißt **A** *irreduzibel*.

(ii) **A** heißt *verkürzbar*, wenn es eine *echte* Teilmenge der Menge der Zeilen von **A** so gibt, daß die aus diesen Zeilen gebildete Teilmatrix in jeder Spalte mindestens eine Eins enthält. Anderenfalls heißt **A** *unverkürzbar*.

Aus Definition 3.3 folgt weder, daß unverkürzbare Überdeckungsmatrizen irreduzibel sind, noch das Umgekehrte. So ist z. B. die Matrix

$$\begin{pmatrix} 1 & 0 & 0 & 1 \\ 0 & 1 & 0 & 1 \\ 0 & 0 & 1 & 0 \end{pmatrix}$$

unverkürzbar, aber reduzibel (die letzte Spalte kann fortgelassen werden). Andererseits ist die in Tabelle 3.5 gezeigte Matrix **B** offensichtlich irreduzibel, da alle Zeilen bzw. Spalten von **B** bzgl. der in Definition 3.2 eingeführten $\leq$-Relationen unvergleichbar sind. **B** ist jedoch verkürzbar, da zur Angabe einer Minimalüberdeckung eine der drei Zeilen noch weggelassen werden kann.

Zu dieser letzten Bemerkung betrachten wir ein weiteres Beispiel:

Beispiel 3.2 Gegeben sei ein System von 7 Punkten $\{1, \ldots, 7\}$. Objekte seien die $\binom{7}{2} = 21$ Zweiermengen, (Überdeckungs-) Mengen seien die $\binom{7}{3} = 35$ Dreiermengen von Punkten. Eine Menge überdecke nun ein Objekt, falls sie dieses als Punktmenge umfaßt. Die Überdeckungsmatrix lautet dann wie in Tabelle 3.6 angegeben. Wie man durch einiges Nachrechnen feststellen kann, ist diese Matrix irreduzibel;

Tabelle 3.6: Überdeckungsmatrix zur projektiven Ebene mit 7 Punkten.

			1	1	1	1	1	1	2	2	2	2	2	3	3	3	3	4	4	4	5	5	6
			2	3	4	5	6	7	3	4	5	6	7	4	5	6	7	5	6	7	6	7	7
1	2	3	1	1					1														
1	2	4	1		1					1													
1	2	5	1			1					1												
1	2	6	1				1					1											
1	2	7	1					1					1										
1	3	4		1	1									1									
1	3	5		1		1									1								
1	3	6		1			1									1							
1	3	7		1				1									1						
1	4	5			1	1												1					
1	4	6			1		1												1				
1	4	7			1			1												1			
1	5	6				1	1														1		
1	5	7				1		1														1	
1	6	7					1	1															1
2	3	4							1	1				1									
2	3	5							1		1				1								
2	3	6							1			1				1							
2	3	7							1				1				1						
2	4	5								1	1							1					
2	4	6								1		1							1				
2	4	7								1			1							1			
2	5	6									1	1									1		
2	5	7									1		1									1	
2	6	7										1	1										1
3	4	5												1	1			1					
3	4	6												1		1			1				
3	4	7												1			1			1			
3	5	6													1	1					1		
3	5	7													1		1					1	
3	6	7														1	1						1
4	5	6																1	1		1		
4	5	7																1		1		1	
4	6	7																	1	1			1
5	6	7																			1	1	1

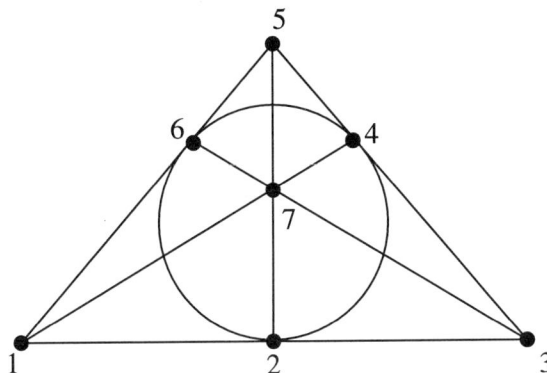

Abbildung 3.1: Projektive Ebene mit 7 Punkten.

weder S- noch Z-Regel sind anwendbar. Andererseits ist sie verkürzbar, denn z. B. { {1, 2, 3}, {1, 5, 6}, {1, 4, 7}, {2, 5, 7}, {2, 4, 6} {3, 4, 5}, {3, 6, 7} } ist eine Minimalüberdeckung. Es sei bemerkt, daß man diese auch als eine *projektive Ebene* bezeichnet und wie in Abbildung 3.1 gezeigt veranschaulichen kann.   □

Beispiel 3.2 verdeutlicht den harten Kern des Überdeckungsproblems: Das oben beschriebene Verfahren der „elementaren Streichungen" ist hier nicht anwendbar, da die gegebene Matrix bereits irreduzibel ist. Eine Möglichkeit, in dieser Situation eine Minimalüberdeckung zu finden, ist sicher der „brute force approach": Hat die verbleibende Matrix n Zeilen, so testet man alle Teilmengen der Zeilenmenge darauf, ob sie Überdeckung sind, und wähle von den so gefundenen eine minimale (bzw. kostengünstigste) aus. Da es 2^n derartige Teilmengen gibt und — wie das letzte Beispiel illustrierte — man im allgemeinen nicht erwarten kann, mit wesentlich weniger als 2^n Tests auszukommen, ist diese Methode offensichtlich nicht effizient zu realisieren, und wir kennen bis heute kein anderes Verfahren, welches in wesentlich einfacherer Weise aus einer irreduziblen Matrix eine unverkürzbare bestimmt, d. h. eine minimale überdeckende Zeilen-Menge generiert.

Man vermutet sogar, daß es einen solchen Algorithmus gar nicht gibt, denn das Überdeckungsproblem gehört zur Klasse der *NP-vollständigen Probleme*, was in groben Zügen folgendes bedeutet:

1. Man kennt bisher *keinen* (deterministischen) Lösungsalgorithmus, der mit *polynomiellem Aufwand* auskommt, d. h. dessen Schrittzahl durch ein Polynom in der „Größe" der Aufgabenstellung abschätzbar ist.

2. Es ist für dieses Problem ein (deterministischer) Lösungsalgorithmus bekannt, welcher mit *höherem als polynomiellem Aufwand* arbeitet, d. h. die Anzahl der Schritte, die dieser Algorithmus ausführen muß, um zu einer optimalen Lösung zu kommen, ist durch ein Polynom nicht abschätzbar, weil er z. B. von der Größenordnung a^n mit $a > 1$ ist. (Aber auch z. B. die Größenordnung $2^{\sqrt{n}}$ ist nicht mehr polynomiell.)

3. Man kann bisher auch *nicht* beweisen, daß es kein polynomielles (deterministisches) Lösungsverfahren gibt.

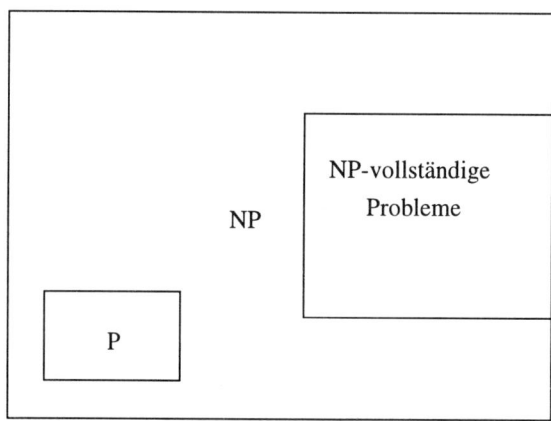

Abbildung 3.2: Vermuteter Zusammenhang zwischen den Klassen P und NP.

4. Jedoch läßt sich für irgendeine optimale Lösung des Problems in polynomieller Zeit (nichtdeterministisch, d. h. in Entscheidungssituationen „von außen" richtig gesteuert) verifizieren, daß es sich tatsächlich um eine Optimallösung handelt.

5. Es ist bewiesen, daß es *entweder für alle* NP-vollständigen Probleme *oder für keines* von ihnen ein polynomielles (deterministisches) Lösungsverfahren gibt.

(„NP" steht dabei für „n̲ichtdeterministisch p̲olynomiell", „vollständig" für die unter (5) genannte Universalität aller Probleme dieser Klasse.)

Für das Überdeckungsproblem haben wir oben den „brutalen Algorithmus" als exponentielles Lösungsverfahren kennengelernt. Solche Verfahren werden allgemein als *nicht effizient* angesehen, da eine Exponentialfunktion in n schneller wächst als jedes Polynom in n; für die Schrittzahlfunktion eines Algorithmus bedeutet dies, daß ein solches Verfahren nur für „kleine" n auf einem — wenn auch schnellen — Rechner ausgeführt werden kann. Wir erinnern in diesem Zusammenhang an das Problem zu testen, ob ein Graph einen Hamilton-Kreis besitzt (Beispiel 1.10). Auch dieses Problem ist NP-vollständig („Traveling Salesman Problem"), und wir haben in Kapitel 1 an einem kleinen Rechenexempel gesehen, was exponentielles Wachstum hinsichtlich der Rechenzeit bedeutet.

Polynomielle Verfahren hingegen werden allgemein als *effizient* angesehen in dem Sinne, daß sie auch für größere Problembeispiele („große n") mit einem Rechner in „akzeptabler" Zeit zu bewältigen sind. Probleme, welche polynomielle Lösungsverfahren besitzen, werden der Klasse P zugeordnet; Probleme, welche die oben genannten Eigenschaften (1) - (4) besitzen, liegen nach allgemeinem Sprachgebrauch in der Klasse NP. Die *derzeitigen* Spekulationen lassen sich wie in Abbildung 3.2 gezeigt veranschaulichen. Man weiß zwar, daß die Beziehung P $\subseteq$ NP gilt. Jedoch ist es ein prominentes, z. Zt. ungelöstes Problem der Informatik zu zeigen, daß diese Inklusion echt ist. Man vermutet seit langem, daß P $\neq$ NP gilt, ein Beweis dafür steht jedoch noch aus. Eine positive Beantwortung dieser Frage würde den Nachweis implizieren, daß es z. B. für das Überdeckungsproblem kein polynomielles (deterministisches) Lösungsverfahren gibt. Wir müssen uns mit dem Faktum abfinden, daß das Überdeckungsproblem (wie alle anderen NP-vollständigen Probleme) derzeit effizient nicht gelöst ist.

Es sei bemerkt, daß die oben genannten Begriffe und Fragen im Rahmen der *Komplexitätstheorie* präzisiert und behandelt werden. Wir wollen darauf hier nicht weiter eingehen; der interessierte Leser sei auf die einschlägige Literatur verwiesen. In den in den Bibliographischen Hinweisen hierzu angegebenen Quellen wird unter anderem ausführlich diskutiert, wie man sich durch sogenannte *approximative Algorithmen* wenigstens teilweise helfen kann, wenn in einer spezifischen Anwendungssituation (wie der Vereinfachung oder der Fehlerdiagnose von Schaltnetzen) ein NP-vollständiges Problem auftritt.

Für das in Abschnitt 2.3.2 angegebene Vereinfachungsproblem könnte eine solche *Heuristik* z. B. lauten:

- Man bestimme alle Primimplikanten;

- man wähle aus der Menge aller Primimplikanten sukzessive solche aus, die möglichst viele einschlägige, noch nicht überdeckte Minterme neu überdecken.

(Bei dieser Heuristik werden schließlich auch alle absolut notwendigen Primimplikanten mit ausgewählt.) Es ist bekannt, daß für diese Heuristik auch im ungünstigsten Fall das Verhältnis

$$\frac{\text{Anzahl der durch die Heuristik ausgewählten Primimplikanten}}{\text{Anzahl der minimal erforderlichen Primimplikanten}} \leq 1 + \ln n$$

ist. Hierbei ist unter n die Anzahl der einschlägigen Minterme zu verstehen.

3.3 Übungen

3.1 Für die in Tabelle 2.9 gezeigte Überdeckungsmatrix zu Beispiel 2.6 bestimme man unter Verwendung der Regeln Z und S eine Minimalüberdeckung.

3.2 Für die Fehlermatrix aus Tabelle 2.12 bestimme man unter Verwendung der Regeln Z und S eine Minimalüberdeckung.

3.3 Man zeige durch ein Beispiel, daß das Ergebnis der Minimierung einer Überdeckungsmatrix unter Verwendung von Z- und S-Regel im allgemeinen nicht eindeutig bestimmt ist.

3.4 Für die in Tabelle 3.6 gezeigte Überdeckungsmatrix gebe man eine weitere Minimalüberdeckung an.

3.5 Wir betrachten in dieser Aufgabe Überdeckungsprobleme, bei denen in jeder von m Spalten mindestens eine Eins und in jeder Zeile höchstens zwei Einsen vorkommen.

    a) Der Greedy-Algorithmus (greedy $\hat{=}$ gierig) zur approximativen Lösung von Überdeckungsproblemen verfährt wie folgt: In jedem Schritt wird eine Zeile ausgewählt, die möglichst viele bis dahin noch nicht überdeckte Spalten überdeckt. Der Algorithmus terminiert, wenn alle Spalten überdeckt sind. Man zeige an einem Beispiel, daß der Greedy-Algorithmus auch für dieses spezielle Überdeckungsproblem in der Regel keine minimale Zeilenmenge liefert.

b) Man zeige: Genau dann gibt es eine Lösung unseres speziellen Überdeckungsproblems mit $m - k \leq m$ Zeilen, wenn es eine Zeilenmenge K mit k Elementen gibt, die zusammen $2k$ Spalten überdecken.

Hinweis: Man beweise die Hin-Richtung durch Widerspruch.

c) Man zeige: Die Lösung des Greedy-Algorithmus ist bei unserem speziellen Überdeckungsproblem nur um den Faktor 3/2 schlechter als eine exakte Lösung. Das heißt: Genügen $m - k$ Zeilen zur Überdeckung von m Spalten, liefert der Greedy-Algorithmus im schlechtesten Fall $3/2(m - k)$ Zeilen zur Überdeckung der Spalten.

Hinweis: Man verwende Teil b) der Aufgabe und gehe von einem maximal „ungeschickten" Vorgehen aus, bei dem in jedem Schritt möglichst viele „gute" Zeilen zerstört werden.

3.6 Gegeben sei eine Boolesche Funktion $f : B^n \to B$. Man beschreibe ein Verfahren, mit welchem sich feststellen läßt, ob $f \equiv 1$ gilt, also unabhängig vom Input den Wert 1 liefert (in diesem Fall heißt der f definierende Ausdruck eine *Tautologie*) und schätze dessen Laufzeit in Abhängigkeit von n ab. Man äußere eine Vermutung, ob diese Aufgabe zur Klasse P oder zur Klasse NP gehört.

3.4 Bibliographische Hinweise

Für Einzelheiten zur projektiven Ebene sei der Leser auf Oberschelp und Wille (1976), pp. 183/4 verwiesen. Eine umfassende Einführung in die Theorie der NP-vollständigen Probleme geben Garey und Johnson (1979) sowie z. B. Papadimitriou (1994). Die erwähnte Abschätzung der beschriebenen Heuristik für das Vereinfachungsproblem von Schaltnetzen stammt von Chvatal (1979).

Kapitel 4

Schaltungen mit Delays (Schaltwerke)

4.1 Einführung

In den vorangegangenen Kapiteln haben wir Möglichkeiten kennengelernt, das Verhalten einer „Black Box" logisch durch Schaltfunktionen (Definition 1.1) zu beschreiben. Ferner haben wir erläutert, wie sich vorgegebene Schaltfunktionen, insbesondere Boolesche Funktionen (Definition 1.2) durch Schaltnetze (Definition 1.7) realisieren lassen. Dabei sind wir jeweils davon ausgegangen, daß sich bei einer solchen Schaltung nach Anlegen von Input-Signalen nach einer gewissen Zeit ein stabiler Zustand an den Ausgängen einstellt. Die Zeit, welche vom Anlegen der Inputs bis zum Ablesen des Outputs verging, wurde dabei (bis auf die Ausnahme der Schaltungshasards) vernachlässigt. Außerdem war für die Berechnung eines Outputs nur der aktuelle Input maßgebend, nicht jedoch z. B. irgendeine frühere Eingabe. Solche Schaltungen bezeichnet man allgemein als *asynchrone* Schaltnetze. Betrachten wir nun folgendes Beispiel:

Beispiel 4.1 Gesucht ist ein Ringzähler für vierstellige Dualzahlen, genauer eine Schaltung für folgende Funktion (vgl. Aufgabe 1.8):

$$\Re : B^4 \to B^4, \text{ definiert durch}$$

$$\Re(d(i)) := d(i + 1 \bmod 16)$$

Dabei sei $d(i)$ die (vierstellige) Dualdarstellung von $i \in \{0, \ldots, 15\}$. Wie der Leser leicht verifiziert, leistet die in Abbildung 4.1 gezeigte Schaltung offenbar das Gewünschte.   □

Gibt man z. B. $x_3 = 0, x_2 = 1, x_1 = 1, x_0 = 0$ in die in Abbildung 4.1 gezeigte Box $\Re$ ein, wird man nach einer gewissen Zeit an den Outputs $y_3 = 0, y_2 = 1, y_1 = 1, y_0 = 1$ ablesen können. Allerdings kann man diese Schaltung in dieser Form noch nicht benutzen, denn die Aufgabe eines „Ringzählers" besteht per definitionem darin, (zyklisch) bis 15 zu zählen, sodann alle Outputs auf 0 zu setzen, bis 15 zu zählen usw. Dazu

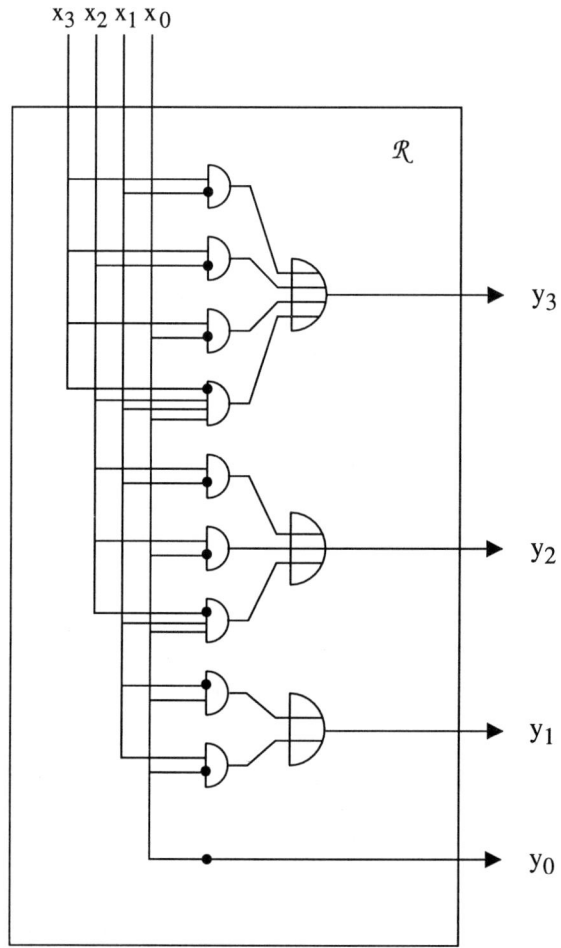

Abbildung 4.1: 4-Bit-Ringzähler.

ist es offensichtlich erforderlich, die Ausgaben als nächste Eingaben aufzufassen, d.
h. die Outputs mit den Inputs per Rückkopplung zu verbinden. Nach Definition 1.7
lassen Schaltnetze (als zykelfreie Graphen) derartige Konstruktionen jedoch nicht zu
(vgl. die Flimmerschaltung aus Beispiel 1.4). Abhilfe verschaffen wir uns in dieser Situation dadurch, daß wir in obiger Schaltung eine Kontrollinstanz einführen, welche
Rückkopplungen durch von einer zentralen *Uhr* (Clock) ausgehende *Taktimpulse synchronisiert*. Als neues Bauteil verwenden wir dazu ein sogenanntes *Delay*, für welches
wir das in Abbildung 4.2 gezeigte Symbol verwenden. Aus logischer Sicht besteht ein
Delay aus einem Vorspeicher V und einem Speicher S. Ein Delay ist in der Lage, ein
Bit zu speichern. Einer „Schleuse" ähnlich arbeitet es in zwei Phasen, welche durch
den Takt unterschieden werden:

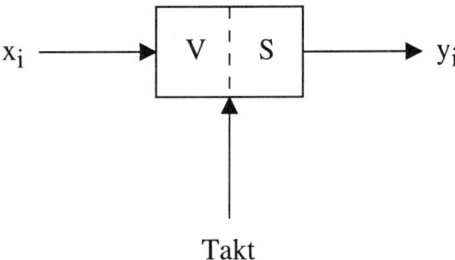

Abbildung 4.2: Delay.

(1) *Arbeitsphase*: Der Inhalt von S wird „nach rechts" (im allgemeinen an ein Schalt-netz) abgegeben; er steht also als Signal y_i für eine längere Zeit zur Verfügung. Ein (eventuell anderes) Signal x_i wird in V „abgelegt". V und S sind durch eine Sperre getrennt.

(2) *Setzphase*: Eine zentrale Synchronisation (die Clock, welche Taktimpulse erzeugt) hebt die Sperre kurzzeitig auf und bewirkt dadurch die als „Setzen" bezeichnete Ab-gabe des Inhalts von V an S.

In der Setzphase, welche im allgemeinen wesentlich kürzer ist als die Arbeitsphase, werden also keine Signale von außen aufgenommen oder nach außen abgegeben. Be-findet sich zum Zeitpunkt i der Wert x_i im Vorspeicher, y_i im Speicher, so wird beim nächsten Takt, der den Übergang vom Zeitpunkt i zum Zeitpunkt $i+1$ markiert, der Wert x_i in den Speicher geschrieben, d. h. formal $y_{i+1} \Leftarrow x_i$.

Damit läßt sich nun bereits das oben beim Entwurf eines „funktionstüchtigen" Ringzählers aufgetretene Problem lösen:

Beispiel 4.1 (Fortsetzung): Wir vervollständigen die in Abbildung 4.1 angegebe-ne Schaltung durch vier Delays, in denen ein gerade erzeugter Output gespeichert wird, um nach dem nächsten Takt als neuer Input zu dienen; das Ergebnis dieser Erweiterung ist in Abbildung 4.3 gezeigt.   □

In der Praxis wird dabei die Clock so beschaffen sein müssen, daß ein neuer Tak-timpuls erst dann erzeugt wird, wenn man sicher sein kann, daß der von $\Re$ erzeugte Output die gesamte Schaltung durchlaufen hat. Um Probleme dieser Art wollen wir uns hier nicht kümmern; wir verzichten von nun an sogar darauf, die Clock bzw. den Takteingang eines Delays bei der Angabe von Schaltungen einzuzeichnen. Wir nehmen jedoch bei der Verwendung von Delays ein *getaktetes*, synchronisiertes Ar-beiten an; dementsprechend bezeichnen wir Schaltungen mit Delays als *(synchrone) Schaltwerke*.

Es sei bemerkt, daß ein Delay einen Fan-Out am *Ausgang* besitzen darf (vgl. Ab-bildung 4.4). Damit kann es seine gespeicherte Information in einem (Takt-) Schritt an mehrere Stellen abgeben.[1] Auf das entsprechende Problem eines Fan-In am Eingang

---

[1]Die mit dieser Möglichkeit auftretenden physikalischen Verstärkungsprobleme werden bei der von uns gewählten logischen Sicht bewußt außer acht gelassen.

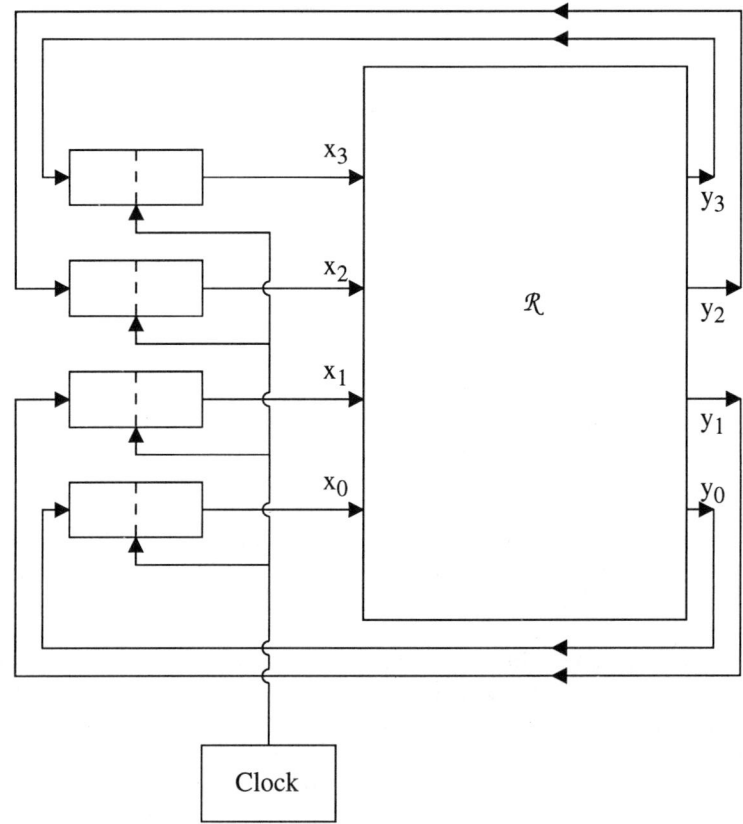

Abbildung 4.3: 4-Bit-Ringzähler mit Delays.

werden wir am Ende von Abschnitt 4.2 eingehen.

Kommen wir kurz zurück auf die eingangs erwähnte Flimmerschaltung durch Rückkopplung: Durch die Einführung von Delays können wir eine Schnittstelle schaffen, welche Rückkopplungen erlaubt, da ein Delay eine saubere Trennung kurzgeschlossener Signale bewirkt. Die in Abbildung 1.8 gezeigte (und verworfene) Schaltung ist mit der in Abbildung 4.5 gezeigten Änderung nun zulässig.

In der Praxis wird ein Delay durch ein sogenanntes *Flip-Flop* oder durch ein *Latch* realisiert; je nach Anwendung kommen dabei verschiedene Typen (z. B. SR-, D-, JK-, Master-Slave-Flip-Flop) zum Einsatz. Damit werden wir uns hier nicht beschäftigen, da wir wie bei Gattern nur die *logische, nicht* aber die *technologische* Sicht darstellen, und diese für alle Flip-Flop-Typen gleich ist.

Wie das Beispiel Ringzähler bereits andeutete, wird man zu Speicherungszwecken im allgemeinen nicht mit nur einem Delay auskommen; meistens benötigt man Folgen von Delays, welche man auch als *Register* bezeichnet. In Beispiel 4.1 haben wir ein vierstelliges Register verwendet, dessen einzelne Komponenten paarweise voneinander

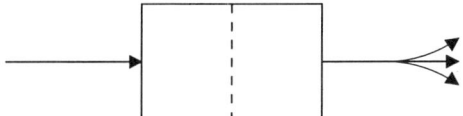

Abbildung 4.4: Fan-Out am Ausgang eines Delays.

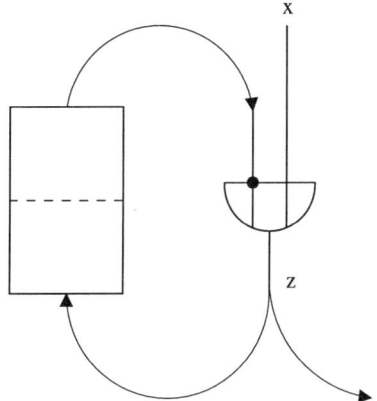

Abbildung 4.5: (Zulässige) Flimmerschaltung (mit Delay).

unabhängig waren in dem Sinne, daß zwischen ihnen keine Verbindung bestand. Für derartige Register werden wir im folgenden als Abkürzung für die in Abbildung 4.6 (a) gezeigte Situation auch das in Abbildung 4.6 (b) dargestellte Symbol verwenden, wobei wir uns im letzten Bild nur den Speicher-Teil der Delays gezeichnet denken.

Register sind also in der Lage, Worte der Länge n über B zu speichern, welche dann z. B. n-stellige Dualzahlen darstellen (D_i enthält dann die Ziffer der i-ten Stelle dieser Zahl). Daher bezeichnet man n auch als *Wortlänge* eines Rechners, welcher mit n-stelligen Registern arbeitet. Gängige Wortlängen sind z. B. $n = 8, 16, 32, 48, 60, 64$. Zur Vereinfachung z. B. der Angabe von Registerinhalten faßt man im allgemeinen 8 Bits zu einem sogenannten *Byte* zusammen, oder — wie in Kapitel 1 im Anschluß an Beispiel 1.4 erwähnt — man faßt je drei bzw. vier Bits zu einer Oktal- bzw. Hexadezimalziffer zusammen. Prinzipiell werden alle Delays eines solchen Registers bzw. eines Schaltwerkes (bzw. eines Rechners insgesamt) gleichzeitig getaktet, wobei zwischen zwei aufeinanderfolgenden Taktimpulsen in jedem Delay Arbeits- *und* Setzphase ablaufen. Diese Zeit (die zwischen zwei Taktimpulsen vergeht) nennt man die *Taktzeit* eines Rechners; in genau diesem Grundrhythmus, den wie gesagt die Rechner-Clock erzeugt, vollziehen sich synchron alle rechnerinternen Abläufe. Taktzeiten liegen heute in der Größenordnung 10^{-8} bis 10^{-9} sec. Dabei passiert es häufig aufgrund langer Signalwege bzw. durch die Verzögerungen, welche Signale beim Durchlaufen von Schaltnetzen erfahren, daß nicht jeder Takt genutzt werden kann, so daß nicht bei jedem Takt ein Fortschritt z. B. einer aktuellen Rechnung erzielt werden kann (z. B. kann die Addition zweier Dualzahlen 12 Takte dauern). Hier finden dann Zähler (z. B. Ringzähler mod 12) Anwendung, mit deren Hilfe sich steuern läßt, welcher nächste

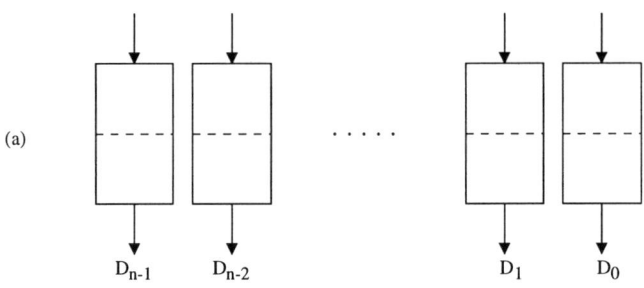

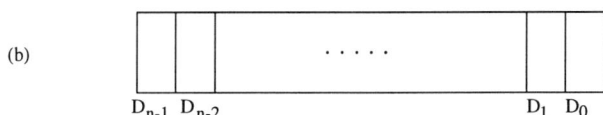

Abbildung 4.6: n-stelliges Register: (a) Prinzip; (b) Symbol.

Takt eine „Zustandsänderung" bei den entscheidenden Delays bewirkt.

Wir geben nun eine formale Beschreibungsmöglichkeit für *Schaltwerke*, d. h. für Schaltnetze mit Delays, an, welche von den „Zuständen" eines Delays wesentlich Gebrauch macht: Betrachtet man den Inhalt eines Speichers, so kann ein Delay die beiden Zustände 0 und 1 annehmen. Daher ist ein Schaltwerk S durch einen (deterministischen) *endlichen Automaten* A_S *mit Ausgabe* („Mealy-Automat") beschreibbar, welcher folgende Komponenten hat: $A_S = (Q, \Sigma, \Delta, q_0, F, \delta)$ mit

Q : endliche Zustandsmenge
Σ : endliches Eingabealphabet
Δ : endliches Ausgabealphabet
$q_0 \in Q$ Startzustand
$F \subseteq Q$ Menge der ausgezeichneten Zustände
$\delta : Q \times (\Sigma \cup \{\epsilon\}) \to Q \times (\Delta \cup \{\epsilon\})$

Der Zusatz $\{\epsilon\}$ zu Σ bzw. Δ bedeutet, daß wahlweise bei einem Übergang kein Input verbraucht wird bzw. kein Output erzeugt wird. (ϵ steht dabei für das leere Wort.)

Hat S etwa n Delays, so ist das n-Tupel der Zustände dieser Delays der aktuelle Zustand von S. Eingaben bzw. Ausgaben in bzw. von S sind Worte über Σ bzw. Δ. Befindet sich A_S im Zustand q, und ist für $x \in \Sigma \cup \{\epsilon\}$

$$\delta(q, x) = (q', y) \ ,$$

so geht der Automat als nächstes in den Zustand q' über und gibt y aus. Wesentliches Merkmal eines endlichen Automaten ist seine *endliche* Gedächtnisleistung, die er durch seine nur endlich vielen Zustände besitzt: Durch den Übergang in einen bestimmten Zustand „merkt" sich der Automat eine bestimmte Situation; dieses Merken aber bedeutet im entsprechenden Schaltwerk gerade „speichern in den Delays".

Beispiel 4.1 (Fortsetzung): Sei $\Re$ der oben angegebene Ringzähler mit den vier Delays $D_3, \ldots, D_0$. Eine Beschreibung von $\Re$ als endlicher Automat lautet:

$$A_\Re = (Q_\Re, \Sigma_\Re, \Delta_\Re, q_\Re, F_\Re, \delta_\Re) \text{ mit}$$

1. $Q_\Re = B^4$; jedes $q \in Q_\Re$ hat die Form $q = (d_3, d_2, d_1, d_0)$; dabei ist d_i der Zustand von D_i.

2. $\Sigma_\Re = \Delta_\Re = \emptyset$; der Ringzähler arbeitet „autonom", d. h. er hat weder Ein- noch Ausgabe.

3. $q_\Re$ ist daher beliebig wählbar, etwa $q_\Re = (0, 0, 0, 0)$.

4. $F_\Re = \emptyset$

5. $\delta_\Re : Q_\Re \times \{\epsilon\} \to Q_\Re \times \{\epsilon\}$ ist definiert durch $\delta_\Re(q, \epsilon) := (\Re(q), \epsilon)$; $\Re$ wurde zu Beginn dieses Kapitels angegeben.   □

Im nächsten Abschnitt werden wir Schaltwerke kennenlernen, deren Automaten-Entsprechung etwas komplexer ist.

4.2   Addierwerke

Wir wollen nun Schaltwerke entwerfen, die in dieser oder ähnlicher Form in fast jedem Rechner anzutreffen sind, nämlich *Addierwerke*, welche in der Lage sind, für festes n Dualzahlen dieser Stellenzahl zu addieren. Das Problem an sich ist bereits aus Beispiel 1.5 bekannt; in Kapitel 2 haben wir außerdem bereits ein aus Halb- bzw. Volladdierern bestehendes (asynchrones) Addiernetz für $n = 4$ kennengelernt, welches prinzipiell auf beliebige n erweiterbar ist. Offen blieb jedoch z. B. die Frage, woher die Summanden kommen und wohin das Ergebnis geht. Dies klären wir jetzt dadurch, daß wir ein Addiernetz mit zwei Registern, einem *Akkumulator* (kurz: Akku) und einem *Puffer*, versehen, so daß wir den in Abbildung 4.7 gezeigten Grundaufbau erhalten.

Akku und Puffer enthalten zu Beginn einer Rechnung die beiden Summanden; am Ende steht das Ergebnis wieder im Akku. Da sich bei der Addition von zwei n-stelligen Dualzahlen eine $(n + 1)$-stellige Zahl ergeben kann, wird man das Addiernetz darüber hinaus noch mit einem weiteren Delay ausstatten, welches den Übertrag aufnimmt („Link").

Das bereits bekannte (vgl. Kapitel 2) asynchrone Parallel-Addiernetz, d.h. der Ripple-Carry-Adder, läßt sich damit sofort zu einem (synchronen) *Parallel-Addierwerk* machen, wie in Abbildung 4.8 dargestellt (für $n = 4$). Dabei tritt das im letzten Abschnitt bereits erwähnte Problem auf, daß am Eingang der Akku-Delays ein Fan-In vorliegt: Diese Speicherelemente können ihre Signale aus verschiedenen Quellen erhalten. Wir stellen die Lösung dieses Problems, die darin besteht, den Eingängen noch eine „Logik" vorzuschalten, zurück.

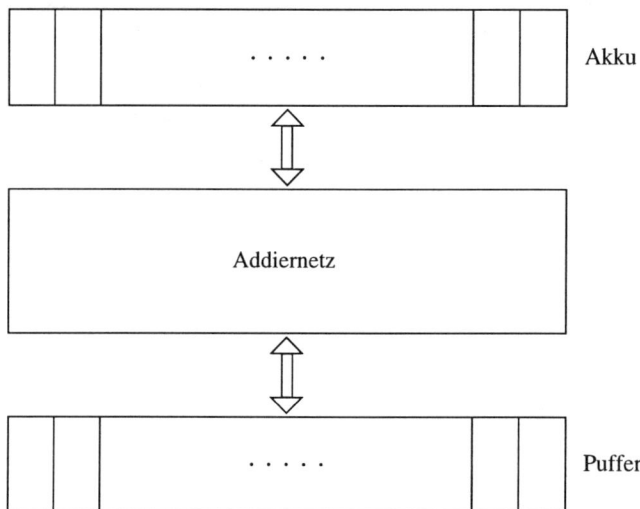

Abbildung 4.7: Organisationsplan eines Addierwerks.

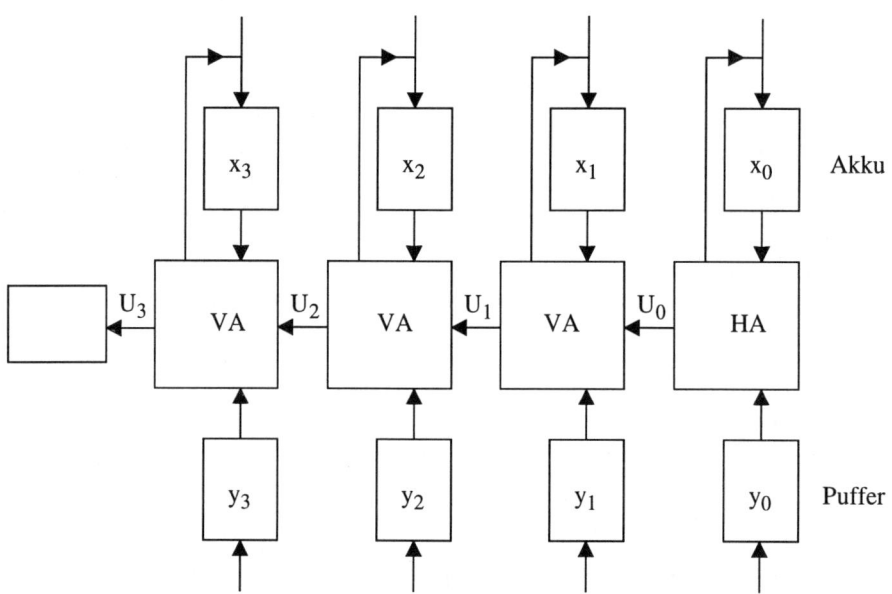

Abbildung 4.8: 4-Bit-Parallel-Addierwerk (Ripple-Carry-Adder mit Delays).

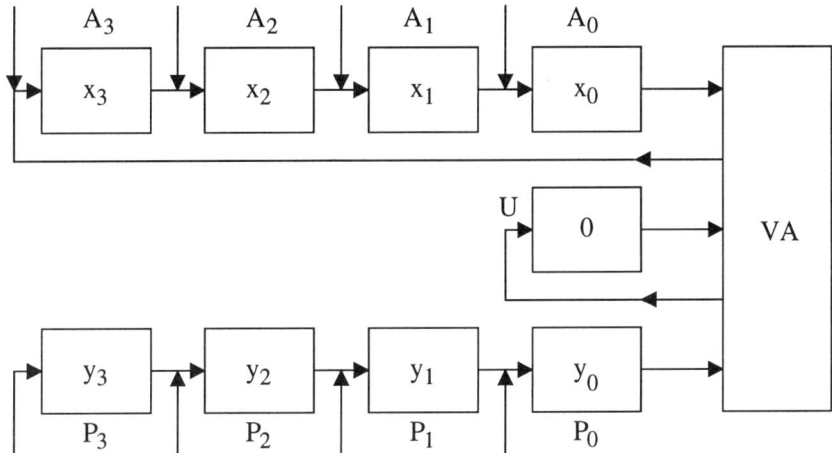

Abbildung 4.9: 4-Bit-Serien-Addierer.

Das Parallel-Addierwerk liefert in *einem* Schritt das Ergebnis; andererseits ist aber die Laufzeit der Signale in diesem VA/HA-Schaltnetz sehr groß, da es sich beim Halbaddierer nach den Ausführungen in Kapitel 2 um eine zweistufige, beim Volladdierer um eine vierstufige Schaltung handelt. Für feste Stellenzahl n der Inputs muß also jedes Signal $2 + 4(n - 1) = 4n - 2$ Stufen durchlaufen. In Abschnitt 2.2 errechneten wir daraus eine (hypothetische) Schaltzeit von 240 psec für das vierstellige Addiernetz. Das bedeutet, daß erst nach dieser Zeit der Taktimpuls erfolgen darf, welcher das Addierwerk für die nächste Additionsaufgabe initialisiert. Des weiteren sei bemerkt, daß dieses Addierwerk die durch Speicherbausteine gegebene Möglichkeit des *schrittweisen Arbeitens* nicht ausnutzt.

Dies ist anders beim *seriellen Addierwerk,* welches wir als nächstes beschreiben: Akku und Puffer sind dabei als *Schieberegister* organisiert; bei jedem Taktimpuls wird die gespeicherte Information um eine Stelle nach rechts (oder links) geschoben. Im Falle des Rechts-Verschiebens, wie wir es hier verwenden, wird dabei jeweils das linkeste Delay des Registers frei, der Inhalt des rechtesten „fällt heraus". Wir geben das Schaltwerk in Abbildung 4.9 wieder für $n = 4$ an. Dieses Bild gibt den „Startzustand" des Serien-Addierers an, der wie folgt durch einen endlichen Automaten beschrieben werden kann: Sieht man zunächst von Akku und Puffer ab, so besteht das Schaltwerk nur aus einem Volladdierer und einem Delay (U), so daß man (vorläufig) erhält:

$$Q = \{0, 1\} \qquad \text{(Zustände bzw. Inhalte von } U\text{)}$$

$\Sigma = B^2 \; ;$ Input ist je 1 Stelle von
                                   2 (verschiedenen) Dualzahlen

$\Delta = B \; ;$ Output ist eine Ergebnisstelle

$q_0 = 0$

$F = \{0\}$

$\delta : Q \times \Sigma \to Q \times \Delta$ ist definiert durch die in
                                             Tabelle 4.1 gegebene „Automatentafel".

Der Leser wird in Tabelle 4.1 sofort die aus Kapitel 2 bekannte Funktionstafel des

Tabelle 4.1: Automatentafel des 4-Bit-Serien-Addierers.

q	$x \in \Sigma$	q'	$y \in \Delta$
0	00	0	0
0	01	0	1
0	10	0	1
0	11	1	0
1	00	0	1
1	01	1	0
1	10	1	0
1	11	1	1

Volladdierers wiedererkennen (vgl. Tabelle 2.3). Eine vollständige automatentheoretische Beschreibung des 4-Bit-Serienaddieres erhält man durch Einbeziehung der Register in die Betrachtung wie folgt:

$A_{\mathrm{SA}} = (Q_{\mathrm{SA}}, \Sigma_{\mathrm{SA}}, \Delta_{\mathrm{SA}}, q_{\mathrm{SA}}, F_{\mathrm{SA}}, \delta_{\mathrm{SA}})$ mit

$Q_{\mathrm{SA}} = B^9$; ein Zustand q hat die Form $q = (U, A_3, A_2, A_1, A_0, P_3, P_2, P_1, P_0)$;

$\Sigma_{\mathrm{SA}} = B^8$; Eingabe sind 2 vierstellige Dualzahlen;

$\Delta_{\mathrm{SA}} = B^5$; Ausgabe ist eine fünfstellige Dualzahl, welche sich im Akku
                    bzw. in U befindet;

$q_{\mathrm{SA}} = (0, \ldots, 0) \in B^9$

$F_{\mathrm{SA}} = \{q_{\mathrm{SA}}\}$

Auf die explizite Aufgabe von δ_{SA} wollen wir verzichten; wir weisen lediglich darauf hin, daß man bei der Aufstellung einer Automatentafel eine Konvention für das Auffüllen von P_3 nach jedem Rechtsshift seines Inhalts, etwa das Zuführen einer 0 festlegen muß (vgl. Aufgabe 4.9).

Offensichtlich ist das Serien-Addierwerk leicht auf höhere Stellenzahlen erweiterbar: Man benötigt lediglich größere Register, d. h. mehr Delays, jedoch keine zusätzliche Logik wie etwa beim Parallel-Addierwerk. Im Vergleich zu diesem liefert das serielle Addierwerk das Ergebnis erst nach n Schritten; dafür ist jedoch jetzt die Schaltzeit kurz, da man lediglich eine vierstufige Schaltung benötigt.

Wir kombinieren nun das Charakteristikum des Paralleladdierers, für jede Stelle einen separaten Addierer zu verwenden, mit dem des Serienaddierers, schrittweise zu arbeiten und Überträge zwischenzuspeichern, zu einem Addierwerk, dessen Schrittzahl von den Summanden abhängt. Dieses sogenannte *von Neumann-Addierwerk* hat den in Abbildung 4.10 gezeigten logischen Aufbau (wieder dargestellt für $n = 4$). Wie die bisher beschriebenen Addierwerke besteht auch dieses aus den Registern Akku und Puffer sowie einem Übertrags-Delay; man kommt jedoch mit Halbaddierern aus. Es handelt sich hierbei offensichtlich um einen getakteten Carry-Save-Adder, der aus Halbaddierern aufgebaut ist. Daneben gibt es noch ein Status-Delay S, welches angibt, ob eine aktuelle Rechnung beendet ist oder nicht. Im einzelnen arbeitet der von Neumann-Addierer wie folgt:

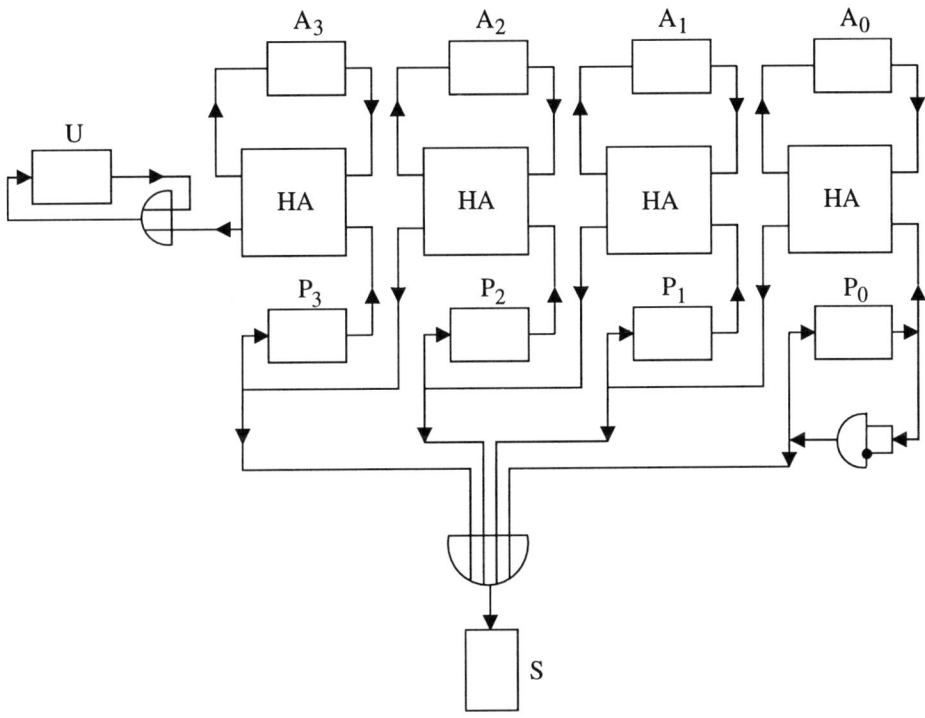

Abbildung 4.10: 4-Bit-von Neumann-Addierwerk.

Im ersten Schritt werden alle 4 Stellen parallel addiert, für jede Stelle i wird das Resultat $A_i \not\leftrightarrow P_i$ nach A_i zurückgeschrieben und der Übertrag $A_i \cdot P_i$ an P_{i+1} weitergegeben bzw. für $i = 3$ ins Übertrags-Delay gebracht. Für P_0 ist damit kein neuer Wert definiert; dieser Teil des Puffers erhält den Wert 0, welchen wir durch $P_0 \cdot \overline{P_0}$ erzeugen. Nach diesem Schritt enthält der Akku ein „vorläufiges" Additions-Ergebnis und der Puffer die noch zu addierenden Überträge. Sind solche noch vorhanden, liefert also das Oder-Gatter vor dem Status-Delay den Wert 1, so wird im nächsten Schritt das gesamte Vorgehen iteriert, wobei ein „endgültiger" Übertrag, welcher in U bereits erschienen ist, durch die dort konstruierte Rückkopplung jeweils erhalten bleibt. Werden in einem Schritt keine Überträge mehr erzeugt und erhält S somit den Wert 0, so ist eine aktuelle Rechnung beendet, und das Ergebnis steht im Akku (unter Hinzunahme des Übertrags-Delays).

Im Gegensatz zu den beiden vorher angegebenen Addierwerken haben wir vorläufig auf das Einzeichnen von Leitungen, über welche die Eingabe der Summanden bzw. die Ausgabe des Ergebnisses erfolgt, verzichtet. Außerdem dürfte dem Leser unmittelbar einleuchten, wie die in Abbildung 4.10 angegebene Schaltung auf höhere Stellenzahlen als $n = 4$ zu erweitern ist.

Wir geben nun die Arbeitsweise dieses Addierers beispielhaft in Tabellenform an (vgl. Tabelle 4.2); nacheinander sollen die Aufgaben $13+11$, $10+12$, $15+15$, $9+10$, $0+0$ gelöst werden. Die erste Zeile dieser Tabelle gibt den „Startzustand" des Addierwerks

Tabelle 4.2: Beispiel zur Arbeitsweise des von Neumann-Addierwerks.

Zeile	S	U	Puffer-Inhalt dual $P_3 P_2 P_1 P_0$	Puffer-Inhalt dezimal	Akku-Inhalt dual $A_3 A_2 A_1 A_0$	Akku-Inhalt dezimal	Schritt
1	0	0	0000	0	0000	0	
2	1	0	1101	13	1011	11	1
3	1	1	0010	2	0110	22	2
4	1	1	0100	4	0100	20	3
5	1	1	1000	8	0000	16	4
6	0	1	0000	0	1000	24	5
7	1	0	1010	10	1100	12	1
8	0	1	0000	0	0110	22	2
9	1	0	1111	15	1111	15	1
10	1	1	1110	14	0000	16	2
11	0	1	0000	0	1110	30	3
12	1	0	1001	9	1010	10	1
13	0	1	0000	0	0011	19	2
14	1	0	0000	0	0000	0	1
15	0	0	0000	0	0000	0	2

wieder; das Status-Delay S hat den Wert 0 und zeigt damit an, daß eine neue Rechnung starten kann. Nun werden die ersten beiden Summanden in Akku bzw. Puffer geladen und das Status-Bit auf 1 gesetzt (Zeile 2). Sodann läuft die erste Rechnung wie oben erläutert ab; wird das Status-Delay erneut 0, so ist diese Rechnung beendet. Das Ergebnis steht dann im Akku inklusive Übertrags-Delay U und kann von dort ausgelesen werden (Zeile 6). Sodann wird ein neuer Input geladen (Zeile 7), und es beginnt eine neue Rechnung. Die nachfolgenden Abläufe vollziehen sich dann völlig analog.

An diesen Beispielen ist ein interessanter Sachverhalt abzulesen: Im $(i+1)$-ten Schritt jeder Rechnung sind (mindestens) die rechten i Stellen des Puffers gleich 0. Dies bedeutet, daß der (4-stellige) von-Neumann-Addierer nach spätestens 5 Schritten jede Rechnung beendet. Für beliebiges festes n gilt das Gleiche: Jede Rechnung ist nach spätestens $n + 1$ Schritten beendet. Wie man aber an der Tabelle auch bereits erkennen kann, kann bei „günstigen" Summanden schon viel früher mit einem Ergebnis gerechnet werden (die Additionen 10+12 und 9+10 z. B. waren bereits nach 2 Schritten beendet). Tatsächlich kann man zeigen:

Satz 4.1 Das n-Bit-von Neumann-Addierwerk addiert zwei Summanden in durchschnittlich ld $n + 1$ Schritten. (ld $n = \log_2 n$ ist dabei der Duallogarithmus, d. h. der Logarithmus zur Basis 2.)

Wir verzichten auf einen exakten Beweis dieses Satzes, da dazu eine Reihe von wahrscheinlichkeitstheoretischen Begriffen benötigt wird; stattdessen skizzieren wir nur die Beweisidee:

Tabelle 4.3: Funktionstafel des Halbaddierers.

A_i	P_i	R_i	U_i
0	0	0	0
0	1	1	0
1	0	1	0
1	1	0	1

Wir betrachten zwei „zufällig" ausgewählte Summanden. Man darf dann erwarten, daß jeder dieser Summanden $\frac{n}{2}$ Einsen und $\frac{n}{2}$ Nullen hat, und daß die Nullen und Einsen unabhängig voneinander verteilt sind, so daß jede der Kombinationen 00, 01, 10, 11 von Puffer- und Akku-Bits gleich oft, nämlich $\frac{n}{4}$-mal auftritt. Man betrachte nun die aus Kapitel 2 bekannte Funktionstafel des Halbaddierers (vgl. Tabelle 4.3): Man erkennt, daß man nach dem ersten, also im zweiten Schritt im Akku wieder $\frac{n}{2}$ Einsen (und $\frac{n}{2}$ Nullen), im Puffer aber nur noch $\frac{n}{4}$ Einsen zu erwarten hat. Nach der obigen „Zufälligkeits- und Unabhängigkeitsannahme" ist weiter zu erwarten, daß an der Hälfte dieser Stellen, also an $\frac{n}{8}$ Stellen, auch im Akku eine 1 steht, so daß beim dritten Schritt im Puffer nur noch an $\frac{n}{8}$ Stellen eine Eins zu erwarten ist. Allgemein kann man also im i-ten Schritt im Puffer mit $\frac{n}{2^i}$ Einsen rechnen, während im Akku unverändert mit $\frac{n}{2}$ Einsen gerechnet werden kann. Stehen im Puffer keine Einsen mehr, ist eine Rechnung beendet, und das ist spätestens dann zu erwarten, wenn ein Schritt i_0 erreicht ist, für den $n < 2^{i_0}$, d. h. $i_0 > \operatorname{ld} n$ gilt.

Das von Neumann-Addierwerk ist also *im Mittel* nach wenigen Schritten (z. B. 11 Schritte für $n = 2^{10} = 1024$) mit einer aktuellen Rechnung fertig; außerdem ist sein Schaltnetz (die parallelen Halbaddierer) nur zweistufig, was eine hohe Taktfrequenz ermöglicht. Damit ist es gegenüber den vorher vorgestellten Addierwerken bzgl. der Rechenzeit unter Umständen zu bevorzugen.

Als nächstes geben wir auch für den von Neumann-Addierer eine allgemeine Beschreibung als endlicher Automat an:

$$A_{\mathrm{VNA}} = (Q_{\mathrm{VNA}}, \Sigma_{\mathrm{VNA}}, \Delta_{\mathrm{VNA}}, q_{\mathrm{VNA}}, F_{\mathrm{VNA}}, \delta_{\mathrm{VNA}})$$

mit

1. $Q_{\mathrm{VNA}} = B^{2n+2}$; ein Zustand gibt auch jetzt unter anderem die Zustände der Delays wieder, so daß es sich dabei hier um ein $(2n + 2)$-Tupel der Form

$$(S, U, P_{n-1}, \dots, P_0, A_{n-1}, \dots, A_0)$$

von Bits handelt.

2. $\Sigma_{\mathrm{VNA}} = B^{2n}$; Eingaben sind zwei n-stellige Dualzahlen, welche wir als ein Wort der Form

$$(P_{n-1}, \dots, P_0, A_{n-1}, \dots, A_0)$$

schreiben.

3. $\Delta_{\text{VNA}} = B^{n+1}$; Ausgabe ist eine $(n+1)$-stellige Dualzahl der Form

$$(U, A_{n-1}, \ldots, A_0).$$

4. $q_{\text{VNA}} = (0, \ldots, 0) \in B^{2n+2}$

5. $F_{\text{VNA}} = \{q \in Q_{\text{VNA}} \mid S = 0\}$; ausgezeichnete Zustände sind die, in denen eine aktuelle Rechnung beendet ist und das Addierwerk bereit ist für die Aufnahme neuer Summanden.

6. $\delta_{\text{VNA}} : Q_{\text{VNA}} \times (\Sigma_{\text{VNA}} \cup \{\epsilon\}) \to Q_{\text{VNA}} \times (\Delta_{\text{VNA}} \cup \{\epsilon\})$ definieren wir wie folgt: Sei $q \in Q_{\text{VNA}}, x \in \Sigma_{\text{VNA}} \cup \{\epsilon\}$:

(i) Ist $q \notin F$, so folgt $S = 1$, d. h. A_{VNA} befindet sich in einem „Rechen-Zustand". In diesem Zustand akzeptiert er keine Eingabe und produziert keine Ausgabe, d. h.

$$\delta(q, \epsilon) = (q', \epsilon),$$

wobei q' wie folgt durch q bestimmt wird:
Sei $q = (1, U, P_{n-1}, \ldots, P_0, A_{n-1}, \ldots A_0)$, dann setze man

$$
\begin{aligned}
A_i' &:= A_i \nleftrightarrow P_i \text{ für } i = 0, 1, \ldots, n-1 \\
P_{i+1}' &:= A_i \cdot P_i \text{ für } i = 0, 1, \ldots, n-2 \\
P_0' &:= 0 \\
U' &:= U + A_{n-1} \cdot P_{n-1} \\
S' &:= A_0 \cdot P_0 + A_1 \cdot P_1 + \ldots + A_{n-2} \cdot P_{n-2} \\
q' &:= (S', U', P_{n-1}', \ldots, P_0', A_{n-1}', \ldots, A_0')
\end{aligned}
$$

(ii) Ist $q \in F$, also $S = 0$, so befindet sich A_{VNA} in einem „I/O-Zustand". Sei dann $q = (0, U, P_{n-1}, \ldots P_0, A_{n-1}, \ldots, A_0)$, und sei

$$x = (x_{n-1}, \ldots, x_0, z_{n-1}, \ldots, z_0)$$

eine neue Eingabe, so setzt man

$$\delta(q, x) = (q', y) \text{ mit}$$

$$q' := (1, 0, x_{n-1}, \ldots, x_0, z_{n-1}, \ldots, z_0)$$

$$y := (U, A_{n-1}, \ldots, A_0) \ ,$$

d. h. die neue Eingabe wird in den Puffer bzw. Akku geschrieben, die alten Inhalte von U und Akku werden ausgegeben, U wird auf 0 und S auf 1 gesetzt, d. h. es beginnt eine neue Rechnung.

Der Fall (ii) zeigt, daß bei diesem Automaten die Ausgabe y nur vom erreichten Zustand, nicht aber von der aktuellen Eingabe abhängt; solche Automaten heißen in der Literatur auch *Moore-Automaten*.

Wir kommen nun auf das Problem des Fan-In bei Delay-Eingängen zurück: Beim von Neumann-Addierer kann jedes Akku-Delay ein Input- Signal oder das Resultats-Signal eines Halbaddierers, jedes Puffer-Delay ebenfalls ein Input-Signal oder das

Tabelle 4.4: Zur Lösung des Fan-In-Problems bei Delay-Eingängen I.

S	I	R	f	Output
0	0	0	0	I
0	0	1	0	I
0	1	0	1	I
0	1	1	1	I
1	0	0	0	R
1	0	1	1	R
1	1	0	0	R
1	1	1	1	R

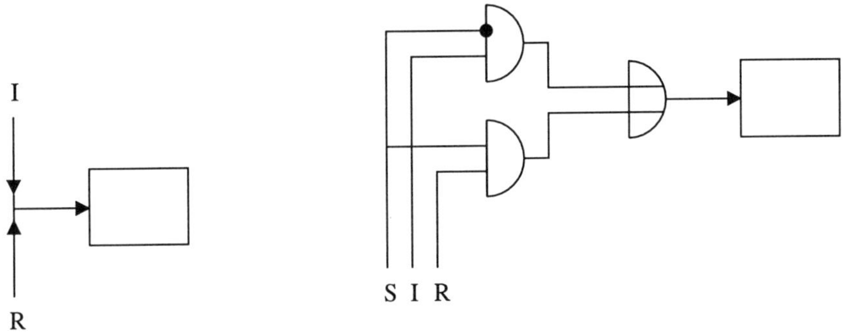

(a)   (b)

Abbildung 4.11: Zur Lösung des Fan-In-Problems bei Delay-Eingängen II.

Übertrags-Signal eines Halbaddierers (bzw. eine Null im Falle des rechtesten Delays) erhalten. Welches Signal zu speichern ist, hängt offensichtlich davon ab, ob sich der Addierer in einem Rechenschritt ($S = 1$) oder einem I/O-Schritt ($S = 0$) befindet. Daher läßt sich leicht eine Logik angeben, welche dafür sorgt, daß jedes A_i bzw. P_i nur mit einem „richtigen" Signal beschickt wird. Wir beschreiben diese durch eine Boolesche Funktion $f : B^3 \to B$, welche für den Akku definiert ist durch

$$f(S, I, R) := \begin{cases} I & \text{falls } S = 0 \\ R & \text{falls } S = 1 \end{cases}$$

I steht dabei für ein Input-Signal, R für ein Resultatssignal. Für den Puffer ersetze man R durch U. Für f erhält man die in Tabelle 4.4 angegebene Funktionstafel.

Das Fan-In-Problem für die Akku-Delays wird also gelöst, indem man im (in Abbildung 4.10 gezeigten) Schaltbild des von Neumann-Addierers den in Abbildung 4.11 (a) gezeigten Teil durch den in Abbildung 4.11 (b) gezeigten Teil ersetzt (analog für die Puffer-Delays).

Abschließend sei erwähnt, daß man beim von Neumann-Addierwerk wie bei asyn-

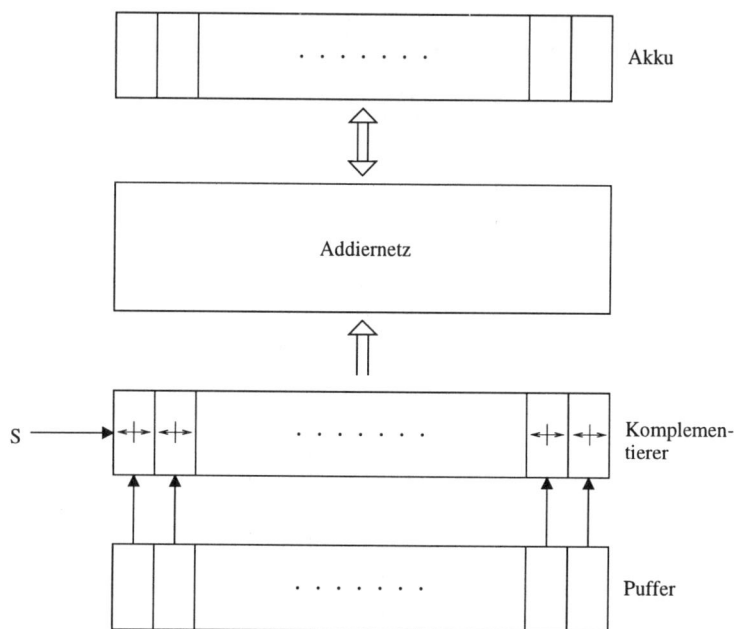

Abbildung 4.12: Organisation eines kombinierten Addier/Subtrahierwerks.

chronen Addiernetzen eine Beschleunigung dadurch erzielen kann, daß man Bitgruppen zusammenfaßt; durch erhöhten Hardware-Aufwand ist ungefähr eine Halbierung der Schrittzahl erreichbar. Eine Carry-Bypass-Schaltung zur schnellen Bestimmung des Übertrags ist ebenfalls analog zum asynchronen Fall angebbar (vgl. Abschnitt 2.2).

Mit einem Addierwerk kann man auch die anderen Grundrechenarten durchführen: Die Subtraktion kann auf die Addition des Einer-Komplements zurückgeführt werden, welches man durch stellenweises Komplementieren erhält (vgl. Aufgabe 2.7). Das den Subtrahenden aufnehmende Register muß also in der Lage sein, diese einfache Operation durchzuführen. Durch ein zusätzliches Signal T läßt sich dabei steuern, ob das Werk addieren ($T = 0$) oder subtrahieren ($T = 1$) soll, so daß ein kombiniertes Addier/Subtrahierwerk etwa den in Abbildung 4.12 gezeigten Aufbau hat. Ebenso lassen sich Multiplikation und Division auf die Addition zurückführen, wenn man zusätzlich noch Links- bzw. Rechts-Verschiebungen von Register-Inhalten zuläßt.

4.3   Lineare Schaltkreise und Schieberegister (LSR)

In diesem Abschnitt wird eine wichtige Klasse von Schaltungen mit Delays behandelt, welche — ähnlich den Addierwerken — ein breites Anwendungsspektrum besitzen. Aufgrund ihrer speziellen Schaltungs-Struktur sind sie für einen getakteten Dauerbetrieb mit beständig neuem Input geeignet.

Wir setzen im folgenden voraus, daß sich die zu verarbeitende Information allgemein aus Elementen eines endlichen Körpers zusammensetzt. Eine Sonderstellung unter den endlichen Körpern nehmen die Primkörper der Charakteristik p (p Primzahl) ein; hierbei handelt es sich um Restklassenkörper der Charakteristik p: Man kann in ihnen rechnen (addieren, subtrahieren, multiplizieren) wie im Bereich der ganzen Zahlen, muß dabei nach jeder Rechnung aber eine Reduktion modulo p vornehmen, um das Ergebnis in den Bereich der Zahlen x mit $0 \leq x < p$ zu verlegen. Kennzeichnet man die reduzierten Ergebnisse durch Unterstreichen, so gilt z.B. im Restklassenkörper modulo $p = 8191$

$$\underline{3517} + \underline{6000} = \underline{1326}$$
$$\underline{246} - \underline{4118} = \underline{4319}$$
$$\underline{7167} + \underline{1024} = \underline{0}$$
$$\underline{433} \cdot \underline{5219} = \underline{7302}$$

Als wichtige zusätzliche Möglichkeit ist in einem Körper die Möglichkeit der Reziprokenbildung zu Elementen $x \neq \underline{0}$ gegeben. So hat z.B. $x = \underline{4981}$ das Reziproke $1/x = \underline{8117}$, denn es gilt $\underline{4981} \cdot \underline{8117} = \underline{1}$.

Primkörper liefern insbesondere gute Möglichkeiten zur Erzeugung von *Quasi-Zufallszahlen*[2]. Hat man nämlich eine sogenannte Primitivwurzel modulo p, d.h. eine Zahl a, für welche alle der $p - 1$ Potenzen a^n mit $0 < n < p$ voneinander verschieden sind, so kann man — ausgehend von einem beliebigen Rest $x \neq 0$ modulo p — durch fortwährende Multiplikation mit a lauter verschiedene Reste bilden, welche eine Quasizufallszahlenfolge bilden. Es ist z.B. $a = \underline{17}$ eine Primitivwurzel modulo 8191. Deshalb entstehen z.B. — ausgehend von $x = \underline{4981}$ — lauter verschiedene Werte x, ax, a^2x, a^3x, ..., $a^{8188}x$, $a^{8189}x$, also $\underline{4981}$, $\underline{2767}$, $\underline{6084}$, $\underline{5136}$, ..., $\underline{8117}$, $\underline{1}$, und erst $a^{8190}x$ reproduziert $x = \underline{4981}$.

Ein besonders wichtiger Primkörper ist derjenige zu $p = 2$. Dies ist der Boolesche Körper $B = \{0, 1\}$ mit der Antivalenz und der Konjunktion als Addition und Multiplikation. Auf diesen Körper werden wir im nächsten Abschnitt noch gesondert eingehen. Wir unterstellen zunächst, daß wir in der Lage sind — aufgrund der im letzten Abschnitt gewonnenen Erfahrung mit (universell verwendbaren) Addierwerken, Bausteine herzustellen, welche (nicht notwendige Boolesche) Additionen bzw. Multiplikationen durchführen können, und daß wir über nicht-binäre Delays verfügen.

Definition 4.1 Ein *linearer Schaltkreis* über einem endlichen Körper K ist ein Schaltwerk, welches aus folgenden drei Grundbausteinen aufgebaut ist:

(a) Addierer:

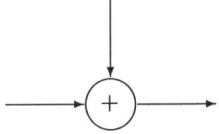

---

[2]Im Unterschied zu *echten* Zufallszahlen, die z.B. durch radioaktive Prozesse erzeugt werden, sind *Quasi*-Zufallszahlen wenigstens im Prinzip mathematisch reproduzierbar.

Am Ausgang erscheint die Summe der beiden Körperelemente, die an den Eingängen anliegen.

(b) Skalar-Multiplizierer:

Das Körperelement am Eingang wird mit dem *festen* Körperelement a multipliziert und ausgegeben.

(c) Delay:

Dieses speichert ein eingegebenes Körperelement für die Dauer eines Taktes.

Wie bisher lassen wir im übrigen Fan-Outs zu, verlangen aber, daß ein linearer Schaltkreis durch einen DAG dargestellt werden kann, also z. B. rückkoppelnde Schaltungen nur unter Delay-Kontrolle erlaubt sind.

Spezielle lineare Schaltkreise sind durch *Lineare Schieberegister* (LSR) gegeben. Wir haben einen Spezialfall bereits mit dem Serien-Addierer kennengelernt, bei dem die Hauptbestandteile Akku und Puffer je als Schieberegister organisiert waren (vgl. Abbildung 4.9). Zusätzlich hat man bei beliebigen LSR noch die Möglichkeit zur Addition und zur (skalaren) Multiplikation.
Eine Standard-Schaltung für ein LSR ist in Abbildung 4.13 gegeben. Dieses LSR, welches in den Registern (Delays) $R_1, \ldots, R_n$ die Körper-Elemente $x_1, \ldots, x_n$ gespeichert habe, berechnet als Ergebnis

$$a_1 x_1 + a_2 x_2 + \ldots + a_n x_n \ ,$$

schiebt die Delay-Inhalte nach rechts weiter und das Ergebnis nach R_1 zurück. Es liegt hier ein LSR mit Rückkopplung (engl. *Feedback*) vor, ein sogenanntes LSRFB. LSR erinnern sehr stark an Pipelines als spezielle systolische Netze (vgl. Kapitel 7).
Die wichtigsten Anwendungsmöglichkeiten von LSR machen diese zu fundamentalen Hardware-Grundschaltungen. So kann man gemäß den anfangs gemachten Bemerkungen für $n = 1$ und $a_1 = a$ bei beliebiger Initialisierung von R_1 durch $x_1 = x$ eine Folge von Zufallszahlen erzeugen.

Für beliebige Primkörper sind die skalare Multiplikation und die Addition allerdings hardwaremäßig nicht direkt realisierbar. Man geht hier wie bei der ALU über

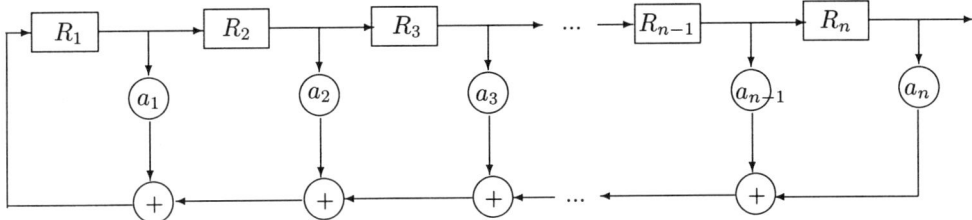

Abbildung 4.13: Lineares Schieberegister (mit Rückkopplung).

binäre Lösungen. Auf spezielle LSR-Techniken im Booleschen Fall $p = 2$ wollen wir im nächsten Abschnitt eingehen. Für den konzeptionellen Entwurf solcher Schaltungen empfehlen sich Primzahlen p, welche nahe bei Zweierpotenzen liegen. Dann kann man in der Regel das Rechnen modulo p ohne großen Overhead auf das Rechnen mit Bitfolgen reduzieren. Unser Beispiel $p = 8191 = 2^{13} - 1$ ist also nicht ganz willkürlich gewählt worden. Solche geeignete Moduln sind die sogenannten *Mersenneschen Primzahlen* der Form $2^k - 1$ (für $k = 3, 5, 7, 13, 17, 19, 31, 61, 89, 107, 127, 521, \ldots$) sowie Primzahlen der Form $2^k + 1$ für $k = 1, 2, 4, 8, 16$ (weitere Primzahlen dieser Form sind nicht bekannt).

4.4 Anwendungen von LSRs: Pseudo-Zufallszahlen und zyklische Linearcodes

Eine wichtige Grundtechnik besteht in der Erzeugung *binärer* Zufallszahlen als Grundbausteine für Zufallsgeneratoren in Rechnern. Wir spezialisieren die Schaltung des LSR mit Rückkopplung (vgl. Abbildung 4.13) auf binäre Delays und auf Boolesche Addition und Multiplikation. Dann entspricht eine Multiplikation mit 1 offensichtlich dem (unveränderten) Durchlassen eines Signals, die Multiplikation mit 0 gerade dem Gegenteil davon, also dem Unterbrechen einer Leitung. Beginnend mit dem Zeitpunkt $k = 0$ induziert die Folge der Register-Inhalte $\mathbf{x}(k) = (x_1(k), \ldots, x_n(k))$ das Output-Bit

$$a_1 x_1(k) \nleftrightarrow a_2 x_2(k) \nleftrightarrow \ldots \nleftrightarrow a_n x_n(k) \,,$$

welches zum Inhalt des Registers R_1 zum Zeitpunkt $k + 1$ wird. Bei geschickter Wahl von n, der Multiplikatoren $a_1, \ldots, a_n$ und der Initialisierung $\mathbf{x}(0)$ kann man eine recht regellose Bit-Sequenz $x_1(1), x_1(2), x_1(3), \ldots$ sowie eine regellose Bitfolgen-Sequenz $\mathbf{x}(1), \mathbf{x}(2), \mathbf{x}(3), \ldots$ erwarten. Man kann hier ähnliche Überlegungen anstellen, wie sie in Abschnitt 4.3 für Zufallszahlenfolgen modulo p angestellt wurden: Es ist leicht zu sehen, daß stets eine periodische Bitfolgensequenz einer Periode $< 2^n$ entsteht. Kriterien dafür, daß die entstehende Quasi-Zufallszahlen-Bitfolgensequenz die gewünschten Regellosigkeitseigenschaften besitzt, kann man aus Eigenschaften des sogenannten charakteristischen Polynoms des LSR

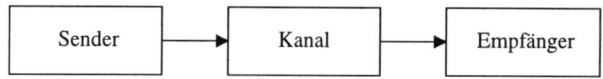

Abbildung 4.14: Prinzip der Datenübertragung.

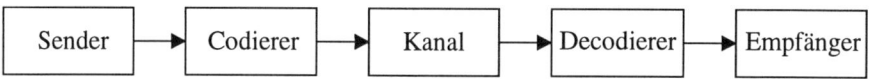

Abbildung 4.15: Prinzip der gesicherten Datenübertragung.

$$\phi(\lambda) = a_n + a_{n-1}\lambda + \ldots + a_1\lambda^{n-1} + \lambda^n$$

(wie Irreduzibilität, Primitivität) herleiten.

Eine zweite Anwendung binärer LSR ergibt sich im Umkreis der Problematik fehlerbehafteter Datenübertragung. Die sichere Übertragung von Daten — sowohl innerhalb wie außerhalb des Rechners — ist ein Grundproblem der Informationstechnik. Zur Durchführung einer Addition z. B. müssen die beiden Summanden aus dem Speicher eines Rechners in den Akku bzw. Puffer seines Addierwerkes gebracht werden; nach der Addition wird das Ergebnis dann aus dem Akku wieder in den Speicher zurücktransportiert. Für Transportaufgaben lassen sich viele weitere Beispiele angeben; man denke z. B. an die Eingabe von Daten in einen Rechner über ein Terminal oder die Ausgabe von Daten auf einem Drucker. Gemeinsam ist allen diesen Beispielen, daß Daten mittels Übertragungsleitungen, welche man kurz als *Bus* („Kanal") bezeichnet, von einem „Sender" zu einem „Empfänger" transportiert werden (vgl. Abbildung 4.14). Dabei kommt es darauf an, daß das, was beim Empfänger eintrifft, identisch ist mit dem, was der Sender geschickt hat, oder zumindest daraus rekonstruierbar ist. Dies zu gewährleisten ist insbesondere dann problematisch, wenn der Bus bzw. Kanal gewissen *Störeinflüssen* ausgesetzt ist; in einem Rechner kann z. B. eine kurzzeitige Schwankung der Netzspannung bewirken, daß etwa bei der Übertragung einer 16-stelligen Dualzahl vom Speicher in den Akku einige Bits „umkippen", so daß anschließend im Akku nicht das Gewünschte steht.

Dieses Problem der gesicherten Datenübertragung löst man im allgemeinen dadurch, daß man die zu übertragenden Daten zunächst *codiert* (verschlüsselt), sodann über den Kanal transportiert und schließlich *decodiert* (entschlüsselt) (vgl. Abbildung 4.15). Der *Code*, welcher zur Verschlüsselung der zu übertragenden Daten verwendet wird, wird dabei gewisse Anforderungen erfüllen müssen:

1. Falls „wenige" Übertragungsfehler im Kanal auftreten, sollten diese zumindest *erkennbar*, möglichst aber *korrigierbar* sein;

2. Codierung und Decodierung sollten leicht zu bewerkstelligen sein.

Wir werden jetzt spezielle Schaltungen kennenlernen, die für eine gewisse Klasse von Codes, welche Anforderung (1) genügen, dann auch Anforderung (2) erfüllen. Dazu stellen wir zunächst einige Begriffe aus der *Codierungstheorie* zusammen und zitieren ohne Beweis einige Sätze, die für das Verständnis nützlich sind.

Definition 4.2 Es sei Σ ein endliches Alphabet, etwa $|\Sigma| = k$; sei $0 \in \Sigma$, und es sei Σ^n die Menge aller n-Tupel über Σ. Jede Teilmenge $C \subseteq \Sigma^n$ mit $(0, \ldots, 0) \in C$ heißt (gleichmäßiger) *Code* (über Σ). Ein Element $x \in C$ heißt *Codewort*.

Definition 4.3 Seien $x, y \in \Sigma^n$. $h(x, y) :=$ Anzahl der Stellen, an denen sich x und y unterscheiden, heißt *Hamming-Abstand* von x und y. (h ist eine Metrik im Sinne der Theorie der metrischen Räume.)

Definition 4.4 Sei Σ speziell ein endlicher Primkörper und Σ^n der n-dimensionale Vektorraum über Σ. Ist dann $C \subseteq \Sigma^n$ ein k-dimensionaler Unterraum von Σ^n, so heißt C ein *(n, k)-Linearcode*.

Beispiel 4.2 Sei $\Sigma = \{0, 1\}$ $(= B)$ und $n = 5$. Dann ist

$$C = \{(0,0,0,0,0), (1,0,0,1,1), (0,1,0,1,0), (1,1,0,0,1),$$
$$(0,0,1,0,1), (1,0,1,1,0), (0,1,1,1,1), (1,1,1,0,0)\}$$

ein $(5,3)$-Linearcode. Seien z. B. $x = (1,0,0,1,1), y = (1,1,1,0,0)$, so ist $h(x, y) = 4$.

$\square$

Definition 4.5 Sei $C \subseteq \Sigma^n$ beliebig. $h(C) := \min\{h(x, y) \mid x, y \in C \wedge x \neq y\}$ heißt *Minimalabstand* von C.

Beispiel 4.2 (Fortsetzung): Der Minimalabstand von C ergibt sich zu $h(C) = 2$ $\square$

Satz 4.2 Sei C ein Code mit $h(C) = d + 1$, so sind bis zu d Fehler, welche bei der Übertragung eines Codewortes aus C gemacht werden, erkennbar. Gilt sogar $h(C) = 2e + 1$, so sind bis zu e solcher Fehler korrigierbar.

Der erste Teil dieses Satzes ist unmittelbar einsichtig: Hat ein Code den Minimalabstand $d + 1$, so kann kein Auftreten von d Fehlern ein Codewort in ein anderes überführen.

Beispiel 4.2 (Fortsetzung): Hier gilt $h(C) = d + 1$ mit $d = 1$ Also sind 1-Bit-Fehler erkennbar. Wird z. B. $y = (1, 1, 0, 1, 1)$ empfangen, so ist entweder die zweite oder die vierte Stelle fehlerhaft. Allerdings ist nicht feststellbar, ob $x = (1, 0, 0, 1, 1)$ oder $x' = (1, 1, 0, 0, 1)$ gesendet wurde.

$\square$

Hat nun ein Code den Minimalabstand $2e + 1$, so unterscheidet sich jedes empfangene Codewort mit e' $(\leq e)$ Fehlern vom gesendeten Wort an e' Stellen, von jedem anderen Codewort aber an wenigstens $2e + 1 - e'$, also an mehr als e' Stellen, so daß das gesendete Wort eindeutig identifizierbar ist.

Beispiel 4.3 Für

$$C = \{0000000, 1110000, 1001100, 1000011,$$
$$0101010, 0100101, 0010110, 0011001,$$
$$1111111, 0001111, 0110011, 0111100,$$
$$1010101, 1011010, 1101001, 1100110\}$$

gilt $h(C) = 3 = 2e + 1$ mit $e = 1$. Wird z. B. $y = 1101010$ empfangen, so kann nur die erste Stelle falsch sein, d. h. es wurde $x = 0101010$ gesendet.

$\square$

Diese Ergebnisse der Codierungstheorie zeigen, daß ein hoher Minimalabstand zur Erfüllung der oben genannten Anforderung (1) eine wünschenswerte Eigenschaft eines Codes ist.

Wir kommen nun auf die *zyklischen Codes* zu sprechen, welche diese Eigenschaft mit einfacher Codier- und Decodierbarkeit verbinden.

Definition 4.6 Sei Σ endlicher Körper und eine Abbildung $Z : \Sigma^n \to \Sigma^n$ („zyklischer [Rechts-] Shift") definiert durch

$$Z((x_0, \ldots, x_{n-1})) := (x_{n-1}, x_0, x_1, \ldots, x_{n-2})$$

Ein Linearcode $C \subseteq \Sigma^n$ heißt *zyklischer Code*, falls $Z(x) \in C$ gilt für alle $x \in C$.

Schon hier bemerken wir, daß man LSR mit Rückkopplung sicherlich vorteilhaft nutzen kann.

In der Codierungstheorie zeigt man, daß jedem zyklischen (n, k)-Linearcode C ein Polynom

$$h(x) = h_0 + h_1 x + \ldots + h_{n-k} x^{n-k}$$

entspricht, welches C in folgendem Sinne erzeugt: Um eine Folge von k Körperelementen der Form $\mathcal{A} = (a_0, a_1, \ldots, a_{k-1})$ zu *codieren*, multipliziere man das zugeordnete Polynom

$$a(x) = a_0 + a_1 x + \ldots + a_{k-1} x^{k-1}$$

mit $h(x)$. Das entstehende Polynom

$$f(x) = f_0 + f_1 x + \ldots + f_{n-1} x^{n-1}$$

stellt mit seiner Koeffizientenfolge $\varphi = (f_0, f_1, \ldots, f_{n-1})$ dasjenige Codewort dar, welches $\mathcal{A}$ codiert und über den Kanal gesendet wird. Ist umgekehrt eine Folge φ empfangen, so deute man sie als Polynom $f(x)$ und dividiere durch $h(x)$. Genau dann, wenn diese Division ohne Rest aufgeht, stellt φ ein Codewort dar, und $a(x) = \frac{f(x)}{h(x)}$ bzw. die hierdurch bestimmte Koeffizientenfolge $\mathcal{A}$ ist das gesendete (decodierte) Wort.

Multiplikation eines Polynoms $a(x)$ mit einem festen Polynom $h(x)$ bzw. Division eines Polynoms $f(x)$ durch ein festes Polynom $h(x)$ realisieren also die Grundaufgaben des *Codierens* bzw. *Decodierens* bezüglich eines zyklischen Linearcodes. Wir wollen zeigen, daß man diese Grundaufgaben durch lineare Schaltkreise hardwaremäßig realisieren kann.

Beispiel 4.4 Sei $\Sigma = B$, d. h. wir betrachten Polynome in x mit Koeffizienten über B. Das Polynom $h(x) = x^3 + 1$ erzeugt einen zyklischen $(7, 4)$-Linearcode. Man erhält also alle Elemente von C, indem man alle Polynome über B vom Grad $\leq 3 = k - 1$ mit $h(x)$ multipliziert und das Ergebnis $f(x)$ als binären Vektor der Länge 7 liest. $\square$

Wir wollen nun eine Schaltung angeben, welche ein beliebiges Polynom $a(x) = a_0 + a_1 x + \ldots + a_{k-1} x^{k-1}$ mit einem *fest* vorgegebenem Polynom $h(x) = h_0 + h_1 x + \ldots + h_{n-k} x^{n-k}$ multipliziert.

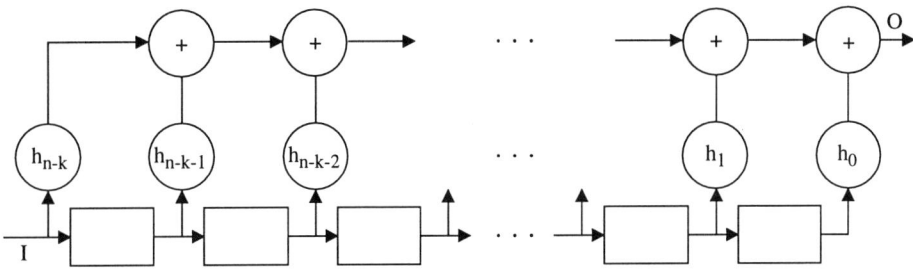

Abbildung 4.16: Linearer Schaltkreis für die Polynommultiplikation.

Beispiel 4.5 Sei

$$\begin{aligned}
a(x) &= a_0 + a_1 x + a_2 x^2 \text{ und} \\
h(x) &= h_0 + h_1 x + h_2 x^2 + h_3 x^3
\end{aligned}$$

Dann gilt:

$$\begin{aligned}
a(x) \cdot h(x) &= a_2 h_3 x^5 + (a_1 h_3 + a_2 h_2)x^4 + (a_0 h_3 + a_1 h_2 + a_2 h_1)x^3 \\
&\quad + (a_0 h_2 + a_1 h_1 + a_2 h_0)x^2 + (a_0 h_1 + a_1 h_0)x + a_0 h_0
\end{aligned}$$

$\square$

Für das *feste* Polynom $h(x)$ entwerfen wir nun ein LSR: Die in Abbildung 4.16 gezeigte Schaltung besteht für ein Polynom $h(x)$ vom Grad $n - k$ aus einem $(n - k)$-stelligen Schieberegister, $n - k$ Addierern und $n - k + 1$ Multiplizierern, welche jeweils ihren Input mit einem bestimmten Koeffizienten von h multiplizieren.

Die Delays enthalten anfangs Nullen; über den Input I werden dann sukzessiv die Koeffizienten von $a(x)$ eingegeben, beginnend mit dem höchsten Koeffizienten a_{k-1}. Sobald a_{k-1} am Input erscheint, wird dieser mit h_{n-k} multipliziert, und der höchste Koeffizient des Ergebnispolynoms, nämlich $a_{k-1} \cdot h_{n-k}$, wird in O ausgegeben. Nach einem Takt enthält das am weitesten links stehende Delay a_{k-1}, und a_{k-2} erscheint am Input. Daher wird a_{k-1} an den h_{n-k-1}-Multiplizierer, a_{k-2} an den h_{n-k}-Multiplizierer abgegeben, und am Ausgang erscheint $a_{k-2} \cdot h_{n-k} + a_{k-1} h_{n-k-1}$, also der zweithöchste Koeffizient des Ergebnispolynoms. Die weitere Berechnung der Koeffizienten von $a(x) \cdot h(x)$ verläuft völlig analog. Geht man davon aus, daß *nach* der Eingabe von a_0 wieder Nullen am Input erscheinen, so wird nach n Takten der letzte Koeffizient $a_0 h_0$ des Produkts ausgegeben.

Im folgenden betrachten wir häufig den *Spezialfall*, daß die Polynome $a(x)$ und $h(x)$ über dem *zweielementigen Körper B* gebildet sind. Ein entsprechender Schaltkreis zur Multiplikation besteht dann nur noch aus Addierern und Delays und hängt von dem festen Polynom $h(x)$ ab.

Beispiel 4.6 Sei $h(x) = 1 \oplus x^3 \oplus x^4 \oplus x^5$, d. h. $h_0 = h_3 = h_4 = h_5 = 1$ und $h_1 = h_2 = 0$. $\square$

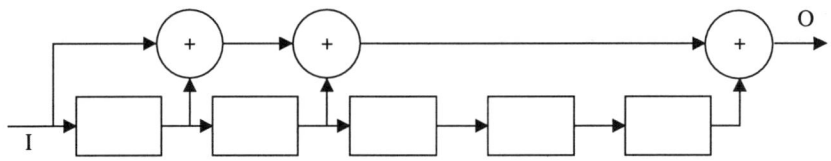

Abbildung 4.17: Linearer Schaltkreis zur Multiplikation *Boolescher* Polynome.

In der in Abbildung 4.16 angegebenen allgemeinen Schaltung entfallen somit die h_1 und h_2 entsprechenden „Querverbindungen", so daß man die in Abbildung 4.17 gezeigte vereinfachte Schaltung erhält. Bei den Addierern handelt es sich natürlich jetzt um Antivalenz-Gatter.

Als nächstes werden wir einen linearen Schaltkreis angeben, welcher ein beliebiges Polynom $f(x)$ vom Grad $n-1$ durch ein *fest* gegebenes Polynom $h(x)$ vom Grad $n-k$ dividiert.

Beispiel 4.7 Sei $f(x) = f_2 x^2 + f_1 x + f_0$ und $h(x) = h_1 x + h_0$. Dann gilt:

$$f(x) : h(x) = \frac{f_2}{h_1} x + \frac{f_1 - \frac{f_2 h_0}{h_1}}{h_1}$$

$$\text{mit Rest } f_0 - h_0 \cdot \frac{f_1 - \frac{f_2 h_0}{h_1}}{h_1}$$

Hieraus folgt:

$$f(x) : h(x) = f_2 h_1^{-1} x + (f_1 - f_2 h_0 h_1^{-1}) h_1^{-1} \ldots$$

□

Allgemein enthält der Koeffizient, welcher zur höchsten x-Potenz des Quotienten gehört, den Faktor h_{n-k}^{-1}, der Koeffizient der zweithöchsten x-Potenz des Quotienten den Faktor $h_{n-k}^{-2} = (h_{n-k}^{-1})^2$ usw. Ferner sind in jedem Schritt (außer dem ersten) Differenzen zu bilden, und Vorzeichenwechsel erreichen wir durch Multiplikation mit negativen Zahlen.

Nach diesen Vorüberlegungen wird sich der Leser leicht klarmachen, daß der in Abbildung 4.18 gezeigte Schaltkreis das Gewünschte leistet. Während der ersten $n - k - 1$ Takte bleibt der Ausgangswert Null (unter der Voraussetzung, daß das $(n-k)$-stellige Schieberegister wie bei der Multiplikation mit Null initialisiert wird). Dann erst hat f_{n-1} das Ende des Registers erreicht, und es wird $f_{n-1} \cdot h_{n-k}^{-1}$ ausgegeben. Nach dem nächsten Takt wird dann $(f_{n-2} - f_{n-1} h_{n-k-1} h_{n-k}^{-1}) h_{n-k}^{-1}$ am Ausgang erscheinen usw.

Für den Fall, daß die Koeffizienten von $f(x)$ und $h(x)$ aus dem Booleschen Körper B sind, ergeben sich die gleichen Vereinfachungen wie bei der Multiplikation. Wir erläutern dies nur exemplarisch:

Beispiel 4.8 Sei $h(x) = x^4 \oplus x \oplus 1$, d. h. $h_0 = h_1 = h_4 = 1$ und $h_2 = h_3 = 0$. Wegen $h_i = -h_i$ für $i = 0, \ldots, n - k - 1$ und $h_{n-k}^{-1} = 1$ (in B) erhalten wir die in Abbildung 4.19 gezeigte Schaltung. □

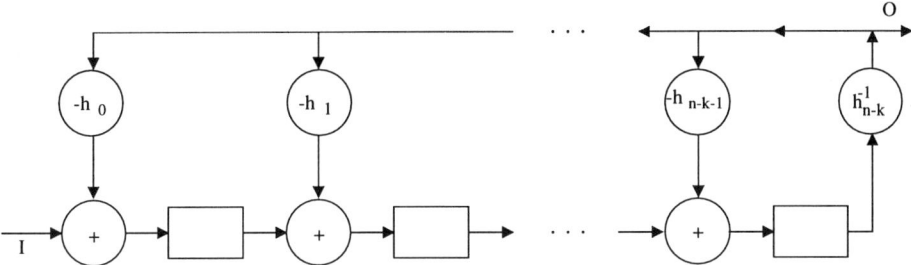

Abbildung 4.18: Linearer Schaltkreis zur Polynomdivision.

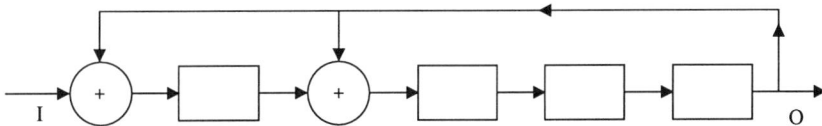

Abbildung 4.19: Linearer Schaltkreis zur Division *Boolescher* Polynome.

Mit linearen Schaltkreisen ist also die Codierung bzw. Decodierung durch einen zyklischen Code wie folgt zu bewerkstelligen: Sei $h(x)$ das Generatorpolynom eines zyklischen Codes C. Dann verwendet man zur Codierung einen an h angepaßten Multiplikations-Schaltkreis, zur Decodierung einen entsprechenden Divisions-Schaltkreis wie oben angegeben. Die Decodierung erfolgt *nach* der Übertragung des betreffenden Codewortes über den Kanal, und dabei kann es wie gesagt passieren, daß sich ein Übertragungsfehler eingestellt hatte. Wir wollen abschließend noch kurz erläutern, wie sich mit den oben angegebenen Schaltkreisen wenigstens die Fehler-*Erkennung* — wenn auch nicht die -*Korrektur* — leicht realisieren läßt:

Sei C ein zyklischer Code und h dessen Generatorpolynom. Man kann zeigen, daß dann $h(x)$ ein Teiler von $x^n - 1$ ist. Definiert man

$$k(x) := \frac{x^n - 1}{h(x)} \quad ,$$

d. h. gilt dann $x^n - 1 = k(x) \cdot h(x)$, so heißt $k(x)$ auch *Kontrollpolynom* von C. Diese Bezeichnung rechtfertigt der folgende Satz:

Satz 4.3 Sei $k(x)$ das Kontrollpolynom von C, und sei $a(x)$ empfangen, dann gilt:

$$a(x) \in C \Leftrightarrow a(x) \cdot k(x) = 0$$

Mit einem *Codier*-Schaltkreis wie oben angegeben läßt sich damit also auch feststellen, ob ein Übertragungsfehler vorliegt: Man schicke dazu das empfangene Wort durch einen an das Kontrollpolynom von C angepaßten Codierer; ist dann die Ausgabe der Nullvektor, so war die Übertragung fehlerfrei.

Tabelle 4.5: Gray-Code zu Aufgabe 4.1.

Z	Gray-Codewort von Z
0	0000
1	0001
2	0011
3	0010
4	0110
5	0111
6	0101
7	0100
8	1100
9	1101
A	1111
B	1110
C	1010
D	1011
E	1001
F	1000

4.5   Übungen

4.1 Man entwerfe ein Schaltwerk, welches einen Ringzähler mod 16 in dem in Tabelle 4.5 angegebenen (systematischen) Gray-Code realisiert und beschreibe dieses als deterministischen endlichen Automaten.

4.2 Ein n-stelliges Register (bestehend aus n Delays) kann häufig nur eine $(n-1)$-stellige Dualzahl aufnehmen; das 0-te Delay dient dann zur „Paritätsprüfung" wie folgt („gerade Parität"):

$$d_0 := \begin{cases} 1 & \text{falls die Anzahl der Einsen in } (d_{n-1} \ldots d_1)_2 \text{ ungerade ist} \\ 0 & \text{sonst} \end{cases}$$

Man erweitere das in Abschnitt 4.1 angegebene Register um eine Schaltung, welche d_0 bei Speicherung von $d_{n-1} \ldots d_1$ entsprechend setzt (für den Fall $n = 8$).

4.3 Man gebe in Analogie zu den in Abschnitt 4.2 angegebenen Schaltungen für das von Neumann-Addierwerk Logiken an, welche für Parallel- und Serien-Addierer das Problem des Fan-In bei den Delays lösen.

4.4 Man entwerfe ein Schaltwerk zur Multiplikation einer vierstelligen Dualzahl mit 3 (mod 16), welches im Akkumulator das Resultat und im Puffer den Operanden enthält. Dabei vermeide man mehrfache Inputs in Delays.

4.5 Man beweise Satz 4.2.

4.6 Man beweise Satz 4.3.

4.7 Man entwerfe einen linearen Schaltkreis, welcher in *einem* Arbeitsgang ein beliebiges Polynom $p(x) \in B[x]$ sowohl mit $x^{10} \leftrightarrow x^9 \leftrightarrow x^5 \leftrightarrow x^1$ multipliziert als auch durch $x^6 \leftrightarrow x^5 \leftrightarrow x^4 \leftrightarrow x^3 \leftrightarrow 1$ dividiert.

4.8 Man entwerfe einen linearen Schaltkreis, welcher in einem Arbeitsgang ein Polynom $p(x)$ mit Koeffizienten aus einem *beliebigen* endlichen Körper mit $h(x)$ multipliziert und durch $d(x)$ dividiert, wobei $\mathrm{grd}(h) \leq \mathrm{grd}(g)$ gelte.

4.9 Für den Serienaddierer vervollständige man die in Abschnitt 4.2 angegebene automatentheoretische Beschreibung durch die Angabe der Übertragungsfunktion δ_{SA}.

4.10 Man berechne die durchschnittliche Anzahl der Schritte, die ein 3 Bit-von Neumann-Addierwerk zur Berechnung der Summe benötigt. Man betrachte dazu alle möglichen Paare von Summanden.

4.6 Bibliographische Hinweise

Die technische Realisierung von Delays durch Flip-Flops wird z.B. von Tanenbaum (1999) oder McCluskey (1986) ausführlich diskutiert.

Für weitere Einzelheiten zur Rechnerarithmetik bzw. zur Realisierung arithmetischer Grundoperationen durch Addierwerke verweisen wir wieder auf Katz (1994) sowie Hamacher et al. (1996). Ein vollständiger Beweis von Satz 4.1 wird von Claus (1973) gegeben. Die Verwendung von Addierern zur Durchführung anderer Grundrechenarten erfordert, wie angedeutet, die Erzeugung geeigneter *Steuersignale*; dies wie auch die Taktung von Delays führt auf das allgemeine Problem des *Timings* von Rechnern bzw. deren Bestandteilen, welches ausführlich von Protopapas (1988) behandelt wird. Zur Theorie der endlichen Automaten als formale Beschreibungsmöglichkeit von Addierwerken und Rechnern allgemein verweisen wir auf Hopcroft und Ullman (1979) sowie auf Aho und Ullman (1992).

Eine vertiefte mathematische Behandlung der Erzeugungsmöglichkeiten für Quasi-Zufallszahlen geben Lidl und Niederreiter (1986). Eine Einführung in die Codierungstheorie geben z.B. Kameda und Weihrauch (1973), McCluskey (1986) sowie Peterson und Weldon (1972). In der erstgenannten dieser Quellen werden auch Erweiterungsmöglichkeiten der in Abschnitt 4.3 angegebenen linearen Schaltkreise beschrieben, mit welchen Übertragungsfehler lokalisiert und somit korrigiert werden können.

Kapitel 5

Darstellung von Daten im Rechner. Rechnerarithmetik

Wir wollen uns in diesem Kapitel mit verschiedenen grundlegenden Aspekten der Informationsdarstellung und -verarbeitung (insbesondere im von Neumann-Rechner) beschäftigen, welche bisher nur knapp oder nicht behandelt wurden. Dabei werden wir einerseits beschreiben, wie z. B. negative Zahlen oder Text im Rechner darstellbar sind, andererseits aber auch Fragen der Rechnerarithmetik behandeln. Dies wird sich insbesondere beziehen auf das Rechnen mit Fest- oder Gleitkommazahlen, wobei wir speziell die Multiplikation näher untersuchen werden.

5.1 Darstellung ganzer Zahlen. Subtraktion

Die bisherigen Ausführungen haben verdeutlicht, daß die Wortlänge eines Rechners (z. B. 8, 16 oder 32 Bits) eine obere Grenze für die Größe von Zahlen darstellt, welche der Rechner verarbeiten kann. So lassen sich z. B. mit 8 Bits alle natürlichen Zahlen zwischen 0 und $2^8 - 1 = 255$ darstellen. In gewissem Umfang sind darüber hinaus durch die Verwendung einzelner Flags auch Überschreitungen dieses Bereichs, z. B. bei der Addition $156 + 184$ in einem Rechner der Wortlänge 8 Bits, möglich. Die Ausführung einer Subtraktion mit negativem Resultat wirft aber bereits die Frage auf, wie am Ende einer solchen Operation der Akku-Inhalt zu interpretieren ist. Daher wollen wir zunächst die Frage der Darstellung von Zahlen mit Vorzeichen klären und hier vier verschiedene Alternativen vorstellen.

Eine erste, naheliegende Möglichkeit hierzu ist die sogenannte *Vorzeichen/Betrags-Darstellung* (engl. Sign/Magnitude). Dabei wird ein Bit eines Registers (bzw. allgemeiner einer Speicherzelle) als Vorzeichen-Bit ausgezeichnet; die restlichen Bits dienen zur Darstellung des Betrages der betreffenden Zahl im Dualsystem wie bisher. Die übliche Konvention ist dabei, den Inhalt 0 des Vorzeichen-Bits, als welches das am weitesten links stehende Bit angenommen wird, als „+", den Inhalt 1 als „−" zu interpretieren.

Beispiel 5.1 (a) Bei Verwendung der kürzest möglichen Wortlänge wird die Zahl $+5$ als 0101, entsprechend die Zahl -5 als 1101 dargestellt.

(b) In einem Rechner der Wortlänge 16 Bits werden $+92$ und -92 wie folgt dargestellt:

$$+92 \quad : \quad 0000000001011100$$
$$-92 \quad : \quad 1000000001011100$$

$\square$

Der z. B. durch ein 8-Bit-Register darstellbare Zahlenbereich umfaßt jetzt die Zahlen von -127 bis $+127$ (gegenüber vorher 0 bis 255). Allgemein können bei gegebener Wortlänge n die Zahlen von $-(2^{n-1} - 1)$ bis $+(2^{n-1} - 1)$ dargestellt werden.

Man beachte, daß es in dieser Darstellung die beiden Nullen $+0$ und -0 gibt (dargestellt etwa durch 0000 bzw. 1000 bei einer Wortlänge von 4 Bits). Wenngleich beide Darstellungen intuitiv als identisch angesehen werden können, ist die Gleichheit für einen Rechner, welcher Bit-Positionen einzeln vergleicht, schwierig festzustellen. Ein weiterer Nachteil dieser naheliegenden Darstellungsform besteht darin, daß sie ein Addier- *und* ein Subtrahierwerk erfordert, während prinzipiell nur eins dieser beiden Werke erforderlich ist (vgl. Abschnitt 4.2). Ferner ist eine Logik erforderlich, welche entscheidet, ob eine Addition oder eine Subtraktion auszuführen ist. Der Grund für diesen hohen Aufwand liegt darin, daß folgende vier Fälle unterschieden werden müssen für zwei Operanden x und y:

Fall		Operanden	auszuführende Operation	
1		$+x, +y$	$x + y$	Addition
2		$-x, -y$	$-(x + y)$	Addition
3		$+x, -y$ mit $|x| \geq |y|$	$x - y$	Subtraktion
	bzw.	$-x, +y$ mit $|y| \geq |x|$	$y - x$	Subtraktion
4		$+x, -y$ mit $|x| < |y|$	$-(y - x)$	Subtraktion
	bzw.	$-x, +y$ mit $|y| < |x|$	$-(x - y)$	Subtraktion

Man kann mit einem reinen Addierwerk auskommen, wenn man die Subtraktion auf die Addition zurückführt. Dazu kann man zwei Arten von *Komplementdarstellungen* verwenden, welche wir als nächstes beschreiben (vgl. Aufgabe 2.7).

Definition 5.1 Sei $x = (x_{n-1}, \ldots, x_0)_2 \in B^n$ eine n-stellige Dualzahl.

(i) $K_1(x) := (1 \nleftrightarrow x_{n-1}, \ldots, 1 \nleftrightarrow x_0)_2$ heißt *Einer-Komplement* (engl. One's Complement) von x.

(ii) $K_2(x) := (1 \nleftrightarrow x_{n-1}, \ldots, 1 \nleftrightarrow x_0)_2 + 1 = K_1(x) + 1$ (modulo 2^n) heißt *Zweier-Komplement* (engl. Two's Complement) von x.

Das Einer-Komplement einer Zahl x erhält man also durch stellenweises Invertieren von x, das Zweier-Komplement durch Invertieren aller Bits und anschließende Addition einer Eins (modulo 2^n). Es sei bemerkt, daß das Zweier-Komplement heute am häufigsten zur rechnerinternen Darstellung ganzer Zahlen benutzt wird.

Beispiel 5.2 Sei $x = 10110010$. Dann gilt:

$$
\begin{aligned}
K_1(x) &= 01001101 \\
K_2(x) &= 01001110
\end{aligned}
$$

$\square$

Es sei angemerkt, daß man allgemein in jedem b-adischen Zahlensystem das $(b-1)$-
bzw. b-Komplement einer gegebenen Zahl erklären kann, wenngleich für die Informatik
der Fall $b = 2$ am wichtigsten ist. Wesentlich ist, daß eine Komplement-Darstellung
stets auf eine beliebige, aber fest vorgegebene Stellenzahl bezogen wird. Falls ein
Rechner n Bits in einem Register oder einer Speicherzelle ablegen kann, so sind —
wie wir wissen — $N = 2^n$ verschiedene „Bitmuster" darstellbar. Da eine Komplement-
Darstellung speziell zur Darstellung negativer Zahlen verwendet wird, kann man generell von folgender Idee ausgehen:

- Eine *positive* Zahl x wird dargestellt durch

$$
+x = x
$$

- Eine *negative* Zahl $-x$ wird dargestellt durch

$$
-x = N - x
$$

Beispiel 5.3 (a) Sei $b = 2$ und $n = 4$. Dann gilt $N = 2^4 = 16$. Im *Zweier-
Komplement* stimmt die Dualdarstellung von -5 mit der von $16 - 5 = 11$ überein.
Dies ist in Übereinstimmung mit Definition 5.1 (ii), denn es gilt:

$$
\begin{aligned}
(5)_{10} &= (0101)_2 \\
K_2(5) &= K_1(5) + 1 = (1010)_2 + 1 = (1011)_2 = (11)_{10}
\end{aligned}
$$

(b) Sei nun $b = 10$ und $n = 2$, d.h. wir betrachten Dezimalzahlen zwischen 00
und 99, so gilt $N = 10^2 = 100$. Im *Zehner-Komplement* wird dann -23 wie folgt
dargestellt:

$$
-23 \stackrel{\wedge}{=} 100 - 23 = 77
$$

$\square$

Dieses Beispiel zeigt, daß eine Komplement-Darstellung mit Mehrdeutigkeiten behaftet ist, welche zu beseitigen sind, bevor man diese Darstellungsform in einem Rechner
benutzen kann. Insbesondere stellt sich in Beispiel 5.3 (a) die Frage, ob „1011" die
Zahl -5 oder $+11$ darstellt; in Beispiel 5.3 (b) kann „77" sowohl -23 als auch $+77$
bedeuten. Dieses Problem wird durch eine der Vorzeichen/Betrags-Darstellung entsprechende Festlegung behoben: Eine Dualzahl, welche mit einer 0 beginnt, wird als
positive Zahl aufgefaßt, entsprechend eine solche, die mit 1 beginnt, als negative. (Eine entsprechende Konvention für das Zehner-Komplement lautet z.B.: Mit 0, 1, 2,
3 oder 4 beginnende Zahlen gelten als positiv, alle anderen als negativ.) Aus dieser

Festlegung folgt etwa in Beispiel 5.3 (a), daß die Zahl +11 mit 4 Bits nicht darge-stellt werden kann; es sind mindestens 5 Bits erforderlich, welche dann die Darstellung 01011 erlauben.

Bei beiden Komplementdarstellungen ist also zu beachten, daß in einem Rech-ner stets eine bestimmte Wortlänge festliegt, auf welche sich das Komplementieren bezieht, und daß für arithmetische Operationen lediglich negative Operanden kom-plementiert dargestellt werden:

Beispiel 5.4 Für $n = 16$ Bits lauten die Darstellungen von $+92$ und -92 im Einer- bzw. Zweier-Komplement wie folgt:

Komplement	$+92$	-92
Einer	dual 0000000001011100	dual 1111111110100011
	hexadezimal 005C	hexadezimal FFA3
Zweier	dual 0000000001011100	dual 1111111110100100
	hexadezimal 005C	hexadezimal FFA4

□

Die *Subtraktion* zweier n-stelliger Dualzahlen x und y ($x \geq y$) läßt sich nun wie folgt bewerkstelligen: Bei Benutzung des *Einer-Komplementes* stelle man die zu subtrahie-rende Zahl (y) durch $K_1(y)$ dar und addiere $K_1(y)$ zu x. Tritt dabei ein Übertrag an der höchstwertigen Stelle auf, so addiere man diesen zur niedrigsten Stelle. Zur Korrektheit dieses Verfahrens vergleiche man Aufgabe 2.7.

Beispiel 5.5 Sei $x = 179$ und $y = 109$. Aus der Aufgabe

$$\begin{array}{rr} x & 10110011 \\ -y & -01101101 \end{array}$$

wird

$$\begin{array}{rr} x & 10110011 \\ +K_1(y) & +\ 10010010 \end{array}$$

mit dem Zwischenresultat

$$101000101.$$

Der Übertrag wird zur niedrigsten Stelle addiert:

$$\begin{array}{r} 01000101 \\ +\ 1 \end{array}$$

Damit entsteht das Ergebnis

$$01000110\,,$$

d. h. dezimal $+70$.

□

Beispiel 5.6 In diesem Beispiel unterstellen wir eine rechnerinterne Wortlänge von 16 Bits:

(a) Die Subtraktion $45 - 92 = 45 + (-92) = -47$ wird wie folgt im Einer-Komplement ausgeführt:

$$
\begin{array}{r}
0000000000101101 \\
+ \ 1111111110100011 \\
\hline
1111111111010000
\end{array}
$$

Hier tritt kein Übertrag in der höchstwertigen Stelle auf, d. h. es wird ein Übertrag von 0 zur niedrigstwertigen Stelle addiert.

(b) Die Aufgabe $1637 - 101 = 1637 + (-101) = 1536$ wird wie folgt gelöst:

$$
\begin{array}{r}
0000011001100101 \\
+ \ 1111111110011010 \\
\hline
(1)0000010111111111 \\
+ \ 1 \\
\hline
0000011000000000
\end{array}
$$

□

Es sei bemerkt, daß auch das Einer-Komplement Probleme bei der Darstellung von 0 bereitet; wie bei der Vorzeichen/Betrags-Darstellung existieren $+0$ und -0, denn es gilt bei z. B. 4 Bits

$$(+0)_{10} = (0000)_2 \text{ und } (-0)_{10} = (1111)_2 \ ,$$

was intuitiv widersprüchlich ist. Wir werden weiter unten sehen, daß dies im Zweier-Komplement anders ist.

Zur Ausführung einer Subtraktion der Form $x - y$ im *Zweier-Komplement* ist lediglich $K_2(y)$ zu x zu addieren; ein eventuell auftretender Übertrag wird ignoriert. Die Begründung für dieses Vorgehen erfolgt analog zu Aufgabe 2.7.

Beispiel 5.7 Sei $x = 179$ und $y = 109$, d.h. $x - y = 70$:

$$
\begin{array}{r|l}
x & 10110011 \\
+K_2(y) & 10010011 \\
\hline
& (1)01000110
\end{array}
$$

□

Beispiel 5.8 Unterstellen wir wieder 16 Bits zur rechnerinternen Darstellung von Zahlen, so wird die Aufgabe $92 - 45 = 92 + (-45) = 47$ wie folgt gelöst:

$$
\begin{array}{r|l}
92 & 0000000001011100 \\
+K_2(45) & 1111111111010011 \\
\hline
& (1)0000000000101111
\end{array}
$$

□

Betrachten wir als nächstes die Darstellung von 0 im Zweier-Komplement, so ergibt sich folgendes (für eine Wortlänge von 8 Bits):

$$
\begin{array}{l r}
0 & 00000000 \\
K_1(0) & 11111111 \\
\text{Addition von } 1 & + \ 1 \\
\hline
& (1)00000000
\end{array}
$$

Die Vernachlässigung des Übertrags impliziert also jetzt, daß $+0 = -0$ gilt. Demnach hat die Null im Zweierkomplement nur eine Darstellung.

Die geschilderten Techniken sind auf die Lösung beliebiger Additions- bzw. Subtraktionsaufgaben unmittelbar übertragbar. Um dann z. B. die Subtraktion zweier Zahlen bei negativem Ergebnis allein durch ein Addierwerk ausführen zu können, werden negative Zahlen z. B. durch das Einerkomplement dargestellt. Zeigt dann nach Ausführung der Addition das Vorzeichenbit an, daß das Ergebnis negativ ist, so ist zur korrekten Interpretation des Ergebnisses erneut zu komplementieren.

Beispiel 5.9 Wir betrachten durch 8 Bits darstellbare Zahlen zwischen -127 und $+127$ und erläutern die Berechnung von $85 - 103$ (bei Verwendung von K_1):

$$
\begin{array}{rcl}
85 & : & 01010101 \\
103 & : & 01100111 \\
-103 & : & 10011000 \\
85 + (-103) & : & 11101101
\end{array}
$$

Die am weitesten links stehende Eins zeigt nun an, daß das Ergebnis 11101101 als negative Zahl aufzufassen ist; den Absolutbetrag erhält man also durch Komplementieren in (0)0010010 und anschließendes „Übersetzen" ins Dezimalsystem; man erhält damit die Zahl -18. $\qquad\square$

Beispiel 5.10 Wir betrachten die Addition von -102 und -58 im Zweier-Komplement bei einer Wortlänge von 16 Bits; es gilt:

$$
\begin{array}{ll}
K_2(102): & 1111111110011010 \\
+K_2(58): & +\ 1111111111000110 \\
\hline
& (1)1111111101100000
\end{array}
$$

Das Resultat ist negativ und daher erneut zu komplementieren. Diese Rückübersetzung erfolgt jetzt in genau der gleichen Weise wie die Berechnung des Zweier-Komplements selbst: Alle Bits werden invertiert, so daß man in diesem Fall

$$0000000010011111$$

erhält. Die Addition von 1 liefert

$$0000000010100000$$

und somit dezimal -160. $\qquad\square$

Wir wollen die bisher geschilderten Möglichkeiten zur Darstellung ganzer Zahlen zusammenfassen; Tabelle 5.1 gibt die durch Bitfolgen der Länge 4 darstellbaren Zahlen jeweils bei Verwendung von Vorzeichen/Betrags-Darstellung, Einer- bzw. Zweier-Komplement an. Diese Tabelle zeigt insbesondere, daß unter Verwendung des Zweier-Komplements bei gegebener Wortlänge von n Bits sogar alle Zahlen zwischen $-(2^{n-1})$ und $+(2^{n-1} - 1)$ darstellbar sind.

Es sei an dieser Stelle ferner auf das Problem des *Overflow* hingewiesen, welcher bei einer Addition auftreten kann: Falls bei der Addition von zwei positiven Zahlen ein (scheinbar) negatives Ergebnis entsteht bzw. bei der Addition von zwei negativen ein (scheinbar) positives, so liegt eine Bereichsüberschreitung vor:

Tabelle 5.1: Alternative Darstellungen ganzer Zahlen.

Bitfolge	Darstellung in Dezimalnotation		
	Vorz./Betrag	K_1	K_2
0000	+0	+0	0
0001	+1	+1	+1
0010	+2	+2	+2
0011	+3	+3	+3
0100	+4	+4	+4
0101	+5	+5	+5
0110	+6	+6	+6
0111	+7	+7	+7
1000	−0	−7	−8
1001	−1	−6	−7
1010	−2	−5	−6
1011	−3	−4	−5
1100	−4	−3	−4
1101	−5	−2	−3
1110	−6	−1	−2
1111	−7	−0	−1

Beispiel 5.11 Mit $n = 5$ Bits sind im Zweier-Komplement die Zahlen von -16 bis $+15$ darstellbar. Betrachten wir nun die Addition von 5 und 14, so erhält man folgendes Resultat:

$$\begin{array}{r} 00101 \\ + \; 01110 \\ \hline 10011 \end{array}$$

Das Ergebnis lautet also -13 und nicht $+19$. Der Grund liegt darin, daß $+19$ mit 5 Bits nicht mehr darstellbar ist. □

Hierzu sei bemerkt, daß Rechner, welche auf das Zweier-Komplement zur Ausführung arithmetischer Operationen zurückgreifen, in der Lage sind, derartige Situation zu erkennen. Falls ein Overflow auftritt, wird ein entsprechendes *Overflow-Flag* gesetzt, welches vom Programmierer abgefragt werden kann.

Eine vierte Möglichkeit zur Darstellung ganzer Zahlen, heute nur noch von historischer Bedeutung, stellt der *BCD-Code* (kurz für Binary Coded Decimal) dar. Dabei wird eine Dezimalziffer (zwischen 0 und 9) in gewöhnlicher Weise dual codiert, allerdings durch eine Bitfolge der konstanten Länge 4. Zur Codierung der 10 Dezimalziffern sind einerseits Dualzahlen der (festen) Länge 4 erforderlich, andererseits bleiben dabei sechs Bitmuster ungenutzt. Es ist dann naheliegend, zwei von diesen zur Darstellung von Vorzeichen heranzuziehen, etwa 1010 für „+" und 1011 für „−".

Beispiel 5.12 Die BCD-Darstellung der Zahl 4739 lautet (unter Vernachlässigung des Vorzeichens)

0100 0111 0011 1001 .

Entsprechend lautet die Darstellung von $+4739$

$$1010\ 0100\ 0111\ 0011\ 1001$$

und die von -4739

$$1011\ 0100\ 0111\ 0011\ 1001\ .$$

□

Wenngleich die BCD-Darstellung einer ganzen Zahl offensichtlich leicht herzustellen ist, ist das Rechnen mit derartigen Darstellungen mit einem Problem verbunden, welches wir an folgendem Beispiel erläutern:

Beispiel 5.13 Wir betrachten die Additionsaufgabe

$$4739 + 1287 = 6026$$

im BCD-Code, d. h.

$$
\begin{array}{l}
\ 0100\ 0111\ 0011\ 1001 \\
+\ 0001\ 0010\ 1000\ 0111
\end{array}
$$

Die übliche Dual-Addition liefert das Ergebnis

$$0101\ 1001\ 1100\ 0000\ .$$

Die rechte 4-Bit-Folge ist falsch, da durch den *Übertrag* ein Summand 6 „verloren gegangen" ist. Die links davon stehende 4-Bit-Folge ist *keine gültige* BCD-Ziffer. Dies wird dadurch korrigiert, daß man — von rechts beginnend — die Dualcodierung von 6 (also 0110) addiert bei jedem Übertrag und bei jeder ungültigen BCD-Ziffer (die durch einen Übertrag korrigiert werden muß). Im Fall oben verläuft diese „Dezimalanpassung" konkret wie folgt:

0101	1001	1100	0000	Übertrag:
			0110	
0101	1001	1100	0110	ungültige BCD-Ziffer:
	1	0110		
0101	1010	0010	0110	ungültige BCD-Ziffer:
1	0110			
0110	0000	0010	0110	
6	0	2	6	

□

Bereits eine Addition von zwei BCD-Zahlen erfordert also unter Umständen eine derartige Dezimalanpassung; es sei bemerkt, daß Rechner, welche die BCD-Darstellung tatsächlich verwenden bzw. ihre Verwendung erlauben, im allgemeinen über spezielle Befehle zur Behandlung solcher Situationen verfügen.

5.2 Darstellung von Gleitkomma-Zahlen

Bei den bisher verwendeten Zahlendarstellungen sind wir immer von ganzen Zahlen ausgegangen. Mit jedem Rechner lassen sich darüberhinaus auch nicht-ganzzahlige Dual- bzw. Dezimalbrüche verarbeiten. In ungenauer Diktion spricht man hier allgemein in der EDV von der Verarbeitung reeller Zahlen (vom Typ REAL). Dies geschieht durch Verwendung spezieller Darstellungen:

Ganze Zahlen lassen sich formal als Dezimalbrüche schreiben, wenn man hinter das Komma die Ziffer 0 schreibt. Es ist z. B. $23 = 23{,}0$. Damit kann die bisher ausschließlich verwendete INTEGER-Darstellung von Zahlen als Darstellung von Zahlen mit Komma aufgefaßt werden, wenn man unterstellt, daß das Komma logisch rechts vom rechtesten Bit steht. Allgemein spricht man von einer *Festpunkt-Darstellung*, wenn eine Zahl durch eine n-stellige Dual- (bzw. Dezimal-) Zahl (eventuell komplementiert) dargestellt wird, wobei das Komma an beliebiger, aber *fester* Stelle angenommen wird.

Beispiel 5.14 (a) Das Komma wird rechts von der Stelle mit dem niedrigsten Wert angenommen. Ein n-Bit Wort $(x_{n-1}, \ldots, x_0)_2$ stellt dann die Zahl

$$z = \sum_{i=0}^{n-1} x_i \cdot 2^i \quad \text{dar.}$$

(b) Das Komma wird links von der Stelle mit dem höchsten Wert angenommen. Ein n-Bit Wort $(x_1, \ldots, x_n)_2$ stellt dann die Zahl

$$z = \sum_{i=1}^{n} x_i \cdot 2^{-i} \quad \text{dar.}$$

Ist z. B. $n = 8$, so ist 10110010 die Darstellung von

$$1 \cdot 2^{-1} + 1 \cdot 2^{-3} + 1 \cdot 2^{-4} + 1 \cdot 2^{-7}$$

$$= \frac{1}{2} + \frac{1}{8} + \frac{1}{16} + \frac{1}{128} = \frac{89}{128} = 0{,}6953125.$$

$\square$

Allgemein stellt eine Bitfolge $(x_{n-1}, \ldots, x_1, x_0, x_{-1}, \ldots, x_{-m+1}, x_{-m})_2$, falls der („Dual"-) Punkt rechts von der Stelle x_0 angenommen wird, die Zahl

$$x = \sum_{i=-m}^{n-1} x_i 2^i$$

dar. Sollen auch negative Zahlen dargestellt werden können, so ist wieder ein Bit für das Vorzeichen zu reservieren oder eine der im letzten Abschnitt behandelten Komplement-Darstellungen zu verwenden.

Das letzte Beispiel zeigt insbesondere, daß ein Dual-Bruch leicht in einen Dezimal-Bruch umgerechnet werden kann. Das gleiche gilt in umgekehrter Richtung; die entsprechende Transformation verläuft „komplementär" zu der in Kapitel 1 beschriebenen Transformation natürlicher Zahlen ins Dualsystem (vgl. Beispiel 1.3): Anstatt

durch die Basis zu *dividieren* und die entstehenden Reste in umgekehrter Reihenfolge
zu lesen, wird jetzt mit der Basis *multipliziert*, und die vor dem Komma entstehenden
Ergebnisse werden in der Reihenfolge des Entstehens gelesen:

Beispiel 5.15 Zur Darstellung von 0,375 als Dualbruch gehen wir wie folgt vor:

$$
\begin{array}{r}
0{,}375 \\
\times\,2 \\
\hline
0{,}750 \\
\times\,2 \\
\hline
1{,}500 \\
\times\,2 \\
\hline
1{,}000
\end{array}
$$

In jedem Schritt wird der *links* vom Komma entstehende Anteil des Ergebnisses der
letzten Multiplikation ignoriert; die Berechnung endet, falls *rechts* vom Komma ausschließlich Nullen auftreten. Das Ergebnis lautet also

$$(0,375)_{10} = (0,011)_2 \;.$$

□

In genau der gleichen Weise kann mit jeder anderen Basis (8, 16 usw.) verfahren
werden, falls die Basis lediglich 2 oder 5 als Faktoren enthält.

Um Operationen mit Festkomma-Zahlen durchführen zu können, ist natürlich wesentlich, daß das Komma bei allen Operanden an der gleichen Stelle angenommen
wird. Das bedeutet, daß Operanden gegebenenfalls zu transformieren sind. Werden
z. B. bei einer Wortlänge von 16 Bits 12 Stellen vor und 4 hinter dem Komma angenommen, so muß z. B. die Zahl 0,00011101 durch

$$0000\ 0000\ 0000\ [,]\ 0001$$

abgerundet dargestellt werden, wobei 4 signifikante Stellen verlorengehen. Diesen
Nachteil vermeidet die Gleitkomma-Darstellung.

Bei der *Gleitkomma-Darstellung*, welche auch halblogarithmische Darstellung genannt wird, wird jede Zahl z in der Form

$$z = \pm m \times b^{\pm d}$$

dargestellt. Dabei heißt m *Mantisse* und d *Exponent*; b ist die Basis für den Exponenten. Es sei bemerkt, daß b nicht notwendig mit der Basis des zugrunde liegenden
Zahlensystems übereinstimmt, welche in einem Rechner 2 ist.

Beispiel 5.16 Die dezimale Zahl 1228,8 ist wie folgt darstellbar:

$$1228,8 = 2,4 \times 8^3$$

In diesem Fall gilt $b = 8$, während 10 die Basis des verwendeten Zahlensystems ist. □

Wir werden weiter unten sehen, aus welchen Gründen es sinnvoll sein kann, als Wert für b eine Zahl $\neq 2$ und inbesondere eine *Potenz* von 2 zu wählen. Für den Moment wollen wir $b = 2$ annehmen. Da die Basis für alle auftretenden Exponenten von Gleitkomma-Zahlen die gleiche ist, braucht sie insbesondere nicht gespeichert zu werden; die rechnerinterne Darstellung einer Gleitkomma-Zahl kann daher als ein Paar

$$(\pm m \, , \, \pm d)$$

angesehen werden.

Wesentlich für das Rechnen mit Gleitkomma-Zahlen ist die Beobachtung, daß die Gleitkomma-Darstellung einer gegebenen Zahl nicht eindeutig ist; eine *Gleitkomma-Operation* erfordert daher unter Umständen gewisse Vorbereitungen.

Beispiel 5.17 (a) Es gilt z. B.

$$
\begin{aligned}
1228,8 &= 12,288 \times 10^2 \\
&= 0,12288 \times 10^4 \\
&= 122880 \times 10^{-2}
\end{aligned}
$$

(b) Für eine Addition von $1,2288 \times 10^3$ und $0,000375 \times 10^7$ wird man zunächst den zweiten Operanden durch $3,75 \times 10^3$ darstellen, um sodann

$$(1,2288 + 3,75) \times 10^3$$

rechnen zu können. $\square$

Zur Vermeidung von Problemen im Zusammenhang mit der Nicht-Eindeutigkeit einer Gleitkomma-Darstellung wird in realen Rechnern eine *normalisierte* Darstellung verwendet:

Definition 5.2 Eine Gleitkomma-Zahl der Form $\pm m \cdot b^{\pm d}$ heißt *normalisiert*, falls gilt:

$$\frac{1}{b} \leq |m| < 1$$

Im Fall $b = 2$ (als Basis für Exponent *und* Mantisse) folgt hieraus unmittelbar, daß für die Mantisse einer normalisierten Gleitkomma-Zahl gilt:

$$\frac{1}{2} \leq |m| < 1$$

Mit anderen Worten wird das Komma links von der linkesten Stelle der Mantisse angenommen, und die höchstwertige (Binär-) Stelle der Mantisse (d. h. das am weitesten links stehende Bit) ist $\neq 0$.

Beispiel 5.18 (a) Die normalisierte Darstellung von (dual)

$$0,000011101$$

lautet

$$0,11101 \times 2^{-4}$$

(b) Die normalisierte Darstellung von (dual)

$$10011, 101 \times 2^{10}$$

lautet

$$0, 10011101 \times 2^{15}$$

□

Im Fall $b \neq 2$ gilt analog, daß das Komma links von der Mantisse angenommen wird, und daß die erste Ziffer der Mantisse *zur Basis b* ungleich 0 ist:

Beispiel 5.19 (a) Es sei $b = 8$, und gesucht sei die normalisierte Darstellung von

$$(0, 000011)_2 \times 8^2$$

Die Mantisse m dieser Darstellung muß die Ungleichung

$$\frac{1}{8} \leq |m| < 1$$

erfüllen. Die binäre Mantisse 0,000011 kann oktal als 0,03 geschrieben werden, d. h. als normalisierte Darstellung ergibt sich

$$
\begin{aligned}
(0, 000011)_2 \times 8^2 &= (0, 03)_8 \times 8^2 \\
&= (0, 3)_8 \times 8^1 \\
&= (0, 011)_2 \times 8^1
\end{aligned}
$$

Die erste, dem Komma folgende *Oktal*-Ziffer ist also $\neq 0$. Anders ausgedrückt entspricht jetzt eine Veränderung der Exponenten um 1 einer Multiplikation mit oder Division durch 8 ($= 2^3$), so daß das Komma nicht um einzelne Stellen, sondern nur um drei Stellen gleichzeitig verschoben werden kann.

(b) Es sei $b = 16$. Eine entsprechende Argumentation wie unter (a) ergibt, daß die Zahl

$$(0, 000000110101)_2 \times 16^4$$

die normalisierte Darstellung

$$(0, 00110101)_2 \times 16^3$$

besitzt.   □

Wir wenden uns als nächstes der rechnerinternen Darstellung von Gleitkomma-Zahlen zu. Offensichtlich ist dazu zunächst festzulegen, wieviele Bits für eine Mantisse und wieviele für einen Exponenten reserviert werden sollen. Als Beispiel betrachten wir einen Rechner der Wortlänge 32 Bits und unterstellen folgende Aufteilung: 1 Bit werde für das Vorzeichen der Mantisse verwendet, 23 Bits für die Mantisse (d. h. für die Mantisse insgesamt wird die Vorzeichen/Betrags-Darstellung verwendet) und 8 Bits für den Exponenten. Weiter werde eine Mantisse normalisiert gespeichert, die Basis des Exponenten sei 2, und der Exponent werde im Zweier-Komplement dargestellt. Dann ist z. B.

$$\underbrace{0}_{VZ} \; \underbrace{10011101001110011000000}_{Mantisse}\underbrace{00001101}_{Exponent}$$

die Darstellung der Zahl

$$+(0,10011101001110011)_2 \times 2^{13} = (1001110100111,0011)_2 = (5031,1875)_{10}\;.$$

Man überlegt sich leicht, daß mit der gerade genannten Aufteilung *positive* Zahlen z im Bereich

$$0,5 \times 2^{-128} \leq z \leq (1 - 2^{-23}) \times 2^{127}$$

und *negative* Zahlen z im Bereich

$$-(1 - 2^{-23}) \times 2^{127} \leq z \leq -0,5 \times 2^{-128}$$

darstellbar sind. Es folgt, daß um den Nullpunkt herum ein kleines „Loch" auf der Zahlenachse nicht erfaßt ist, welches insbesondere die Null selbst enthält. Zur Darstellung der Null wird daher im allgemeinen von der üblichen Konvention zur Darstellung von Gleitkomma-Zahlen abgewichen; so kann man 0,0 darstellen als positive Zahl (d. h. Vorzeichen-Bit = 0) mit dem Exponenten 0, der Wert der Mantisse wird „ignoriert".

Hierdurch wird gleichzeitig das folgende Problem gelöst: Falls $b = 2$ gilt für die Basis b des Exponenten, so ist bei der Mantisse *jeder* normalisierten Gleitkomma-Zahl das am weitesten links stehende Bit = 1. Daher braucht dieses Bit nicht gespeichert zu werden (man spricht von einem „hidden bit"), so daß ein weiteres Bit für die Mantisse zur Verfügung steht. In vielen Rechnern wird dieser Trick zur Erhöhung der Genauigkeit für die Mantisse angewendet; allerdings bedeutet dann die als $0\ldots0$ gespeicherte Mantisse *nicht* die Zahl 0,0, sondern $\frac{1}{2}$. In jedem Fall ist für einen Rechner sicherzustellen, daß Verwechselungen mit 0,0 ausgeschlossen sind.

Die größte darstellbare Gleitkomma-Zahl ist also (bei der oben genannten Aufteilung von Bits auf Mantisse und Exponent) $\approx 2^{127}$, während bei Verwendung der Festkomma-Dualdarstellung mit 32 Bits maximal die Zahl $2^{32} - 1$ dargestellt werden kann. Es folgt, daß unter Verwendung von Gleitkomma-Zahlen ein erheblich größerer Zahlenbereich darstellbar wird; allerdings ist dies mit Einbußen hinsichtlich der Genauigkeit verbunden: Während vorher 32 Bits für die Mantisse zur Verfügung standen und damit etwa 10 signifikante Dezimalstellen darstellbar sind, sind mit 23 Bits nur noch etwa 7 Dezimalstellen erfaßbar. Diese „Diskrepanz" zwischen Genauigkeit und darstellbarem Zahlenbereich wird noch vergrößert, falls eine andere Basis als 2 für den Exponenten verwendet wird:

Werden Exponenten etwa zur Basis 16 angenommen (anstatt 2), so werden mit im Zweier-Komplement repräsentierten 8-Bit-Exponenten Zahlen zwischen 16^{-128} und 16^{127} darstellbar. Offensichtlich ist auf diese Weise der darstellbare Zahlenbereich erheblich vergrößert, denn es gilt $2^{128} \approx 10^{38}$, aber $16^{128} \approx 10^{154}$; diese Erweiterung ist jedoch wieder mit einer verringerten Genauigkeit verbunden. Dieser „Trade-off" zwischen darstellbarem Zahlenbereich und erzielbarer Genauigkeit wird in realen Rechnern im allgemeinen dadurch wenigstens teilweise aufgefangen, daß verschieden Formate zur Darstellung von Gleitkomma-Zahlen zur Verfügung stehen.

Schließlich sei erwähnt, daß Exponenten häufig nicht im Zweier-Komplement repräsentiert werden, sondern es wird die sogenannte *Biased*-Notation, auch *Excess*-Darstellung genannt, verwendet. Als Beispiel betrachten wir durch 8 Bits dargestellte Exponenten d, für welche bei Verwendung des Zweier-Komplements $-128 \leq d \leq 127$ gilt. Durch Addition von $128 = 2^{8-1}$ zu jedem solchen d erhält man dann Exponenten d' im Bereich $0 \leq d' \leq 255$. Diese „Verschiebung" der Darstellung hat den Vorteil, daß der Vergleich von Exponenten erleichtert wird: Falls $d_1 \leq d_2$ gilt, so gilt das Gleiche für die (gewöhnlichen) Dualdarstellungen von d_1 und d_2. Dies ist von Bedeutung für die Ausführung von Operationen auf Gleitkomma-Zahlen wie etwa einer Addition, welche — wie weiter unten erwähnt — gleiche Exponenten voraussetzt.

Allgemein erhält man die Excess-Darstellung d' eines Exponenten d, falls g Bits für diesen zur Verfügung stehen, wie folgt:

$$d' := d + 2^{g-1}$$

Für $g = 8$ spricht man z. B. von der *Excess-128*-Darstellung.

5.3   Rechnerarithmetik, insbesondere Multiplikation

In diesem Abschnitt knüpfen wir an die Ausführungen des ersten Kapitels über die Ausführung arithmetischer Operationen an. Addier-Netze bzw. -Werke haben wir in Kapitel 2 bzw. 4 vorgestellt, und diese können allgemeiner auch zur Multiplikation bzw. Division benutzt werden. Wir wollen die Durchführung von Multiplikationen jetzt vor allem für Festkomma-Zahlen behandeln (und auf die Behandlung der Division verzichten).

Grundsätzlich werden Multiplikation und Division im Dualsystem in der gleichen Weise wie im Dezimalsystem durchgeführt. Bei der Multiplikation wird der Multiplikand nacheinander mit jedem einzelnen Bit des Multiplikators multipliziert, wobei jeweils ein Teilprodukt entsteht. Beginnt man mit dem am weitesten rechts stehenden Bit, so wird ab der zweiten Stelle das Teilprodukt jeweils um eine Stelle nach links geschoben. Das Ergebnis erhält man schließlich durch Summation aller Teilprodukte.

Beispiel 5.20 Wir betrachten die Aufgabe 13×9:

1101	Multiplikand
1001	Multiplikator
1101	
0000	Teilprodukte
0000	
1101	
1110101	Ergebnis

□

Bei der Division einer Dualzahl durch eine andere entstehen neue Probleme, die hier nicht behandelt werden sollen.

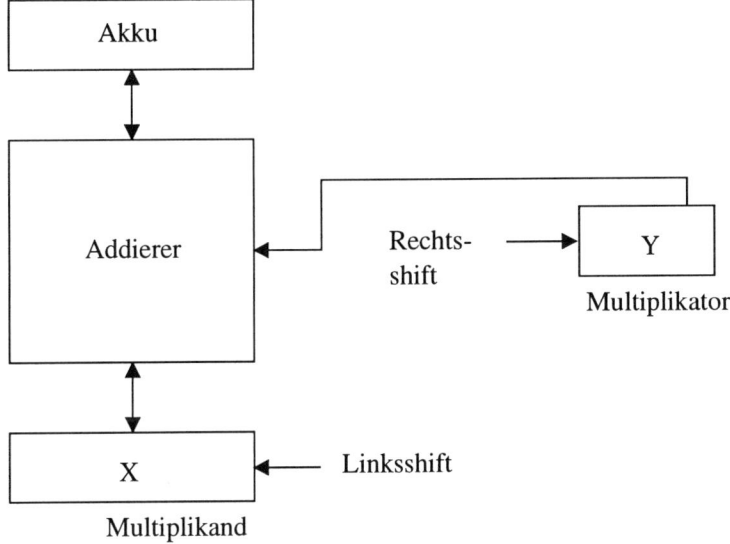

Abbildung 5.1: Schaltung zur Multiplikation.

Dieses Beispiel zeigt bereits, daß die Multiplikation höheren physikalischen Aufwand erfordert als die Addition; neben einem doppelt langen Ergebnis-Register muß die Hardware in der Lage sein, Shiftoperationen durchzuführen. Außerdem zeigt das Beispiel, daß die bekannte Schulmethode nicht sehr effizient ist: Nullen, welche im Multiplikator auftreten, erfordern den gleichen Rechenaufwand wie Einsen, tragen aber nicht zum Ergebnis bei; Teilprodukte sind (scheinbar) zwischenzuspeichern und erst im letzten Schritt zu addieren. Formal ist dieses Verfahren wie folgt beschreibbar:

Sei x der Multiplikand, $y = (y_{n-1}, \ldots, y_0)$ der Multiplikator, dann ist

$$x \cdot y = x \cdot y_0 + x \cdot y_1 \cdot 2 + x \cdot y_2 \cdot 2^2 + \ldots + x \cdot y_{n-1} \cdot 2^{n-1}$$
$$= \sum_{i=0}^{n-1} x \cdot y_i \cdot 2^i$$

In der Praxis ist es sinnvoll, jeden Term der Form $x \cdot y_i \cdot 2^i$ zu addieren, sobald er generiert wurde, so daß man obige Multiplikation wie folgt ausführen kann (es handelt sich um einen mit dem sogenannten *Horner-Schema* verwandten Rechentrick):

$$x \cdot y = (\ldots ((x \cdot y_0 + x \cdot y_1 \cdot 2) + x \cdot y_2 \cdot 2^2) \ldots + x \cdot y_{n-1} \cdot 2^{n-1})$$

Ohne die Verwendung eines doppelt langen Registers bzw. eines Registerpaares zur Aufnahme des Ergebnisses kommt man aus, wenn beide Operanden auf halbe Wortlänge beschränkt werden. Damit ist z. B. die in Abbildung 5.1 gezeigte Schaltung in der Lage, die in Beispiel 5.20 angegebene Multiplikation auszuführen.

Diese Multiplikation läuft wie folgt ab: Der Akku-Inhalt wird gelöscht, die rechten 4 Bits des X-Registers nehmen den Multiplikanden auf, Y den Multiplikator. Eine zusätzliche Logik, welche in Abbildung 5.1 nicht gezeigt ist, testet das 0-te Bit von Y. Da im letzten Beispiel $y_0 = 1$ gilt, wird der Inhalt von X zum Akku-Inhalt addiert, so daß dieser nun das (erste) Teilergebnis 0000 1101 enthält. Sodann wird der Inhalt von Y (durch ein entsprechendes Steuersignal) um ein Bit nach rechts, der Inhalt von X um ein Bit nach links geschoben. Da $y_1 = 0$ ist, wird im zweiten Schritt keine Addition, sondern lediglich ein erneuter Shift von X und Y um jeweils eine Stelle ausgeführt. Der dritte Schritt verläuft analog, so daß zu Beginn des vierten Schrittes X den Wert 0110 1000 enthält. Wegen $y_3 = 1$ wird dann der Inhalt von X zum Akku-Inhalt addiert, so daß dieser das Ergebnis 0111 0101 erhält.

Die in Abbildung 5.1 angegebene Schaltung läßt sich leicht auf den Fall erweitern, daß Zahlen *mit* Vorzeichen zu verarbeiten sind. Eine zusätzliche Logik bestimmt dann das Vorzeichen des Ergebnisses, welches „+" ist, falls Multiplikand und Multiplikator das gleiche Vorzeichen haben, und „−" sonst.

Die Beschränkung auf Operanden halber Wortlänge kann entfallen, wenn bei Multiplikand und Multiplikator das Komma ganz links angenommen wird, wie es etwa bei den normierten Mantissen in Gleitkomma-Technik der Fall ist. In diesem Fall ist der Betrag beider kleiner als 1, so daß auch das Produkt dem Betrag nach kleiner als 1 ist.

Es sei darauf hingewiesen, daß sich die oben vorgeführte Multiplikation nach der Schulmethode (wie auch die Division) *beschleunigen* läßt. Möglichkeiten hierzu bieten z. B. die Verwendung eines Addiernetzes mit schneller Carry-Berechnung, eine Zwischenspeicherung des bei der Addition auftretenden Übertrags und Verarbeitung desselben erst in späteren Schritten oder ein Malnehmen des Multiplikanden in jedem Schritt nicht nur mit einem Bit des Multiplikators, sondern mit $k > 1$ benachbarten Bits. Grundlage schneller Multiplizierer sind im allgemeinen schnelle Addierer, was wir am Beispiel des in Abschnitt 2.3 beschriebenen Carry-Save-Addiernetzes demonstrieren wollen (man bezeichnet das Ergebnis als *Carry-Save-Multiplikation*). Wir betrachten dazu noch einmal die im Kontext von Beispiel 5.20 gezeigte Berechnung, welche sich in tabellarischer Form für $n = 4$ wie folgt darstellen läßt:

				x_3	x_2	x_1	x_0	x
			$\times\ y_3$	y_2	y_1	y_0		y
0	0	0	0	x_3y_0	x_2y_0	x_1y_0	x_0y_0	M_1
0	0	0	x_3y_1	x_2y_1	x_1y_1	x_0y_1	0	M_2
0	0	x_3y_2	x_2y_2	x_1y_2	x_0y_2	0	0	M_3
0	x_3y_3	x_2y_3	x_1y_3	x_0y_3	0	0	0	M_4

Wie bereits beschrieben, läßt sich eine Multiplikation von x und y durch Addition der in dieser Tabelle gezeigten Zeilen implementieren. Da es sich im konkreten Fall um vier Zeilen handelt, reicht ein zweistufiges CSA-Netz aus, durch welches die Anzahl der Summanden auf zwei reduziert wird; diese werden sodann durch irgendein Addiernetz summiert. Dieses Prinzip ist in Abbildung 5.2 veranschaulicht. In dieser Abbildung wird einerseits unterstellt, daß es sich bei den wie in obiger Tabelle mit M_i, $1 \leq i \leq 4$, bezeichneten Summanden jeweils um achtstelligen Dualzahlen handelt. Ferner wird angenommen, daß die M_i durch weitere Hardware aus den Operanden x und y bereits erzeugt sind (jeweils durch ein Schaltnetz mit vier Und-Gattern).

Bei der Multiplikation von zwei Zahlen mit größerer Stellenzahl n wird man zur schnellen Reduktion der Anzahl n der Summanden den in Kapitel 2 vorgestellten

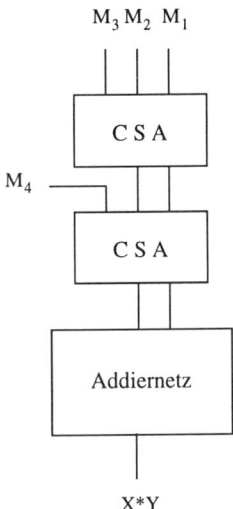

Abbildung 5.2: Carry-Save-Multiplikation.

Wallace-Tree verwenden, so daß die Tiefe der Schaltung (vor der abschließenden Addition) logarithmisch in der Stellenzahl n der Faktoren wird.

Die bisher beschriebenen Schaltungen bzw. Verfahren lassen sich auch zur Ausführung von Operationen an Gleitkommazahlen benutzen, indem man die Mantissen und die Exponenten nacheinander in der Hardware verarbeitet. Zur Multiplikation (Division) sind dann die Mantissen zu multiplizieren (dividieren) und die Exponenten zu addieren (subtrahieren). Bei Addition bzw. Subtraktion von Gleitkommazahlen muß man darauf achten, daß die Operanden gleiche Exponenten haben, was im allgemeinen nur dadurch zu erreichen ist, daß der Operand mit dem kleineren Exponenten „denormalisiert" wird. Durch die *feste* Wortlänge und insbesondere durch die fest gewählte Anzahl von Bits zur Darstellung von Mantisse bzw. Exponent muß man dabei beachten, daß für Gleitkommazahlen nicht alle der üblichen Rechengesetze gelten, da diese keinen Körper im Sinne der Algebra bilden. Wir erläutern dies am Beispiel des Assoziativgesetzes: Sei

$$x \;=\; +0,1235 \cdot 10^3$$
$$y \;=\; +0,5512 \cdot 10^5$$
$$z \;=\; -0,5511 \cdot 10^5$$

so gilt:

$$x + y \;=\; +0,1235 \cdot 10^3 + 0,5512 \cdot 10^5$$
$$=\; +0,0012 \cdot 10^5 + 0,5512 \cdot 10^5$$
$$=\; +0,5524 \cdot 10^5$$

$$(x + y) + z \;=\; +0,5524 \cdot 10^5 - 0,5511 \cdot 10^5$$

$$= \ +0,0013 \cdot 10^5$$
$$= \ +0,1300 \cdot 10^3$$

Andererseits gilt:

$$y + z \ = \ +0,5512 \cdot 10^5 - 0,5511 \cdot 10^5$$
$$= \ +0,1000 \cdot 10^2$$

$$x + (y + z) \ = \ +0,1235 \cdot 10^3 + 0,1000 \cdot 10^2$$
$$= \ +0,1235 \cdot 10^3 + 0,0100 \cdot 10^3$$
$$= \ +0,1335 \cdot 10^3$$

Das Assoziativgesetz ist verletzt: $(x+y)+z$ und $x+(y+z)$ haben verschiedene Werte.

Zusammenfassend gelten für das Rechnen mit Gleitkomma-Zahlen folgende Regeln: Seien $x = m_x \cdot 2^{d_x}$, $y = m_y \cdot 2^{d_y}$:

$$x + y \ = \ (m_x \cdot 2^{d_x - d_y} + m_y) \cdot 2^{d_y} \text{ falls } d_x \leq d_y$$
$$x - y \ = \ (m_x \cdot 2^{d_x - d_y} - m_y) \cdot 2^{d_y} \text{ falls } d_x \leq d_y$$
$$x \cdot y \ = \ (m_x \cdot m_y) \cdot 2^{d_x + d_y}$$
$$x : y \ = \ (m_x : m_y) \cdot 2^{d_x - d_y}$$

Wenn diese Operationen mit den bereits bekannten Addierwerken ausgeführt werden sollen, muß die Behandlung von Mantissen und Exponenten im allgemeinen softwaremäßig erfolgen. Für eine Addition bedeutet dies z. B. genauer: (1) Vergleich der Exponenten, (2) Shift der Mantisse der Zahl mit dem kleineren Exponenten, (3) Ausführung der eigentlichen Addition, (4) gegebenenfalls Normalisierung des Ergebnisses (siehe unten). Um dies hardwaremäßig zu bewerkstelligen und damit die Ausführungszeit von Gleitkomma-Operationen in ähnliche Größenordnungen wie die von Festkomma-Operationen zu bringen, sind viele Rechenanlagen mit separaten Gleitpunkt-Rechenwerken (*Floating-Point-Prozessoren*) ausgestattet. Diese verfügen dann über hinreichend lange Register zur Aufnahme von Operanden bzw. Ergebnissen, über eine geeignete Verknüpfungslogik und über ein eigenes Steuerwerk.

Schließlich sei erwähnt, daß bei Gleitkomma-Operationen sowohl *Overflows* als auch *Underflows* auftreten können. So führt z. B. die Addition

$$0,537 \times 10^2$$
$$\underline{+0,520 \times 10^2}$$
$$1,057 \times 10^2$$

auf einen Overflow, da die Mantisse des Ergebnisses eine signifikante Ziffer *links* vom Komma besitzt. Entsprechend führt z. B. die Subtraktion

$$0,5678 \times 10^5$$
$$\underline{-0,5643 \times 10^5}$$
$$0,0035 \times 10^5$$

auf einen Underflow, da jetzt eine 0 unmittelbar *rechts* vom Komma auftritt. Beides ist offensichtlich durch eine Normalisierung zu beheben.

Außerdem sei darauf hingewiesen, daß speziell eine Gleitkomma-Arithmetik in Rechnern stets mit *Rundungsfehlern* behaftet ist, welche zum Teil daher rühren, daß der Zwang zur Normalisierung ein „Abschneiden" signifikanter Ziffern erfordert.

5.4 Darstellung alphanumerischer Daten

Zum Abschluß dieser Ausführungen über Informationsdarstellung wollen wir uns noch mit der Darstellung alphanumerischer Daten, also insbesondere von Text, beschäftigen. Bei unseren Ausführungen haben wir uns zwar bisher auf arithmetische Operationen auf Zahlen beschränkt, jedoch müssen reale Rechner in der Praxis auch eine Vielzahl anderer Aufgaben erledigen. Hierzu gehören z. B. die Verarbeitung, insbesondere Übersetzung von Befehlen einer (höheren) Programmiersprache (in ausführbare Befehle der Maschinensprache) oder — wenn man an das Arbeiten mit Texten, Dateien oder Datenbanken denkt — das Klassifizieren und Sortieren von Text. Derartige Texte bestehen im allgemeinen aus einer Vielzahl einzelner Zeichen wie Buchstaben, Ziffern, Punkt, Komma und anderer Sonderzeichen. Zur Verarbeitung von Informationen, welche allgemein aus sogenannten *Characters* bestehen, ist zunächst die Wahl einer geeigneten rechnerinternen Darstellung durch Bits wesentlich. Wie bei Zahlendarstellungen finden auch dabei wieder spezielle *Codes* (vgl. Abschnitt 4.4) Verwendung.

Beim Entwurf bzw. bei der Auswahl eines solchen Codes ist zuerst die Frage zu klären, welchen Umfang der darstellbare Zeichensatz haben soll. Stehen z. B. 64 Code-Worte als Bit-Folgen der Länge 6 zur Verfügung, so sind damit 26 Buchstaben, 10 Ziffern und 28 weitere Zeichen wie z. B. ( ) + − ∗ / ; , . darstellbar. Wenngleich 6-Bit-Codes für viele Anwendungen ausreichen, nimmt ihre Verwendung doch aus folgenden Gründen immer mehr ab: Erstens ist der Zeichensatz häufig nicht mehr ausreichend; es fehlt z. B. eine Unterscheidung zwischen Groß- und Kleinbuchstaben oder eine Verschlüsselung für Signale, welche speziell für die Kommunikation mit einem Rechner im Dialog (d. h. von einem Terminal aus) benötigt werden, wie z. B. „carriage return" (Abschicken einer Meldung an den Rechner), „end of line", „end of message" etc. Zweitens werden 6-Bit-Codes meist voll ausgeschöpft in dem Sinne, daß alle möglichen Codierungen auch tatsächlich verwendet werden. Im Sinne der Ausführungen zu Beginn von Abschnitt 4.4 ist dies im Hinblick auf eine gesicherte Datenübertragung wenig wünschenswert: Keine (bzw. geringe) Redundanz eines Codes hat nachteilige Auswirkungen auf die Möglichkeit zur Fehlererkennung bzw. -korrektur (vgl. Satz 4.2). Drittens ist bei den meisten modernen Rechnern die Wortlänge eine Zweierpotenz (8, 16, 32 oder 64 Bits), so daß Codeworte der Länge 6 Bits nicht optimal in ein Wort „gepackt" werden können.

Diese Gründe haben zur Bevorzugung von 8-Bit-Codes zur Textdarstellung geführt. Ein weit verbreiteter Standard ist heute der sogenannte *ASCII-Code* (American Standard Code for Information Interchange), welcher den in Tabelle 5.2 gezeigten Aufbau hat. Die dabei verwendeten Steuerzeichen haben die in Tabelle 5.3 angegebene Bedeutung. Das achte Bit, welches in Tabelle 5.2 mit P bezeichnet ist, dient zur Paritätsprüfung (vgl. Aufgabe 4.2), wobei hier im allgemeinen ungerade Parität verwendet

Tabelle 5.2: 8-Bit ASCII Code.

Bits 7654 3210	P000	P001	P010	P011	P100	P101	P110	P111
0000	NULL	DC_0		0	@	P	'	p
0001	SOM	DC_1	!	1	A	Q	a	q
0010	EOA	DC_2	"	2	B	R	b	r
0011	EOM	DC_3	#	3	C	S	c	s
0100	EOT	DC_4	$	4	D	T	d	t
0101	WRU	ERR	%	5	E	U	e	u
0110	RU	SYNC	&	6	F	V	f	v
0111	BELL	LEM	'	7	G	W	g	w
1000	FE	S_0	(	8	H	X	h	x
1001	HT/SK	S_1	)	9	I	Y	i	y
1010	LF	S_2	*	:	J	Z	j	z
1011	V/TAB	S_3	+	;	K	[	k	
1100	FF	S_4	,	<	L	\	l	ACK
1101	CR	S_5	–	=	M	]	m	UC
1110	SO	S_6	.	>	N	↑	n	ESC
1111	SI	S_7	/	?	O	←	o	DEL

wird. Die Darstellung der Zeichenkette „ASCII" lautet damit z. B.

$$\underbrace{1100\ 0001}_{A}\ \underbrace{1101\ 0011}_{S}\ \underbrace{0100\ 0011}_{C}\ \underbrace{0100\ 1001}_{I}\ \underbrace{0100\ 1001}_{I}$$

Neben dem ASCII-Code ist z. B. der von IBM entwickelte *EBCDIC-Code* (Extended Binary Decimal Interchange Code), der ebenfalls 8 Bit lang ist, in Gebrauch, insbesondere als interner Code bei IBM-Rechnern. Dieser Code kann als Erweiterung des in Abschnitt 5.1.3 behandelten vierstelligen BCD-Codes für Dezimalziffern angesehen werden; letztere werden im EBCDIC-Code durch 1111 gefolgt von der entsprechenden BCD-Codierung verschlüsselt. Schließlich sei noch darauf hingewiesen, daß fast alle Rechner *mehrere* Characters in *einem* Speicherwort ablegen; diesen Vorgang bezeichnet man auch als „Packen". Dabei ist es dann Aufgabe der Rechnersteuerung, den Inhalt z. B. eines 32 Bit langen Wortes richtig zu interpretieren, etwa als 4 ASCII-Zeichen oder als 32 Bit lange Dualzahl.

5.5 Übungen

5.1 Für die folgenden Zahlen gebe man jeweils die Vorzeichen/Betrags-, Einer-, Zweier-Komplement- und BCD-Darstellung an; vorausgesetzt sei eine Wortlänge von $n = 16$:

$$+66, -101, -204, +198, -523, +1021$$

5.2 Für die folgenden Binär- bzw. Hexadezimalzahlen gebe man jeweils die entsprechende Dezimaldarstellung an unter der Annahme, daß jede Zahl (a) in Vorzeichen/Betrags-Darstellung bzw. (b) im Zweier-Komplement vorliege:

Tabelle 5.3: Bedeutung der ASCII-Steuerzeichen.

NULL	null character
SOM	Start of Message
EOA	End of Address
EOM	End of Message
EOT	End of Transmission
WRU	„Who are You" (enquiry)
RU	„Are You … ? "
BELL	Audible Signal
FE	Format Effector
HT / SK	Horizontal Tabulation / Skip
LF	Line Feed
V / TAB	Vertical Tabulation
FF	Form Feed
CR	Carriage Return
SO	Shift Out
SI	Shift In
$DC_0 - DC_4$	Device Control (DC_0 : Data Link Escape)
ERR	Error
SYNC	Synchronous Idle
LEM	Logical End of Medium
$S_0 - S_7$	Separator Information
ACK	Acknowledgement
UC	Unassigned Control
ESC	Escape
DEL	Delete Idle

100001, 111100, 011111, 100000, 111111, 000000
FFFF, FE00, E021, FFFF2A72

5.3 Man gebe die kleinste und die größte im Zweier-Komplement darstellbare ganze Zahl an, falls $n = 8$, 16, 32 Bits zur Verfügung stehen.

5.4 Man stelle die folgenden Zahlen im *Zehner-Komplement* (mit 3 Stellen) dar:

$$5, -1, -123, 99, 256, -345$$

Welche Annahmen sind zur korrekten Interpretation des Ergebnisses notwendig?

5.5 Man führe folgende Operationen im Zweier-Komplement aus; für jede Operation gebe man an, ob ein Übertrag, ein Overflow oder beides auftritt. Zur Kontrolle transformiere man jeweils beide dualen Operanden sowie das Ergebnis ins Dezimalsystem:

$$00110 + 01110 \ , \ 10100 + 01111$$
$$10111 + 11110 \ , \ 10000 + 10000$$
$$00111 - 00101 \ , \ 00001 - 11111$$
$$10011 - 01011 \ , \ 11110 - 11111$$

5.6 Man konvertiere folgende dualen Gleitkomma-Zahlen ins Dezimalsystem:

$$0,110010 \quad 0,000001$$
$$0,1110001 \quad 0,101$$

5.7 Man konvertiere folgende Dezimalzahlen ins Dualsystem:

$$0,75 \quad 0,8125$$
$$0,4 \quad 0,153827$$

Man beachte, daß unendliche periodische Dualzahlen auftreten können!

5.8 Man normalisiere folgende dualen Gleitkomma-Zahlen relativ zu der jeweils in Klammern angegebenen Basis des Exponenten:

$$0,00001 \ (2) \quad 110,01 \ (2)$$
$$1111,0 \ (2) \quad 0,0001101 \ (4)$$
$$101,101 \ (8) \quad 1,0010011 \ (8)$$
$$110,01 \ (4) \quad 0,00000001 \ (16)$$

5.9 Ein Computer stelle Gleitkomma-Zahlen wie folgt dar:

(Vorzeichen, Mantisse, Exponent)   mit

Vorzeichen (der Mantisse): 1 Bit; Mantisse: 10 Bits (ohne Vorzeichen), Vorzeichen/ Betrags-Darstellung, normalisiert; Exponent: 5 Bits, Zweier-Komplement, Basis 8.

Man gebe die interne Darstellung folgender Dezimalzahlen in hexadezimaler Notation an:

$$+12,25 \quad -0,55$$
$$-0,001 \quad 0,0$$

5.10 Unter Verwendung der Konventionen aus Aufgabe 5.9 bestimme man die Dezimal-Darstellung folgender (hexadezimal dargestellten) Zahlen:

6012, 9A13, B00F, 0030, C40A, 47A0

5.11 Man stelle die Zeichenkette „Informatik" dar im

(a) ASCII-Code ohne Parität
(b) ASCII-Code mit gerader Parität
(c) ASCII-Code mit ungerader Parität

und schreibe das Ergebnis jeweils oktal bzw. hexadezimal.

5.12 Unter Verwendung von 16 Bits und Zweier-Komplement stelle man -1 als ganze Zahl und im ASCII-Code dar; man schreibe das Ergebnis hexadezimal.

5.13 Man konstruiere ein Schaltwerk, das einen Größenvergleich zwischen zwei mit einem Vorzeichen behafteten 4-Bit Operanden X und Y durchführt. Man orientiere seinen Entwurf an der Konstruktion des in Abschnitt 4.2 vorgestellten Parallel-Addierwerks. Das Ergebnis soll im Anschluß an die Operation in einem Status-Register vorliegen, welches je ein Delay für die Fälle $X = Y$ bzw. $X > Y$ enthält.

5.14 Man nehme an, daß drei Operanden in dem in Anschluß an Beispiel 5.19 beschriebenen Format in drei 32-Bit-Registern gespeichert sind. Man gebe ein Schaltnetz zur Floating-Point-Multiplikation an, welches ein *nicht* normalisiertes Zwischenergebnis maximaler Genauigkeit erzeugt.

5.6   Bibliographische Hinweise

Weitere Einzelheiten zu den in diesem Kapitel behandelten Zahlendarstellungen (insbesondere auch zu Komplementdarstellungen aus mathematischer Sicht) entnehme man z. B. Schneider (1985). Implementierungen von Multiplizierern behandeln z.B. Hennessy und Patterson (1995), Spaniol (1976), Swartzlander (1997) oder Zargham (1996). Die Idee der Carry-Save-Multiplikation geht auf Wallace (1964) zurück. Für weitergehende Darstellungen der Gleitkomma-Arithmetik sei auf Hayes (1998), Hamacher et al. (1996) sowie Patterson und Hennessy (1997) verwiesen. Hwang (1979) beschreibt die Hardware-Realisierung entsprechender Operationen. Speziell zur Division sei ferner auf Oberman und Flynn (1997a, b) verwiesen; Blum und Wasserman (1996) behandeln Multiplikation und Division im Hinblick auf den Fehler im ursprünglichen Design des Intel Pentium-Prozessors.

Kapitel 6

Programmierbare Logische Arrays (PLAs). Das Konzept der Mikroprogrammierung

6.1 Aufbau eines PLAs

Wir knüpfen zunächst an die in den Kapiteln 1 und 2 angestellten Überlegungen an: Dort haben wir einerseits (in Form der Darstellungssätze 1.6, 1.10 und 1.15) Methoden kennengelernt, für beliebige Schaltfunktionen Schaltnetze zu entwerfen. Dabei haben wir uns insbesondere für *zweistufige* Realisierungen interessiert (wie sie z. B. durch DNF und KNF ermöglicht werden), da diese kurze Signallaufzeiten aufweisen. Außerdem haben wir in Abschnitt 2.3 für disjunktive Darstellungen eine Vereinfachungsstrategie diskutiert, deren Ziel es war, eine gegebene Boolesche Funktion möglichst kostengünstig — und das hieß dort: mit möglichst wenig Und- bzw. Oder-Gattern — zu realisieren. Einen Nachteil dieser Strategie haben wir bisher verschwiegen: Die Bauteile, welche man zur Realisierung einer z. B. Karnaugh-optimierten Funktion benötigt, haben unterschiedliche Formate. Beispielsweise hat ein Inverter einen Ein- und einen Ausgang, ein Und- oder ein Oder-Gatter aber schon zwei Eingänge und einen Ausgang; häufig haben wir auch Gatter mit mehr als zwei Eingängen verwendet (vgl. z. B. die Carry-Bypass-Schaltung in Abschnitt 2.2). Gerade dies ist jedoch problematisch, wenn man eine solche Schaltung in moderner Halbleitertechnik realisieren will, denn die heute möglichen Packungsdichten (von mehr als 10^5 Bauelementen auf einem quadratischen Chip der Kantenlänge 4 mm) erfordern einen weitgehend automatisierten Herstellungsprozeß, welcher durch den Wunsch, viele *unterschiedlich* formatierte Gatter auf einem Chip unterzubringen, deutlich erschwert wird. Darüberhinaus ist auch schon das Design solcher *VLSI-Chips* eine schwierige graphentheoretische Aufgabe, die eine Reihe von Nebenbedingungen (wie z. B. die Zweidimensionalität der Chips) zu berücksichtigen hat (vgl. hierzu auch Kapitel 7). Grundsätzlich hat man diese Probleme zwar heute im Griff; wie wir zu Beginn von Abschnitt 2.1.1 bereits erwähnten, ist man heute in der Lage, irgendeinen „special purpose"-Chip kurzfristig herzustellen, aber die Situation bleibt unbefriedigend.

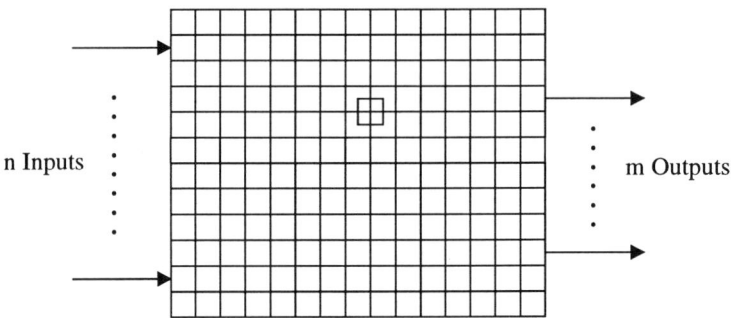

n Inputs

m Outputs

Abbildung 6.1: Prinzipaufbau eines PLAs.

Man kennt andererseits insbesondere aus der Schaltkreistheorie auch andere Optimierungsprinzipien, wie z. B. das folgende: Man entwerfe Schaltungen, welche primär mit *möglichst wenig Gattertypen* auskommen (und sekundär auch noch möglichst wenig Gatter verwenden). Man darf dann natürlich nicht mehr erwarten, mit zweistufigen Schaltungen alle Probleme lösen zu können. Wie aus Satz 2.1 folgt, sind im Prinzip alle Booleschen und damit auch alle Schaltfunktionen z. B. mit Nand-Gattern realisierbar, aber der Beweis dieses Satzes zeigt, daß z. B. ein Oder-Gatter nur durch drei Nand-Gatter ersetzbar ist, was bereits andeutet, daß es für solche universelle Modulen keine „kurzen", übersichtlichen Normalformen gibt. (Die absolute Minimierung der Gatter-Zahl ohne Rücksicht auf die Stufenzahl ist Gegenstand der Theorie der Schaltkreiskomplexität, vgl. die bibliographischen Hinweise zu Kapitel 1.)

In diesem Kapitel werden wir eine neue Technik studieren, welche auf folgender Idee beruht: Man entwerfe für verschiedene Schaltfunktionen einen universell verwendbaren *Einheitsbaustein* mit möglichst homogener Netzstruktur, der für *unterschiedliche* Anwendungen eingesetzt werden kann (vergleichbar einem Stück Holz, aus welchem verschiedenartigste Figuren durch Schnitzen gefertigt werden können). Naturgemäß wird ein solcher Baustein etwas aufwendiger sein als eine Schaltung, welche nur im Hinblick auf *eine* Anwendung entworfen wird, dafür darf man andererseits einen übersichtlichen Aufbau sowie eine hohe Wartungsfreundlichkeit erwarten, was insbesondere für die Herstellung, das Testen und den Betrieb eines solchen Bausteins von großer Bedeutung ist. Bereits in Abschnitt 2.1.2 haben wir mit dem Multiplexer MUX einen Baustein kennengelernt, welcher universell alle n-stelligen Booleschen Funktionen realisieren kann. Dabei kam es im wesentlichen auf die geometrisch richtige Verschaltungsreihenfolge von vier verschiedenen Daten (0, 1, x_n und $\overline{x}_n$) auf die 2^{n-1} Inputs des MUX an.

Der heute tatsächlich verwendete Typ eines derartigen Einheitsbausteins ist das *Programmierbare Logische Feld* (engl. Programmable Logic Array, kurz *PLA*), welches prinzipiell den in Abbildung 6.1 gezeigten Aufbau hat. Intern ist ein PLA gitterförmig verdrahtet, wobei sich an jedem Kreuzungspunkt von zwei Drähten ein einheitlich formatierter Baustein befindet. Ein solches „Kästchen" ist in Abbildung 6.1 eingezeichnet; in einer Ausschnittsvergrößerung sieht dieses wie in Abbildung 6.2 gezeigt aus.

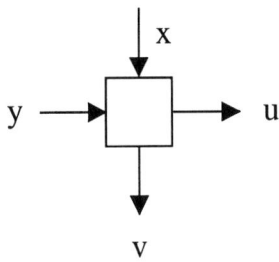

Abbildung 6.2: „Gitterpunkt" eines PLAs.

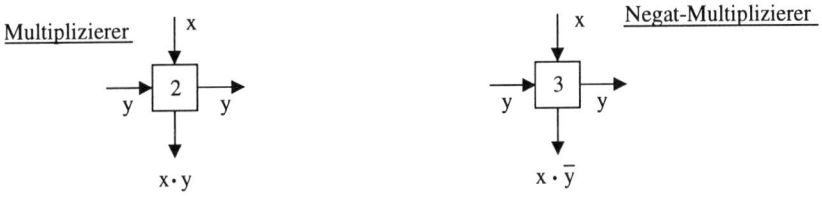

Abbildung 6.3: Bausteintypen eines PLAs.

Wir wollen die Wirkungsweise eines PLAs an vier verschiedenen Typen solcher „Gitterpunkte" demonstrieren; es wird sich zeigen, daß diese ausreichen. Wir bezeichnen die Typen mit 0, 1, 2, 3 mit der in Abbildung 6.3 gezeigten Bedeutung. Mindestens einer der beiden Inputs wird an einen Ausgang unverändert weitergegeben, beim Identer sogar beide. Der Addierer liefert am „rechten" Ausgang die Summe (im Sinne von „Oder") seiner Inputs, die Multiplizierer am „unteren" Ausgang $x \cdot y$ bzw. $x \cdot \overline{y}$. Angemerkt sei, daß diese Bausteine auch leicht durch Gatter beschreibbar sind (vgl. Abbildung 6.4). Statt der in Abbildung 6.4 angegebenen Darstellungen verwenden wir jedoch jetzt nur noch Kästchen der in Abbildung 6.3 gezeigten Art, wobei wir durch eine Beschriftung jeweils angeben, um welchen Typ es sich handelt. Legen wir nun ein Format für ein aus diesen Bausteinen bestehendes Feld fest, so lassen sich damit sofort Schaltungen für eine Vielzahl von Funktionen angeben:

Beispiel 6.1 Wir wählen $n = 5$ Inputs an der linken Seite, $m = 5$ Outputs an der rechten Seite und $k = 4$ Spalten. Ein entsprechendes PLA sieht dann wie in Abbildung 6.5 gezeigt aus (die oberen Inputs und die unteren Outputs werden mit der Außenwelt nicht verbunden). Mit diesem PLA soll nun die Schaltfunktion

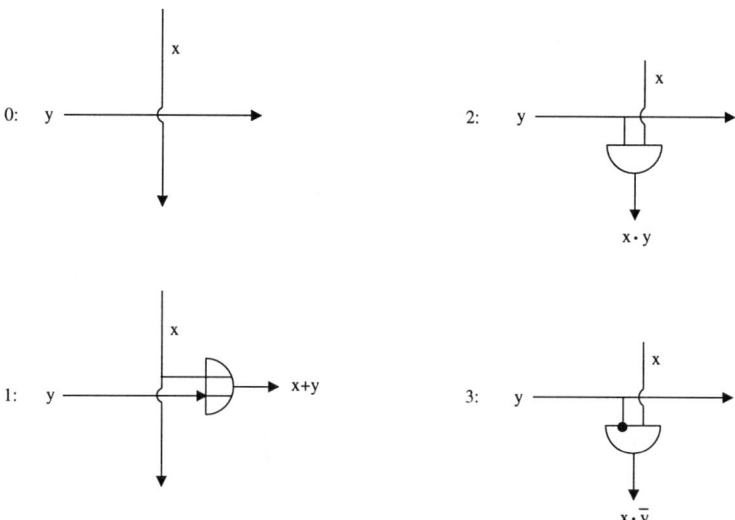

Abbildung 6.4: Realisierung der Bausteintypen eines PLAs.

$$F : B^3 \to B^2, \text{ definiert durch}$$

$$F(x, y, z) := (\underbrace{\overline{y}z + xyz}_{u}, \underbrace{xz + xy\overline{z}}_{v})$$

realisiert werden. Dies bewerkstelligen wir wie folgt: Da nur drei der fünf vorhandenen Eingänge benötigt werden, „sperren" wir o. B. d. A. die unteren beiden durch Anlegen von Null. Wir „neutralisieren" die oberen Inputs der ersten Feld-Zeile durch Anlegen von Eins; von den Ausgängen brauchen wir in diesem Beispiel nur zwei. Da das Feld genau vier Spalten besitzt, können wir diese zur Erzeugung der vier Produktterme verwenden, welche wir für das Ergebnis benötigen; diese sind dann noch geeignet zu summieren und an die Ausgänge weiterzuleiten. Die eigentliche „Verschaltung" geschieht nun durch Eintragung von 0, 1, 2 oder 3 in die Kästchen des Feldes. Die Eintragung gibt dann jeweils an, um welchen Baustein-Typ es sich handelt. Der Leser möge verifizieren, daß die in Abbildung 6.6 gezeigte Realisierung obige Funktion F berechnet. Nun ist unmittelbar klar, was das erwähnte „Sperren" mit 0 bzw. 1 bedeutet: Liegt am oberen Eingang eines Bausteins vom Typ 2 eine 1 an, so erscheint an *beiden* Ausgängen das links anliegende Eingangssignal; ist der Baustein vom Typ 3, erscheint am unteren Ausgang das Komplement des links anliegenden Inputs. Entsprechend bewirkt eine 0 am linken Eingang eines Bausteins vom Typ 1 ein „Auffächern" des oberen Inputs auf beide Outputs.   □

Für die Funktion aus Beispiel 6.1 läßt die in Abbildung 6.6 angegebene Realisierung durch ein PLA eine typische Systematik erkennen: Oberhalb der gestrichelten Linie werden nur Bausteine der Typen 0, 2 oder 3 verwendet, darunter nur die Typen 0 oder 1. Ferner liegen die Inputs oberhalb dieser Linie an, die Outputs verlassen das Array darunter. Dies entspricht der generell verwendeten Trennung eines PLA in eine

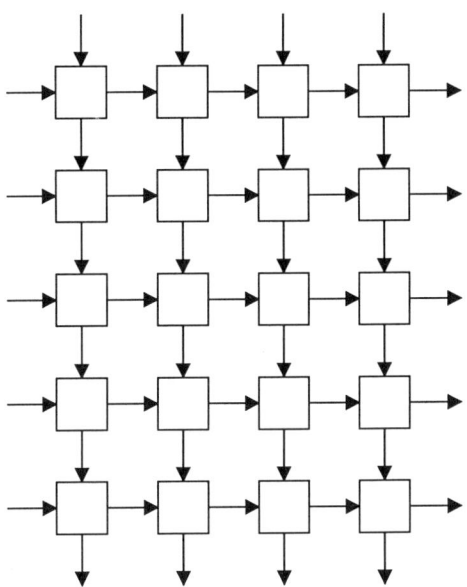

Abbildung 6.5: PLA-Schema zu Beispiel 6.1.

sogenannte *Und-Ebene* (bestehend aus Identern und Multiplizierern) und eine *Oder-Ebene* (bestehend aus Identern und Addierern), so daß ein PLA grundsätzlich den in Abbildung 6.7 gezeigten logischen Aufbau hat. Wie aus Beispiel 6.1 hervorgeht, dient die Und-Ebene zur Erzeugung aller benötigten Produkt-Terme, die Oder-Ebene zur Erzeugung der entsprechenden Summen dieser Implikanten.

Formal verstehen wir unter einem PLA eine $(n + m) \times k$-Matrix, in welcher nur die Eintragungen 0, 1, 2 oder 3 nach dem beschriebenen Schema vorkommen. Dabei vereinbaren wir (vgl. Beispiel 6.1), daß in die Bausteine der obersten Zeile „von oben" Einsen gespeist werden, in die Bausteine der ersten Spalte „von links her" aber Nullen — sofern es sich hier um Mitglieder der Oder-Ebene handelt, d. h. nicht um Inputs. Wir werden von dieser Darstellungsform im folgenden verschiedentlich Gebrauch machen.

Beispiel 6.1 (Fortsetzung): Das in Abbildung 6.6 angegebene PLA läßt sich kurz durch folgende Matrix beschreiben:

$$\begin{array}{|cccc|}
\hline
2 & 0 & 2 & 2 \\
0 & 3 & 2 & 2 \\
2 & 2 & 2 & 3 \\
\hline
0 & 1 & 1 & 0 \\
1 & 0 & 0 & 1 \\
\hline
\end{array}$$

□

Dieser *normierte* Aufbau eines PLAs durch Trennung in Und- und Oder-Ebene bewirkt also einen Aufbau jeweils eines Produktes des Ergebnisses in einer eigenen

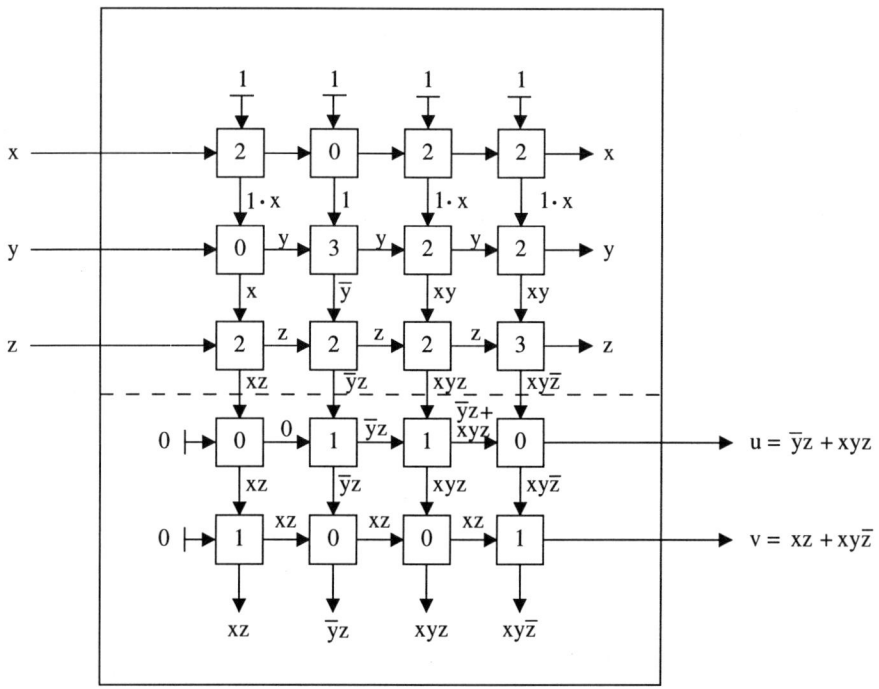

Abbildung 6.6: Interne Realisierung des PLA zu Beispiel 6.1.

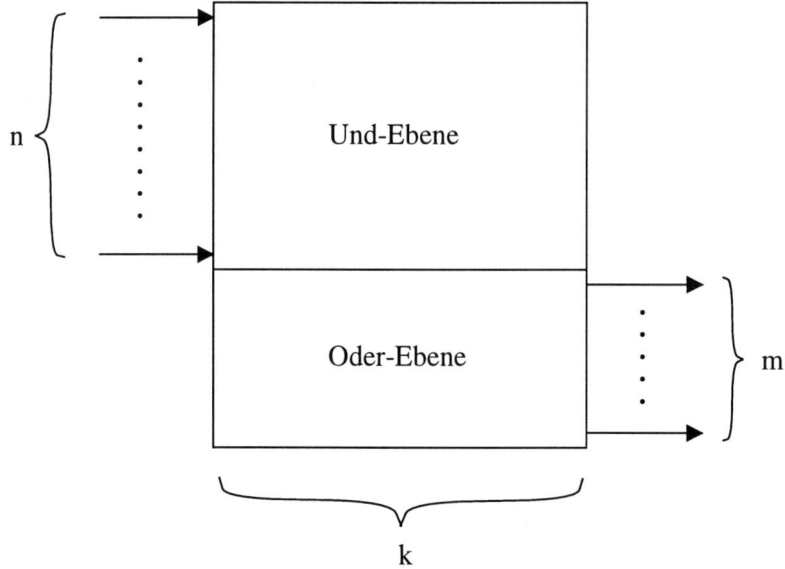

Abbildung 6.7: Logischer Aufbau eines PLAs.

Spalte und die Bildung der Summen schließlich in einer eigenen Zeile. Zur Realisierung einer beliebigen Schaltfunktion $F : B^r \to B^s$ benötigt man damit ein PLA mit (mindestens) r Zeilen in der Und-, s Zeilen in der Oder-Ebene. Ist F in disjunktiver Form gegeben und kommen in den einzelnen Summen insgesamt t verschiedene Produkt-Terme vor, muß das PLA (mindestens) t Spalten haben. Ist F speziell eine Boolesche Funktion, d. h. $s = 1$, so braucht die Oder-Ebene nur aus einer Zeile zu bestehen.

Zur Historie: Ein Beispiel für ein typisches PLA, welches in den USA in der zweiten Hälfte der 70er Jahre häufig verwendet wurde, war der Typ DM 7575 der Firma National Semiconductor. Dieses hatte 14 Inputs, 8 Outputs und 96 Spalten, d. h. es bestand aus einer Und-Ebene der Größe $14 \times 96 = 1344$, einer Oder-Ebene der Größe $8 \times 96 = 768$ und damit aus insgesamt 2112 Bausteinen. Mit diesem PLA ließen sich also theoretisch $(2^8)^{2^{14}} = 2^{131072}$ Schaltfunktionen der Form $F : B^{14} \to B^8$ realisieren. *Eine* vierzehn-stellige Boolesche Funktion kann aber bis zu 16384 Minterme besitzen, und nur 96 von ihnen waren in den Spalten des DM 7575 gleichzeitig generierbar.[1] Dies bedeutete scheinbar eine starke Einschränkung; andererseits waren auf diese Weise immer noch $(2^8)^{96} = 2^{768}$ Funktionen schaltbar, und man konnte dadurch eine Fülle von Anwendungen abdecken.

Wir fassen die bisherigen Überlegungen zusammen:

Satz 6.1 *(PLA-Satz)* Durch geeignete Eintragung in die PLA-Matrix kann *jede* Schaltfunktion der gewünschten Dimensionierung realisiert werden.

Beispiel 6.1 zeigt exemplarisch, was dabei mit „Eintragungen in die PLA-Matrix" gemeint ist. In Bezug auf das DM 7575-PLA bedeutet dieser Satz: Alle Schaltfunktionen mit bis zu 14 Inputs, bis zu 8 Outputs, welche gegebenenfalls nach geeigneter Minimierung durch eine disjunktive Form mit maximal 96 Implikanten darstellbar sind, lassen sich durch entsprechende „Programmierung" dieses PLA realisieren. Wie diese Programmierung tatsächlich erfolgen kann, werden wir weiter unten erläutern.

Wir bemerken noch, daß eine Optimierung der gegebenen Schaltfunktion z. B. nach Karnaugh oder Quine-McCluskey in vielen Fällen nicht erforderlich ist:

Beispiel 6.1 (Fortsetzung): Für $u = \overline{y}z + xyz$ und $v = xz + xy\overline{z}$ gilt offensichtlich:

$$u = (x + \overline{x})\overline{y}z + xyz = x\overline{y}z + \overline{x}\overline{y}z + xyz$$
$$v = x(y + \overline{y})z + xy\overline{z} = xyz + x\overline{y}z + xy\overline{z}$$

Schon die Mintermdarstellung enthält also — wie die optimierte Darstellung — nur vier verschiedene Produktterme, welche sich in den vier Spalten des oben angegebenen PLA wie folgt realisieren lassen:

2	2	2	3
2	2	3	3
2	3	2	2
1	0	1	1
1	1	1	0

---

[1]Diese und die folgende Überlegung betrifft offensichtlich nur solche Schaltfunktionen, welche in einer Minterm-Darstellung vorliegen.

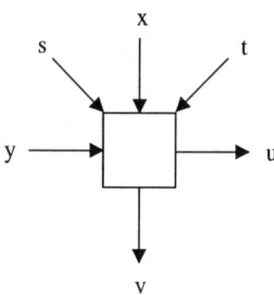

Abbildung 6.8: PLA-Baustein mit Zuleitungen.

Die erste Spalte realisiert dabei xyz, die zweite $xy\overline{z}$, die dritte $x\overline{y}z$, die vierte $\overline{xy}z$. □

Allgemein ist also eine Optimierung z. B. einer disjunktiven Normalform nicht erforderlich, solange die Anzahl der verschiedenen Summanden die Dimensionierung des PLA (genauer: die Anzahl seiner Spalten) nicht übersteigt. Es können ferner kleine Änderungen einer Schaltfunktion in der Mintermdarstellung leichter berücksichtigt werden. Deshalb ist für eine PLA-Realisierung eine (nicht-optimierte) Mintermdarstellung im allgemeinen sogar vorzuziehen.

6.2   Zur Programmierung von PLAs

Wie können nun die Eintragungen in eine PLA-Matrix für eine konkret gegebene Schaltfunktion vorgenommen werden? Anscheinend bieten sich zwei Möglichkeiten an: Einerseits läßt sich eine spezielle Eintragung *hardwaremäßig* durch eine geeignete Ätz-Maske erzeugen, welche drei verschiedene Ätz-Muster (entsprechend den Baustein-Typen 1, 2 und 3) ermöglicht („Hardware-Knipszange"). Die regelmäßige Geometrie eines PLAs erleichtert ein präzises Arbeiten dieser Art erheblich. Andererseits ist ein PLA dann nur noch für eine bestimmte Anwendung einsetzbar, denn physikalische Veränderungen wie Ätzungen können nicht mehr — oder nur mit großen Schwierigkeiten — rückgängig gemacht werden.

Eine andere, wesentlich flexiblere Programmierung eines PLAs besteht darin, die Eintragungen *softwaremäßig* vorzunehmen. Wir erläutern dieses Prinzip zunächst für einen einzelnen Baustein: Da wir oben vier verschiedene Typen benutzt haben, und da sich die Zahlen 0, 1, 2 und 3 durch zweistellige Dualzahlen darstellen lassen, versehen wir jeden Baustein der oben genannten Art noch mit zwei programmierenden *Zuleitungen*, über welche dann eingegeben oder *programmiert* werden kann, wie sich der Baustein verhalten soll. Ein Baustein bekommt damit das in Abbildung 6.8 angegebene Aussehen: x und y sind wie bisher die Datenleitungen, s und t Zuleitungen, die angeben, nach welcher Vorschrift u und v in Abhängigkeit von x und y zu bilden sind. Wir beschreiben das Verhalten dieses Bausteins in Tabelle 6.1. Daraus liest man sofort ab:

$$u \;=\; y + \overline{s}tx$$
$$v \;-\; \overline{s}x + sx(t \nleftrightarrow y)$$

Baustein-Typ	s	t	v	u
0	0	0	x	y
1	0	1	x	$x + y$
2	1	0	$x \cdot y$	y
3	1	1	$x \cdot \overline{y}$	y

Tabelle 6.1: Funktionale Beschreibung der Zuleitungen für ein PLA.

Eine Schaltung für diesen programmierbaren Baustein könnten wir mit den uns bekannten Methoden leicht angeben. Versehen wir nun in einem PLA der Größe $M = (n + m) \times k$ die M Bausteine mit je zwei Zuleitungen, so kann offensichtlich jeder „Gitterpunkt" des PLAs durch entsprechende Ansteuerung zu einem bestimmten Verhalten veranlaßt werden. Die dazu benötigten $2M$ binären Informationen können dabei etwa in einem sogenannten *Festwertspeicher* (engl. Read-Only-Memory, kurz ROM) abgelegt sein. Ein solcher Speicher ist dadurch gekennzeichnet, daß der in ihm einmal (z. B. durch Ätzen) abgelegte Inhalt nicht mehr veränderbar ist, also nicht mehr durch einen neuen Inhalt überschrieben werden kann. Ein ROM kann damit zur Programmierung eines PLAs verwendet werden, und durch Austausch des ROM läßt sich das PLA leicht umprogrammieren, d. h. dazu veranlassen, eine neue Schaltfunktion zu realisieren. Dadurch wird ein PLA also zu einem universell verwendbaren, „multi-purpose"-Baustein, wobei lediglich als gewisser Nachteil in Kauf zu nehmen ist, daß ein PLA-Programm, d. h. eine Bit-Folge der Länge $2M$, im allgemeinen recht lang ist. Für den oben beschriebenen DM 7575-Baustein müßte ein entsprechendes ROM bereits $2 \cdot 2112 = 4224$ Bits speichern können. Mit der Kurzbeschreibung „1 K" für $1024 = 2^{10}$ Bits benötigt man hier also ein ROM mit mehr als 4 K Bits Speicherkapazität. Dies kann heute jedoch nicht mehr als „Nachteil" angesehen werden, da die Preise für derartige Speicher derzeit jährlich um etwa 30% fallen.

Wir erwähnen noch eine andere, in der Literatur sehr häufig anzutreffende Darstellung der PLAs: Die strenge Trennung eines PLAs in Und- und Oder-Teil hat, wie oben erwähnt, zur Folge, daß man sich im Und-Teil auf die Baustein-Typen 0, 2 und 3, im Oder-Teil auf 0 und 1 beschränken kann. Im Und-Teil ist darüberhinaus 3 entbehrlich, wenn man die Anzahl der Inputs auf $2n$ verdoppelt und dann für jede Variable zusätzlich ihr Komplement in das Array hineinführt. In beiden Teilen des PLAs kommt man dann mit 2 Baustein-Typen aus (0/2 bzw. 0/1), von denen dann in einem Gitter von Leitungen der Typ 2 bzw. Typ 1 durch einen Punkt gekennzeichnet wird. Wir nennen eine Darstellung von diesem Typ punkt-orientiert.

Beispiel 6.1 (Fortsetzung): Das in Abbildung 6.6 angegebene PLA erhält mit dieser Konvention das in Abbildung 6.9 gezeigte Aussehen. (Die Punkte in den Input-Verzweigungen bedeuten Inverter — im Gegensatz zu den Punkten im Inneren des PLAs.)   □

Ein wichtiger Anwendungs-Spezialfall besteht darin, daß jeder Ausgang der Oder-Ebene eine feste (oder beschränkte) Anzahl von Implikanten-Bedingungen hat. Wir betrachten z. B. eine 4-Segment-Anzeige eines Displays, welches zu Bitfolgen der

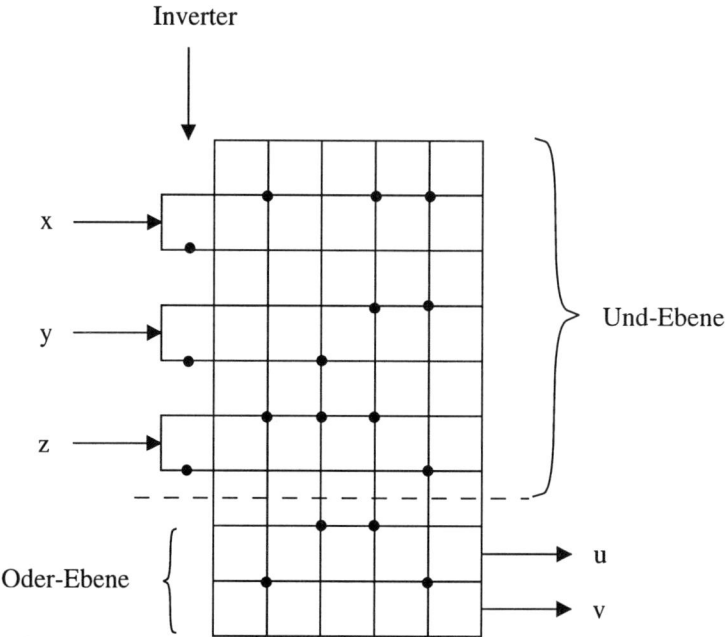

Abbildung 6.9: Alternative Darstellung des PLAs zu Beispiel 6.1.

Länge 4 eine korrespondierende Figur aus den Kanten oder Nichtkanten eines Quadrates wie folgt ausgeben soll: Indiziert man die Kanten des Quadrates in der angegebenen Weise,

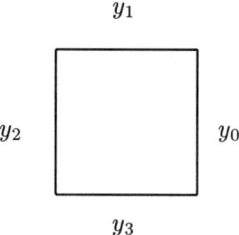

so soll bei Eingabe der Dualzahl $x = (x_3 x_2 x_1 x_0)_2$ die Kante y_i leuchten genau dann, wenn $x_i = 1$ ist. So leuchtet z. B. bei Eingabe von $x = (1111)_2$ das gesamte Quadrat, während bei Eingabe von $x = (1010)_2$ nur die beiden horizontalen Kanten leuchten. Da jede Kante bei genau 8 Eingaben aktiviert wird, kann man sich bei einer normierten Verdrahtung der Oder-Ebene darauf beschränken, nur die Und-Ebene zu programmieren. Ein solcher Baustein mit *Programmable-And-Logic* (in der Literatur auch als *Programmable Array Logic* bezeichnet) wird PAL genannt. Wir geben seine Schaltung in der punktorientierten Schreibweise an (zur Vereinfachung verzichten wir auf die Einzeichnung der obligatorischen horizontalen und vertikalen Linien):

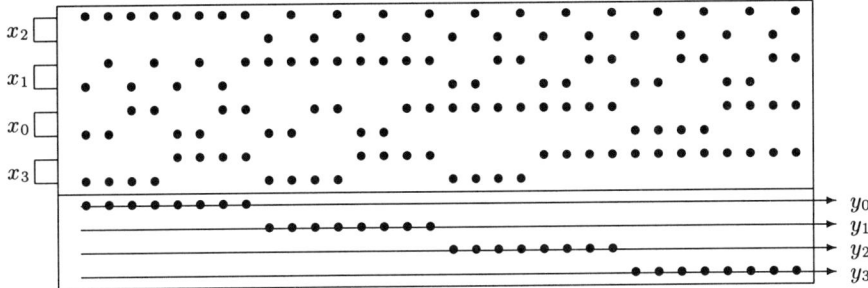

Die Oder-Ebene als stereotyp verdrahteter unterer Teil der Schaltung enthält dabei keine Eintragungsmöglichkeiten mehr.

Allgemein besteht ein PAL also wie ein PLA aus einer Und- und einer Oder-Ebene, jedoch ist nur die Und-Ebene programmierbar, die Oder-Ebene dagegen fest verdrahtet. Dadurch ist es bei einem PAL insbesondere nicht möglich, daß ein in der Und-Ebene erzeugter Produkt-Term in verschiedene, in der Oder-Ebene durch Summation erzeugte Outputs einfließt.

6.3 Faltung von PLAs

Abbildung 6.9 illustriert ein interessantes Problem von PLAs: Die Universalität dieses Einheitsbausteins wird mit einer gewissen Redundanz erkauft. Speziell sind im Innern des in Abbildung 6.9 gezeigten PLAs in der Und-Ebene von 24 Gitterpunkten nur 10 „besetzt"; in einer Chip-Realisierung würden nur an diesen 10 Stellen tatsächlich Schaltelemente angebracht.

Zur Reduktion der nicht benutzten Fläche eines PLAs können zwei Techniken verwendet werden: Einerseits können die aus Kapitel 2 bekannten Minimierungsverfahren dazu verwendet werden, die Anzahl der Spalten (also der Produktterme) zu reduzieren. Andererseits kann man durch *Faltung* die Anzahl der Zeilen vermindern; auf diese Technik wollen wir in diesem Abschnitt exemplarisch eingehen.

Allgemein erlaubt eine Faltung, daß zwei (oder sogar mehr) verschiedene Signale eine gemeinsame Zeile in der Und- bzw. in der Oder-Ebene benutzen. Als Beispiel betrachten wir das in Abbildung 6.10 bezeigte PLA, welches die in Abbildung 6.9 bereits verwendete Darstellungskonvention benutzt ($2n$ Inputs für n verschiedene Variablen). Für die in der Und-Ebene erzeugten Produktterme gilt offensichtlich:

$$
\begin{aligned}
A &= x_1\overline{x}_3 \\
B &= x_1 x_2 x_3 \\
C &= \overline{x}_3 x_4 x_5 \\
D &= x_3 x_4 \overline{x}_5 \\
E &= \overline{x}_1 \overline{x}_4 \overline{x}_5 \\
F &= \overline{x}_2 \overline{x}_4
\end{aligned}
$$

In der Oder-Ebene dieses PLAs werden ferner die folgenden Outputs erzeugt:

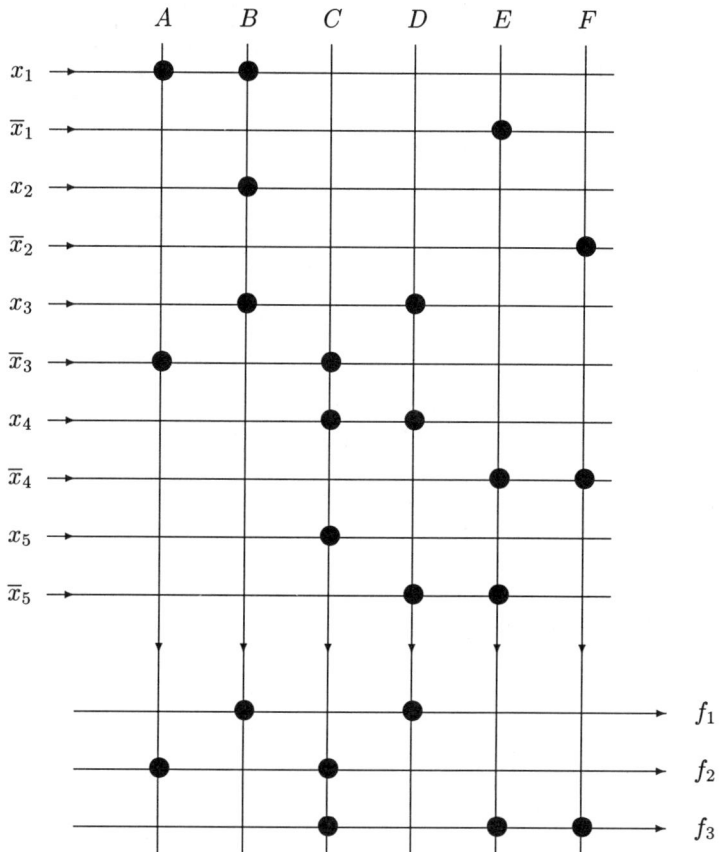

Abbildung 6.10: PLA für eine Funktion $F : B^5 \to B^3$.

$$
\begin{aligned}
f_1 &= B + D \\
f_2 &= A + C \\
f_3 &= C + E + F
\end{aligned}
$$

Wir wollen die Faltungs-Technik beispielhaft für die Und-Ebene dieses PLAs beschreiben. Dazu stellen wir zunächst eine Überdeckungsmatrix auf, welche die Verwendung der 10 Inputs in den 6 Produkttermen beschreibt; diese Matrix ist in Abbildung 6.11 gezeigt.

Das Ziel einer Faltung besteht nun darin, die Anzahl der Zeilen dieser Matrix durch Überlagerung solcher Zeilen, deren entsprechende PLA-Inputs in disjunkten Mengen von Produkttermen vorkommen, zu minimieren, wobei jeweils höchstens zwei Zeilen zu einer zusammengefaßt werden. Im Beispiel ist diese Bedingung für die folgenden Input-Paare erfüllt:

		A	B	C	D	E	F
1	x_1	1	1				
2	$\overline{x}_1$					1	
3	x_2		1				
4	$\overline{x}_2$						1
5	x_3		1		1		
6	$\overline{x}_3$	1		1			
7	x_4			1	1		
8	$\overline{x}_4$					1	1
9	x_5			1			
10	$\overline{x}_5$				1	1	

Abbildung 6.11: Überdeckungsmatrix zur Und-Ebene des PLAs aus Abbildung 6.10.

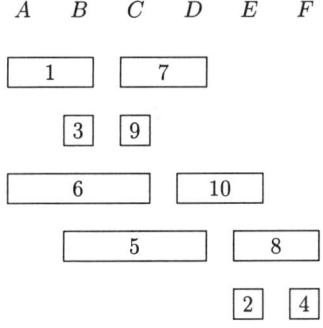

Abbildung 6.12: Matrix aus Abbildung 6.11 nach Zeilenüberlagerung.

$$x_1 \ , \ x_4$$
$$x_2 \ , \ x_5$$
$$\overline{x}_3 \ , \ \overline{x}_5$$
$$x_3 \ , \ \overline{x}_4$$
$$\overline{x}_1 \ , \ \overline{x}_2$$

Es können daher die Matrix-Zeilen 1 und 7, 3 und 9, 6 und 10, 5 und 8, 2 und 4 überlagert werden. Das Ergebnis ist schematisch in Abbildung 6.12 gezeigt.

Für die Und-Ebene des hier betrachteten PLAs bedeutet diese Überlegung folgendes: Jede Matrix-Zeile repräsentiert jetzt zwei Inputs. Der linke wird dann von links, der rechte von rechts in die Und-Ebene des PLAs hineingeführt, und zwar jeweils so weit wie nötig, und der betreffende Verbindungsdraht wird sodann unterbrochen. Als Ergebnis, welches für dieses Beispiel in Abbildung 6.13 gezeigt ist, erhält man eine Und-Ebene mit reduzierter Fläche, in welcher sich je zwei Inputs einer gemeinsamen Zeile bedienen.

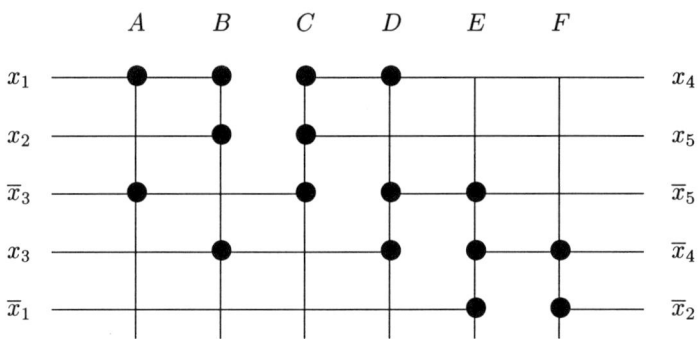

Abbildung 6.13: Faltung der Und-Ebene des PLAs aus Abbildung 6.10.

Man beachte, daß bei dieser Technik eine geschickte Wahl der Reihenfolge unserer Produktterme wichtig ist. Die Überdeckungsmatrix ist als Schema zur Vereinfachung nur insoweit geeignet, als jeweils horizontal *zusammenhängende* Punktfolgen zu finden sind.

Wir beschreiben abschließend noch einige Varianten der PLA-Faltung, welche die Einhaltung von Nebenbedingungen verlangen. Man spricht von einer *Block-Faltung*, falls in keiner Spalte sowohl von nur links als auch von nur rechts einlaufende Inputs verarbeitet werden. Alle Zeilen mit zwei Inputs können dann in (sogar gleichförmige) Blöcke zerlegt werden. Ein Beispiel hierfür ist in Abbildung 6.14 gezeigt.

Alternativ spricht man von einer *bedingten Faltung*, falls die Verteilung der Input-Signale der Und-Ebene auf die linke bzw. rechte Seite dieser Ebene vorgegeben ist. Als Beispiel sind in Abbildung 6.15 die nicht negierten Inputs links, die negierten rechts angelegt. Eine Kombination dieser beiden Faltungsmethoden ist die *bedingte Blockfaltung*, für welche ein Beispiel in Abbildung 6.16 gezeigt ist.

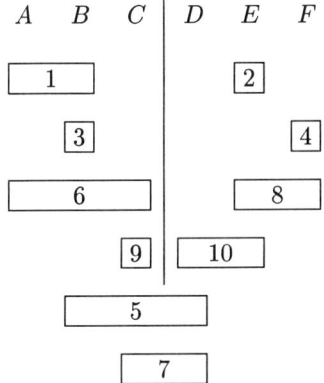

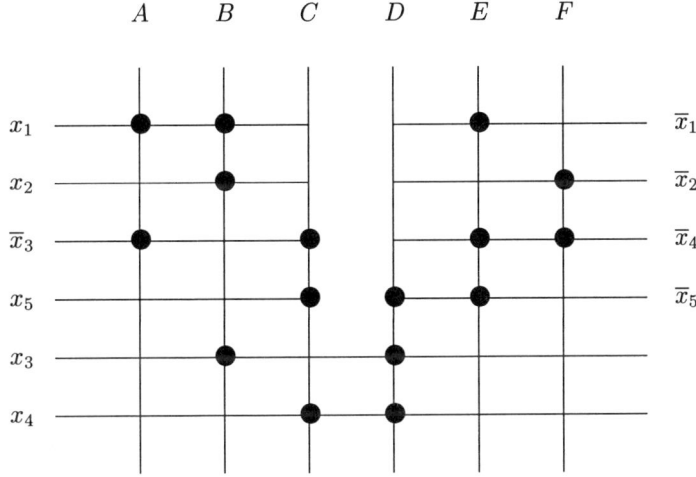

Abbildung 6.14: Block-Faltung der Und-Ebene des PLAs aus Abbildung 6.10.

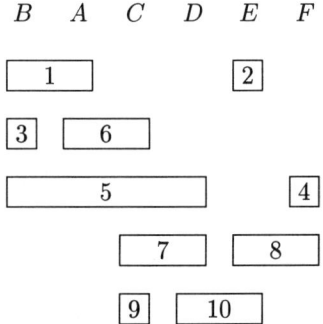

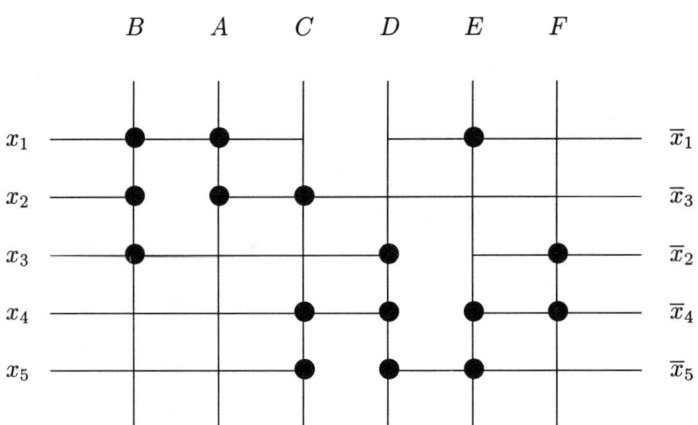

Abbildung 6.15: Bedingte Faltung der Und-Ebene des PLAs aus Abbildung 6.10.

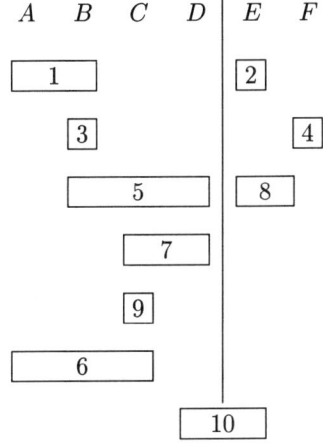

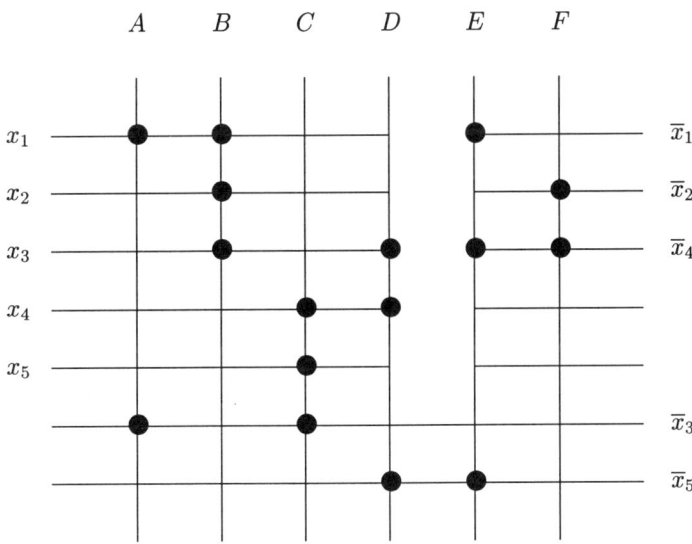

Abbildung 6.16: Bedingte Block-Faltung der Und-Ebene des PLAs aus Abbildung 6.10.

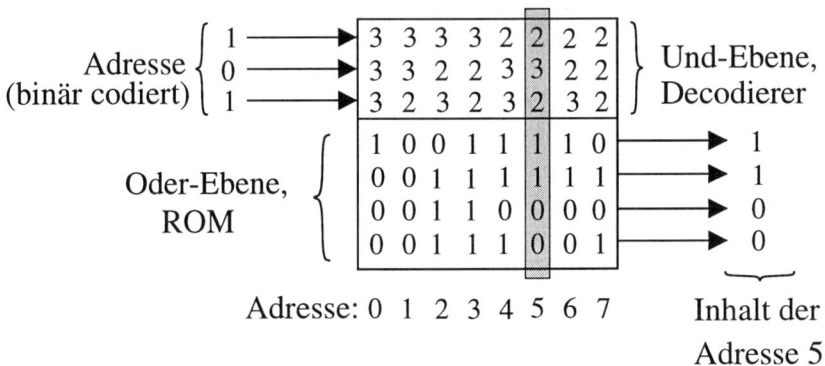

Abbildung 6.17: Beispiel eines Read-Only Memory (ROM).

6.4 Anwendungen von PLAs: ROMs und Mikroprogrammierung

Wir kommen nun auf einige *Anwendungen* der PLAs zu sprechen:

Wichtig ist zunächst das bereits erwähnte ROM. Betrachten wir einen solchen Festwertspeicher für 2^n Worte der Länge m. Dieser kann aufgefaßt werden als eine $m \times 2^n$-Matrix, deren Spalten den Adressen von 0 bis $2^n - 1$ entsprechen. Will man den Inhalt einer Adresse lesen, so kann man wie folgt verfahren: Man fasse das ROM als Oder-Ebene eines PLAs auf und erweitere diese durch Hinzunahme einer Und-Ebene der Dimensionierung $n \times 2^n$ zu einem PLA der Größe $(n + m) \times 2^n$, also mit n Inputs und m Outputs. (Diese Und-Ebene bezeichnet man häufig als *Adreß-Decodierer*.) Den Inhalt des ROM fasse man (zunächst) als Programmierung der Oder-Ebene des PLA auf, die Und-Ebene programmiere man (durch 2 und 3) so, daß in jeder Spalte genau der Minterm erzeugt wird, welcher diese Spalte dual codiert. Man beachte, daß dies genau die Technik des in Kapitel 2 behandelten Decoders ist. Gibt man dann eine ROM-Adresse i in Dualdarstellung ein, so wird nur in der i-ten Spalte eine Eins an den Oder-Teil übergeben, so daß der unter dieser Adresse stehende Wert ausgegeben wird.

Beispiel 6.2 Für $n = 3, m = 4$, sieht eine vollständige Lösung wie in Abbildung 6.17 angegeben aus, wobei der ROM-Inhalt zufällig gewählt ist. Wählt man z. B. über die Inputs die Adresse 5 an durch Eingabe von 101, so wird in der fünften Spalte der Und-Ebene (und nur in dieser) eine Eins erzeugt und in den unteren Teil weitergegeben; der genaue Ablauf ist wie in Abbildung 6.18 gezeigt. Völlig analog ist der weitere Ablauf in der Oder-Ebene; der Leser mache sich klar, wieso schließlich genau der Inhalt 1100 der Adresse 5 an den Ausgängen erscheint.   □

Aus logischer Sicht ist ein ROM damit ein spezielles PLA, welches sogar mit nur *einer* Zuleitung pro Gitterpunkt auskommt, da in seiner Und-Ebene keine 0-Eintragungen vorkommen können (vgl. Abbildung 6.19).

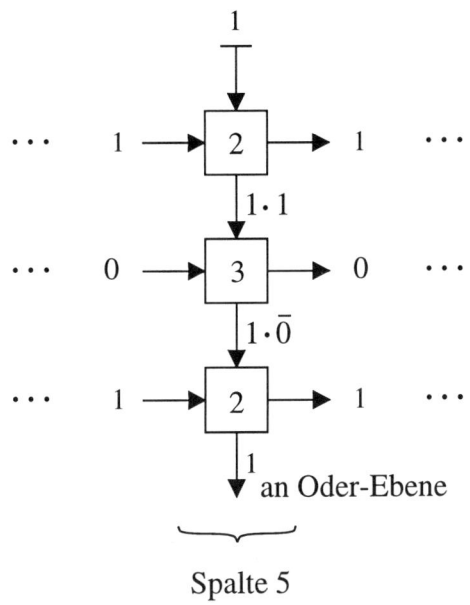

Abbildung 6.18: Auswahl einer Adresse (hier: 5) in einem ROM.

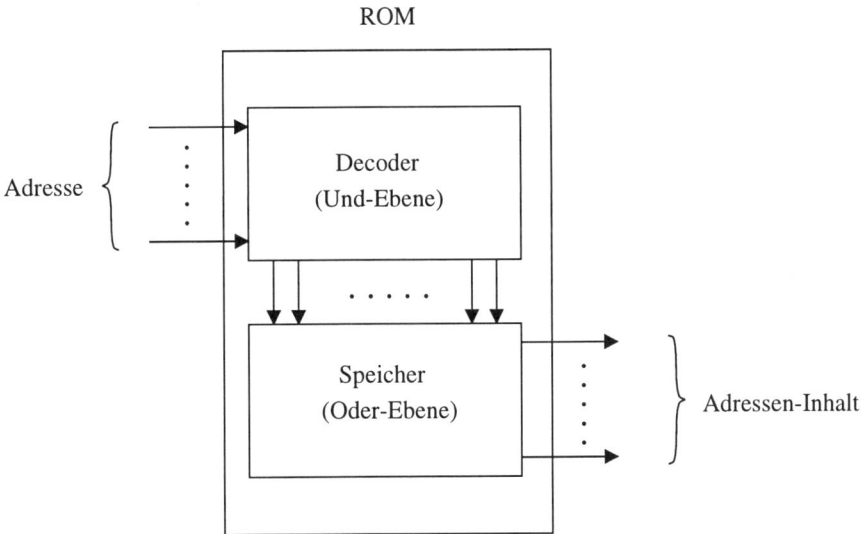

Abbildung 6.19: Anwendung eines PLA als ROM.

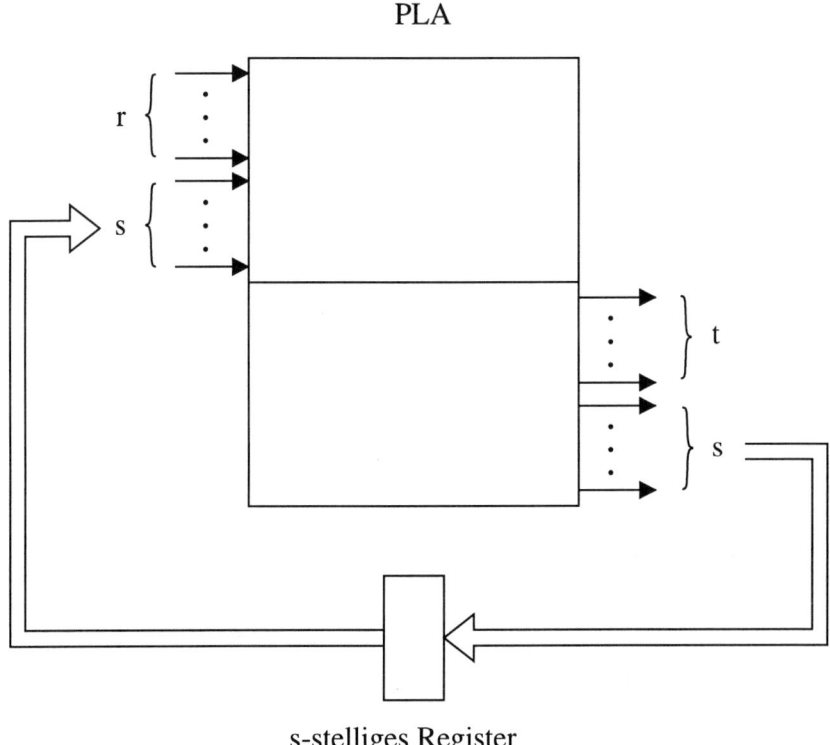

PLA

s-stelliges Register

Abbildung 6.20: Realisierung eines Schaltwerks durch ein PLA.

Eine weitere wichtige Anwendung der PLAs ist das von M. V. Wilkes schon 1951 vorgeschlagene Konzept der *Mikroprogrammierung*, auf welches wir jetzt zu sprechen kommen. Wir knüpfen dazu an Kapitel 4 an, in welchem wir Schaltungen mit Speicherelementen (Delays) kennengelernt haben. Nicht nur Schaltnetze, sondern auch Schaltwerke können ein PLA in einfacher Weise benutzen, wenn man wenigstens einen Teil der Outputs über Delays wieder zu den Inputs zurückführt. Damit läßt sich dann auch ein (beliebiges) Schaltwerk durch ein um Delays erweitertes PLA realisieren, prinzipiell wie in Abbildung 6.20 gezeigt. s der insgesamt $s + t$ Outputs werden über s Delays, d. h. ein s-stelliges Register, an s der $r + s$ Inputs zurückgeleitet. Die übrigen t Outputs können als Steuerleitungen verwendet werden, welche Vorgänge anderwärts im Rechner anstoßen, die gemäß der momentanen Situation dort ausgelöst werden müssen. Alle überhaupt vorkommenden Delays sind also an einer Stelle der Schaltung übersichtlich untergebracht. Formal läßt sich dieses Schaltwerk wie in Kapitel 4 durch einen endlichen Automaten $A = (Q, \Sigma, \Delta, q_0, F, \delta)$ beschreiben, dessen Übergangsfunktion

$$\delta : Q \times (\Sigma \cup \{\epsilon\}) \to Q \times (\Delta \cup \{\epsilon\})$$

nun die spezielle Form

$$\delta : B^s \times (B^r \cup \{\epsilon\}) \to B^s \times (B^t \cup \{\epsilon\})$$

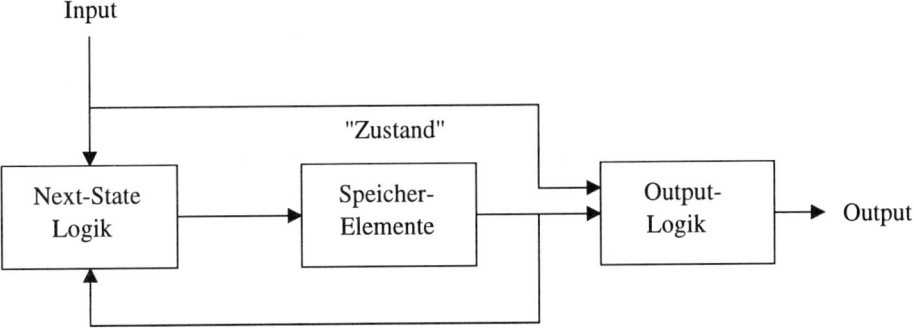

Abbildung 6.21: Prinzip eines sequentiellen Rechners.

annimmt. Die Berechnung des Folgezustands eines aktuellen Zustands erfolgt dabei durch die sogenannte *Next-State-Logik*, die Berechnung des Outputs durch die *Output-Logik*. Dieses Vorgehen wird durch das in Abbildung 6.21 gezeigte „Prinzip-Schaltbild" des (klassischen) sequentiellen Rechners wiedergegeben.

Man beachte, daß unser Vorgehen so allgemein ist, daß auch umgekehrt *jeder beliebige* endliche Automat mit Ausgabe auf diese Weise realisiert werden kann. Damit ist gezeigt, daß der *abstrakte* Begriff des endlichen Automaten ein entscheidenes Hilfsmittel für das Verstehen der Arbeitsweise eines *konkreten* Rechners ist.

Beispiel 6.3 Realisierung eines dreistelligen Ringzählers im Gray-Code: $s = 3$ Outputs sind über ein dreistelliges Register an 3 Inputs rückzukoppeln; außerdem sei x ein weiterer (binärer) Input (d. h. $r = 1$), welcher etwa einen gewissen „Außenwelt"- Zustand angebe, und zwei weitere Outputs ($t = 2$) seien gemäß Tabelle 6.2 zu erzeugen. Daraus ist (z. B. nach Karnaugh) abzuleiten:

$$
\begin{aligned}
y_2 &= c_0 \\
y_1 &= x c_1 \bar{c}_2 + \bar{c}_0 c_1 \bar{c}_2 + c_0 \bar{c}_1 c_2 \\
C_2 &= \bar{c}_0 c_1 + c_0 c_2 \\
C_1 &= \bar{c}_0 c_1 + c_0 \bar{c}_2 \\
C_0 &= \bar{c}_1 \bar{c}_2 + c_1 c_2
\end{aligned}
$$

Damit erhalten wir eine PLA-Realisierung (als Schaltwerk) in Matrix-Form wie in Abbildung 6.22 gezeigt.   □

Es ist nun unmittelbar einzusehen, daß auch kompliziertere Schaltwerke wie z. B. das von Neumann-Addierwerk und also generell die entscheidenden Grundbausteine eines getakteten Rechners durch PLAs (gegebenenfalls mit Delays) realisierbar sind, wobei Next-State- *und* Output-Logik in *ein* PLA eingebaut werden können. PLAs mit Delays heißen auch „integrierte PLAs"; ein solches PLA, welches z. B. von der Firma HP in den 70er Jahren für die Verwendung in kleineren Taschenrechnern hergestellt wurde, bestand aus 8 Delays, 16 Ein- und 30 Ausgängen sowie 72 Spalten (d. h. $r = 16, s = 8, t = 30, n = 16 + 8 = 24, m = 30 + 8 = 38, k = 72$).

c_2	c_1	c_0	x	C_2	C_1	C_0	y_1	y_2
0	0	0	0	0	0	1	0	0
0	0	1	0	0	1	1	0	1
0	1	1	0	0	1	0	0	1
0	1	0	0	1	1	0	1	0
1	1	0	0	1	1	1	0	0
1	1	1	0	1	0	1	0	1
1	0	1	0	1	0	0	1	1
1	0	0	0	0	0	0	0	0
0	0	0	1	0	0	1	0	0
0	0	1	1	0	1	1	0	1
0	1	1	1	0	1	0	1	1
0	1	0	1	1	1	0	1	0
1	1	0	1	1	1	1	0	0
1	1	1	1	1	0	1	0	1
1	0	1	1	1	0	0	1	1
1	0	0	1	0	0	0	0	0

Tabelle 6.2: Funktionstafel des Ringzählers aus Beispiel 6.3.

Beispiel 6.3 zeigte eine für eine (endliche) Maschine typische Situation: In Abhängigkeit vom aktuellen Zustand und gegebenenfalls von (weiteren) externen Inputsignalen wird ein bestimmter Output erzeugt und ein neuer Zustand erreicht. Anwendung hierfür ist z. B. eine durch die Outputlogik erzeugte Werkzeugmaschinensteuerung, aber auch — besonders wichtig — ein Rechner selbst, und zwar in der Form, daß ein integriertes PLA als *Kontrolleinheit* fungieren kann, welche eine andere Funktionseinheit des Rechners (etwa die eigentliche „Recheneinheit") steuert.

Beispiel 6.4 Am Ende von Abschnitt 4.2 haben wir bereits erwähnt, daß z. B. ein von Neumann-Addierwerk auch zur Subtraktion und — im Rahmen eines größeren „Programms" — zur Multiplikation und Division von Dualzahlen verwendet werden kann. Damit besitzen wir ein universelles Bauteil für einen Rechner. Stellen wir uns nun vor, wir hätten ein solches Addierwerk geeignet durch ein PLA realisiert, so genügen zunächst zwei Steuerleitungen, um Addition oder Subtraktion anzustoßen oder ein Multiplikations- bzw. Divisionsprogramm zu starten:

Signal	s	t	PLA-Aktion
0	0	0	Addieren
1	0	1	Subtrahieren
2	1	0	Multiplizieren („Start")
3	1	1	Dividieren („Start")

Ein derart „von außen" gesteuerter von Neumann-Addierer könnte z. B. wie in Abbildung 6.23 gezeigt aussehen.   □

Offen bleibt dabei nach wie vor, woher die Operanden bzw. die Steuersignale s und t kommen. Abweichend von der bisherigen Darstellung haben wir die Inputs und

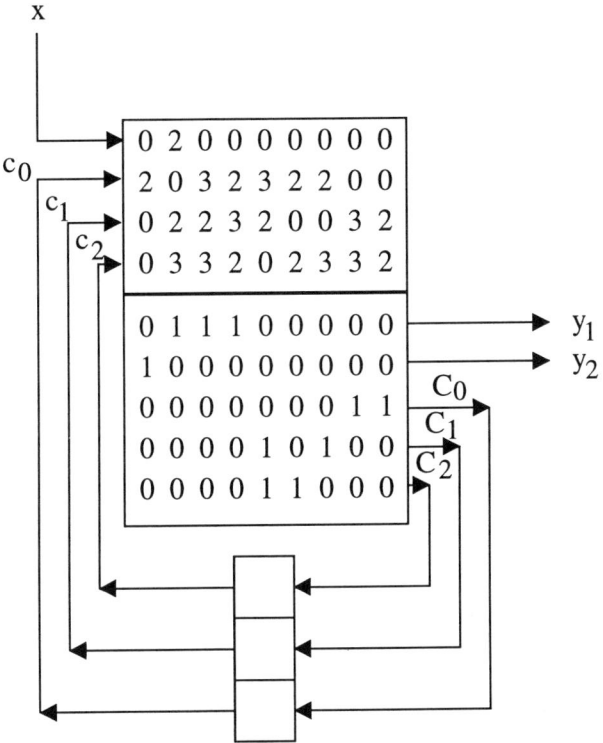

Abbildung 6.22: PLA zu Beispiel 6.3.

den Output nicht über das PLA laufen lassen. Wir nehmen stattdessen an, daß wir einen *Speicher* besitzen, welcher z. B. aus 10 achtstelligen Registern besteht, in dem der erste Operand auf Platz 2, der zweite auf Platz 3 steht und das Ergebnis auf Platz 1 abgelegt werden soll. Die „Steuerung", welche die Signale s und t generiert, muß dann also folgendes leisten:

1. Erkennen, welche Operation mit welchen Operanden auszuführen ist; sei dies etwa die Addition derjenigen Dualzahlen, welche auf den Plätzen 2 und 3 des Speichers stehen;

2. Transport dieser Zahlen in Akku bzw. Puffer;

3. Aktivierung des PLAs durch die Steuersignale $s = 0$ und $t = 0$ („Addition", siehe oben);

4. Speicherung des Ergebnisses auf Platz 1 des Speichers.

Als nächster Schritt könnte nun die Ausführung eines weiteren Befehls folgen. Die Steuerung muß also für jeden Maschinenbefehl einen spezifischen Ablauf erzeugen. Dazu kann man ein eigenes ROM verwenden. In diesem wird z. B. für einen Befehl, welchen der Benutzer durch „ADD X,Y" programmiert mit der Wirkung „$X \Leftarrow X +$

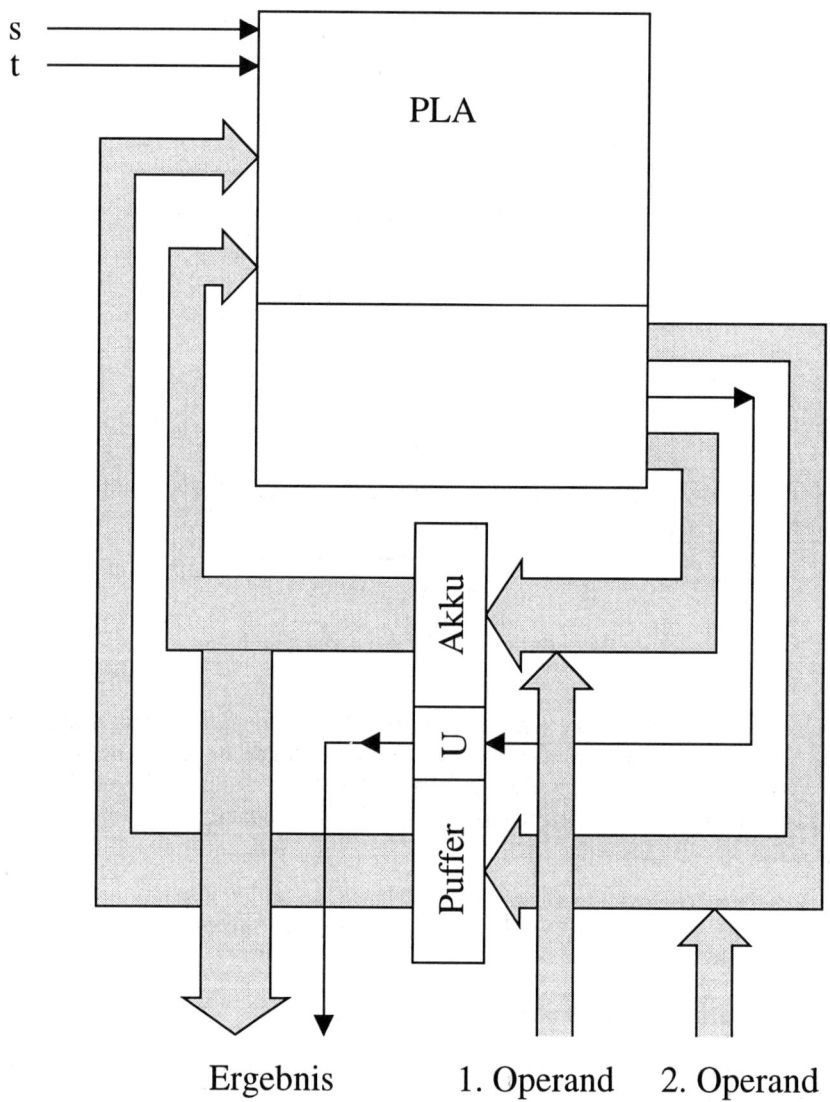

Abbildung 6.23: Prinzip eines Addierers bei Verwendung eines PLAs.

Y", die obige Schritt-Sequenz als eine Bit-Folge dargestellt. Sobald ein diesem ROM vorgeschalteter Decodierer (d. h. die zusätzliche Und-Ebene, welche das ROM zum PLA macht) erkennt, daß als nächstes dieser Befehl ausgeführt werden soll (d. h. eine entsprechende Spalte auswählt), wird der entsprechende ROM-Inhalt gelesen und dadurch der Ablauf obiger Schritt-Folge angestoßen.

Damit kann die Folge dieser Schritte durch ein „Programm" realisiert werden, welches z. B. einen Addier-Befehl auf der Hardware-Ebene eines Rechners tatsächlich ausführt. Ein solches Programm nennt man *Mikroprogramm*, und das Erstellen eines Mikroprogramms, d. h. die Speicherung geeigneter Bit-Folgen in einem „Steuer-ROM", bezeichnet man als *Mikroprogrammierung*. Die Idee hierzu geht wie bereits erwähnt auf M. V. Wilkes zurück; wir werden darauf in Teil II zurückkommen.

6.5 Übungen

6.1 Man programmiere die Schaltfunktionen

$$F_1(x_1, x_2, x_3) = (x_1 x_3 + \overline{x}_2, \overline{x}_1 x_2 \overline{x}_3, x_1 x_2 x_3 + x_1 x_2 \overline{x}_3)$$

$$F_2(x_1, x_2, x_3, x_4, x_5) \;\; = \;\; (x_1 x_2 x_3 + x_4 x_5, \overline{x}_1 x_2 x_4 + \overline{x}_3 x_4 x_5,$$
$$x_1 x_2 x_3 + x_3 x_4 + x_3 \overline{x}_5 x_1 x_3 x_5)$$

in *einem* hinreichend dimensionierten PLA.

6.2 Man entwerfe eine PLA-Realisierung des Ringzählers aus Aufgabe 4.1.

6.3 Man programmiere das aus Abschnitt 2.1.1 bekannte asynchrone Addiernetz, welches um die Bypass-Schaltung aus Abschnitt 2.2 erweitert sei, in einem geeignet dimensionierten PLA.

6.4 Man realisiere ein vierstelliges von Neumann-Addierwerk durch ein integriertes PLA.

6.5 Man realisiere einen dual-dreistelligen Ringzähler durch ein PAL.

6.6 Man realisiere die Schaltfunktion $F : B^3 \to B^2$, definiert durch

$$F(x_1, x_2, x_3) = (x_1 x_2 \overline{x}_3 + \overline{x}_1 x_2 x_3 \;, \; \overline{x}_1 \overline{x}_2 + x_1 x_2 x_3)$$

durch ein PAL mit 3 Inputs und 2 Outputs, bei welchem die beiden Gatter der Oder-Ebene die Summe der Produktterme der ersten beiden bzw. der letzten beiden Spalten der Und-Ebene bilden.

6.7 Nach Satz 1.5 gibt es 256 verschiedene dreistellige Boolesche Funktionen, welche *alle* durch *ein* geeignet dimensioniertes PLA realisierbar sind. Man überlege, wieviele dieser Funktionen durch ein PAL des in Aufgabe 6.6 verwendeten Typs realisierbar sind.

6.8 In Abhängigkeit vom Meßergebnis der vier binären Sensoren s, x, y und z sollen drei Statussignale u, v und w erzeugt werden mit folgender Bedeutung:

u (grün): wenigstens 3 Sensoren stehen auf 1 (Normalbetrieb)

v (gelb): nicht alle Sensoren stehen auf 1 (Warnung)

w (rot): höchstens 1 Sensor steht auf 1 (Alarm)

Gegeben sei ein punktorientiertes PAL mit vier Eingängen, welches 3 Ausgabesignale erzeugen kann, die jeweils von bis zu 4 Disjunktionen abhängen können. Man realisiere hiermit die gewünschte Überwachungsschaltung.

6.9 Das bekannte *River-Crossing-Problem* (RC) (Wolf-Kohlkopf-Ziege) mit

   − Wolf frißt Ziege

   − Ziege frißt Kohlkopf

   − Fährmann verhindert dies

   − Fähre faßt außer Fährmann höchstens ein Objekt

besteht darin, den Wolf, die Ziege und den Kohlkopf über einen Fluß zu transportieren, ohne daß ein Objekt verloren geht. Das Problem kann durch ein Mikroprogramm gelöst werden (wie?). Zur Programmierung auf einem PAL verwende man folgende Ausgangssignale:

s: 0 = RC aktiv, 1 = RC beendet

t: 1 = Hintransport, 0 = Rücktransport

w: 1 = Wolf wird transportiert, 0 = Wolf wird nicht transportiert

k: 1 = Kohlkopf wird transportiert, 0 = Kohlkopf wird nicht transportiert

z: 1 = Ziege wird transportiert, 0 = Ziege wird nicht transportiert

Man realisiere RC mittels einer PAL-Schaltung, die intern einen Zustandszähler verwendet sowie ein zusätzliches Input-Paar $(x, y) = (1, 0)$ zur Beschreibung des Befehlscodes für RC (am Ende von RC soll ein Reset des Zustandszählers erfolgen).

6.6 Bibliographische Hinweise

Zu den zu Beginn dieses Kapitels erwähnten universellen Schaltelementen auch im mehrstelligen Fall vergleiche man z.B. Davio et al. (1978). Zahlreiche PLAs und verwandte Strukturen sind heute als standardisierte „Katalog-Bausteine" verfügbar, wobei z.B. masken- und feld-programmierbare logische Felder (FPLAs) unterschieden werden; hierzu sowie zur Minimierung und Fehlerdiagnose von PLAs vergleiche man McCluskey (1986), Kolla et al. (1989) oder Katz (1994). Stone (1980) beschreibt das PLA vom Typ DM 7575 in größerer Ausführlichkeit sowie integrierte PLAs ähnlich dem in Beispiel 6.3 beschriebenen.

Unsere Darstellung der Faltung von PLAs folgt Möhring (1990) sowie Möhring et al. (1994). In dieser Arbeit wird die PLA-Faltung (und andere VLSI-Layout-Techniken) als Beispiel des allgemeinen Matrix-Permutationsproblems modelliert; letzteres ist als Erweiterungsproblem sogenannter Intervallgraphen interpretierbar, wodurch eine Reihe algorithmischer Techniken in diesem Kontext anwendbar und Komplexitätsergebnisse herleitbar werden. Möhring (1990) gibt hierzu einen umfassenden

Überblick. Heuristiken zur PLA-Faltung werden von Ravi und Lloyd (1993) analysiert.

ROMs finden heute z.B. bei der Code-Konvertierung (etwa natürliche Binär- in Gray-Codierung, vgl. Aufgabe 4.1), der Zeichengenerierung oder der Verschlüsselung von Daten Anwendung; weitere Einzelheiten hierzu entnehme man z.B. McCluskey (1986), Protopapas (1988) oder Katz (1994). Die Idee der Mikroprogrammierung wurde zuerst von Wilkes (1951) beschrieben; wir werden hierauf in Teil II genauer eingehen und dann insbesondere entsprechende Literaturhinweise geben. Zu den in Aufgabe 6.5 bzw. 6.6 erwähnten PALs vergleiche man Hamacher et al. (1996) sowie Katz (1994).

Kapitel 7

Entwurf und Bewertung von VLSI-Schaltungen und -Algorithmen

7.1 Einführung

In den bisherigen Betrachtungen haben wir technologische Gesichtspunkte weitgehend ausgeklammert; lediglich im letzten Kapitel haben wir mit dem PLA einen Bausteintyp vorgestellt und studiert, welcher einem automatisierten Herstellungsprozeß entgegen kommt. Es ist jedoch festzustellen, daß sich insbesondere die physikalische Realisierung von Rechnerbausteinen durch die Verwendung neuer Materialien (wie z. B. Halbleiter) sowie durch den Einsatz ständig verbesserter Herstellungsverfahren in den letzten Jahrzehnten drastisch verändert hat: Der 1946 an der University of Pennsylvania fertiggestellte Rechner ENIAC (Electronic Numerical Integrator And Computer) besaß 18.000 Röhren, benötigte eine Standfäche von 300 m², wog 30 t, hatte eine Leistungsaufnahme von 50.000 W und kostete damals rund 500.000 Dollar. Die Erfindung des Transistors im Jahre 1948 führte zur Entwicklung von Rechnern, welche vollständig aus sogenannten diskreten Bauelementen aufgebaut und ab 1958 kommerziell verfügbar waren. Bereits zu Beginn der 60er Jahre wurde die erste *integrierte* Schaltung (engl.: Integrated Circuit, kurz IC) vorgestellt. Wesentliches Merkmal einer solchen Schaltung ist, daß *alle* Schaltungselemente — also Gatter, Delays *und* deren Verbindungsdrähte — in *einem* gemeinsamen Herstellungsprozeß auf einem sogenannten *Chip* gefertigt werden. Dieser Chip ist dabei meist ein Siliziumplättchen, und er befindet sich zum Zeitpunkt der Herstellung auf einer größeren Siliziumscheibe, dem sogenannten *Wafer*. Der Wafer selbst hat einen Durchmesser zwischen 8 und 20 cm, so daß (bei einer Fläche von 20 bis 30 mm² pro Chip) im allgemeinen mehrere hundert Chips gleichzeitig aus einem Wafer hergestellt werden können. Mit einem solchen Chip ist heute die Rechenleistung eines ENIAC aus einem Taschenrechner zu beziehen.

Wesentliches Kennzeichen der technologischen Entwicklung seit etwa 1965 war eine fortschreitende Miniaturisierung und — damit verbunden — die Möglichkeit, eine immer größer werdende Anzahl von Bauelementen auf einem Chip zu integrieren. Je nach Anzahl der logischen Gatter pro Chip unterschied man vier Stufen der Integration, wobei die Grenzen zwischen diesen Stufen je nach Autor differieren können:

SSI   Small Scale Integration: ≤ 10 Gatter pro Chip

MSI   Medium Scale Integration: > 10 und $\leq 10^2$ Gatter pro Chip

LSI   Large Scale Integration: $> 10^2$ und $\leq 10^5$ Gatter pro Chip

VLSI   Very Large Scale Integration: $> 10^5$ Gatter pro Chip

Es sei angemerkt, daß die Integrationsdichte manchmal auch in der Anzahl der Transistoren (und/oder anderer Bauelemente) pro Chip angegeben wird. Die oben angegebenen Anzahlen sind dann mit einem Faktor 3 bis 5 zu multiplizieren. Außerdem sei darauf hingewiesen, daß die Entwicklung noch nicht abgeschlossen ist; so reden einige Autoren bereits von ULSI (Ultra Large Scale Integration) als Fortsetzung des VLSI, jedoch verhindern physikalische Gesetzmäßigkeiten eine Miniaturisierung „ad infinitum".

Als wesentliche Auswirkung der VLSI-Technologie erreicht man aus *logischer* Sicht eine neue Betrachtungsebene. Um dies zu verdeutlichen, fassen wir die bisherigen Ausführungen wie folgt zusammen:

Auf einer *ersten Stufe* haben wir Schaltnetze betrachtet, welche aus Gattern bestehen, die ihrerseits durch Drähte verbunden sind. Logisch handelte es sich dabei um DAGs. Normierungen haben wir vorgenommen einerseits in Form von zweistufigen Schaltungen, welche sich aus den verschiedenen Normalformen ergeben und bei welchen sich Drähte nur im Bereich der Input-Leitungen kreuzen. Andererseits läßt sich generell eine Rechteckstruktur aller Verbindungen (durch die begriffliche Trennung einer horizontalen und einer vertikalen Ebene) durch das PLA erreichen.

Auf der *zweiten Stufe* gelangten wir durch die Einführung von Delays zu Schaltwerken bzw. Schaltkreisen, bei denen jetzt die DAG-Bedingung entfallen konnte. Die dadurch realisierbaren endlichen Automaten können zwar ein kompliziertes Über- und Untereinander von Verbindungsleitungen aufweisen, lassen sich jedoch durch die Kombination eines PLAs mit einem (noch extern untergebrachten) Register ebenfalls in gewisser Weise „normieren".

Neu ist nun auf der *dritten Stufe* eine Integration von Gattern *und* Delays in einer vorgefertigten *Gitter*-Struktur. Dies wird durch die VLSI-Technologie ermöglicht, so daß heute ein vollständiger Rechner auf einem (rechteckig formatierten) Chip untergebracht werden kann. (Typische Beispiele hierfür — wie Mikroprozessoren — werden wir in Teil II kennenlernen.) Es sei allerdings bemerkt, daß diese Integrationsaufgabe technologisch nicht leicht zu lösen ist; insbesondere ist es (noch) nicht möglich, Gatter und Delays in *einer* Ebene zu realisieren. Stattdessen werden verschiedene Ebenen mit unterschiedlichen (elektrischen oder elektronischen) Eigenschaften isoliert übereinander gelegt, und die einzelnen Ebenen werden mit Techniken gefertigt, welche der PLA-Herstellung vergleichbar sind.

Für den technologisch interessierten Leser sei bemerkt, daß man z. B. bei Verwendung der sogenannten NMOS-Technologie (kurz für Negative Channel Metal Oxide Semiconductor) mit drei Ebenen-Typen gemäß Abbildung 7.1 auskommen muß. Eine

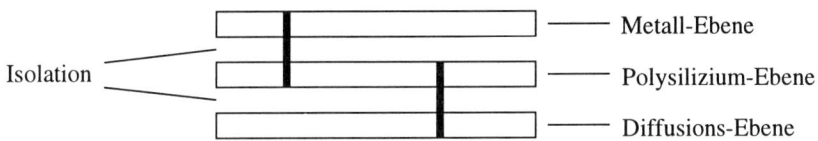

Abbildung 7.1: 3 Ebenen einer Schaltung in NMOS-Technologie.

Verbindungsleitung kann zwei Ebenen miteinander verbinden; die Isolation wird dann an einer geeigneten Stelle unterbrochen. Außerdem lassen sich Schaltelemente wie z. B. ein Transistor durch Entfernung der Isolation an einer bestimmten Stelle realisieren (in diesem Fall durch Schaffung eines Kontaktes zwischen Polysilizium und Metall).

Für unsere Betrachtungen ist die Vorstellung ausreichend, daß man zwar mehrere Ebenen benötigt, jedoch im allgemeinen mit einer geringen Anzahl davon auszukommen hat. Wir werden später darauf zurückkommen. Weiter sei bemerkt, daß man sich rein begrifflich sogar auf zwei Ebenen beschränken kann (vgl. Übung 7.1).

Wir wollen uns in diesem Kapitel im wesentlichen mit zwei Fragestellungen beschäftigen, welche VLSI-Schaltungen auch aus der Sicht des Informatikers interessant erscheinen lassen: Zum einen wollen wir die Frage nach den *Grenzen* der Möglichkeiten von VLSI-Schaltungen untersuchen. Genauer bedeutet dies die Frage, wie klein und wie schnell ein VLSI-Chip, der eine bestimmte Aufgabe lösen soll, überhaupt sein kann. Zum anderen ergeben sich aus der Tatsache, daß leistungsfähige Hardware in Form von VLSI-Chips in großer Zahl und preiswert verfügbar ist, neue Möglichkeiten, bestimmte Probleme algorithmisch zu lösen. Insbesondere ist es häufig möglich, eine gegebene Aufgabe in Teilaufgaben zu zerlegen, deren Bearbeitung *parallel* erfolgen kann. Interessant ist darüber hinaus auch z. B. das Problem des *Layout* von VLSI-Schaltungen, d. h. der Entwurf eines Schaltplans, welcher weitgehend automatisiert in VLSI-Technologie realisiert werden kann. Wir werden uns auch dieser Frage sowie dem Problem der Verdrahtung von Schaltelementen auf einem VLSI-Chip kurz zuwenden.

7.2 Komplexität von VLSI-Schaltkreisen

Wir beschäftigen uns zunächst mit den Grenzen von VLSI-Schaltungen, und zwar — unserer bisherigen Betrachtungsweise folgend — aus logischer Sicht. Offensichtlich stellt sich dabei das Problem, auf welche Weise es überhaupt möglich ist, von einem *logischen* Standpunkt aus zu Aussagen über *technologische* Möglichkeiten zu kommen. Die Lösung besteht darin, sich ein geeignetes *Modell* eines VLSI-Chips zu machen, welches auf wohlmotivierten technologischen Annahmen basiert. Andererseits muß das Modell so allgemein sein, daß es nicht vom technologischen Fortschritt möglicherweise schon nach kurzer Zeit überholt wird und die auf diesem Modell basierenden Aussagen ihre Gültigkeit verlieren.

Wir werden in diesem Abschnitt zunächst ein uns geeignet erscheinendes Modell für VLSI-Chips „definieren" und uns sodann zur Frage nach *unteren Schranken* für Flächen- und Zeitbedarf einer auf diesem Modell basierenden „Schaltung" zuwenden. Es sei schon jetzt bemerkt, daß wir diese Frage nicht in ihrer vollen Allgemeinheit behandeln werden, da dies weit über den hier gesteckten Rahmen hinausgeht. Statt-

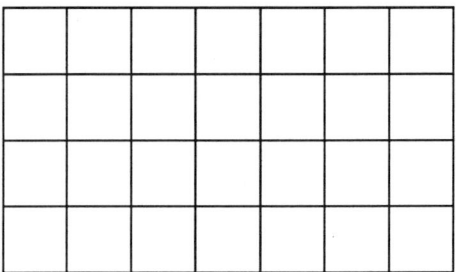

Abbildung 7.2: Gittersicht eines Chips.

dessen werden wir am Beispiel des Sortierproblems für Dualzahlen (vgl. Beispiel 1.7) verdeutlichen, auf welche Weise man einer Beantwortung dieser Frage näher kommen kann.

7.2.1   Ein VLSI-Modell. Komplexitätsmaße

Im Hinblick auf die oben erwähnte, hier zugrunde gelegte Betrachtungsweise, welche Integration von Gattern und Delays in einer PLA-ähnlichen Struktur erlaubt, betrachten wir einen VLSI-Chip logisch zunächst als ein *rechteckiges Gitter*, welches aus äquidistanten, aufeinander senkrecht stehenden Gitterlinien erzeugt wird, in welchem schaltungsspezifische Eintragungen vorgenommen werden müssen. In der Draufsicht, in der man lediglich *eine* Ebene betrachtet, stellt sich ein Chip damit wie in Abbildung 7.2 gezeigt dar. Von solchen Gittern können mehrere übereinander liegen. *Drähte*, welche zur Verbindung von Schaltelementen benötigt werden, verlaufen nur längs den Gitterlinien, also in horizontaler oder vertikaler Richtung. Durch die einzelnen Ebenen läßt sich dabei insbesondere vermeiden, daß sich Drähte unerwünscht berühren. Drähte dürfen sich daher kreuzen, sofern sie in verschiedenen Ebenen verlaufen, und zum Übergang von einer in eine andere Ebene gibt es sogenannte Kontakte, welche wir jedoch hier vernachlässigen können. Andererseits dürfen Drähte in verschiedenen Ebenen nicht stückweise direkt aufeinander liegen (die „induktive" Beeinflussung würde zu starke Störungen hervorrufen).

Eine erste, technologisch motivierte Annahme ist die, daß man bei der Positionierung eines Drahtes auf einer Gitterlinie mit einer gewissen Streuung rechnen muß, d. h. es kann passieren, daß ein Draht nicht genau auf einer Linie angebracht werden kann, sondern nur mit einem Fehler, welcher vom verfügbaren Herstellungsverfahren abhängt. Außerdem muß die endliche Breite des Drahtes beachtet werden. Dieser Tatsache tragen wir in unserem Modell durch die Einführung einer „technologischen Abstandskonstante" $\lambda > 0$ Rechnung, und wir nehmen an, daß zwei parallel verlaufende Gitterlinien einen Abstand besitzen, der ein kleines Vielfaches von λ ist. Es sei angemerkt, daß bereits 1975 der Wert $\lambda = 6 \cdot 10^{-6}$ m realisierbar war und eine Verkleinerung auf weniger als 1 μm möglich ist.

Die Gitterstruktur impliziert somit einen Aufbau des VLSI-Chips aus Einheitsquadraten der Kantenlänge z. B. 5λ. Dies führt unmittelbar auf ein erstes Kosten- bzw. Komplexitätsmaß eines solchen Chips, nämlich die von ihm beanspruchte Fläche A (von engl. *Area*), welche offensichtlich ein Vielfaches von λ^2 ist. Es sei an dieser

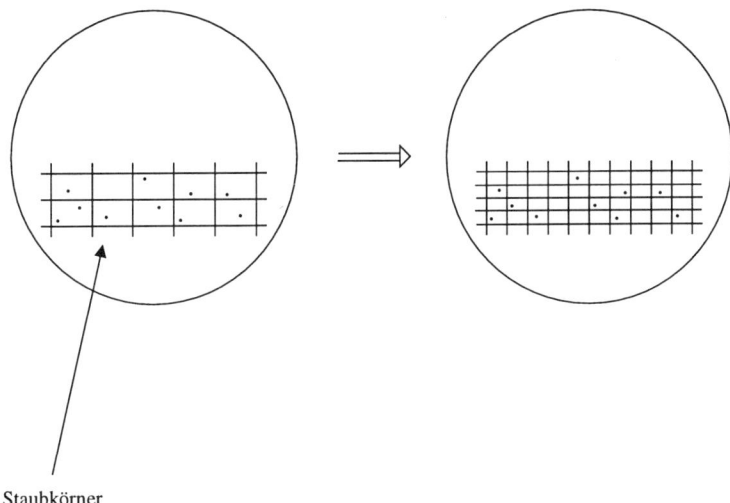

Staubkörner

Abbildung 7.3: Effekt der Verkleinerung der Chipfläche.

Stelle bemerkt, daß der Fläche eines Chips insofern hohe Bedeutung zukommt, als sie seine Herstellungskosten maßgeblich beeinflußt: Je mehr Chips aus einem Wafer gewonnen werden, desto billiger ist jeder einzelne Chip. Andererseits liegt der Ausschuß, d. h. der Anteil fehlerbehafteter Chips pro Wafer, bei bis zu 90%. Eine Verkleinerung der Chip-Fläche liefert die Möglichkeit, aus bisher fehlerhaften Chip-Regionen fehlerfreie kleinere Chips zu gewinnen, so daß der Anteil fehlerhafter Chips sinkt (vgl. Abbildung 7.3).

Neben Verbindungsdrähten sind auf einem Chip noch *logische Schalter* unterzubringen. Diese sollen sich in unserem Modell nur in Gitterpunkten befinden; sie werden, zum Teil abweichend von der Darstellung im letzten Kapitel, durch rechteckige Kästchen gekennzeichnet. Unterstellt man ferner, daß Drähte binäre Informationen in eine feste Richtung transportieren, so läßt sich ein Gatter mit zwei Inputs und einem Output wie in Abbildung 7.4 gezeigt darstellen. (Dieses Beispiel illustriert auch, daß — im Gegensatz zu den Ausführungen in Kapitel 2 — jetzt der Breite von Drähten eine zusätzliche Bedeutung zukommt insofern, als diese jetzt im Vergleich zum Platzbedarf von Gattern nicht mehr vernachlässigbar ist.)

Gatter können auch mehr als nur einen Gitterpunkt einnehmen, insbesondere dann, wenn sie über mehr als zwei Inputs verfügen sollen (vgl. Abbildung 7.5). Um jedoch im weiteren Verlauf unserer Betrachtungen zu interessanten Aussagen zu gelangen, nehmen wir an, daß der Fan-In nach oben durch eine beliebige, aber feste Zahl κ begrenzt ist. (Anderenfalls sind zu einem gegebenen Problem triviale Lösungen denkbar, welche lediglich aus einem großen Schaltelement bestehen, in welches alle Inputs hineingehen.) Dagegen nehmen wir keinen beschränkten Fan-Out von Gattern an. Technologische Motivationen verbieten es, Gatter in verschiedenen Ebenen übereinander zu legen.

Neben logischen Elementen wie Gattern oder Delays und deren Verbindungsdrähten besitzt ein VLSI-Chip als dritte Komponente noch sogenannte *System-Inputs* bzw.

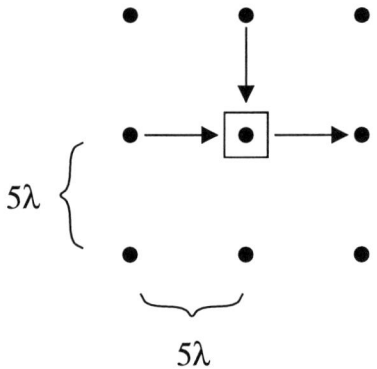

Abbildung 7.4: Gitterpunkt-Darstellung eines Gatters mit 2 Inputs.

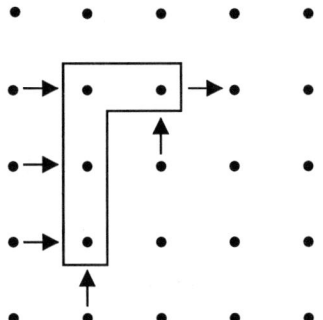

Abbildung 7.5: Gitterpunkt-Darstellung eines Gatters mit mehr als 2 Inputs.

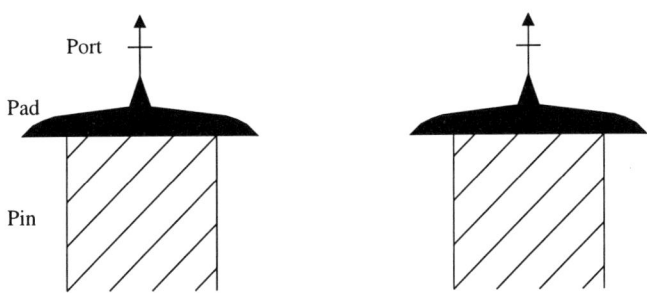

Abbildung 7.6: Zur Unterscheidung von Ports, Pads und Pins.

-*Outputs*, über welche Bits von außen dem Chip zugeführt werden. In der Realität kann man sich darunter die Füßchen oder *Pins* eines ICs vorstellen, über welche der Chip mit der „Außenwelt" kommuniziert. Die Breite eines Pins ist jedoch groß im Vergleich zu Chip-internen Drähten, und es sei bemerkt, daß die Technologie derzeit noch nicht in der Lage ist, — in der Sprache unseres Modells — System-Inputs und -Outputs ebenfalls in Gitterpunkten zu realisieren. Stattdessen existieren auf dem Chip sogenannte *Pads*, bei denen es sich um die Stellen handelt, an denen Pins mit dem Chip „verschmelzen" (Lötstellen). Von einem Pad gehen in den Chip interne Drähte hinein, welche gegebenenfalls verzweigen und dann in Gatter münden; man vergleiche hierzu Abbildung 7.6. Die Pads eines Chips sind aus technischen Gründen groß im Vergleich zu einem Gatter; sie können z. B. eine Fläche von $(100\lambda)^2$ einnehmen. Wir betrachten deshalb aus logischer Sicht diejenigen Stellen im Chip, an denen sich die von den Pads in den Chip hineinführenden Leitungen bereits verjüngt haben auf die Chip-interne Breite. Eine solche, logisch punktförmige Stelle nennen wir *Port*.

Da wir im folgenden auch nach der Geschwindigkeit von VLSI-Chips fragen wollen, unterstellen wir, daß jeder Chip gemäß unserem Modell *getaktet* arbeitet. Damit läßt sich neben der bereits erwähnten Area ein zweites Komplexitätsmaß für Chips — deren *Zeitverbrauch* — erklären: Die Zeit T (*Time*), welche ein VLSI-Chip zur Berechnung aller Outputs bei gegebenem Input benötigt, ist die Anzahl der Takteinheiten, welche vom ersten Input-Signal bis zum letzten Output-Signal verbraucht werden.

Dazu ist anzumerken, daß jedes Signal in einem Takt einen Draht ganz durchlaufen können soll; wir gehen also davon aus, daß Drähte keine Verzögerungen bewirken. Außerdem ist zu erwähnen, daß wir zulassen, daß durch ein und denselben *Port* zu verschiedenen Zeiten verschiedene Input-(Output-) Bits laufen können. Im allgemeinen hat ein Chip also weniger Ports, als er Inputs „lesen" bzw. Outputs „schreiben" muß; es ist sogar denkbar, daß ein und derselbe Port sowohl Input- wie Outputfunktionen übernehmen kann.

Schließlich merken wir an, daß wir uns in den folgenden Abschnitten wie in den vorherigen Kapiteln auf durch *Schaltfunktionen* beschreibbare Probleme beschränken. Ist $F : B^n \to B^m$ eine Schaltfunktion, welche durch einen VLSI-Chip C berechnet werden soll, so hat C also n Input-Bits zu verarbeiten und m Output-Bits zu liefern. Hierzu ist zunächst ein sogenannter *I/O-Plan* aufzustellen, der angibt, an welchem Port und zu welcher Zeit der Wert einer Input-Variablen x_i bzw. einer Output-Variablen y_j verfügbar ist. Einen solchen I/O-Plan werden wir weiter unten immer als gegeben voraussetzen, und wir nehmen ferner an, daß ein vorgegebener I/O-Plan *datenunabhängig* in folgendem Sinne ist:

Falls der Port, an welchem Inputs ankommen oder Outputs den Chip verlassen, oder der Zeitpunkt, zu welchem Inputs gelesen oder Outputs geschrieben werden, von den Input-Daten abhängt, so heißt der entsprechende I/O-Plan datenabhängig. Anderenfalls heißt er datenunabhängig (eng. oblivious).

Die oblivious-Annahme ist sinnvoll, da man mittels Chips mit datenabhängigen I/O-Plänen unter Umständen triviale Lösungen eines gegebenen Problems darstellen kann, wie wir am Beispiel der Sortierfunktion erläutern:

Beispiel 7.1 Es sei $S : B^{480} \to B^{480}$ die aus Beispiel 1.7 bekannte Funktion, welche 30   16-stellige Dualzahlen sortiert.

1. Sei C_1 ein Sortier-Chip, welcher 480 Ports besitzt. Der I/O-Plan sehe vor, den 480-stelligen Input im ersten Takt einzulesen. Im zweiten Takt steht dann das Ergebnis zur Verfügung, jedoch hängt es vom gerade gelesenen Input ab, in welchen *Ports* die kleinste Zahl, die zweitkleinste usw. sich befindet (C_1 ist nicht „where-oblivious").

2. Sei C_2 ein weiterer Sortier-Chip, diesmal bestehend aus je 16 Input- bzw. Output-Ports. In jedem Takt werde ein 16-stelliger Input gelesen und im nächsten Takt in die Output-Ports kopiert. In diesem Fall hängt dann offensichtlich die *Zeit*, zu der die kleinste Zahl, die zweitkleinste usw. ausgegeben wird, vom aktuellen Input ab (C_2 ist nicht „when-oblivious").   □

Die Annahme der Datenunabhängigkeit schränkt unter Umständen den Entwurf von Algorithmen ein: Hingewiesen sei auf das von Neumannsche Addierwerk, bei welchem die Resultatsausgabe *zeit*-abhängig erfolgt. Es wäre hier allerdings möglich, zu einem vorab festgelegten Zeitpunkt, an dem die Daten mit hoher Wahrscheinlichkeit korrekt zur Verfügung stehen (z. B. nach $2 \cdot \log_2 n$ Schritten), die Ergebnisse auszugeben und für den (durch eine Abfrage kontrollierbaren) unwahrscheinlichen Fall, daß die Rechnung noch nicht legitim beendet war, die ausgegebenen Daten einem speziellen Fehlerprogramm zur weiteren Bearbeitung zu übergeben.

Wir bemerken abschließend, daß das in diesem Abschnitt beschriebene Modell für VLSI-Chips auf Ullman zurückgeht (vgl. Bibliographische Hinweise). Wir verwenden daher im folgenden auch die Bezeichnung „Ullman-Schaltkreis", abgekürzt *USK*, zur Verdeutlichung der Tatsache, daß unser Modell auf diesen Autor zurückgeht.

7.2.2   Untere Schranken für Flächen- und Zeitbedarf von Sortier-Chips

Wir kommen jetzt auf die erste der beiden, in der Einführung zu diesem Kapitel genannten Fragestellungen zurück, die Frage nach den Grenzen der Möglichkeiten von VLSI-Schaltungen. Diese läßt sich jetzt wie folgt präzisieren: Gegeben sei ein durch eine Schaltfunktion F beschreibbares Problem. Gibt es eine *untere* Grenze für die Fläche A bzw. die Arbeitszeit T eines VLSI-Chips, welcher dieses Problem löst, d. h. welcher zu jedem Input $x \in B^n$ einen Output $F(x) \in B^m$ berechnet?

Dabei ist zunächst zu beachten, daß *ein* Problem *zahlreiche* verschiedene Ausprägungen annehmen kann. So ist z. B. die Aufgabe, 30   16-stellige Zahlen zu sortieren, ungleich der Aufgabe, 60   8-stellige Zahlen zu sortieren. Dennoch handelt es sich in beiden Fällen um Ausprägungen des Sortierproblems. Genauer interessieren wir uns also für eine *Problemklasse*, welche unendlich viele Elemente enthalten kann. Die Elemente wiederum sind charakterisierbar durch eine der Klasse zugeordnete *Problemgröße n*, mit deren Hilfe die *Komplexität* des Problems bzw. der Klasse ausgedrückt werden kann.

Wenngleich an dieser Stelle noch unklar bleibt, was wir genau unter der Komplexität eines Problems bzw. der entsprechenden Schaltfunktion F verstehen, so läßt sich dennoch bereits eine vage Vorstellung aus der Beobachtung ableiten, daß z. B. das Sortierproblem (anschaulich gesprochen) offensichtlich „komplexer" ist als z. B. die identische Schaltfunktion $I(x) = x$.

Für ein bestimmtes Element einer Problemklasse, z. B. „Sortieren von 30   16-stelligen Dualzahlen", besteht eine *Lösung* offensichtlich in der Angabe *eines* speziellen VLSI-Chips „$C(30, 16)$". Eine (allgemeine) Lösung der Problemklasse „Sortieren" ist dann eine Klasse von Chips, bestehend aus je einem Element pro Ausprägung des Sortierproblems. Unsere weitere Argumentation verläuft somit allgemein über viele Chips, von welchen wir nur fordern, daß sie für eine Ausprägung der Größe n eine (richtige) Lösung liefern und daß sie den Annahmen des oben entwickelten Modells genügen.

Es wird nun einleuchten, daß die Komplexität eines Problems (genauer: einer Problemklasse) Einfluß hat auf Platz- und Zeitbedarf entsprechender Chips, und daß man zu Aussagen der folgenden Art kommt:

> „Je größer die Komplexität von F, desto
> (i) größer muß die Chipfläche A sein bzw.
> (ii) länger muß die Rechenzeit T sein."

Tatsächlich kann man Aussagen dieser Art machen; so kann man z.B. zeigen, daß jeder Chip, welcher n k-stellige Dualzahlen sortiert (mit $k > \log_2 n$), mindestens

$$A \geq K \cdot n$$

Fläche besitzen muß, wobei $K > 0$ eine Konstante ist. Im allgemeinen existiert jedoch ein Zusammenhang zwischen A und T derart, daß wachsende Komplexität nicht unbedingt A *und* T wachsen läßt, sondern es gibt einen *Erhaltungssatz*, welcher besagt, daß man die Chipfläche verringern kann auf Kosten der Rechenzeit bzw. umgekehrt. Eine solche, im Englischen *Tradeoff* genannte Größe gibt dann eine untere Schranke für das Produkt aus A und T oder — häufiger — aus A und T^2, so daß man zu Aussagen folgender Art kommt:

> „Je größer die Komplexität von F, desto größer ist
> (i) $A \cdot T$ bzw. (ii) $A \cdot T^2$."

Für (i) spricht die Deutung von $A \cdot T$ als Maß für den Energieverbrauch oder die Wärmeabstrahlung des Chips, denn beides ist offenbar proportional zur Gesamtfläche A und — bei konstant angenommener Betriebstemperatur — auch zur Zeit T. Eine einfache untere Schranke für $A \cdot T$ läßt sich wie folgt angeben:

Satz 7.1 Sei $F : B^n \to B^m$ eine Schaltfunktion und $k = \max \{n, m\}$. Dann gilt für jeden USK, welcher F berechnet:

$$A \cdot T \geq k$$

Beweis: Sei C ein USK mit Fläche A, dann hat C höchstens A Ports. Er benötigt daher mindestens $\frac{k}{A}$ Takteinheiten, um alle Input-Bits zu lesen (falls $k = n$) oder alle Output-Bits zu schreiben, also

$$T \geq \frac{k}{A} \quad \Leftrightarrow \quad A \cdot T \geq k \quad \bigtriangledown$$

Für die Betrachtung *unterer* Schranken bzgl. $A \cdot T^2$ spricht zunächst die Tatsache, daß diese Funktion schneller wächst als $A \cdot T$, was insofern von Bedeutung ist, als man sich für große untere Schranken interessiert. Dazu sei bemerkt, daß untere Schranken für A bzw. $A \cdot T$ häufig zu klein sind in dem Sinne, daß so schnelle bzw. so kleine Chips, wie die Schranken sie möglich erscheinen lassen, nicht existieren. Aussagekräftiger sind also untere Schranken für $A \cdot T^2$; daher findet man in der Literatur fast ausschließlich Ergebnisse dieser Art.

Wir werden uns auch hier nur mit dem $A \cdot T^2$ — Komplexitätsmaß beschäftigen. Konkret werden wir folgenden Satz beweisen und dabei andeuten, nach welchem Beweisprinzip die Herleitung einer unteren Schranke für Chips, welche ein gegebenes F berechnen, verläuft:

Satz 7.2 Sei C ein USK der Fläche A, welcher n Dualzahlen der Stellenzahl k ($k \geq \lceil log_2 n + 1 \rceil$) in T Zeittakten sortiert. Dann gibt es eine Konstante $K > 0$ so, daß

$$A \cdot T^2 \ \geq \ K \cdot n^2 \quad \text{gilt.}$$

Es wird sich sogar zeigen, daß $K = \frac{1}{9 \cdot L^2 \cdot \kappa^2}$ und somit

$$A \cdot T^2 \geq \frac{n^2}{9 \cdot L^2 \cdot \kappa^2}$$

gilt für jeden USK C mit L Ebenen und einem Gatter-Fan-In, welcher überall $\leq \kappa$ ist.

Zum Beweis dieses Satzes gehen wir begrifflich wie folgt vor: Wir betrachten einen USK C, welcher die Sortierfunktion $S : B^{nk} \to B^{nk}$ berechnet, und schneiden diesen parallel zum kürzeren der Ränder „etwa in der Mitte" auf. Über den Schnitt verlaufen Drähte in beiden Richtungen sowie eventuell Gatter. (Die punktförmigen Delays und Ports werden von dem Schnitt nicht getroffen.) Pro Takt kann nur ein gewisser „Informationsfluß" den Schnitt passieren, welcher auch durch die Größe des Chips begrenzt wird. Wesentlich wird nun sein, daß der Schnitt so gewählt wird, daß dieser Informationstransfer ein Maß für die Komplexität von S darstellt: Wir zeigen, daß eine gewisse Menge von Information über diesen Schnitt laufen *muß*, und präzisieren diese Vorstellung durch die Einführung von Schnitt-Sequenzen, deren Anzahl wir abschätzen.

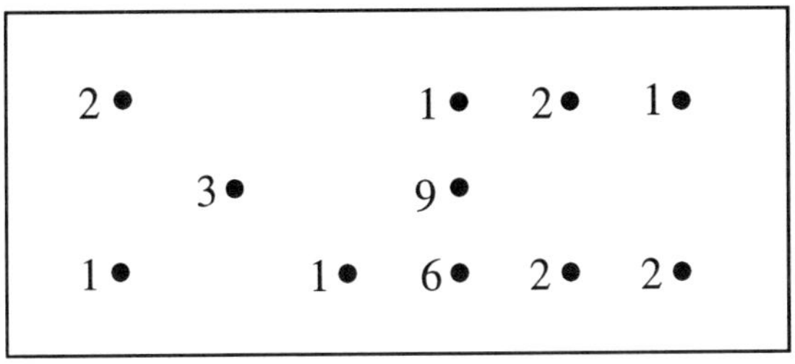

$$
\begin{array}{llllll}
2\ \bullet & & & 1\ \bullet & 2\ \bullet & 1\ \bullet \\
& 3\ \bullet & & 9\ \bullet & & \\
1\ \bullet & & 1\ \bullet & 6\ \bullet & 2\ \bullet & 2\ \bullet \\
\end{array}
$$

Abbildung 7.7: Verteilung von Output-Bits auf die Ports eines Chips.

Wir werden diese Idee nun genauer ausarbeiten: Wir betrachten zunächst den Fall, daß der gegebene USK C langsam ist, genauer:

1. Fall: T ist groß, etwa $T \geq \frac{n}{3}$. Sicher gilt $A \geq 1$, so daß man unmittelbar erhält:

$$
A \cdot T^2 \ \geq \ 1 \cdot \frac{n^2}{9} \ = \ K \cdot n^2 \text{ mit } K = \frac{1}{9}
$$

(Die Wahl der Zahl $\frac{1}{9}$ erfolgt im Hinblick auf den 2.Teil des Beweises; *hier* hätte man auch ein beliebiges $\epsilon > 0$ wählen können.)

2. Fall: Sei $T < \frac{n}{3}$. Diese Voraussetzung impliziert, daß auf jeden Input- bzw. Output-Port von C weniger als $\frac{n}{3}$ Input- bzw. Output-Bits entfallen, also gemäß dem (datenunabhängigen) I/O-Plan für C durch denselben Port auf den Chip gelangen bzw. ihn verlassen. (Anderenfalls würde der Verkehr über mindestens einen Port bereits $\geq \frac{n}{3}$ Takte erfordern, und es läge wieder der erste Fall vor.) Für die Sortierfunktion $S : B^{nk} \to B^{nk}$ hat jeder Input die Form

$$
(x_1, \ldots, x_k, x_{k+1}, \ldots, x_{2k}, x_{2k+1}, \ldots, x_{nk}),
$$

jeder Output die Form

$$
(y_1, \ldots, y_k, y_{k+1}, \ldots, y_{2k}, y_{2k+1}, \ldots, y_{nk}).
$$

Von den Output-Bits betrachten wir nun die n niedrigstwertigen $y_k, y_{2k}, \ldots, y_{nk}$ und markieren in jedem Port, wieviele von ihnen hier C verlassen, im Beispiel $n = 30$ etwa wie in Abbildung 7.7 gezeigt. Dabei ist in diesem Beispiel zu beachten, daß auf keinen der Output-Ports mehr als $\frac{n}{3} = \frac{30}{3} = 10$ der am wenigsten signifikanten Output-Bits entfallen können. Ferner ist zu bemerken, daß jeder Port noch mehr Outputs tragen kann, denn wir betrachten momentan nur die n untersten.

Als nächstes wird C durch einen Vertikalschnitt, welcher mitten durch Gitterquadrate verläuft, geteilt, und zwar möglichst so, daß auf jeder Seite des Schnitts die Hälfte der aktuell betrachteten Bits liegt. Offensichtlich ist dies in obigem Beispiel nicht möglich; ebenso scheitert der Versuch, C so zu zerschneiden, daß wenigstens ein Drittel dieser Bits auf jeder Seite des Schnitts liegt. Daher lassen wir zu, daß der Schnitt an einer Stelle einen „Haken" von der Kantenläge eines Einheitsquadrats nach links enthält. Dies führt in obigem Beispiel zu der in Abbildung 7.8 dargestellten

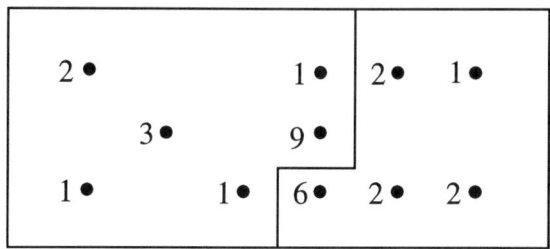

Abbildung 7.8: Schnitt durch einen Chip.

Situation. Tatsächlich liegen jetzt $17 \geq \frac{n}{3}$ der betrachteten Bits links, $13 \geq \frac{n}{3}$ davon rechts vom Schnitt. Wir müssen natürlich sicherstellen, daß ein solcher Schnitt nicht nur in diesem speziellen Beispiel gefunden werden kann. Dazu stellen wir folgende Überlegung an:

Sei C ein Chip, bei welchem weniger als $\frac{n}{3}$ Bits durch einen Output-Port treten, dann läßt sich ein Schnitt der obigen Art wie folgt konstruieren: Man beginne am linken Rand und lasse eine vertikale Linie solange nach rechts wandern, bis erstmalig mindestens $\frac{n}{3}$ der am wenigsten signifikanten Output-Bits links von der Linie liegen. Falls weniger als $\frac{2n}{3}$ dieser Bits links liegen, ist der gesuchte Schnitt konstruiert. Anderenfalls startet man am oberen Ende der Linie und sucht in vertikaler Richtung nach einer Stelle, an welcher die restliche Linie durch Einführung eines Hakens um eine Längeneinheit nach links zurückgesetzt wird. Da in einem Schritt dieser Vertikalbewegung höchstens $< \frac{n}{3}$ Bits hinzukommen, existiert diese Stelle auch im allgemeinen Fall.

Als nächstes betrachten wir die bei diesem Schnitt erzielte Verteilung der unteren *Input*-Bits: O. B. d. A. können wir annehmen, daß auf einer Seite — etwa der linken — wenigstens $\frac{n}{2}$ von diesen gelesen werden. (Nicht auf jeder Seite können weniger als $\frac{n}{2}$ dieser Bits liegen.) Damit liegt dann folgende Situation vor (gegebenenfalls nach geeigneter Umnumerierung von Input-Bits):

$$x_k, x_{2k}, x_{3k}, \ldots, x_{\frac{n}{2}k} \quad \text{werden links gelesen,}$$

$$y_{i_1 k}, y_{i_2 k}, \ldots, y_{i_{\frac{n}{3}} k} \quad \text{werden rechts geschrieben.}$$

Für den weiteren Verlauf des Beweises benötigen wir einige abkürzende Sprechweisen und Hilfssätze:

Definition 7.1 Es sei C ein USK, welcher $F : B^n \to B^m$ berechnet, und es sei C durch einen Vertikalschnitt Σ der oben beschriebenen Art in 2 Teile zerlegt. Jede Eingabe $\alpha \in B^n$ zerfällt dann in einen Anteil α_L, welcher links von Σ gelesen wird, und einen Anteil α_R, welcher rechts davon gelesen wird. Es seien $\alpha = (\alpha_L, \alpha_R)$ und $\beta = (\beta_L, \beta_R)$ zwei verschiedene Eingaben für F, welche rechts übereinstimmen: $\alpha_R = \beta_R$. Wir sagen, α und β *täuschen* F (auf der rechten Seite) (sind Elemente eines sogenannten *Fooling Set* von Eingaben), falls gilt:

$$F(\alpha_L, \beta_R) = F(\beta) \quad \text{im rechten Teil.}$$

Eine Menge $\mathcal{A} \subseteq B^n$ von Eingaben heißt *Unterscheidungsmenge* (von F bzgl. Σ), falls je zwei Elemente $\alpha, \beta \in \mathcal{A}$ die Funktion F (rechts) *nicht* täuschen.

Eine Täuschungs- oder Verwechslungssituation liegt also vor, falls es zwei verschiedene Eingaben α und β so gibt, daß die durch die Vertauschung des linken Anteils gebildete neue Eingabe (α_L, β_R) einen Output erzeugt, welcher rechts mit dem bei der ursprünglichen Eingabe übereinstimmt. Die Funktion F ist dann offensichtlich rechts nicht in der Lage zu erkennen, ob (α_L, β_R) oder (β_L, β_R) der Input war, da sie in beiden Fällen rechts jeweils gleiche Outputs berechnet.

Lemma 7.1 Sei C ein Sortier-USK und Σ ein Schnitt der oben beschriebenen Art. Dann gibt es eine Unterscheidungsmenge $\mathcal{A} \subseteq B^{n \cdot k}$ (von S bzgl. Σ) mit mindestens $(\geq) 2^{\frac{n}{3}}$ Elementen.

Wir wollen den Beweis dieses Lemmas nicht vollständig ausführen, sondern ihn an einem Beispiel verdeutlichen. Dazu benötigen wir noch folgende Definition:

Definition 7.2 Seien C, S und Σ wie oben so, daß (mindestens) $\frac{n}{3}$ *Output*-Bits rechts von Σ erzeugt werden. Ein *Eingaberahmen* ist dann die Festlegung von *Eingabe*bits bis auf die ersten $\frac{n}{3}$ unteren. Dieser wird mit $R(x_k, x_{2k}, \ldots, x_{\frac{n}{3}k})$ bezeichnet.

Sei z. B. $n = 6$ und $k = 4$. Jede Eingabe x für die Sortierfunktion $S : B^{24} \to B^{24}$ umfaßt dann 24 Bits:

$$x = x_1 x_2 x_3 x_4 | x_5 x_6 x_7 x_8 | x_9 \ldots | x_{21} x_{22} x_{23} x_{24}$$

Wegen $\frac{n}{3} = 2$ besteht ein Eingaberahmen $R(x_k, x_{2k}) = R(x_4, x_8)$ aus einer Festlegung von 22 Eingabebits; lediglich x_4 und x_8 bleiben variabel.

Übertragen wir die oben geschilderte allgemeine Situation auf dieses Beispiel, so wissen wir, daß es für einen USK C, welcher $S : B^{24} \to B^{24}$ berechnet, einen Schnitt Σ so gibt, daß rechts von Σ mindestens $\frac{n}{3} = 2$ Output-Bits liegen. O. B. d. A. seien diese die Bits y_8 und y_{20} (aus dem Gesamt-Output $y = (y_1, \ldots, y_{24})$).

Falls C (bzw. F) aufsteigend sortiert, ist y_8 gerade das unterste Bit der zweitkleinsten der eingegebenen Zahlen, y_{20} das unterste Bit der fünftkleinsten (oder zweitgrößten) dieser Zahlen. Dieses Wissen nutzen wir aus, um folgenden speziellen Eingaberahmen $R(x_4, x_8)$ zu konstruieren:

$$R(x_4, x_8) := 001 x_4 | 100 x_8 | 000\_ | 010\_ | 011\_ | 101\_$$

Die durch „_" gekennzeichneten Bits können beliebig festgelegt werden. In den (pro eingegebener Zahl drei) nicht-unteren Bits zählen wir binär von 0 bis $n - 1 = 5$ so, daß *auf jeden Fall* das vierte Input-Bit (x_4) das achte Output-Bit (y_8) sein wird und entsprechend x_8 zu y_{20} wird, und zwar *unabhängig* von der (noch zu treffenden) Wahl von x_4 und x_8. Das Ergebnis, welches F bzw. C liefert, hängt also nur von den jeweils ersten drei Bits, nicht aber von x_4 und x_8 (und den durch _ gekennzeichneten Bits) ab; für jede Wahl von x_4 und x_8 gilt also:

$$[F(R(x_4, x_8))]_8 = y_8 = x_4$$

$$[F(R(x_4, x_8))]_{20} = y_{20} = x_8$$

Betrachtet man z. B. die kleinste und die zweitkleinste Zahl $000\_$ und $001 x_4$, so gilt für jede Festlegung von _ bzw. x_4:

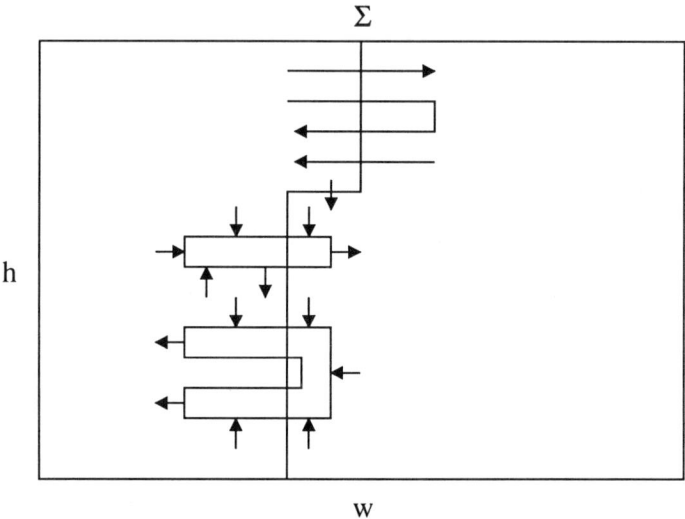

Abbildung 7.9: Schnitt durch Schaltelemente auf einem Chip C.

$$
\begin{array}{ccc}
000|0 & < & 001|0 \\
000|0 & < & 001|1 \\
000|1 & < & 001|0 \\
000|1 & < & 001|1
\end{array}
$$

Allein durch die Codierung des (dreistelligen) Präfixes wird also festgelegt, an welcher Stelle der Ausgabe die (vierstellige) Zahl stehen wird. Im Hinblick auf die Verdeutlichung von Lemma 7.1 gilt damit, daß es $2^{\frac{n}{3}} (= 2^2 = 4)$ Einsetzungen in den Rahmen $R(x_k, \ldots, x_{\frac{n}{3}k}) (= R(x_4, x_8))$ gibt. Je zwei solcher Einsetzungen bilden ein Paar α, β für welches $F(\alpha_L, \beta_R) \neq F(\beta)$ gilt und zwar (im *rechten* Teil) an der Stelle y_8 oder y_{20}. Damit betrachten wir die Diskussion von Lemma 7.1 als abgeschlossen.

Man beachte, daß bei dieser Konstruktion eines speziellen Eingaberahmens für die Sortier-Funktion die Voraussetzung $k \geq \lceil \log_2 n + 1 \rceil$ des Satzes 7.2 benutzt wird, da für $k < \lceil \log_2 n + 1 \rceil$ (im obigen Beispiel also $k < 4$) das $(k-1)$-stellige Präfix, welches die Output-Reihenfolge bereits festlegt, nicht lang genug ist.

Aus den oben angestellten Überlegungen folgt für den Beweis von Satz 7.2, daß Information über die ersten $\frac{n}{3}$ unteren Input-Bits (im Beispiel über x_4 und x_8) über den Schnitt Σ laufen muß, denn anderenfalls gibt es zwei Eingaben α und β, welche F bzw. C täuschen. In diesem Fall würde C nicht korrekt arbeiten, was einen Widerspruch zur Voraussetzung des Satzes darstellt.

Nun betrachten wir noch einmal den Schnitt Σ: Falls C die Höhe h und die Breite w hat, können höchstens $h-1$ Verbindungsdrähte den Schnitt kreuzen (bzw. höchstens h Drähte, falls Σ einen Haken besitzt). Ferner kann Σ auch Schaltelemente (Gatter oder Delays) berühren, so daß z. B. die in Abbildung 7.9 gezeigte Situation vorliegen kann. Dem Schnitt Σ kann auf folgende Weise ein „Wert" zugeordnet werden: Da C getaktet arbeitet, kann jeder kreuzende Verbindungsdraht, welcher pro Takt ein Bit überträgt, durch ein Bit gekennzeichnet werden (seinem direkten Ursprung entsprechend). Jedes Schaltelement kann durch die an seinen Inputs direkt anliegenden Bits beschrieben werden. Da die Anzahl der Inputs durch κ beschränkt ist, bestimmen höchstens κ Eingabebits (pro Schaltelement) den Informationsfluß über den Schnitt Σ. Insgesamt ist dieser Informationsfluß also zu jedem Zeitpunkt durch höchstens $h \cdot \kappa \cdot L$ Bits beschreibbar, wobei L die Anzahl der Ebenen ist. Man beachte, daß diese Abschätzung sehr grob ist, da wir aufgrund technologischer Motivationen angenommen haben, daß parallele Drähte und Gatter in verschiedenen Ebenen nicht übereinander liegen dürfen.

Definition 7.3 Sei C ein USK, Σ ein Schnitt der oben beschriebenen Art und α eine Eingabe für C. Eine Bit-Folge $CV(\alpha, \Sigma, t)$ der Länge höchstens $h \cdot \kappa \cdot L$, welche den Informationsfluß über Σ zum Zeitpunkt t (in Abhängigkeit von α) beschreibt, heißt *Schnittwert* (von engl. $\underline{C}$rossing $\underline{V}$alue) von Σ bzgl. α und t. Hat C den Zeitbedarf T, so heißt eine Folge

$$CS(\alpha, \Sigma) := (CV(\alpha, \Sigma, 0), CV(\alpha, \Sigma, 1), \ldots, CV(\alpha, \Sigma, T-1))$$

von T Schnittwerten von Σ (bzgl. α und $t = 0, \ldots, T-1$) eine *Schnittsequenz* (von engl. $\underline{C}$rossing $\underline{S}$equence) von Σ (bzgl. α).

Da in einer Schnitt-Sequenz jeder einzelne Schnittwert höchstens die Länge $h \cdot \kappa \cdot L$ (Bits) hat, hat die Schnitt-Sequenz insgesamt die Länge höchstens $h \cdot \kappa \cdot L \cdot T$ (Bits). Daher gilt: Zu gegebenem α und Σ gibt es höchstens

$$c \leq 2^{h \cdot \kappa \cdot L \cdot T}$$

Schnitt-Sequenzen.

Lemma 7.2 Sei $\mathcal{A}$ eine Unterscheidungsmenge von F bzgl. Σ. Dann gilt für je zwei Elemente $\alpha, \beta \in \mathcal{A}, \alpha \neq \beta$:
$$CS(\alpha, \Sigma) \neq CS(\beta, \Sigma)$$

Beweis: Angenommen, für zwei Eingaben α und β, welche F *nicht* täuschen, gilt

$$CS(\alpha, \Sigma) = CS(\beta, \Sigma) \,.$$

Gemäß der oben skizzierten Konstruktion von Eingaberahmen gilt $\alpha_R = \beta_R$, denn die Rahmen haben nur links von Σ Variationsmöglichkeiten. Gibt man also zunächst $\alpha = (\alpha_L, \alpha_R) = (\alpha_L, \beta_R)$, danach $\beta = (\beta_L, \beta_R)$ ein, so folgt (durch Induktion über die Anzahl T der benötigten Takte), daß der Chip C in beiden Fällen rechts die gleiche Ausgabe liefert. Eine Änderung der Eingabe links von Σ (also der Übergang von α_L zu β_L) wird rechts von Σ nicht bemerkt, da die Schnitt-Sequenzen nach Voraussetzung gleich sind. α und β sind also in der Lage, C zu täuschen, was im Widerspruch dazu steht, daß sie einer Unterscheidungsmenge angehören. Daraus folgt die Behauptung. $\triangledown$

Im obigen Beispiel $n = 6, k = 4$ wähle man etwa $\alpha = R(0, 1), \beta = R(1, 1)$. Diese beiden Eingaben unterscheiden sich links und müssen daher auch rechts von Σ zu verschiedenen Outputs führen (wegen $x_4 = y_8$ und $x_8 = y_{20}$).

Aus Lemma 7.2 folgt, daß jedes Element einer Unterscheidungsmenge eine eigene Schnitt-Sequenz erzeugt. Da wir aus Lemma 7.1 wissen, daß es eine solche Menge $\mathcal{A}$ mit $|\mathcal{A}| \geq 2^{\frac{n}{3}}$ gibt, folgt daraus für die Anzahl c von Schnitt-Sequenzen (zu $\mathcal{A}$ und Σ):

$$c \geq 2^{\frac{n}{3}}$$

Damit und mit obiger Bemerkung ergibt sich schließlich die Behauptung von Satz 7.2 wie folgt:

$$2^{h \cdot \kappa \cdot L \cdot T} \geq c \geq 2^{\frac{n}{3}}$$

$$\Leftrightarrow \quad h \cdot T \cdot L \geq \frac{n}{3\kappa} \quad (1)$$

Wegen $w \geq h$ folgt weiter:

$$w \cdot T \cdot L \geq \frac{n}{3\kappa} \quad (2)$$

Eine Multiplikation von (1) und (2) liefert damit:

$$\underbrace{h \cdot w}_{=A} \cdot T^2 \cdot L^2 \geq \frac{n^2}{9\kappa^2}$$

$$\Leftrightarrow \quad A \cdot T^2 \geq \frac{n^2}{9 \cdot L^2 \cdot \kappa^2}$$

$\triangledown$

Beispiel 7.2 Ist z. B. $\kappa = L = 10$, so gilt $A \cdot T^2 \geq \frac{n^2}{9 \cdot 10^4} \approx \frac{n^2}{10^5}$. Angenommen, es gibt einen solchen Chip C der Fläche $A = 1\,\mathrm{cm}^2$, dessen Einheitsquadrate im Gitter die Kantenlänge $5\,\lambda$ haben mit $\lambda = 6 \cdot 10^{-6}\,\mathrm{m}$ (vgl. Abschnitt 7.2.1). Dann gilt:

$$(5\lambda)^2 = 900 \cdot 10^{-12}\,\mathrm{m}^2$$

$$\Rightarrow \quad A = \frac{10^{-4}\,\mathrm{m}^2}{900 \cdot 10^{-12}\,\mathrm{m}^2} \approx 10^5$$

Falls C in der Lage ist, n k-stellige Dualzahlen zu sortieren ($n = 10^{12}, k \approx 41$), so benötigt C dazu mindestens folgende Zeit:

$$T^2 \geq \frac{10^{24}}{10^5 \cdot 10^5} = 10^{14}$$

$$\Rightarrow \quad T \geq 10^7$$

$$\Rightarrow \quad \text{(bei einer Taktdauer von } 10^{-8}\,\mathrm{sec)}$$

$$T \geq \frac{10^7}{10^8}\,\mathrm{sec} = 0,1\,\mathrm{sec}$$

$\square$

Zum Abschluß dieses Abschnittes sei bemerkt, daß sich die hier für Sortier-Chips angestellten Überlegungen verallgemeinern lassen: Über den Begriff der Unterscheidungsmenge kann man allgemein definieren, was unter dem „Informations-Transfer" über einen Schnitt in Abhängigkeit vom Input verstanden werden kann. Sodann kann man zeigen, daß der Informations-Transfer einer Schaltfunktion ein Maß für die Flächen- und Zeitkomplexität von VLSI-Chips darstellt.

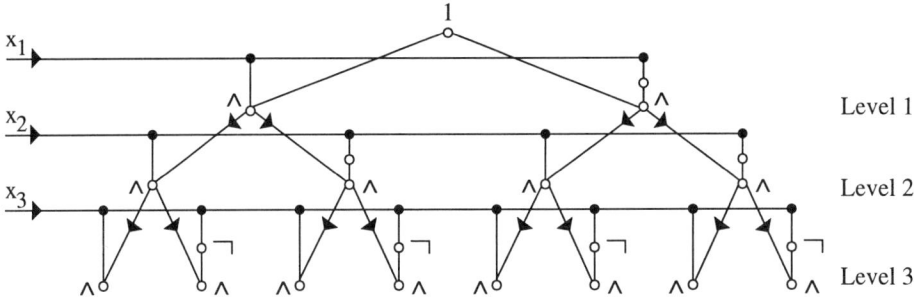

Abbildung 7.10: Minterm-Baum zu Beispiel 7.3.

7.3 Layout von VLSI-Schaltungen: H-Bäume, Verdrahtungsprobleme

In diesem Abschnitt werden wir uns exemplarisch mit der Frage beschäftigen, wie eine vorgegebene Schaltaufgabe in VLSI-Technologie realisiert werden kann. Wir beschränken uns dabei wieder auf solche Aufgaben, welche durch Boolesche Funktionen beschrieben werden können. Wie wir bereits wissen, läßt sich für derartige Aufgaben ein Schaltplan in Form eines DAG angeben, und wir fragen jetzt nach dem *Layout* eines solchen DAG als VLSI-Schaltung, welche o. B. d. A. auf dem Ullmanschen Modell beruhen soll.

Wir betrachten noch einmal die Und-Ebene eines ROM: Hat ein ROM 2^n Speicherplätze, so sind diese durch n Bits adressierbar. Die Und-Ebene muß erkennen, welcher Speicherinhalt gelesen werden soll. Soll z. B. Adresse i angesteuert werden, dann muß die i-te Spalte des ROM in der Und-Ebene gerade den Minterm „erzeugen", welcher i binär codiert. Insgesamt sind sogar alle 2^n Minterme hardwaremäßig zu programmieren (für $i = 0, \ldots, 2^n - 1$).

Statt der regelmäßigen PLA-Struktur, welche offensichtlich unmittelbar in einen Ullman-Schaltkreis umgesetzt werden kann, betrachten wir als alternative Möglichkeit zur Generierung der 2^n Minterme einen *binären Baum*. Es wird sich zeigen, daß es auch für diese Struktur eine platzeffizient realisierbare Darstellung als USK gibt.

Beispiel 7.3 Wir können für $n = 3$ Variablen alle Minterme wie in Abbildung 7.10 gezeigt erzeugen: Beginnend mit x_1 und $\overline{x}_1$ generieren wir alle Produkte dieser Variablen mit x_2 und $\overline{x}_2$ und multiplizieren die vier Ergebnisse jeweils mit x_3 bzw. $\overline{x}_3$. Wir verwenden dabei nur Inverter bzw. Und-Gatter wie markiert. Unter der Annahme, daß das „oberste" Gatter (die sogenannte *Wurzel* des Baumes) Einsen an die Gatter des ersten Levels liefert, werden zunächst die Produkte $1 \cdot x_1$ bzw. $1 \cdot \overline{x}_1$ gebildet. Auf Level 2 entstehen sodann die Produkte $x_1 x_2, x_1 \overline{x}_2, \overline{x}_1 x_2, \overline{x}_1 \overline{x}_2$ (von links nach rechts in dieser Reihenfolge), auf Level 3 schließlich alle $2^3 = 8$ Minterme. □

Diese Konstruktion ist unmittelbar auf mehr als 3 Levels erweiterbar, so daß man allgemein einen binären Baum mit n Levels erhalten kann. Eine spezielle Boolesche Funktion f mit n Variablen ist mit diesem Baum darstellbar, indem man auf dem n-ten Level alle Und-Gatter auswählt, welche diejenigen Minterme als Output liefern,

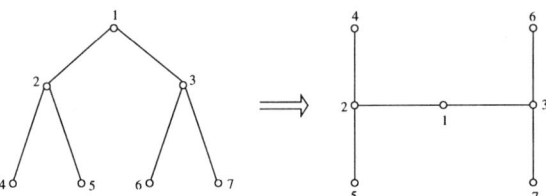

Abbildung 7.11: Realisierung eines Minterm-Baums in H-Form.

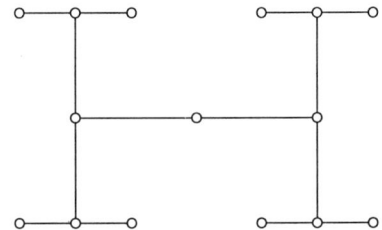

Abbildung 7.12: Erweiterung der H-Form aus Abbildung 7.11.

deren Summe f gemäß Satz 1.6 ergibt. Die so erhaltene Schaltung ist dann noch zu vervollständigen durch Hinzunahme eines „Oder-Baumes" (analog zur Oder-Ebene eines PLA), welcher die gewählten Minterme summiert.

Ein (Minterm-) Baum ist leicht in Form eines USK zu realisieren: Die Punkte des Baumes werden dazu so auf das Gitter verteilt, daß sie ein Muster in Form eines „H" bilden. Für einen (vollständigen) binären Baum mit 2 Levels erhält man z. B. die in Abbildung 7.11 gezeigte Form. Diese Konstruktion ist offensichtlich leicht erweiterbar, z. B. für den Baum aus Beispiel 7.3 durch weitere Verzweigungen an den Punkten 4, 5, 6 und 7 (vgl. Abbildung 7.12).

Der *H-Baum* ist wie der Minterm-Baum für beliebige Stellenzahlen verwendbar und hat eine Reihe von Anwendungen, von denen wir eine im nächsten Abschnitt vorstellen werden. Man kann zeigen, daß dieses Layout mit einem Flächenbedarf realisierbar ist, welcher (nach oben) linear in der Anzahl der Blätter des Baumes beschränkt ist.

Wir stellen als nächstes einen auf dem H-Layout basierenden „VLSI-Schaltplan" vor, welcher den Minterm-Baum und den zugehörigen Oder-Baum geeignet kombiniert und der zur Realisierung *jeder* Booleschen Funktion geeignet ist. Die in Abbildung 7.13 gezeigte Konstruktion ist auf den Spezialfall $n = 3$ beschränkt; wir betrachten konkret folgende Boolesche Funktion (in DNF):

$$f(x_1, x_2, x_3) = \overline{x}_1 x_2 x_3 + x_1 \overline{x}_2 x_3 + x_1 x_2 x_3$$

Schaltelemente ohne Beschriftung sollen in Abbildung 7.13 lediglich ein „Aufspalten" ihres Eingangssignals bewirken. Man beachte, daß an den mit Ziffern markierten Stellen jeweils der Minterm entsteht, welcher diese Ziffer dual codiert. Durch eine „Rückführung" der entsprechenden Signale (gestrichelte Linien) und eine auf-

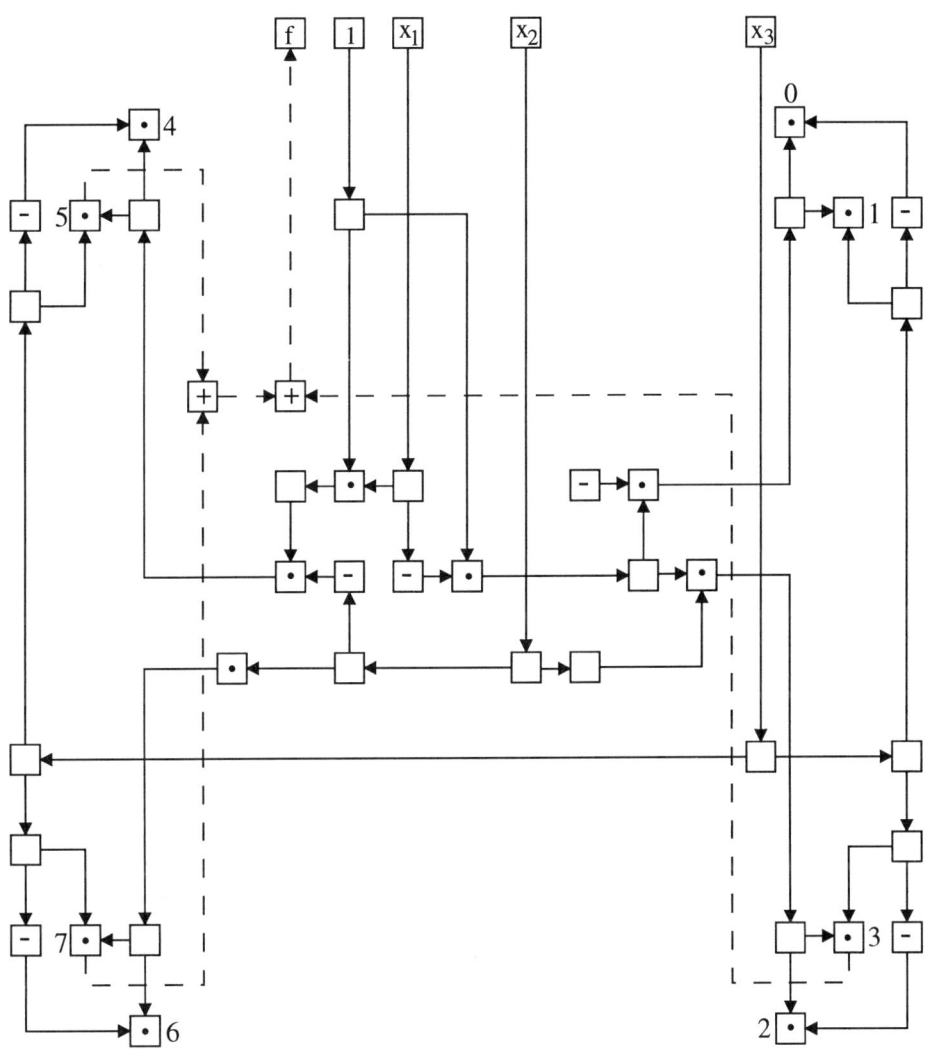

Abbildung 7.13: Universelles H-Layout für dreistellige Boolesche Funktionen.

gabenspezifische Verwendung von $\boxed{+}$-Elementen ist somit *jede* vorgegebene dreistellige Boolesche Funktion mit dem gleichen logischen Grundkonzept (sofern es die
nicht gestrichelt eingezeichneten Linien betrifft) realisierbar. Trotz des gegenüber dem
Minterm-Baum erhöhten Hardware-Aufwandes ist auch in diesem Plan die H-Form
noch erkennbar.

Wir wollen abschließend kurz auf einen weiteren Aspekt des Layouts von VLSI-
Schaltungen eingehen, welcher wie die Herstellung flächeneffizienter Plazierungen von
Schaltelementen (etwa in Form eines H-Baumes) von hoher Bedeutung bei der Fabri-
kation solcher Chips ist. Neben Schaltelementen sind auf einem Chip auch Verbindungsleitungen zwischen diesen unterzubringen, d.h. die einzelnen Schalter sind so zu
verdrahten, daß der Chip das Gewünschte leistet. Wir nehmen wieder (vereinfachend)
an, daß der zu verdrahtende Chip durch ein rechteckiges Gitter gemäß Abbildung 7.2
dargestellt werden kann; die Aufgabe besteht dann darin, einzelne Gitterpunkte durch
horizontale oder vertikale („Draht"-) Segmente zu verbinden. Wir können dieses *Ver-
drahtungsproblem* (engl. routing problem) formal genauer wie folgt beschreiben: Eine
Teilmenge eines ebenen Gitters fassen wir als ungerichteten Graphen $R = (P, K)$
(das „Verdrahtungsgebiet", engl. routing region) auf, dessen Punktmenge P nur Gitterpunkte und dessen Kantenmenge K nur Gitterkanten umfaßt. Zu R seien weiter
m Teilmengen $N_1, \ldots, N_m$ von P (sogenannte *Netze*) gegeben; jedes Netz besteht aus
zu verbindenden Punkten. Gesucht ist dann eine *Realisierung T_i* für N_i, $1 \leq i \leq m$,
so daß gilt:

1. Jedes T_i ist ein Baum, welcher genau die Punkte von N_i verbindet und dazu
   nur Kanten aus K benutzt;

2. je zwei Realisierungen T_i und T_j ($i \neq j$) sind kantendisjunkt (so daß insbe-
   sondere Nebeneffekte durch parallele Draht-Berührungen ausgeschlossen sind).
   Diese Forderung ergibt sich aus unseren Annahmen über die Mehr-Ebenen-
   Technologie.

Die m Realisierungen $T_1, \ldots, T_m$ werden als eine *Lösung* des durch R und die Netze
$N_1, \ldots, N_m$ gegebenen Verdrahtungsproblems bezeichnet.

Beispiel 7.4 Abbildung 7.14 zeigt ein Gitter R bestehend aus 30 Punkten, 5 horizontalen sowie 6 vertikalen Gitterlinien. In R seien 6 Netze zu verdrahten, deren
Punkte sich ausschließlich auf einem der vier Ränder von R befinden. Diese Netze
sind ebenfalls in Abbildung 7.14 dargestellt dadurch, daß die zu einem Netz gehörenden Punkte jeweils mit der gleichen Nummer bezeichnet sind. Abbildung 7.15 zeigt
eine Lösung dieses Verdrahtungsproblems; man erkennt, daß alle sechs Realisierungen
die oben angegebenen Bedingungen einhalten.   □

Im Fall $|N_i| = 2$ bezeichnet man das Netz N_i auch als *Zweipunktnetz*; in diesem
Fall handelt es sich bei N_i um einen (gewöhnlichen) Pfad durch R. Anderenfalls
(d.h. $|N_i| > 2$) heißt N_i *Mehrpunktnetz*. In Beispiel 7.4 sind also N_1, N_2, N_3 und N_4
Zweipunktnetze und die beiden verbleibenden Mehrpunktnetze.

Wie in Beispiel 7.4 bereits geschehen, unterstellen wir hier generell, daß Netzpunkte nur auf Gitterrändern liegen.

Die in Abbildung 7.15 gezeigten Realisierungen sind zwar kanten-, aber nicht kno-
tendisjunkt. Um Berührungen in Gitterpunkten zu vermeiden, ist der Übergang zu

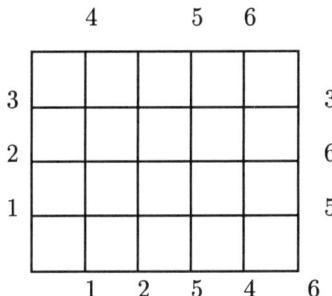

Abbildung 7.14: Verdrahtungsaufgabe mit 6 Netzen.

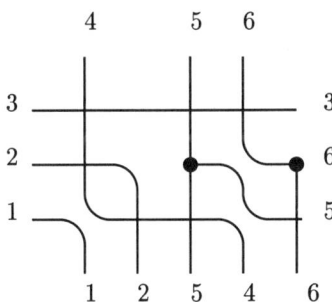

Abbildung 7.15: Lösung der Verdrahtungsaufgabe aus Abbildung 7.14.

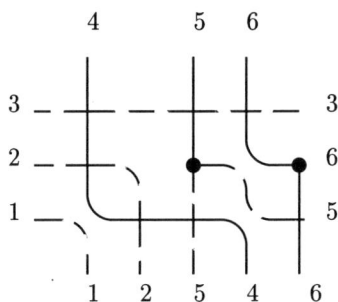

Abbildung 7.16: Lösung der Verdrahtungsaufgabe in 2 Ebenen.

einer anderen Ebene erforderlich. Abbildung 7.16 zeigt eine „Implementierung" der in Abbildung 7.15 gezeigten Lösung des obigen konkreten Verdrahtungsproblems unter Verwendung von 2 Ebenen; in Ebene 2 verlaufende Drähte sind dabei gestrichelt gezeichnet. Der Übergang von einer Ebene zu einer anderen kann nur in einem Gitterpunkt erfolgen. Wir haben also zu unterscheiden zwischen einer *Realisierung* (Layout) eines Verdrahtungsproblems und einer *Implementierung* (Verdrahtung), welche zusätzlich eine Ebenen-Zuweisung vornimmt.

Es sei bemerkt, daß nicht alle Verdrahtungsprobleme mit 2 Ebenen lösbar sind; hierfür lassen sich leicht Beispiele angeben. Von Lipski wurde 1982 sogar bewiesen, daß das Problem zu entscheiden, ob ein gegebenes Layout in 3 Ebenen tatsächlich verdrahtet werden kann, wie das Überdeckungsproblem (vgl. Kapitel 3) zur Klasse der NP-vollständigen Probleme gehört. Dieses Ergebnis ist von einer gewissen praktischen Relevanz gewesen, da – wie bereits erwähnt – die NMOS-Technologie mit drei Ebenen arbeitete.

Für die Herstellung von VLSI-Chips ist man nun an „guten" Verdrahtungsalgorithmen interessiert, welche einerseits effizient sind und andererseits brauchbare Lösungen liefern; als Gütemaße kommen etwa die Größe des benutzten Verdrahtungsgebiets oder die „Länge" eines Netzes in Frage. Es stellt sich heraus, daß die Qualität eines solchen Verfahrens wesentlich damit zusammenhängt, welche Netzkonfigurationen es in den einzelnen Gitterpunkten erzeugen darf. In jedem Knoten ist grundsätzlich eine der folgenden sechs Konfigurationen möglich:

1. Falls der Gitterpunkt nur von *einem* Netz benutzt wird:

   • Gerade:

- Knie:

- (Leitende) Verzweigung (*einer* Verbindung):

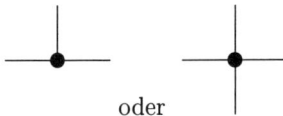

oder

2. Falls der Gitterpunkt von *zwei* Netzen benutzt wird:

- (Berührungsfreie) Kreuzung:

- Doppelknie:

Falls die Doppelknie-Verdrahtung („Knock Knee") zur Lösung einer gegebenen Aufgabe nicht zugelassen ist, so spricht man von einer Verdrahtung im *Manhattan-Modus*, anderenfalls von einer solchen im *Knock Knee-Modus*. Schließlich spricht man von *Kanalverdrahtung* (engl. channel routing), falls Netzpunkte nur am oberen oder unteren Rand eines Gitters liegen; anderenfalls (vgl. Beispiel 7.4) spricht man von der Verdrahtung einer *Switchbox*.

Beispiel 7.5 Wir betrachten 9 Zweipunktnetze, deren Endpunkte am unteren Rand des Kanals jeweils gegenüber den Anfangspunkten am oberen Rand um eine Längeneinheit nach rechts versetzt seien. Abbildung 7.17 zeigt eine Lösung dieses Verdrahtungsproblems im Knock Knee-Modus, Abbildung 7.18 eine solche im Manhattan-Modus.   □

Man erkennt an diesem Beispiel, daß der Manhattan-Modus unter Umständen ein (hinsichtlich der Kanal-Breite) wesentlich größeres Verdrahtungsgebiet als der Knock Knee-Modus erfordert. Andererseits kommt man in diesem Modus stets mit 2 Verdrahtungsebenen aus (wobei eine für horizontale, die andere für vertikale Verbindungen gewählt wird). Es sei bemerkt, daß man auch im Knock Knee-Modus mit 2 Ebenen auskommen kann, falls man das Verdrahtungsgebiet hinreichend vergrößert (ähnlich dem in Aufgabe 7.1 diskutierten Problem). Schließlich erwähnen wir ein Resultat von Brady und Brown aus dem Jahre 1984, nach dem bei gegebenem Layout im Knock-Knee-Modus eine Verdrahtung in 4 Ebenen stets möglich und effizient implementierbar ist.

Eine wichtige Nebenbedingung beim Manhattan-Routing in Kanälen ist die Minimierung der Kanalbreite, d.h. des Abstandes zwischen oberem und unterem Rand.

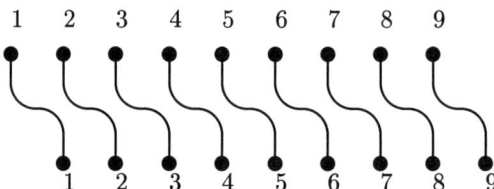

Abbildung 7.17: Verdrahtung von 9 Netzen im Knock Knee-Modus.

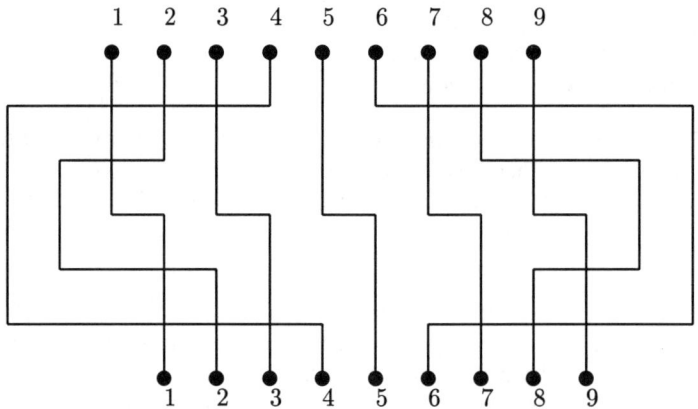

Abbildung 7.18: Verdrahtung von 9 Netzen im Manhattan-Modus.

Dieses Problem gehört ebenfalls zur Klasse der NP-vollständigen Probleme; in der Praxis werden daher Heuristiken verwendet, welche Nährungslösungen liefern. Für das Knock Knee-Routing existieren andererseits von Preparata und Lipski bereits 1982 angegebene exakte Methoden für Zweipunktnetze, welche sogar in nur 3 Ebenen verdrahten können. Abschließend sei bemerkt, daß allgemeinere (Switchbox-) Verdrahtungsgebiete in konkreten Anwendungen im allgemeinen auf Kanäle zurückgeführt werden.

Für weitere Einzelheiten zu dieser für die Praxis der Herstellung von VLSI-Chips wichtigen Problematik sei auf die weiter unten angegebene Literatur verwiesen.

7.4 Spezifische VLSI-Algorithmen. Systolische Netze

Wir lösen uns in diesem Abschnitt wieder vom Ullmanschen VLSI-Modell und unterstellen lediglich (ähnlich wie in Abschnitt 4.3), daß die VLSI-Technologie Schaltelemente zur Verfügung stellt, welche gewisse (einfache) Funktionen — wie Addition, Multiplikation oder Vergleich von (nicht notwendigen binären) Zahlen — ausführen können und welche auch eine gewisse Speicherkapazität besitzen. Diese Schaltelemente, für welche wir im Vorgriff auf Teil II hier bereits die Bezeichnung „Prozessoren" verwenden werden, seien ferner billig herzustellen und, falls nötig, auch in hinreichend großer Zahl auf einem Chip verfügbar. (Die bisherigen Ausführungen haben verdeutlicht, daß diese Annahmen realistisch sind.)

Wie in der Einführung erwähnt, liegt der praktische Nutzen in der Möglichkeit, größere Aufgaben unter Umständen so in Teilaufgaben zerlegen zu können, daß deren Bearbeitung *parallel* erfolgen kann. Dies hat gerade in den letzten Jahren zur Entwicklung spezifischer Algorithmen für eine Reihe von Problemen (wie z. B. Suchen und Sortieren, Matrizenmultiplikation, Operationen auf Datenbanken, Pattern Matching, Polynom-Multiplikation, Bildverarbeitung) geführt, welche nicht nur schneller arbeiten als die vorher bekannten (sequentiellen) Algorithmen; viele dieser parallelen Algorithmen sind zudem auch darauf ausgelegt, direkt in geeigneter (VLSI-) Hardware ausgeführt zu werden; die softwaremäßige Realisierung (durch ein Programm) tritt dabei in den Hintergrund. Wir geben also in diesem Abschnitt im Vorgriff auf Teil III (insbesondere Kapitel 13) bereits Beispiele für dezidierte Parallelrechner-Architekturen.

Wir stellen zunächst ein einfaches Beispiel für einen solchen Algorithmus vor: 2^k Zahlen seien in ebenso vielen Registern abgelegt (wie bei einem ROM), und die Aufgabe bestehe darin, zu einer weiteren Zahl, welche vorgegeben wird, möglichst schnell festzustellen, ob sie in einem der Register abgespeichert ist oder nicht (eine Adresse braucht also nicht geliefert zu werden!). Zur Lösung dieses *Suchproblems* verwenden wir den aus dem letzten Abschnitt bekannten binären Baum wie folgt: Wir konstruieren einen Baum mit k Levels und plazieren die 2^k Register zusammen mit jeweils einer Vergleichslogik auf dem untersten Level. Alle darüberliegenden Knoten haben zwei Aufgaben: Ein „von oben" kommendes Signal ist zu verdoppeln und unverändert an beide „Söhne" zu übergeben; zwei „von unten" kommende Signale sind durch „Oder" zu verknüpfen und an die nächste Ebene weiterzugeben. Dient also die Wurzel in einem ersten Schritt als Input, so wird die dort ankommende Zahl in k Schritten

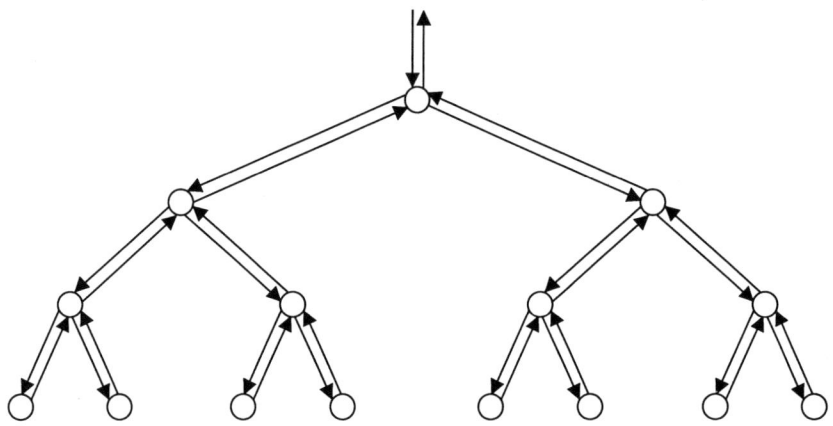

Abbildung 7.19: Binärer Baum zur parallelen Lösung des Suchproblems.

zu den „Blättern" transportiert und dort jeweils mit der gespeicherten Zahl verglichen. Stimmen die beiden Zahlen in mindestens einem Fall überein, wird eine logische Eins in Richtung der Wurzel zurückgesandt. Für $k = 3$ hat der Baum z. B. das in Abbildung 7.19 dargestellte Aussehen.

Interessant an dieser Organisationsform ist die geringe *Zeit*, in welcher sich das Suchen eines Elementes abspielt: Für $n = 2^k$ gespeicherte Zahlen benötigt der Transport des Vergleichswertes „von oben nach unten" $k = \log_2 n$ Schritte, der Transport in umgekehrter Richtung ebensoviele, so daß das Resultat nach $2 \cdot \log_2 n$ Schritten vorliegt. Eine „herkömmliche" Realisierung des Suchens besteht darin, *sequentiell* die gegebene Zahl mit allen Registerinhalten in n Schritten zu vergleichen. Der durch die Parallelisierung erzielte Gewinn wird besonders deutlich, wenn man z. B. $n = 1024$ wählt: Der Baum „sucht" in 20 Schritten, eine sequentielle Organisation benötigt unter Umständen 1024 Schritte.

Wir werden als nächstes an die Hardware, welche zur Lösung eines bestimmten Problems zur Verfügung stehe, weitere Anforderungen stellen:

1. Es gibt Prozessoren mit je drei Ein- bzw. Ausgängen (welche an den Ausgängen über Delays verfügen, so daß jedes Ergebnis wenigstens für die Dauer eines Taktes gespeichert werden kann) der in Abbildung 7.20 gezeigten Art. (Diese Anforderung erfolgt nur exemplarisch im Hinblick auf ein von uns angestrebtes Beispiel; Varianten sind denkbar).

2. Die Arbeit eines Prozessors oder mehrerer gekoppelter Prozessoren des unter 1. beschriebenen Typs erfolgt getaktet, also unter der Synchronisation einer globalen Clock. Dies bedeutet insbesondere, daß Inputs in einem festgelegten Taktrhythmus eingelesen und Outputs im gleichen Rhythmus ausgegeben werden.

Es sind verschiedene Arten der Kopplung von Prozessoren denkbar. Wir stellen einige davon hier vor (weiteres hierzu entnehme man den Kapiteln 12 und 13), wobei für

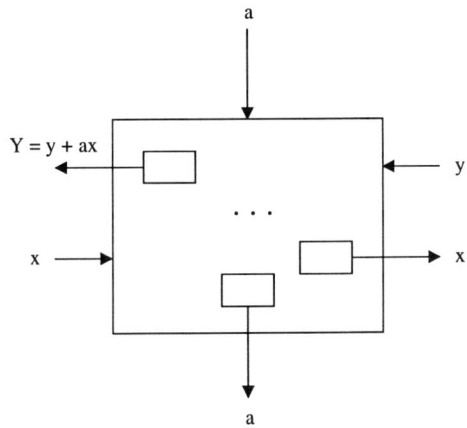

Abbildung 7.20: VLSI-„Prozessor".

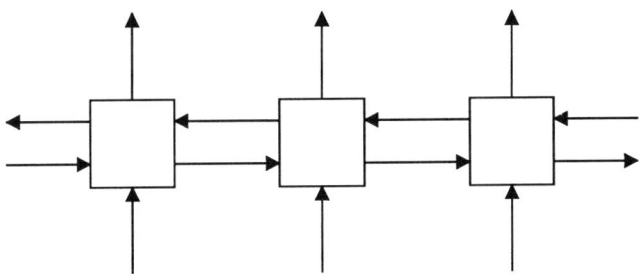

Abbildung 7.21: Prozessor-Pipeline.

das Folgende wesentlich ist, daß es zwischen einzelnen, beteiligten Prozessoren nur
„lokale" Verbindungen gibt, so daß sich insgesamt eine regelmäßige Struktur ergibt:

(a) *Prozessor-Reihe* („Pipeline"): „Innere" Prozessoren haben jeweils zwei Nachbarn (vgl. Abbildung 7.21).

(b) *Prozessor-Feld* (Maschen-Verbindung, vgl. Teil III und dort speziell die Architektur des Rechners Illiac IV): „Innere" Prozessoren haben jeweils vier Nachbarn (vgl. Abbildung 7.22). Man erkennt, daß in diesem Feld eine Parkettierung
der Ebene durch Quadrate (oder allgemeiner durch Rechtecke) zugrunde liegt.
Hierdurch wird die Kopplung von inneren Prozessoren mit genau vier Nachbarn
motiviert. Eine andere kreuzungsfreie Kopplung mit sogar sechs Nachbarn ist
möglich, da eine Parkettierung der Ebene mit gleichartigen Sechsecken realisierbar ist:

(c) *Sechseck-Parkettierung*: „Innere" Prozessoren haben jeweils sechs Nachbarn (vgl.
Abbildung 7.23).

Unterstellt man eine getaktete Arbeitsweise einer Anordnung der in Abbildung 7.22
oder 7.23 gezeigten Art gemäß einer zentralen Clock, so kann man sich gut vorstellen,

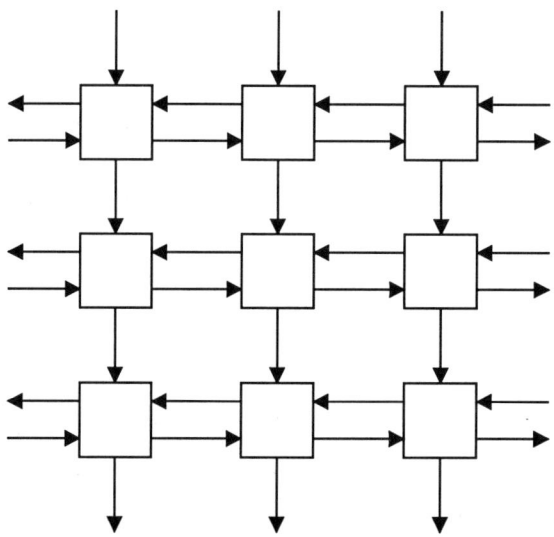

Abbildung 7.22: (Quadratisches) Prozessor-Feld.

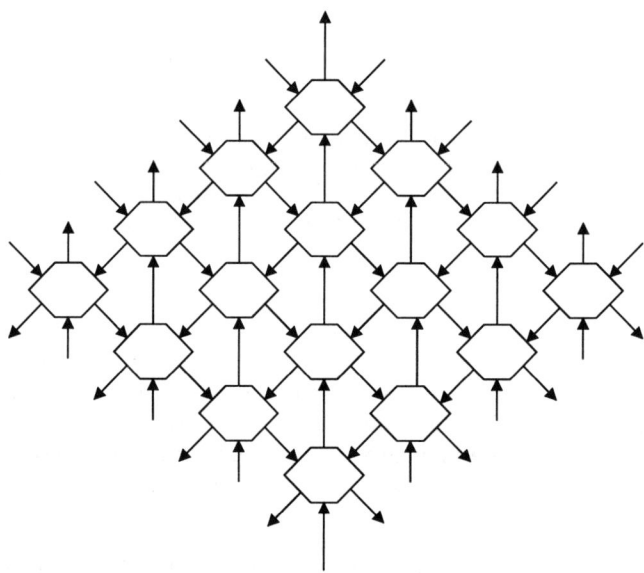

Abbildung 7.23: Hexagonales Prozessor-Feld.

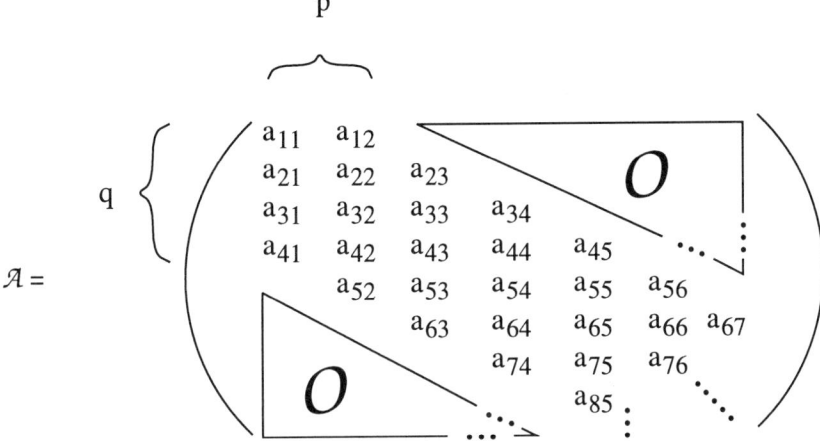

Abbildung 7.24: (2, 4)-Bandmatrix.

wie die Input-Daten rhythmisch in die Anordnung hineintreten, diese durchlaufen und wieder verlassen. Ebenso werden die Outputs ($Y = y + a \cdot x$ für jeden beteiligten Prozessor) in diesem Rhythmus berechnet. Da diese Situation dem Pulsieren des Blutes durch die menschlichen Blutbahnen ähnelt, hat sich für derartige Anordnungen die Bezeichnung *systolisches Netz* (Systolic Array) eingebürgert.

Es sei bemerkt, daß für die Einfügbarkeit von Prozessoren in Netze der geschilderten Art nur die „Vernetzungssyntax" (und nicht die speziellen Ausgabefunktionen) entscheidend ist. Es können also auch systolische Netze mit unterschiedlich rechnenden Prozessoren gleicher I/O-Syntax realisiert werden. Außerdem gibt es unter Umständen für die I/O-Syntax der einzelnen Prozessoren Variationsmöglichkeiten: Es könnte z. B. in dem in Abbildung 7.23 gezeigten Sechseck-Gitter bei jedem Prozessor ein zusätzlicher Ausgabepfeil nach rechts oben weisen (und demnach ein zusätzlicher Inputpfeil links unten ankommen).

Wir beschränken uns hier zunächst auf ein systolisches Netz von Typ (a) (Reihe, Pipeline) und werden beschreiben, wie mit Hilfe dieses Netzes die Multiplikation einer Matrix mit einem Vektor in einem Spezialfall effizient realisiert werden kann.

Wir betrachten nämlich sogenannte *Band-Matrizen*, bei welchen alle Koeffizienten $\neq 0$ auf einem Band entlang der Hauptdiagonalen plaziert sind.

Definition 7.4 Eine Matrix $\mathcal{A} = (a_{ij})$, $1 \leq i \leq n$, $1 \leq j \leq m$, heißt *(p,q)-Bandmatrix* (mit der „Bandbreite" $p + q - 1$), falls gilt:

$$a_{ij} \begin{cases} = 0 & \text{falls } j \geq i + p \text{ oder } j \leq k \text{ für } i = q + k \\ \text{beliebig} & \text{sonst} \end{cases}$$

Eine (2, 4)-Bandmatrix (mit der Bandbreite 5) hat also zum Beispiel die in Abbildung 7.24 gezeigte Gestalt. Wir erwähnen, daß in vielen Anwendungen mit intensiven Matrixrechnungen die Spezialisierung auf bandbeschränkte Matrizen systematisch angestrebt wird. Dies gilt z. B. für die gesamte Finite-Element-Numerik.

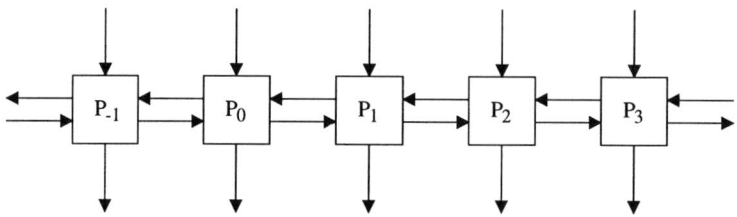

Abbildung 7.25: Fünfelementige Prozessor-Pipeline.

Ist nun $\mathcal{A}$ eine (p,q)-Bandmatrix der Dimension (n,n) und x ein n-elementiger Vektor, so ist das Produkt $Y = \mathcal{A} \cdot x$ ebenfalls ein n-elementiger Vektor. Für den oben angedeuteten Spezialfall $p = 2, q = 4$ sehen die ersten sechs Elemente von Y etwa wie folgt aus:

$$
\begin{aligned}
y_1 &= a_{12}x_2 + a_{11}x_1 \\
y_2 &= a_{23}x_3 + a_{22}x_2 + a_{21}x_1 \\
y_3 &= a_{34}x_4 + a_{33}x_3 + a_{32}x_2 + a_{31}x_1 \\
y_4 &= a_{45}x_5 + a_{44}x_4 + a_{43}x_3 + a_{42}x_2 + a_{41}x_1 \\
y_5 &= a_{56}x_6 + a_{55}x_5 + a_{54}x_4 + a_{53}x_3 + a_{52}x_2 \\
y_6 &= a_{67}x_7 + a_{66}x_6 + a_{65}x_5 + a_{64}x_4 + a_{63}x_3
\end{aligned}
$$

Man beachte, daß die beschränkte Bandbreite von $\mathcal{A}$ (hier 5) zur Folge hat, daß jedes Element von Y entsteht durch Summation von höchstens fünf Produkten von Koeffizienten aus $\mathcal{A}$ und x. Diese Tatsache wird jetzt ausgenutzt zur Entwicklung der folgenden hardwaremäßigen Lösung dieses „Problems":

Wir verwenden eine Pipeline bestehend aus fünf Prozessoren des oben beschriebenen Typs (vgl. Abbildung 7.25). Bevor wir beschreiben können, auf welche Weise diese Pipeline arbeitet, machen wir noch folgende Feststellungen: Für die Indizes i, j der Koeffizienten a_{ij} einer gegebenen Bandmatrix $\mathcal{A}$ gilt:

1. $i = j$, falls a_{ij} auf der Hauptdiagonalen von $\mathcal{A}$ liegt, d. h. falls $i - j = 0$.

2. Entlang jeder weiteren Diagonalen (parallel zur Hauptdiagonalen) ist die *Differenz* der Indizes jeweils konstant, z. B. oberhalb der Hauptdiagonalen:

$$1 - 2 = 2 - 3 = 3 - 4 = 4 - 5 = \ldots = -1$$

und unterhalb davon:

$$2 - 1 = 3 - 2 = 4 - 3 = 5 - 4 = \ldots = 1$$
$$\text{bzw.} \quad 3 - 1 = 4 - 2 = 5 - 3 = 6 - 4 = \ldots = 2$$
$$\text{bzw.} \quad 4 - 1 = 5 - 2 = 6 - 3 = 7 - 4 = \ldots = 3$$

3. Zieht man Linien durch $\mathcal{A}$, welche zur Haupt- bzw. den Nebendiagonalen orthogonal verlaufen, so haben die Indizes der auf diesen Linien liegenden Koeffizienten jeweils gleiche *Summe*, z. B.

$$
\begin{array}{rrrrr}
 & & & 1+1 & = 2 \\
 & & 2+1 = & 1+2 & = 3 \\
 & 3+1 = & 2+2 & & = 4 \\
4+1 = & 3+2 = & 2+3 & & = 5 \\
 & 4+2 = & 3+3 & & = 6 \\
5+2 = & 4+3 = & 3+4 & & = 7 \\
 & 5+3 = & 4+4 & & = 8 \\
6+3 = & 5+4 = & 4+5 & & = 9 \\
\cdots & \cdots & \cdots & \cdots & \cdots & \cdots
\end{array}
$$

Diese Beobachtungen nutzen wir aus zum Entwurf eines Eingabeplanes für die Pipeline aus fünf Prozessoren:

Wir benennen die Prozessoren wie in Abbildung 7.25 angegeben von links nach rechts mit P_{-1}, P_0, P_1, P_2 und P_3 (entsprechend den fünf möglichen Index-Differenzen). Als nächstes wird $\mathcal{A}$ um 135 Grad nach links gekippt, so daß das Band jetzt von unten nach oben verläuft. Die so gekippte Matrix lassen wir von oben auf die Pipeline treffen. Von links nach rechts lassen wir die Koeffizienten von x die Pipeline durchlaufen und von rechts nach links die mit 0 initialisierten Koeffizienten des Ergebnisvektors Y. Damit liegt also die in Abbildung 7.26 gezeigte prinzipielle Situation vor.

Man erkennt an diesem Bild bereits die grundlegende Idee dieser „Rendezvous-Technik": Das Element a_{ij} von $\mathcal{A}$ trifft auf den Prozessor P_k, falls $k = i - j$ gilt, d. h. die Spalten der gekippten Matrix treffen jeweils auf den a-Eingang des gleichen Prozessors. In den Zeilen der gekippten Matrix haben Indexpaare jeweils gleiche Summen, und da der Übergang von einem Koeffizienten a_{ij} z. B. zu seinem rechten Zeilennachbarn i um 1 erhöht, j aber um 1 vermindert, die Indexdifferenz also um 2 „springt", müssen die Elemente einer Zeile jeweils um einen Prozessor versetzt eingegeben werden.

Zur Berechnung des korrekten Ergebnisses ist jetzt noch festzulegen, in welchem Takt y_1, x_1 und a_{11} in die Pipeline eintreten und mit welchem Abstand die weiteren Elemente folgen. Diesen Ablauf legen wir wie folgt fest: Im ersten Takt wird nur y_1 — mit 0 initialisiert — in P_3 eingegeben und im zweiten Takt von P_3 an P_2 weitergereicht. Im dritten Takt erreicht y_1 — noch immer unverändert — den Prozessor P_1; außerdem wird in diesem Takt x_1 in P_{-1} eingegeben. In Takt 4 liegen dann x_1 und y_1 an den entsprechenden Eingängen von P_0 an, und genau in diesem Takt beginnt die Eingabe des Bandes von $\mathcal{A}$, genauer von a_{11} in P_0. Da P_0 somit an allen drei Eingängen ein nichttriviales Input-Signal vorliegen hat, kann dieser Prozessor $Y = a_{11}x_1 + y_1 = a_{11}x_1$ berechnen und in Takt 5 als neuen Wert von y_1 an P_{-1} weitergeben.

Im dritten Takt wurde außerdem y_2 — ebenfalls mit 0 initialisiert — in P_3 eingegeben und in Takt 4 noch unverändert an P_2, in Takt 5 an P_1 weitergereicht. In diesem fünften Takt trifft y_2 in P_1 auf a_{21} und x_1; P_1 kann daher das erste Teilergebnis des zweiten Ergebniskoeffizienten $y_2 = a_{21}x_1$ berechnen. Am linken Rand der Pipeline, also in Prozessor P_{-1}, liegen in diesem Takt die Inputs x_2, a_{12} und $y_1 = a_{11}x_1$ an, so daß P_{-1} den ersten (vollständigen) Ergebniskoeffizienten $y_1 = a_{12}x_2 + a_{11}x_1$ berechnet und in Takt 6 ausgibt.

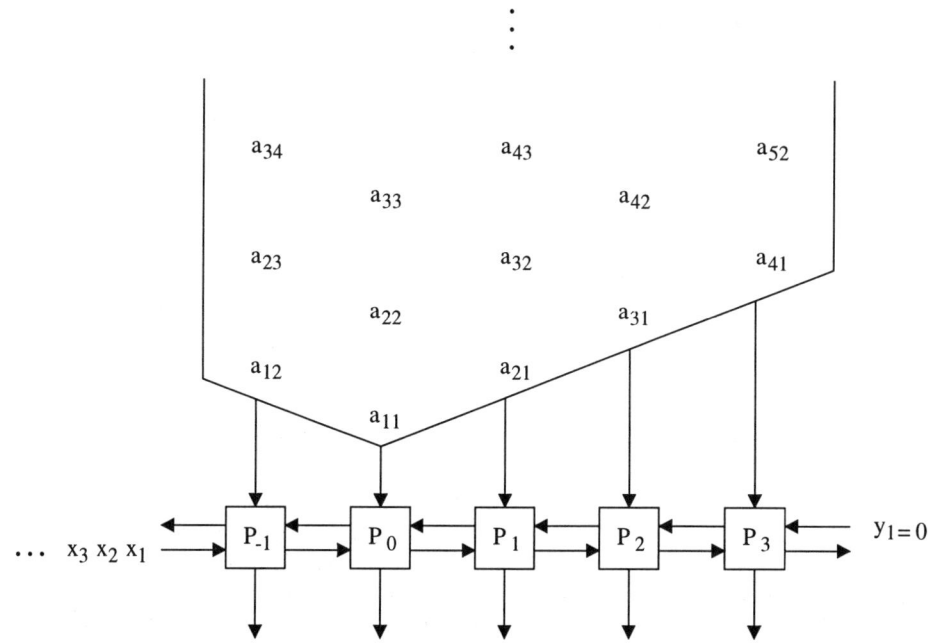

Abbildung 7.26: Organisation der (syst.) Matrix-Vektor-Multiplikation.

Tabelle 7.1 zeigt den Ablauf der Berechnung im einzelnen während der ersten zwölf Takte. Man erkennt, daß nach Ablauf von $p + q - 1 = b$ Takten (hier: 5) das erste Ergebnis die Pipeline links verläßt, und daß sodann nach jedem zweiten Takt eine weitere Komponente des Ergebnisvektors vollständig berechnet ist. Hat der Vektor Y genau n Komponenten, so ist die Berechnung von Y offensichtlich nach $2n + b$ Takten abgeschlossen. Ein sequentieller Algorithmus, welcher diese Aufgabe auf *einem* Prozessor löst, würde demgegenüber größenordnungsmäßig $b \cdot n$ Takte benötigen.

Die oben beschriebene Pipeline läßt sich auch zur Berechnung von $Y = A \cdot x + d$ verwenden, wobei d ein n-elementiger Vektor ist. Jedes y_i ist dann mit d_i (anstatt mit 0) zu initialisieren.

Wir wollen abschließend skizzieren, wie sich der gerade beschriebene systolische Algorithmus zur Matrix-Vektor-Multiplikation auf die Multiplikation von Matrizen verallgemeinern lässt. Dazu seien zwei $(n \times n)$-Matizen A und B gegeben, wobei A eine (p, q)-, B eine (q, p)-Bandmatrix sei. Das Produkt $C = A \cdot B$ ist dann eine $(p + q - 1, p + q - 1)$-Bandmatrix. Wie oben sei $b = p + q - 1$. Zur Berechnung von C verwenden wir ein hexagonales Feld der in Abbildung 7.23 gezeigten Form, welches aus b^2 Prozessoren besteht; ist z. B. $p = 2$, $q = 3$ und daher $b = 4$, so enthält das Feld 16 Prozessoren, vgl. Abbildung 7.27. Jeder dieser Prozessoren hat die gleiche Funktionalität wie die oben verwendeten; in Analogie zu Abbildung 7.20 sollen Inputs und Outputs jetzt wie folgt verteilt sein:

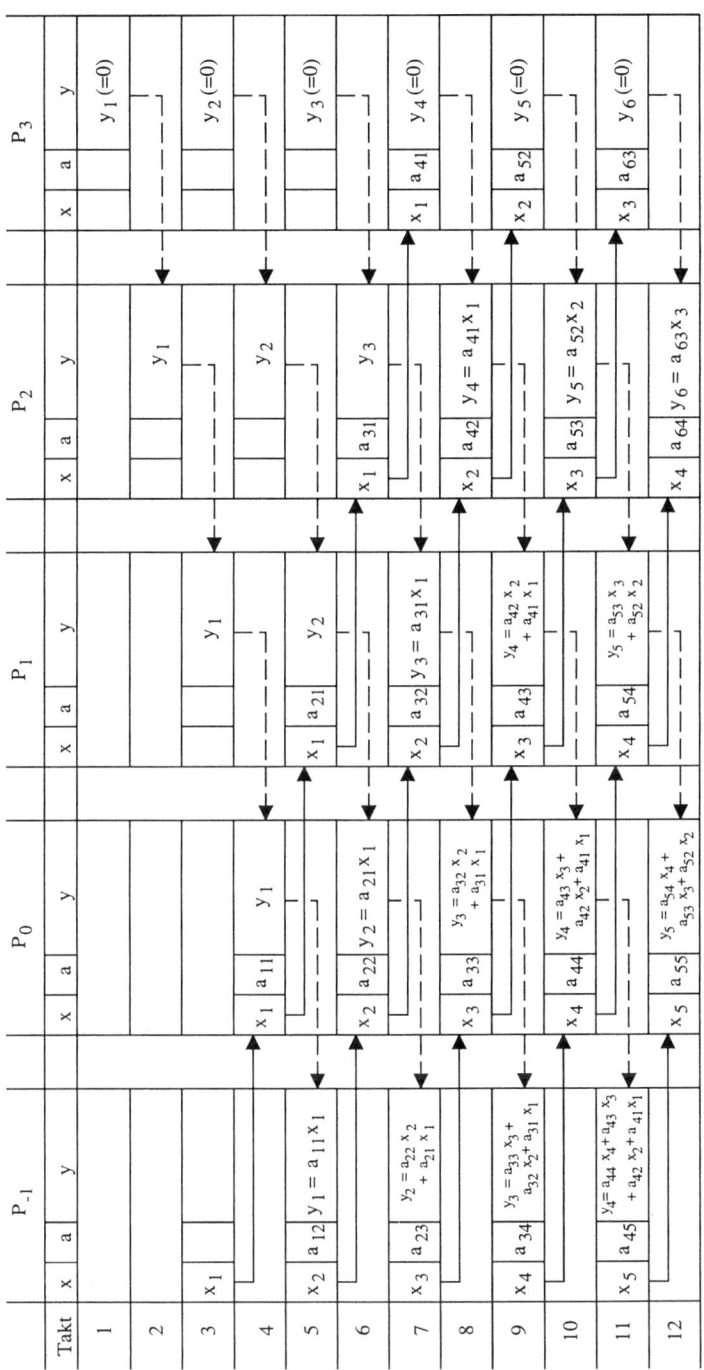

Tabelle 7.1: (Teilweiser) Ablauf der Matrix-Vektor-Multiplikation.

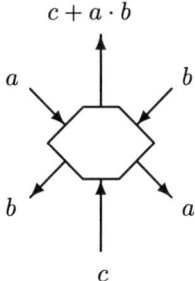

Zum Entwurf des Feldes sind Vorüberlegungen hinsichtlich der Inputs und Outputs bzw. der Taktung anzustellen, welche zu den oben für die Matrix-Vektor-Multiplikation angestellten analog sind; daher gehen wir hier nicht auf alle Einzelheiten ein. Insbesondere betrachten wir lediglich exemplarisch die Multiplikation zweier Matrizen mit der Bandbreite 4; diese seien wie folgt gegeben:

$$
\mathcal{A} = \begin{pmatrix} a_{11} & a_{12} & 0 & 0 \\ a_{21} & a_{22} & a_{23} & 0 \\ a_{31} & a_{32} & a_{33} & a_{34} \\ 0 & a_{42} & a_{43} & a_{44} \\ 0 & 0 & a_{53} & a_{54} \end{pmatrix} \cdots
\qquad
\mathcal{B} = \begin{pmatrix} b_{11} & b_{12} & b_{13} & 0 \\ b_{21} & b_{22} & b_{23} & b_{24} \\ 0 & b_{32} & b_{33} & b_{34} \\ 0 & 0 & b_{43} & b_{44} \\ 0 & 0 & 0 & b_{54} \end{pmatrix} \cdots
$$

Für die Koeffizienten der Ergebnis-Matrix $\mathcal{C}$ gilt dann z. B.

$$
\begin{aligned}
c_{11} &= a_{11}b_{11} + a_{12}b_{21} \\
c_{12} &= a_{11}b_{12} + a_{12}b_{22} \\
c_{21} &= a_{21}b_{11} + a_{22}b_{21} \\
\text{usw.}
\end{aligned}
$$

Ein hexagonales systolisches Feld zur Multiplikation von $\mathcal{A}$ und $\mathcal{B}$ hat dann den in Abbildung 7.27 gezeigten Aufbau. Die Matrix $\mathcal{A}$ wird von links oben nach rechts unten durch das Feld gepumpt, die Matrix $\mathcal{B}$ entsprechend von rechts oben nach links unten. Wie bei der Matrix-Vektor-Multiplikation werden beide Matrizen dazu so gedreht, daß jede Koeffizientenzeile des Bandes genau eine Prozessor-Reihe durchläuft. Die Ergebnismatrix $\mathcal{C}$ durchläuft das Feld von unten nach oben, wobei ihre Koeffizienten zu 0 initialisiert sind. In Abbildung 7.27 ist die Situation dargestellt, daß im zweitobersten Prozessor der mittleren Spalte a_{11}, b_{11} und c_{11} (=0) anliegen, was durch geeignete Taktung erreicht wird. Bei diesem Prozessor erscheint dann am oberen Ausgang $a_{11} \cdot b_{11}$. Dieses Ergebnis trifft im nächsten Takt im obersten Prozessor der mittleren Spalte mit a_{12} und b_{21} zusammen, so daß nach oben der erste Ergebniskoeffizient $c_{11} = a_{11}b_{11} + a_{12}b_{21}$ das Feld verläßt. Alle weiteren Berechnungen verlaufen analog, wovon sich der Leser selbst überzeugen möge.

Die von uns gegebenen Beispiele für systolische Schaltungen dürften den Leser überzeugt haben, daß die VLSI-Technik eine entscheidende Basis für die Entwicklung neuer Rechner-Architekturen liefert.

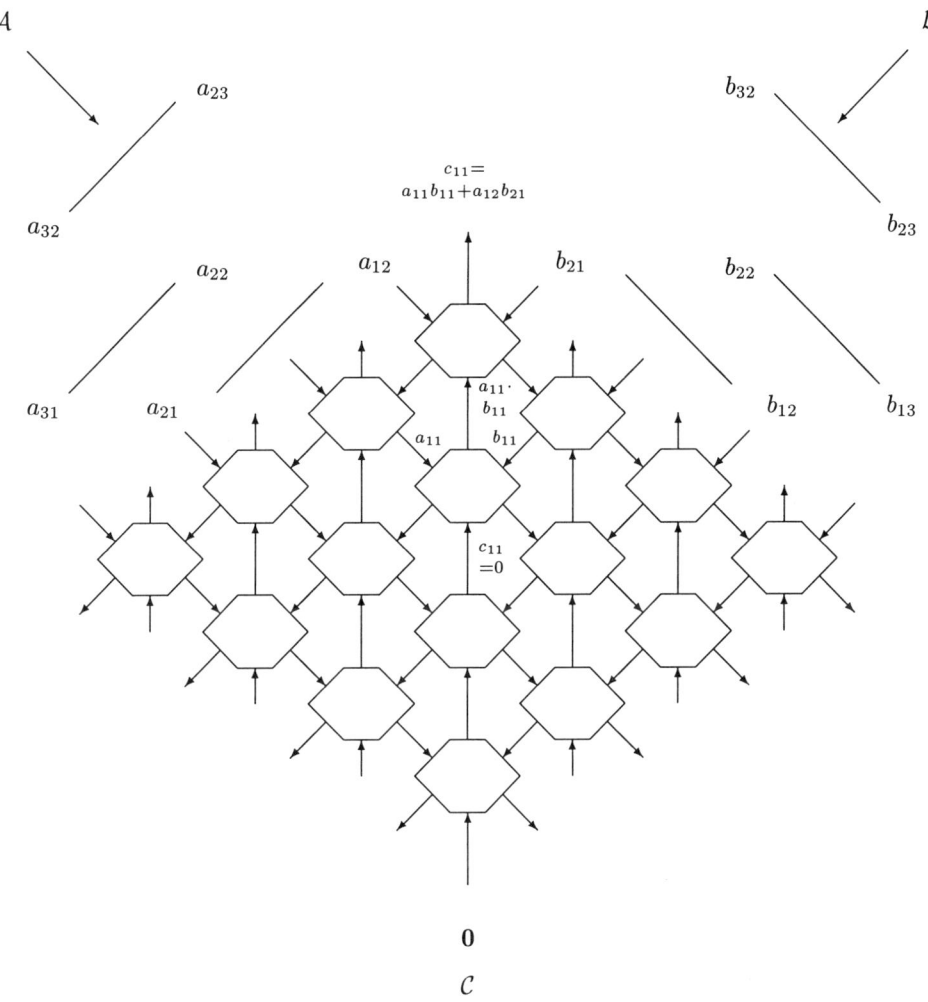

Abbildung 7.27: Hexagonales Prozessor-Feld für die Matrix-Multiplikation.

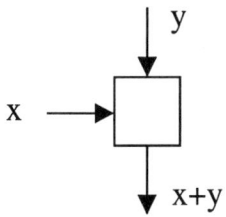

Abbildung 7.28: Oder-Gatter zu Aufgabe 7.5.

7.5   Übungen

7.1 Man zeige: Zu jedem Ullman-Schaltkreis C mit L Ebenen und Area A gibt es einen USK C', welcher die gleiche Funktion berechnet und genau 2 Ebenen besitzt, jedoch die Area $L^2 \cdot A$ benötigt. (Hinweis: Man bette C in ein Koordinaten-System ein und bilde jeden Punkt (x, y) in der Ebene i auf den Punkt $(L \cdot x + i, L \cdot y + i)$ ab. Man beachte, daß parallele Drähte und Gatter nicht übereinander liegen dürfen).

7.2 Sei C ein VLSI-Schaltkreis gemäß dem Ullmanschen Modell, welcher n Zahlen zu je k Bits sortiert. Man zeige: Bevor C ein niedrigstwertiges Resultats-Bit ausgibt, müssen alle niedrigstwertigen Eingabe-Bits eingelesen sein.

7.3 Es sollen $n = 30$ Zahlen zu je $k = 6$ Bits sortiert werden, d. h. der Eingabe $x = (x_1, \ldots, x_{180})$ soll die „richtige" Ausgabe $(y_1, \ldots, y_{180})$ zugeordnet werden. Man beschreibe einen Eingaberahmen der Kardinalität $2^{\frac{n}{3}}$ oder mehr, so daß stets gilt:

$$x_6 = y_{24}, x_{12} = y_{126}, x_{18} = y_{108}, x_{24} = y_{18}, x_{30} = y_{78},$$

$$x_{36} = y_{66}, x_{42} = y_{54}, x_{48} = y_{162}, x_{54} = y_6, x_{60} = y_{180}$$

Dabei seien die $x_{6i}, 1 \leq i \leq 10$, wie in Abschnitt 7.2.2 die niedrigstwertigen Bits der ersten 10 Zahlen.

7.4 Man überlege, wie das in Abschnitt 7.3 angegebene H-Layout zur Berechnung Boolescher Funktionen

 (i) abzuändern ist, falls $f(x_1, x_2, x_3) = x_1 x_2 \overline{x}_3 + \overline{x}_1 \overline{x}_2 x_3 + \overline{x}_1 x_2 \overline{x}_3$ zu berechnen ist,

 (ii) zu erweitern ist, falls vierstellige Boolesche Funktionen berechnet werden sollen.

7.5 A und B seien dreielementige Mengen von Tripeln über $\mathbf{N}$. Man betrachte ein systolisches Netz, welches neben dem in Abbildung 7.28 gezeigten Oder-Gatter den in Abbildung 7.29 gezeigten arithmetischen Komparator mit $A = a, B = b$,

$$X := \begin{cases} x & \text{falls } a = b \\ 0 & \text{falls } a \neq b \text{ oder kein neuer Input anliegt} \end{cases}$$

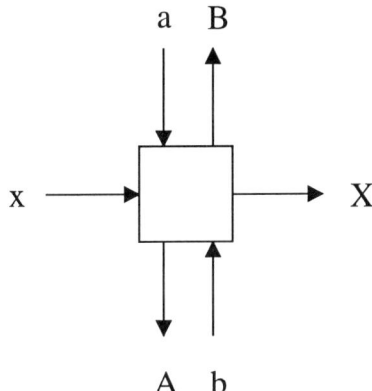

Abbildung 7.29: Arithmetischer Komparator zu Aufgabe 7.5.

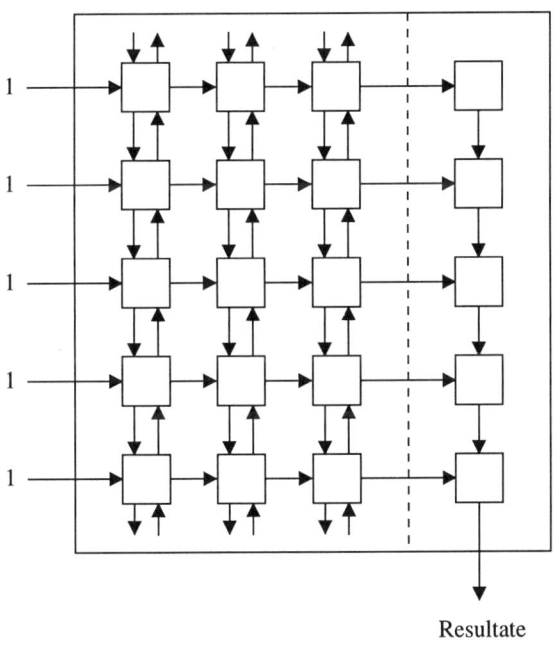

Abbildung 7.30: Schaltplan zu Aufgabe 7.5.

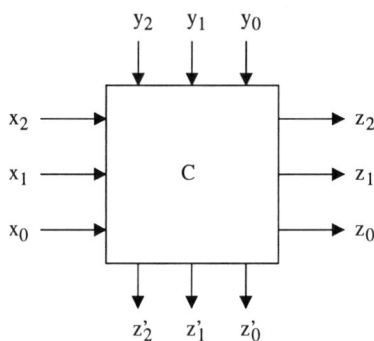

Abbildung 7.31: Schaltnetz zu Aufgabe 7.6 (a).

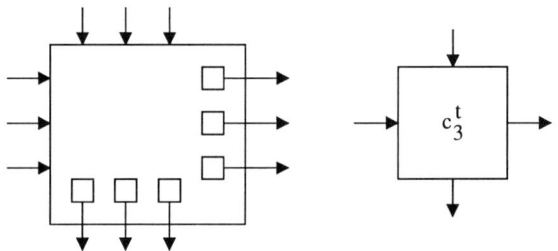

Abbildung 7.32: Schaltwerk zu Aufgabe 7.6 (b).

enthält und gemäß Abbildung 7.30 zusammengesetzt ist. Wir nehmen an, daß die Tripel aus A zeitlich um 45 Grad (d. h. im Gegenuhrzeigersinn) versetzt auf die a-Kanäle auftreffen, die Tripel aus B zeitlich um -45 Grad versetzt auf die b-Kanäle auftreffen, und daß ferner beide Mengen gleichzeitig in das Array eintreten. Ein Datennachschub erfolge nur in jedem zweiten Takt. Man erläutere, inwiefern die Ausgabe des Feldes die Tripelmenge $A \cap B$ codiert; man gebe an, nach welchen Takten Ergebnisentscheidungen vorliegen. Lassen sich mit diesem Prozessorfeld auch Tripelmengen A, B mit mehr als drei Elementen und $|A| \neq |B|$ schneiden?

7.6 (a) Man entwerfe ein Schaltnetz C, welches zwei 3-stellige Dualzahlen gemäß Abbildung 7.31 verarbeitet, wobei $z_2 = x_2, z_1 = x_1, z_0 = x_0, y_2 = z_2', y_1 = z_1', y_0 = z_0'$, falls $(x_2 x_1 x_0)_2 \geq (y_2 y_1 y_0)_2$ bzw. $z_2' = x_2, z_1' = x_1, z_0' = x_0, y_2 = z_2, y_1 = z_1, y_0 = z_0$, falls $(x_2 x_1 x_0)_2 < (y_2 y_1 y_0)_2$ gelten soll.

(b) Das in (a) entwickelte Schaltnetz wird durch Vorschalten von Delays direkt vor die Ausgänge zu einem getakteten Schaltwerk erweitert (vgl. Abbildung 7.32). (Dabei soll die Kennung t bedeuten, daß es sich um ein getaktetes Schaltwerk handelt; der Index 3 gibt die Länge der Dualzahlen an.) Zu welchen Taktzeiten $T \in \mathbf{N}$ muß man die Eingänge X_1, X_2, X_3, X_4 des in Abbildung 7.33 gezeigten Schaltwerkes mit vier k-stelligen Dualzahlen belegen, damit es diese sortiert an den Ausgängen Y_1, Y_2, Y_3, Y_4 wieder ausgibt? Man zeige die Sortie-

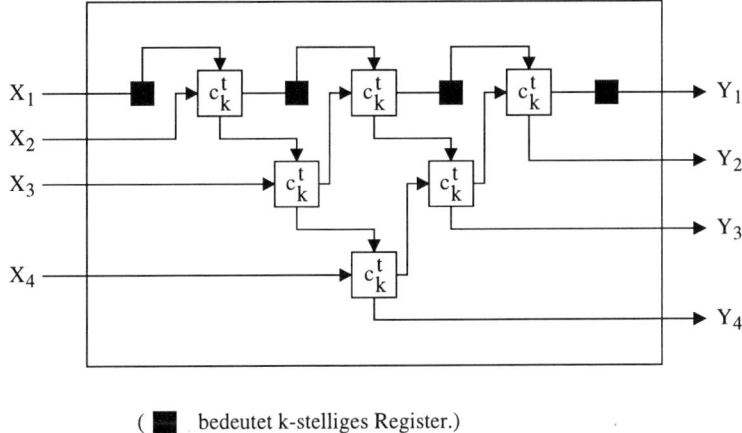

(■ bedeutet k-stelliges Register.)

Abbildung 7.33: Sortier-Schaltwerk zu Aufgabe 7.6 (b) und (c).

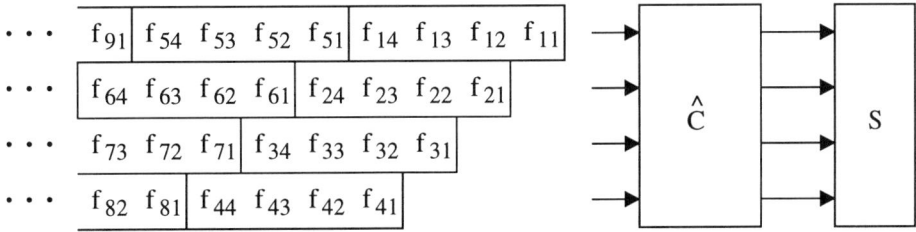

Abbildung 7.34: Eingabestrom zu Aufgabe 7.6 (d).

reigenschaft des Schaltwerkes und gebe die Anzahl der Takte an, ab welcher die Ergebnisse zur Verfügung stehen.

(c) Mit welchem Eingabe-Schedule kann man n Zahlenfolgen von je 4 Dualzahlen der Länge k mit dem Schaltwerk aus Abbildung 7.33 so schnell wie möglich sortieren?

(d) Das Schaltwerk aus Abbildung 7.33 soll m Zahlenfolgen f_m von je 4 Zahlen der Länge k sortieren. Der Eingabestrom sehe dabei wie in Abbildung 7.34 gezeigt aus. Wie muß die Schaltung $\hat{C}$ die Eingaben in Abhängigkeit von der Zeit permutieren, damit S seine Aufgabe ordnungsgemäß erfüllen kann?

7.6   Bibliographische Hinweise und Ergänzungen

Die in Abschnitt 7.1 gemachten Angaben zum ENIAC Rechner basieren auf Muroga (1982); aus dieser Quelle stammt auch die in diesem Abschnitt angegebene Klassifikation von Integrationsstufen. Einer der ersten in Transistor-Technik realisierten Rechner war die IBM 7090, welche z.B. von Bell und Newell (1971), Kapitel 41, beschrieben wird.

Das in Abschnitt 7.2.1 beschriebene VLSI-Modell geht auf Ullman (1984) zurück; in dieser Quelle wird auch eine Lösung von Aufgabe 7.1 angegeben. In der Literatur findet man eine Reihe weiterer Modelle für VLSI-Chips, z. B. bei Thompson (1980), Brent und Kung (1981) oder Lengauer (1990a, b), welche in den zugrunde gelegten Annahmen zum Teil vom Ullmanschen Modell abweichen. Zur Komplexität von Sortier-Chips verweisen wir ferner auf Thompson (1983).

Abbildung 7.13 bzw. die ihr zugrunde liegende allgemeine Konstruktion zur Realisierung beliebiger Boolescher Funktionen stammt von Kramer und van Leeuwen (1983). Die Darstellung der der Verdrahtung von Schaltelementen auf einem Chip zugrunde liegenden Probleme folgt Mehlhorn (1986). Man vergleiche hierzu auch Möhring et al. (1994). Zu den im Text erwähnten Ergebnissen über die Lösbarkeit von Verdrahtungsproblemen bei beschränkter Ebenenzahl vergleiche man Lipski (1982), Brady und Brown (1984) sowie Preparata und Lipski (1984).

Das in Abschnitt 7.4 beschriebene Suchproblem stellt nur *eine* Anwendung des binären „Prozessor-Baumes" dar. Bei Mead und Conway (1980) oder Kung (1979) findet man weitere Algorithmen, für deren Hardware-Realisierung diese Topologie besonders geeignet erscheint. Das ebenfalls in diesem Abschnitt beschriebene systolische Schaltwerksnetz und seine Verwendung bei der Matrix-Multiplikation wurde zuerst von Kung und Leiserson (1978) beschrieben. Weitere Algorithmen für systolische Netze, welche auch kurz als „systolische Algorithmen" bezeichnet werden, sind in den letzten Jahren für eine Vielzahl von Problemen entwickelt worden; so hängt z. B. die in Aufgabe 7.5 behandelte systolische Berechnung von Mengendurchschnitten, welche sich auf andere Mengenoperationen erweitern läßt, eng zusammen mit gewissen Operationen auf *relationalen Datenbanken*. Der interessierte Leser sei z.B. auf Brent et al. (1983), Kung (1979), Navarro et al. (1987) oder Ullman (1984) verwiesen. Bei Mead und Conway (1980) findet man darüber hinaus parallele Lösungsverfahren für zwei Probleme, welche zu der in Kapitel 3 beschriebenen Klasse der NP-vollständigen Probleme gehören. Diese lassen sich — wie in Kapitel 3 erläutert — sequentiell (bisher) nur durch Algorithmen mit nicht polynomialer Laufzeit lösen. Durch Verwendung paralleler Algorithmen kann man polynomielle Laufzeit erreichen, wobei jedoch exponentiell viele Prozessoren eingesetzt werden.

Der am Entwurfprozeß bzw. an Entwurfsverfahren für VLSI-Chips interessierte Leser sei verwiesen auf Glasser und Dobberpuhl (1985), Kolla et al. (1989), Ullman (1984) sowie Weste und Eshraghian (1993). Das bereits in Kapitel 2 erwähnte „design for testability" ist gerade für VLSI-Chips von großer Bedeutung; einen Überblick hierzu geben Gerner et al. (1986). Die Frage nach einem platzeffizienten Layout, insbesondere beim *algorithmischen* Entwurf von VLSI-Schaltungen, wird z.B. von Ullman (1984), Leiserson (1980), Kolla et al. (1989) sowie Lengauer (1990b) genauer diskutiert.

Bei der Entwicklung von VLSI-Schaltungen gewinnen automatisierte Entwurfsverfahren immer größere Bedeutung; rechnergestützte Werkzeuge sind hier insbesondere sogenannte *Chip-Assembler* sowie *Silicon-Compiler*; für weitere Informationen hierzu sei verwiesen auf Gajski und Thomas (1988), Rubin (1987), Sandweg und Séquin (1986) sowie Ullman (1984). Schließlich sei für Einzelheiten zu Fabrikationsverfahren bzw. zur physikalischen Herstellung auf Maly et al. (1987), Mead und Conway (1980) sowie Preas und Lorenzetti (1988) hingewiesen.

Teil II

Rechnerarchitektur (Globale Konzepte)

Nachdem wir im ersten Teil — einer „Bottom-Up"-Strategie folgend — eine Reihe von Modulen, welche in einem Rechner Verwendung finden, sowie Methoden, diese zu entwerfen, kennengelernt haben, wollen wir uns nun der Frage nach dem Gesamtaufbau eines Rechners widmen. Wie bisher wollen wir dies aus logischer Sicht betreiben und nur gelegentlich technologische Fragen zur Motivation diskutieren. Außerdem beschränken wir uns in diesem Teil im wesentlichen auf „klassisch" zu nennende Konzepte und Modelle; Alternativen hierzu werden wir in Teil III vorstellen.

Im Gegensatz zum letzten Teil verfolgen wir nun eine „Top-Down"-Strategie: In Kapitel 8 betrachten wir zunächst den globalen Aufbau des „Ur-Modells" eines Rechners, welches auf den Mathematiker John von Neumann zurückgeht. Dieses Kapitel bildet die Grundlage für die Kapitel 9 und 10, in welchen wir die grundlegenden Konzepte konkreter heutiger Rechnerarchitekturen vorstellen. Wir verwenden in Kapitel 9 den RISC-Mikroprozessor PowerPC 601, und in Kapitel 10 stellen wir exemplarisch einige CISC-Architekturen vor, wobei wir uns auf einen historischen Abriß der Entwicklung wichtiger, z. T. auch heute noch verbreiteter Typen beschränken. Dabei untersuchen wir das bereits in Kapitel 6 erwähnte Konzept der Mikroprogrammierung genauer. Schließlich wenden wir uns in Kapitel 11 Teilen der Software zu, ohne die kein Rechner-System „lebensfähig" ist; im einzelnen behandeln wir das Betriebssystem aus der Sicht des Benutzers (am Beispiel UNIX) sowie aus interner Sicht (mit den Problemkreisen Speicherverwaltung und Scheduling), und wir gehen kurz auf Probleme von Assembler, Linker und Lader ein.

Kapitel 8

Organisationsplan eines von Neumann-Rechners

8.1 Einführung

Den prinzipellen Aufbau eines sequentiellen Rechners haben wir in Abschnitt 6.4 bereits kennengelernt: Abhängig vom aktuellen Input und einem aktuellen Zustand wird durch die Next-State-Logik ein Folgezustand berechnet und durch die Output-Logik ein Output erzeugt. Formal haben wir diese Arbeitsweise durch einen endlichen Automaten beschrieben. Wenngleich dieses Modell aufgrund seiner Universalität für theoretische Zwecke ausreicht, ist es dennoch für die Beschreibung der in konkreten Rechnern ablaufenden Vorgänge nicht geeignet, und zwar aus folgenden Gründen:

Zum einen ist die Darstellung der Behandlung von Daten de facto unzureichend, denn für einen endlichen Automaten gibt es zu jedem Zeitpunkt nur einen Input. Demgegenüber verarbeitet ein realer Rechner im allgemeinen eine große Menge von Daten; diese werden gespeichert und nach einem gewissen Schema rechnerintern zwischen verschiedenen Modulen hin und her transportiert.

Zum anderen kann ein realer Rechner durch eine Programmsteuerung sein Verhalten ändern, die Funktionsweise eines endlichen Automaten hingegen ist fest vorgegeben. Es sei an dieser Stelle erwähnt, daß man durch eine Erweiterung dieses theoretischen Modellkonzeptes „endlicher Automat" zwar manchen dieser Aspekte modellieren kann — dies führt dann z. B. auf die Rechnermodelle Kellerautomat oder Turingmaschine, welche wir hier nicht behandeln wollen; jedoch läßt sich auch mit diesen Modellen die volle Flexibilität eines realen Rechners höchstens im Prinzip, aber nicht de facto nachbilden.

Wir machen uns daher ein anderes Bild von einem Rechner, welches zwar nach wie vor eine logische Sicht reflektiert, aber — wie sich zeigen wird — der physikalischen Wirklichkeit am nächsten kommt. Dieses Modell geht auf die theoretischen Arbeiten der Amerikaner Burks, Goldstine und von Neumann zurück und ist wie folgt gekennzeichnet:

1. Ein (zentralgesteuerter) Rechner besteht aus den *drei Grundbestandteilen*

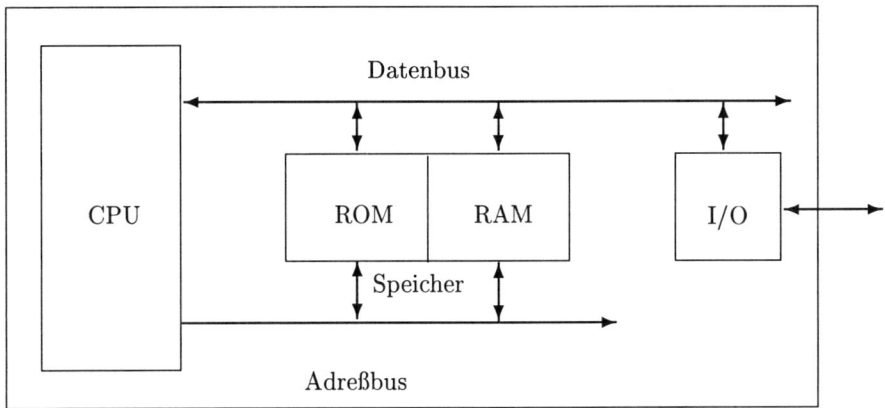

Abbildung 8.1: Struktur eines von Neumann-Rechners.

- Zentraleinheit (engl.: <u>C</u>entral <u>P</u>rocessing <u>U</u>nit, kurz CPU),
- Speicher,
- Ein/Ausgabe-Einheit.

Dazu kommen noch Verbindungen zwischen diesen Einheiten, sogenannte Busse. Die CPU übernimmt die Ausführung von Befehlen sowie die dazu erforderliche Ablaufsteuerung. Im Speicher werden Daten *und* Programme als Bitfolgen abgelegt. Die Ein/Ausgabe-Einheit stellt die Verbindung zur Außenwelt her; über sie werden Programme und Daten ein- bzw. ausgegeben. Auf diese Einzelteile gehen wir weiter unten noch detaillierter ein.

2. Die Struktur des Rechners ist *unabhängig* von einem speziellen, zu bearbeitenden Problem. Dies wird erreicht, indem man für jedes neue Problem ein eigenes *Programm* im Speicher ablegt, welches dem Rechner sagt, wie er sich zu verhalten hat. Speziell dieser Aspekt hat zu der Bezeichnung „(programmgesteuerter) Universalrechner" (engl. „stored-program machine") geführt.

3. Programme *und* von diesen benötigte Daten werden in demselben Speicher abgelegt. Dieser wiederum besteht aus Plätzen fester Wortlänge, welche über eine feste *Adresse* einzeln angesprochen werden können.

Die unter (1) oben beschriebene physikalische Struktur eines von Neumann-Rechners ist in Abbildung 8.1 wiedergegeben. Wir werden zunächst auf diese Struktur näher eingehen, um anschließend die Arbeitsweise eines solchen Rechners erläutern zu können.

Wir beginnen mit der *CPU*: Gemäß den oben angegebenen Aufgaben Befehlsausführung und (Ablauf-) Steuerung besteht diese aus einem *Datenprozessor* und einem *Befehlsprozessor*. Die Aufgabe des Datenprozessors besteht in der „klassischen"
Verarbeitung von Daten, d. h. dem Ausführen von Berechnungen. Dazu enthält
er ein Rechenwerk, die sogenannte *Arithmetisch-Logische Einheit* (engl.: $\underline{A}$rithmetic
$\underline{L}$ogical $\underline{U}$nit, kurz ALU), sowie (mindestens) drei Register zur Aufnahme von Operanden. Damit ist der Aufbau prinzipell dem der aus Kapitel 4 bekannten Addierwerke
ähnlich. Bei den Registern handelt es sich um einen *Akkummulator* A (häufig kurz
Akku genannt), ein *Multiplikator-Register* MR (z. B. zur Aufnahme von Multiplika-
tionsergebnissen) und ein *Link-Register* L (vorläufig als einstellig angenommen, zur
Aufnahme z. B. eines Additionsübertrags), welche beide als Akku-Erweiterung angesehen werden können. Als drittes Register steht sodann noch das *Puffer-Register*
(engl.:$\underline{M}$emory-$\underline{B}$uffer-$\underline{R}$egister) MBR zur Verfügung, über welches die Kommunikation mit dem Speicher abgewickelt wird.

Während man den Akku auch als „general purpose"-Register bezeichnet, welches
im Prinzip für jede im Rahmen eines Programms anfallende Aufgabe verwendet werden kann, stellen alle anderen in diesem Abschnitt erwähnten Register sogenannte
„special purpose"-Register dar, welche alle eine spezielle Funktion besitzen und ausschließlich für diese verwendet werden können. Es sei auch bereits bemerkt, daß reale
Rechner de facto über mehr als einen Akku verfügen.

Die Aufgabe des Befehlsprozessors besteht darin, Befehle zu entschlüsseln und
deren Ausführung zu steuern. Dazu kann er sich folgender Register bedienen: Der ak-
tuell bearbeitete Befehl befindet sich im *Befehlsregister* (engl.: $\underline{I}$nstruction $\underline{R}$egister)
IR. Die Adresse des Speicherplatzes, welcher als nächstes anzusprechen ist, ist im *Spei-*
cheradreßregister (engl.: $\underline{M}$emory $\underline{A}$ddress $\underline{R}$egister) MAR abgelegt. Die Adresse des
nächsten auszuführenden Befehl wird darüberhinaus im *Befehlszähler* (engl.: $\underline{P}$rogram
$\underline{C}$ounter) PC gespeichert. Die Entschlüsselung eines Befehls erfolgt durch einen separaten (Befehls-) Decodierer, die Steuerung der Ausführung schließlich durch ein
Steuerwerk; auf diese beiden Bestandteile werden wir später genauer eingehen.

Damit erhalten wir insgesamt das in Abbildung 8.2 gezeigte detaillierte Bild einer
CPU. Die Bedeutung der hier bereits eingezeichneten Verbindungen zwischen den einzelnen Teilen wird weiter unten klar, wenn wir die Arbeitsweise einer CPU erläutern.

Aus logischer Sicht besitzt ein von Neumann-Rechner neben der CPU einen *Spei-*
cher, welcher begrifflich zusammengesetzt ist aus einem ROM- und einem RAM-Teil.
Das *ROM* ($\underline{R}$ead $\underline{O}$nly $\underline{M}$emory) ist uns dabei bereits aus Kapitel 6 bekannt. Es
handelt sich um einen Festspeicher, welcher einmal in ihm abgelegte Werte perma-
nent speichert; sie sind nicht mehr veränderbar. Dieser Teil des Speichers enthält im
allgemeinen Befehle, welche die CPU häufig im Rahmen verschiedenster Aufgaben
auszuführen hat. Wir werden auf das ROM in Kapitel 9 genauer eingehen, wenn wir
das ebenfalls in Kapitel 6 bereits erwähnte Konzept der Mikroprogrammierung eines
Rechners genauer behandeln. Das *RAM* ($\underline{R}$andom $\underline{A}$ccess $\underline{M}$emory) ist ein Speicher
mit sogenanntem wahlfreiem Zugriff, d. h. jede einzelne Speicherzelle kann direkt
zwecks Lesen oder Schreiben über ihre Adresse angesprochen werden. Beide Speicherteile enthalten potentiell Daten *und* Programme (oder — wie sich noch zeigen wird
— Adressen), jedoch kann ein RAM für jede neue Aufgabe (jedes neue Programm)
entsprechend neu geladen werden.

Die *Ein/Ausgabe-Einheit* („I/O-Unit") stellt, wie bereits erwähnt, die

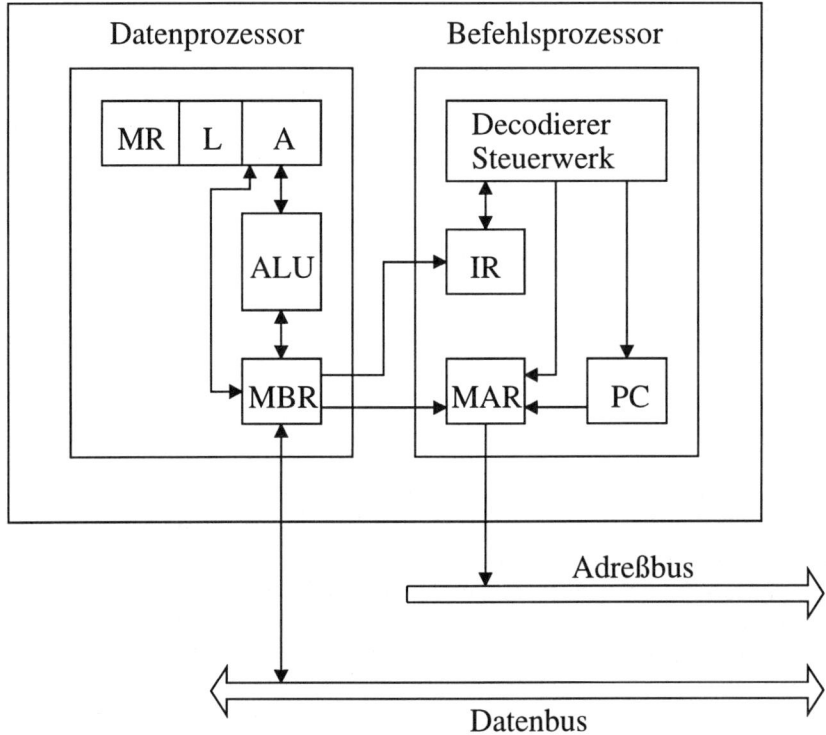

Abbildung 8.2: Struktur einer CPU.

Schnittstelle des Rechners nach außen dar. Über diese können Daten und Programme ein- bzw. ausgegeben werden. Dies kann im allgemeinen teilweise parallel erfolgen, falls der Rechner über verschiedene (Memory-) „Ports" verfügt.

Wir werden hierauf in Abschnitt 8.5 noch genauer eingehen, merken jedoch hier bereits an, daß diese Einheit selbsttätig eine Reihe von — im Vergleich zur CPU einfachen — Aufgaben zu erfüllen hat, welche bei der Ein- bzw. Ausgabe anfallen (z. B. die Umwandlung von Dezimal- in Dualzahlen). Wesentlich ist dabei, daß Input bzw. Output nicht notwendig durch die CPU gesteuert zu werden brauchen, sondern daß die I/O-Einheit dazu eigene „periphere Prozessoren" oder *Kanäle* besitzen kann (vgl. Abschnitt 8.5).

Die weiter oben bereits als weitere Bestandteile genannten *Busse* verbinden die drei Hauptelemente miteinander. Logisch handelt es sich dabei um eine oder mehrere Leitungen, auf welcher fest formatierte Bitfolgen transportiert werden, und zwar je nach Aufgabe des Busses in einer Richtung (wie im Falle des Adreßbusses) oder in beide Richtungen (beim Datenbus). Wir werden hierauf in Abschnitt 8.4 zurückkommen.

Es sei an dieser Stelle darauf hingewiesen, daß wir uns hier zunächst nur für die

Organisation eines von Neumann-Rechners interessieren. Darunter verstehen wir die logische Anordnung und das generelle Zusammenspiel der einzelnen Komponenten eines Rechners. Im Unterschied dazu werden wir uns in den Kapiteln 9 und 10 mit der *Architektur* spezieller Rechner beschäftigen. Dieser Begriff bezieht sich auf das konkrete „Aussehen" eines bestimmten Rechners insbesondere aus der Sicht des (Assembler-) Programmierers, d. h. auf die spezielle (physikalische) Funktionalität (etwa in Form der vorhandenen allgemeinen und speziellen Register oder des Befehlssatzes), welche ihm zur Programmierung zur Verfügung steht. Während also im allgemeinen viele Rechner die gleiche (allgemeine) Organisation besitzen, unterscheiden sie sich zum Teil wesentlich in ihrer (speziellen) Architektur, welche neben Hardware-Aspekten durchaus auch die (System-) Software einbezieht.

Es sei erwähnt, daß einige der für die Organisationsbeschreibung des Rechners wichtige Register dem Programmiermodell des Rechners nicht angehören müssen, d.h. für den Assembler-Programmierer unsichtbar bleiben. Hierzu gehören insbesondere die Register MAR, MBR und IR: Sie haben wohl z.B. aus der Sicht der Mikroprogrammierung (vgl. Abschnitt 9.3) Bedeutung, kommen aber bei der Beschreibung der Architektur eines Rechners (vgl. Abschnitt 9.2.1) nicht vor. Eine Zwischenstellung nimmt der Program Counter PC ein, der einerseits im Zuge der normalen Befehlsverarbeitung automatisch geändert wird, andererseits aber auch durch den Maschinen-Programmierer geändert werden kann (vgl. z.B. Sprungbefehle und Unterprogrammtechniken).

8.2 Die Arbeitsweise einer Zentraleinheit (CPU)

Nachdem wir uns einen (noch recht groben) Überblick über die Organisation bzw. Struktur eines von Neumann-Rechners verschafft haben, wollen wir nun dessen Arbeitsweise und speziell die der CPU erläutern. Dazu kommen wir zurück auf die im letzten Abschnitt angegebenen Kennzeichen (2) und (3): Die Bearbeitung eines speziellen Problems erfolgt gemäß einem Programm, bei welchem es sich um eine Folge von Befehlen handelt. Vor Beginn der Bearbeitung steht dieses zusammen mit den Daten, welche es benötigt, im Speicher. Daraus leiten sich die Charakteristika des von Neumann-Rechners ab:

1. Zu jedem Zeitpunkt führt die CPU *genau einen Befehl* aus, und dieser kann (höchstens) *einen* Datenwert bearbeiten (diese Philosophie wird im allgemeinen durch „Single Instruction — Single Data", kurz SISD, abgekürzt).

2. Alle Speicherworte (d. h. Inhalte der Speicherzellen) sind als Daten, Befehle oder Adressen brauchbar. Die jeweilige Verwendung eines Speicherinhalts richtet sich nach dem momentanen Kontext.

3. Da also Daten und Programme nicht in getrennten Speichern untergebracht werden, besteht grundsätzlich keine Möglichkeit, die Daten vor ungerechtfertigtem Zugriff zu schützen.

Eine Befehlsfolge ist also zunächst eine Folge von Binärzahlen festen Formats, welche nach dem sogenannten *Maschinencode* aufgebaut ist (vgl. Kapitel 9). Da Befehle in dieser Form nur schwer lesbar sind, stellt man dem Benutzer eines Rechners bequeme-re Darstellungen wie z. B. Assemblersprachen zur Verfügung, welche für jeden Befehl einen speziellen *Mnemocode* bereithalten. Damit lassen sich dann z. B. Additions-oder Multiplikationsaufgaben, aber auch komplexere Berechnungen in einer gedächt-nisfreundlichen Terminologie formulieren. Auch hier verweisen wir für Beispiele auf Kapitel 9 und erläutern an dieser Stelle nur den prinzipiellen Ablauf: Zentrale Bedeu-tung bei *jeder* Berechnung kommt dem Akku des Datenprozessors zu. Grundsätzlich ist dieser bei jeder arithmetischen oder logischen Operation beteiligt. Daraus folgt unmittelbar, daß auf die explizite Angabe des Akkus in vielen Befehlen verzichtet wer-den kann. *Einstellige* Operationen wie z. B. die (Boolesche) Negation oder die arith-metischen Operationen Wurzelziehen, Sinusberechnung usw. benötigen somit keinen Operanden (unter der Annahme, daß sich dieser im Akku befindet). Für *zweistellige* Operationen wie Addition oder Multiplikation reicht die Angabe des zweiten Ope-randen aus; dieser wird dann mit dem Inhalt des Akkus verknüpft, und das Ergebnis wird wieder im Akku abgelegt (analog der aus Abschnitt 4.2 bekannten Arbeitswei-se eines Addierwerks). Diesen Befehlstyp nennt man auch *Ein-Adress-Befehl*; es sei angemerkt, daß man aus Gründen der Vereinfachung der Assembler-Programmierung speziell bei modernen „Implementierungen" der von Neumannschen Prinzipien auch Zwei-, Drei- oder sogar Vier-Adreß-Befehle erlaubt (insbesondere dann, wenn mehr als ein Akku vorhanden ist); prinzipiell reichen jedoch Befehle mit einer Adresse aus.

Diese Voraussetzungen bedingen den für einen Neumann-Rechner typischen Be-fehlsablauf: Da der Inhalt einer Speicherzelle als Bitfolge *weder selbstbeschreibend noch selbstidentifizierend* ist, muß der Rechner aufgrund des *zeitlichen Kontextes* selbst ent-scheiden, wie eine spezielle Bitfolge zu interpretieren ist. Technisch löst man dieses Problem, welches sich aus der von Neumann-Philosophie ergibt, durch das sogenannte *Zwei-Phasen-Konzept* der Befehlsverarbeitung:

1. In der sogenannten Interpretations- oder *Fetch-Phase* wird der Inhalt von PC nach MAR gebracht und der Inhalt dieser Adresse aus dem Speicher über MBR nach IR geholt. Der Rechner geht zu diesem Zeitpunkt davon aus, *daß* es sich bei dieser Bitfolge um einen Befehl handelt. Der Decodierer erkennt, um *welchen* Befehl und insbesondere um welchen Befehls*typ* es sich handelt. Nehmen wir an, der aktuelle Befehl ist ein „Memory-Reference-Befehl", welcher also — im Gegensatz etwa zu einem Halt-Befehl — einen zweiten Operanden aus dem Spei-cher benötigt, so weiß der Rechner, daß als nächstes dieser Operand aus dem Speicher geholt (unter erneuter Beteiligung von MAR) und in MBR abgelegt werden muß. Schließlich muß der Inhalt von PC aktualisiert werden (vgl. unten).

2. In der darauf folgenden *Execution-Phase* erfolgt die eigentliche Befehlsausfüh-rung sowie eine Initiierung der Fetch-Phase für den nächsten auszuführenden Befehl.

In der Realität sind diese Phasen komplizierter, da z. B. in der Fetch-Phase gege-benenfalls Adreß-Berechnungen auszuführen sind oder der „Operand" des aktuellen Befehls ein „indirekter"sein kann, d. h. daß der Inhalt der Speicherzelle, deren Adresse er angibt, selbst wieder als Adresse aufzufassen ist.

Bei diesem zweistufigen Ablauf, welcher streng seriell zu erfolgen hat, spielt die Zeit, welche benötigt wird zur Interpretation des Befehls, zum Lesen des bzw. der

Operanden aus dem Speicher, zum Ausführen des Befehls und zum Ablegen des Ergebnisses im Speicher, eine große Rolle. Bei ersten Realisierungen eines von Neumann-Rechners wie z. B. dem UNIVAC-System (vgl. bibliographische Hinweise) kostete die Befehlsausführung die meiste Zeit. Heute wird diese von den Speicherzugriffszeiten dominiert, d. h. die Ausführungszeit eines Befehls (durch die ALU) beträgt im allgemeinen nur noch einen Bruchteil der Zeit, welche benötigt wird, um einen Speicherinhalt zu lesen und über den Bus zur CPU zu übertragen bzw. umgekehrt. Daher spricht man von dieser Kommunikation zwischen CPU und Speicher auch als vom *von Neumannschen Flaschenhals* (engl.: Bottleneck). Wir kommen darauf weiter unten zurück.

Eine Folge von Befehlen stellt ein *Programm* für einen Rechner dar. Ausgeführt werden die Befehle eines Programms im allgemeinen in der Reihenfolge, in welcher sie (hintereinander) im Speicher abgelegt sind (und welche durch den Programmierer bestimmt wird). Dazu wird während der Interpretationsphase eines Befehls der Inhalt von PC, welcher die Adresse des nächsten auszuführenden Befehls angibt, lediglich um eins erhöht. Eine Ausnahme bilden (bedingte oder unbedingte) Sprungbefehle (z. B. bei Schleifenenden oder Unterprogramm-Sprüngen); in diesen Fällen ist PC neu zu laden. Beispiele hierfür werden wir insbesondere in Kapitel 9 kennenlernen; wir können jedoch bereits an dieser Stelle die Beschreibung der Fetch-Phase wie folgt zusammenfassen:

$$
\begin{aligned}
&\text{MAR} \leftarrow \text{PC};\\
&\text{MBR} \leftarrow \text{<MAR>};\\
&\text{IR} \leftarrow \text{MBR};\\
&\text{decodiere IR};\\
&\text{falls kein Sprungbefehl}\\
&\qquad \text{dann } \{ \text{ stelle Operanden bereit}; \text{PC} \leftarrow \text{PC} + 1 \}\\
&\qquad \text{sonst PC} \leftarrow \text{Sprungzieladresse};
\end{aligned}
$$

(Die Schreibweise „<MAR>" bezeichnet dabei den Inhalt der Zelle mit der in MAR enthaltenen Adresse.)

Damit ist die Beschreibung des „klassischen" von Neumannschen Universalrechnerkonzepts und speziell der Arbeitsweise einer CPU zunächst einmal abgeschlossen. Wenngleich nahezu alle bis heute entwickelten Rechner mit *einer* CPU (sogenannte Ein-Prozessor-Anlagen) dem Aufbau des von Neumann-Rechners folgen, so zeigten sich doch schon recht früh mehr oder weniger starke Abweichungen vom Ur-Modell, welche zum Teil durch technologischen Fortschritt, zum Teil aber auch durch grundsätzliche Unzulänglichkeiten wie z. B. den bereits erwähnten Bottleneck motiviert waren. Auf einige davon werden wir weiter unten kurz eingehen.

8.3 Der Speicher

Der Speicher eines von Neumann-Rechners und speziell dessen RAM-Anteil besteht konzeptionell aus einer Folge von Zellen, welche einzeln adressierbar sind. Hieraus ergeben sich unmittelbar zwei Kenngrößen: Die „Breite" m einer Zelle, d. h. ihre Länge in Bits, und die „Länge" N des Speichers insgesamt, d. h. die Gesamtzahl der Zellen. Ein zumeist verwendeter Wert für m ist 8, d. h. jede Speicherzelle umfaßt 8 Bits oder 1 *Byte*. Die Zahl N ist im allgemeinen eine höhere Zweierpotenz und hat also die Form $N = 2^n$ mit z. B. $n = 20$, d. h. $N = 2^{20} = (2^{10})^2 = 1.024 \cdot 1.024 = 1 \text{ K} \cdot 1 \text{ K} = 1$ M („Mega" bzw. „Megabyte" bei einem byte-adressierbaren Speicher). Weiter können bei modernen Rechnern auch bestimmte Vielfache der kleinsten adressierbaren Einheit direkt angesprochen werden, was dann etwa auf Halbwort- (2 Bytes) oder Wort-Adressen (4 Bytes) führt. Ein Speicher mit z. B. 512 K Plätzen à 1 „Wort" (= 4 Bytes) hat damit insgesamt die Größe 2 M Byte, und es sei erwähnt, daß Speichergrößen heute im allgemeinen in Kilobyte (KB, entsprechend $2^{10} \approx 10^3$ Bytes), Megabyte (MB, entsprechend $2^{20} \approx 10^6$ Bytes) oder Gigabyte (GB, entsprechend $2^{30} \approx 10^9$ Bytes) angegeben werden.

Wir wollen hier nicht auf die physikalische Realisierung von Speichern eingehen; hierzu vergleiche man die weiter unten angegebene Literatur. Es sei allerdings bemerkt, daß die Gesamtzahl N adressierbarer Einheiten direkt mit der Größe des MAR (vgl. Abschnitt 8.1) zusammenhängt: Für $N = 2^n$, was die Verwendung von Adressen zwischen 0 und $2^n - 1$ erlaubt, muß das MAR (mindestens) n Bits umfassen. Analog hängt die Grösse des MBR mit den verwendbaren Clustern adressierbarer Einheiten zusammen: Falls man etwa bis zu 4 (aufeinander folgende) Bytes auf einmal ansprechen kann, so muß das MBR 32 Bits aufnehmen können.

Der Speicher eines von Neumann-Rechners, auch *Arbeits- oder Hauptspeicher* genannt, wurde bis etwa Mitte der 70er Jahre als Ferritkernspeicher realisiert. Dabei wurde bereits früh das Problem deutlich, daß die Ausführungszeit eines Programms wesentlich von der Speicherzugriffszeit des Rechners oder allgemein von der Zeit bestimmt wurde, welche die CPU zur Kommunikation mit ihrem Arbeitsspeicher benötigte. Durch heute erreichbare Gatterschaltzeiten (im Nanosekunden-Bereich) sind — wie oben erwähnt — tatsächlich Befehlsausführungszeiten vernachläßigbar gegenüber Zugriffszeiten zum Speicher.

Weiter beschleunigen kann man in dieser Situation nur durch eine effizientere Nutzung des Speichers, was zu einer *Speicherhierarchie* geführt hat, welche heute in jedem (von Neumann-) Rechner anzutreffen ist. Der Zentralprozessor kommuniziert dabei mit einer top-down organisierten *Folge von Speichern*, deren Preis (pro Bit) ab- und deren Größe und Zugriffszeit zunimmt mit wachsender „Entfernung" von der CPU. Der CPU unmittelbar als Speicherzellen zugeordnet sind nach wie vor die *Register*, wobei moderne Rechner auf mehr als drei von diesen im Daten- bzw. Befehlsprozessor zurückgreifen können. Insbesondere findet man heute im allgemeinen mehrere Akkus oder *allgemeine* Register bzw. mehrere, dem Akku untergeordnete Multiplikandenregister im Datenprozessor; der Befehlsprozessor kann ferner über zusätzliche *spezielle* Register wie z. B. Index-Register verfügen, welche Adreß-Berechnungen unterstützen. Auf der zweiten Ebene der Hierarchie befindet sich häufig ein sogenannter *Cache-Speicher* als Bindeglied zwischen CPU und Arbeitsspeicher, in welchem die als nächstes benötigten oder häufig benutzten Daten und Befehle zwischengespeichert werden. Die diesen Speichern zugrunde liegende Idee ist die sogenannte „90:10-Regel", welche besagt, daß (in den meisten Anwendungen) bei rund 90% aller Zugriffe nur etwa 10% der Daten, auf denen ein Programm insgesamt arbeitet, bereitstehen müssen. Referenzen auf Programmdaten sind also fast ausschließlich „lokaler" Natur.

Die nächste Stufe enthält den eigentlichen Arbeits- oder *Primärspeicher*, welcher heute aus Halbleiter-Bauelementen besteht und normalerweise eine Größe im

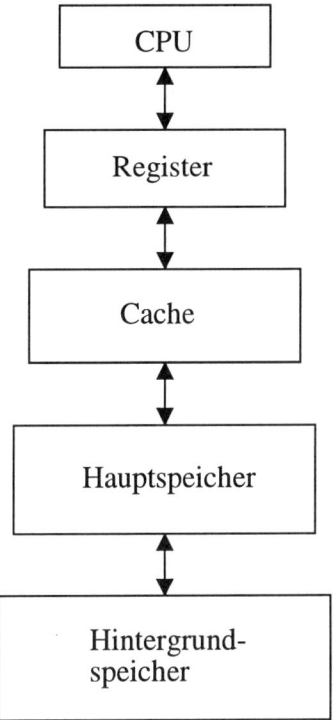

Abbildung 8.3: Speicherhierarchie.

Megabyte-Bereich hat. Auf der untersten Stufe folgen dann *Sekundär-Speicher*, welche zur Aufnahme großer Datenmengen oder von Programmen dienen, auf die relativ selten zurückgegriffen werden muß. Hierzu werden magnetisierbare oder optische Medien verwendet. Insgesamt stellt sich die Speicherhierarchie wie in Abbildung 8.3 gezeigt dar.

Der weiter oben erwähnte ROM-Teil des Speichers dient unter anderem zur Aufnahme von System-Funktionen in Form von Mikroprogrammen. Daher wird dieser im allgemeinen in das Steuerwerk des Befehlsprozessors integriert. Durch Fortschritte in der Technologie kommen heute statt ROMs auch PROMs (Programmable ROM), EPROMs (Erasable PROM) oder EEPROMs (Electrically EPROM) zum Einsatz, deren Speicherinhalt zwecks Austausch des Mikroprogramms gelöscht und neu beschrieben werden kann.

Wir wollen als nächstes kurz auf die Speicher, welche heute üblicherweise verwendet werden, etwas näher eingehen.

Die oben beschriebene Hierarchie von Speichern, mit denen die Zentraleinheit eines Rechners kommuniziert, dient dazu, den Arbeitsspeicher der CPU so zu erweitern, daß die Bearbeitung großer Programme und großer Datenmengen möglich wird. Daneben kommt insbesondere magnetisierbaren Sekundärspeichern die Aufgabe zu, Programme und insbesondere Daten über längere Zeit und unabhängig von einer (permanenten) Stromversorgung zu konservieren. Dies führte bereits früh zur Entwicklung von Fest- bzw. Wechselplatten-Speichern sowie zum Einsatz von Magnetband-Geräten. Speziell im Zusammenhang mit der zunehmenden Verbreitung von Personal- und Arbeitsplatzcomputern („Workstations") hat dabei der Plattenspeicher eine rasante Entwicklung durchlaufen, welche im Wechselplatten-Bereich unter anderem zu den *Floppy-Disks*, im Festplatten-Bereich zu den *Winchester-Platten* geführt hat.

Bei der *Floppy-Disk*, auch Diskette genannt, handelt es sich um eine flexible, mit einer magnetisierbaren Schicht versehene Kunststoffscheibe, welche in eine ebenfalls flexible Hülle (außer bei $3\frac{1}{2}$-Zoll-Floppys), eingeschweißt ist. Auf dieser Scheibe werden Informationen auf konzentrischen Kreisen („Spuren") gespeichert, welche in direkt adressierbare Sektoren unterteilt sind. Disketten wurden erstmals 1970 vorgestellt und haben seitdem eine weite Verbreitung gefunden. Die Entwicklung hat insbesondere die Parameter Spurdichte, Aufzeichnungsdichte innerhalb der Spuren und ein- oder beidseitige Aufzeichnung stark beeinflußt. Am Anfang standen 8-Zoll-Disketten (entsprechend einem Durchmesser von $8 \cdot 2,54 = 20,32$ cm) mit einer Kapazität von 128 KB. Heute sind überwiegend $3\frac{1}{2}$ -Zoll-Floppys mit einer Kapazität von 1,2–2 MB in Gebrauch. Als wesentliche Vorteile dieses Speichermediums sind leichte Auswechselbarkeit, Beschreibbarkeit und geringer Anschaffungspreis zu nennen. Demgegenüber steht der Nachteil der leichten Verschmutzbarkeit und — unter Umständen als Folge hieraus — die Gefahr der Beschädigung, insgesamt also eine niedrige Lebensdauer.

Von immer größer werdender Bedeutung als externer Speicher ist die *CD-ROM*, die — wie schon der Name andeutet — ein Festwertspeicher (ROM) auf einer kleinen Scheibe (Compact Disk, CD) ist, welcher vom Rechner per Programm nicht beschrieben bzw. geändert werden kann. Bemerkenswert ist die hohe Speicherkapazität von z.B. 600 MB, welche es ermöglicht, auch Audio- oder Video-Daten auf diesem Medium abzulegen. Als technisch recht unempfindlicher Speicher basiert die CD-ROM auf Laser-Technik; Laser-Strahlen werden durch kleinste Vertiefungen („Dimples"), die auf konzentrischen Kreisen auf die Scheibe (Disk) aufgebracht worden sind, zu einem optischen Empfänger hin- oder davon fortgelenkt. Ein wichtiges Einsatzfeld von CD-ROMs ist die Bereitstellung von Software-Paketen.

Winchester-Platten bzw. -Laufwerke sind Magnetplattenspeicher, welche im Gegensatz zu anderen magnetisierbaren Platten ganz aus Aluminium bestehen. Sie werden fest in ein Gehäuse montiert („Festplattenspeicher"). Der Name „Winchester", welcher heute nicht mehr explizit verwendet wird, war ursprünglich die IBM-interne Bezeichnung für ein Entwicklungsprojekt, durch welches 1973 mit der Vorstellung des Modells 3340 diese Art Speichersystem auf den Markt gebracht wurde. Wesentliches Kennzeichen dieser Technik ist die Tatsache, daß die Schreib-Leseköpfe beim Anlaufen bzw. Stoppen nicht mehr abgehoben werden müssen. Ferner werden Platten und Köpfe hermetisch in ein Gehäuse eingeschlossen, so daß z. B. Staubfreiheit garantiert werden kann. Zahlreiche weitere Verbesserungen gegenüber herkömmlichen Plattenspeichern wie z. B. die Verwendung von Dünnfilm- statt Ferritköpfen, die Erhöhung der Schreibdichte durch neue Aufzeichnungsverfahren oder die Verkleinerung der Antriebssysteme, der Schreib-Lese-Controller und der Interfaces nach außen haben zu deutlich verringerten Größen geführt. Diese Entwicklung der Massenspeicher-Technologie hatte zur Folge, daß Computer heute neben Floppy-Laufwerken meist mit Festplatten ausgerüstet werden und dadurch in Leistungsbereiche vordringen, welche noch bis vor wenigen Jahren Großrechner auszeichneten. Erhältlich sind ferner bereits Wechselkassetten-Laufwerke, welche es in Analogie zu den Wechselplatten ermöglichen, die Speicherplatten samt Antrieb und Anschlüssen auszutauschen.

Es sei an dieser Stelle erwähnt, daß auch Magnetbänder sowie -kassetten trotz ihrer langsamen Zugriffszeit und der geringen Packungsdichte nach wie vor wichtig sind, da sie wegen ihrer großen Sicherheit insbesondere für die Langzeitarchivierung unentbehrlich sind. Die Betrachtung all dieser unterschiedlichen Speicherungstechniken läßt die Vermutung zu, daß die physikalischen Möglichkeiten zur Entwicklung noch leistungsfähigerer Speichermedien noch keineswegs ausgeschöpft sind. So wird es heute häufig nicht mehr als vorrangig angesehen, Programme hinsichtlich des Speicherplatzbedarfs zu optimieren.

8.4   Busse

In diesem Abschnitt wollen wir kurz einige wichtige Charakteristika der Verbindungen, also der Busse, zwischen den Hauptelementen eines von Neumann-Rechners behandeln. Wesentlich ist zunächst eine Unterscheidung zwischen *seriellen* und *parallelen* Bussen: Besteht ein Bus lediglich aus einer 1-Bit-Leitung, so lassen sich Bits über ihn nur seriell transportieren. Diese billige, aber langsame Lösung wird heute im allgemeinen ersetzt durch schnelle, aber teurere Parallel-Busse: Bei diesen können über parallele Leitungen mehrere Bits gleichzeitig übertragen werden. Da Busse mehrere Rechnerteile wahlweise verbinden, müssen auch sie mit einer zentralen, synchronisierenden Steuerung versehen werden; da wir nur an einer logischen Sicht interessiert sind, gehen wir auf das Problem der Realisierung einer solchen Steuerung hier nicht ein.

Wenngleich man konzeptionell mit einem einzigen Bus auskommt, über welchen dann Daten, Befehle und Adressen je nach Bedarf transportiert werden, so wird doch in den meisten Rechnern zumindest zwischen einem Daten- und einem Adreßbus unterschieden. Dies ist dadurch motiviert, daß die Länge einer Speicherzelle im allgemeinen verschieden ist von der Länge ihrer Adresse (vgl. voriger Abschnitt): Falls eine Speicherzelle m Bits aufnehmen kann, zur Darstellung ihrer Adresse n Bits erforderlich sind und $m \neq n$ gilt, so ist es nicht sinnvoll, den gleichen Bus zur Übertragung von Daten und Adressen zu verwenden, da etwa im Fall $m > n$ bei einem parallelen m-Bit-Bus ein gewisser Anteil während einer Übertragung ungenutzt bleibt.

Genauer besteht der folgende Zusammenhang zwischen der Größe eines Arbeitsspeichers und der „Breite" eines Busses, welcher diesen mit der CPU verbindet: Besitzt der Speicher z. B. $2^{16} = 65.536 = 64 \cdot 1024 = 64$ K Plätze, so benötigt man ohne weitere Kunstgriffe zum Zugriff auf eine Speicherstelle eine Adresse der Länge 16 Bits. Der Adreßbus muß dann also in der Lage sein, 16 Bits (seriell oder parallel) innerhalb eines Taktes zu transportieren. Umgekehrt läßt sich aus einer Angabe wie z. B. „16-Bit-Adreßbus" damit auch die Anzahl der direkt adressierbaren Speicherplätze (2^{16}) errechnen. Besitzt ein Rechner andererseits etwa einen 32-Bit-Datenbus, so bedeutet diese Angabe, daß jeder Speicherplatz 4 Bytes enthält bzw. genauer, daß bis zu 4 Bytes in einem Zugriff angesprochen werden können (wenngleich die kleinste adressierbare Einheit etwa ein einzelnes Byte sein kann). Hieraus folgt, daß (speziell bei separatem Daten- und Adreßbus) die Breite des Datenbusses mit der Länge des MBR und die des Adreßbusses mit der Länge des MAR übereinstimmen muß.

Schließlich werden in modernen Rechnern häufig noch weitere Unterscheidungen hinsichtlich der Aufgaben vorgenommen, für welche separate Busse verwendet werden. So kann man etwa unterscheiden zwischen einem speziellen *Speicherbus*, welcher lediglich die CPU mit dem Speicher verbindet, und je einem eigenen Bus für den Input bzw. Output, welche den Speicher mit der I/O-Einheit verbinden. In Gegenwart geeigneter Steuerungen wird es dadurch möglich, verschiedene Aufgaben (wie z. B. das Einlesen neuer Daten und das Verarbeiten bereits gespeicherter) parallel durchzuführen.

8.5   Die E/A-Einheit.
Das Konzept des Interrupts

In der Realität findet man neben dem hier behandelten Daten- bzw. Adreßbus im allgemeinen noch weitere rechnerinterne Verbindungsleitungen. Zu erwähnen sind hier zunächst Synchronisationsleitungen, welche die einzelnen Teile des Rechners mit der Clock verbinden. Daneben besitzen moderne Rechner häufig — wie bereits erwähnt — einen separaten I/O-Bus, welcher das Ein/Ausgabe-Werk mit dem Primär- und/oder Sekundärspeicher verbindet. Dieser Bus wird häufig nicht mehr von der CPU selbst gesteuert, sondern von einem eigenen I/O-Prozessor. In diesem Abschnitt wollen wir erläutern, welche Möglichkeiten zum Entwurf eines solchen Prozessors heute Verwendung finden.

Es sei bemerkt, daß wir uns hier nur mit dem I/O befassen, welcher die „Außenwelt" in dem Sinne betrifft, daß Daten oder Programme in einen Rechner eingegeben oder von diesem ausgegeben werden sollen; wir interessieren uns also nicht für rechnerinternen „Programm-I/O", d. h. die Frage, wie ein Programm die von ihm benötigten Daten aus dem Speicher in die CPU-Register bzw. umgekehrt überträgt.

Eine Ein- oder Ausgabe betrifft damit die Übertragung von Daten oder Programmen zwischen einem Endgerät und dem Speicher eines Rechners, wobei wir weiter unten kurz erläutern werden, was unter einem Endgerät verstanden werden kann. Insbesondere unter der Annahme, daß grundsätzlich die CPU alle Abläufe in einem Rechner kontrolliert, erfordert diese Übertragung offensichtlich eine Kontrolle, welche insbesondere folgenden Problemen Rechnung trägt: (1) Die CPU als das den Zugang zum Speicher kontrollierende Organ kann in dem Moment, in dem ein I/O-Gerät übertragen will, beschäftigt sein. (2) Falls das I/O-Gerät nur wesentlich langsamer als die CPU Daten senden bzw. empfangen kann, so wird die CPU unter Umständen unnötig lange durch einen I/O-Vorgang blockiert.

Zur Lösung dieser Probleme besteht eine I/O-Einheit im allgemeinen aus dem eigentlichen Endgerät sowie einem *I/O-Controller*, welche über eine Datenleitung miteinander verbunden sind. (Es sei bemerkt, daß ein Controller häufig mehrere Endgeräte gleichzeitig steuert.) Der Controller verfügt weiter über einen eigenen Puffer zur Zwischenspeicherung von Input oder Output sowie über zwei weitere Verbindungen: Über eine Datenleitung kann er mit dem Speicher kommunizieren; über eine Steuerleitung kann er daneben Kontrollsignale mit der CPU austauschen. Diese Situation ist in Abbildung 8.4 dargestellt. Die an die CPU gesendeten Signale umfassen etwa „send" (als Ausdruck eines Sendewunsches), „ack" zur Bestätigung eines Empfangs, „error" oder „done"; in umgekehrter Richtung können Signale wie „go", „ack",

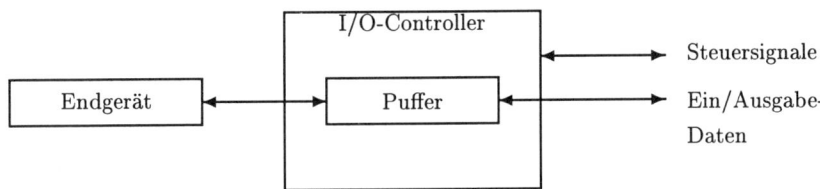

Abbildung 8.4: Organisation einer I/O-Einheit.

„error" oder „repeat" empfangen werden. Typische, heute verwendete I/O-Controller sind die folgenden:

Ein *serieller* I/O-Controller (SIO) kann sowohl mit den an ihn angeschlossenen Endgeräten als auch mit CPU und Speicher nur über serielle Leitungen kommunizieren. Demgegenüber verfügt ein *paralleler* I/O-Controller (PIO) über parallele Busse zum Endgerät sowie zum Speicher hin. Eine Kombination aus beiden stellt ein *Universal Asynchronous Receiver and Transmitter* (UART) dar, bei welchem Endgeräte über serielle Leitungen angeschlossen sind und mit dem Speicher über einen parallelen Bus kommuniziert wird.

Generell müssen sich die beiden „Partner" eines I/O-Vorgangs, also I/O-Controller und CPU bzw. Speicher, zunächst über den Beginn dieses Vorgangs verständigen. Dazu verfügt der Controller über ein *Status-Wort*, welches in entsprechenden Flags z. B. anzeigt, ob der Controller bereit zum Senden oder Empfangen ist, und welches von der CPU inspiziert werden kann. Man spricht von einem *programmierten I/O*, falls die CPU dieses Abfragen in regelmäßigen Abständen (häufig) durchführt. Dabei wird unterstellt, daß die CPU einen I/O durchführt, sobald sie den Controller hierfür bereit vorfindet; nach Beginn der Übertragung leert bzw. füllt der Controller seinen Puffer in den bzw. aus dem Speicher und kommuniziert gleichzeitig mit dem an diesem Vorgang beteiligten Endgerät. Falls letzteres vergleichsweise langsam arbeitet, wird die CPU dadurch unnötig lange blockiert. Ein weiteres Problem dieser Vorgehensweise besteht darin, daß (speziell bei schnellen Endgeräten) ein „Scanning" des Controller-Status weitaus öfter als nötig durchgeführt wird.

Abhilfe schafft in dieser Situation das Konzept des *Interrupt-gesteuerten I/O*, welches auf folgender Idee beruht: Sobald ein bestimmtes Ereignis (z. B. „Controller bereit zum Senden") eintritt, wird ein spezielles Interrupt-Signal erzeugt und zur CPU geschickt. Diese unterbricht sodann das gerade ausgeführte Programm und reagiert auf dieses Ereignis, um anschließend die Programm-Ausführung fortzusetzen. Hierbei wird der Status des Controllers also nur „bei Bedarf" von der CPU inspiziert, so daß insbesondere unnötige Abfragen vermieden werden. Konkret kann damit z. B. eine Eingabe wie folgt ablaufen:

1. Das Endgerät ist bereit zur Übertragung von Daten in den Rechner; daher sendet der Controller ein Interrupt-Signal an die CPU.

2. Die CPU inspiziert den Controller-Status und sendet ein Start-Signal; danach kann sie ihre vorherige Tätigkeit fortsetzen.

3. Der Controller empfängt Daten vom Endgerät und speichert diese in seinem Puffer. Sobald der Puffer voll oder die Datenübertragung vom Endgerät beendet ist, sendet der Controller einen weiteren Interrupt an die CPU.

4. Die CPU unterbricht das gerade ablaufende Programm erneut und führt die Übertragung der Daten aus dem Controller-Puffer in den Speicher durch. Anschließend setzt sie die Ausführung des unterbrochenen Programms fort.

Man beachte, daß sowohl beim programmierten wie auch beim Interrupt-gesteuerten I/O die CPU grundsätzlich beteiligt ist, wenngleich sie bei der eigentlichen Übertragung nur eine steuernde Funktion (nicht aber eine „berechnende") übernimmt. Es ist daher naheliegend, die CPU bei solchen Vorgängen weiter zu entlasten dadurch, daß diese Steuer-Funktionen in den I/O-Controller selbst verlagert werden. Dies führt auf eine weitere Klasse von Controllern, die *Direct Memory Access-* (DMA-) Controller, welche mit der CPU nur noch Steuerinformationen austauschen und daneben (über einen Bus) direkten Zugriff auf den Speicher haben. In diesem Fall sind Speicher und Controller nach dem Prinzip des „Cycle Stealing" miteinander verbunden: Tritt bei einem Speicherzugriff ein Konflikt mit der CPU auf, so wird dem DMA-Controller Vorrang gewährt; der CPU wird dann für einige Zeitzyklen der Zugriff zum Speicher entzogen.

Diese Idee der „Umgehung" der CPU bei der Ausführung einfacher Aufgaben hat zur Entwicklung eigenständiger *I/O-Prozessoren* geführt, welche heute gerade bei größeren Rechnern ausnahmslos verwendet werden, und welche neben dem reinen I/O eine Reihe weiterer Aufgaben (wie z. B. Paritätsprüfungen oder Code-Konvertierungen) übernehmen.

Das oben in Zusammenhang mit der Ein/Ausgabe eingeführte Konzept des Interrupts wird in Rechnern heute zur Lösung einer Reihe weiterer Aufgaben verwendet. Insbesondere unterscheidet man verschiedene Klassen von Interrupts in Abhängigkeit davon, an welcher Stelle sie auftreten oder wie die CPU auf sie reagiert:

- Ein *externer* Interrupt wird außerhalb der CPU verursacht; ein typisches Beispiel ist ein von einem I/O-Controller verursachter Interrupt. Demgegenüber wird ein *interner* Interrupt innerhalb der CPU erzeugt. Als Beispiele hierfür seien etwa Spannungsstörungen oder Programm-Fehler (z. B. Division durch Null), sogenannte *Traps*, genannt.

- Ein *maskierbarer* Interrupt kann (vorübergehend) außer Kraft gesetzt werden, d. h. er wird von der CPU zunächst ignoriert. Dies ist insbesondere dann sinnvoll, wenn ein bestimmtes Programm oder Teile daraus ohne Unterbrechung ablaufen müssen; tritt während der Ausführung eines derartigen Programms ein solcher Interrupt auf und ist dieser maskiert, so reagiert die CPU erst nach Beendigung des Programmlaufs auf diesen. I/O-Interrupts sind im allgemeinen maskierbar. Im Unterschied dazu führt ein *unmaskierbarer* Interrupt stets zu einer Unterbrechung der CPU.

Interrupts werden im allgemeinen mit Prioritäten versehen, was insbesondere für ihre Verschachtelung von Bedeutung ist: Falls während der Reaktion der CPU auf einen bestimmten Interrupt ein weiterer auftritt, so ist es sinnvoll, die CPU nur dann erneut zu unterbrechen, wenn der zweite Interrupt eine höhere Priorität als der erste besitzt. Im Hinblick auf eine Maskierung wird es dann möglich, während einer Programmausführung nur die unmittelbare Reaktion auf Interrupts ab einer bestimmten Priorität aufwärts zu erlauben.

Die Reaktion einer CPU auf einen Interrupt erfolgt in der Form, daß zunächst das gerade laufende Programm unterbrochen wird. Sodann wird in Abhängigkeit von dem vorliegenden Interrupt ein spezielles Programm, der sogenannte *Interrupt-Handler*, gestartet, welches im Speicher ab einer der CPU bekannten Adresse abgelegt ist. Nach Beendigung dieses Programms wird die Ausführung des zuvor unterbrochenen fortgesetzt.

Als Ein/Ausgabe-Geräte werden heute im allgemeinen CRT- („cathode-ray tube") Bildschirme eingesetzt, welche in Kombination mit einer Tastatur kurz als *Terminals* bezeichnet werden. Man unterscheidet *alphanumerische* und *Graphik*-Terminals. Erstere können lediglich Zeichensätze wie den durch den ASCII-Code (vgl. Kapitel 5) gegebenen darstellen; dagegen können letztere beliebige Graphiken auf dem Bildschirm empfangen.

Während der Bildschirm selbst grundsätzlich eine Ausgabe-Einheit darstellt, können Terminals insgesamt auf verschiedene Arten als Eingabe-Einheit verwendet werden. Die Tastatur kann zur Eingabe von (Kontroll-) Kommandos oder auf dem Bildschirm darzustellender Zeichen benutzt werden. Eine zentrale Rolle dabei spielt die Kontrolle des *Cursors*, welcher die Stelle auf dem Bildschirm bestimmt, an welcher das nächste eingegebene Zeichen angezeigt wird. Zur Bestimmung dieses „aktuellen Punktes" auf einem graphischen Bildschirm steht anstelle von Tasten zur Cursorsteuerung im allgemeinen eine *Maus* zur Verfügung. Die Maus ist aus ergonomischer Sicht eine geniale Lösung, da sie der natürlichen Fähigkeit des Menschen, Bewegung in Aktion umzusetzen, in idealer Weise entgegenkommt.

Als weitere Eingabe-Einheit speziell bei Graphik-Terminals sei noch das *Graphik-Tablett* erwähnt, welches die bekannteste Art, graphische Information aufzuzeichnen („mit Papier und Bleistift") nachzubilden versucht. Es besteht aus einem speziellen Stift, mit welchem auf dem Tablett geschrieben werden kann; dieses wiederum ist mit Sensoren versehen, über welche die Position des Stiftes auf der Tablett-Oberfläche festgestellt (und auf den Bildschirm übertragen) werden kann.

Lochkarten- bzw. -streifen-Leser und -Stanzer werden heute nicht mehr als E/A-Geräte verwendet. Für die Ausgabe nach wie vor von hoher Bedeutung sind *Drucker*, wobei mechanische (Trommel- oder Ketten-) Drucker speziell für hohe Geschwindigkeiten, Matrix-, thermische oder Laser-Drucker dagegen primär für hohe Qualität eingesetzt werden. Schließlich seien noch *Plotter* zur Ausgabe spezieller Zeichnungen (insbesondere Kurven) auf Papier erwähnt.

Je nach Anzahl und Daten-Transfer-Geschwindigkeit werden I/O-Geräte über separate DMA-Kanäle mit dem Rechner verbunden, oder es werden mehrere Geräte über einen Multiplexer (vgl. Abschnitt 2.1.2) an einen Kanal angeschlossen.

8.6   Klassifikation von von Neumann-Rechnern

Wir werden in den folgenden Kapiteln anhand konkreter Rechner, in welchen die von Neumannschen Ideen wiederzuerkennen sind, exemplarisch auf Maschinenbefehle, welche die Hardware eines Rechners ausführen kann, sowie auf die Assembler-Programmierung eingehen. Bei unserer nachfolgenden Darstellung folgen wir einerseits der gängigen Klassifikation von Rechnern nach ihrem Preis und ihrer Leistungsfähigkeit:

1. Ein *Personalcomputer* (PC), früher auch als *Mikrocomputer* bezeichnet, ist ein Rechner auf Mikroprozessor-Basis, welcher im allgemeinen nur von *einem* Benutzer gleichzeitig bedient wird. Bei älteren PCs war der Einbenutzerbetrieb eine durch das Betriebssystem und die geringe Verarbeitungsleistung gegebene Einschränkung; demgegenüber sind moderne PC-Betriebssysteme zumindest netzwerkfähig, d.h. ein solcher Rechner kann bei Vorhandensein der entsprechenden Hardware an ein Netzwerk angeschlossen werden und dann auf die netzweit verfügbaren Ressourcen zugreifen.

2. *Arbeitsplatzrechner* („Workstations") sind Rechner von deutlich höherer Leistungsfähigkeit als ein PC, welche unter der Kontrolle eines Mehrbenutzer-Betriebssystems arbeiten und häufig von vorneherein miteinander vernetzt sind. Sie leisten heute das, was früher von sogenannten *Minicomputern* geleistet wurde.

3. *Großrechner* („Mainframes") sind Hochleistungs- bzw. Hochgeschwindigkeitsrechner, welche von vielen Anwendern gleichzeitig benutzt werden können und welche häufig über mehrere Prozessoren sowie über Spezialhardware verfügen.

Die Grenzen zwischen diesen Kategorien sind heute fließend. Was früher allein für Großrechner wichtige Kenndaten waren, kann heute von jeder Art Rechner erfragt bzw. angegeben werden: Durchsatz, meist gemessen in MIPS (Million Instructions per Second) oder FLOPS (Floating Point Operations per Second), der maximale Hauptspeicherausbau, die Cachespeicher-Kapazität, die Anzahl der Kanäle zum Anschluß von Peripherie.

Wichtiger ist für unsere folgende Darstellung die heute gängige Einteilung von Rechnern anhand der *Konzeption des Maschinenbefehlssatzes*. Speziell in den 70er Jahren wurden Prozessoren mit immer mächtigeren und umfangreicheren Maschinenbefehlssätzen ausgestattet. Dies war motiviert durch die Bemühung, die sogenannte „semantische Lücke" zwischen den mächtigen Daten- und Kontrollstrukturen höherer Programmiersprachen und den vergleichsweise einfachen Maschinenbefehlen einer Rechner-Hardware zu verkleinern. Einen typischen Vertreter dieser Klasse von Prozessoren werden wir noch vorstellen. Hier sei lediglich bemerkt, daß Befehlssätze mit weit über 200 Befehlen keine Seltenheit waren; ferner wurde häufig eine hohe Anzahl von Adressierungsarten unterschieden, und ein „orthogonaler Befehlsatz" erlaubte sogar die weitgehend freie Kombinierbarkeit von Befehlstypen und Adressierungsarten. Eine Folge hieraus war eine meist vorliegende hohe Redundanz in der Befehlsstruktur, erkennbar etwa daran, daß sich ein und dieselbe Anweisung an den Prozessor auf mehrere Arten ausdrücken läßt.

Die Bereitstellung eines umfangreichen Befehlssatzes hat eine Reihe von Konsequenzen für den Entwurf des Prozessors, etwa im Hinblick auf das Steuerwerk, welches entsprechenden Mikrocode für jeden dieser Befehle zu erzeugen hat, oder im Hinblick auf das Timing der Ausführung eines Befehls, welches letztlich für den erzielbaren Durchsatz (in MIPS) verantwortlich ist.

Viele der in den letzten 20 Jahren entwickelten Prozessoren gehören zu einer Klasse von Prozessoren, deren „Entwurfsphilosophie" (genauer: deren Konzeption des Befehlssatzes) als *Complex Instruction Set Computer* (CISC) bzw. als CISC-Architektur bezeichnet wird. Wenngleich mit einem CISC-Prozessor speziell bei hoher Taktfrequenz heute ein Durchsatz von vielen MIPS erzielbar ist, ist andererseits ein gewisser *Overhead* vorhanden, welcher eine weitere Leistungssteigerung „ad infinitum" verhindert. Dieser resultiert im wesentlichen aus drei Merkmalen:

1. Der bereits erwähnte von Neumannsche Flaschenhals verhindert, daß die Geschwindigkeit, mit welcher auf einen Speicher zugegriffen werden kann, mit der einer CPU vergleichbar ist; als Ergebnis wird durch komplexe Instruktionen versucht, die CPU stärker als etwa einen Bus zu belasten.

2. Eine Reihe von Instruktionen bzw. Kombinationen von Instruktion und Adressierungsart wird nur in sehr speziellen Anwendungen tatsächlich verwendet; dennoch muß auch für diese der entsprechende Mikrocode vorgesehen werden.

3. Die bei CISC-Prozessoren übliche Mikroprogrammierung des Steuerwerks ist langsamer als eine fest verdrahtete Steuerung.

Seit Mitte der 70er Jahre hat eine alternative Entwurfsphilosophie für Rechner zunehmende Bedeutung erlangt, welche als *Reduced Instruction Set Computer* (RISC) bezeichnet wird. Für die Evolution von CISC-Rechnern war das Ziel wesentlich, Prozessoren mit einer Vielzahl von Instruktionen auszustatten, welche auch komplexe Aufgaben ausführen können. Das RISC-Konzept verfolgt eine entgegengesetzte Strategie; es entstand nach einer Reihe von Studien über die Art und Weise, wie Compiler für höhere Programmiersprachen von den Maschinenbefehlen eines gegebenen Prozessors tatsächlich Gebrauch machen. Hierbei zeigte sich vor allem, daß der von einem Compiler (automatisch) generierte Code nur selten von komplexen Instruktionen Gebrauch macht und solche Instruktionen allenfalls dann von Bedeutung sind, wenn direkt in Assemblersprache programmiert wird. Bei einem RISC-Rechner ist der Entwurf des Befehlssatzes wesentlich von solchen Aspekten beeinflußt. Ein RISC-Prozessor weist im allgemeinen mehrere oder sogar alle der folgenden Merkmale auf:

- Der Befehlssatz umfaßt unter Umständen nur wenige Instruktionen sowie Adressierungsarten (und ist häufig sogar auf bestimmte Anwendungen hin optimiert);

- durch eine Beschränkung auf einige wenige, elementare Grundfunktionen können die meisten Befehle innerhalb von einem Maschinen-Zyklus ausgeführt werden; man spricht in diesem Zusammenhang von *Clocks per Instruction* (CPI) und strebt also CPI = 1 an;

- auf den Hauptspeicher wird nur mit speziellen Load- und Store-Befehlen zugegriffen, während alle anderen Befehle nur Register als Operanden haben; man spricht daher auch von einer „Load/Store-Architektur";

- die Befehlsausführung wird unterstützt durch zusätzliche (in VLSI „leicht" realisierbare) Hardware wie etwa eine große Anzahl von Registern, welche durch eine spezielle „Fenstertechnik" von verschiedenen Prozeduren parallel benutzt werden können (vgl. unten);

- der Befehlsdecodierer bzw. das Steuerwerk ist fest verdrahtet, also nicht mikroprogrammiert oder mikroprogrammierbar (vgl. Kapitel 10);

- zur Unterstützung einer schnellen Befehls- und Operanden-Decodierung haben alle Instruktionen ein festes Format;

- die Hardware wird durch spezielle Software, insbesondere optimierende Compiler, unterstützt, wobei das Ziel ist, möglichst viele Aufgaben von der Ausführungszeit in die Übersetzungszeit eines Programms zu verlagern und effizienten Code zu generieren.

Es sei ausdrücklich erwähnt, daß Abweichungen von diesen Architekturmerkmalen in konkreten Systemen häufig sind. So können z.B. Gleitkomma-Operationen sowie multiple Load-and-Store-Befehle häufig nicht in *einem* Maschinen-Zyklus ausgeführt werden. Auch auf Mikroprogrammierung wird nicht bei allen RISC-Prozessoren verzichtet.

Zur Vermeidung häufiger Speicherzugriffe besitzen RISC-Prozessoren nicht selten mehrere hundert Register, so daß etwa die Verwaltung eines Stacks zum Zwecke des Prozeßwechsels oder zur Verwaltung aufeinander folgender Unterprogrammsprünge direkt in Registern, also unmittelbar auf dem Prozessorchip ohne Inanspruchnahme des von Neumannschen Flaschenhalses, realisiert werden kann. Wir wollen die dabei oft verwendete Fenstertechnik kurz erläutern: Jeder Prozeduraufruf erzeugt einen Prozedur-Rahmen, welcher in Registern abgelegt wird, wobei man Parameter-Register, lokale und temporäre Register unterscheiden kann. Letztere dienen der Übergabe von Parametern an eine (von der gerade ausgeführten) aufgerufene Prozedur. Durch einen solchen Aufruf werden die temporären Register der rufenden Prozedur zu den Parameter-Registern der gerufenen, so daß diese Register von beiden Prozeduren überlappt benutzt werden. Es wird bei einem neuen Aufruf also lediglich ein „Register-Fenster" „umgeschaltet", so daß eine Parameter-Übergabe *ohne* Speicherzugriff erfolgen kann.

Die Entwicklung von RISC-Prozessoren bzw. -Systemen kann heute in drei Generationen unterteilt werden: Sie begann in der zweiten Hälfte der 70er Jahre etwa gleichzeitig am IBM-Forschungszentrum in Yorktown Heights, an der Stanford University sowie an der University of California in Berkeley. Erste Resultate waren z.B. die RISC-I- und RISC-II-Prozessoren (Berkeley), von denen letzterer über 138 32-Bit-Register verfügte und dessen Befehlssatz nur 39 Instruktionen umfaßte. Bei dieser ersten Generation war ferner die Komplexität der Prozessorchips gering; sie umfaßte zwischen 20.000 und 100.000 Transistorfunktionen. RISC-Architekturen der 2. Generation hatten bereits umfangreichere Befehlssätze, welche meist Gleitkomma-Operationen beinhalteten. Auf dem Prozessor-Chip wurden jetzt zusätzliche Funktionen integriert (wie z.B. eine MMU); die Komplexität solcher Chips lag zwischen 300.000 und 1 Million Transistorfunktionen. Beispiele für derartige RISC-Prozessoren sind der Sun SPARC-Prozessor (vgl. Kapitel 9) oder der INMOS Transputer (vgl. Kapitel 13).

RISC-Architekturen der 3. Generation sind vor allem durch chip-internen Parallelismus gekennzeichnet, wobei die auch bei modernen CISC-Prozessoren anzutreffen-

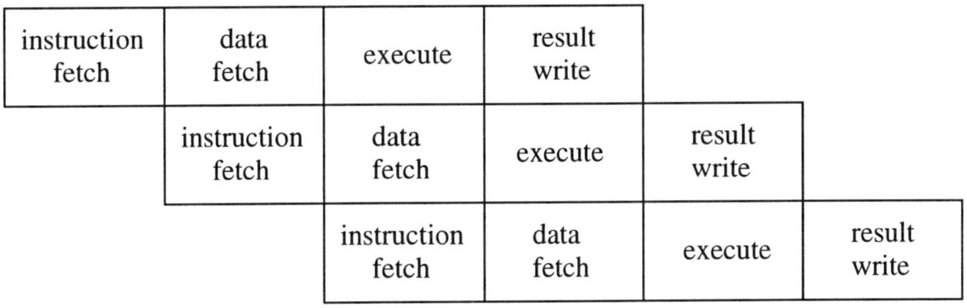

instruction fetch	data fetch	execute	result write			
	instruction fetch	data fetch	execute	result write		
		instruction fetch	data fetch	execute	result write	

Abbildung 8.5: Einfaches Befehlsphasen-Pipelining.

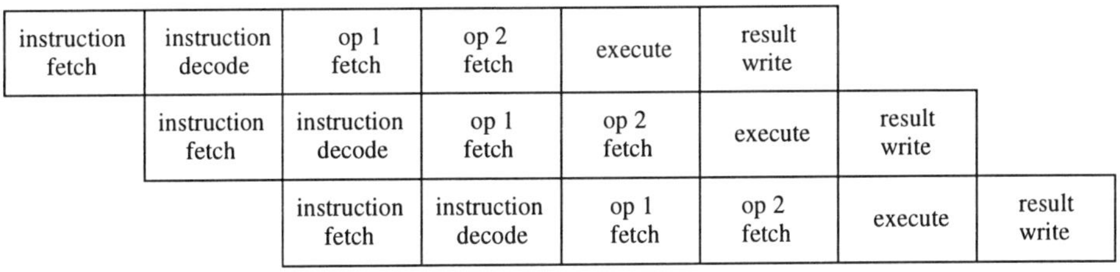

instruction fetch	instruction decode	op 1 fetch	op 2 fetch	execute	result write		
	instruction fetch	instruction decode	op 1 fetch	op 2 fetch	execute	result write	
		instruction fetch	instruction decode	op 1 fetch	op 2 fetch	execute	result write

Abbildung 8.6: Prinzip des Superpipelining.

den Techniken des Superpipelining bzw. der Superskalar-Architektur zur Anwendung kommen. Grundsätzlich spricht man von Pipelining auf der Ebene von Maschinen-befehlen, wenn die einzelnen Phasen einer Befehlsbearbeitung zeitlich überlappt ab-laufen können, etwa wie in Abbildung 8.5 (für eine vereinfachte Befehlsausführung) gezeigt. Zur weiteren Verbesserung des Durchsatzes bieten sich zwei Möglichkeiten an: Einerseits kann die Pipeline „tiefer" gemacht werden durch Maßnahmen, welche einzelne Phasen (wie z.B. Instruction Fetch) weiter aufzuteilen gestatten; man spricht dann von *Superpipelining* (vgl. Abbildung 8.6). Andererseits kann man die Pipeline so einrichten, daß sie mehr als eine Instruktion gleichzeitig aufnehmen kann; man spricht dann von einer *Superskalar*-Architektur (vgl. Abbildung 8.7). Die Tatsache, daß auch CISC-Prozessoren wie z.B. der Intel Pentium das Superskalar-Prinzip ver-wenden, zeigt, daß auch zwischen CISC und RISC die Grenzen zu verschwimmen beginnen. Das herausragende Beispiel für diesen Typ Prozessoren ist der PowerPC. Moderne RISC-Prozessoren umfassen typischerweise auf einem Chip mehrere Rechen-werke, welche es ermöglichen, mehrere Maschinenbefehle aus einem Befehlsstrom pa-rallel zu verarbeiten; es wird also CPI < 1 angestrebt.

Abschließend sei bemerkt, daß zur weiteren Leistungssteigerung von RISC-Prozes-soren als Alternative zur Superskalartechnik heute das Prinzip der *Very Long Instruc-tion Word*-Maschine (kurz VLIW-Maschine) diskutiert wird. Bei einer solchen gibt es nicht nur einen Befehlsstrom, welcher im Pipeline-Betrieb verarbeitet wird, sondern so viele Befehlsströme, wie (parallel arbeitende) Funktionseinheiten vorhanden sind. Diese Befehlsströme werden dadurch erzeugt, daß ein Befehlswort für n Funktionsein-heiten n Operationsfelder umfaßt, so daß in *einem* Schritt an jede Funktionseinheit ein Befehl gegeben werden kann.

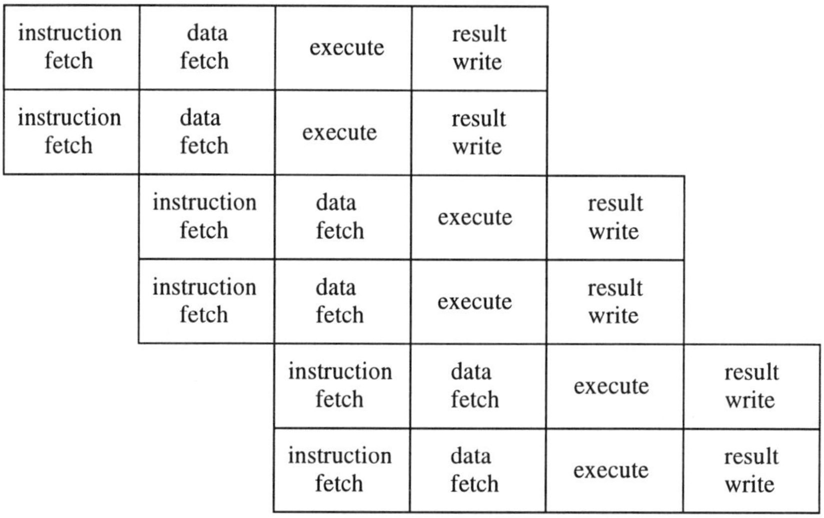

instruction fetch	data fetch	execute	result write		
instruction fetch	data fetch	execute	result write		
	instruction fetch	data fetch	execute	result write	
	instruction fetch	data fetch	execute	result write	
		instruction fetch	data fetch	execute	result write
		instruction fetch	data fetch	execute	result write

Abbildung 8.7: Prinzip einer Superskalar-Architektur.

8.7 Alternativen zum von Neumann-Konzept

Wenngleich sich moderne Computer zum Teil erheblich hinsichtlich internem Aufbau oder Geschwindigkeit unterscheiden, sind Ein-Prozessor-Anlagen fast ausschließlich nach den von Neumannschen Prinzipien aufgebaut. Insbesondere der erwähnte Bottleneck hat nicht nur zu immer weitergehenden Verfeinerungen in der Realisierung dieses Konzeptes geführt, sondern auch Anlaß zur Entwicklung von Alternativen gegeben. Auf einige davon werden wir in Teil III genauer eingehen; wir wollen hier abschließend aber schon einige Bemerkungen vorwegschicken:

Die bereits erwähnte SISD-Charakterisierung eines von Neumann-Rechners geht auf M. Flynn zurück, der Rechnerarchitekturen je nach der Anzahl gleichzeitig bearbeiteter Befehle bzw. Daten rein kombinatorisch wie folgt klassifiziert:

Single Instruction	-	Single Data	SISD
Single Instruction	-	Multiple Data	SIMD
Multiple Instruction	-	Single Data	MISD
Multiple Instruction	-	Multiple Data	MIMD

Diese Einteilung ist umstritten, da das Operationsprinzip einer bestimmten Rechnerarchitektur nicht berücksichtigt wird. Beispiele für SIMD- bzw. MIMD-Rechner werden wir in Kapitel 13 kennenlernen; zwei solche haben wir schon im letzten Kapitel im Zusammenhang mit systolischen Algorithmen vorgestellt. Das MISD-Prinzip, bei welchem ein Datum parallel von mehreren Befehlen verarbeitet wird, erscheint für Parallelrechner unrealistisch; es lassen sich hier auch keine Beispiele angeben.

Schließlich ist in diesem Zusammenhang zu erwähnen, daß es auch zahlreiche Anstrengungen gibt, den von Neumann-Flaschenhals von der Software-Seite her in den Griff zu bekommen. Der Bottleneck und die von Neumannsche Form der Rechnerorganisation allgemein hängen mit wenigstens zwei fundamentalen Konzepten eng zusammen, welche in konventionellen höheren Programmiersprachen (wie Fortran, Cobol oder Pascal) anzutreffen sind: Die sequentielle Ausführung von Instruktionen und die (explizite) Speicherung von (veränderlichen) Werten. Ersteres entspricht dem sequentiellen Fetch/Execute-Zyklus, in welchem (Maschinen-) Instruktionen durch die Rechner-Hardware ausgeführt werden (vgl. Abschnitt 8.2). Das Variablen-Konzept höherer Programmier-Sprachen, welches es erlaubt, von einem Programmierer definierte Variablen über *Zuweisungen* (Assignment-Statements) zu verändern, und was zu der Bezeichnung *imperative* Sprachen geführt hat, entspricht dem Verhalten bzw. der Verwendung von Speicherzellen in einem von Neumann-Rechner: Ein (Daten-) Wert kann in einer Speicherzelle abgelegt und über den Namen (die Adresse) der Zelle angesprochen werden. Die Notwendigkeit der Benennung jeder einzelnen Zelle ist vor allem in der Assembler-Programmierung (vgl. Kapitel 9) evident; in einer Sprache auf höherer Abstraktionsebene werden hierzu Variablen verwendet. Eine Variable entspricht also einer benannten Speicherzelle, in welcher Werte abgelegt werden können. Man kann sich daher nicht darauf beschränken, von den Werten, die ein Programm berechnen soll, zu sprechen, sondern muß sich beim Programmieren auch mit ihrer Speicherung beschäftigen.

Hieraus folgt, daß viele Sprachen an dieser (speziellen) Form einer Rechnerorganisation orientiert sind. Eine wichtige Alternative hierzu stellen *funktionale* Programmiersprachen dar, welche auf den mathematischen Konzepten der Funktion sowie der Komposition und Anwendung von Funktionen basieren und insbesondere auf ein Variablen-Konzept verzichten. Das folgende Beispiel soll den unterschiedlichen Standpunkt, welcher von einer funktionalen gegenüber einer imperativen Sprache eingenommen wird, einführend erläutern:

Die Berechnung von Primzahlen werde anhand folgender Definition durchgeführt: Eine natürliche Zahl $p > 1$ ist prim, falls sie nur durch 1 und sich selbst teilbar ist. In einer Pascal-ähnlichen Sprache kann eine entsprechende Prozedur zur Berechnung aller Primzahlen zwischen 2 und einer vorgegebenen Obergrenze n wie folgt formuliert werden:

```
begin
    for i := 2 to n do
    begin
        j := 2; prim := true;
        while prim and j < (i div 2) do
            if i mod j ≠ 0
                then j := j + 1
                else prim := false;
        if prim then write(i)
    end
end;
```

(Dabei stehe „div" für eine Integer-Division ohne Rest und „mod" für den Divisionsrest.) Unter Verwendung einer funktionalen Sprache könnte man demgegenüber etwa wie folgt formulieren:

$$\text{prim}(n) \equiv \text{if } n = 2 \text{ then true else } p(n, n \text{ div } 2)$$

mit

$p(n, i) \equiv$ if $n \bmod i = 0$ then false else if $i = 2$ then true else $p(n, i - 1)$

Es sei bemerkt, daß imperative Sprachen gerade aufgrund ihrer „Maschinen-Nähe" im oben beschriebenen Sinne bis heute im allgemeinen effizienter als funktionale Sprachen implementiert werden können. Auf der anderen Seite erzielen funktionale Sprachen einen höheren Abstraktionsgrad als imperative und vereinfachen damit letztlich die Aufgabe des Programmierens. Zur Implementierung derartiger Sprachen werden heute in zunehmendem Maße *Parallelrechner* (welche etwa auf dem in Kapitel 9 behandelten PowerPC basieren) und damit innovative Rechnerarchitekturen herangezogen.

Während die bisher genannten Konzepte für Programmiersprachen im wesentlichen auf einem *prozeduralen* Ansatz basieren, bei welchem das Programm de facto eine Berechnungsvorschrift für das zu liefernde Ergebnis enthält, sind heute auch zunehmend *deskriptive* Sprachen von Interesse. Dabei wird die zu lösende Aufgabe in einer Form beschrieben, welche nicht angibt, *wie* diese zu lösen ist, sondern lediglich, *was* berechnet werden soll; es bleibt der Software des betreffenden Rechners überlassen, aus dieser Beschreibung ein ausführbares (prozedurales) Programm zu generieren. Wichtigster Vertreter dieser Art der Programmierung, welche wie die funktionale Programmierung im Zusammenhang mit einer Abkehr von der von Neumannschen Organisation steht, ist die *Logik-Programmierung*, bei der ein „Programm" eine Formel der mathematischen Logik darstellt. Als Beispiel betrachten wir die folgende Alternative zu den oben angegebenen Primzahl-Programmen:

$prim(n)$ if $n > 1$ and $n \bmod i \neq 0$ for all i such that $1 < i < n$

Dies entspricht der Formel

$$(n > 1 \ \wedge \ \forall i \, (1 < i < n \ \Rightarrow \ n \bmod i \neq 0) \ \Rightarrow \ n \text{ prim}.$$

Das bekannteste Beispiel einer Logik-orientierten Sprache ist *Prolog*, welche in den vergangenen zwanzig Jahren großes Interesse erlangt hat.

Wesentlich bei diesen gerade skizzierten Sprach- und damit zusammenhängenden Rechnerentwicklungen ist ein gegenüber dem von Neumann-Rechner verändertes Operationsprinzip, welches dann häufig mit alternativer Architektur gekoppelt wird. Ein weiteres solches Prinzip besteht z. B. darin, die Daten *selbstidentifizierend* zu machen, so daß der Zugriff *assoziativ*, d. h. inhaltsorientiert (anstatt über Adressen) erfolgen kann. Des weiteren können Daten *selbstbeschreibend* gemacht werden, was Anlaß zu Rechnerarchitekturen gegeben hat, welche eine Typenkennung von Daten hardwaremäßig unterstützen. Schließlich sind in diesem Zusammenhang auch *Datenfluß-Maschinen* zu erwähnen, deren Programmsteuerung intern durch den Fluß bestimmt ist, welchen Input-Daten zu durchlaufen haben.

8.8 Übungen

8.1 Man beschreibe die wesentlichen Organisationsprinzipien eines von Neumann-Rechners.

8.2 Man beschreibe 4 verschiedene Register, welche in jedem Rechner anzutreffen sind, in ihrer jeweiligen Funktion.

8.3 Man begründe den Nutzen mehrerer Akkus durch Angabe, wie der Ausdruck

$$X := ((A + B) * C) + (D/E)$$

ausgewertet werden kann in Gegenwart von
(a) zwei Akkus
(b) vier Akkus.

8.4 Man erläutere den Zusammenhang zwischen der Größe des MAR (in Bits), des MBR und einer Speicherzelle. Sodann betrachte man die folgenden „Design-Alternativen" für einen Rechner, bestimme solche, die nicht sinnvoll erscheinen, und erläutere warum:

Alter- native	MAR-Größe in Bits	Speicher- größe	Länge eines Speicher- wortes (in Bits)
a	10	1024	8
b	10	1024	12
c	9	1024	10
d	11	1024	10
e	10	10	1024
f	1024	10	10

8.5 Das MBR zusammen mit dem MAR (sowie geeigneter Decodier-Logik zur Ansteuerung eines Speicherplatzes) wird häufig als ein *Memory-Port* bezeichnet. Beim Entwurf eines Speichers kann man davon ausgehen, daß es für diesen lediglich einen Port gibt, über welchen dann jeder Lese- bzw. Schreibvorgang zu erfolgen hat. Eine Alternative hierzu besteht darin, den Speicher logisch in verschiedene Blöcke zu unterteilen und für jeden Block einen eigenen Port vorzusehen; dies bezeichnet man auch als *Multiport-Memory*. Man diskutiere die Vorteile einer derartigen Organisation und gebe Kriterien für eine Unterteilung des Speichers an, durch welche Multiports optimal genutzt werden können.

8.6 Man beschreibe die Vor- und Nachteile einer Single-Bus- gegenüber einer Multi-Bus-Organisation.

8.7 Die Eingabe von Daten in einen Rechner erfordert im allgemeinen die Kontrolle der CPU. Man überlege, inwieweit diese Kontrolle tatsächlich erforderlich ist, falls die Eingabe
(a) mittels programmiertem I/O,
(b) über Interrupts,
(c) über einen DMA-Kanal
erfolgt.

8.8 Man gebe zwei verschiedene Möglichkeiten an, die Behandlung eines Interrupts selektiv zu suspendieren.

8.9 Ein Interrupt wird von einer CPU im allgemeinen erst dann behandelt, wenn der gerade ausgeführte Befehl vollständig bearbeitet ist. Man überlege, welche Probleme auftreten, falls die CPU die Ausführung eines Befehls unmittelbar nach Empfang eines Interrupt-Signals unterbricht.

8.10 Die I/O-Peripherie eines Rechners bestehe aus zwei Plattenlaufwerken, mehreren Terminals sowie einer Realzeit-Clock. Alle diese Einheiten werden über Interrupts bedient, wobei die Clock die CPU in regelmäßigen Abständen unterbricht und jedes Plattenlaufwerk einen Interrupt erzeugt, sobald eine Lese- oder Schreib-Operation abgeschlossen ist. Man gebe ein geeignetes Prioritätenschema zur Behandlung dieser Interrupts an.

8.9 Bibliographische Hinweise

Der an der historischen Entwicklung moderner Computer, von mechanischen, elektro-mechanischen bis hin zu elektronischen Geräten, interessierte Leser sei auf die Darstellung von Augarten (1984) sowie auf die von Randell (1973) herausgegebene Sammlung von Originalarbeiten (z. B. von C. Babbage, H. Hollerith, K. Zuse, H.H. Aiken oder J. von Neumann) verwiesen.

Das von Neumannsche Rechnerorganisations-Konzept wurde zuerst von Burks et al. (1946) beschrieben. Eine Zusammenfassung wichtiger Realisierungen dieses Konzeptes und darauf aufbauender Weiterentwicklungen bis etwa 1970 wird von Bell und Newell (1971) gegeben; diese behandeln unter anderem auch das in Abschnitt 8.2 erwähnte UNIVAC-System. Für weitere Einzelheiten zu diesem Organisationsprinzip und seinen modernen Realisierungen vergleiche man Andrews (1987), Giloi (1993), Hamacher et al. (1996), Patterson und Hennessy (1997) oder Tanenbaum (1999). ROMs und RAMs werden in ihren technischen Einzelheiten etwa von Protopapas (1988) behandelt. Krick und Dollas (1991) beschreiben die Behandlung des Fetch-Execute-Zyklusses in modernen Rechnern.

Einführende Darstellungen des RISC-Konzeptes, eine Diskussion dieses Ansatzes im Vergleich zu CISC-Rechnern und eine Beschreibung der im Text erwähnten RISC-Prozessoren findet man z.B. bei Bode (1990), Diefendorff und Allen (1992), Giloi (1993), Gorsline (1986), Hamacher et al. (1996), Messmer (1994) oder Mitchell (1986). Karl (1993) behandelt insbesondere Superskalar-, Superpipelined- und VLIW-Architekturen.

Trends in der Evolution der Rechner-Architektur beschreiben u.a. Hennessy und Jouppi (1991) oder Stone und Cocke (1991); Weicker (1990) stellt die bei der Leistungsmessung von Rechnern verwendeten Benchmarks (z.B. Whetstone, Linpack, Dhrystone) im Überblick dar. Zahlreiche weiterführende Literaturhinweise findet man bei Mudge (1996).

Die in Abschnitt 8.7 angegebene Klassifikation von Rechnern stammt von Flynn (1972). Giloi (1993) diskutiert ausführlich die Problematik des von Neumannschen Bottlenecks sowie das Konzept der Datenfluß-Maschinen. Zur funktionalen Programmierung vergleiche man Backus (1978) oder Louden (1993). Der letztgenannte Autor diskutiert insbesondere die Unterschiede zwischen imperativen und funktionalen bzw. deskriptiven Programmiersprachen genauer und gibt daneben eine kurze Einführung in Prolog.

Kapitel 9

Architektur und Maschinenbefehle von RISC-Rechnern

In diesem Kapitel wollen wir schwerpunktmäßig die Architektur sowie die wesentlichen Eigenschaften und Programmierkonzepte des *PowerPC-Mikroprozessors* beschreiben. Dieser Prozessor bzw. die ihm zugrundeliegende Architektur ist das Ergebnis einer Zusammenarbeit der Firmen Apple, IBM und Motorola und stellt heute im Bereich der Hochleistungspersonalcomputer die Hauptalternative zu Prozessoren der Intel Pentium-Familie dar. Bei der Entwicklung dieses Prozessors stand nicht eine bestimmte technische Vorgabe im Vordergrund, sondern es wurde ein Architekturkonzept sowie die Entscheidung, diese Architektur in RISC-Technologie zu realisieren, vorgegeben. Insbesondere die Architektur ist inzwischen von unterschiedlichen Chip-Herstellern und in einer Reihe von — zunehmend leistungsfähigeren — Versionen gebaut worden. Auch für die anschließend beschriebenen SPARC-Prozessoren gilt diese Reihenfolge von Architektur-*Spezifikation* und *-Implementierung*.

Wir verfolgen mit unserer Darstellung drei Ziele: Erstens wollen wir einen typischen RISC-Prozessor detaillierter beschreiben; in der Tat weist der PowerPC alle charakteristischen RISC-Merkmale auf, wenn man von seinem ungewöhnlich umfangreichen Befehlssatz absieht. Zweitens wollen wir anhand dieses Prozessors bzw. seines Befehlssatzes in die grundlegenden Ideen der Maschinen- und der Assemblerprogrammierung einführen. Drittens soll der Leser an zwei speziellen Beispielen — PowerPC in diesem Kapitel, WE32100 im nächsten — wichtige Unterschiede zwischen einem RISC- und einem CISC-Prozessor kennenlernen.

9.1 Die Architektur der PowerPC-Familie

Die PowerPC-Architektur, welche auf der POWER-Architektur von IBM aufbaut (und als Akronym von *Performance Optimization With Enhanced RISC Performance Computing* gedeutet werden kann), ist die gemeinsame Basis einer Familie von Mikroprozessoren, welche bisher die Modelle 601, 603, 604 und 620 umfaßt. Sie definiert aus

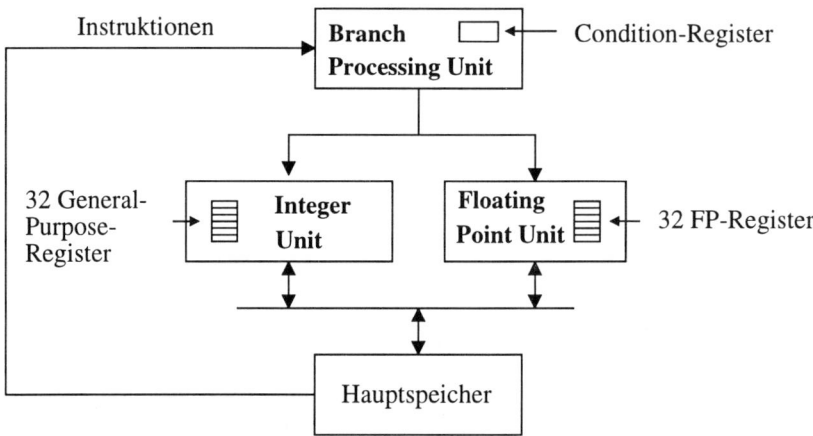

Abbildung 9.1: Gemeinsame logische Architektur der PowerPC-Prozessorfamilie.

logischer Sicht drei Verarbeitungseinheiten, welche sich die Ausführung von Befehlen teilen:

1. Die *Branch Processing Unit* (BPU) holt Befehle aus dem Speicher und bearbeitet *Sprungbefehle* bzw. Verzweigungen unmittelbar (also ohne Rückgriff auf andere Einheiten);

2. die *Integer Unit* (IU) bearbeitet Integer-Instruktionen;

3. die *Floating Point Unit* (FPU) bearbeitet Gleitkomma-Instruktionen.

Abbildung 9.1 zeigt diese logische Sicht im Überblick. Eine Implementierung dieser Architektur kann mehrere parallel arbeitende Kopien jeder dieser Einheiten umfassen (vgl. Abbildung 9.15); die oben genannten Mitglieder der PowerPC-Prozessorfamilie besitzen jeweils eine BPU, eine FPU sowie 1 bis 3 IUs.

Der PowerPC ist (bis zum Modell 604) ein 32-Bit-Rechner. Zur Numerierung der Bits in Registern beim PowerPC sei an dieser Stelle bemerkt, daß diese anders als bei vielen anderen Prozessoren von rechts nach links aufsteigend erfolgt, also das niedrigstwertige (rechteste) Bit eines Wortes im Sinne des Dualsystems die höchste Bitnummer (31) erhält, entsprechend das höchstwertige (linkeste) Bit die Bitnummer 0. Man bezeichnet diese Systematik auch als den *Big-Endian-Modus*; daneben kann ein PowerPC auch im *Little-Endian-Modus* betrieben werden, in welchem die Bitnumerierung von rechts nach links erfolgt.

Die IU verfügt über 32 allgemeine Register sowie einen für eine RISC-Architektur ungewöhnlich umfangreichen Befehlssatz; sie führt neben arithmetischen, logischen und z.B. Speicherzugriffsoperationen auch Adreßberechnungen aus. Die FPU besitzt 32 doppelt genaue, also im allgemeinen 64 Bit breite Register für Gleitkommaoperationen. Letztere werden gemäß dem sogenannten *IEEE-754-Standard* für binäre Gleitpunktarithmetik auf Operanden mit einfacher oder doppelter Genauigkeit ausgeführt.

Die BPU ermöglicht es, gewisse Sprungbefehle parallel zu den Befehlen der anderen Einheiten auszuführen; dazu umfaßt sie drei Register:

1. Das *Link-Register* (LR) wird bei bestimmten Verzweigungsbefehlen im Zusammenhang mit der Ausführung von Unterprogrammen benutzt;

2. das *Count-Register* (CTR) wird zur Implementierung von Schleifen verwendet;

3. das *Condition-Register* (CR) besteht aus 8   4-Bit-Bedingungsfeldern, auf welche zahlreiche Befehle zugreifen können.

Im CR-Register sind unter anderem die *Condition Codes* untergebracht, und zwar für Integer-Operationen in den Bits 0–3 (Feld CR0 des CR-Registers), für Floating-Point-Operationen in den Bits 4–7 (Feld CR1 des CR-Registers). Für Integer-Operationen haben diese die folgenden Bedeutungen:

- Bit 0: Das *Negative-Flag* LT wird gesetzt, falls die gerade ausgeführte Operation ein negatives Ergebnis geliefert hat.

- Bit 1: Das *Positive-Flag* GT wird gesetzt, falls die gerade ausgeführte Operation ein positives Ergebnis ungleich 0 geliefert hat.

- Bit 2: Das *Zero-Flag* EQ wird gesetzt, falls die letzte Operation das Ergebnis 0 hatte.

- Bit 3: Das *Summary-Overflow-Flag* SO wird gesetzt, falls bei der letzten Operation ein Overflow aufgetreten ist; dieses Bit ist eine Kopie des Overflow-Bits im XER-Register (siehe unten).

Die PowerPC-Architektur ist speziell hinsichtlich der Realisierung der FPU nicht genau festgelegt, und sie erlaubt Implementierungen mit zwei verschiedenen Adreßbreiten:

- Eine 32-Bit-Realisierung hat logische Adressen der Länge 32 Bit, virtuelle Adressen der Länge 52 Bit, physikalische Adressen der Länge 32 Bit sowie 32 Bit breite allgemeine Register;

- eine 64-Bit-Realisierung hat demgegenüber logische Adressen der Länge 64 Bit, virtuelle Adressen der Länge 80 Bit, physikalische Adressen der Länge 64 Bit sowie 64 Bit breite allgemeine Register.

Die Architektur sieht, insbesondere im Unterschied zu dem im nächsten Kapitel vorgestellten CISC-Prozessor WE32100, keinen „eingebauten" Stack vor, d.h. Push- und Pop-Operationen sind im Befehlssatz nicht enthalten. Ein Stack kann allerdings per Programm simuliert werden, wobei dann eins der allgemeinen Register als Stack Pointer benutzt wird. Ferner ist zu bemerken, daß es sich bei der PowerPC-Architektur um eine reine Load/Store-Architektur in dem in Abschnitt 8.6 beschriebenen Sinne handelt. Es ist daher z.B. nicht möglich, Speicherinhalte scheinbar direkt zu manipulieren. Stattdessen muß das betreffende Datum zuerst in ein Register geladen werden; dort kann es bearbeitet und schließlich wieder im Speicher abgelegt werden.

Der PowerPC 601, den wir im folgenden genauer erläutern, ist, wie erwähnt, eine 32-Bit-Implementierung der PowerPC-Architektur. Sein Befehlssatz umfaßt mehr als 200 Befehle; sein Steuerwerk ist fest verdrahtet. Seine superskalare Prozessororganisation kann bis zu drei Befehle pro Takt den Ausführungseinheiten IU, FPU,

BPU zuordnen; diese können also parallel arbeiten. Die meisten Befehle sind in einem Takt ausführbar; der Befehlssatz ist einheitlich aufgebaut und daher schnell dekodierbar. Der 601 umfaßt neben den drei Ausführungseinheiten mit ihren beiden Registersätzen auf dem Chip eine *Instruction Unit*, eine *Memory Management Unit* (MMU) für Adreßberechnungen, einen 32 KB-Cache für Instruktionen und Daten sowie eine *Memory Unit* (MU) zur Pufferung von Read- bzw. Write-Operationen. Abbildung 9.2 zeigt die Komponenten des PowerPC 601 im Überblick; wir erläutern die Speicherkonzepte in Abschnitt 9.4 genauer.

Die *Instruction Unit*, welche die BPU enthält, kontrolliert den Instruktionsfluß zu den Ausführungseinheiten. Dazu umfaßt sie eine *Instruction Queue*; sie bestimmt jeweils die Adresse der nächsten zu holenden Instruktion unter Rückgriff auf die BPU. Die Instruction Queue kann bis zu acht Befehle aufnehmen, was genau einem Cache-Block entspricht, und kann, wie in Abbildung 9.3 illustriert, aus dem Cache über eine Leitung der Breite 256 Bit in einem Takt gefüllt werden. Sie ist unterteilt in eine untere (Q0 bis Q3) und eine obere (Q4 bis Q7) Hälfte; erstere kann von der BPU nach Sprungbefehlen durchsucht werden. Insbesondere werden Integer- sowie Sprungbefehle aus Q0 bis Q3 an ihre entsprechenden Ausführungseinheiten weitergegeben. Q4 bis Q7 dienen als Puffer zur Reduktion der Cache-Zugriffe. Um zu verhindern, daß der unterste Platz Q0 bei blockierter Integer-Pipeline belegt ist, wurde ein Warte-Platz „Q0 Hold" eingerichtet, aus dem sich die Integer Unit bedient, sobald sie in der Lage ist, neue Instruktionen auszuführen. Die BPU ist ferner in der Lage, Sprünge vorherzusagen. Da derartige Vorhersagen falsch sein können, muß der Prozessor gegebenenfalls einen korrekten Ausführungszustand wiederherstellen; hierzu ist unter anderem eine spezielle Hardware vorhanden.

Die *Integer Unit* des 601 bearbeitet die meisten Integer-Befehle in nur einem Takt; sie führt ferner die Speicheroperationen (Load- sowie Store-Befehle) aus. Sie verfügt über 32 allgemeine Register, hier *General Purpose Register* genannt und mit GPR0–GPR31 bezeichnet, eine ALU, einen Multiplizierer sowie einen Dividierer und hat den in Abbildung 9.4 gezeigten Aufbau. Im Unterschied zu in der ALU ausgeführten Befehlen erfordert eine Multiplikation 5 oder 10 Takte in Abhängigkeit von der Länge des zweiten Operanden, eine Division braucht sogar 36 Takte. Die Integer Unit verfügt ferner über das *Integer Exception Register* (XER), in dem unter anderem das Overflow-Bit OV, das Summary-Overflow-Bit SO sowie das Carry-Bit CA des 601 untergebracht sind. Dieses Register wird bereits dem *Supervisor Programming Mode* des 601 zugerechnet, worauf wir weiter unten eingehen werden, und in diesem Zusammenhang als SPR1 bezeichnet.

Befehle werden grundsätzlich in den vier Pipeline-Stufen

1. Fetch,

2. Decode,

3. Execute,

4. Writeback

ausgeführt. Um Verzögerungen durch vorhandene Datenabhängigkeiten zu vermeiden, kann ein Resultat aus Stufe 4 der Ausführung eines Befehls auch direkt an Stufe 3

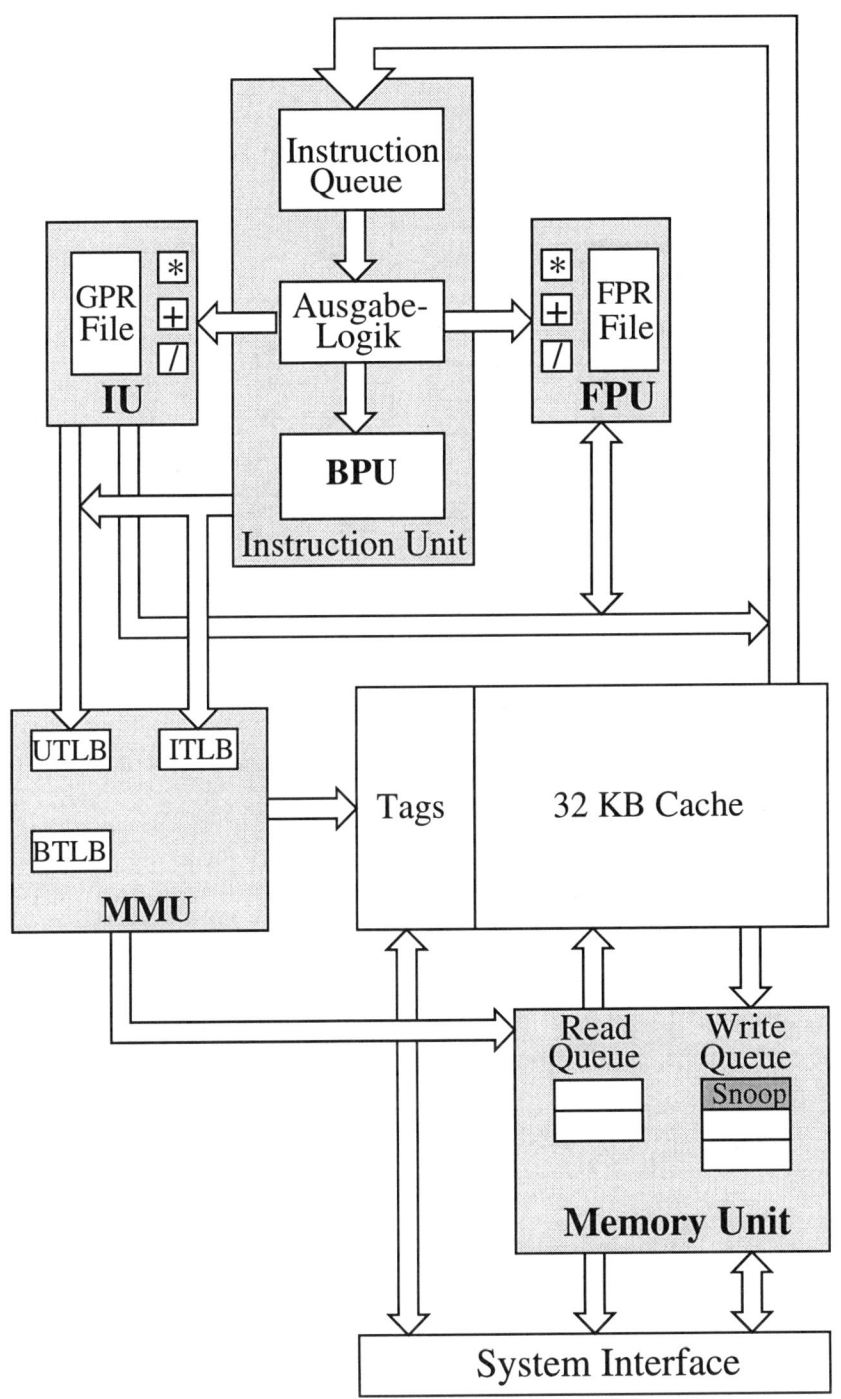

Abbildung 9.2: 601-Implementierung der PowerPC-Architektur.

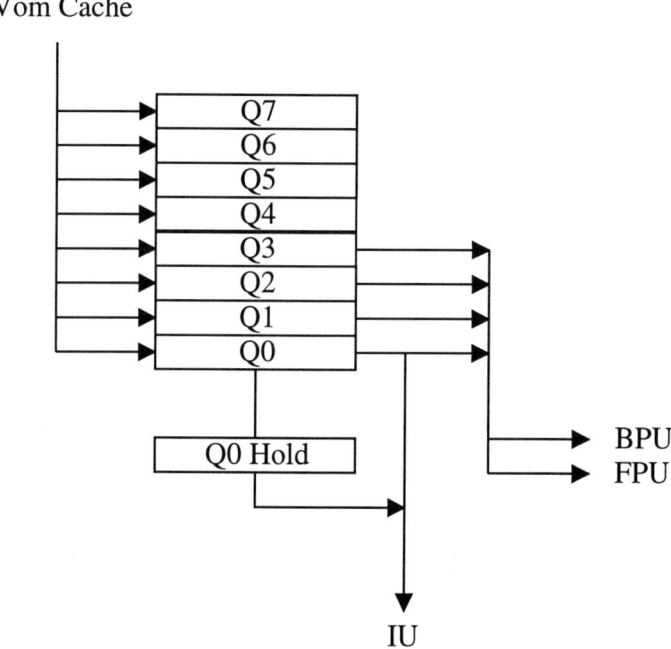

Abbildung 9.3: Instruction Queue des PowerPC 601.

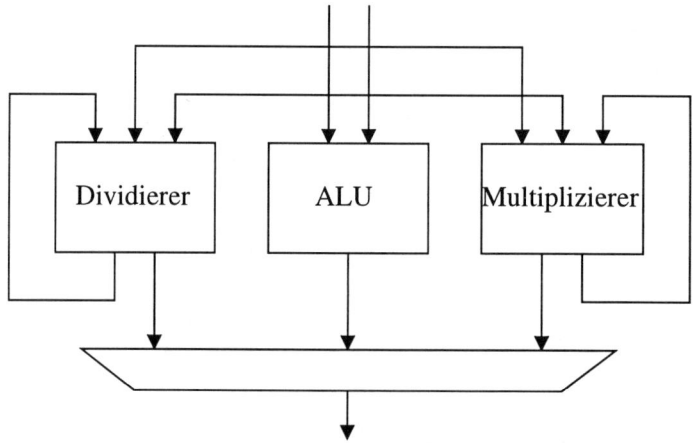

Abbildung 9.4: Aufbau der Integer Unit des PowerPC 601.

Operanden

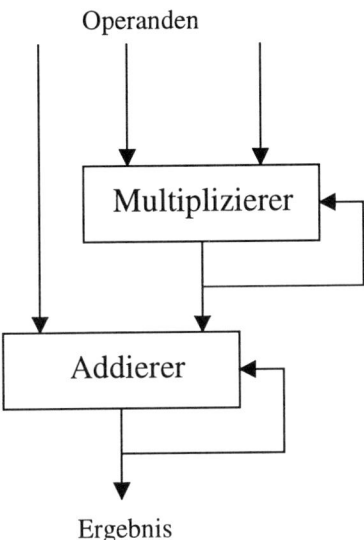

Ergebnis

Abbildung 9.5: Multiply-Add-Array der FPU des PowerPC 601.

der Ausführung eines nachfolgenden Befehls weitergereicht werden; dies wird auch als *Feed Forwarding* (Weiterreichen) bezeichnet.

Die *Floating-Point Unit* (FPU) des 601 kennt einfache sowie doppelte Genauigkeit (*Single* bzw. *Double Precision*) als normalisierte Zahlenformate, ein denormalisiertes Format zur Darstellung sehr kleiner Zahlen sowie das NaN-Format (*Not a Number*, z.B. ∞). Sie enthält ein *Multiply-Add-Array* für Berechnungen, welches in Abbildung 9.5 gezeigt ist, das *Floating-Point Status and Control Register* (FPSCR) sowie 32 64-Bit-Floating-Point-Register mit den Bezeichnungen FPR0–FPR31. Die FPU besitzt vier Pipelinestufen, die sich an die Befehlsbereitstellung und -zuordnung (Fetch bzw. Buffering) anschließen. Nach dem Decodieren besteht die erste Ausführungsstufe aus einem Multiplizierer und die zweite aus einem Addierer, bei welchem aus Summen und Überträgen der Multiplizierstufe ein Zwischenergebnis gebildet wird. Diese Multiply-Add-Kombination ist ein typischer Ablauf für die im Horner-Schema vorkommenden Rechenvorgänge.

Wir beschreiben als nächstes das *Programmiermodell* des PowerPC 601, also die Anzahl, Funktion und Bezeichnung der Register. Wie bereits erwähnt, verfügt der 601 über die 32 allgemeinen Register GPR0–31, die 32 Floating-Point-Register FPR0–31 sowie die speziellen Register LR, CR, CTR, XER oder FPSCR. Diese Register bilden zusammen mit dem Multiplikationsregister MQ und den beiden Registern RTCU und RTCL (*Real Time Clock Upper/Lower*) zur Zeitmessung per Echtzeituhr die sogenannten *User-Register*, welche einem Programmierer zur Verfügung stehen. Andere Implementierungen der PowerPC-Architektur als die des PowerPC 601 verwenden anstelle der Echtzeituhr einen 64-Bit-Zähler, der von der Prozessor-Clock gespeist wird und der in den dann vorhandenen Registern TBU und TBL (*Time Base Upper/Lower*) verwaltet wird. Abbildung 9.6 gibt eine Übersicht über die User-Register des PowerPC 601. Einige der genannten speziellen Register werden auch als die *User-Level Special*

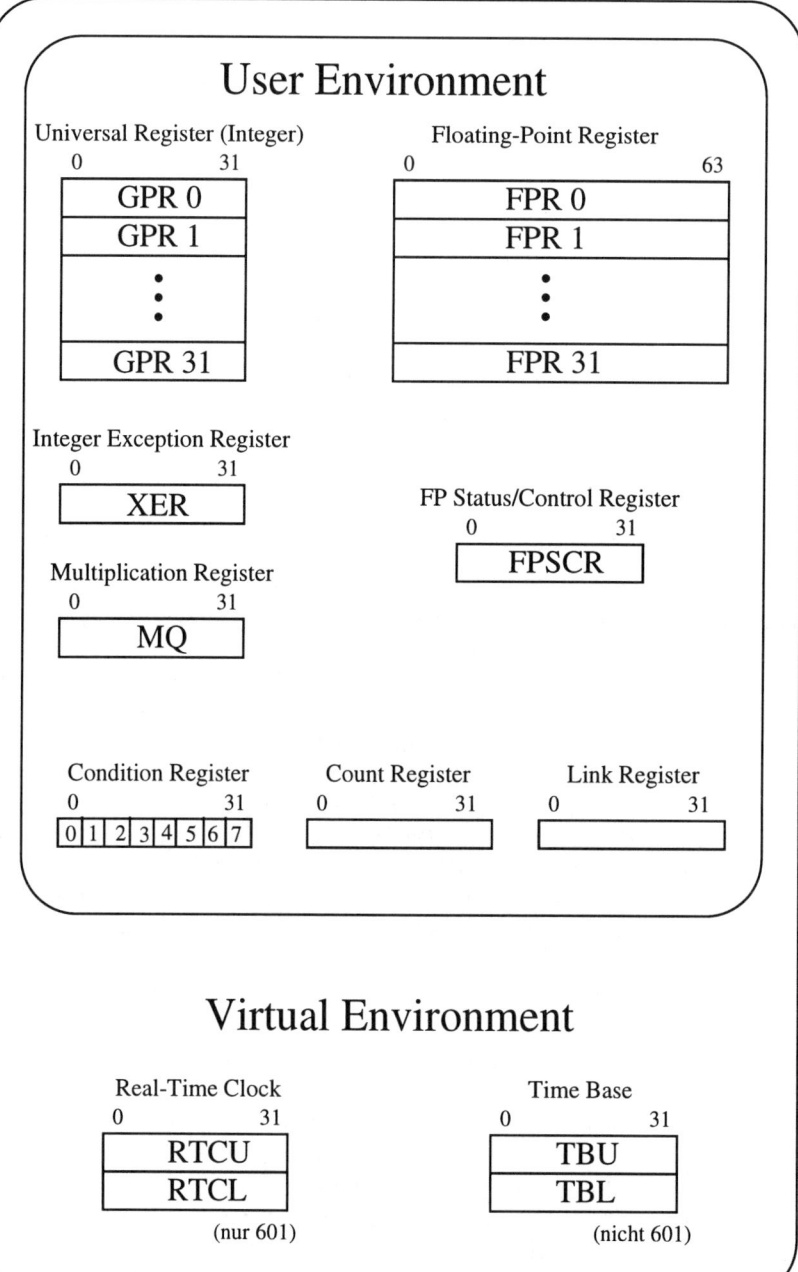

Abbildung 9.6: User-Register des PowerPC 601.

Purpose Register bezeichnet und wie folgt benannt:

$$\begin{array}{ll}
\text{MQ:} & \text{SPR0} \\
\text{XER:} & \text{SPR1} \\
\text{RTCU:} & \text{SPR4} \\
\text{RTCL:} & \text{SPR5} \\
\text{LR:} & \text{SPR8} \\
\text{CTR:} & \text{SPR9}
\end{array}$$

Neben den User-Registern verfügt der 601 über zahlreiche weitere Register, welche nur in der Betriebsart des *Supervisor-Modus* verwendbar sind und damit z.B. für eine Assembler-Programmierung nicht benutzbar sind. Diese *Supervisor-Register* umfassen z.B. das *Machine State Register* (MSR), die 16 Segment-Register SR0–15, 8 *Instruction Block Address Translation Register* (IBAT0U/L–IBAT3U/L) sowie das *Table Search Description Register* (SDR1) für Hash-Adressen in die Seitentabelle. Das MSR gibt den jeweiligen Zustand des Prozessors wieder. Durch einen Interrupt, beim PowerPC durchgehend als *Exception* bezeichnet, werden bestimmte Bits im MSR geändert; auch bestimmte Instruktionen haben Einfluß auf dieses Register. Beispiele spezieller Bits im MSR sind die folgenden:

Bit-Nr.	Bezeichnung	Bedeutung
16	EE	External Exception enable: 0: externe Interrupts werden ignoriert 1: externe Interrupts werden akzeptiert
17	PR	Privilege level: 0: Prozessor kann User- und Supervisor-Instr. ausführen 1: Prozessor kann nur User-Instruktionen ausführen
18	FP	Floating Point available: 0: Prozessor führt keine FP-Operationen aus 1: Prozessor kann FP-Operationen ausführen

Befindet sich der Prozessor im User-Modus, so sind Assemblerprogramme ausführbar. Im Supervisor-Modus hat dagegen das Betriebssystem die Kontrolle über die CPU, und es sind keine Benutzerprogramme ausführbar. Diese Unterscheidung ist heute in Rechnern üblich und dient vor allem dem Schutz des Prozessors z.B. gegen eine Manipulation seiner Statusregister von außen oder gegen ein Schreiben in Bereiche des Hauptspeichers, in denen das Betriebssystem abgelegt ist (Speicherschutz).

9.2 Befehlsformate und Befehlssatz des PowerPC 601

Wir wollen als nächstes einige Befehlsformate sowie den Befehlssatz des PowerPC 601 vorstellen. Dabei werden wir auch auf die verfügbaren Adressierungsarten eingehen und Beispiele von Assemblerprogrammen für diesen Prozessor geben. Grundsätzlich lassen sich die über 200 vorhandenen Befehle in die folgenden Klassen einteilen:

- Integer-Befehle

0	5 6	10 11	15 16	20 21	31
Op-Code	rD	rA	rB	weitere Angaben	

Abbildung 9.7: Format eines Additions-Befehls.

- Load/Store-Befehle

- Floating-Point-Befehle

- Prozessor-Kontroll-Befehle

Die meisten Befehle fallen in die Klasse der Integer-Befehle, so daß wir diese im folgenden genauer aufschlüsseln werden in arithmetische, logische, Shift- und Rotations-, Vergleichs- und Sprungbefehle.

Grundsätzlich sind alle Instruktionen einheitlich 4 Bytes lang und im Speicher auf Wortgrenzen (also durch 4 teilbare Adressen) ausgerichtet. Die Bits 0–5 spezifizieren jeweils den sogenannten *primären* Operationscode (Op-Code); einige Befehle besitzen darüber hinaus einen *sekundären* Op-Code. Die restlichen Bits eines Befehls enthalten eines oder mehrere Felder für die verschiedenen Befehlsformate. Insgesamt werden 12 32-Bit-Formate (I, B, SC, D, DS, X, XL, XFX, XFL, XO, A, M) und 4   64-Bit-Formate (DS, XS, MD, MDS) unterschieden.

9.2.1   Arithmetische und logische Befehle

Arithmetische Befehle auf ganzzahligen Operanden dienen der Ausführung arithmetischer Operationen wie Addition, Subtraktion, Multiplikation und Division. Die einfachste Form der Addition lautet abgekürzt

```
add rD, rA, rB
```

und bedeutet, daß das Ergebnis der Addition der Inhalte der Register rA und rB im Destinationsregister rD abgelegt wird; hier wie auch im folgenden handelt es sich bei diesen Quell- bzw. Ziel-Registern stets um Register aus den 32 allgemeinen Registern der Integer Unit (GPR0–31).

Abbildung 9.7 veranschaulicht das Grundprinzip der internen Darstellung dieses Befehls: Während die ersten 6 Bits für den Operations-Code (Op-Code) für Additionen reserviert sind, werden in den darauffolgenden 15 Bits die drei beteiligten Register angegeben — offensichtlich sind bei 32 vorhandenen Registern 5 Bits für jedes Register erforderlich. Von den dann verbleibenden 11 Bits sind die Bits Nr. 21 (OE-Bit) und Nr. 31 (Rc-Bit) für die Spezifikation weiterer Typen von Additions-Befehlen von besonderer Bedeutung. Diese beiden Bits entscheiden darüber, ob das Condition-Register oder die Overflow-Bits im XER-Register oder beide aktualisiert werden sollen. In Abhängigkeit davon, welcher Additionsbefehl gewählt wird, werden das OE-Bit (OV/SO Enable) bzw. das Rc-Bit (Record-Bit zur Beeinflussung von CR) wie folgt gesetzt:

0	5 6	10 11	15 16	20 21	31
31	18	7	29	0	266	0

Abbildung 9.8: Spezieller Additions-Befehl im XO-Format.

bei der Abkürzung	add rD, rA, rB	ist OE = 0, Rc = 0
bei der Abkürzung	add. rD, rA, rB	ist OE = 0, Rc = 1
bei der Abkürzung	addo rD, rA, rB	ist OE = 1, Rc = 0
bei der Abkürzung	addo. rD, rA, rB	ist OE = 1, Rc = 1

Im einzelnen gilt:

- Ist OE = 1, so ist XER von der Operation betroffen;

- ist Rc = 1, ist das CR0-Feld von CR von der Operation betroffen.

Als Beispiel betrachten wir den Befehl

$$\text{add r18, r7, r29}\ ,$$

dessen interne Darstellung in Abbildung 9.8 gezeigt ist. Dieser Befehl hat das sogenannte *XO-Format*. Der Op-Code „31" gibt eine Grobeinordnung des Befehls (Integer-Befehl, Format aus der X-Kategorie) an; die drei folgenden Zahlen stehen für die hier beteiligten Operanden-Register. Der Wert 0 in Bit 21 bedeutet, daß das Integer Exception Register nicht betroffen ist. Die Zahl 266 als erweiterter Op-Code (*Extended Opcode*) charakterisiert die Art der hier auszuführenden Addition. Der Wert 0 in Bit 31 bedeutet, daß das CR0-Feld des Condition Registers nicht betroffen ist. Die interne Darstellung lautet in Dualform somit

$$011111|10010|00111|11101|0|100001010|0$$

oder in Hexadezimalform

$$\text{7E47EA14}\ .$$

Weitere Additionsbefehle mit analogem Aufbau bzw. analoger Differenzierung sind:

- addc: add carrying, bei OE = 1 ist im XER auch CA betroffen

- adde: add extended, das CA-Bit wird ebenfalls addiert

- addi: add immediate, z.B. add rD, rA, SIMM, wodurch das Ergebnis der Addition des Inhalts von rA und des *Signed Immediate*-Operanden SIMM in rD abgelegt wird. Ein SIMM ist dabei eine ganze Zahl mit Vorzeichen, welche unmittelbar im Befehl angegeben wird; in der internen Darstellung stehen für diese Zahl 16 Bits zur Verfügung.

- addic: add immediate carrying

- addis: add immediate shifted

- addme: add to minus one extended

Tabelle 9.1: Additions-Befehle und deren interne Darstellung.

Abkürzung	Op-Code	erweit. Op-Code	Format
addc	31	10	XO
adde	31	138	XO
addi	14	–	D
addic	12	–	D
addis	15	–	D
addme	31	234	XO
addze	31	202	XO

- addze: add to zero extended

Beispiel 9.1 Falls Paare konsekutiver Register zur Darstellung doppelt langer Integer-Zahlen verwendet werden, so läßt sich eine Addition der Form

$$(r_1, r_2) + (r_3, r_4) = (r_5, r_6)$$

durch

```
addc r6, r2, r4
adde r5, r1, r3
```

realisieren.   □

Tabelle 9.1 gibt eine Übersicht über die zu diesen Befehlen gehörenden Op-Codes, gegebenenfalls die erweiterten Op-Codes sowie die jeweilige Format-Kategorie. Die Befehle im XO-Format sind sämtlich gleichartige Varianten des Befehls add. Sie können in den Bits 21 und 31 noch variiert werden. Das Befehls-Format D deutet auf eine andere Art der Addition hin, nämlich die Immediate-Addition. Als Beispiel hierzu betrachten wir den Befehl

```
addi r18, r7, -27511 ,
```

welcher die Zahl -27511 zum Inhalt von r7 addiert und das Ergebnis in r18 ablegt. Da nur einer der beiden Operanden per Register spezifiziert ist und bei Befehlen des Formats D die Varianten in den Bits 21 und 31 nicht sinnvoll sind, stehen für den zweiten Operanden 16 Bits (die Bits 16 bis 31) zur Verfügung. Deshalb lautet die binäre Darstellung des Befehls

001110|10010|00111|1001010010001001

und die hexadezimale

3A479489 .

Weitere arithmetische Befehle sind subf (subtract from), neg (negate), mull (multiply low), mulh (multiply high) oder divw (divide word), wobei bei den letzten drei eine Unterscheidung zwischen *signed* und *unsigned*, also Operanden mit bzw. ohne Vorzeichen gemacht wird.

Zu den logischen Befehlen gehören unter anderem die Booleschen Operationen `and`, `or`, `xor`, `nand`, `nor`, `eqv` (equivalent), ferner `exts` (extend sign) oder `cntlzw` (count leading zeros word). Aus der Liste der Shift- und Rotate-Befehle seien z.B. `rlwnm` (rotate left word then AND with mask), ferner `sl` (shift left) oder `sr` (shift right) erwähnt.

Beispiel 9.2 Gesucht ist ein Programm zur Berechnung des Mittelwerts zweier ganzer Zahlen. Diese seien in den Registern r3 und r4 abgelegt, das Ergebnis stehe am Ende in r3. Die nachstehend angegebene Folge von Befehlen leistet dies:

```
add   r5, r3, r4
srawi r5, r5, 1
addze r3, r5
```

Zunächst werden die Inhalte von r3 und r4 addiert und in r5 abgelegt. Der Befehl `srawi` (shift right algebraic word immediate) verschiebt den Inhalt von r5 um 1 Bit nach rechts, was einer Division ohne Rest durch 2 entspricht, und legt das Ergebnis wieder in r5 ab. Da beim Shift das rechteste Bit „herausfällt", wird am linken Rand um ein Vorzeichen erweitert („Sign Extension"), d.h. das vorletzte Bit wird dupliziert. Ist der ursprüngliche Inhalt von r5 negativ und fällt rechts eine 1 heraus, so wird das CA-Bit in XER gesetzt. Der dritte Befehl addiert dieses Bit zum Inhalt von r5 und legt das Ergebnis wie gewünscht in r3 ab.   □

Integer-Vergleichs-Befehle benutzen die weiter oben bereits erwähnten 4-Bit-Felder im Condition-Register CR; es gibt z.B. die Befehle `cmp` (compare) oder `cmpl` (compare logical). Bei Branch- bzw. Sprungbefehlen, welche in den beiden letzten Beispielen bereits vorkamen, wird unterschieden zwischen absoluter und relativer Adressierung (d.h. relativ zur aktuellen Programmposition), zwischen bedingten und unbedingten Sprüngen sowie zwischen Sprüngen zum Link-Register und solchen zum Count-Register. Ferner kann man den Counter (SPR9) für Zählschleifen verwenden, und auf dem Count-Register können bestimmte logische Operationen ausgeführt werden (wie z.B. im Befehl `cmpi cr0, 0, r4, 0`).

9.2.2   Load/Store-Befehle

Alle bisher beschriebenen Befehle arbeiten ausschließlich auf Registern. Es gibt also z.B. keinen Additions-Befehl, falls einer der Summanden im Speicher steht; wie wir im nächsten Kapitel sehen werden, ist dies bei CISC-Prozessoren im allgemeinen anders. Der PowerPC 601 benötigt als echter RISC-Prozessor demgegenüber Lese- und Schreibbefehle, welche den Transport von Bytes zwischen Registern und Hauptspeicher bewerkstelligen. Dazu verfügt er über eine Reihe von *Load/Store-Befehlen*, bei welchen man die Stelle, an welcher sich ein Operand befindet, durch unterschiedliche *Adressierungsarten* beschreiben kann. Im einzelnen kennt der PowerPC die folgenden:

- *Register Indirect with Immediate Index:* Eine effektive Adresse wird gebildet durch Addition eines in der Instruktion gelieferten Index-Wertes zum Inhalt eines ebenfalls angegebenen Registers.

- *Register Indirect with (Register) Index*: Eine effektive Adresse wird durch Addition der Inhalte zweier in der Instruktion angegebener Register gebildet.

- *Register Indirect*: Der Inhalt eines in der Instruktion angegebenen Registers wird als Adresse aufgefaßt.

Bei den *Integer-Load/Store-Befehlen* wird eine Quelle (Source S), ein Ziel (Destination D) sowie eventuell eine *Update-Form* angegeben, welche dafür sorgt, daß die generierte effektive Adresse im Quell-Register abgelegt wird, falls dieses nicht 0 und ungleich dem Ziel-Register ist. Die Befehle können die Datentypen *Byte, Halfword* oder *Word* (ab der erzeugten effektiven Adresse) aus dem Speicher laden oder dort speichern, wobei beim Typ *Halfword* (16 Bit) durch Wahl der jeweiligen Befehlsversion *zero* oder *algebraic* angegeben werden kann, ob die nicht geladene linke Hälfte des Zielregisters mit 0 oder 1 aufgefüllt wird.

Es gibt eine Reihe weiterer Integer-Load/Store-Befehle, z.B. solche mit Byte-Vertauschung oder solche, die auf bis zu 32 Register gleichzeitig wirken.

9.2.3 Floating-Point-Befehle

Für sämtliche Floating-Point-Befehle sind zunächst die vorhandenen Floating-Point-Zahlendarstellungen relevant, bei denen es sich, wie bereits erwähnt, um die im IEEE-754-Standard festgelegten handelt. Im einzelnen wird unterschieden:

- *Single Precision:*
  Vorzeichen Bit 0, Exponent Bits 1–8, Mantisse Bits 9–31

- *Double Precision:*
  Vorzeichen Bit 0, Exponent Bits 1–11, Mantisse Bits 12–63

- diverse Exponentendarstellungen mit Offset (biased)

Beispiele enstprechender Befehle sind unter anderem die Floating-Point-Load/Store-Befehle (lfp, sfp) in Single/Double-Precision-Version (lfps, lfpd, sfps, sfpd) sowie die arithmetischen Befehle wie fadd, fsub, fmul oder fdiv. Wir erwähnen schließlich noch die Floating-Point-Move-Befehle fmr (FP Move Register), fneg (FP Negate), fabs (FP Absolute Value) und fnabs (FP Negative Absolute Value).

9.2.4 Prozessor-Kontroll-Instruktionen

Als letzte größere Gruppe von Befehlen erwähnen wir die Befehle zur Kontrolle des Prozessors. In diese Kategorie fallen Befehle zur direkten Manipulation bestimmter Register (z.B. Kopieren eines Registerinhalts in das MSR, das CR oder eines der SPR-Register). Des weiteren gehören hierzu Befehle, die auf den Cache wirken, z.B. einen Cache-Block als ungültig kennzeichnen, Lesen oder Schreiben auf dem Cache simulieren oder einen Cache-Block auf 0 setzen (mit dem Befehl dcbz [*data cache block set to zero*]: alle Bytes in dem Block bzw. Cache-Sektor, der das von effektiven Adresse adressierte Byte enthält, werden auf Null gesetzt). Ferner gibt es Befehle zur Manipulation der Segment-Register, den Befehl sc (*system call*) zur Übertragung der Kontrolle über die CPU von einem laufenden Programm an das Betriebssystem sowie dessen Gegenstück rfi (*return from interrupt*). Diese Liste ließe sich fortsetzen.

In diesem Zusammenhang sind auch die Befehle `lwarx` (*load word and reserve indexed*) sowie `stwcx` (*store word conditional indexed*) zu erwähnen, durch welche zum einen eine Load- bzw. eine Store-Operation durchgeführt wird; zum anderen wird bereits beim Load die Adresse des gelesenen Speicherwortes für ein nachfolgendes Store reserviert.

9.3 Assemblerprogrammierung und Beispielprogramme

Wie wir inzwischen wissen, verarbeitet ein Rechner intern ausnahmslos Folgen von Bits, wobei es bei der Ausführung eines Programms jeweils vom aktuellen Kontext abhängt, ob eine bestimmte Bitfolge als Befehl, Datum oder Adresse interpretiert wird. Für den Benutzer eines Rechners ist die Darstellungsform von Befehlen als Bitfolgen offensichtlich schwierig zu handhaben. Aus diesem Grund steht für die maschinennahe Programmierung eines Rechners stets eine *Assemblersprache* zur Verfügung, in der mnemonische Abkürzungen für die Befehle verwendet werden. Eine Assemblersprache ist damit auf einem Abstraktionsniveau angesiedelt, welches zwischen dem einer höheren Programmiersprache (wie Pascal) und dem der reinen Maschinensprache liegt.

Während der Benutzer einer höheren Sprache sich nicht für die Architektur des Rechners, auf welchem sein Programm ablaufen soll, zu interessieren braucht, sind sowohl Assembler- als auch Maschinensprache davon abhängig. Als Beispiel betrachten wir die folgende if-Abfrage in Pascal:

if K < 5 then A := A + B;

Wesentlich ist, daß der Programmierer Variablen (und gegebenenfalls Datenstrukturen) deklarieren und sodann damit arbeiten kann, *ohne* sich um deren interne Speicherung kümmern zu müssen.

Auf der Ebene der Assemblerprogrammierung ist das anders: Wenngleich auch eine solche Sprache im allgemeinen über die Möglichkeit verfügt, Variablen zu deklarieren, und Datenstrukturen wenigstens simulieren kann, obliegt es jetzt dem Programmierer, hierfür zunächst Speicherplatz zu reservieren und sodann die Manipulation der Variablen auf der Ebene symbolischer Adressen (gegebenenfalls unter Zuhilfenahme der vorhandenen Register) zu beschreiben.

Wir halten gewisse Unterschiede zwischen einer höheren Programmiersprache und einer Assemblersprache fest:

1. In einer höheren Sprache abgefaßte Programme sind leichter lesbar und veränderbar sowie maschinenunabhängig.

2. Häufig sind *mehrere* Assemblerbefehle erforderlich, um *einen* Befehl einer höheren Sprache zu repräsentieren.

Ein in einer Sprache wie Pascal geschriebenes Programm muß vor seiner Ausführung in ein Programm in Maschinensprache übersetzt werden, eine Aufgabe, welche von einem *Compiler* für diese Sprache übernommen wird. Entsprechend muß ein Assemblerprogramm in Maschinensprache transformiert werden, welche insbesondere frei von Deklarationen, Variablennamen oder Labels ist. Diese Übersetzung wird von einem *Assembler* (vgl. Kapitel 11) bewerkstelligt, welcher ähnlich einem Compiler ein *Quellprogramm* in ein *Objektprogramm* übersetzt (und daneben z. B. Fehlermeldungen sowie ein Listing generiert). Wir werden noch darauf eingehen, wie ein Assembler für jeden einzelnen Assemblerbefehl eine bestimmte Folge von Bytes generiert und dabei insbesondere (symbolische) Programm-Referenzen codiert; die oben in Zusammenhang mit den Additions-Befehlen des PowerPC angestellten Überlegungen sind dabei relevant. Erst das hieraus resultierende Maschinenprogramm kann dann auf der Hardware des gegebenen Rechners ausgeführt werden.

Es sei bemerkt, daß die Programmierung in einer Assemblersprache auch heute noch eine Reihe von Anwendungen hat. Insbesondere ist ein direkt in einer solchen Sprache geschriebenes Programm meistens effizienter als ein entsprechendes Programm in einer höheren Sprache, d. h. seine Ausführungszeit ist kürzer; daneben sind z. B. zur Programmierung eines I/O-Controllers spezielle Instruktionen erforderlich (etwa zum Abfragen einzelner Flags), welche in einer höheren Sprache im allgemeinen nicht zur Verfügung stehen.

Wir haben mit den verwendeten Abkürzungen für die Befehle des PowerPC bereits Formulierungen in der Assemblersprache dieses Prozessors angegeben. Diese Abkürzungen sind also keinesfalls frei wählbar, sondern formatgebunden, denn sie müssen eindeutig in die entsprechenden Maschinenbefehle (Bitfolgen) übersetzt werden. Dies ist die Aufgabe des Assemblers.

Um über die Anzahl bereits generierter Bytes Buch zu führen, verwendet ein Assembler einen Zähler, den sogenannten *Location Counter* (LC), welcher zu Beginn einer Übersetzung zu 0 intialisiert wird. Für jeden assemblierten Befehl wird LC dann um die gerade erzeugte Anzahl von Bytes (im Falle des PowerPC also stets 4) erhöht. Zu jedem Zeitpunkt der Übersetzung repräsentiert der Wert von LC damit die Adresse des nächsten verfügbaren Bytes, wobei diese Adresse *relativ* zum Programmanfang (Adresse 0) gewählt ist. (Wir werden in Kapitel 11 diskutieren, auf welche Weise ein Binder sowie ein Lader derartige relativen Adressen in *absolute* Speicheradressen transformiert.) Ferner darf ein Assemblerprogramm symbolische Namen (und Adressen) enthalten, welche geeignet zu ersetzen sind, bevor das Programm ausgeführt werden kann. Dies geschieht grundsätzlich dadurch, daß dem betreffenden Namen der Wert von LC an der Stelle des Programms, an welchem der Name „deklariert" wird, zugewiesen wird. Um derartige Zuweisungen durchführen zu können, legt der Assembler eine *Symboltabelle* an, in welcher alle in einem Programm auftretenden Symbole zusammen mit dem entsprechenden Wert von LC festgehalten werden. (Da Programme *Vorwärtsreferenzen* enthalten können, kann ein Assembler nicht notwendig in *einem* Durchgang Symbole erkennen *und* jeweils den entsprechenden LC-Wert festhalten; dies erfordert im allgemeinen *zwei* Phasen.)

Wir geben als nächstes einige Assemblerprogramme an, welche die Anwendung verschiedener Befehle des PowerPC 601 illustrieren sollen.

Beispiel 9.3 PowerPC-Assemblerprogramme können wie gewöhnliche Unterprogramme z.B. innerhalb eines C-Programms aufgerufen werden; es ist dann lediglich der Assembler anzuweisen, das Programmstück als Assemblerprogramm zu behandeln. Eine in diesem Sinne vervollständigte Funktion für die in Beispiel 9.2 angegebene Befehlsfolge lautet:

```
// Funktion mittelwert
//
asm int mittelwert(int, int)
{
      add r5, r3, r4
      srawi r5, r5, 1
      addze r3, r5
      blr
}
```

Durch asm wird der Assembler aufgerufen; die Funktion mittelwert erwartet zwei Parameter vom Typ int (integer) und liefert ein Ergebnis vom gleichen Typ. □

Beispiel 9.4 Das folgende Programm, welches wir wieder in vollständiger Form als Funktion angeben, berechnet den größten gemeinsamen Teiler zweier ganzer Zahlen nach dem Euklidischen Algorithmus:

```
// GGT-Berechnung mit Hilfe des Euklidischen Algorithmus
//
asm int ggt(int, int)
{
      fralloc            // notwendig, um Spruenge innerhalb
                         // des Unterprogramms zuzulassen
      cmp cr0, 0, r3, r4 // r3 kleiner als r4?
      bge label          // falls ja, vertausche r3 und r4
      mr r5, r3
      mr r3, r4
      mr r4 r5
label:
      bl mod             // sonst: weiter ab hier
                         // Sprung nach mod zwecks
                         // Modulo-Berechnung: r3 := r3 mod r4
      mr r5, r3          // vertausche r3 und r4
      mr r3, r4
      mr r4, r5
      cmpi cr0, 0, r4, 0 // waere noetig, falls subf statt
                         // subf. benutzt
      bne label          // wiederhole, bis Rest = 0
      frfree             // Gegenstueck zu fralloc
      blr                // Ruecksprung ins Hauptprogramm
mod:
      divw r5, r3, r4    // r5 := Quotient
      mullw r5, r5, r4   // r5 := Quotient * Divisor
      subf. r3, r5, r3   // r3 := Rest
                         // Suffix '.' fuehrt zum Update von CR
                         // (Vergleich mit  0)
      blr                // Ruecksprung aus mod-Berechnung
}
```

Es sei darauf hingewiesen, daß sich dieses Programm verbessern läßt (vgl. Aufgabe 9.4). □

Beispiel 9.5 Das folgende Programm dient dem Feststellen einer Ordnung auf in Registern vorliegenden Zahlen:

```
// Funktion ordnung stellt fest, ob r3 < r4 < r5 gilt
//
asm int ordnung(int, int, int)
{
        cmp cr0, 0, r3, r4    // Vergleich von r3 mit r4 (CR-Bit 0)
        cmp cr1, 0, r4, r5    // Vergleich von r4 mit r5 (CR-Bit 4)
        crand 8, 4, 0         // Und-Verknuepfung der Vergleiche
        blt cr2, *+12         // falls r3 < r4 < r5:
                              // Sprung zu 'li r3, 1'
        li r3, 0              // 0 = false als Ergebnis
        blr                   // Ruecksprung ins Hauptprogramm
        li r3, 1              // 1 = true als Ergebnis
        blr                   // Ruecksprung ins Hauptprogramm
}
```

In diesem Programm wird durch den ersten cmp-Befehl der Inhalt von r3 mit dem von r4 verglichen, wobei beide Operanden als ganze Zahlen mit Vorzeichen behandelt werden; das Ergebnis (0 oder 1) wird im ersten Bit des Feldes CR0 des Condition-Registers abgelegt. Die 0 als zweiter Operand des Befehls bedeutet, daß die beiden nachfolgenden Operanden (r3 und r4) 32-Bit-Operanden sind. Analog legt der zweite cmp-Befehl sein Vergleichsergebnis im ersten Bit des Feldes CR1 von CR ab. Der dritte Befehl legt das Ergebnis von „Bit 0 $\wedge$ Bit 1" des Condition-Registers in Bit 8 dieses Registers ab. Sind die Zahlen wie gewünscht geordnet, werden die nächsten beiden Befehle übersprungen. Als Programmergebnis steht am Ende in r3 eine 0 oder eine 1.

□

Das folgende Beispiel illustriert die Verwendung einiger Load/Store-Befehle:

Beispiel 9.6 Vertauschung von Speicherworten an vorgegebenen Adressen:

```
asm void swap(int * , int *)
{
        lwzx r5, r0, r3    // r5 <- (0 + (r3))
        lwz r6, 0(r4)      // r6 <- (0 + (r4))
        stwx r6, r0, r3    // (0 + (r3)) <- r6
        stw r5, 0(r4)      // (0 + (r4)) <- r5
        blr
}
```

Der erste Load-Befehl („load word and zero extended") addiert 0 zum Inhalt von r3 und lädt den Inhalt der so erhaltenen Adresse in Register r5; hier wird die Adressierungsart *Register Indirect with Index* benutzt. Der zweite Load-Befehl geht analog vor, allerdings unter Verwendung des Adressierungsmodus *Register Indirect with Immediate Index*. Die nachfolgenden Store-Befehle haben analoge Erläuterungen.   □

Wir wollen anhand der im letzten Beispiel verwendeten Load- und Store-Befehle weiter erläutern, wie Instruktionen rechnerintern gespeichert werden. Aus der Befehlstabelle des Rechners kann man auch hier entnehmen, wie die einzelnen Bits auf die unterschiedliche, im Befehl unterzubringende Information verteilt werden, im letzten Beispiel wie folgt:

```
lwzx r5, r0, r3    01111110010100000001100000101110
lwz r6, 0(r4)      10000000110001000000000000000000
stwx r6, r0, r3    01111110011000000001100100101110
stw r5, 0(r4)      10010000101001000000000000000000
```

Die Codierung des ersten Befehls ist wie folgt zusammengesetzt: Bits 0–5 enthalten den Op-Code (31), Bits 6–10 die Nummer des Zielregisters (hier 5), Bits 11–15 bzw. 16–20 die Nummern der Quellregister (hier 0 bzw. 3), Bits 21–30 den erweiterten Op-Code 23, Bit 31 eine 0. Dieser Befehl verwendet das X-Format. Die Codierungen der anderen Befehle folgen einer ähnlichen Zusammensetzung. Als hexadezimale Darstellung des Programms ergibt sich damit:

$$7CB0182E|80C40000|7CC01A2E|A0B40000$$

Das folgende Beispiel zeigt eine Verwendung von Floating-Point-Befehlen.

Beispiel 9.7 Wurzelberechnung nach dem Newton-Verfahren:

$$a_0 := a \text{ (Radikand)}, \quad b_0 := 0$$
$$a_{n+1} := (a_n + b_n)/2, \quad b_{n+1} := a/a_{n+1}$$

```
asm double wurzel(double, double)
{    // berechnet die Quadratwurzel (f1, a) bis zu
     // einer vorgg. Genauigkeit (f2)

     fmr f4, f1        // f4 <- f1      (a0=a)
     fsub r5, r5, r5   // f5 loeschen   (b0=0)
     b const           // f3 mit Wert 2 laden

cont:
     fadd f7, f4, f5   // f7 <- an + bn
     fdiv f4, f7, f3   // a(n+1) <- f7 / 2
     fdiv f5, f1, f4   // b(n+1) <- a / a(n+1)
     fsub f6, f4, f5   // Differenz a(n+1), b(n+1)
     fabs f6, f6       // f6 = |a(n+1) - b(n+1)|
     fcmpu cr0, f6, f2 // Differenzbetrag mit vorgg.
                       // Genauigkeit vergleichen
     bgt cont          // noch nicht genau genug
     fmr f1, f5        // Rueckgabewert bereitstellen
     blr

const:
     addi SP, SP, -8   // Stackplatz bereitstellen
     xor r3, r3, r3    // r3 = 0x00000000
```

```
        stw r3, 4(SP)
        lis r3, 0x40000      // r3 = 0x40000000
        stw r3, 0(SP)
        lfd f3, 0(SP)        // f3 = 0x4000000000000000
        addi SP, SP, 8       // Stackplatz freigeben
        b cont
}
```

Das Programm ist im wesentlichen selbsterklärend; es wird daher hier nicht näher
erläutert.   □

Beispiel 9.8 Matrizenmultiplikation: Das nachfolgend angegebene Programm bildet
das Produkt zweier 3×3-Matrizen bestehend aus Floating-Point-Zahlen doppelter
Genauigkeit:

```
asm void matmult(double *, double *, double *)
{
        li r6, 3             // Anz. Schleifendurchlaeufe aussen
        li r7, 3             // Anz. Schleifendurchlaeufe innen
        addi r3, r3, -8      // fuer ein Load mit Update
        addi r5, r5, -8

loop1:
        lfdu f1, 8(r3)       // f1, f2, f3 <- Zeile 1. Matrix
        lfdu f2, 8(r3)
        lfdu f3, 8(r3)

        mtctr r7             // CTR = innere Schleife (loop2)

loop2:
        addi r4, r4, -24
        lfdu f4, 24(r4)      // f4, f5, f6 <- Spalte 2. Matrix
        lfdu f5, 24(r4)
        lfdu f6, 24(r4)
        addi r4, r4, -40

        fsub f7, f7, f7      // f7 loeschen
        fmadd f7, f1, f4, f7 // f7 <- f1 * f4 + f7
        fmadd f7, f2, f5, f7 // f7 <- f2 * f5 + f7
        fmadd f7, f3, f6, f7 // f7 <- f3 * f6 + f7
        stfdu f7, 8(r5)      // Ergebniselement speichern

        bdnz loop2           // decrement, not zero -> loop2
        addi r4, r4, -24

        addi r6, r6, -1      // decrement
        cmpi cr0, 0, r6, 0
        bne loop1            // not zero -> loop1
        blr
}
```

Man beachte, daß in diesem Beispiel die FP-Multiply-Add-Befehle verwendet werden, welche Multiplikation und Addition kombinieren (vgl. Abbildung 9.5).   □

Beispiel 9.9 Wir illustrieren den Gebrauch der Befehle `lwarx` und `stwcx` am Beispiel eines Programmstücks zur Realisierung eines *Semaphors*. Ein Semaphor kann zur Kontrolle bzw. Synchronisation der Ausführung sogenannter *kritischer Bereiche* von Programmen dienen, als welche man Programmteile bezeichnet, in denen z.B. von mehreren Programmen gemeinsam benutzte Variablen oder Speicherbereiche manipuliert werden und die daher unter *wechselseitigem Ausschluß* ausgeführt werden müssen: Wenn ein Programm seinen kritischen Bereich ausführt, darf kein zweites Programm gleichzeitig dasselbe tun. Ein Semaphor kontrolliert, einer Baustellenampel vergleichbar, den Eintritt in einen kritischen Bereich. Will ein Programm seinen kritischen Bereich ausführen, muß es das Semaphor auf 0 setzen; hat es seinen kritischen Bereich ausgeführt, setzt es das Semaphor wieder auf 1. Die Problematik besteht darin, daß andere Programme ebenfalls Zugriff auf das Semaphor haben und ihn unmittelbar nach einer 0-Setzung verändern können.

In der Assemblersprache des PowerPC läßt sich die gerade gegebene Beschreibung z.B. wie folgt umsetzen:

```
        li r4, 0             // r4 <- 0
loop:
        lwarx r5, 0, r3      // r5 <- Semaphor
        stwcx. r4, 0, r3     // Semaphor auf 0 setzen
        bne  cr0, loop       // Schleife, falls Reservierung verloren
        cmpwi cr1, r5, 0     // Semaphor mit 0 vergleichen
        be cr1, loop         // Semaphor war bereits vor dem Laden 0,
                             // daher weiter warten (war er 1,
                             // ist er frei)
kritBer:
        ...
        li r4, 1             // r4 <- 1
        stw r4, 0, r3        // Semaphor freigeben
```

In diesem Programmstück wird angenommen, daß sich das Semaphor im Speicher unter der in Register r3 enthaltenen Adresse befindet. Wesentlich ist hier die Verwendung des Load mit Reservierung der Adresse, aus der geladen wird; das darauffolgende Store benutzt diese unmittelbar wieder, falls kein anderes Programm zwischenzeitlich darauf zugegriffen hat.   □

9.4   Speicherkonzepte des PowerPC

Wir wollen nun noch zwei wichtige Speicherkonzepte des PowerPC genauer erläutern: Es handelt sich einerseits um den zwischen Prozessor und Hauptspeicher liegenden Cache, andererseits um die Möglichkeiten der Adreßberechnung, genauer um die Art und Weise, in der im Programm auftretende logische Adressen in physikalische Adressen umgesetzt werden. Die logischen Adressen sind nämlich Positionen in einem fiktiven ("virtuellen") Speicher, der in der physikalischen Wirklichkeit so nicht existiert (vgl. Kapitel 11).

Die *Memory Management Unit* (MMU) des PowerPC übersetzt logische in physikalische Adressen, und zwar sowohl für Datenadressen bei Load- bzw. Store-Befehlen als auch für Befehlsadressen. Die PowerPC-Architektur kennt insgesamt vier Arten der Adreßübersetzung:

1. *Direct Address Translation*: Bei dieser Art findet de facto keine Übersetzung statt; logische und physikalische Adresse stimmen überein. Es kommen ferner keine Speicherschutzmechanismen zur Anwendung, d.h. diese Form der Übersetzung kann sowohl im User- als auch im Supervisor-Modus angewendet werden.

2. *Block Address Translation*: Diese Art der Übersetzung bietet die Möglichkeit, Speicherbereiche, die größer sind als 1 Page, zusammenhängend im physikalischen Speicher abzulegen. Es sind 8 Blockgrößen zwischen 128 KB und 8 MB verfügbar; die Übersetzung wird über die im *Block Translation Lookaside Buffer* (BTLB) zusammengefaßten Register gesteuert, welche mit BAT0–3 bezeichnet werden (kurz für *Block Address Translation*).

3. *Page Address Translation*: Diese Übersetzungsart wird von einer Tabelle, der sogenannten *Page Table* (Seitentabelle), im Hauptspeicher bestimmt, welche für jede Seite (Page) der Größe 4 KB einen Eintrag enthält. Damit man weitgehend ohne Hauptspeicherzugriffe auskommt, werden die letzten 256 Übersetzungsergebnisse in einem speziellen Cache, dem *Unified Translation Lookaside Buffer* (UTLB) gehalten. Für Zugriffe der Instruction Unit werden ferner vier Übersetzungsergebnisse im *Instruction Translation Lookaside Buffer* (ITLB) aufbewahrt. Es sei bemerkt, daß der PowerPC nicht nur Paging, sondern die Speicherorganisationsform der *Paged Segmentation* verwendet (vgl. Kapitel 11).

4. *I/O Controller Interface Translation*: Diese Art der Übersetzung liefert eine I/O Controller Interface Adresse für Zugriffe auf periphere Geräte oder Systembusse.

Abbildung 9.9 zeigt die Komponenten zur Adreßübersetzung beim 601: Logische Adressen aus der Integer Unit oder der Instruction Unit werden zunächst mit den Inhalten der diversen Puffer verglichen. Im Fehlerfall ("Miss") wird entweder weitergesucht oder eine neue Adresse unter Rückgriff auf die Seitentabelle im Hauptspeicher bestimmt; letzteres wird als *Tablewalk* bezeichnet.

Abbildung 9.10 zeigt, wie die allgemeine PowerPC-Architektur einen Übergang von einer logischen Adresse (LA) zu einer virtuellen Adresse (VA) sowie von dort zu einer physikalischen Adresse (PA) vorsieht. In dieser Abbildung bedeutet z.B. „LA[0:3]" die Bits mit den Nummern 0–3 (also die linkesten bzw. obersten) einer 32-Bit-langen logischen Adresse. Die in dieser Abbildung gezeigte Struktur wird bis auf kleine Unterschiede von allen bisherigen PowerPC-Implementierungen verwendet.

Der 601 besitzt einen 32 KB großen On-Chip-*Cache*, welcher achtfach satzassoziativ organisiert ist. Der Cache kann sowohl Daten als auch Instruktionen aufnehmen und unterscheidet sich damit wesentlich von anderen Prozessoren, bei welchen im allgemeinen getrennte Cache-Speicher für Daten bzw. Befehle vorgesehen sind. Der

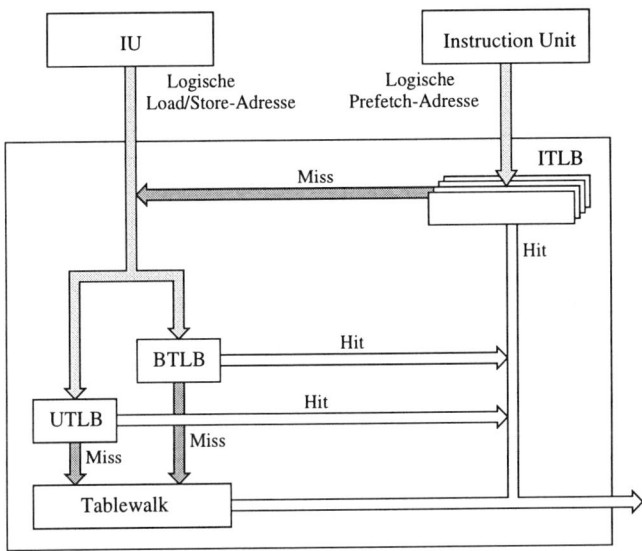

Abbildung 9.9: Adreßübersetzungskomponenten der MMU beim PowerPC 601.

601-Cache besteht aus 8 Sets mit je 64 Zeilen mit je 2 Sektoren pro Zeile sowie je 8 Worten pro Sektor. Aus dieser Aufteilung, welche in Abbildung 9.11 illustriert ist, ergibt sich die Größe

$$8 \times 64 \times 2 \times 8 \times 32 \text{ Bit} = 32 \text{ KByte}.$$

An jeder Cache-Zeile, die auch als *Cacheline* bezeichnet wird und die Einheit darstellt, die in einer Operation aus dem Hauptspeicher übertragen werden kann, befinden sich außerdem Adreßtags und Statusbits. Der Cache dient grundsätzlich der Vermeidung von Speicherzugriffen durch Zwischenspeicherung von Daten oder Befehlen; bei einem *Cache-Hit* befindet sich ein gesuchtes Datum bzw. eine gesuchte Instruktion im Cache, bei einem *Cache-Miss* wird ein bestimmter Bereich, welcher das gesuchte Datum bzw. die Instruktion umfaßt, aus dem Speicher nachgeladen. In der Regel wird ein Cache daher das Datum, auf welches die CPU als nächstes zugreift, bzw. die Instruktion, die als nächste ausgeführt werden soll, enthalten.

Ein Nachteil des kombinierten Daten- und Instruktions-Caches ist die Gefahr von Zugriffskonflikten, wenn von unterschiedlichen Einheiten des Prozessors gleichzeitig Daten und Befehle angefordert werden. Solche Konflikte werden unter anderem durch möglichst breite Datenpfade zu den mit dem Cache verbundenen Einheiten minimiert, wie aus Abbildung 9.12 an den externen Verbindungen des Cache-Interfaces zu ersehen ist.

Die Schnittstelle zwischen dem Cache und dem Systembus-Interface bildet die *Memory Unit*, welche alle Zugriffe, die vom Cache auf den Bus gehen, in zwei Warteschlangen verwaltet (vgl. Abbildung 9.13): Die *Read-Queue* enthält bis zu zwei Adreßeinträge; die *Write-Queue* kann einen Cache-Sektor von 4×64 Bit zwischenspeichern, wobei im allgemeinen nur zwei der drei verfügbaren Plätze gebraucht werden. Der dritte Platz dieses Puffers wird ferner zum *Snooping* (Schnüffeln) benutzt:

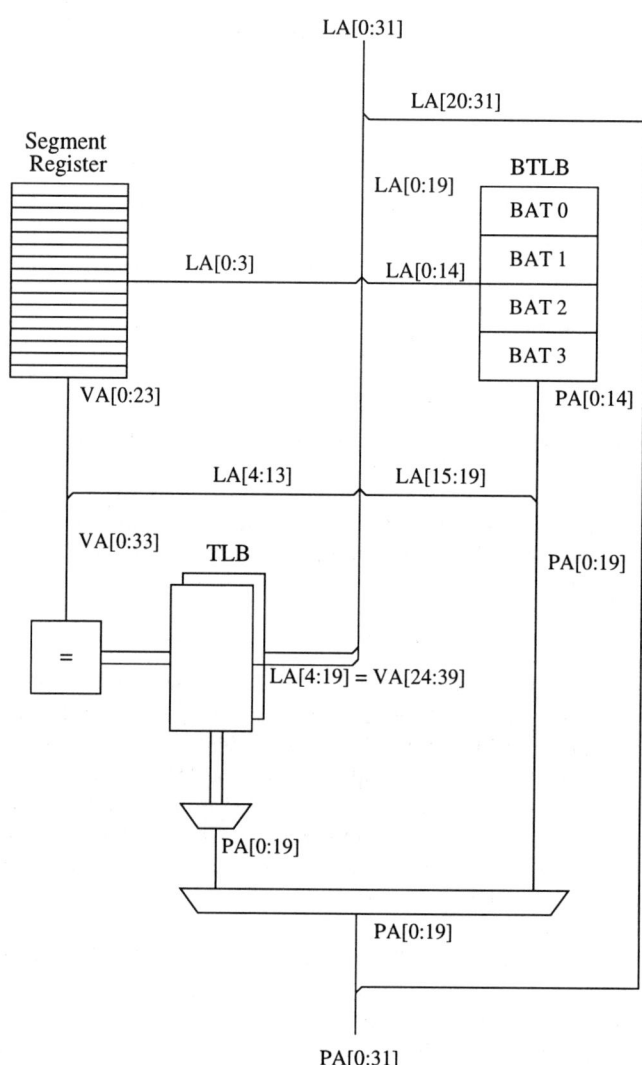

Abbildung 9.10: Memory Management Unit der PowerPC-Architektur.

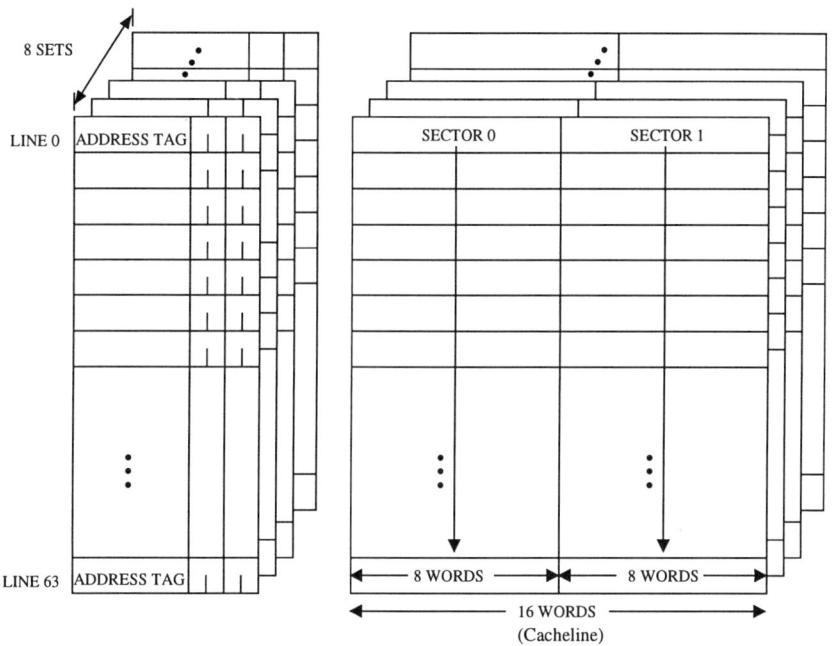

Abbildung 9.11: Cache-Organisation des PowerPC 601.

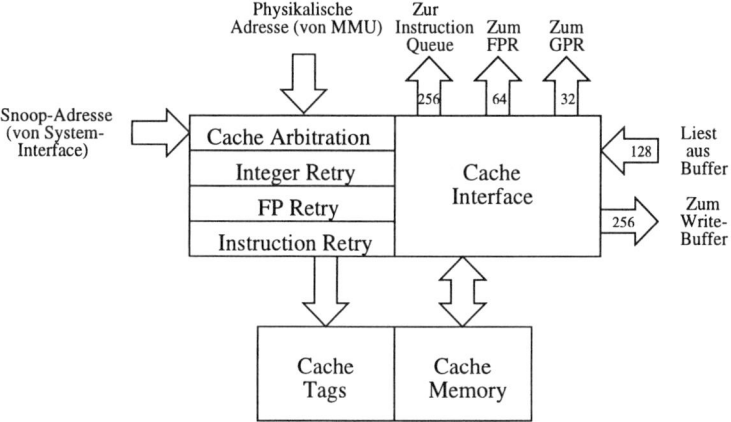

Abbildung 9.12: Anbindung des 601-Cache an andere Einheiten.

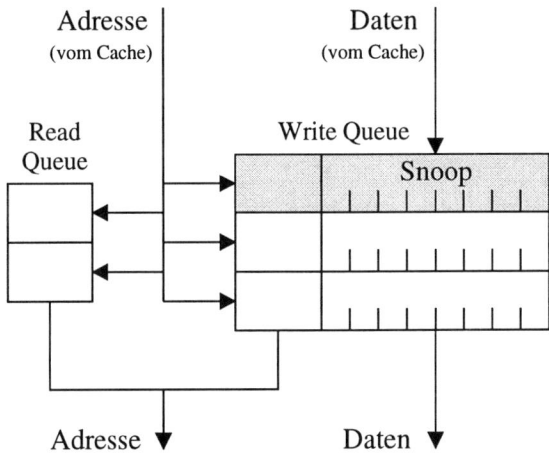

Abbildung 9.13: Warteschlangen der Memory Unit des 601.

Falls ein Rechnersystem aus mehreren PowerPC-Prozessoren aufgebaut wird, so können diese Prozessoren über einen gemeinsamen Bus an denselben Hauptspeicher angeschlossen sein. Falls dann mehrere Prozessoren auch Daten gemeinsam verwenden, ist dafür zu sorgen, daß diese Verwendung in *kohärenter* Weise erfolgt, d.h. das System muß dafür sorgen, daß immer die aktuellen und nie veraltete Werte eines Datums gelesen werden. Beim Snooping hört jeder Prozessor am Bus die Adressen mit, welche die anderen Prozessoren auf den Bus legen. Die erschnüffelten Adressen werden mit den Adressen der Blöcke im eigenen Cache verglichen; bei einer Übereinstimmung wird wie folgt vorgegangen:

- Bei einem Schreibzugriff wird der im Cache gespeicherte Block für ungültig erklärt.

- Bei einem Lesezugriff wird der Bus unterbrochen, falls das betreffende Datum verändert wurde. Der Schnüffler schreibt sodann den betreffenden Block in den Hauptspeicher und startet die unterbrochene Aktion neu.

Als Kohärenzprotokoll in Zusammenhang mit dem Snooping verwendet der PowerPC das sogenannte *MESI-Protokoll*, welches jeder Cacheline einen der vier Zustände M (Modified), E (Exclusive), S (Shared) oder I (Invalid) zuordnet. Dieses Protokoll ist in Abbildung 9.14 als Zustandsübergangsdiagramm dargestellt. Man erkennt insbesondere an diesem Diagramm, welche Ereignisse welche Art von Zustandsübergang hervorrufen. Befindet sich z.B. eine Cacheline im Zustand *Shared*, so bewirkt ein Schreibzugriff auf den Speicher gleichzeitig ein Schreiben des vorgehaltenen Datums im Cache (Write Hit) sowie einen Übergang der betreffenden Cacheline in den Zustand *Modified*.

Zum Abschluß unserer Architekturbeschreibung des PowerPC 601 seien einige Daten erwähnt, in denen sich die anderen Versionen vom 601 unterscheiden:

- Der 603 sowie der 604 besitzen wie der 601 eine 32-Bit-Architektur, verfügen über 4 GB (2^{32} Byte) logischen und physischen Adreßraum sowie über 4 Pe-

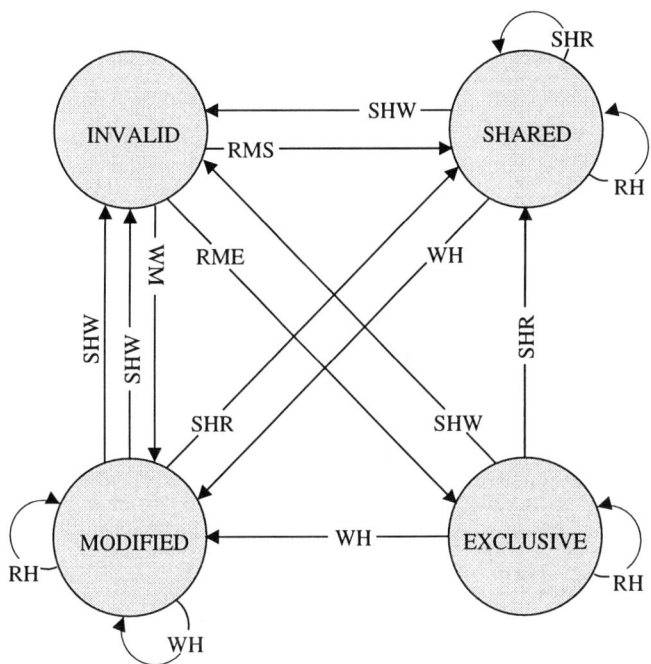

RH: Read Hit
RMS: Read Miss Shared
RME: Read Miss Exclusive
WH: Write Hit
WM: Write Miss
SHR: Snoop Hit on a Read
SHW: Snoop Hit on Write or
　　　Read-with-Intent-to Modify

Abbildung 9.14: Zustände beim MESI-Protokoll.

Tabelle 9.2: IBM-Rechner der RS/6000-Familie mit PowerPC-Prozessor.

Modell	250-C10	ThinkPad 860	43-120	43P-140
Prozessor	601	603ev	604	604e
Taktfreq. MHz	80	166	120	200
Hauptspeicher	16–256 MB	32–96 MB	16–192 MB	16–768 MB
Plattenspeicher	1,1–6,6 GB	1,2–2 GB	1,2 MB–5 GB	2,1–13,3 GB
Level 1-Cache	32 KB	32 KB	32 KB	32 KB
Level 2-Cache	1 MB	256 KB	512 KB	1 MB

tabyte (4 PB = 2^{52} Byte) virtuellen Speicher. Pages haben die Größe 4 KB, Segmente die Größe 256 MB. Ferner gibt es 16 Segmentregister, 2 BAT-Arrays und separate TLBs für Daten und Instruktionen, die beim 603 je 64 Einträge, beim 604 je 128 Einträge haben.

- Der 620 besitzt eine 64-Bit-Architektur, verfügt über 1 Terabyte (1 TB = 2^{40} Byte) physischen sowie 2^{64} Byte logischen Adreßraum; der virtuelle Speicher kann 2^{80} Byte groß sein. Page- und Segment-Größe sind gegenüber den anderen Implementierungen unverändert, jedoch verfügt der 620 über 2 voll-assoziative Übersetzungscaches mit je 64 Einträgen für Daten und Instruktionen sowie einen Unified TLB mit 128 Einträgen.

Abbildung 9.15 zeigt die Architektur des PowerPC 604, welche bereits erheblich komplexer ist als die in diesem Abschnitt beschriebene Architektur des 601. Wesentliche Unterschiede bestehen z.B. in der Tatsache, daß der 604 über *getrennte* Cache-Speicher für Daten bzw. Instruktionen verfügt. Außerdem besitzt er drei separate Interger Units, von welchen eine hauptsächlich Multiplikationen und Divisionen, die beiden anderen einfachere arithmetische und logische Operationen ausführt. Die Ausführungseinheiten sind hier unter Umständen mit mehreren Verarbeitungsstufen ausgestattet. Weitere Einzelheiten entnehme man der unten angegebenen Literatur.

PowerPC-Prozessoren werden vor allem in Rechner der Hersteller Apple und IBM eingebaut. Der Aufbau eines typischen Rechnersystems, welches auf dem PowerPC 601 basiert, ist in Abbildung 9.16 gezeigt. Bei dem hier gezeigten System handelt es sich um einen vergleichsweise einfachen PC, bei welchem der Prozessor-Chip mit einem DRAM[1]-Hauptspeicher und einem Erweiterungsbus für I/O verbunden ist. An den Erweiterungsbus können diverse I/O-Controller sowie Sekundärspeicher-Controller angeschlossen werden; er hat eine geringere Bandbreite als der Prozessorbus.

Tabelle 9.2 gibt eine Übersicht über diverse IBM-Rechnermodelle mit PowerPC-Prozessor und deren Hardware-Ausstattung. Hierzu sei bemerkt, daß es sich bei einem *Level 2-Cache* um einen Cache handelt, welcher nicht auf dem Prozessor-Chip untergebracht ist.

---

[1] Dynamic Random Access Memory

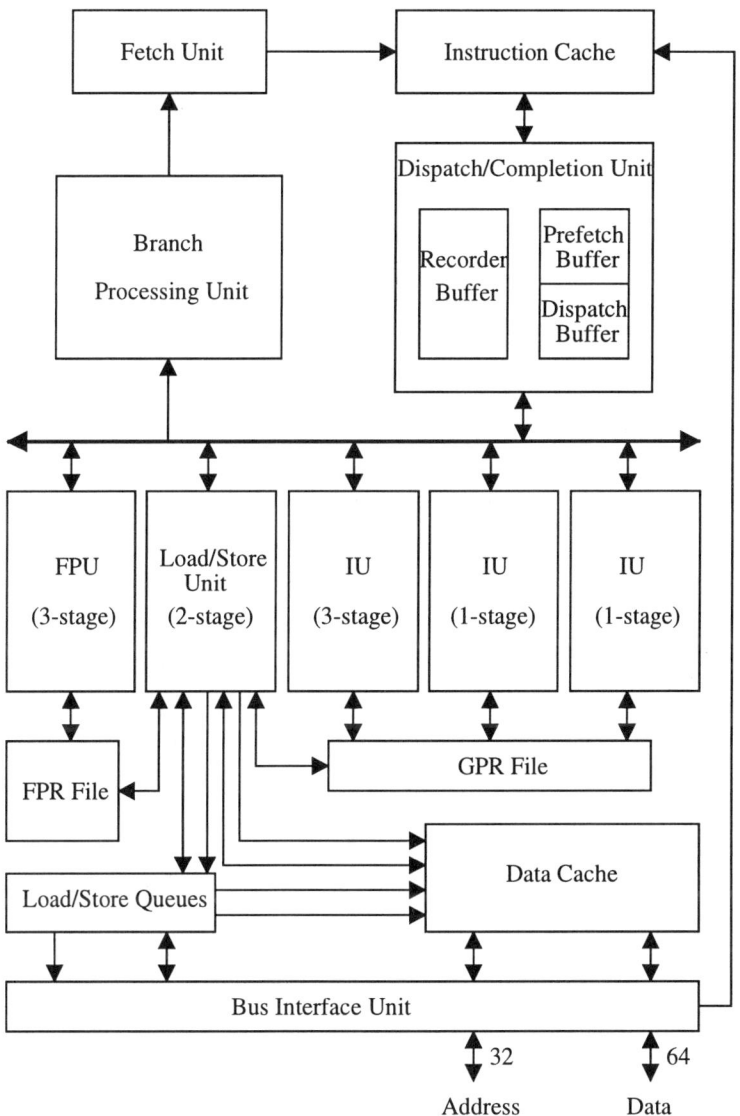

Abbildung 9.15: Architektur des PowerPC 604.

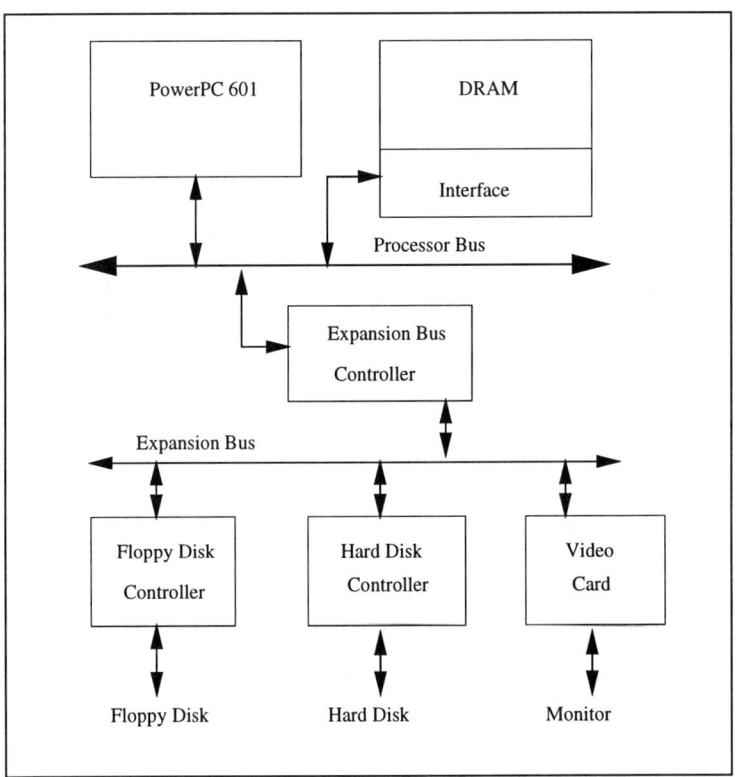

Abbildung 9.16: PC-Rechnersystem auf Basis des PowerPC 601.

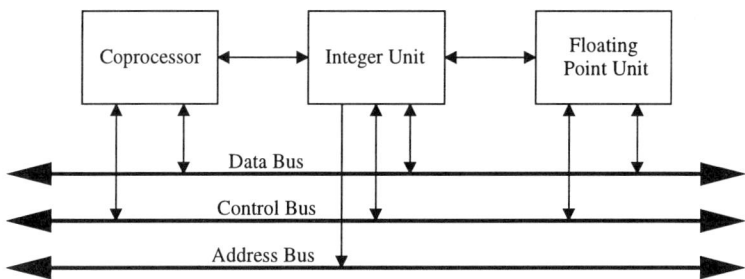

Abbildung 9.17: Übersicht der SPARC-Architektur.

9.5 SPARC-Prozessoren

In diesem Abschnitt wollen wir kurz auf einen andere prominente RISC-Architektur sowie darauf basierende Familie von Prozessoren eingehen, die SPARC-Architektur von Sun Microsystems. SPARC ist ein Akronym für *Scalable Processor ARChitecture*, wobei Skalierbarkeit hier im Hinblick auf eine Implementierbarkeit der Architektur in unterschiedlichen Technologien (z.B. CMOS, ECL) gemeint ist. Die SPARC-Architektur ist eine echte RISC-Architektur mit den dem Leser inzwischen vertrauten Merkmalen. Ähnlich wie beim PowerPC wurde hier die sogenannte „Außen-Architektur", d.h. die verhaltensmäßige Beschreibung eines Rechners auf einer abstrakten Ebene, offengelegt; diese umfaßt alle diejenigen Prozessorteile, die zur Software (insbesondere zum Betriebssystem sowie für einen Compiler) sichtbar werden, also Datentypen, Maschinenoperationen, Programmiermodell oder Unterbrechungssystem. Die SPARC-Architektur hat verschiedene Evolutionsstufen durchlaufen (Version 7 [V7] 1987, Version 8 [V8] 1990, Version 9 [V9] 1993) und wird heute von vielen Herstellern gebaut (z.B. Fujitsu, Cypress Semiconductor, LSI Logic oder Texas Instruments).

Eine Übersicht über die SPARC-Architektur gibt Abbildung 9.17. Die Architektur umfaßt eine Integer Unit, eine Floating-Point Unit sowie einen optionalen Coprozessor; jede dieser Einheiten hat einen eigenen Registersatz und kann parallel zu den anderen arbeiten. Zu einem SPARC-Gesamtsystem gehören ferner zumindest eine Memory Management Unit sowie ein Cache. Letzterer ist über einen Speicherbus an den Hauptspeicher angeschlossen und kann in jedem Zyklus einen Befehl an die Integer Unit liefern.

Abbildung 9.18 zeigt den internen Aufbau der Integer Unit. Im Unterschied zum PowerPC arbeitet die SPARC-Architektur mit den in Abschnitt 9.1 beschriebenen Register-Fenstern; da es zwischen 2 und 32 solcher Fenster mit je 16 + 8 Registern geben kann, hat eine Implementierung (bei V7 oder V8) zwischen 40 ($= 2 \times 16 + 8$) und 520 ($= 32 \times 16 + 8$) allgemeine Register. Wichtige spezielle Register der Integer Unit sind die folgenden:

- Der *Program Counter* (PC) enthält stets die Adresse des aktuellen Befehls;

- der *next Program Counter* (nPC) enthält demgegenüber die Adresse des nächsten auszuführenden Befehls.

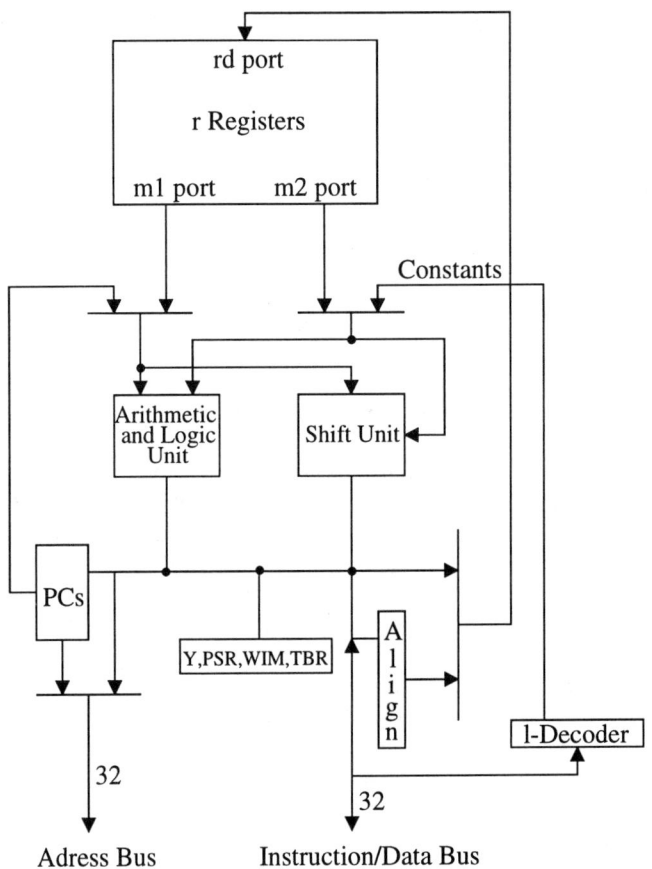

Abbildung 9.18: Integer Unit der SPARC-Architektur.

- Das *Processor State Register* (PSR) enthält den aktuellen Prozessor-Status mit den Condition Codes N, Z, V und C (für Negative, Zero, Overflow und Carry) und den *Current Window Pointer* (CWP) der Länge 5 Bit, einen Zeiger auf das aktuell benutzte Register-Fenster.

- Die *Window Invalid Mask* (WIM) besteht aus 32 Bits, von denen Bit Nr. i gesetzt ist, falls Fenster i „invalid", also aktuell nicht belegt ist.

- Das *Trap Base Register* (TBR) enthält einen Zeiger auf den Trap-Handler.

- Register Y dient der Erzeugung von 64-Bit-Multiplikationsergebnissen.

Pro Prozedur sind de facto sogar $24 + 8 = 32$ Register verwendbar, welche bei V8 32 Bit breit sind, bei V9 64 Bit. Die 32 Register eines Programms werden wie folgt aufgeteilt:

r0–r7   global, d.h. allen gemeinsam
r8–r15   Ausgabe-Parameter, zugleich
          Eingabe des nachfolgenden Programms
r16–r23   lokal
r23–r31   Eingabe-Parameter

Den Kern der Integer Unit bildet eine vierstufige Befehlspipeline mit den Phasen

1. Befehl holen,

2. Befehl decodieren, Operanden aus Register holen,

3. Befehl ausführen,

4. Resultat in Register speichern.

Bei Sprungbefehlen bedient sich der Prozessor der Technik des *Delayed Branch*: Eine Sprungsadresse ist nach Befahlsphase 2 bekannt, die Sprungbedingung aber erst nach Phase 3. Da sich mehrere Befehle überlappt in der Pipeline befinden, nimmt der Prozessor bei einem Sprungbefehl i an, daß dieser auszuführen ist. Jedoch erfolgt die Ausführung um eine Phase verzögert, d.h. der nächste Befehl $i+1$ wird immer ausgeführt, dann erst der Sprung. War der Sprung falsch, d.h. die Sprungbedingung nicht erfüllt, wird der unter der Sprungzieladresse ausgeführte Befehl annulliert, und es wird mit der Bearbeitung von $i+2$ fortgefahren. Offensichtlich muß bei einer solchen Vorgehensweise der betreffende Compiler in der Lage sein, den Slot $i+1$ mit einer sinnvollen Operation (häufig die leere Operation NOP) zu füllen.

Der SPARC-Befehlssatz umfaßt nur 69 Befehle, davon 14 für Floating-Point-Operationen. Im einzelnen sind die Befehle wie folgt kategorisierbar:

- Load/Store-Befehle: L, ST; nur diese greifen auf den Hauptspeicher zu;

- arithmetische Befehle: ADD, SUB, MUL

- logische und Shift-Befehle: AND, OR, XOR, SL, SR

- bedingte Sprungbefehle: B (Branch on)

- Unterprogramm-Organisation: SAVE, RESTORE, CALL, JMPL (Jump and Link)

- Read/Write-Register: R, W

- Ausnahmebehandlung: T (Trap)

- sonstige Befehle: SWAP, SETHI (*swap register with memory, set high 22 bits of register*)

Die Befehle operieren auf den vier Integer-Datentypen *Byte, Halfword, Word* und *Doubleword*. Es werden drei Befehlsformate unterschieden, welche alle die einheitliche Länge von 32 Bit aufweisen. Die 64-Bit-V9-Architektur kennt gegenüber V7 und V8 weitere Befehle, z.B. LDX, STX (Load/Store extended word, jeweils 64 Bit); außerdem beziehen sich LDD und STD, also Load/Store Doubleword, jetzt auf 128-Bit-Operanden.

Beispiel 9.10 Das folgende SPARC-Assemblerprogramm realisiert eine Integer-Addition doppelter Genauigkeit:

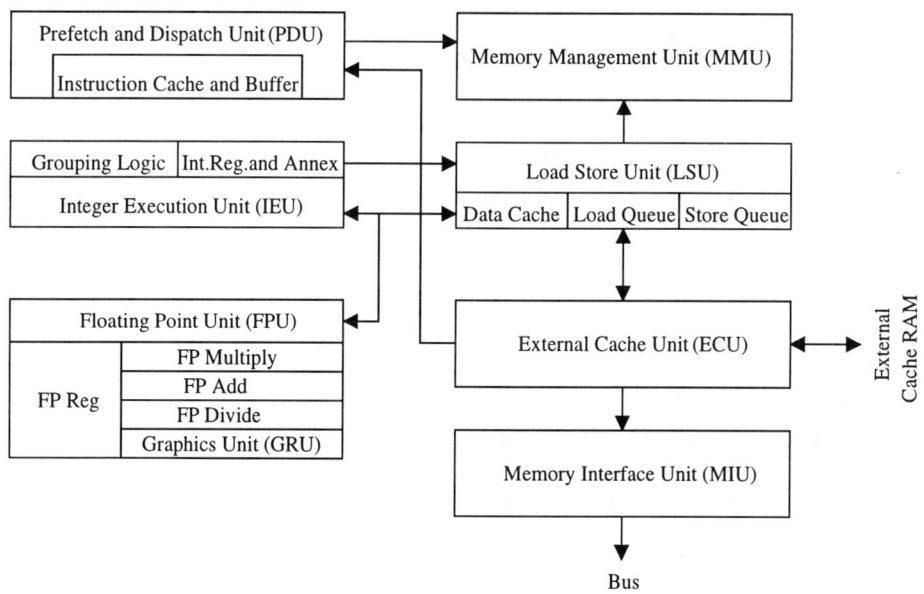

Abbildung 9.19: Architektur des UltraSPARC-Prozessors.

```
LDD [%r2], %r6        // lade ersten Operanden
LDD [%r3], %r8        // lade zweiten Operanden
ADDcc %r7, %r9, %r11  // addiere zuerst niedrigwertige Stellen
ADDX %r6, %r8, %r10   // addiere restliche Stellen mit Carry
STD %r10, [%r4]       // speichere Ergebnis
```

Die zu addierenden Werte stehen in jeweils zwei konsekutiven Speicherworten, deren Adressen sich in r2 bzw. r3 befinden. Das Ergebnis wird ab der in r4 angegebenen Adresse abgelegt.   □

Die SPARC-V9-Architektur wird von Sun heute in den Implementierungen z.B. UltraSPARC-I und UltraSPARC-II verwendet, welche mit 167 MHz aufwärts getaktet werden. Abbildung 9.19 zeigt die Architektur eines solchen Prozessors. Zu den Merkmalen des UltraSPARC-I Prozessors gehören unter anderem die neunstufige Pipeline, welche bis zu 4 Instruktionen pro Takt weiterreichen kann, sowie das Vorhandensein eines 16 KB Daten- sowie eines 16 KB Instruktionscaches auf dem Chip; ferner ist bis 4 MB externer Cache verwendbar. Die *Prefetch and Dispatch Unit* (PDU) erledigt ein Prefetching von Instruktionen, noch bevor sie in der Pipeline benötigt werden. Weitere Einzelheiten können der unten angegebenen Literatur entnommen werden.

9.6 Übungen

9.1 Man beschreibe Unterschiede zwischen dem Location-Counter LC eines Assemblers und dem Program-Counter PC eines Rechners.

9.2 Man gebe eine Folge von Befehlen zur Berechnung von $f(x) = 3x^3 + 2x^2 - 4x + 2$ an. Dabei sei x ein Wort in r1.

9.3 Man gebe Assembler-Befehle zur Simulation folgender Kontrollstrukturen (in Pascal) an:

(a) `while X > Y do S;`
(b) `if A = B then begin X := X + 1; Y := Z end else A := B;`
(c) `for J := LAST downto FIRST do S;`

9.4 Das in Beispiel 9.4 angegebene Assembler-Programm zur GGT-Berechnung nach dem Euklidischen Algorithmus läßt sich dahingehend verbessern, daß auf die Sprungmarke mod verzichtet wird. Man gebe ein entsprechend optimiertes (und kürzeres) Programm an.

9.5 Der Prozeß des Sicherns und Zurückschreibens von CPU-Registern bei einem Prozedur-Aufruf wird häufig als *Context Switching* bezeichnet. Man beschreibe, wie dieses Umschalten zur Behandlung von Interrupts verwendet werden kann.

9.6 Man erläutere Vorteile und Nachteile von Rechnerarchitekturen, die nach der RISC-Philosophie entworfen sind.

9.7 Man schreibe ein Assemblerprogramm, welches eine ganze Zahl n einliest und für $n \geq 0$ die Fakultät $n!$ als Ergebnis liefert. Für $n < 0$ soll als Ergebnis -1 berechnet werden.

(a) Man entwerfe informal ein solches Programm Zeile für Zeile unter der Annahme, daß die Eingabe n sich in Register r1 befindet. Das Ergebnis wird in Register r2 erwartet.

(b) Man schreibe hierfür ein Assemblerprogramm in der Sprache des PowerPC.

9.7   Bibliographische Hinweise

Unsere Darstellung der PowerPC-Architektur sowie des PowerPC 601 folgt Motorola (1993), von Staudt (1994) sowie Ungerer (1995). Weitere Quellen hierzu sind z.B. Hamacher et al. (1996), Tabak (1995), IBM (1994) oder Weiss und Smith (1994). Einen Vergleich des PowerPC 601 mit dem Alpha 21064 von DEC findet man bei Smith und Weiss (1994). Weitere Übersichtsartikel zum PowerPC im allgemeinen und zum 603 im besonderen sind bei Ullah und Brownfield (1994) zu finden.

Weitere Erläuterungen der SPARC-Architektur entnehme man z.B. Kain (1996) oder Tabak (1995). Im Unterschied zum PowerPC ist die SPARC-Architektur in Buchform weniger ausführlich dokumentiert. In dieser Situation hilft dem Interessierten heute das *World-Wide Web* (WWW), wo sich aktuellste Informationen jederzeit abrufen lassen, für SPARC-Prozessoren z.B. unter der Adresse (URL)

`http://www.sun.com/microelectronics/products/microproc.html`

Entsprechende Informationen zur PowerPC-Familie findet man im Web unter

`http://www.mot.com/SPS/PowerPC/products/semiconductor/chips.html`

Kapitel 10

CISC-Prozessoren und Rechnersteuerung

In diesem Kapitel wollen wir exemplarisch CISC-Rechnerarchitekturen und -prozessoren vorstellen, welche in der Entwicklung moderner Computern besondere Bedeutung erlangt haben und in der Praxis heute anzutreffen sind. Dabei erheben wir — gemäß der generellen Philosophie dieses Textes — keinen Anspruch auf Vollständigkeit oder höchste Aktualität. Die Beschreibung konkreter Architekturen hat dabei jeweils lediglich Übersichtscharakter, denn zur Arbeit mit einem konkreten Prozessor ist das Studium einschlägiger Handbücher selbstverständlich unerläßlich. Für Mikrocomputer beschränken wir uns hier auf den wichtigsten Bestandteil dieser Rechner, die *Mikroprozessoren*, und gehen exemplarisch auf wichtige und praxisrelevante Prozessorfamilien ein. Von nur noch historischer Bedeutung ist dabei der Zilog Z80, welcher 1976 verfügbar wurde und einer der ersten Mikroprozessoren war, welcher in *Personal* und *Home Computern* eingesetzt wurde und diesen zu einer weiten Verbreitung verhalf. Aus der Klasse der *Minicomputer* greifen wir exemplarisch die Rechnerserie VAX-11 der Digital Equipment Corporation (DEC) heraus. Unsere Darstellung wird „nach oben" abgerundet durch einige Bemerkungen zur Evolution von *Großrechnern* und zur dabei besonders relevanten IBM /370-Architektur.

Wir behandeln zunächst — als Kontrastprogramm zu den Betrachtungen des vorigen Kapitels — die Verarbeitung von Maschinenbefehlen in einem speziellen CISC-Prozessor und verwenden diesen auch zur Erläuterung der Steuerung eines Rechners. Konkret ziehen wir als Beispiel den Mikroprozessor WE32100 von AT&T heran, ein mit 32-Bit-Architektur ausgestatteter Rechner, in welchem viele heute als Standard anzusehende Eigenschaften anzutreffen sind. Insbesondere werden wir an diesem Rechner unsere im letzten Kapitel begonnenen Betrachtungen zur Assemblerprogrammierung weiterführen, um dadurch wichtige Unterschiede zwischen RISC und CISC herauszuarbeiten.

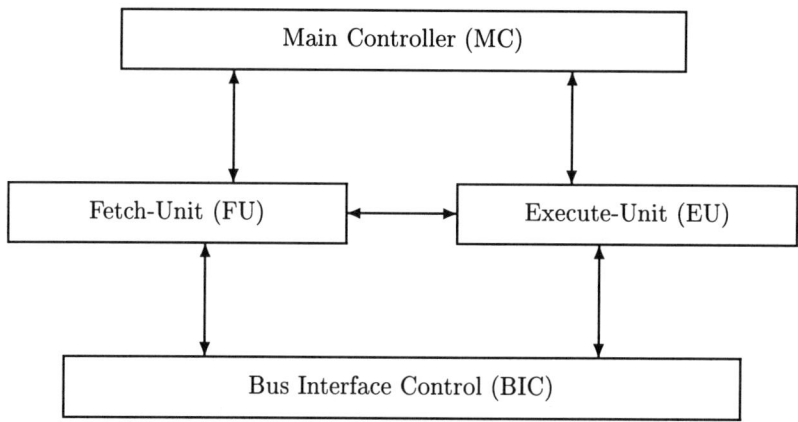

Abbildung 10.1: Architektur des WE32100.

10.1   Architektur und Befehle des AT&T WE32100

Der WE[1]32100 ist ein 32-Bit-Mikroprozessor, welcher von AT&T bis vor wenigen
Jahren in Rechnern verschiedener Größenordnungen verwendet wurde. Der Prozessor wurde mit einer Taktfrequenz von 18 MHz betrieben und erreichte dadurch eine
Verarbeitungsleistung von mehr als 2 MIPS (Million Instructions Per Second). Der
WE32100 verfügt über eine 32-Bit-CPU sowie je einen 32-Bit-Adreß- bzw. -Daten-
Bus. Er besteht im wesentlichen aus vier Komponenten, welche in Abbildung 10.1
gezeigt sind. Der *Main Controller* ist verantwortlich für das Holen und Decodieren
von Instruktionen sowie für die Steuerung von Fetch- und Execute-Unit während einer Befehlsausführung. Darüber hinaus obliegt ihm die Behandlung von Interrupts.
Die *Fetch-Unit* sorgt für das Bereitstellen von Operanden aus dem Speicher. Dazu
verfügt sie über einen eigenen Controller, einen Instruction-Cache, welcher 64   32-
Bit-Worte aufnehmen kann, eine Instruction Queue sowie ein spezielles Rechenwerk
für Adreßberechnungen. Die Instruction Queue wird zum *Prefetching* von Befehlen benutzt, d. h. die Execute-Phase eines Befehls kann mit der Fetch-Phase des nächsten
auszuführenden Befehls überlappt werden.

   Die *Execute-Unit* führt insbesondere alle arithmetischen, logischen, Shift- und
Rotations-Operationen aus und berechnet den Wert der diversen Flags in Abhängigkeit vom Ergebnis einer gerade ausgeführten Operation. Sie umfaßt einen Execute-
Controller, welcher alle Abläufe in dieser Einheit steuert, sechzehn 32-Bit-Register,
welche dem Benutzer zur Verfügung stehen, interne Register, welche ein Programmierer nicht verwenden kann, sowie eine ALU. Der Aufbau der Execute-Unit ist in
Abbildung 10.2 gezeigt.

   Zum Verständnis der Architektur dieses Prozessors sind vor allem die Kenntnis

---

[1]WE ist ein eingetragenes Warenzeichen von AT&T Technologies, Inc.

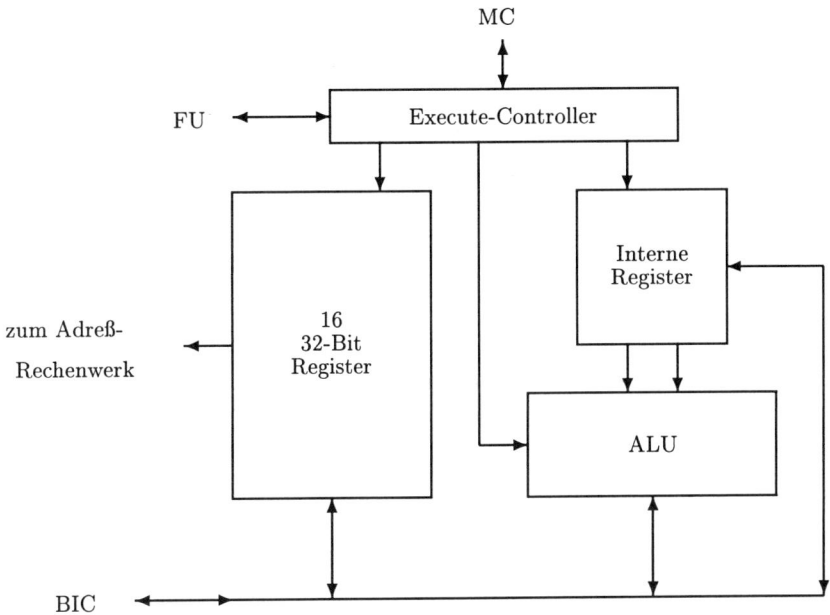

Abbildung 10.2: Die Execute-Unit des WE32100.

der folgenden beiden Aspekte wesentlich:

1. Die Anzahl, Bezeichnung und Funktion der einzelnen *Register* (das Programmiermodell des Rechners),

2. die Datentypen, welche der Prozessor (und damit auch der Speicher) unterstützt.

Die sechzehn Register, welche dem (Assembler-) Programmierer zur Verfügung stehen, gliedern sich in neun allgemeine Register (%r0 bis %r8; wir benutzen hier und im folgenden meist die AT&T-Nomenklatur zur Benennung der Register), welche in der Terminologie aus Kapitel 8 Akkumulatoren darstellen, sowie sieben Register für spezielle Aufgaben (%r9 bis %r15), von denen wir einige noch genauer erläutern werden. Abbildung 10.3 zeigt das Programmiermodell des WE32100. Die speziellen Register können bis auf den Program Counter (%r15) grundsätzlich wie die allgemeinen Register verwendet werden; allerdings sind die Register 14 (ISP), 13 (PCBP) und 11 (PSW) privilegiert in dem Sinne, daß nur unter bestimmten Bedingungen (im sogenannten „kernel mode") schreibend auf sie zugegriffen werden kann. Die Register 12 (SP), 10 (AP) und 9 (FP) werden von Befehlen zur Verwaltung eines *Stacks* bzw. eines *Prozedur-Rahmens* im Hauptspeicher benutzt.

Das *Prozessor-Statuswort* in Register 11 enthält gewisse Status-Informationen über den Mikroprozessor sowie den gerade ablaufenden Prozeß. Von besonderer Be-

31	0
%r0	
%r1	
%r2	
%r3	
%r4	
%r5	
%r6	
%r7	
%r8	
%r9 : FP	
%r10 : AP	
%r11 : PSW	
%r12 : SP	
%r13 : PCBP	
%r14 : ISP	
%r15 : PC	

FP: Frame Pointer
AP: Argument Pointer
PSW: Processor Status Word
SP: Stack Pointer
PCBP: Process Control Block Pointer
ISP: Interrupt Stack Pointer
PC: Program Counter

Abbildung 10.3: Die 16   32-Bit-Register des WE32100.

deutung sind dabei die vier *Flags* N, Z, V und C, welche sich in den Bit-Positionen
21 bis 18 befinden und folgende Bedeutung haben:

- N: Das *Negative-Flag* wird gesetzt, falls die gerade ausgeführte Operation ein
  negatives Ergebnis geliefert hat;

- Z: Das *Zero-Flag* wird gesetzt, falls die letzte Operation das Ergebnis 0 hatte;

- V: Das *Overflow-Flag* wird gesetzt, falls bei der letzten Operation ein Overflow
  (vgl. Kapitel 5) aufgetreten ist;

- C: Das *Carry-Flag* wird entsprechend gesetzt, falls bei der gerade ausgeführten
  Operation ein Übertrag aufgetreten ist.

Diese Flags werden insbesondere von bedingten Sprung- bzw. Verzweigungs-Befehlen
getestet; ein solcher Befehl wird nur dann ausgeführt, wenn das entsprechende Flag
(oder eine Kombination von Flags) gesetzt ist.

Der *Process Control Block Pointer* (%r13) enthält die Anfangsadresse eines Blocks
von Kontrollinformationen für den gerade ablaufenden Prozeß. Ein solcher Block umfaßt unter anderem die (ursprünglichen und aktuellen) Inhalte von PSW, PC und SP

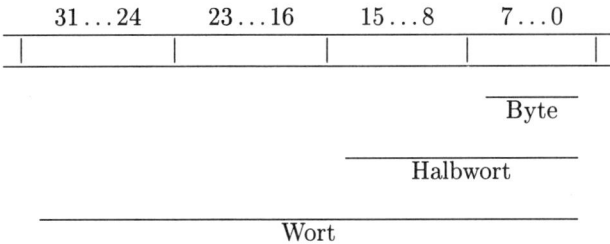

Abbildung 10.4: Die Datentypen Byte, Halbwort und Wort.

sowie die letzten Inhalte der Register 0 bis 10. Durch Sicherung dieser Informationen wird es möglich, ein gerade laufendes Programm zu unterbrechen — etwa zur Behandlung eines Interrupts, vgl. Kapitel 8 — und die Ausführung zu einem späteren Zeitpunkt wieder aufzunehmen. Dies ist insbesondere Voraussetzung für einen *Multitasking*-Betrieb, in welchem die Programme verschiedener Benutzer abwechselnd bearbeitet werden.

Der *Interrupt Stack Pointer* (%r14) enthält die 32-Bit-Adresse des obersten Elementes des Interrupt-Stacks, auf welchem der aktuelle Inhalt von PCBP abgelegt wird, falls der gerade laufende Prozeß unterbrochen wird und die CPU zunächst den Interrupt behandelt. Dieser Stack ist in der gleichen Weise organisiert wie der dem Programmierer zur Verfügung stehende Stack.

Der WE32100 unterstützt die vier Datentypen Bit, Byte, Halbwort (2 Bytes) und Wort (4 Bytes). Der bis auf 2 MB ausbaubare Hauptspeicher ist byteadressierbar, so daß ein Datum von Datentyp „Byte" unter jeder Adresse gespeichert werden kann. Entsprechend kann ein Datum von Typ „Halbwort" [„Wort"] nur unter einer durch 2 [4] teilbaren Adresse abgelegt sein. In allen drei Fällen werden die einzelnen Bits beginnend mit 0 von rechts nach links numeriert (vgl. Abbildung 10.4). Das rechteste Bit (Bit 0) wird dabei jeweils als „LSB" (*least significant bit*), das linkeste (Bit 7 bzw. 15 bzw. 31) als „MSB" (*most significant bit*) bezeichnet. Im Gegensatz zum PowerPC verwendet der WE32100 also den Little-Endian-Modus.

Der WE32100 wurde als CPU z. B. in den AT&T-Rechnern 3B2, 3B5 und 3B15 eingesetzt; zum Aufbau eines vollständigen Rechners konnten dabei vier weitere Chips eingesetzt werden: der WE32101 als *Memory Management Unit* (MMU) zur Unterstützung einer virtuellen Speicherverwaltung (vgl. Kapitel 11), der Floating-Point-Coprozessor WE32106 als *Math Acceleration Unit* (MAU), der WE32104 als *Direct Memory Access Controller* (DMAC) für I/O-Aufgaben sowie der WE32103 als *Dynamic Random-Access Memory Controller* (DRC). Das Gesamtsystem war zur Unterstützung einer effizienten Implementierung des Betriebssystems UNIX[2] (System V, vgl. Kapitel 11) sowie der Programmiersprache C konzipiert.

---

[2]UNIX ist ein eingetragenes Warenzeichen der AT&T Bell Laboratories.

10.1.1   Zur Assembler-Sprache des WE32100

Zunächst sei bemerkt, daß ein in der auf dem WE32100 zur Verfügung stehenden Sprache geschriebenes Assemblerprogramm generellen Formatierungsregeln zu folgen hat und wie alle derartigen Programme aus zwei Arten von Statements besteht: Assembler-Direktiven und Prozessor-Instruktionen.

Eine *Assembler-Direktive* ist ein Kommando an den Assembler, welches von diesem nicht in ausführbaren Code übersetzt wird. Grundsätzlich beginnt eine solche *Pseudoinstruktion* mit einem Punkt, gefolgt von einem Schlüsselwort. Die globale Struktur eines Assemblerprogramms für den WE32100 wird unter Verwendung der Pseudoinstruktionen `.text` und `.data` festgelegt. Generell beginnt ein Programm oder eine Prozedur mit einem `.text`-Teil, welcher die Prozessorbefehle enthält; dieser wird gefolgt von einem `.data`-Teil, welcher alle Daten (-Strukturen), mit denen das Programm arbeitet, umfaßt. Im `.text`-Teil können weitere Assembler-Direktiven auftreten wie z. B. `.globl` zur Deklaration eines extern (d. h. außerhalb des aktuellen Programms) bekannten Namens oder `.set` zur Deklaration und Initialisierung von Konstanten. Im `.data`-Teil werden typischerweise Direktiven wie `.byte`, `.half`, `.word` oder `.zero` verwendet, wobei die ersten drei jeweils Daten des entsprechenden Typs initialisieren und die letzte eine bestimmte Anzahl von Bytes zu 0 initialisiert. Wesentlich für die Verarbeitung dieser Direktiven durch den Assembler ist, daß sie lediglich Einträge in die Symboltabelle liefert sowie den Wert des Location Counters beeinflußt.

Das allgemeine Format einer Prozessor-Instruktion bzw. eines Assembler-Befehls lautet:

[Label] mnemonischer Operations-Code [Operanden] [Kommentar]

Die in eckigen Klammern angegebenen Bestandteile sind dabei optional. Labels beginnen stets mit einem Buchstaben, ein Operationscode wird jeweils in Großbuchstaben angegeben, und Kommentare beginnen mit **#**.

Jedem Befehl kann ein *Label* vorangestellt werden. Dabei handelt es sich um einen vom Programmierer vergebenen Namen *für einen Speicherplatz*. Derartige Bezeichner („symbols") werden für verschiedene Zwecke in einem Assemblerprogramm verwendet; insbesondere unterscheidet man *vordefinierte* Bezeichner (wie z. B. die Namen der Register — %r0, %r1 usw. — oder die einzelnen Befehlscodes) und *frei definierbare* (für Labels, Konstanten, Variablen und anderes). Jeder Bezeichner besitzt einen *Wert* sowie einen bestimmten *Typ*, wobei wir uns hier nur für die Typen TEXT und DATA interessieren: Ein Bezeichner vom Typ TEXT bzw. DATA wird innerhalb der `.text`- bzw. `.data`-Sektion eines Programmes definiert. Unter „definieren" wird dabei die Zuweisung eines Wertes an den Bezeichner verstanden. Dies wird vom Assembler unter Rückgriff auf LC durchgeführt.

Der Op-Code eines Assembler-Befehls bezeichnet eine Operation, welche vom Prozessor ausgeführt werden soll. Dazu benötigt die CPU drei Arten von Informationen:

1. die Operation,

2. Anzahl, Speicherungsort und Typ der Operanden,

3. Speicherungsort und Typ des Ergebnisses.

Die *Operation* wird typischerweise in den ersten drei oder vier Buchstaben des mnemonischen Befehlsnamens codiert, wie z. B.

MOV	für	„move"
ADD	für	„add"
SUB	für	„subtract"
DEC	für	„decrement"
CLR	für	„clear"
MCOM	für	„move complemented"
MOVA	für	„move address"

Bei vielen Befehlen bezeichnet ein weiterer Buchstabe den *Datentyp* von Operanden *und* Ergebnis, wie z. B.

MOVB	für	„move byte"
CMPH	für	„compare halfword"
LLSW	für	„logical left shift word"

Die *Anzahl* der Operanden wird entweder explizit angegeben, oder sie liegt durch die betreffende Operation implizit fest. Beispiele für den ersten Fall sind

$$\text{ADDW2, SUBH2, ANDB2,}$$

solche für den letzteren

$$\text{MOVW, DECW, CMPB, JSB.}$$

Für jeden (Quell- oder Ziel-) *Operanden*, welcher in einem Befehl verwendet wird, muß angegeben werden, wo sich dieser befindet. Hierzu stehen eine Reihe von Möglichkeiten zur Verfügung, welche allgemein als *Adressierungs-Arten* (engl. addressing modes) bezeichnet werden; wir behandeln die Adressierungs-Arten hier nur soweit, wie sie zum Verständnis von Beispielen erforderlich sind. Von gewissen Ausnahmen abgesehen können diese Modi für jeden Operanden unabhängig vom betreffenden Op-Code verwendet werden; man spricht aus diesem Grunde von einem *orthogonalen* Befehlssatz. Bei Instruktionen mit mehr als einem Operanden ist deren Anordnung wesentlich; so bedeutet z. B.

$$\text{MOVW src, dst}$$

den Transport des mit src („source") bezeichneten Operanden nach dst („destination"), aber nicht umgekehrt. Entsprechend bezeichnet

$$\text{SUBW3 src1, src2, dst}$$

die Operation

$$\text{dst} \leftarrow (\text{src2} - \text{src1})$$

Ein Operand kann sich an einer von drei Stellen befinden: in einem Register, im Speicher oder in der Instruktion selbst. Hier liegt ein wichtiger Unterschied zu Rechnern mit der Load/Store-Philosophie vor! Falls sich ein Operand in einem Register befindet, so wird dieser durch Angabe des Register-Namens angesprochen. Als Beispiel für diese *Register-Modus* genannte Adressierungsart betrachten wir die folgenden Befehle:

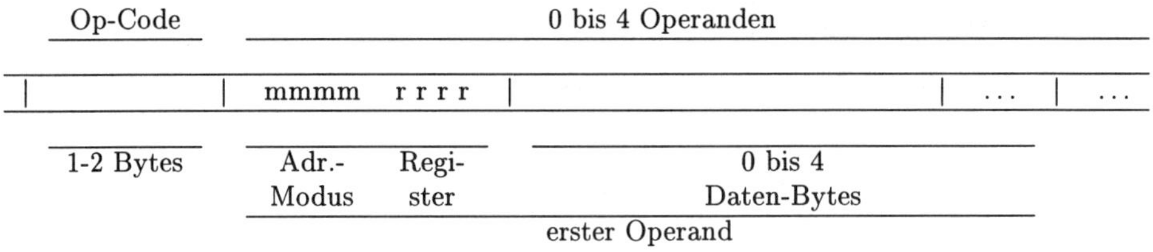

Op-Code	0 bis 4 Operanden			
	mmmm r r r r		...	...

1-2 Bytes	Adr.- Modus	Regi- ster	0 bis 4 Daten-Bytes
		erster Operand	

Abbildung 10.5: Befehlsformate des WE32100.

1. Durch INCW %r2 wird der (32-Bit-) Inhalt von Register 2 um den Wert 1 erhöht.

2. Durch MOVW %r0, %r1 wird der Inhalt von %r0 nach %r1 kopiert; in diesem Fall sind *beide* Operanden im Register-Modus angegeben.

Wir wollen als nächstes kurz auf die maschineninterne Darstellung von Befehlen eingehen und damit die verfügbaren *Befehlsformate* besprechen. Zunächst sei bemerkt, daß der Assembler Label- und Kommentar-Anteil einer Befehlszeile bei der Erzeugung von Maschinencode ignoriert; für Labels wird lediglich ein entsprechender Eintrag in der Symboltabelle generiert, so daß das Label referenzierbar ist. Der einer Prozessor-Instruktion entsprechende *Maschinenbefehl* besteht damit aus einem Op-Code- und einem Operanden-Anteil. Der *Op-Code* besteht bei den meisten Befehlen aus einem Byte; einige wenige, hier nicht behandelte Operationen benötigen zwei Bytes. Jeder Befehl kann bis zu vier Operanden haben, welche jeweils durch ein *Deskriptor-Byte* und bis zu vier *Daten-Bytes* repräsentiert werden. Diese interne Darstellung ist in Abbildung 10.5 zusammengefaßt. Ein Deskriptor-Byte besteht aus zwei Teilen: Das linke Nibble (Halbbyte) codiert die gewählte Adressierungsart, das rechte ein Register.

Als erstes Beispiel betrachten wir den Befehl MOVW %r0, %r1 (vgl. oben): Der Op-Code wird hexadezimal durch „84" codiert. Der erste Operand ist im Register-Modus (Hex-Code 4) angegeben und befindet sich in Register 0; seine Codierung lautet daher hexadezimal „40". Entsprechend erhält man „41" für den zweiten Operanden und damit insgesamt die drei Bytes „84 40 41" für diesen Befehl. Man beachte, daß beide Operanden in diesem Fall nur ein Deskriptor-Byte, aber keine (weiteren) Daten-Bytes erfordern.

Es sei bemerkt, daß der WE32100 wie viele moderne Prozessoren ein *Stack-Konzept* im Hauptspeicher unterstützt; dies ist vor allem für die Programmierung von Prozeduren hilfreich. Ein Stack („Kellerspeicher") ist eine Datenstruktur, welche nach dem LIFO[3]-Prinzip manipuliert wird, d. h. die Operationen *Einfügen* (PUSH) eines neuen Elements in die Folge der bereits vorhandenen und *Löschen* (POP) hieraus werden nur an einem Ende der Folge ausgeführt. Dieses Ende, bei welchem es sich im allgemeinen um die „oberste Stelle" des Stacks handelt, braucht daher bei einer solchen Operation nicht explizit als Operand angegeben zu werden. Wesentlich ist, daß dem Prozessor zu jedem Zeitpunkt die Adresse des obersten Stack-Elementes bekannt sein muß. Der WE32100 benutzt dazu Register 12, den *Stack Pointer*, welcher *hier* die Adresse des nächsten *freien* Platzes auf dem Stack angibt.

---

[3]Last In First Out

Da ein Stack im Hauptspeicher realisiert wird, sind zu einer korrekten Verwaltung zwei weitere Zeiger notwendig: Der erste gibt die Anfangsadresse des Stacks an, der zweite zeigt auf das Endes des im Hauptspeicher für den Stack maximal reservierten Platzes. Beide Zeiger sind für den Programmierer jedoch nicht zugänglich und können daher hier vernachlässigt werden.

Der Stack wird speziell im Zusammenhang mit Unterprogramm-Sprüngen und Prozedur-Aufrufen verwendet. Wird z. B. während der Bearbeitung eines (Haupt-) Programms zu einem Unterprogramm verzweigt, so wird dadurch die sequentielle Bearbeitung vorübergehend unterbrochen und der Program Counter mit der Anfangsadresse des Unterprogramms geladen. Damit nach Ausführung des Unterprogramms das rufende Programm korrekt weitergeführt werden kann, muß PC mit der entsprechenden Rücksprungadresse geladen werden können; diese wird dazu vor Ausführung des Unterprogramms auf dem Stack abgelegt. Wir werden darauf weiter unten zurückkommen.

10.1.2 Adressierungs-Arten

Wir wenden uns als nächstes einigen wichtigen Adressierungsarten des WE32100 zu, welche speziell zur Beschreibung von Operanden bereitstehen und in dieser oder ähnlicher Form von jedem modernen Prozessor unterstützt werden. Den *Register-Modus* haben wir weiter oben bereits vorgestellt. Dabei wird der Operand durch den Namen des Registers, in welchem er sich befindet, beschrieben. Im oben erwähnten Beispiel

$$\text{MOVW \%r0, \%r1}$$

sind wir davon ausgegangen, daß *beide* Operanden vom Datentyp Wort sind. Dieser Transfer-Befehl erlaubt, wie eine Reihe anderer Befehle, auch die Verwendung anderer Datentypen. So wird durch

$$\text{MOVB \%r0, \%r1}$$

lediglich ein Byte und durch

$$\text{MOVH \%r0, \%r1}$$

nur ein Halbwort von %r0 nach %r1 transferiert. Im ersten Fall bezieht sich dieser Transfer auf die rechtesten 8, im zweiten auf die rechtesten 16 Bits von %r0. Beide Datentypen werden jedoch auf 32 Bits wie folgt erweitert: Für den Byte-Operanden werden die „fehlenden" 24 Bits mit 0 besetzt („Zero Extension"), für den Halbwort-Operanden werden die linken 16 Bits mit dem Wert von Bit 15, welches jetzt als Vorzeichen-Bit aufgefaßt wird, besetzt („Sign Extension"). Ist z. B.

$$\text{09 AB F8 12}$$

der aktuelle (hexadezimale) Inhalt von %r0, so erhält %r1 durch obigen MOVB-Befehl den Wert

$$\text{00 00 00 12}$$

und durch den MOVH-Befehl den Wert

FF FF F8 12   .

Die gleichen Konventionen finden bei allen anderen Befehlen, welche eine Unterscheidung zwischen B-, H- und W-Datentyp erlauben, Anwendung.

Beim sogenannten *Immediate-Modus* („unmittelbar") befindet sich der Operand direkt in der betreffenden Instruktion, was insbesondere beim Arbeiten mit Konstanten Anwendung findet. Der Operand wird durch & gekennzeichnet und kann z. B. eine Dezimalzahl (beginnend mit einer Ziffer zwischen 1 und 9), eine Oktalzahl (beginnend mit 0) oder eine Hexadezimalzahl (beginnend mit 0x) sein. Als Beispiel wird durch

$$\text{MOVW \&0x7F, \%r1}$$

das Register %r1 mit dem Wert 00 00 00 7F geladen. Eine entsprechende Wirkung hat

$$\text{MOVW \&0x72AC54B7, \%r1}$$

Hierzu sei jedoch bemerkt, daß der erste Operand dieses Befehls im Speicher in *umgekehrter* Reihenfolge der Bytes abgelegt wird. Sein Maschinencode lautet daher:

$$\text{84 4F B7 54 AC 72 41}\quad,$$

wobei 4F *nicht* für %r15 (den Program Counter), sondern für „word immediate" steht. Entsprechend wird der erste angegebene Befehl durch

$$\text{84 4F 7F 00 00 00 41}$$

intern codiert.

Im *Register-Deferred-Modus*, welcher auch als eine Form der *indirekten* Adressierung angesehen werden kann, befindet sich die *Adresse* des Operanden in einem Register, nicht jedoch der Operand selbst. Syntaktisch wird dies durch eine Klammerung ausgedrückt. So bewirkt z. B.

$$\text{MOVW (\%r0), \%r1}\quad,$$

daß der aktuelle Inhalt von %r0 als Adresse aufgefaßt und der unter dieser Adresse gespeicherte Wert nach %r1 gebracht wird.

Eine typische Anwendung dieser Adressierungsart ist z. B. die Ausführung derselben Operation auf einem „Block" von Operanden, welche in konsekutiven Speicherplätzen abgelegt sind. Die Anfangsadresse des Blocks kann dann in einem Register abgelegt werden; durch entsprechendes Erhöhen dieser Adresse kann auf die einzelnen Operanden dann in einheitlicher Weise zugegriffen werden.

Auf die weiteren, von der Assembler-Sprache des WE32100 bereitgestellten (insgesamt 18 verschiedenen) Adressierungs-Arten wollen wir hier nicht eingehen.

10.1.3 Befehle und Programmbeispiele

Die Befehle des WE32100 lassen sich in die folgenden Klassen einteilen:

1. Transfer-Befehle

2. Arithmetische und logische Befehle

3. Vergleiche und Tests

4. unbedingte und bedingte Sprungbefehle

5. Prozedur-Sprünge

Aus jeder dieser Klassen stellen wir als nächstes einige repräsentative und illustrieren sodann deren Gebrauch an einige Beispielen.

Wichtige Transfer-Befehle sind z.B. die folgenden:

Mnemonisch	hex. Op-Code	Bedeutung
MOVB	87	move byte
MOVW	84	move word
MOVAW	04	move address (word)

Additions-Befehle des WE32100 (für ganzzahlige Operanden) sind die folgenden (wir verwenden hier wie im folgenden die übliche Terminologie, die Auswahl genau einer Möglichkeit aus mehreren Alternativen durch geschweifte Klammern mit zwischengestellten senkrechten Strichen zu bezeichnen):

Mnemonisch	hex. Op-Code	Bedeutung
ADDB{2|3}	9F bzw. DF	add byte
ADDH{2|3}	9E bzw. DE	add halfword
ADDW{2|3}	9C bzw. DC	add word

Analog existieren arithmetische Befehle zur Subtraktion (SUB für die Datentypen B, H oder W sowie 2 oder 3 Operanden), Multiplikation (MUL), Division (DIV), Modulo-Operation (MOD) sowie zum Inkrementieren (INC) bzw. Dekrementieren (DEC). Hierbei gilt für die 2-Operanden-Befehle generell die Syntax opcode src, dst mit der Bedeutung

$$\text{dst} \leftarrow \text{dst} \{ + \mid - \mid * \mid \div \mid \text{mod} \} \text{ src} \quad,$$

wobei $\div$ für eine Integer-Division und „mod" für eine Modulo-Operation (Rest einer Integer-Division) steht. Entsprechend gilt für die 3-Operanden-Befehle die Syntax opcode src1, src2, dst mit der Bedeutung

$$\text{dst} \leftarrow \text{src1} \{ + \mid - \mid * \mid \div \mid \text{mod} \} \text{ src2} \quad.$$

INC und DEC haben jeweils nur einen Operanden. Alle gerade genannten Befehle haben Einfluß auf die vier Flags in PSW; es gilt z. B. nach Ausführung einer Addition der Form ADDW2 src, dst:

$$N = 1 \text{ falls dst} + \text{src} < 0$$
$$Z = 1 \text{ falls dst} + \text{src} = 0$$
$$C = 1 \text{ falls ein Übertrag aufgetreten ist}$$
$$V = 1 \text{ falls ein Overflow aufgetreten ist}$$

Insbesondere tritt ein Overflow dann auf, wenn das Ergebnis der betreffenden Operation nicht durch 32 Bits dargestellt werden kann; die höchstwertigen Bits werden dann abgeschnitten, und das V-Flag wird gesetzt.

Wichtige logische Befehle sind die folgenden:

Mnemonisch	hex. Op-Code	Bedeutung
ANDB{2|3}	BB bzw. FB	and
ORH{2|3}	B2 bzw. F2	or
XORW{2|3}	B4 bzw. F4	exclusive or
CLRB	83	clear
ROTW	D8	rotate (word)
LLSH3	D2	logical left shift
LRSW3	D4	logical right shift

Die Syntax der Operanden lautet grundsätzlich wieder opcode src, dst für 2-Operanden- und opcode src1, src2, dst für 3-Operanden-Befehle. Im ersten Fall wird für AND, OR bzw. XOR

$$\text{dst} \leftarrow \text{dst} \ \{ \ \wedge \ | \ \vee \ | \ \nleftrightarrow \ \} \ \text{src}$$

(bitweise) berechnet (vgl. Kapitel 1); im zweiten Fall wird für AND bzw. OR die entsprechende Operation ausgeführt, für XOR hingegen

$$\text{dst} \leftarrow (\text{src} \ \nleftrightarrow \ \text{mask})$$

Bei „mask" handelt es sich dabei um eine explizit anzugebende Bit-Maske (vgl. oben). Der CLR-Befehl hat nur einen Operanden. Die folgende Tabelle gibt wichtige Vergleichs- bzw. Test-Befehle des WE32100 an:

Mnemonisch	hex. Op-Code	Bedeutung
CMPB	3F	compare byte
CMPH	3E	compare halfword
CMPW	3C	compare word
TSTH	2A	test

Der CMP-Befehl mit der Syntax src1, src2 berechnet „src2 − src1" in einem internen Register (also ohne Veränderung der Operanden) und setzt die Flags entsprechend dem Ergebnis. Für die Verwendung dieses Befehls speziell in Zusammenhang mit einer nachfolgenden Verzweigung, welche in Abhängigkeit von den Flags erfolgt, ist diese Semantik wesentlich. So wird z. B. in der Befehlsfolge

$$\vdots$$

```
CMPW X, Y
BLEB OUT
```

$$\vdots$$

zur Marke OUT verzweigt, falls $Y \leq X$ ($\Longleftrightarrow Y - X \leq 0$) gilt; der der Verzweigung vorangehende Befehl muß also das N- oder das Z-Flag (oder beide) gesetzt haben.

In der nachfolgenden Tabelle sind eine Reihe von Sprung-Befehlen zusammengestellt:

Mnemonisch	hex. Op-Code	Bedeutung
BR{B|H}	7B bzw. 7A	branch
JMP	24	jump
BE{B|H}	7F bzw. 7E	branch on equal
BNE{B|H}	77 bzw. 76	branch on not equal
BL{B|H}	4B bzw. 4A	branch on less than
BGE{B|H}	43 bzw. 42	branch on greater than or equal

Wesentlich bei diesen Befehlen ist eine Unterscheidung zwischen *unbedingten* und *bedingten* Sprüngen. Die einfachste Form des unbedingten Sprungs ist der JMP-Befehl (mit der Syntax JMP dst), welcher einem GOTO höherer Programmiersprachen entspricht. Durch diesen Befehl wird der Program Counter PC mit der Adresse des Sprungziels neu geladen; der Sprung erfolgt also unabhängig von der aktuellen Position. Im Unterschied dazu wird durch einen BR-Befehl *relativ* zur aktuellen Position gesprungen, d. h. ein sogenannter *Offset* wird zum Inhalt von PC addiert; da der Offset wieder als ganze Zahl im Zweier-Komplement aufgefaßt wird, kann insbesondere vorwärts oder rückwärts gesprungen werden.

Bei allen Branch-Befehlen wird durch die Endung B bzw. H zum Ausdruck gebracht, wie weit das Sprungziel von der aktuellen Position entfernt ist: Wie wir aus Kapitel 5 wissen, können durch ein Byte (8 Bits) die Zahlen von -128 bis $+127$ dargestellt werden; daher kann das in einem Branch-B-Befehl angegebene Ziel von der aktuellen Position um bis zu 128 Bytes rückwärts oder um bis zu 127 Bytes vorwärts entfernt sein. Entsprechendes gilt für die Halbwort-Versionen der einzelnen Branch-Befehle; in allen Fällen wird vom Assembler überprüft, ob der Programmierer die vorgegebenen Grenzen eingehalten hat.

In der nächsten Tabelle sind die wesentlichen Befehle zum Arbeiten mit Unterprogrammen bzw. Prozeduren angegeben, wobei diese Unterscheidung hier im Hinblick auf die effiziente Ausführung von in einer höheren Programmiersprache (insbesondere C) geschriebenen Programmen vorgenommen wird.

Mnemonisch	hex. Op-Code	Bedeutung
BS{B|H}	37 bzw. 36	branch to subroutine
JSB	34	jump to subroutine
RSB	78	return from subroutine
CALL	2C	call procedure
RET	08	return from procedure
SAVE	10	save registers
RESTORE	18	restore registers

Die Unterbrechung eines sequentiellen Programmablaufs durch Verzweigung zu einem Unterprogramm erfolgt im allgemeinen durch den JSB- oder den BS-Befehl, wobei neben einer Modifikation von PC jetzt zusätzlich die Rücksprungadresse (d. h. die Adresse des diesem Sprungbefehl im rufenden Programm folgenden Befehls) auf dem Stack abgelegt wird. Durch den RSB-Befehl wird diese Adresse wieder vom Stack entfernt und in PC abgelegt.

Der WE32100 verfügt daneben über ein leistungsfähiges Prozedur-Konzept, welches insbesondere die bisher nicht behandelten Register 10 und 9 (vgl. Abbildung 10.3) einbezieht. Zum Aufruf einer Prozedur dient der CALL-Befehl mit der Syntax CALL src, dst. Bei dst handelt es sich im allgemeinen um einen Prozedur-Namen, für welchen vom Assembler eine Start-Adresse ermittelt wird; diese wird dem Register PC zugewiesen; wie bei einem JSB wird die Rücksprungadresse auf dem Stack gesichert. Der erste Operand src dient als Initialisierung für den *Argument-Pointer* AP (%r10); hierbei wird unterstellt, daß an die gerufene Prozedur 0 oder mehr Argumente (Parameter) übergeben werden, welche das rufende Programm vor Ausführung des CALL-Statements auf dem Stack abgelegt hat. AP kann dann so gesetzt werden, daß er z. B. auf das erste dieser Argumente zeigt. Damit wird es möglich, innerhalb der

Prozedur auf die Argumente relativ zu AP zuzugreifen und nicht relativ zu SP; wird der Stack auch von der Prozedur benutzt, so ändert sich der Wert von SP laufend, der von AP bleibt hingegen konstant. Die Ausführung des CALL-Befehls beinhaltet ferner ein Ablegen des alten Inhalts von AP auf dem Stack. Der Befehl RET(urn) ist „invers" zu CALL; durch ihn wird insbesondere der Argument-Pointer mit dem alten Wert geladen, PC wird mit der Adresse des nächsten auszuführenden Befehls im rufenden Programm geladen, und die Argumente werden von Stack entfernt. Einem CALL-Befehl in einem rufenden Programm muß daher stets ein RET-Befehl im gerufenen Programm entsprechen.

Zwei weitere „komplementäre" Instruktionen sind SAVE und RESTORE: Durch SAVE kann der Inhalt der Register 3 - 9 auf dem Stack gesichert werden; daneben wird durch diesen Befehl der *Frame-Pointer* (FP, %r9) mit der Adresse des Speicherplatzes initialisiert, welcher unmittelbar auf den für die Sicherung der Register reservierten Block folgt. Dieser Befehl hat die Syntax SAVE %rn mit $n \in \{3, \dots 9\}$ und bewirkt ein Ablegen der Inhalte von %rn bis einschließlich %r9 auf dem Stack, so daß der alte Inhalt von FP stets gesichert wird. Dabei wird jedoch in jedem Fall für alle sieben Register auf dem Stack Platz gelassen, auch dann, wenn etwa nur drei tatsächlich gesichert werden. Durch RESTORE wird dies rückgängig gemacht; zuvor auf dem Stack abgelegte Registerinhalte werden also wieder in den entsprechenden Registern abgelegt (und vom Stack entfernt), und FP wird auf den letzten Wert zurückgesetzt. Hieraus folgt, daß ein SAVE %rn zu Beginn einer Prozedur stets von einem RESTORE %rn an deren Ende gefolgt werden sollte (und nicht etwa von RESTORE %rm mit $m \neq n$). Es sei bemerkt, daß jedes Hauptprogramm für den WE32100 zum Zwecke der korrekten Kommunikation mit dem Betriebssystem des Prozessors mit SAVE %fp zu beginnen und mit RESTORE %fp; RET zu enden hat.

Wir geben als nächstes zwei Beispiele für vollständige Programme bzw. für Programmteile für den WE32100 an, wobei uns neben der Benutzung der Assemblersprache auch der entsprechende Maschinencode interessiert.

Beispiel 10.1 Das folgende (vollständige) Programm schreibt die Zeichenkette „Sample Program!" auf den Standard-Ausgabefile (etwa ein Terminal); es erwartet keinen Input:

```
        .globl main
        .text
        .set EOL, 0x0
main:
        SAVE %fp
        MOVAW mesg, %r3
loop:
        MOVB (%r3), %r0
        CMPB &EOL, %r0
        BEB exit
        PUSHW %r0
        CALL -4(%sp), putchar
        ADDW2 &1, %r3
        BRB loop
```

```
    exit:
          RESTORE %fp
          RET
          .data
    mesg:
          .byte 0x53, 0x61, 0x6D, 0x70
          .byte 0x6C, 0x65, 0x20, 0x50
          .byte 0x72, 0x6F, 0x67, 0x72
          .byte 0x61, 0x6D, 0x21, 0x0
```

Zur Erläuterung dieses Programms sei folgendes bemerkt: Nach Sicherung des altes FP-Inhalts wird zunächst die Start-Adresse des in der .data-Sektion deklarierten Byte-Felds mesg in Register 3 geladen. Sodann wird das erste dieser Bytes nach Register 0 transferiert. Falls es sich dabei um die ASCII-Codierung von end of line (EOL) handelt, wird zum Programmende (exit) verzweigt; anderenfalls wird der aktuelle Inhalt von Register 0 als (einziges) Argument an die Prozedur putchar übergeben. Es sei bemerkt, daß es sich bei dieser Prozedur um eine in der Sprache C geschriebene Prozedur zur Ausgabe eines Zeichens handelt, welche von einem Assembler-Programm aus aufgerufen werden kann (das gleiche gilt für eine Reihe weiterer C-Prozeduren). Danach wird zur Marke loop zurückgesprungen, und die Ausgabe der unter mesg gespeicherten Zeichen wird solange iteriert, bis die Codierung von EOL gelesen wurde.

Wir geben als nächstes die rechnerinterne Darstellung dieses Programms an. Dazu sei angenommen, daß die Prozedur putchar ab der hexadezimalen Adresse 60 (relativ zum Anfang dieses Programms) gespeichert sei. Tabelle 10.1 gibt für jeden vom Assembler erzeugten Maschinenbefehl den entsprechenden LC-Wert dezimal und hexadezimal an; man beachte, daß alle Programmadressen *relativ* zum Programmanfang zu verstehen sind (und nicht etwa als absolute Hauptspeicher-Adressen) und daß rechnerintern nur hexadezimale Werte (als Abkürzung für Bitfolgen) verwendet werden. Daneben zeigt die Tabelle jeweils den Op-Code des einer Code-Zeile entsprechenden Befehls. Wie weiter oben bemerkt, erzeugen die diversen Assembler-Direktiven keinen ausführbaren Code. Die drei Labels loop, exit und mesg werden jeweils in Adressen (LC-Werte) übersetzt und sodann entsprechend verwendet. Insbesondere erhält mesg den hexadezimalen Wert 28; dieser wird als Operand im Absolute-Modus im MOVAW-Befehl in Zeile 2 eingesetzt. Die Adressen der beiden anderen Labels werden hier lediglich durch (relative) Branch-Befehle referenziert; daher wird z. B. BEB exit intern durch 7F 15 codiert, wobei 15 den dezimalen Wert +21 im Zweier-Komplement darstellt. Enthält PC den dezimalen Wert 16 (d. h. die Byte-Adresse des BEB-Befehls), so entsteht hieraus durch Addition von 21 der Wert 37, d. h. die Byte-Adresse des mit der Marke exit versehenen RESTORE-Kommandos. (Hierzu sei bemerkt, daß der Program Counter des WE32100 erst *am Ende* der Ausführung des aktuellen Befehls inkrementiert wird.) Entsprechendes gilt für BRB loop: Zum Inhalt von PC ist jetzt −26 zu addieren, was im Zweier-Komplement durch E6 dargestellt wird. Weiter ist zu beachten, daß FF bzw. FC die Zweier-Komplement-Darstellung von −1 bzw. −4 ist.   □

Das folgende Beispiel soll die Verwendung der indirekten Adressierung erläutern; speziell demonstrieren wir den Gebrauch des Register-Deferred- sowie des Register-Displacement-Modus.

Tabelle 10.1: Rechnerinterne Darstellung des Programms aus Beispiel 10.1.

$(LC)_{10}$	$(LC)_{16}$	Maschinenbefehl	mnemonischer Op-Code
0	0	10 49	SAVE
2	2	04 7F 28 00 00 00 43	MOVAW
9	9	87 53 43	MOVB
12	C	3F 6F FF 40	CMPB
16	10	7F 15	BEB
18	12	A0 40	PUSHW
20	14	2C CC FC 7F 60 00 00 00	CALL
28	1C	9C 4F 01 00 00 00 43	ADDW2
35	23	7B E6	BRB
37	25	18 49	RESTORE
39	27	08	RET
40	28	53 61 6D 70	
44	2C	6C 65 20 50	
48	30	72 6F 67 72	
52	34	61 6D 21 00	

Beispiel 10.2 Es soll die Summe von 10 natürlichen Zahlen vom Datentyp Wort berechnet werden, welche im Speicher in aufeinander folgenden Plätzen ab Adresse 0x1000 abgelegt seien. Das in Tabelle 10.2 gezeigte Programm verwendet den Register-Deferred-Modus. Es sei erwähnt, daß der Kern dieser Prozedur unter Verwendung des Register-Displacement-Modus kürzer auch wie folgt geschrieben werden kann:

```
        CLRW  %r2
        CLRW  %r0
repeat: ADDW2 0x1000(%r2), %r0
        ADDW2 &0x4, %r2
        CMPH  &0x28, %r2
        BLB   repeat
```

□

10.1.4   Unterschiede zum PowerPC

Die vorangegangenen Beschreibungen haben wichtige Unterschiede zwischen einem RISC- und einem CISC-Prozessor offengelegt, welche wir hier noch einmal zusammenfassen wollen. Wenn man von den technischen Daten absieht, sind zumindest die folgenden Unterschiede deutlich geworden:

1. Der WE32100 besitzt *keine* Load/Store-Architektur und kann daher Daten unmittelbar Speicher manipulieren, also ohne sie per Programm zunächst in ein Register laden zu müssen. Allerdings erfordert eine solche Manipulation mehr Zeit als eine Datenmanipulation direkt im Prozessor.

Tabelle 10.2: Assemblerprogramm zu Beispiel 10.2.

	Assembler-Programm	Maschinenprogramm	Kommentar
	`.globl main`		
	`.text`		
main:	`SAVE %fp`	10 49	
	`MOVW &0x1000, %r3`	84 4F 00 10 00 00 43	Initialisierung eines „Index-Registers"
	`CLRW %r2`	80 42	Initialisierung der relativen Adresse
	`CLRW %r0`	80 40	Initialisierung des Ergebnis-Registers
repeat:	`ADDW2 (%r3), %r0`	9C 53 40	Addition der nächsten Zahl
	`ADDW2 &0x4, %r2`	9C 4F 04 00 00 00 42	Inkrementierung des Zählers
	`ADDW2 &0x4, %r3`	9C 4F 04 00 00 00 43	Berechnung der Adresse der nächsten Zahl
	`CMPH &0x28, %r2`	3E 5F 28 00 42	Test, ob alle Zahlen addiert wurden
	`BLB repeat`	4B EA	verzweige relativ um -22, falls Test negativ
	`RESTORE %fp`	18 49	
	`RET`	08	

2. Während die (wenigen verfügbaren) Adressierungsarten beim PowerPC nur bei den Load/Store-Befehlen verwendbar sind, können die 18 Adressierungsarten des WE32100 in fast allen Befehlen, in denen Operaden zu beschreiben sind, verwendet werden.

3. Wie die Beispielprogramme bzw. deren rechnerinterne Darstellung zeigen, kann beim WE32100 jeder Befehl in Abhängigkeit von Anzahl und Typ seiner Operanden jeweils eine andere Hexadezimaldarstellung haben.

Wie wir im letzten Kapitel gesehen haben, hat demgegenüber jeder Befehl beim PowerPC eine interne Darstellung der festen Länge 4 Byte.

Es sei abschließend bemerkt, daß es hinsichtlich einer Programmierung auf Assemblerebene auch *Gemeinsamkeiten* gibt. Konkret kann bei beiden Prozessortypen wie folgt vorgegangen werden: Das Assembler-Quellprogramm wird zunächst in einem File abgelegt, welcher durch den Assembler verarbeitet wird. Falls dabei Fehler erkannt werden (z. B. Syntaxfehler, Referenzierung eines nicht definierten Labels usw.), so werden diese dem Programmierer mitgeteilt. Anderenfalls wird ein lauffähiges Objektprogramm generiert. Werden bei dessen Ausführung weitere Fehler (in der Programm-Logik) aufgedeckt, so ist es häufig sinnvoll, zu deren Lokalisierung den *Debugger* des Programmiersystems heranzuziehen. Ein Laufzeitfehler, welcher das Programm vorzeitig enden („abstürzen") läßt, erzeugt einen Speicher-Abzug (*Core Dump*), welcher die Inhalte sämtlicher Register sowie der vom Programm benutzten Speicherplätze (in Hexadezimal-Darstellung) zum Zeitpunkt des Programmendes angibt. Dieser kann von einem Debugger analysiert werden; insbesondere ist es im allgemeinen möglich, das Programm unter der Kontrolle des Debuggers Befehl für Befehl („single stepping") so auszuführen, daß die jeweils bewirkte Veränderung der Inhalte von Registern bzw. Speicher erkennbar ist. Ein Debugger stellt daher ein wichtiges Hilfsmittel zur Fehlersuche in Assemblerprogrammen dar.

10.2   Rechnersteuerung, insbesondere durch Mikroprogrammierung

In Kapitel 8 haben wir erläutert, daß die Konzeption des von Neumann-Rechners eine zweistufige Befehlsverarbeitung erfordert:

1. Fetch-Phase:

1. Ausgabe des Inhalts von PC (d. h. der Adresse des nächsten auszuführenden Befehls) an den Speicher (d. h. an MAR, über den Adreßbus).

2. Decodierung dieser Adresse durch den Adreßdecoder des Speichers, Anwahl dieser Adresse und Ablage deren Inhalts in MBR.

3. Ausgabe des Inhalts von MBR über den Datenbus an die CPU, d. h. der Befehl steht auf dem Datenbus zur Verfügung.

4. Ablegen des Befehls in IR.

5. Decodieren des Op-Code-Anteils; Erkennen des Befehls sowie der Anzahl der von ihm benötigten Operanden.

6. Gegebenenfalls Decodierung des/der Operanden und Bereitstellung der Quell-Operanden (eventuell unter erneutem Zugriff auf den Speicher).

7. Aktualisierung von PC.

2. Execution-Phase:

1. Ausführung des Befehls.

2. Gegebenenfalls Setzen der Flags.

3. Ablage des Ergebnisses im Ziel-Operanden (gegebenenfalls wieder unter Zugriff auf den Speicher).

4. Initiierung der nächsten Fetch-Phase.

Diese Folge von Einzelschritten, welche mit dem Holen und der Ausführung eines Befehls verbunden ist, wird auch als ein *Befehls-Zyklus* (engl. instruction cycle) bezeichnet. Ein solcher Zyklus wird in realen Rechnern, wie durch obige Einteilung angedeutet, durch eine Folge von elementaren Signalen implementiert, welche z. B. vom Typ „Memory Read", „Memory Write" oder „Internal Operation" sein können. Die Summe der Ausführungszeiten dieser Signale ist ein in der Regel kleines Vielfaches der Takt-Zykluszeit. Wesentlich ist, daß ein Befehlsablauf in gleich lange Teilschritte zerlegt wird, so daß auch ein Pipelining möglich ist. Die Länge eines Takt-Zyklus (kürzer auch „Takt" genannt) wird von der Rechner-*Clock* bestimmt.

Wir wollen uns hier nicht weiter mit den Abläufen während einer Befehlsausführung aus dieser Sicht befassen; dazu verweisen wir den Leser auf die weiter unten angegebene Literatur, in welcher insbesondere auf das „Timing" von Rechnern genauer eingegangen wird. Wir nehmen im folgenden vereinfachend an, daß jeder Einzelschritt der Fetch- bzw. Execution-Phase einem Takt-Zyklus entspricht; de facto wird die Arbeitszeit für jeden dieser Schritte ein jeweils kleines ganzzahliges Vielfaches dieser Takt-Zykluszeit sein.

Die kritischen Vorgänge in dem oben gezeigten Ablauf eines Fetch/Execute-Zykluses sind die *Decodierung* von Adressen bzw. Befehlen, da diese Steuersignale so zu erzeugen haben, daß eine korrekte Befehlsausführung gewährleistet ist. Daher wollen wir diese Vorgänge etwas genauer untersuchen.

Das Problem der *Adreß*decodierung ist uns bereits aus Abschnitt 6.4 bekannt. Dort wurde dargestellt, wie die Und-Ebene eines PLAs als Decodierteil eines ROMs verwendet werden kann. Für einen 32-Bit-Adreßbus (wie beim WE32100) hätte ein entsprechendes PLA 32 Eingänge. Damit läßt sich ein ROM mit 2^{32} Speicherplätzen adressieren. Enthält jeder Platz ein 32-Bit-Wort, so hat das PLA 32 Ausgänge, welche mit dem Datenbus verbunden werden. Weiter unten werden wir sehen, daß die *Befehls*decodierung prinzipiell ähnlich abläuft.

Zuvor wollen wir jedoch kurz andeuten, wie Adreßdecodierung ursprünglich betrieben wurde. Als Beispiel ziehen wir dazu einen 8-Bit-Universalrechner heran, welcher Mitte der 70er Jahre von J. Giese an der RWTH Aachen modellmäßig entwickelt wurde. Dieser Rechner verwirklichte das von Neumann-Konzept in idealer Weise, wenngleich seine Hardware aus heutiger Sicht stark abgemagert erscheint. Die CPU dieses Rechners war im wesentlichen gemäß dem in Kapitel 8 angegebenen Plan aufgebaut, wobei jedes Register des Datenprozessors eine Länge von 8 Bits hatte. Der Speicher bestand aus $64 = 2^6$ Plätzen, ebenfalls jeweils 8 Bits lang. Dementsprechend haben Adressen des Giese-Rechners die Länge 6 Bits, so daß 2 Bits für den Operationscode zur Verfügung stehen. Trotz dieser Beschränkung auf nur 4 Befehlstypen handelt es sich um einen Universalrechner, welcher prinzipiell Aufgaben wie ein moderner Mikroprozessor übernehmen kann. Die Adreßdecodierung wurde durch eine spezielle asynchrone Decodier-Schaltung vorgenommen, welche intern *fest verdrahtet* war und den in Abbildung 10.6 gezeigten Aufbau (aus Gattern) hatte. Jede Adreßleitung ist für die Ansteuerung eines Speicherplatzes zuständig; eine „1" auf einer dieser Leitungen signalisiert die Auswahl des entsprechenden Platzes.

Bei der Befehlsdecodierung wurde völlig analog verfahren: Die einzelnen Befehlstypen entsprechend den Codierungen (in leicht verständlicher Terminologie)

00	für	ADD
01	für	STORE
10	für	JUMP
11	für	Befehle ohne Adressen (wie z. B. HALT)

wurden durch eine entsprechend kleine Schaltung erkannt. Das MAR-Register benötigte also nur 6 Bits, das IR-Register sogar nur 2.

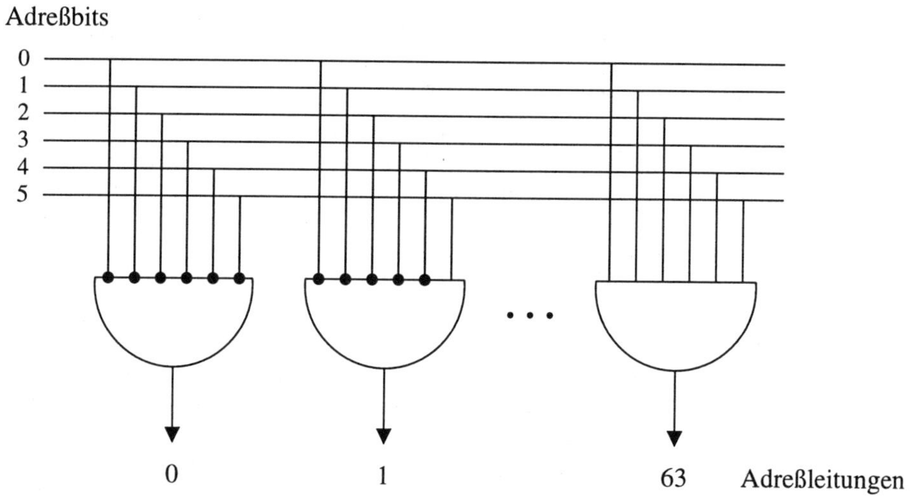

Adreßbits

Abbildung 10.6: Fest verdrahteter Adreß-Decodierer.

Moderne CISC-Rechner gehen bei der Befehlsdecodierung und der daraus resultierenden Ablaufsteuerung meist anders vor: Wie bei der Adreßdecodierung finden auch hier (durch den Rechner-Takt synchronisierte) PLAs Anwendung, was wir in Kapitel 6 bereits kurz erwähnt haben, und diese werden *mikroprogrammiert.* Durch diese Bezeichnung soll insbesondere zum Ausdruck kommen, daß auch die „unterhalb" der Ebene der Assembler-Programmierung [„Makro-Programmierung"] direkt auf der Hardware eines Rechners ablaufenden „elektrischen Vorgänge", insbesondere das Öffnen und Schließen von Schaltern, in Programm-Form beschrieben werden können.

Wir beschreiben zunächst genauer, was im einzelnen zu geschehen hat, und zwar am Beispiel des WE32100-Befehls ADDW2 %r1, %r0: Nachdem in der Fetch-Phase die Codierung 9C 41 40 in IR abgelegt wurde, muß das Steuerwerk erkennen, daß eine Addition von zwei 32-Bit-Operanden ausgeführt werden soll, und Steuersignale für den Kontrollbus erzeugen, welche in der Execution-Phase dafür sorgen, daß der Inhalt von %r1 und der von %r0 an die ALU übergeben werden, die diese Inhalte addiert und das Ergebnis wieder in %r0 ablegt. Bei anderen Befehlen wie z. B. ADDW2 (%r1), %r0 muß diese Steuerung noch mehr bewerkstelligen, hier nämlich das Übertragen des Inhalts der Speicherstelle mit der in %r1 angegebenen Adresse in die ALU sowie die Addition dieses Wertes zum Inhalt von %r0.

Wir wollen dies für ADDW2 %r1, %r0 konkretisieren und nehmen idealisierend an, daß jedes CPU-Register über zwei Steuerleitungen in bzw. out verfügt; eine 1 auf der ersten Leitung bedeutet, daß ein neuer Inhalt in das Register geladen wird, während eine 1 auf der zweiten Leitung bedeutet, daß das Register seinen Inhalt an ein bestimmtes Ziel abgibt. Weiter unterstellen wir, daß jede Aktion der ALU (insbesondere also eine Addition) unter Rückgriff auf die internen Register (vgl. Abbildung 10.2) abläuft. Insbesondere sind zwei zu addierende Operanden zunächst in je einem internen Register abzulegen; das Additionsergebnis befindet sich zunächst ebenfalls in einem internen Register und wird erst von dort in sein „Ziel" transferiert. In der

„Sprache der Steuersignale" läßt sich die Ausführung des Befehls ADDW2 %r1, %r0 dann wie folgt beschreiben, wobei ein „Schritt" der Form x-in [x-out] eine Kurzform für „setze das Steuersignal x-in [x-out] auf 1" sei:

Schritt	Aktion (Steuersignale)
1	PC-out; MAR-in; read; tempa-in;
2	tempa-out; add; tempb-in;
3	tempb-out; PC-in; wait for RCS;
4	MBR-out; IR-in;
5	%r1-out; tempa-in;
6	%r0-out; tempb-in;
7	tempa-out; tempb-out; add; tempc-in;
8	tempc-out; %r0-in;

Jeder Schritt soll dabei im wesentlichen einem Maschinenzyklus entsprechen. In Schritt 1 wird der Inhalt von PC an MAR übergeben, es wird eine Lese-Aktion ausgeführt, und der Inhalt von PC wird an das interne Register tempa (zwecks Inkrementieren) übergeben. In Schritt 2 gibt Register tempa seinen Inhalt an die ALU ab, welche diesen inkrementiert und das Ergebnis in Register tempb ablegt. In Schritt 3 wird PC mit einem neuen Inhalt geladen; sodann ist auf ein „Read-Completed-Signal" (RCS) zu warten, welches anzeigt, daß der Lese-Vorgang im Speicher beendet ist. Der nächste auszuführende Maschinenbefehl befindet sich jetzt in MBR und kann in Schritt 4 in IR abgelegt werden. Mit der (oben nicht explizit gezeigten) Decodierung des Op-Code-Anteils dieses Befehls ist die Fetch-Phase abgeschlossen. In den Schritten 5 und 6 werden die zu addierenden Operanden in den internen Registern tempa bzw. tempb abgelegt. In Schritt 7 erfolgt die eigentliche Addition mit Ablage des Ergebnisses in tempc, welches schließlich in Schritt 8 in Register 0 abgelegt wird.

Die gerade beschriebenen Schritte 1-4 bzw. 5-8 sind in den Abbildungen 10.7 bzw. 10.8 noch einmal veranschaulicht; bei diesen Abbildungen beachte man, daß jeder zwei Stellen verbindende Pfeil das out-Signal seines Anfangspunktes als in-Signal in seinen Endpunkt transportiert.

Die Entschlüsselung von Adressen, Befehlen und Operanden sowie die Steuerung der Ausführung eines Befehls wird heute bei CISC-Rechnern nahezu ausschließlich durch *Mikroprogrammierung* realisiert. Die Idee dazu geht, wie in Kapitel 6 bereits erwähnt, auf M. V. Wilkes zurück und läßt sich wie folgt beschreiben: Jeder Ablauf, der vom Steuerwerk für die Ausführung eines bestimmten Befehls generiert werden muß, besteht wie oben angedeutet aus einer Folge elementarer („Signal-Erzeugungs"-) Operationen, wobei für verschiedene Befehle diese sogenannten Mikrooperationen oder *Mikrobefehle* z. T. übereinstimmen können (z. B. ist für ADDW2 %r1, %r0 und ADDW2 %r2, %r0 lediglich die Bereitstellung des ersten Operanden unterschiedlich). Daher ist es nicht erforderlich, zu einem vorgegebenen Befehlssatz alle möglichen, daraus erzeugbaren Ablauffolgen zu speichern oder gar fest zu verdrahten (dies ist schon bei Befehlssätzen geringen Umfangs nicht mehr möglich). Es reicht aus, die verschiedenen Mikrooperationen, welche für jeden einzelnen Befehl zu einem *Mikroprogramm* zusammengesetzt werden, in einem speziellen Speicher zu halten und sodann sicherzustellen, daß für jeden Befehl das entsprechende Mikroprogramm gestartet, d. h. die „richtige" Folge von Mikrobefehlen generiert wird. Die von Wilkes vorgeschlagene Realisierung dieses Konzeptes haben wir prinzipiell bereits kennenge-

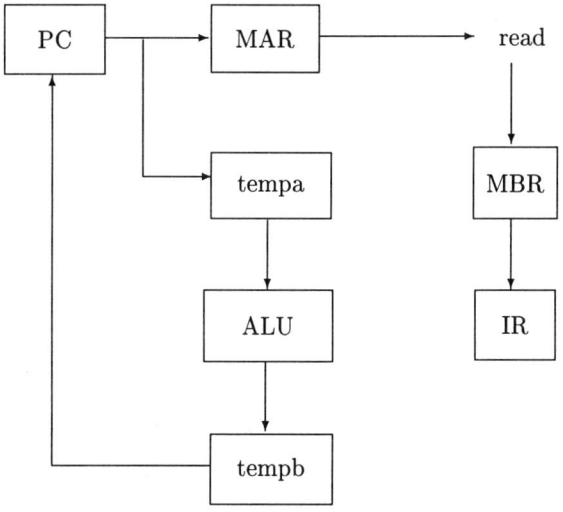

Abbildung 10.7: Illustration der Fetch-Phase.

lernt: In Abschnitt 6.4 haben wir erläutert, wie auch Schaltwerke ein PLA benutzen können. Abbildung 6.20 modifizieren wir jetzt wie in Abbildung 10.9 gezeigt.

Der Operationscode eines Befehls wird analog zur Adreßdecodierung beim ROM durch einen Decoder entschlüsselt (auf der Und-Ebene des PLAs). Dadurch wird in diesem Spezialfall *genau eine* Zeile der *Control Memory* ausgewählt, in welcher die Mikrobefehle gespeichert sind und welche in realen Rechnern wie jeder Speicher über ein MAR, in diesem Zusammenhang im allgemeinen *Microprogram Counter* genannt, und ein MBR (*Microinstruction Register*) verfügt. Jede solche Zeile enthält in dem Teil, welcher der *Steuermatrix* S zuzurechnen ist, die Signale, welche im Falle der Aktivierung über Steuerleitungen an die CPU oder den Speicher abgegeben werden. S enthält also die eigentlichen Mikrobefehle. Daneben enthält jede solche Zeile einen weiteren Teil, welcher in der *Ablauflogik* A (auch Befehlsfolgematrix genannt) abgelegt ist. Durch diesen Teil wird festgelegt, welcher Mikrobefehl als nächster (im Rahmen einer spezifischen Befehlsausführung) durch Rückkopplung aktiviert werden soll. Dazu wird der Inhalt des Registers R ganz oder teilweise neu geladen, so daß nach dem nächsten Takt durch einen im allgemeinen veränderten Input für den Decoder eine neue Zeile der Control Memory angesteuert wird. Schließlich ist noch zu erwähnen, daß der Ablauf eines Befehls auch durch Flags beeinflußbar ist, welche ebenfalls Inputs für den Decoder liefern.

Die Ablauflogik (in der Sprechweise aus Kapitel 6: die Next-State-Logik) ist dabei in der Lage, in Abhängigkeit vom aktuell zu bearbeitenden Befehl unterschiedlich lange Mikroprogramme zu generieren.

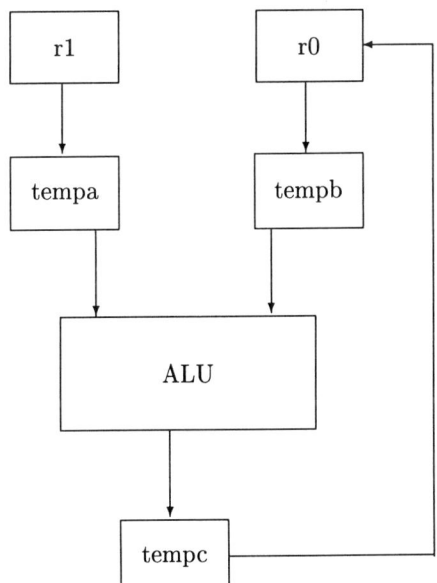

Abbildung 10.8: Illustration der Execute-Phase.

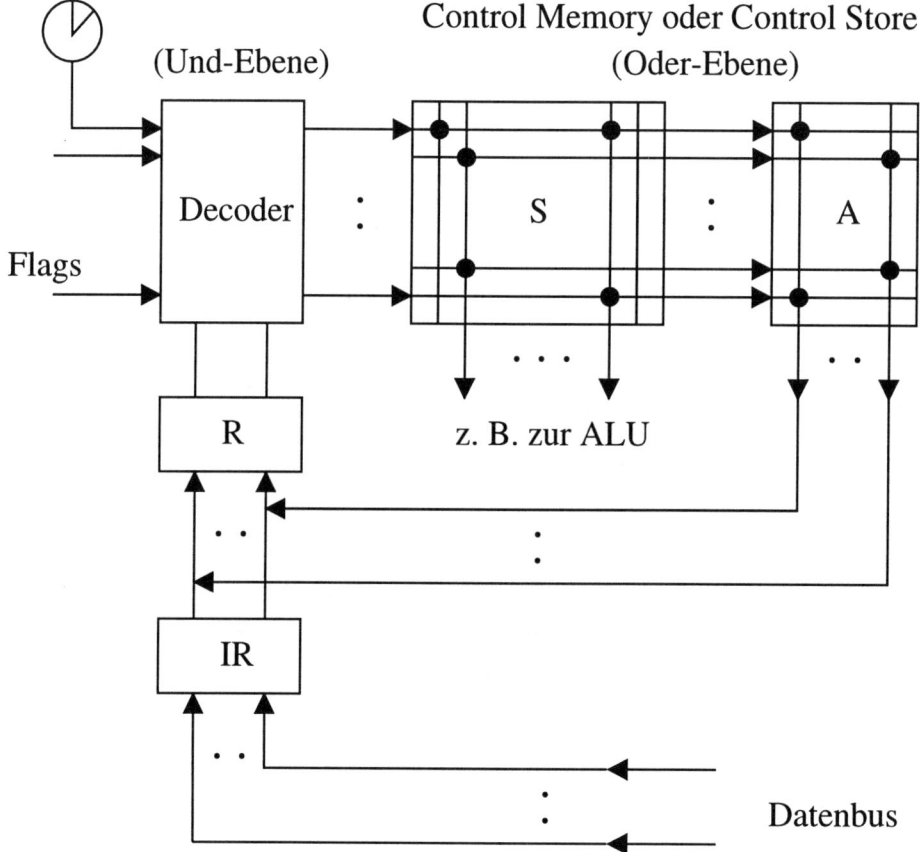

Abbildung 10.9: Prinzip der Mikroprogrammierung.

Am Beispiel des Befehls `ADDW2 %r1, %r0` wollen wir exemplarisch ein der oben gezeigten Signal-Folge entsprechendes „Mikroproprogramm" angeben; jede Spalte der folgenden Tabelle enthält einen „Mikrobefehl", welcher genau die für den betreffenden Schritt erforderlichen Steuersignale angibt (wobei 1 für „Signal gesetzt" und 0 für das Gegenteil steht)[4]:

Schritt →	1	2	3	4	5	6	7	8
PC-in	0	0	1	0	0	0	0	0
PC-out	1	0	0	0	0	0	0	0
MAR-in	1	0	0	0	0	0	0	0
MBR-out	0	0	0	1	0	0	0	0
IR-in	0	0	0	1	0	0	0	0
read	1	0	0	0	0	0	0	0
tempa-in	1	0	0	0	1	0	0	0
tempa-out	0	1	0	0	0	0	1	0
tempb-in	0	1	0	0	0	1	0	0
tempb-out	0	0	1	0	0	0	1	0
tempc-in	0	0	0	0	0	0	1	0
tempc-out	0	0	0	0	0	0	0	1
add	0	1	0	0	0	0	1	0
%r1-in	0	0	0	0	0	0	0	0
%r1-out	0	0	0	0	1	0	0	0
%r0-in	0	0	0	0	0	0	0	1
%r0-out	0	0	0	0	0	1	0	0

Ein Mikrobefehl besteht hier also aus 17 Bits; zur Speicherung nur dieses „Programms" ist ein Control Store der Größe $17 \times 8 = 136$ Bits erforderlich. Es sei bemerkt, daß das in der weiter oben angegebenen Darstellung verwendete Read-Completed-Signal hier vernachlässigt wurde. Mikroprogramme realisieren also stereotype Abläufe in einem Rechner, wie sie auch in völlig anderen Zusammenhängen auftreten (vgl. Aufgabe 6.9).

Der oben erwähnte Giese-Rechner repräsentiert einen völlig anderen Zugang zum Entwurf des Steuerwerks eines Rechners, welcher, wie in Kapitel 9 bereits erwähnt, heute insbesondere in Zusammenhang mit dem RISC-Konzept wieder von hoher Bedeutung ist. Das Steuerwerk muß dabei zunächst einen *fest verdrahteten* Befehlsdecodierer enthalten. Abhängig vom aktuellen erkannten Befehl werden sodann Steuersignale erzeugt, welche die ebenfalls fest verdrahtete Ablaufsteuerung über spezielle Leitungen asynchron anstoßen. Eine Taktung und Rückkopplung gemäß dem Wilkesschen Konzept ist dabei nicht vorgesehen. Stattdessen werden z. B. (mehrere) Ringzähler benutzt, welche für jeden auszuführenden Befehl die Ausführung des nächsten Befehls hinreichend lange verzögern.

Zusammenfassend geben wir folgende Definition der Mikroprogrammierung:

Definition 10.1 *Mikroprogrammierung* ist eine Technik für den Entwurf und die Implementierung der Ablaufsteuerung einer Datenverarbeitungsanlage unter Verwendung einer Folge von Steuersignalen zur Interpretation fester und dynamisch änder-

---

[4]Das hier verwendete Ablaufdiagramm müßte eigentlich unter Vertauschung von Zeilen und Spalten angeschrieben sein!

barer Datenverarbeitungsfunktionen. Diese Steuersignale, welche auf Wortbasis organisiert sind (Mikrobefehle) und in einem festen oder dynamisch änderbaren Speicher
(Mikroprogrammspeicher, Control Memory) gehalten werden, stellen die Zustände
derjenigen Signale dar, die den Informationsfluß zwischen den ausführenden Elementen (Hardware) steuern und für getaktete Übergänge zwischen diesen Signalzuständen
sorgen.

Im Vergleich zur festen Verdrahtung aller Funktionen eines Steuerwerkes bietet
eine Mikroprogrammierung unter anderem folgende *Vorteile*:

1. Mit relativ wenigen Mikrobefehlen läßt sich im allgemeinen schon ein recht
   umfangreicher Befehlssatz implementieren. Die Kosten dieser Realisierung sind
   durch die Verwendung von ROM-Bausteinen wesentlich geringer als die der
   „herkömmlichen" Vorgehensweise.

2. Durch den Austausch der Control Memory ist es möglich, den Mikro- und damit
   den Maschinen-Befehlssatz zu verändern (z. B. um einen Rechner an veränderte
   Aufgabenstellungen anzupassen).

3. Durch den deutlich geringeren Hardware-Aufwand eines Rechners, welcher Mikroprogrammierung verwendet, wird sowohl die Entwicklung als auch die Wartung des Rechners vereinfacht.

Als *Nachteil* ist anzusehen, daß die Ausführung einer mikroprogrammierten Operation
im allgemeinen *länger* dauert als bei fester Verdrahtung derselben Operation, denn
das entsprechende Mikroprogramm muß schrittweise aus der Control Memory gelesen
werden. Für jeden Befehl sind im allgemeinen mehrere (vergleichsweise langsame)
ROM-Zugriffe erforderlich.

Hinsichtlich der Verwendung dieses Konzepts unterscheidet man heute zwei Arten von Rechnern: *Mikroprogrammierte* Rechner sind solche, deren CPU in einem
ROM *alle* Mikrobefehle bzw. -programme, die sogenannte *Firmware*, enthält. Dieses ROM wird vom Rechnerhersteller programmiert und kann lediglich durch Austauschen verändert werden. *Mikroprogrammierbare* Rechner hingegen besitzen einen
Writable Control Store (WCS), welcher z. B. durch ein PROM oder ein EPROM realisiert ist und durch den Benutzer des Rechners neu geladen werden kann. Damit ist
man also in der Lage, den Maschinenbefehlssatz eines Rechners zu verändern, insbesondere auch so, daß hinsichtlich der Abarbeitung von Maschinenbefehlen der Rechner
einen anderen Rechner nachbildet. Diesen Vorgang der hardware-unterstützten oder
mikroprogrammierten Rechner-Simulation bezeichnet man als *Emulation*.

Bei der Mikroprogrammierung selbst unterscheidet man ebenfalls zwei Arten: Bei
der von uns dargestellten *horizontalen* Mikroprogrammierung entsprechen die einzelnen Bits eines Mikroprogrammwortes (einer Zeile des Control Stores) bestimmten
Mikrooperationen (insbesonere mittels der Ausgänge der Steuermatrix S, vgl. obiges
Beispiel). Diese Operationen können dann parallel angestoßen werden. Bei *vertikaler*
Mikroprogrammierung wird die Zuordnung zwischen den Bits eines Mikroprogrammwortes und den assoziierten Operationen durch einen sogenannten Mikrooperations-
code (verschlüsselt) bestimmt (vgl. die unten angegebene Literatur).

10.3   Weitere CISC-Architekturen

Bei dem oben vorgestellten WE32100 handelt es sich um einen typischen CISC-Prozessor; seine Charakteristika lassen sich wie folgt zusammenfassen:

- Register- bzw. Speicherwort-Länge 32 Bits

- 32-Bit-Datenbus, 32-Bit-Adreßbus

- 16   32-Bit-Register, darunter spezielle Register zur Unterstützung eines Stack-Konzepts im Hauptspeicher

- 4 Integer-Datentypen Bit, Byte, Halbwort und Wort

- 3 Floating-Point-Datentypen: Single, Double, Double Extended Precision

- variables Format für annähernd 200 Maschinenbefehle

- 18 verschiedene Adressierungsarten

- 2 MB Hauptspeicher direkt adressierbar

Wortlänge und Busbreite (und damit auch der adressierbare Speicherraum) wiesen bei Einführung der Mikroprozessoren in den siebziger Jahren wesentlich geringere Werte auf. Der erste Mikroprozessor war der 1971 von Intel vorgestellte Typ 4004, welcher eine Wortlänge von 4 Bit hatte und lediglich 4.096 Speicherplätze der Länge 4 Bit adressieren konnte. Dieser wurde bereits 1973 abgelöst von den 8-Bit-Prozessoren Intel 8080 und Motorola 6809; einen typischen Vertreter dieser 8-Bit-Klasse, den Zilog Z80, wollen wir im nächsten Abschnitt kurz beschreiben. 1978 begann das Zeitalter der 16-Bit-Prozessoren (Intel 8086 und 8088, Motorola 68000), 1986 das der 32-Bit-Prozessoren (Intel 80386, Motorola 68020). Auf diese Prozessor-Familien gehen wir in den nachfolgenden Abschnitten ebenfalls ein.

10.3.1   Zilog-Prozessoren

Einer der ersten Mikroprozessoren, der eine weite Verbreitung erreicht hat, war der Typ Z80 der Zilog Corporation. Wir beginnen mit einer Vorstellung der Architektur des Z80-Systems. Dabei wird der Leser die wesentlichen Aspekte des von Neumann-Prinzips unmittelbar wiedererkennen, andererseits aber auch feststellen, wie weit sich bereits der Z80 von einem „reinen" von Neumann-Rechner unterscheidet.

Der Z80 kann als verbesserte Version des Intel 8080 angesehen werden. Er war Teil eines Mikrocomputersystems, welches aus mehreren Komponenten bestand, die einzeln als ICs verfügbar waren und im allgemeinen auf einer Platine geliefert wurden. Ein Standard-Z80-System hatte etwa den in Abbildung 10.10 gezeigten Aufbau. Dieses Bild ist dem in Kapitel 8 für den allgemeinen von Neumann-Rechner angegebenen sehr ähnlich (vgl. Abbildung 8.1) und bedarf daher nur einer kurzen Erläuterung: Der Z80 war die CPU des Systems; auf seinen Aufbau gehen wir weiter unten ein. Das System besaß drei Busse: Einen 8 Bit breiten bidirektionalen Datenbus, einen 16 Bit breiten unidirektionalen Adreßbus sowie einen Steuerbus, welcher Signale zur Synchronisation des Systems übertrug. Die Speicherteile ROM und RAM sind ebenfalls aus Kapitel 8 bekannt. Der Verkehr mit der Außenwelt wurde über ein oder

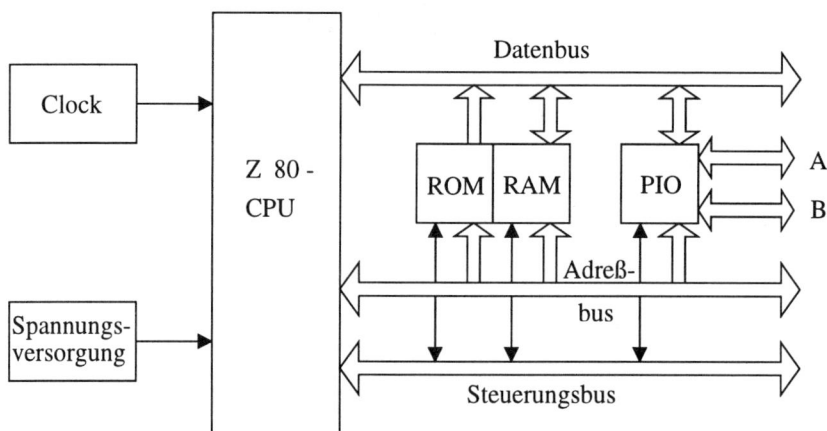

Abbildung 10.10: Aufbau eines Z80-Systems.

mehrere *Interfaces* (Schnittstellen) abgewickelt, wobei die PIO das am häufigsten verwendete war. Diese besaß mindestens zwei I/O-Ports (A und B) und konnte auch durch eine SIO (vgl. Abschnitt 8.5) ersetzt werden. Die Rechner-Clock bestand aus einem Quarz und einem Taktgeber; schließlich war das System mit einer Spannung von 5 V zu versorgen. Auf weitere Bestandteile, welche für ein reales System benötigt wurden, wollen wir nicht eingehen.

Die Z80-CPU war auf einem IC mit 40 Anschlüssen (8 für den Datenbus, 16 für den Adreßbus, 13 für den Steuerungsbus, 2 für die Spannung, 1 für den Takt) untergebracht und hatte den in Abbildung 10.11 gezeigten logischen Aufbau. Ein interner (Daten-) Bus verband die ALU mit den Registern bzw. (über eine Bussteuerung S_1) mit dem Datenbus. Die CPU-Register waren ebenfalls über eine Steuerung S_2 mit dem Adreßbus verbunden. Von diesen Registern getrennt war das Instruktionsregister IR, welches hier aus zwei acht Bit langen Registern I und R („Interrupt" bzw. „Refresh") bestand. Seine Funktion war beim Z80 eine andere als im allgemeinen Fall.

An CPU-Registern standen sechzehn 8-Bit- und vier 16-Bit-Register zur Verfügung. Bei letzteren handelte es sich um die beiden Indexregister IX und IY, den Befehlszähler PC und den Stapelzeiger SP (zur Bearbeitung von Interrupts, nicht von gewöhnlichen Prozedur-Aufrufen). Die sechzehn 8-Bit-Register waren in einen Hauptregister- und einen Zweitregister-Block unterteilt, welcher jeweils aus acht identischen Registern bestand. Jeder Block enthielt einen Akku A, ein Flag-Register F, welches wieder als Erweiterung des aus Kapitel 8 bekannten Link-Registers verstanden werden kann, und sechs Universalregister B, C, D, E, H und L (die letztgenannten Bezeichnungen stehen für „High" bzw. „Low"). Dabei wurden die Register des zweiten Blocks durch ' von denen des Hauptblocks unterschieden. Zu jedem Zeitpunkt konnte immer nur ein Registersatz benutzt werden, jedoch war es möglich, zwischen den Blöcken umzuschalten. Dadurch konnte ein Block als CPU-interner Speicher verwendet werden, so daß die Anzahl der Zugriffe auf den (außerhalb des Z80-ICs untergebrachten) Hauptspeicher verringerbar war („Flaschenhals").

Die sechs Universalregister eines Blocks besaßen außerdem eine Verbindung zum

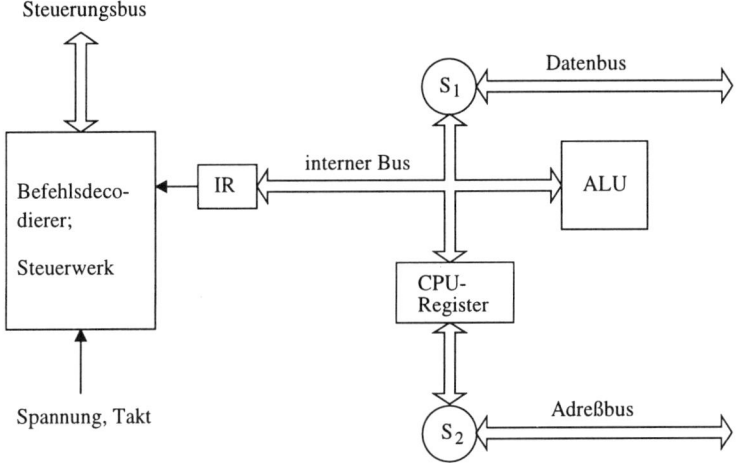

Abbildung 10.11: Organisation einer Z80-CPU.

Adreßbus. Daher sind sie in Abbildung 10.12 zu Paaren zusammengefaßt; zwei benachbarte Register konnten entweder 8 Bit lange Daten oder eine 16 Bit lange Adresse enthalten. Es sei erwähnt, daß jeder der beiden Registersätze zum Datenbus hin mit einem Multiplexer ausgestattet war, welcher Daten, die über den (internen) Datenbus in die CPU gelangen, in einem der sechs auswählbaren Register ablegte. Auf diese Einzeichnung ist in Abbildung 10.12, welche im übrigen eine detaillierte Übersicht über die Z80-Architektur gibt, verzichtet. Die beiden Flag-Register F und F' waren wie die Universalregister 8 Bit lang; es wurden jedoch nur sechs Bits benutzt; die Inhalte der beiden anderen waren immer zufällig. Ein Flag-Register hatte folgendes Aussehen:

7	6	5	4	3	2	1	0
S	Z	-	H	-	P/V	N	C

Die einzelnen Bits hatten im wesentlichen die vom WE32100 her bekannten Bedeutungen: Das *Carry-Flag* C wurde bei arithmetischen Operationen gesetzt, falls ein Über- oder Untertrag aufgetreten war; bei Rotations- oder Shift-Operationen wurde das Carry-Flag unter Umständen als neuntes Bit des Akkus aufgefaßt. Das *Subtract-Flag* N wurde für BCD-Arithmetik (vgl. Kapitel 5) verwendet. Das *Parity/Overflow-Flag* P/V diente zur Anzeige entweder der Parität des Ergebnisses von logischen, Rotate-, Shift- oder Input-Befehlen oder als Hinweis auf einen Overflow bei einer Zweierkomplement-Arithmetik. Das *Half-Carry-Flag* H wurde ebenfalls für BCD-Arithmetik verwendet. Das *Zero-Flag* Z wurde in Abhängigkeit vom Akku-Inhalt gesetzt (und zwar auf 1, falls der Akku-Inhalt = 0 war). Das *Sign-Flag* S schließlich enthielt eine Kopie des höchstwertigen Bits des Ergebnisses einer Operation, welches im allgemeinen im Akku stand; es zeigte an, ob das Ergebnis einer im Zweier-Komplement ausgeführten Operation positiv (0) oder negativ (1) war. Die Verwendung der einzelnen Flags entsprach im Prinzip der des WE32100, so daß wir auf weitere Einzelheiten hierzu verzichten können.

Der Befehlssatz des Z80 umfaßte insgesamt 158 Befehle (darunter alle 78 Instruktionen des Intel 8080, zu welchem er daher „software-kompatibel" war); diese ließen

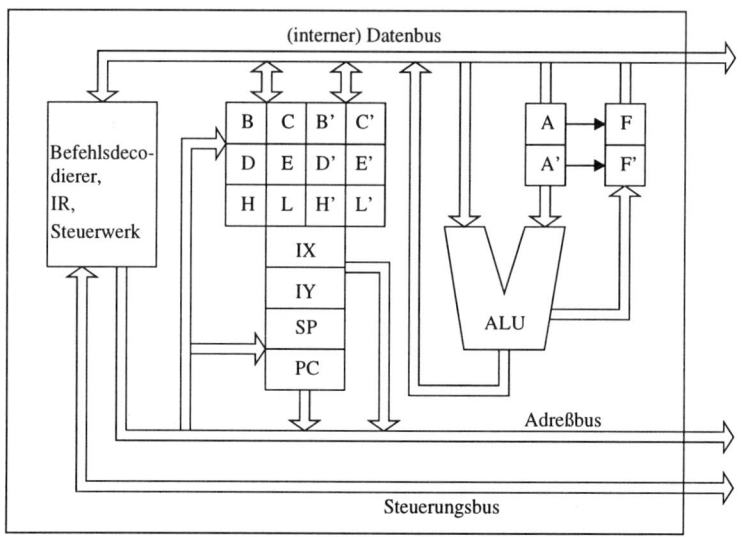

Abbildung 10.12: Architektur des Zilog Z80.

sich in folgende Gruppen einteilen:

1. Daten-Transfer, z. B. LD src, dst für „load" oder EX für „exchange",

2. Daten-Bearbeitung, z. B. ADD src für „addiere src zum Inhalt des Akkus", ADC
   src für „addiere src und Carry-Flag zum Inhalt des Akkus" sowie SUB, SBC,
   AND, OR, XOR, DAA oder Shift-Befehle zur Simulation eines (nicht explizit vorhandenen) Multiplikations-Befehls,

3. Tests und (bedingte sowie unbedingte) Sprünge, z. B. JP dst oder JP cond,
   dst,

4. Ein/Ausgabe,

5. Steuerbefehle, z. B. NOP für „no operation" oder HALT.

Ein Befehl konnte zwischen 1 und 4 Bytes lang sein in Abhängigkeit von der Anzahl
sowie der Darstellungsform der Operanden; das erste Byte enthielt jeweils den Op-
Code. Der Z80 kannte verschiedene Adressierungsarten wie den Register-Modus, den
Immediate- und den Absolute-Modus; darüber hinaus konnte relativ und — unter
Verwendung der Indexregister — indiziert adressiert werden.

   Nachfolger des Z80 waren z.B. der Z800 (ebenfalls ein 8-Bit-Prozessor) und der
Z8000 (ein 16-Bit-Prozessor), deren Bedeutung jedoch im Vergleich zu anderen Prozessortypen und -familien in den letzten Jahren stark abgenommen hat.

10.3.2   Intel-Prozessoren

In diesem und dem folgenden Abschnitt behandeln wir Mikroprozessoren, welche
durch eine Verwendung in kommerziell sehr erfolgreichen Rechnerbaureihen (z.B. von

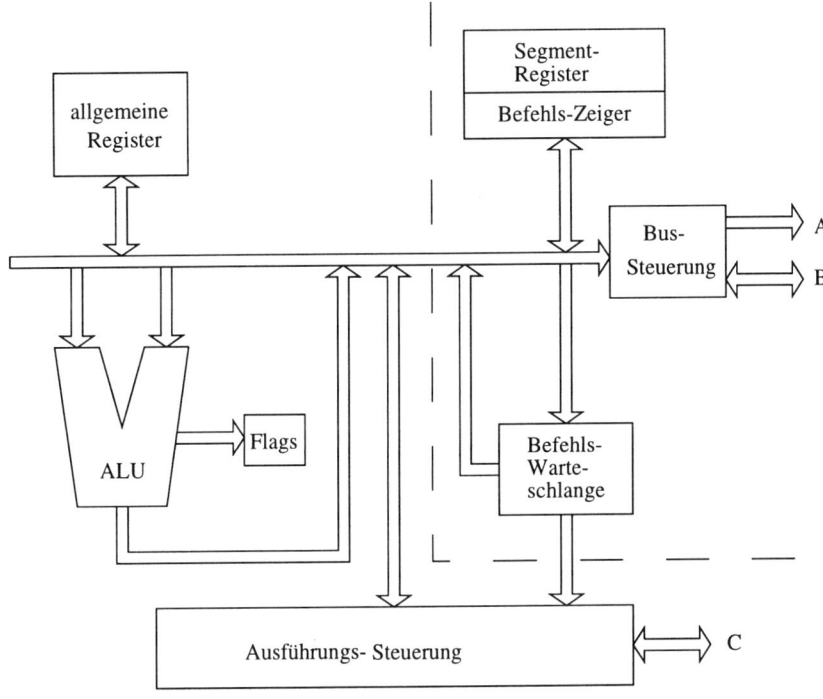

Abbildung 10.13: Architektur des Intel 8088.

IBM im Fall Intel bzw. von Apple im Fall Motorola) eine weite Verbreitung erfahren haben. Bei diesen handelt es sich jeweils um Prozessor-*Familien*, deren einzelne Mitglieder auf den gleichen Entwurfsprinzipien basieren und welche im allgemeinen aufwärtskompatibel zueinander sind. Auch in der Architektur unterscheiden sich die Prozessoren einer Familie im allgemeinen nur wenig.

Intel 8086 und 8088

Wie bereits erwähnt erschien 1978 der Intel 8086, 1979 kam der Intel 8088 hinzu. Beides waren 16-Bit-Mikroprozessoren und konnten bis zu 1 MB Hauptspeicher adressieren, jedoch verfügte der 8086 über einen 16-Bit-Datenbus, der 8088 nur über einen 8-Bit-Datenbus. Die Prozessoren wiesen sehr viele Gemeinsamkeiten auf; insbesondere war ihre Architektur nahezu identisch, und sie waren softwarekompatibel. Daher beschränken wir uns zunächst auf die Beschreibung des 8088 und geben nur gelegentlich die Unterschiede zum 8086 an.

Die Architektur des 8088 gibt Abbildung 10.13 wieder. Logisch zerfällt der 8088 (wie der 8086) in eine Execution-Unit EU (in Abbildung 10.13 links bzw. unterhalb der gestrichelten Linie gezeigt) und eine Bus-Interface-Unit BIU (in Abbildung 10.13 rechts bzw. oberhalb der gestrichelten Linie gezeigt). Die EU enthält die allgemeinen Register für Daten und Adressen, die ALU und die Logik zur Steuerung der Ausführung von Befehlen. Die BIU enthält die Schnittstelle zum Bus (welche bei Port

A fünf Steuerleitungen und bei Port B zwanzig binäre Adreß- bzw. Datenleitungen bedient), die Segment-Register, den Befehls-Zeiger und die Befehlswarteschlange. Die Wirkungsweise soll im folgenden skizziert werden. Die Ausführungssteuerung besitzt fünfzehn weitere Anschlüsse (z. B. für die Unterbrechnungs-Steuerung), welche wir nicht weiter erläutern.

Die BIU holt die Befehle aus dem Speicher und nimmt eine Zwischenspeicherung in der Warteschlange vor. Letztere besteht beim 8088 aus vier 8-Bit-Registern, beim 8086 aus sechs solchen Registern. Ist die EU bereit, einen neuen Befehl auszuführen, so holt sie die entsprechende Anzahl von Bytes aus dieser Warteschlange und führt den Befehl aus. Währenddessen füllt die BIU die Schlange selbtätig auf, so daß Fetch- und Execution-Phase einer Befehlsbearbeitung zeitlich verzahnt ablaufen (Pipelining). Die EU ist nicht mit der „Außenwelt" verbunden. Falls ein Befehl die Übertragung von Operanden zwischen der EU und dem Speicher oder einer E/A-Einheit erfordert, so delegiert die EU diese Aufgabe an die BIU. Trifft eine derartige Anforderung während einer gerade ablaufenden Auffüllung der Warteschlange ein, so wird diese Auffüllung zuerst beendet; erst danach wird der EU-Wunsch befriedigt.

Der 8088 verfügt über einen 8-Bit-Datenbus, kann jedoch 16-Bit-Daten verarbeiten. Ein 16-Bit-Datum muß demnach in zwei „Schüben" in die CPU transportiert werden. Dies erfolgt über den Port B (vgl. Abbildung 10.13); dieser verfügt über einen Multiplexer, welcher über die niedrigsten 8 Bits des 20 Bits umfassenden Adreßbusses auch Daten überträgt. Daten werden in den allgemeinen Registern abgelegt, von denen insgesamt acht vorhanden sind: Akku[5] AX = (AH, AL), Base BX = (BH, BL), Count CX = (CH, CL), Data DX = (DH, DL), Stack Pointer SP, Base Pointer BP, Source Index SI und Destination Index DI.

Dieser Block von acht 16-Bit-Registern zerfällt logisch in einen vierelementigen Block von Daten-Registern (AX - DX) und einen Block von vier Zeiger- bzw. Index-Registern. Die Daten-Register sind jeweils in einen H- und einen L-Anteil zerlegt (für „High" bzw. „Low" wie beim Z80) und können somit wahlweise als zwei 8- oder ein 16-Bit-Register benutzt werden. Prinzipiell ist jedes dieser vier Register als Akku verwendbar, und jedes von ihnen kann Operanden für arithmetische oder logische Operationen aufnehmen. Jedoch benutzen bestimmte Befehle automatisch nur bestimmte Register; z. B. wird bei Adreßrechnungen nur BX verwendet (als „Basisregister"), und in Schleifen wird nur CX als Zähler verwendet. Im Vergleich zum Z80 entspricht AX in etwa dem Akku A des Z80, BX dem Registerpaar HL, CX dem Paar BC und DX dem Paar DE.

Die Register SP und BP werden auch als Zeigerregister bezeichnet. Sie werden primär für Adressierungszwecke verwendet, können aber auch 16-Bit-Operanden für arithmetische oder logische Operationen aufnehmen. Die Indexregister SI und DI können ebenfalls für letzteren Zweck eingesetzt werden, werden aber typischerweise für sogenannte Stringoperationen benutzt.

Der 8088 besitzt ein 9-Bit-Flagregister („Prozessor-Status-Wort") mit folgendem Aufbau:

T	D	I	O	S	Z	A	P	C

---

[5]Bei diesem und den folgenden drei Registern bedeutet die Paar-Schreibweise, daß das betreffende Register zwei Bytes umfaßt, welche unter den angegebenen Namen einzeln angesprochen werden können.

Diese Flags sind beim 8086 auf ein 16-Bit-Register verteilt. Die linken drei (Trap, Direction, Interrupt-Enable) heißen auch Steuerungs-Flags und können durch ein Programm zur Steuerung der CPU gesetzt werden; ist z. B. T gesetzt, so wird die CPU nach jeder Befehlsausführung angehalten, damit der Programmierer die erfolgte Veränderung der Registerinhalte nachvollziehen kann (Debugging). Die rechten sechs Flags (Overflow, Sign, Zero, Auxiliary Carry, Parity, Carry) werden auch als Status-Flags bezeichnet; sie haben im wesentlichen die gleiche Funktion wie beim WE32100 bzw. beim Z80; lediglich ein Overflow wird hier durch ein separates Flag angezeigt.

Wie bereits erwähnt, verfügt der 8088 über einen 20-Bit breiten Adreßbus. Damit sind also $2^{20} = 1.048.576$ oder 1 MB Speicherplätze adressierbar. Da alle Register nur 16 Bits lang sind, müssen die fehlenden 4 Bits durch eine Adreßumsetzung ergänzt werden: Der logische Adreßraum eines Programms wird unterteilt in Segmente (vgl. Kapitel 11) der Länge jeweils 64 KB und auf den physikalischen Speicher in der hier vorliegenden Realisierung dadurch abgebildet, daß zu einer logischen 16-Bit-Adresse der Inhalt eines der vier 16-Bit-Segment-Register addiert wird. Jedes dieser Register enthält die Anfangsadresse eines Segmentes, und sein Inhalt wird vor Ausführung dieser Addition um vier Bits nach links verschoben:

Segmentanfangsadr.:		s_{15}	s_{14}	s_{13}	s_{12}	s_{11}	$\cdots$	s_0	0	0	0	0
logische Adresse:	+	0	0	0	0	l_{15}	$\cdots$	l_4	l_3	l_2	l_1	l_0
phys. Adresse:		p_{19}	p_{18}	p_{17}	p_{16}	p_{15}	$\cdots$	p_4	p_3	p_2	p_1	p_0

Es entsteht so eine 20-Bit-lange physikalische Adresse. Es sei angemerkt, daß die Segmentierung also zur Speicherverwaltung dient und logische Adressen daneben durch spezielle Adressierungsverfahren bestimmt werden können.

Der Register-Block der BIU besteht aus einem Instruction Pointer IP sowie den vier Segment-Registern CS (Code-Segment), DS (Data Degment), SS (Stack-Segment) und ES (Extra-Segment). Der Befehls-Zeiger IP entspricht dabei dem Program Counter PC in unserem allgemeinen Modell aus Kapitel 8.

Wir bemerken abschließend, daß die Mikroprozessoren Intel 8086 und 8088 Teil einer umfangreichen Baustein-Familie waren. Von den verwendeten Coprozessoren verdient insbesondere der 8087 Erwähnung, welcher für die schnelle Verarbeitung numerischer Daten entwickelt wurde. Dazu besitzt er unter anderem acht 80-Bit-Register und spezielle Befehle für trigonometrische, logarithmische und arithmetische Operationen auf verschiedensten Datentypen wie z. B. 64-Bit-Integer- oder Real- Zahlen.

Intel 80386

Die Nachfolger von 8086 und 8088 waren und sind vor allem dadurch gekennzeichnet, daß immer mehr Funktionen auf einem einzigen Chip vereinigt werden konnten. So verfügte bereits der 1983 vorgestellte 80286 über eine auf dem Prozessorchip untergebrachte Memory Management Unit. Diese Entwicklung zeigt, daß bereits in den 80er Jahren Ein-Chip-Mikroprozessoren mit „Systemeigenschaften" angestrebt wurden. Dazu gehören insbesondere Speicherschutz gegen unberechtigte oder fehlerhafte Zugriffe im Mehrbenutzerbetrieb sowie Systemschutz gegen Verändern fremder Daten oder Programme. Wir wollen als nächstes kurz auf die 32-Bit-Nachfolger der oben beschriebenen Prozessoren eingehen, welche insbesondere über derartige Eigenschaften verfügen.

Die Funktionalität des 80386 kann als Obermenge der Funktionalität des 8086 angesehen werden; insbesondere seine Architektur weist eine Reihe von Gemeinsamkeiten mit diesem Vorläufer auf, so daß unter anderem Kompatibilität auf der Ebene vom Objektcode erreicht wird. Der 80386 wird in einem 132-poligen Gehäuse geliefert und besteht aus einer CPU, einer MMU, welche wie beim 80286 auf dem Prozessor-Chip untergebracht ist, sowie einem Bus-Interface. Im einzelnen setzt sich die CPU aus einer Execution-Unit (EU), einer Instruction-Unit (IU) und einem mikroprogrammierten Steuerwerk zusammen; es ist jedoch kein Instruction-Cache in diese integriert (bzw. auf dem Prozessor-Chip untergebracht). Die EU enthält die ALU sowie acht allgemeine Register; die IU decodiert den Op-Code-Anteil eines auszuführenden Befehls und legt das Ergebnis in einer Instruction-Queue ab, wobei der aktuell zu bearbeitende Befehl einem Prefetch-Puffer der Größe 16 Bytes entnommen wird. Das bereits beim 8086/8088 verwendete Befehlsphasen-Pipelining wird dadurch in weitere Teilschritte zerlegt (insgesamt werden acht Pipelining-Stufen unterschieden) und trägt damit wesentlich zu einem erhöhten Durchsatz bei.

Die MMU umfaßt eine Segmentation- sowie eine Paging-Unit; die dabei zu Grunde liegende Speicherverwaltungs-Technik werden wir im nächsten Kapitel genauer vorstellen. Es sei hier lediglich bemerkt, daß einzelne Segmente eine Größe von bis zu 4 GB haben können und in Pages der Länge 4 KB unterteilt werden; es können bis zu 16.384 Segmente (pro „Task") verwendet werden, so daß der „virtuelle Adreßraum" (vgl. Kapitel 11) insgesamt die Größe 64 TB (Terabytes; 1 TB = 10^{12} B) haben kann.

Insgesamt verfügt der 80386 über 32 Register (unterschiedlicher Länge) gemäß folgender Aufteilung:

1. Acht allgemeine 32-Bit-Register (wie oben erwähnt) mit den Bezeichnungen EAX, EBX, ECX, EDX, ESI, EDI, EBP bzw. ESP; bei diesen handelt es sich um die vom 8088/8086 her bekannten Register, welche auf doppelte Länge erweitert wurden.

2. Sechs 16-Bit-Segment-Register CS, SS, DS, ES, FS und GS, welche im wesentlichen den Segment-Registern der BIU des 8086 entsprechen (sowie sechs dem Programmierer nicht zugängliche Segment-Deskriptor-Register).

3. Ein 32-Bit-Instruction-Pointer IP (vgl. 8086) sowie ein 32-Bit-Flag-Register EFLAGS.

4. Vier 32-Bit-Kontroll-Register CR0 bis CR3, welche Informationen über den aktuellen Zustand des Prozessors enthalten, und von denen CR1 zur Zeit nicht benutzt wird.

5. Zwei 48-Bit- sowie zwei 16-Bit-Register (GDTR und IDTR bzw. LDTR und TR) zur Unterstützung von Steuerungs-Funktionen (z. B. in Zusammenhang mit der Behandlung von Interrupts).

6. Sechs 32-Bit-Debug-Register (DR0-3, DR6, DR7) und zwei 32-Bit-Test-Register (TR6, TR7), welche zur Analyse von Programmen (Debugging) bzw. für einen Selbsttest verschiedener Prozessor-Bestandteile (wie der verwendeten PLAs, insbesondere des Control-Memory-ROMs) verwendet werden können.

Der 80386 unterstützt 16 verschiedene Datentypen, darunter Bit, Bit-Feld (bis zu 32 Bits lang), Bit-String (bis zu 4 GB lang), Byte, Wort (2B), Doppelwort (4B), Quadwort (8B) (die letzten vier jeweils in Signed- und Unsigned-Version, d. h. für ganze Zahlen mit bzw. ohne Vorzeichen), BCD und Char (Byte-Darstellung eines ASCII-Symbols). Durch Hinzunahme des 80387-Coprozessors können ferner 32-, 64- oder 80-Bit-Gleitkommazahlen verarbeitet werden.

Der Prozessor wird in CHMOS III-Technologie hergestellt und vereinigt auf einem Chip rund 270.000 Transistoren. Er kann mit 12,5 oder 16 oder 20 MHz getaktet werden. Die Länge T von einem Takt-Zyklus bei 16 MHz beträgt damit 62,5 nsec; hieraus resultiert bei einer durchschnittlichen Befehlsausführungs-Dauer von $4T$ ein Durchsatz von 4 MIPS. Der 80386 kann in zwei verschiedenen Betriebsarten gefahren werden: Im *Real (Address) Mode* verhält er sich wie ein schneller, mit 32-Bit-Registern versehener 8086. Im *Protected (Virtual Address) Mode* steht dagegen die volle 386-Funktionalität, insbesondere die Speicher-Verwaltung für den virtuellen Adreßraum sowie ein 4-Ebenen-Schutzmechanismus, zur Verfügung. Bei letzterem handelt es sich um eine Realisierung des weiter oben erwähnten Speicher- bzw. System-Schutzes, welcher insbesondere Benutzerprogramme voneinander und von den Programmen des Betriebssystems isoliert und vor unberechtigten Übergriffen sichert; es sei bemerkt, daß diese Funktionen beim 80386 durch die MMU realisiert werden.

Intel 80486

1989 wurde mit dem 80486 ein weiteres Mitglied dieser Prozessorfamilie vorgestellt; dieser Prozessor war einer der ersten Chips, welcher mehr als eine Million Transistoren enthält. Er umfaßt im wesentlichen eine dem 80386 ähnliche Integer-CPU, eine dem 80387 ähnliche Floating-Point-CPU, einen Cache der Größe 8 KB sowie Vorkehrungen zur Unterstützung von Mehrprozessor-Anwendungen. Der adressierbare Speicherraum beträgt jetzt 4 GB, und ein wesentlicher Unterschied zum 80386 besteht darin, daß etwa die Hälfte aller Instruktionen in nur einem Taktzyklus (anstatt zwei) ausgeführt werden. Durch eine Steigerung der Taktfrequenz auf bis zu 66 MHz ist eine enorme Geschwindigkeitsverbesserung gegenüber den Vorgängern möglich. Zur Erzielung eines hohen Durchsatzes macht der 80486 ferner intensiven Gebrauch von Parallelverarbeitung und Pipelining; insbesondere können die Integer- und die Floating-Point-CPU parallel Befehle ausführen.

Intel Pentium

Seit 1993 ist das vorläufig letzte Mitglied der hier beschriebenen Intel-Prozessorfamilie verfügbar, der Pentium. Dieser Prozessor basiert auf einer Superskalar-Architektur, welche wir im vorigen Kapitel bereits erläutert haben. Beim Intel Pentium ist das Prinzip dieser Architektur in Form von zwei (nahezu) unabhängigen Integer-Pipelines sowie einer Gleitkomma-Pipeline realisiert, wodurch man sich bereits auf der Grenze zum Parallelrechner-Konzept befindet. Hierdurch wird gegenüber einem 80486 praktisch ein verdoppelter Durchsatz erzielt. Darüber hinaus weist dieser Prozessor gegenüber seinen Vorgängern zahlreiche weitere Verbesserungen bzw. Neuerungen auf, von denen hier nur die folgenden genannt seien:

- Mehr fest verdrahtete Befehle (d.h. Verwendung einer Technik, welche vor allem

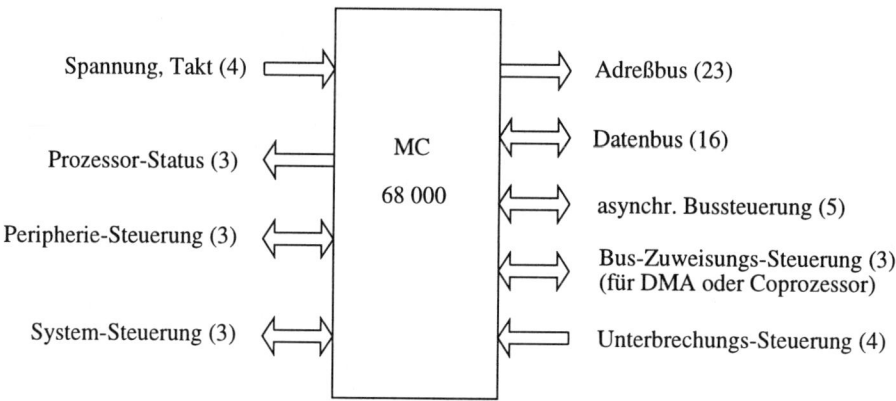

Abbildung 10.14: Gehäuseanschlüsse des MC68000.

in RISC-Prozessoren Anwendung findet, siehe unten),

- getrennte Daten- und Befehls-Cachespeicher der Größe jeweils 8 KB,

- 64-Bit-Datenbus,

- Speicherverwaltungseinheit für Demand Paging (vgl. Kapitel 11),

- eingebaute Fehlererfassungs- und Prüffunktionen,

- Hardware-Debug-Unterstützung,

- unterschiedliche Betriebsarten (Real Mode, Protected Mode und Virtual 8086 Mode).

Für weitere Einzelheiten zu diesem Prozessor sowie den anderen Mitgliedern der hier beschriebenen Intel-Familie verweisen wir auf die unten angegebene Literatur.

10.3.3 Motorola-Prozessoren

In diesem Abschnitt beschreiben wir die zweite, für Kleinrechner zentrale Familie von Mikroprozessoren. Wir beginnen mit dem 1979 eingeführten Typ 68000 und gehen sodann kurz auf die wichtigsten Unterschiede zu seinen Nachfolgern ein.

Motorola 68000

Der Mikroprozessor MC68000 wurde in einem 64-poligen Gehäuse geliefert, dessen Anschlüsse in Abbildung 10.14 (von welcher nur Adreß- und Datenbus erläutert werden) schematisch dargestellt sind. Wie die oben beschriebenen Intel-Typen 8088 bzw. 8086 ist der MC68000 ein 16-Bit-Mikroprozessor, da seine Informationsgrundeinheit 16 Bits lang ist. Über den 16-Bit breiten Datenbus läßt sich eine Information nur dieser Länge zum Speicher, zu einer E/A-Einheit oder in die CPU übertragen. Im Gegensatz zu den Intel-Prozessoren ist hier der Datenbus vom Adreßbus getrennt; es findet kein Multiplex-Betrieb für gemeinsam benutzte Leitungen statt. Über den

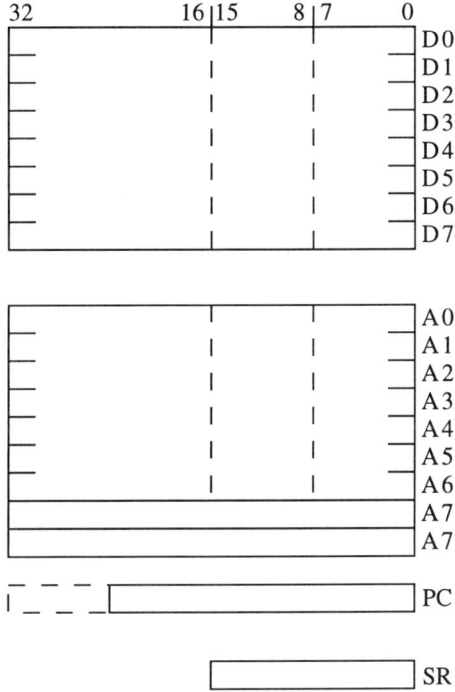

Abbildung 10.15: Programmier-Modell des MC68000.

23-Bit breiten Adreßbus kann der 68000 ferner $2^{23} = 8.388.608$ Speicherworte à 16 Bits direkt adressieren. Über jeweils eine Leitung der asynchronen Bussteuerung ist es darüber hinaus möglich, zwischen den beiden Bytes, aus denen ein Speicherwort zusammengesetzt ist, zu unterscheiden, so daß Adressen (auf Byte-Basis) insgesamt 24 Bits lang sind, d. h. $2^{24} = 16$ MB Speicher direkt adressierbar sind. Dieser Umfang veranlaßte die Entwickler des 68000, auf Speicherverwaltungsmechanismen wie Paging oder Segmentierung (zugunsten der Verarbeitungsgeschwindigkeit) zunächst zu verzichten.

Intern verfügt der MC68000 über eine 32-Bit-Struktur gemäß Abbildung 10.15. Auffallend ist zunächst die Unterscheidung zwischen Datenregistern (D0 bis D7) und Adreßregistern (A0 bis A6). Die acht 32-Bit-Datenregister können für alle Operationen, welche auf Bytes (8 Bits), Worten (16 Bits) oder Doppelworten (32 Bits) arbeiten, benutzt werden. Die jeweils verwendete Datenlänge wird dabei im Operationscode des Befehls spezifiziert. Byteoperationen vollziehen sich wie beim WE32100 jeweils in den Bits 0 bis 7, Wort- bzw. Doppelwortoperationen zusätzlich in den nächst höherwertigen. Die sieben 32-Bit-Adreßregister dienen primär zur Aufnahme von Operandenadressen.

Die 32-Bit-Register A7 bzw. A7' sind Stapelzeiger (Stack Pointer), welche nur abwechselnd aktiv sind in Abhängigkeit von der Betriebsart des Systems: Im Hinblick auf die im letzten Abschnitt erwähnten „Systemeigenschaften" kennt der 68000 einen sogenannten *Systemmodus* und einen *Benutzermodus*. Im Systemmodus steht der volle

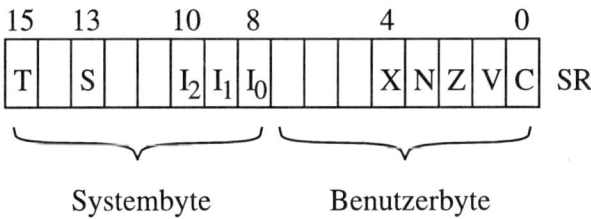

Abbildung 10.16: Status-Register des MC68000.

Befehlsumfang des MC68000 zur Verfügung, insbesondere auch die Befehle, welche die CPU anhalten (STOP), eine Systemrücksetzung (RESET) anstoßen oder die linken acht Bits des SR-Registers („System-Byte", siehe unten) verändern. Außerdem ist nur in diesem Modus ein lesender oder schreibender Zugriff auf A7 *und* A7' möglich. Im Benutzermodus sind die genannten Befehlstypen nicht verfügbar, und es kann nur A7 verwendet werden. Diese Unterscheidung ist historisch gesehen ein erster Schritt in Richtung auf das Ziel, *mehrere* Benutzer mit *einer* CPU arbeiten zu lassen, ohne daß eine gegenseitige Beeinflussung erfolgt.

Der Program Counter PC ist ebenfalls ein 32-Bit-Register, von welchem jedoch nur die Bits 0 bis 23 an den Adreßbus angeschlossen sind. Das Status-Register SR ist ein 16-Bit-Register mit dem in Abbildung 10.16 gezeigten Aufbau. Das Benutzerbyte, welches auch als Condition-Code-Register bezeichnet wird, umfaßt neben den vier bereits bekannten Flags C (Carry), V (Overflow), Z (Zero) und N (Negative, entsprechend „Sign" beim Z80 oder Intel 8088) das X-Flag (Extend). Dieses Bit wird in Abhängigkeit vom Ergebnis bei arithmetischen Operationen mit erhöhter Genauigkeit auf den gleichen Wert wie C gesetzt. Das Systembyte zeigt im S-Flag an, ob der System- (1) oder der Benutzermodus (0) vorliegt. Das Trace-Flag T steuert — ähnlich wie das entsprechende Bit beim 8088 — die eingebaute Fehlererkennungsschaltung. Die drei verbleibenden Bits I_2, I_1, I_0 dienen zur Maskierung von Interrupts (vgl. Abschnitt 8.5).

Ein an den MC68000 angeschlossener Speicher ist (wie oben erwähnt) Byte-adressierbar, und die meisten Befehle können wahlweise 1-, 2- oder 4-Byte-Operanden spezifizieren. 2- und 4-Byte-lange Operanden werden wie beim WE32100 jeweils ab einer durch 2 bzw. 4 teilbaren Adresse gespeichert; einzelne Bytes können auch über ungerade Adressen angesprochen werden. Der MC68000 verfügt über 14 verschiedene Adressierungsarten, welche sich in Register-direkt-, Adreßregister-indirekt-, Absolut-, Relativ-, Unmittelbar- und Implizit-Modus einteilen lassen. Diese Adressierungsarten sind wie beim WE32100 nicht an bestimmte Befehlstypen gebunden; sie können prinzipiell mit jedem Befehl („orthogonal") kombiniert werden. Die Befehle selbst lassen sich in die von den bereits vorgestellten Prozessoren her bekannten Gruppen einteilen. Allerdings ist der Befehlssatz mit 61 Instruktionen wesentlich kleiner als z. B. der des Z80. Dies bedeutet aber keine Einschränkung, da einerseits Befehle und Adressierungsarten, andererseits auch Befehle und Operandengrößen frei kombinierbar sind. 1-, 2- oder 4-Byte-Operanden bewirken hier sogar keinen Unterschied im mnemonischen Befehlscode. Schließlich ist zu erwähnen, daß auch die Datentypen Bit und BCD-Zahl (4 Bits) verarbeitet werden können, wobei die BCD-Arithmetik auf Addition, Subtraktion und Komplementieren beschränkt ist. Dagegen umfaßt die

Dualarithmetik Befehle für die vier Grundrechenarten, z. T. mit Vorzeichen oder Erweiterung auf höhere Genauigkeit.

Auf eine weitere Beschreibung des Datenprozessors im MC68000 wollen wir verzichten. Es sei jedoch bemerkt, daß drei separate ALUs vorhanden sind, welche jeweils 16-Bit-Daten- oder Adreß-Operationen ausführen können. Der Befehlsprozessor des MC68000 verfügt über ein mikroprogrammiertes Steuerwerk, welches mit dem Datenprozessor so gekoppelt ist, daß Holen, Decodieren und Ausführen von Befehlen überlappt verläuft. Neben einem Mikroprogrammspeicher besitzt der MC68000 auch einen sogenannten Nanoprogrammspeicher, welcher von einzelnen Mikrobefehlen angesprochen werden kann.

Wie der Intel 8086/8088 war auch der MC68000 primär für den Einsatz in leistungsfähigen Mikrocomputersystemen konzipiert. In einer derartigen Umgebung ist es heute die Ausnahme, daß ein Benutzer sich der Assemblersprache des Systems bedient. Um die Fähigkeit des Systems voll nutzen zu können, ist im allgemeinen ein Betriebssystem sowie Compiler für höhere Programmiersprachen wie Pascal erforderlich; wir werden hierauf in Kapitel 11 noch eingehen. Darüber hinaus haben wir bereits bei der Vorstellung des WE32100 (und auch bei der Behandlung des 80386) gesehen, daß die Architektur moderner (Mikro-) Prozessoren in zunehmendem Maße auf die effiziente Ausführung von in einer höheren Sprache geschriebenen Programmen ausgerichtet wird (im Gegensatz zu einer reinen Unterstützung von Assembler-Programmierung). Auch der 68000 hat inzwischen Erweiterungen in dieser Richtung erfahren, auf welche wir als nächstes eingehen.

Motorola 68020

Der MC68020 ist ein „echter" 32-Bit-Prozessor (im Unterschied zum 68000 insbesondere also ausgestattet mit einem 32-Bit-Datenbus). Seine Basis-Architektur ist mit der des 68000 identisch, weist jedoch eine Reihe von Erweiterungen auf, welche auf eine erhöhte Leistungsfähigkeit abzielen. Insbesondere wurde das in Abbildung 10.15 gezeigte Programmier-Modell des 68000 für den Benutzer-Modus übernommen, wobei lediglich der Program Counter PC auf 32 Bits erweitert wurde; im Supervisor-Modus (System-Modus) stehen zusätzlich folgende Register zur Verfügung:

1. *Zwei* weitere 32-Bit-Stack-Pointer A7' (Interrupt Stack Pointer) bzw. A7" (Master Stack Pointer).

2. Ein 32-Bit-Vektor-Basisregister VBR, welches die aktuelle Basisadresse einer 1 KB langen Tabelle mit den Anfangsadressen der vorhandenen Interrupt-Handler enthält.

3. Zwei Drei-Bit-Funktionscode-Register (SFC und DFC), welche zum „Umschalten" zwischen den für Programme bzw. für Daten reservierten Speicherbereichen bei Speicherzugriffen verwendet werden.

4. Zwei 32-Bit-Register zur Kontrolle (CACR) bzw. Adressierung (CAAR) des auf dem 68020-Chip integrierten Cache-Speichers der Größe 256 B.

Die interne Organisation des 68020 ist erheblich komplexer als die des 68000. Wesentlich ist zunächst, daß alle Busse und Funktionseinheiten 32 Bits breit sind. Der

Prozessor gliedert sich in eine *Execution-Unit* (EU), eine *Control-Unit* mit Mikro- und Nanoprogramm-ROM, eine *Instruction-Unit*, bestehend aus Instruction-Decoder und Instruction-Prefetcher, einen *Bus-Controller*, einen *Instruction-Cache* der Größe 256 B und einen *Cache-Tag-Buffer*. Die EU setzt sich aus den drei Teilen *Instruction-Address-Section, Operand-Address-Section* und *Data-Section* zusammen, von denen jede (ähnlich dem 68000) über eine eigene ALU verfügt. Während die EU einen Befehl ausführt, bereitet die Control-Unit die Ausführung des nächsten vor, und die Instruction-Unit holt und decodiert bereits den übernächsten. Die drei Teile der EU können unabhängig voneinander parallel arbeiten, etwa wie folgt: Während die Instruction-Address-Section die Adresse einer neuen Instruktion berechnet, kann die Operand-Address-Section die Adresse eines Operanden berechnen oder einen Speicherzugriff anstoßen, und die Data-Section kann Berechnungen gemäß dem aktuell bearbeiteten Befehl ausführen.

Der Cache erlaubt eine weitere Steigerung der Parallelarbeit wie folgt: Eine von der Instruction-Address-Section berechnete Adresse eines neuen Befehls wird an den Cache-Tag-Buffer übergeben, welcher feststellt, ob sich dieser Befehl bereits im Instruction-Cache befindet. Ist dies der Fall, so wird der Befehl von dort in die Instruction-Unit transferiert; anderenfalls ist ein Speicher-Zugriff erforderlich. Während ein Befehl aus dem Cache ausgelesen wird, kann die EU gleichzeitig Operanden bearbeiten.

Die Instruktionen des 68020 umfassen insbesondere die des 68000, wobei jetzt 32-Bit-Operanden verarbeitet werden können. Neue Instruktionen sind z. B. solche für die Verarbeitung von Bit-Feldern variabler Länge.

Motorola 68030 und 68040

Der MC68030, welcher 1988 vorgestellt wurde, unterscheidet sich in zwei wesentlichen Aspekten vom 68020: Zusätzlich zum Instruktions-Cache enthält er einen Daten-Cache der gleichen Größe, und er enthält eine Memory Management Unit (MMU). Der Daten-Cache kann bis zu 16 Blöcke von je vier Langworten aufnehmen. Der 68030 besitzt ferner je zwei unabhängige Daten- bzw. Adreß-Busse, sein Hauptspeicher kann bis auf 64 MB ausgebaut werden, und er erreicht durch eine gesteigerte Taktfrequenz einen erheblich höheren Durchsatz als der 68020.

Die Execution-Unit des 68030 erzeugt virtuelle Adressen (vgl. Kapitel 11). Der Cache-Zugriffsmechanismus bestimmt auf der Basis virtueller Adressen, ob sich ein aktuell benötigter Operand im Cache befindet. Gleichzeitig übersetzt die MMU die virtuelle Adresse in eine physische, so daß im Fall eines „Cache-Faults" (der gesuchte Operand befindet sich nicht im Cache) die zum Speicherzugriff benötigte Adresse unmittelbar verfügbar ist.

Das aktuell letzte Mitglied der 68000-Familie ist der 1990 vorgestellte MC68040, welcher sich vom 68030 insbesondere durch eine Integration weiterer Funktionalität auf dem Prozessorchip unterscheidet. Seine MMU hat zwei unabhängige Cache-Speicher für Adreßberechnungen, welche die gleichzeitige Berechnung von Adressen für Befehle und Daten erlauben. Intern verfügt der Prozessor dementsprechend über mehrere Busse. Er umfaßt ferner eine Floating-Point-Einheit sowie Funktionen zur Überwachung der Aktivitäten auf dem externen Bus. Diese letztgenannte Eigenschaft ist wesentlich für eine Verwendung dieses Prozessors in Multiprozessor-Systemen.

Die zentralen Charakteristika der wichtigten Mitglieder der 68000-Familie sind in

Tabelle 10.3: Kenndaten der MC68000-Familie (Auswahl).

Typ	68000	68020	68030	68040
Breite Datenbus in Bit	16	8, 16, 32	8, 16, 32	32
Breite Adreßbus in Bit	24	32	32	32
adressierbarer Speicher	16 MB	16 GB	16 GB	16 GB
Größe des Befehlscache in Byte	—	256	256	4.096
Größe des Datencache in Byte	—	—	256	4.096
virtueller Adreßraum	nein	ja	ja	ja

Tabelle 10.3 zusammengefaßt.

10.3.4 Minicomputer und Großrechner

32-Bit-Mikroprozessoren sind inzwischen in Leistungsbereiche vorgedrungen, welche bis in die erste Hälfte der 80er Jahre ausschließlich sogenannten Minicomputern vorbehalten waren. Ein typischer Vertreter dieser Klasse ist die Rechner-Familie PDP-11 der Digital Equipment Corporation (DEC), welche 1970 vorgestellt wurde. Viele Charakteristika dieser Serie (wie Umfang des Flag-Registers, Stack-Pointer-Register, verschiedene Adressierungsarten, Byte-adressierbarer Speicher oder auch 16-Bit-Wortlänge) wurden von anderen Herstellern für nachfolgende Entwicklungen übernommen und sind heute typischerweise in Mikroprozessoren anzutreffen. Von DEC wurde 1978 als Weiterentwicklung dieser Serie die VAX-11/780 vorgestellt; VAX[6] ist dabei eine Kurzform für Virtual Address Extension. Diese soll andeuten, daß die Architektur der VAX primär auf die Unterstützung eines virtuellen Speicherkonzepts angelegt war. Die VAX-Serie wurde später nach oben und unten erweitert; Einzelheiten entnehme man Tabelle 10.4, welche die wesentlichen Kenndaten der einzelnen Mitglieder der VAX-11-Familie zeigt. Alle Rechner dieser Serie verfügen über die gleiche Architektur, einen weitgehend identischen Befehlssatz, gleiche Adressierungsarten und gleiche Datentypen. Sie können alle mit dem gleichen Betriebssystem arbeiten und unterscheiden sich primär in der Verarbeitungsgeschwindigkeit, dem möglichen Hauptspeicherausbau, dem Vorhandensein bzw. der Größe des Cache-Speichers, der Größe der Control Memory des Steuerwerks und den Anschlußmöglichkeiten für Peripherie.

Es sei angemerkt, daß die VAX-Familie neben den in Tabelle 10.4 angegebenen die Systeme MicroVAX I und II sowie das Doppelprozessorsystem VAX-11/782 umfaßte; letzteres bestand aus zwei 780-Prozessoren, welche sich eines gemeinsamen Speichers bedienen. Die VAX-11-Familie wurde ab 1985 durch die 8000er-Serie ersetzt, deren Daten auszugsweise in Tabelle 10.5 zusammengefaßt sind.

Die in Tabelle 10.4 bzw. 10.5 genannten Charakteristika sind typisch für in den 80er Jahren eingesetzte Minicomputer, und Unterschiede in den Kenndaten der Hardware bzw. der Architektur von Rechnern verschiedener Hersteller waren, insbesondere durch Nachbauten, gering. In den 90er Jahren hat die Bedeutung reiner Minicomputer durch die weite Verbreitung leistungsfähiger Workstations sowie durch die hohe Leistungsfähigkeit von Mikroprozessoren und durch die Tatsache, daß heute eine

---

[6]DEC, PDP und VAX sind eingetragene Warenzeichen der Digital Equipment Corporation.

Tabelle 10.4: Kenndaten der VAX-11-Familie.

VAX-Modell	725	730	750	780	785
Größe Control Memory	16K 24-Bit Worte	16K 24-Bit Worte	6K 80-Bit Worte	6K 99-Bit Worte	8 K Worte
Breite interner Bus	32 Bits				
Cache-Größe	–	–	4 KB	8 KB	32 KB
Anzahl 32-Bit-Register	16				
Anzahl Instruktionen	304	304	248	248	304
Adressierungsarten	9				
Virtueller Adreßraum	4 GB				
max. Hauptsp.-Ausbau	3 MB	5 MB	8 MB	32 MB	32 MB
Anz. Interrupt-Ebenen	32				
Zyklus-Zeit 32-Bit-Read	810 nsec	810 nsec	800 nsec	400 nsec	300 nsec
dto. 32-Bit-Write	810 nsec	810 nsec	640 nsec	700 nsec	350 nsec
max. Anz. E/A-Kanäle	1	1	5	8	8

Vernetzung von Rechnern fast häufiger anzutreffen ist als der Einzelbetrieb, stark abgenommen.

Die hier zugrunde gelegte Einteilung von Rechnern in Mikrocomputer, Minicomputer und Mainframes war in den 50er und 60er Jahren, also in der Frühzeit moderner Rechner, nicht relevant. Sie hat sich vor allem in den 70er und 80er Jahren durchgesetzt, verliert jedoch inzwischen wieder an Bedeutung aufgrund der Tatsache, daß heute aus Kleinrechnern eine Leistung zu beziehen ist, welche bis vor wenigen Jahren Großrechnern vorbehalten war. Dies ist in den Fortschritten der Technologie, insbesondere der VLSI-Technologie, begründet. Darüber hinaus ist festzustellen, daß Architekturprinzipien, welche früher in Großrechnern erstmalig angewendet wurden, sich heute in nahezu allen Rechnern wiederfinden. Hierzu zählen der Aufbau einer CPU, insbesondere die Unterscheidung zwischen Integer- und Floating-Point-Einheiten, Techniken zur Adressierung des Speichers, der Entwurf von Befehlssätzen oder die Organisation der I/O-Einheit.

Wesentlich beeinflußt wurden moderne Rechnerarchitekturen von IBM-Großrechnern der 60er und 70er Jahre, weshalb wir in diesem Abschnitt zu diesen einige Bemerkungen machen wollen. Zentraler Unterschied zwischen Großrechnern und Mini- bzw. Mikrocomputern ist nach wie vor, daß umfangreichere Hardware zur Verfügung steht, welche z. B. im Hinblick auf spezielle Prinzipien hin ausgelegt oder optimiert ist. Exemplarisch erwähnen wir hier das Prinzip der *Virtualität*, welches wir in Abschnitt 11.2 in Form des virtuellen *Speichers* genauer erläutern werden. Neben diesem Konzept zur Speicherverwaltung findet häufig auch das Konzept der virtuellen *Maschine* Anwendung. Darunter kann einerseits die funktionelle Simulation eines bestimmten Rechners durch die Hardware einer anderen Maschine („Host-Rechner"), deren Struktur von der virtuellen verschieden ist, verstanden werden. Dieses Konzept findet z. B. Anwendung beim Übergang von einer Betriebssystem-Version auf eine neue, bei welchem beide Versionen zeitweise parallel betrieben werden müssen, oder bei der Definition einer benutzerspezifischen Konfiguration, welche unabhängig von der real vorhandenen Hardware ist. Unter einer virtuellen Maschine kann andererseits aber auch eine spezielle Organisation der Laufzeitumgebung in einem Multitasking-

Tabelle 10.5: Kenndaten der VAX-8000-Familie.

Modell	8300	8550	8650	8700	8800
Größe Control Memory	16K 40-Bit Worte		8K 86-Bit Worte		16K 143-Bit Worte
Breite interner Bus			32 Bits		
Cache-Größe	2×8 KB	64 KB	16 KB	64 KB	2×64 KB
Anzahl 32-Bit-Register			16		
Anzahl Instruktionen			304		
Adressierungsarten			9		
Virtueller Adreßraum			4 GB		
max. Hauptsp.-Ausbau	14 MB	80 MB	68 MB	128 MB	32 MB
Anz. Interrupt-Ebenen			32		
Zyklus-Zeit 32-Bit-Read	(1)	600 nsec	(2)	(3)	(3)
dto. 32-Bit-Write	600 nsec	600 nsec		495 nsec	
Prozessor-Zykluszeit	200 nsec		55 nsec	45 nsec	45 nsec
max. I/O-Rate	13,3 MB/s	16 MB/s		30 MB/s	>30 MB/s

Bemerkungen:
(1) 1600 nsec für 128-Bit-Wort-Read
(2) 384 nsec für 128-Bit-Wort-Read
(3) 1260 nsec für 256-Bit-Wort-Read

Betrieb verstanden werden: Dem einzelnen Benutzer wird dabei die Illusion vermittelt, daß der Rechner, auf welchem sein Programm läuft, ihm exklusiv zur Verfügung steht; im Falle mehrerer Benutzer wird jedem seine eigene virtuelle Maschine zugeordnet. Es ist dann Aufgabe des Betriebssystems, die anscheinend parallel laufenden virtuellen Maschinen auf die de facto vorhandene reale Maschine (welche auch mehrere Prozessoren enthalten kann) abzubilden. Auch das Prinzip des Pipelining wird selbstverständlich in Großrechnern in starkem Maße angewendet.

Von besonderer Bedeutung für die Architektur von Großrechnern und in der Folge auch für die Architektur kleinerer Systeme war die Einführung des IBM Systems /360 im Jahre 1964. Dieses führte erstmals das heute verbreitete Konzept der „aufwärts kompatiblen Prozessor-Familie" ein und war wie folgt gekennzeichnet:

1. Der Datenprozessor umfaßt sechzehn allgemeine 32-Bit-Register für Daten oder Adreßrechnungen sowie (optional) vier 64-Bit-Register für Gleitkomma-Arithmetik.

2. Es werden die Datentypen Integer (8, 16 oder 32 Bits), Floating-Point (32 oder 64 Bits), BCD, Character-String (im 8-Bit-EBCDIC-Code, vgl. Abschnitt 5.4) und Bit-String unterstützt.

3. Der Hauptspeicher ist Byte-adressierbar und hat eine maximale Größe von 16 MB (= 2^{24} B); entsprechend haben Adressen eine Länge von 24 Bits, wobei 12 Bits ein Displacement darstellen, welches zum Inhalt eines Basisregisters addiert wird.

4. Die I/O-Kanäle sind direkt mit dem Speicher verbunden.

Neben den allgemeinen Registern sind weitere, spezielle vorhanden (wie ein Instruction-Register, Program Status Word, MAR, MBR, oder Program Counter).

Bereits 1971 wurde als Nachfolger der /360-Serie die /370-Serie eingeführt, welche später durch die Großrechner-Reihen 303x, 308x und 309x abgelöst wurde; darüber hinaus wurde die /370-Architektur auch auf Minicomputer-Familien z.B. der Serien IBM 9370 und IBM 4300 übertragen. Erweiterungen betrafen insbesondere die Verwendung von 31-Bit-Adressen („Extended Architecture" XA), was einen theoretischen Hauptspeicherausbau von bis zu 2^{31} B = 2.048 MB = 2 GB ermöglichte. Alle Rechner verwenden die gleichen sechs Befehlsformate, von denen die fünf wichtigsten hier genannt seien:

Format	Bedeutung	Länge in Bits	Op-Code
RR	Register to Register	16	00xxxxxx
RX	Register to Indexed Storage	32	01xxxxxx
RS	Register to Storage	32	10xxxxxx
SI	Storage Immediate	32	10xxxxxx
SS	Storage to Storage	48	11xxxxxx

Im RR-Format sind zwei 4-Bit-Register-Operanden zu spezifizieren. Im RX-Format ist der erste Operand ein Register (4 Bits), der zweite ein Operand im Speicher, wobei sich dessen Adresse aus der Summation des Inhalts eines Index-Registers (4 Bits), eines Basis-Registers (4 Bits) sowie eines Displacements (12 Bits, vgl. oben) ergibt. Das RS-Format erwartet zwei Register-Operanden (jeweils 4 Bits) sowie einen Speicher-Operanden (12-Bit-Displacement sowie 4-Bit-Nummer eines Basis-Registers). Im SI-Format wird ein Operand direkt in der Instruktion angegeben (8 Bits), im SS-Format ist neben den beiden Operanden (jeweils 12 + 4 Bits) deren Länge (zusammen 8 Bits) anzugeben.

Tabelle 10.6 gibt einen Eindruck von der Vielfalt der IBM-Rechner mit /360- bzw. /370-Architektur sowie von der Entwicklung der einzelnen Familien. Es sei bemerkt, daß bereits Rechner der 370-Serie über mehr als eine CPU verfügen konnten und daher Parallelverarbeitung ermöglichten. Insbesondere die Nachfolge-Systeme 308x und 309x wurden im allgemeinen als Mehrprozessor-Systeme eingesetzt; so konnte z. B. die in Tabelle 10.6 genannte 3090E mit bis zu 6 Prozessoren ausgestattet werden. Bei der vorläufig letzten Familie von IBM-Großrechnern, der 1990 vorgestellten Serie ES/9000 (Enterprise System/9000) können sogar bis zu 8 Prozessoren eingesetzt werden.

10.4 Übungen

10.1 Man gebe einen WE32100-Befehl an, welcher dem Symbol ALPHA den Wert 10 zuweist.

10.2 Es gelte LC = B2A4, wenn der Assembler eines WE32100-Programms die folgenden Statements liest:

```
LAENGE: .word 27
BREITE: .word 8
```

Welcher Wert wird LAENGE bzw. BREITE zugewiesen?

Tabelle 10.6: Kenndaten von IBM-Rechnern mit 370-Architektur (Auswahl).

Modell	Ausführungs- dauer eines Befehls in nsec	Größe eines Control Words in Bits	maximaler Hauptsp.- Ausbau	Cache- Größe in KB
360/30	750	50	64 KB	−
360/50	500	85	256 KB	−
360/85	80	105	4 MB	32
370/135	275	16	512 KB	−
370/155	115	69	2 MB	8
370/158	115	69	6 MB	16
370/168	80	105	8 MB	32
3031	115	69	6 MB	32
3033	58	105	8 MB	64
3081	26	108	32 MB	32
3090E	17,2		256 MB	64

10.3 Gegeben sei eine im Speicher unter fortlaufenden Adressen abgelegte Folge von Bytes (dezimale Anfangsadresse 10000, Länge der Folge 1000 Zahlen). Man schreibe ein Assemblerprogramm für den WE32100, welches die größte dieser Zahlen bestimmt. Man beschreibe, an welcher Stelle sich nach Beendigung des Programms das Resultat befindet.

10.4 Der aktuelle hexadezimale Inhalt von %r3 sei 00029A7C, der von %r4 FFED5836; das im Speicher ab der Adresse 29A7C gespeicherte Wort enthalte 00000028. Für jeden der folgenden Befehle gebe man den Inhalt von %r3 bzw. %r4 nach dessen Ausführung an:

```
MOVW %r3, %r4
MOVB %r4, %r3
MOVW (%r3), %r4
```

10.5 Jeder in der folgenden Liste angegebene Befehl benutze die gleiche Anfangsbe- dingung: %r5 enthalte 0x4, %r8 enthalte 0x1004, und die Speicherplätze 0 [4, 8, 1000, 1004, 1008] enthalten 0x1008 [0x0, 0xC, 0x8, 0x1008, 0x1000]. Für jeden Befehl gebe man an, welcher dieser Plätze sich ändert, und wie der neue Inhalt lautet:

```
MOVW %r5, %r8
MOVW &0x8, %r5
MOVW %r8, (%r5)
MOVW 0x1000(%r5), %r8
MOVW %r8, -0x4(%r5)
MOVW 0x4(%r8), (%r5)
ADDW2 (%r8), 0x1004(%r5)
ADDW3 0x4(%r5), (%r8), %r8
MOVW *0x4(%r8), %r5
MOVW *$0x1008, %r8
```

10.6 Man schreibe Instruktionen zur Ausführung folgender Aufgaben und gebe jeweils an, wie die Flags N, Z, V und C des WE32100 von diesen beeinflußt
werden:

$$14 - 2,\ 15 - 16,\ 1 - 1,\ 1 - (-1)$$

10.7 In einem Assembler-Programm kommen die folgenden identischen Befehle unmittelbar hintereinander vor:

```
ADDW2 beta, %r2
ADDW2 beta, %r2
```

Ist ihre Übersetzung in Maschinencode ebenfalls identisch?

10.8 Der folgende Ausschnitt eines PASCAL-Programms sortiert ein Array list von
num Zahlen in aufsteigender Reihenfolge nach dem Verfahren *Bubble-Sort*:

```
last := num;
while last > 0 do
        begin
               pairs := last - 1;
               last := 0;
               for j := 1 to pairs do
                     if list[j] > list[j+1] then
                          begin
                                 temp := list[j];
                                 list[j] := list[j+1];
                                 list[j+1] := temp;
                                 last := j;
                          end
        end;
```

Benachbarte Listenelemente werden sequentiell verglichen und gegebenenfalls
vertauscht so, daß nach dem ersten Durchlauf das größte Element am Ende steht.
Dieses Durchlaufen wird solange iteriert, bis kein Austausch mehr stattfindet.
In der oben angegebenen Prozedur wird dies beschleunigt dadurch, daß darüber
Buch geführt wird, an welcher Stelle der letzte Austausch stattgefunden hat; die

Variable `last` gibt die Stelle an, an welcher sich das letzte, nicht korrekt sortierte Element befindet. `pairs` gibt die Anzahl zu vergleichender Zahlenpaare an.

Man schreibe eine Assembler-Prozedur für Bubble-Sort, welche die Parameter `list` (die Anfangsadresse des Arrays) und `num` (Anzahl der Elemente) auf dem Stack erwartet. Alle Zahlen seien vom Datentyp Wort.

10.9 Man erweitere das in Abschnitt 10.2 für das Beispiel des Befehls `ADDW2 %r1, %r0` entwickelte „Mikroprogramm" für den Fall, daß für beide Operanden der Register-Deferred-Modus erlaubt ist.

10.10 Ein Rechner stelle Befehle intern in 16 Bits dar, wobei 4 Bits für den Op-Code und die restlichen 12 für 3 Adressen der Länge jeweils 4 Bits reserviert seien; der Rechner verfüge über 16 Register, und arithmetische Operationen können ausschließlich in Registern ausgeführt werden. Durch die oben genannte Aufteilung können dann 16 3-Adreß-Befehle unterschieden werden. Man überlege, wie man anstelle dessen nur 15 3-Adreß-Befehle, zusätzlich aber 14 2-Adreß-, 31 1-Adreß-Befehle und 16 Befehle ohne Adressen codieren kann.

10.11 Die in Aufgabe 10.10 zu Grunde gelegte Idee des „erweiterten Op-Codes", welche in den in diesem Kapitel beschriebenen Rechnern fast ausnahmslos verwendet wird, wende man auf folgende Situation an: In einem 36-Bit-Format sollen

- 7 Befehle mit 2 15-Bit-Adressen und einer 3-Bit-Registernummer,
- 500 Befehle mit einer 15-Bit-Adresse und einer 3-Bit-Registernummer,
- 50 Befehle ohne Adressen oder Register

codiert werden.

10.12 Der MC68000 verfügt zur Beschleunigung des Kontext-Umschaltens über den `MOVEM`-Befehl („move multiple registers"), durch welchen die Inhalte mehrerer Register gleichzeitig im Speicher gesichert bzw. von dort zurückgeschrieben werden können. Im Register-Indirekt-Modus benötigt der `MOVEM`-Befehl $8 + 4n$ Taktzyklen zur Sicherung von n 16-Bit-Registern; zum Zurückschreiben werden $12 + 4n$ Zyklen benötigt.

Prozeß A verwende 8 Register, während Prozeß B 4 Register verwenden möge. Unter Annahme einer Takt-Rate von 8 MHz berechne man die Dauer eines Umschaltens von A auf B bzw. umgekehrt.

10.13 32-Bit-Mikroprozessoren unterscheiden sich von ihren 16-Bit-Vorläufern im allgemeinen durch eine effizientere Unterstützung höherer Programmiersprachen. Als Beispiel nehmen wir an, daß der für einen Befehl einer höheren Sprache generierte Maschinencode des MC68000 eine Ausführungsdauer von $79\,T$ benötigt, während der entsprechende Code des MC68020 in Zeit $24\,T$ ausgeführt werden kann. Unter der Annahme, daß beide Prozessoren mit 8 MHz getaktet werden, berechne man die jeweilige Ausführungszeit in Sekunden.

10.14 Man gebe an, welche Entwurfsentscheidungen der Designer eines Rechners hinsichtlich der Architektur, des Befehlssatzes und der Organisation von einem Fetch/Execute-Zyklus zu treffen hat.

10.15 Zur Selbstkontrolle und zur weiteren Vertiefung des in diesem Teil behandelten Stoffes beantworte man die in Winner und Carter (1984) sowie Langdon (1986) zusammengestellten Fragen zur Rechnerarchitektur und -organisation, gegebenenfalls anhand der dort angegebenen Literatur.

10.5   Bibliographische Hinweise

Allgemeine Einführungen in die Architektur von CISC-Prozessoren geben z.B. Hennessy und Patterson (1995), Giloi (1993) oder Ungerer (1989). Zu 16-Bit-Mikroprozessoren vergleiche man Wakerly (1981), zu 32-Bit-Mikros Mitchell (1986), zu Mikroprozessoren allgemein auch Hamacher et al. (1996).

Eine Übersicht über den WE32100-Mikroprozessor findet man bei Mitchell (1986), detaillierte Informationen dagegen in den einschlägigen Manuals von AT&T (1985, 1986). Jacobs (1986) beschreibt die Entwicklung dieses Mikroprozessors und dabei speziell die verschiedenen Schritte seiner Implementierung in VLSI. Huang et al. (1989) beschreiben die Architektur des Nachfolgers WE32200. Weitere Einzelheiten über Adressierungstechniken findet man z. B. bei Hamacher et al. (1996), Hennessy und Patterson (1995) oder Tanenbaum (1999). Die in Zusammenhang mit einem Befehls- bzw. einem Maschinenzyklus zu lösenden Timing-Probleme behandelt Protopapas (1988).

Die beiden zentralen Ansätze „feste Verdrahtung" bzw. „Mikroprogrammierung" zum Entwurf eines Steuerwerks werden detaillierter z. B. von Hamacher et al. (1996), Hennessy und Patterson (1995) sowie Tanenbaum (1999) diskutiert. Der in Abschnitt 10.2 erwähnte, an der RWTH Aachen entwickelte Rechner wird von Giese (1976) ausführlich dargestellt. Die Idee der Mikroprogrammierung wird erstmals von Wilkes (1951) beschrieben. Definition 9.1 stammt von Husson (1970). Zur Unterscheidung zwischen mikroprogrammierten und mikroprogrammierbaren Rechnern vergleiche man Salisbury (1976), zu der zwischen horizontaler und vertikaler Mikroprogrammierung auch Tanenbaum (1999), der insbesondere auch den heute vielfach anzutreffenden Begriff der *Nanoprogrammierung* erläutert. Man vergleiche zu dieser Thematik ferner Damm (1987).

Für weitere Informationen zu den im Text genannten Intel-Prozessoren sei z.B. auf Brey (1994), Crawford (1990), Messmer (1994) oder Protopapas (1988) verwiesen. Zum Fehler im ursprünglichen Pentium-Design vergleiche man, wie in Kapitel 5 bereits erwähnt, Blum und Wasserman (1996). Die Erweiterung MMX der Pentium-Architektur behandeln Peleg et al. (1997). Stritter und Gunter (1979) stellen die Architektur des MC68000 genauer vor; Zolnowsky und Tredennick (1979) beschreiben die internen Abläufe in diesem Prozessor. Weitere Quellen zu diesem Prozessor und seinen im Text genannten Nachfolgern sind etwa Edenfield et al. (1990a, b), Gorsline (1986), Noor (1994) oder Protopapas (1988).

Eine Beschreibung der DEC PDP-11 findet man bei Andrews (1987) oder Wakerly (1981). Die Assemblerprogrammierung dieser Rechner-Familie behandelt z. B. Schneider (1985). Zur Architektur sowie zur Assembler-Programmierung von Rechnern der VAX-11 Serie vergleiche man z.B. Baase (1992) oder Schneider et al. (1987).

Bode und Händler (1983) stellen das System IBM /360 sowie das Konzept der virtuellen Maschine ausführlich dar; zum System /370 vergleiche man ferner Gorsline

(1986), Tanenbaum (1999) oder Ungerer (1989). Die Assembler-Programmierung dieser Rechner-Familie behandeln z. B. Carrano (1988) oder Kacmar (1988); Hoskins (1993) beschreibt die Serie ES/9000.

Die Aufgaben 10.10 und 10.11 folgen Tanenbaum (1999), die Aufgaben 10.12 und 10.13 stammen von Protopapas (1988).

Kapitel 11

System-Software

11.1 Einführung

Bei den Ausführungen in Kapiteln 9 und 10 über die Programmierung des PowerPC bzw. des WE32100 haben wir unterstellt, daß dem Benutzer zum Arbeiten mit dem Prozessor nur die Befehle einer maschinennahen Sprache zur Verfügung stehen. Diese Art der Programmierung ist auch heute noch von Bedeutung; früher allerdings wurde von ihr wesentlich stärker Gebrauch gemacht. Bei den Rechnern der sogenannten ersten Generation (bis etwa Mitte der fünfziger Jahre) hatte der Benutzer nur die Möglichkeit, Programme in Maschinencode abzufassen und dann selbst für das Einlesen und die Ausführung derselben zu sorgen. Die Entwicklung schnellerer Rechner ließ diesen häufig erforderlichen Eingriff von Menschenhand schnell zu kostspielig werden. So kam man bereits früh zur Entwicklung von System-Programmen, welche dem Benutzer derartige Aufgaben abnehmen und ihm so den Umgang mit dem Rechner erleichtern. Da die Komplexität und Flexibilität moderner Rechenanlagen darüber hinaus verbietet, nur einem einzigen Benutzer den Rechner zur Verfügung zu stellen, entstanden schließlich Programmsysteme, welche alle im Rechner auftretenden Abläufe kontrollieren und steuern und dadurch die Verbindung zwischen der Hardware des Rechners und den Benutzern herstellen. Ein solches Programmsystem heißt im allgemeinen Sprachgebrauch *Betriebssystem* (engl. *Operating System*), und es umfaßt nach DIN 44300 „die Programme eines digitalen Rechensystems, die zusammen mit den Eigenschaften der Rechenanlage die Basis der möglichen Betriebsarten des digitalen Rechensystems bilden und insbesondere die Abwicklung von Programmen steuern und überwachen."

Das Betriebssystem stellt also das „Interface" zwischen dem Benutzer bzw. seinem Anwenderprogramm einerseits und der Rechner-Hardware andererseits dar. Es ist damit eingebettet in eine Hierarchie von Abstraktions- bzw. Sprachebenen, welche heute in jedem Rechner anzutreffen ist und welche sich insgesamt wie folgt darstellt:

1. Hochsprachen-Ebene

↓ Compiler

2. Assemblersprachen-Ebene

↓ Assembler

3. Betriebssystem-Ebene

↓ partielle Interpretation

4. Maschinen-Ebene

↓ Interpretation

5. Mikroprogramm-Ebene

↓ direkte Ausführung

6. Hardware-Ebene

Die Ebene 1 wird in diesem Text nicht näher behandelt. Die Ebene 6 haben wir in den Kapiteln 1, 2, 4, 6 und 7, die Ebenen 2, 4, und 5 in den Kapiteln 8–10 behandelt. Die Ebene 3 behandeln wir in diesem Kapitel.

Das Betriebssystem umfaßt eine Vielzahl von Programmen, die sogenannte *System-Software*, welche unter anderem folgende Aufgaben zu erledigen haben:

1. Bereitstellung und Verwaltung eines File-Systems, welches es den Benutzern ermöglicht, umfangreiche Programm- oder Daten-Sammlungen auf Sekundärspeicher zu halten;

2. Überwachung und Verwaltung der Hardware-Betriebsmittel (wie CPU, Hauptspeicher, Hintergrundspeicher, Peripherie-Geräte) und der Software-Betriebsmittel (wie Programme, Dateien, Datenbanken); hinsichtlich der Speicher-Verwaltung dabei speziell „Abbildung" eines virtuellen auf einen realen Speicher;

3. Abwicklung aller „Jobs", welche von Benutzern stammen, d. h. insbesondere Ermöglichung einer zeitlich überlappten Verarbeitung und Steuerung der Ausführungsreihenfolge verschiedener Jobs (*Multiprogramming*);

4. Überwachung der Auslastung bzw. Performance des Rechners sowie Optimierung dieser z. B. durch Vergabe von Prioritäten;

5. Behandlung von Hard- und Software-Fehlern, Durchführung interner Diagnoseläufe sowie Maßnahmen zum Datenschutz (gegen unberechtigten Zugriff auf Hardware, Software oder Daten) und zur Datensicherung (insbesondere zum Schutz gegen Verlust von Daten nach Auftreten eines System-Fehlers);

6. Kommunikation mit dem Benutzer sowie gegebenenfalls dem Operateur der Maschine, aber auch mit dem *Programmiersystem* des Rechners, welches im allgemeinen die Programme enthält, welche der Benutzer zum Schreiben oder Lauffähigmachen seiner Programme benötigt (z. B. Editoren, Compiler, Assembler, Linker, Lader, Debugger etc.);

7. gegebenenfalls Durchführung von *Multiprocessing*, das heißt gleichzeitige Steuerung aller Abläufe in mehreren Prozessoren, und Überwachung von Netzwerk-Hard- und -Software zur *Kommunikation* mit anderen Rechnersystemen.

Bei einem Betriebssystem handelt es sich um ein spezielles Programm-System, welches meist (ganz oder teilweise) in einem separaten Teil des Arbeitsspeichers gehalten wird, der für den Benutzer nicht zugänglich ist. Bei größeren Rechnern, deren Betriebssystem viele Funktionen umfaßt, wird häufig nur der sogenannte *Systemkern* (vgl. unten) im Arbeitsspeicher gehalten; dieser lädt dann andere, aktuell benötigte Teile des Betriebssystem vom Hintergrundspeicher dynamisch nach.

Grundsätzlich lassen sich diese Aufgaben in *externe* und *interne* Aufgaben einteilen. Unter externen werden dabei in erster Linie die Dienste verstanden, welche das Betriebssystem dem Benutzer (über eine spezielle *Benutzerschnittstelle*) zur Verfügung stellt, während die internen alle Aspekte der Verwaltung von System-Resourcen zur Gewährleistung eines effizienten Betriebs umfassen.

Ein Benutzer kommuniziert mit einem Betriebssystem im allgemeinen über eine eigene Sprache, die sogenannte *(Job) Control Language* oder *Command Language* des Systems. Die Kommandos einer solchen Sprache dienen z. B. zur Identifikation des Benutzers gegenüber dem Rechner, zum Zugriff auf Dateien (*Files*), zum Aufruf eines speziellen Compilers oder Assemblers, zum Start eines Übersetzungs- oder Programmlaufs usw. Die Steuer- bzw. Kommandosprache kann wie das gesamte Betriebssystem auf einen speziellen Rechner oder zumindest auf eine Rechnerfamilie zugeschnitten sein; sie kann aber auch von der Organisation eines speziellen Systems unabhängig sein. Im allgemeinen handelt es sich bei dieser Sprache heute um eine *interaktive* Sprache, welche dem Benutzer am Terminal durch einen sogenannten *Prompt*, d. h. einen speziellen Buchstaben (z. B. „$" oder „%") oder eine Buchstabenkombination, anzeigt, daß er ein neues Kommando eingeben kann. Die einzelnen Kommandos haben jeweils ein bestimmtes Format und beginnen — ähnlich einer Assemblersprache — mit einem mnemonischen Befehlscode. Sie werden häufig durch einen speziellen *Interpreter* intern verarbeitet. Über die Benutzerschnittstelle werden dem Benutzer ferner Fehler (etwa in der Verwendung eines Kommandos, der Überschreitung zulässiger File-Größen oder der Ausführung eines Programms) mitgeteilt. Neben der interaktiven Kommunikation über eine Kommando-Sprache kann sich eine Benutzerschnittstelle heute auch zusätzlicher Komfort-Hilfen (wie eines berührungsempfindlichen Bildschirms oder einer durch eine Maus zu bedienenden Menü-Schnittstelle) bedienen.

Ein wichtiger Bestandteil eines Betriebssystems ist ferner das von diesem verwaltete File-System, dessen Entwurf weitgehend bestimmt, inwieweit ein Betriebssystem mit einem anderen kompatibel ist; ist eine Kompatibilität gegeben, so können z. B. die von einem System verwalteten Files leicht auf ein anderes System übertragen werden. Einem einzelnen Benutzer wird durch das Betriebssystem häufig ein bestimmter Plattenspeicher-Bereich zugewiesen, in welchem alle Files dieses Benutzers gespeichert werden, und welcher gegen einen Zugriff durch andere Benutzer geschützt ist. Alternativ dazu können die Files aller Benutzer auch in einem gemeinsamen Bereich im Sekundärspeicher gehalten werden.

Durch Multiprogramming wird ein Rechner für mehrere Benutzer gleichzeitig verfügbar; daneben wird es hierdurch möglich, verschiedene Teile eines Rechnersystem (wie Plattenlaufwerke, I/O-Einheiten und CPU) parallel aktiv zu halten. Ein wichtiger Teilaspekt dieser Betriebsform ist die Vergabe der CPU an rechenbereite Programme („Scheduling") so, daß ein möglichst optimaler Gesamtdurchsatz und eine faire Bearbeitung aller Programme erzielt wird. Als Folge eines Multiprogramming kann angesehen werden, daß der (Haupt-) Speicher, welcher jedem einzelnen Programm zur Verfügung gestellt wird, einer sorgfältigen Verwaltung bedarf. Diese beinhaltet einerseits, daß eine korrekte Ausführung jedes einzelnen Programms möglich ist. Andererseits muß sie dafür sorgen, daß kein Programm auf einen Speicher-Bereich zugreift, welcher einem anderen Programm zugeordnet ist. Eine heute meist anzutreffende Form der Speicher-Verwaltung ist die Bereitstellung eines *virtuellen* Speichers, durch welchen der physisch vorhandene Real-Speicher aus der Sicht des Benutzers auf eine „beliebige" Größe erweitert wird. Wir werden uns mit diesen zentralen internen Aufgaben eines Betriebssystems, der Speicher-Verwaltung und dem Scheduling, in Abschnitt 11.3 genauer beschäftigen.

Betriebssysteme lassen sich auf verschiedene Weisen klassifizieren, wobei die dabei zugrunde gelegten Merkmale zum Teil der historischen Entwicklung entsprechen; mögliche Charakteristika sind die folgenden:

- Größe der zugrunde liegenden Hardware-Konfiguration: Unter diesem Aspekt kann man Betriebssysteme einteilen in solche für Mikro-, Mini- oder Mainframe-Computer, wobei erstere im allgemeinen durch ein Singleprogramming (im Gegensatz zu dem oben erwähnten Multiprogramming) gekennzeichnet sind. Ferner sind Betriebssysteme für Einprozessor-Rechner von solchen für Mehrprozessor-Systeme („Multiprocessing") bzw. vernetzte Systeme („verteilte Betriebssysteme") zu unterscheiden.

- Typ der (primär) unterstützten Anwendung: Ein vor allem in früheren Jahren häufig verwendeter Betriebssystem-Typ war das Stapelverarbeitungs-System, bei welchem der Benutzer von seinem Job während dessen Bearbeitung völlig isoliert wurde. Bei diesem, auch *Batch-Processing* genannten Ansatz war also keine Interaktion des Benutzers mit dem System möglich. Man beachte, daß eine Stapel-Verarbeitung sowohl in einer Single- als auch in einem Multiprogramming-Umgebung betrieben werden kann.

  Im Unterschied dazu kann der Benutzer mit einem *interaktiven* Betriebssystem auch während der Bearbeitung eines Jobs kommunizieren. Ein *Realzeit-Betriebssystem* ist ein System für spezielle Anwendungen (wie etwa die Luftverkehrs-Kontrolle oder die Überwachung einer Fertigungsstraße), welches primär mit Datenerfassungsgeräten (und weniger mit Benutzern) kommuniziert. Jeder von dort erhaltene Input ist innerhalb einer vorgeschriebenen Zeit zu bearbeiten, damit keine Input-Daten verlorengehen und Antworten in „Realzeit" gegeben werden; zeitkritische Jobs werden mit hoher Priorität bearbeitet. Bei Anwendungen, in welchen primär auf große Datenbestände in stets der gleichen oder einer ähnlichen Weise zugegriffen wird (wie z. B. bei der Kontenverwaltung einer Bank, einem Flugreservierungssystem oder einem automatisierten Telefonauskunftssystem), kommen häufig *transaktions-orientierte* Betriebssysteme zum Einsatz, bei welchen jeder von außen eingehende Auftrag in eine Folge („Transaktion") einzelner Schritte zerlegt wird, die zeitlich überlappt verarbeitet werden.

- Portabilität: Während Betriebssysteme zunächst auf ein spezielles Rechnersystem zugeschnitten waren, existieren heute — insbesondere durch die rasante Entwicklung kleiner und mittlerer Rechnersysteme — auch portable Betriebssysteme, welche hardware-unabhängig auf verschiedenen Rechnertypen lauffähig sind. Als Beispiele für die erste Kategorie seien etwa VM oder MVS von IBM sowie VMS von DEC genannt; ein wichtiger Vertreter der zweiten Kategorie ist UNIX, auf welches wir weiter unten noch genauer eingehen werden.

- Struktur: Ein Betriebssystem kann *monolithisch* organisiert sein, d. h. es besteht aus einer Sammlung von Einzelprogrammen für verschiedene Funktionen, deren Ausführung jedoch lediglich einen einzigen Prozeß erzeugt. Innerhalb dessen wird die Kontrolle von einem Programm an ein anderes über Prozeduraufrufe oder Programmverzweigungen weitergegeben. Benutzer-Programme werden dabei als Unterprogramme aufgefaßt, welche das Betriebssystem dann ausführt, wenn keine System-Programme auszuführen sind.

  Eine heute weit verbreitete Alternative hierzu ist, im Hauptspeicher des betreffenden Rechners lediglich einen *Betriebssystem-Kern* (engl. *Kernel*) zu halten, welcher die wichtigsten auszuführenden Funktionen bzw. Operationen bereitstellt, aus denen weitere (bei Bedarf) abgeleitet werden können. Ein solcher Kernel ist häufig als Sammlung *nebenläufiger Prozesse* realisiert, wobei unter einem Prozeß eine „aktive Einheit" — ein Programm oder eine Menge von Programmen — verstanden werden kann, welche ausführbar ist bei Verfügbarkeit der CPU. Zu den Aufgaben des Betriebssystems gehören in diesem Fall auch die Verwaltung der Prozesse selbst sowie die Ermöglichung von Kommunikation zwischen diesen.

Wir werden uns als nächstes mit der Kommando-Sprache eines Betriebssystems etwas näher befassen; dazu ziehen wir als konkretes Beispiel das System UNIX heran. Sodann werden wir die oben genannten internen Aufgaben Speicherverwaltung und Scheduling genauer untersuchen. Schließlich werden wir weitere Komponenten der System-Software vorstellen und dabei an die Ausführungen von Kapitel 9 anknüpfen; zur Erläuterung der internen Verarbeitung eines Assemblerprogramms beschreiben wir die Arbeitsweise eines Assemblers sowie die Aufgaben eines Linkers und eines Laders.

11.2 Die Kommandosprache eines Betriebssystems: UNIX

Speziell im Bereich der Minicomputer, aber auch für 16- und 32-Bit-Mikrocomputer wie die in den Kapiteln 9 und 10 beschriebenen und sogar für Großrechner bis hin zu sogenannten „Supercomputern" (vgl. Kapitel 13) hat seit Beginn der 70er Jahre das Betriebssystem *UNIX* von den AT&T Bell Laboratories zunehmend an Bedeutung gewonnen; es hat sich inzwischen zu einem de-facto-Standard-Betriebssystem für Mehrbenutzer-Systeme entwickelt. UNIX[1] bezeichnet eine Familie von Betriebssystemen, welche ursprünglich in den Bell Laboratories zur Unterstützung dialogorientierter Software-Erstellung entwickelt wurde. Nachdem es zunächst primär auf DEC-Rechnern der PDP- und später der VAX-Serie eingesetzt wurde, wurde UNIX inzwischen von vielen Herstellern auf deren Rechner „portiert", so daß heute zahlreiche Versionen dieses Systems kommerziell verfügbar sind, darunter ULTRIX (DEC),

---

[1]UNIX ist ein eingetragenes Warenzeichen der AT&T Bell Laboratories.

HP-UX (Hewlett-Packard), AIX (IBM), SINIX (Siemens), Solaris (Sun) oder UNI-COS (Cray). Während diese UNIX-Derivate auf spezielle Rechner oder (Mikro-) Prozessoren ausgelegt sind, existieren zwei weitgehend Hersteller-unabhängige Versionen, *UNIX System V* von AT&T und *4.3 BSD UNIX* der University of California in Berkeley („BSD" ist ein Kürzel für „Berkeley Software Distribution").

Wir wollen hier nicht auf die Unterschiede zwischen diesen UNIX-Versionen eingehen, sondern uns im folgenden bei der Diskussion spezieller Eigenschaften von UNIX auf das insbesondere im universitären Bereich stärker verbreitete BSD-System („Berkeley-UNIX") beziehen. Es sei bemerkt, daß die meisten der hier besprochenen Eigenschaften auch für UNIX System V zutreffen.

Eine der herausragenden Eigenschaften von UNIX ist die Anzahl von Diensten und Werkzeugen, welche speziell zur (interaktiven) Erstellung von Software angeboten werden. Wir geben in diesem Abschnitt zunächst eine kurze Einführung in wichtige allgemeine Charakteristika des Systems und stellen dann die Kommandosprache in Auszügen vor.

Das *File-System* ist *hierarchisch*, das heißt baumartig organisiert und beginnt in einem *root* genannten (Wurzel-) Knoten. Jeder Knoten des Baumes kann ein gewöhnlicher File, ein spezieller File oder eine Directory sein; bei der Wurzel handelt es sich um eine Directory. Gewöhnliche Files können beliebige Informationen (Quellprogramme, ausführbare Objektprogramme, Input für ein Textverarbeitungs- oder -satzsystem, Output eines solchen Systems, Daten usw.) enthalten. Eine Directory stellt einen „Zwischenknoten" im File-Baum dar, von welchem aus verzweigt werden kann. Jedem Benutzer ist eine eigene (Home-) Directory zugeordnet, in welcher alle Files dieses Benutzers gespeichert werden bzw. in welcher er Subdirectories für Files anlegen kann. Diese hierarchische Organisation führt dazu, daß bei einem Zugriff auf einen File dessen Name häufig als *Pfad* anzugeben ist; dabei handelt es sich um eine durch „/" getrennte Folge von Directory-Namen, welche mit dem Namen des gewünschten Files endet. Als Beispiel bezeichnet der Name `dir/subdir/subsubdir/myfile` einen Zugriffspfad für den File `myfile`; dieser ist in der Directory `subsubdir` gespeichert, welche zur Directory `subdir` gehört usw. Ein Zugriff wie der gerade beschriebene beginnt stets in der „aktuellen" Directory, nach einem Login also in der Home-Directory des Benutzers. Files in verschiedenen Directorys dürfen den gleichen Namen haben.

Spezielle Files entsprechen I/O-Geräten wie Terminals, Druckern, Magnetbändern oder Plattenlaufwerken. Die Repräsentation dieser als Files macht es möglich, File-I/O und Geräte-I/O so ähnlich wie möglich zu machen; insbesondere werden in beiden Arten von I/O die gleichen Aufrufe von Systemprogrammen verwendet. Alle speziellen Files werden in der Directory `/dev` abgelegt. Man unterscheidet Character-Files, welche character-orientierten Geräten wie Druckern oder Terminals entsprechen, und Block-Files, welche I/O-Geräte repräsentieren, die Daten blockweise übertragen (wie Platten oder Bänder). Lesen von oder Schreiben auf einen solchen File bewirkt die Aktivierung des entsprechenden Gerätes.

Es sei bemerkt, daß neben der Directory `/dev` eine Reihe weiterer vordefinierter Directorys vom System verwaltet werden. So enthält z. B. die Directory `/bin` die Binär-, d. h. ausführbaren Versionen zahlreicher Kommandos; die Directory `/etc` enthält eine Reihe von System-Files (wie den Password-File).

Jeder File hat einen *Owner* und einen Typ, und es können Zugriffsrechte vergeben bzw. der Zugriff geschützt werden. Bei gewöhnlichen Benutzer-Files ist der Benutzer, der einen File anlegt, dessen Owner. Typ und Zugriffsrechte können durch das weiter unten noch erläuterte ls-Kommando abgefragt werden; das entsprechende *Mode-Display* besteht aus 10 Positionen der Form

$$tu_1u_2u_3g_1g_2g_3o_1o_2o_3$$

mit folgender Bedeutung: t gibt den Typ an mit z. B. „d" für eine Directory oder „−" für einen gewöhnlichen File. Die u_i-Positionen beschreiben die Rechte des *Users*, der den File angelegt hat, mit „r" für Read (lesender Zugriff), „w" für Write (schreibender Zugriff) und „x" (Execute) für Ausführungs-Recht (bei Objekt-Files); die Rechte können kombiniert werden (z. B. zu rw-). Entsprechend geben die g_i-Positionen die Rechte einer Benutzer*gruppe* an dem betreffenden File an, und die o_i-Positionen beschreiben die Rechte aller vom Owner verschiedenen Benutzer (*others*). Als Beispiel kann der Modus eines gewöhnlichen Textfiles durch (die redundante[2] Beschreibung) „-rw-r--r--" und der eines Objekt-Files in der /bin-Directory durch „-rwxr-xr-x" gegeben sein.

Die Kommunikation eines Benutzers mit dem UNIX-System wird über den Kommando-Interpreter *Shell* abgewickelt. „Interpreter" bedeutet, daß jeder Befehl als Name eines Programms bzw. einer ausführbaren Datei verstanden wird. Dieses Programm wird — falls es tatsächlich vorhanden ist — geladen und ausgeführt. Derzeit sind zwei verschiedene Shells, die von S.R. Bourne entwickelte Bourne-Shell (*sh*) und die in Berkeley entwickelte C-Shell (*csh*) in Gebrauch, auf deren Unterschiede wir hier nicht eingehen. Beide zeigen dem Benutzer durch einen Prompt (im allgemeinen „$" für *sh* bzw. „%" für *csh*) an, daß ein neues Kommando eingegeben werden kann; einige der vorhandenen Kommandos werden wir unten kurz vorstellen. Besonderheiten der Shell sind die Möglichkeit, sogenannte Pipes zu benutzen (d. h. der Output eines „Benutzerauftrags" wird zum Input eines anderen) und die Bereitstellung von Kontrollstrukturen, wie sie in höheren Programmiersprachen vorkommen (if-then-else, while, repeat until, case, for) auf der Ebene der Kommando-Sprache.

Zur Unterstützung von Multiprogramming laufen alle Benutzer-Aktivitäten unter UNIX als sogenannte *Prozesse* ab. Ein Prozeß ist eine Folge von Aktionen, welche sequentiell abgearbeitet wird. Innerhalb eines Prozesses können dabei z. B. mehrere Programme ablaufen. Umgekehrt kann auch ein Programm nebenläufige (parallele) oder sequentiell ablaufende Prozesse anstoßen. Das bereits erwähnte Piping kann insbesondere zur Einrichtung von „Kommunikationskanälen" zwischen Prozessen verwendet werden.

UNIX stellt eine umfangreiche und komfortable *Programmierumgebung* bereit, welche unter anderem folgende Tools umfaßt:

1. Text-Editoren: ed, ex, vi, emacs

2. Compiler für höhere Programmiersprachen: C, C++, Pascal, Fortran, LISP

3. Testprogramme, insbesondere Debugger: adb, sdb, dbx

4. Text-Verarbeitungs- und -Formatierungs-Programme: nroff/troff, spell, eqn, tbl, pic

---

[2]d.h. die positionsabhängige Codierung könnte allein durch Null und Eins erfolgen

5. Compiler-Entwicklungshilfen („Compiler-Compiler"): yacc, lex

6. Kommunikations- und Netzwerk-Software: mail, rcp (*remote copy*), ftp (*file transfer protocol*), rlogin (*remote login*), telnet

Daneben existieren eine Reihe weiterer Programme, welche nicht direkt mit der Software-Erstellung zusammenhängen. Außerdem sind inzwischen zahlreiche Software-Pakete unter UNIX verfügbar, welche nicht in Zusammenhang mit diesem Betriebssystem entwickelt wurden; als Beispiel sei das auch zur Erstellung dieses Textes verwendete Textsatzsystem LaTeX genannt.

Schließlich ist UNIX in hohem Maße hardwareunabhängig und damit weitgehend *portabel*. Es ist in C geschrieben, so daß wesentliche Voraussetzung für einen UNIX-Einsatz das Vorhandensein eines C-Compilers ist. Lediglich der (kleine) System-Kern besteht aus Assembler-Anweisungen und muß daher „von Hand" an einen neuen Zielrechner angepaßt werden. Für Einzelheiten zur Installation bzw. „Generierung" eines UNIX-Systems auf einem gegebenen Rechner vergleiche man die weiter unten angegebene Literatur.

Wir wollen als nächstes eine Reihe wichtiger UNIX-Kommandos vorstellen, welche dem Benutzer für das Arbeiten mit einem unter diesem Betriebssystem laufenden Rechner zur Verfügung stehen. Dabei unterstellen wir, daß der Rechner interaktiv, also von einem Terminal aus, benutzt wird.

Zum Arbeiten mit einem unter UNIX betriebenen Rechner benötigt ein Benutzer eine Identifikation (*userid*) und ein Passwort. Erstere ist auf den System-Prompt LOGIN:, letzteres auf den Prompt PASSWORD: hin anzugeben. Das System führt sodann eine *Login-Prozedur* aus, durch welche z. B. geprüft wird, ob die oben genannten Angaben dem System bekannt sind bzw. korrekt eingegeben wurden. Das aktuelle Passwort kann durch das Kommando `passwd` jederzeit geändert werden. Der umgekehrte Vorgang des Beendens einer Sitzung wird durch `logout` eingeleitet. Bei der Ausführung von Login- bzw. Logout-Prozedur können spezielle, vom Benutzer zuvor in einem entsprechenden File („.login" bzw. „.logout") abgelegte Kommandos (wie z. B. `calendar` zur Führung eines rechnergestützten Terminkalenders) aufgerufen werden. Ein erfolgreiches Login endet mit einem Shell-Prompt (am Bildschirm), ein Logout mit einem neuen LOGIN:-Prompt. Bei vernetzten (vgl. Kapitel 14) UNIX-Systemen kann der Benutzer durch „`rlogin` *hostname*" auch auf einen anderen Rechner zugreifen.

Wir geben als nächstes eine Reihe allgemeiner Shell-Kommandos an, welche insbesondere kein Argument benötigen:

date	zeigt den aktuellen Tag sowie die Uhrzeit an
du	zeigt den (unter einer gegebenen Directory) aktuell
	benutzten Plattenspeicherraum (in KB) an („disk usage")
hostname	zeigt den Namen des Systems an
ps	gibt Auskunft über die aktuell in Bearbeitung
	befindlichen Prozesse (des Benutzers) („process state")
quota	gibt den aktuellen Plattenspeicherverbrauch
	insgesamt sowie die gesetzten Grenzen an
who	zeigt die derzeit aktiven Benutzer an

Die folgenden Kommandos erwarten ein oder mehrere Argumente, welche wir in mnemonischer Form angeben; die meisten können daneben mit verschiedenen Optionen angegeben werden, auf deren detaillierte Darstellung wir hier verzichten:

echo *string*	wiederholt *string* oder zeigt z. B. den Wert einer Shell-Variablen (wie TERM) an, falls *string* mit einem $ beginnt
finger *username*	zeigt Informationen über den angegebenen Benutzer an
grep *[options] pattern [files]*	sucht in den angegebenen Files nach Vorkommen von *pattern*
lpq *printername*	dient zur Abfrage des aktuellen Inhalts einer Printer-Queue
lpr *file*	reiht den angegebenen File in die Queue eines (anzugebenden) Printers ein
lprm *jobnumber*	dient zur Entfernung eines Jobs aus einer Printer-Queue
man *command*	konsultiert das Online-Manual und zeigt eine Erläuterung des angegebenen Kommandos an
more *file*	zeigt den angegebenen File am Terminal an, und zwar bildschirmweise; durch Betätigung der Leertaste wird „weitergeblättert"

Die folgende Gruppe von Kommandos dient dem Umgang mit Files oder Directorys:

cat *file(s)*	zeigt den Inhalt eines oder mehrerer Files am Bildschirm an (ähnlich dem oben beschriebenen more)
cd *directory*	verzweigt von der aktuellen Directory zur angegebenen (falls diese eine Subdirectory ist) („change directory")
chmod *mode file*	ändert den Schutz- bzw. Zugriffsmodus eines Files
cp *file1 file2*	legt eine Kopie von *file1* unter dem Namen *file2* ab, wobei letzterer überschrieben wird, falls er bereits existiert („copy")
ls	listet den Inhalt der aktuellen Directory
mkdir *directory*	dient zum Anlegen einer neuen Directory (als Subdirectory der aktuellen)
mv *file1 file2*	dient zur Umbenennung („move") von *file1* in *file2*; falls *file2* bereits existiert, wird dieser zuerst gelöscht
mv *file(s) directory*	transferiert einen oder mehrere Files in die angegebene Directory
pwd	zeigt den (Pfad-) Namen der aktuellen Directory an („print working directory")
rcp *file1 file2*	kopiert Files zwischen verschiedenen UNIX-Rechnern, welche durch ein Netz verbunden sind
rm *file(s)*	löscht einen oder mehrere Files („remove")

`rmdir` *directory*	löscht die angegebene Directory; diese darf keine Files mehr enthalten
`vi` *file*	startet ein Editieren von *file* mit dem bildschirmorientierten Editor `vi`
`wc` *file*	zählt die „Wörter" im angegebenen File („word count")

In diesem Zusammenhang sei auch die Möglichkeit erwähnt, Ein- bzw. Ausgabe insbesondere für File-verarbeitende Programme durch „<" bzw. „>" umzuleiten. Als Beispiel hierzu sei der *Spelling-Checker* erwähnt, durch welchen die in einem anzugebenden File enthaltenen Wörter mit einem Diktionär verglichen werden: Durch `spell` *file* wird dieser aufgerufen, und das Ergebnis (eine Liste aller Wörter, welche entweder fehlerhaft oder dem Programm nicht bekannt sind) am Bildschirm ausgegeben. Durch `spell` *file1* > *file2* wird dieser Output in *file2* abgelegt.

Als Kommandos zur Job-Kontrolle seien insbesondere die folgenden genannt:

`bg` *jobid*	ein Job kann im sogenannten *Hintergrund* abgelaufen lassen werden, indem das den Job startende Kommando mit `&` abgeschlossen wird; der Benutzer erhält dann sofort einen neuen Shell-Prompt und kann andere Jobs (im *Vordergrund* gleichzeitig) ablaufen lassen; `bg` dient zur Reaktivierung eines unterbrochenen Jobs (im Hintergrund)
`fg` *jobid*	hierdurch wird ein im Hintergrund ablaufender Jobs in den Vordergrund zurückgeholt; ein neuer Shell-Prompt erscheint erst dann am Bildschirm, wenn der Job beendet ist
`jobs`	zeigt eine Liste aller noch nicht beendeten Jobs an
`kill` *jobid*	bricht den angegebenen Job ab

Die folgenden Kommandos dienen zur Kommunikation mit anderen Benutzern:

`mail`	ruft das Programm zum Senden neuer bzw. Lesen empfangener elektronischer Post auf
`mail` *userid*	dient zum Senden elektronischer Post an den angegebenen Benutzer aus der Shell oder aus dem Mailer-Programm heraus
`talk` *userid*	dient zur Einrichtung einer direkten „Sprech-Verbindung" mit einem anderen, derzeit aktiven Benutzer, der auch an einem anderen Rechner arbeiten kann
`write` *userid*	schreibt eine Nachricht auf das Terminal des angegebenen Benutzers (dieser muß mit dem gleichen Rechner arbeiten)

Abschließend seien die folgenden speziellen Kommandos erwähnt: `dc` startet ein *Desktop Calculator*-Programm, durch welches ein Terminal ähnlich einem Taschenrechner benutzbar wird. Speziell für die Erstellung und Wartung von Programmen kann das Kommando `make` verwendet werden; das hierdurch aufgerufene Programm führt Funktionen gemäß einer vom Benutzer angefertigten und in einem File *makefile* abgelegten

Beschreibung aus. Bei den hierdurch „wartbaren" Programmen wird es sich im allgemeinen um ein Programmsystem handeln, welches durch den C- (cc), Pascal- (pc) oder Fortran-Compiler (f77) verarbeitet werden soll.

Weitere Einzelheiten zu diesem speziellen Betriebssystem und seiner Benutzeroberfläche entnehme man der unten angegebenen Literatur. Es sei abschließend bemerkt, daß die Grundzüge der Kommandosprache von UNIX leicht erlernbar sind, so daß ein Benutzer relativ schnell mit diesem System vertraut werden kann.

11.3 Interne Aufgaben eines Betriebssystems

In diesem Abschnitt wollen wir uns mit einigen speziellen Problemen beschäftigen, deren Kontrolle zu den Aufgaben jedes Betriebssystems gehört. Dabei erheben wir keinen Anspruch auf Vollständigkeit; weitere Einzelheiten entnehme man der unten angegebenen Literatur. Andererseits wollen wir einen gewissen Eindruck von typischen Problemen und insbesondere von deren algorithmischer Lösung geben.

11.3.1 Speicherverwaltung

In Kapitel 8 haben wir im Rahmen der Vorstellung der Organisation eines von Neumann-Rechners bereits verschiedene Typen von Speichern kennengelernt, über welche ein moderner Rechner verfügt. Neben diversen Registern ist in jedem Rechner ein Haupt- oder Arbeitsspeicher vorhanden, welcher aus Halbleitern aufgebaut ist. Die Menge der in diesem Speicher physikalisch vorhandenen Speicherplätze bildet den sogenannten *physikalischen Adreßraum*, welchen wir mit $\mathcal{P}$ bezeichnen. $\mathcal{P}$ besitzt im allgemeinen eine lineare Anordnung, so daß sich die einzelnen Plätze mit 0 beginnend aufsteigend numerieren lassen. Eine Adresse dient zur Auswahl eines bestimmten Platzes im Arbeitsspeicher.

Dem physikalischen Adreßraum steht der sogenannte *logische Adreßraum* $\mathcal{L}$ gegenüber. Dieser wird „aufgespannt" von der kleinsten und der größten Adresse, welche ein Benutzer in seinem Programm verwendet. (Programm-) Speicherplätze in $\mathcal{L}$ werden durch Programmadressen ausgewählt. Hierdurch werden Beziehungen innerhalb eines Programms oder Bezüge zu den Daten, welche ein Programm benutzt, hergestellt.

Die Aufgabe der Speicherverwaltung eines Betriebssystems besteht in der Zuordnung von logischen zu physikalischen Adressen, d. h. im Auffinden einer geeigneten Abbildung

$$\mathcal{L} \rightarrow \mathcal{P}.$$

Offensichtlich bereitet dies keine Probleme, falls $|\mathcal{L}| \leq |\mathcal{P}|$ gilt, da dies bedeutet, daß der betreffende Rechner einen Arbeitsspeicher besitzt, dessen Größe die „Aufnahme" jedes logischen Adreßraumes gestattet. Es sei angemerkt, daß bei den meisten modernen Mikroprozessoren bzw. Rechnern diese Situation (in Bezug auf jeden *einzelnen* Benutzer) nahezu gegeben ist: Beim Zilog Z8000 etwa kann der Benutzer 23 Bits lange Adressen verwenden, also logisch bis zu 8 MB adressieren, jede physikalische Adresse ist jedoch 24 Bits lang, so daß $|\mathcal{P}| = 16$ MB gilt.

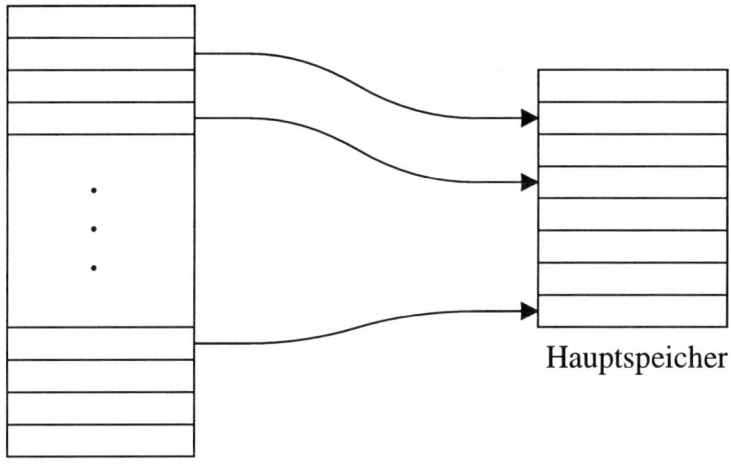

Hauptspeicher

Hintergrundspeicher

Abbildung 11.1: Prinzip der virtuellen Speicherung.

Der „klassische" Fall ist jedoch nach wie vor der, daß $|\mathcal{L}| > |\mathcal{P}|$ gilt; mit einer heute weit verbreiteten Wortlänge von 32 Bits lassen sich z. B. 2^{32} Adressen bilden. Bei 4 Byte pro Speicherwort entspräche dies einer Hauptspeicherkapazität von $2^{32} \cdot 4 = 2^{34} = 16$ GB. Eine derart große Arbeitsspeicherkapazität ist auch heute häufig noch nicht vorhanden; selbst wenn sie vorhanden ist, sind dem logischen Adreßraum, welchen ein einzelnes Programm benutzen kann, dadurch Grenzen gesetzt, die unter Umständen (im Hinblick auf die betreffende Anwendung) nicht tolerierbar sind. Außerdem ist zu beachten, daß der Hauptspeicher eines Rechners nicht allein einem einzigen Benutzer zur Verfügung steht, falls Multiprogramming möglich ist; ferner werden Teile des Hauptspeichers stets von der System-Software belegt. Andererseits ist der logische Adreßraum im allgemeinen immer auf einen physikalischen abbildbar, wenn dieser als aus Haupt- *und* Hintergrundspeicher bestehend gedacht und auch verwaltet wird, da Hintergrundspeicher wie Magnetplatten heute mit derartigen Kapazitäten ausgestattet sind.

In dem Fall, daß der für Benutzerprogramme zugelassene logische Adreßraum $\mathcal{L}$ größer ist als der physikalisch vorhandene Hauptspeicher $\mathcal{P}$, spricht man vom Konzept der *virtuellen Speicherung*. Die Aufgabe der Speicherverwaltung besteht dann darin, dafür zu sorgen, daß alle logischen Adressen verwendet werden können. Dazu wird der logische Adreßraum auf einen Hintergrundspeicher abgebildet, welcher in *Seiten* (engl. *pages*) fester Länge (z. B. 2 oder 4 KB) unterteilt wird. Der Hauptspeicher wird entsprechend in sogenannte *Seiten-Rahmen* (*page frames*) derselben Länge eingeteilt. Bei der Ausführung des betreffenden Programms werden nur jeweils einige Seiten des virtuellen Speichers im Hauptspeicher gehalten (vgl. Abbildung 11.1).

Eine *virtuelle* Adresse besteht bei dieser Form der Speicherverwaltung also aus zwei Teilen: Einer *Seiten-Nummer* bzw. -Adresse p und einem *Offset* o, d. h. einer relativen Adresse innerhalb der betreffenden Seite. In einem (Assembler-) Programm

Tabelle 11.1: Beispiel einer Seitentabelle (Seitengröße 2 KB).

Nr. der Seite	Seite im Hsp.	Nr. des Frames	Adresse im Hsp.	Adresse im Sek.-Speicher
0	no	–	–	AA0000
1	yes	5	1A32	AA0800
2	no	–	–	AA1000
3	yes	7	2A32	AA1800
4	yes	3	0A32	AA2000
⋮	⋮	⋮	⋮	⋮

verwendete Adressen werden von der System-Software des betreffenden Rechners in diese Form gebracht; der Programmierer braucht nicht zu wissen, auf welche Weise der Speicher intern verwaltet wird. Zur Umsetzung virtueller in reale Adressen („*address translation*") benutzt das System eine *Seitentabelle*, welche z. B. ähnlich der in Tabelle 11.1 gezeigten aufgebaut sein kann. Ein virtuelle Adresse der Form (p, o) wird damit wie folgt verarbeitet: Zunächst wird der durch p referenzierte Eintrag in der Seitentabelle gelesen. Falls dieser anzeigt, daß sich die betreffende Seite bereits im Hauptspeicher befindet, so kann p durch die Anfangsadresse des entsprechenden Seiten-Rahmens ersetzt werden. Der Offset o, welcher sich auf den Anfang der Seite bzw. eines sie enthaltenden Rahmens bezieht, gibt dann die referenzierte Stelle an (gegebenenfalls nach Addition des Offsets zur Rahmen-Anfangsadresse). Wir verzichten an dieser Stelle auf eine graphische Darstellung dieser Umsetzung, da sie einen Spezialfall der Adreßberechnung bei Verwendung einer Segmentierung darstellt, auf welche wir weiter unten eingehen. Abbildung 11.2 stellt damit bereits eine Verallgemeinerung des gerade besprochenen Vorgehens dar.

Spricht ein laufendes Programm eine Adresse an, deren zugehörige Seite sich noch nicht im Hauptspeicher befindet, spricht man von einem *Page-Fault*. Diese Seite wird dann dynamisch nachgeladen, wobei ihre (Sekundärspeicher-) Adresse wieder aus der Seitentabelle entnommen werden kann. Dieses Verfahren bezeichnet man als *Demand Paging* (Seitennachladen bei Bedarf). Ist im Hauptspeicher kein freier Rahmen mehr verfügbar, so muß eine bereits vorhandene Seite ausgelagert werden. Eine häufig verwendete Strategie zur Bestimmung der auszulagernden Seite ist die *LRU*- (**L**east **R**ecently **U**sed-) *Regel*: Das Betriebssystem führt für jede im Hauptspeicher befindliche Seite Buch über den Zeitpunkt bzw. die Häufigkeit, zu dem bzw. mit der sie zuletzt angesprochen wurde; die „am wenigsten zuletzt benutzte" Seite wird dann überschrieben oder — falls sie verändert wurde — in den Hintergrundspeicher zurückgeschrieben.

Empirische Untersuchungen haben ergeben, daß sich Programme oft „lokal" verhalten, d. h. in einem bestimmten Zeitintervall τ wird jeweils nur eine bestimmte Anzahl von Seiten angesprochen (vgl. die in Kapitel 8 erwähnte 90 : 10 - Regel), und die Wahrscheinlichkeit für das Auftreten eines Page-Faults in diesem Zeitintervall ist gering. In der Theorie der Betriebssysteme führt dies auf die Definition des sogenannten *Working-Set* eines Programms: Der Working-Set $W(t, \tau)$ gibt die Menge der

Seiten an, welche ein Programm in Zeitintervall $[t - \tau, t]$ anspricht. Das sogenannte „Working-Set-Prinzip" besagt, daß im Normalfall ein Programm laufen kann, wenn „sein Working-Set im Hauptspeicher ist". Untersuchungen der Funktion W haben ergeben, daß sich aufgrund ihrer mathematischen Eigenschaften geeignetere Strategien für Seitenwechsel realisieren lassen als z. B. die LRU-Regel.

Eine andere Form der Speicherverwaltung ist die *Segmentierung*. Dabei wird der logische Adreßraum $\mathcal{L}$ in Segmente im allgemeinen *unterschiedlicher* Länge zerlegt. Der Benutzer verfügt dadurch über einen zweidimensionalen Adreßraum (bzw. über mehrere, voneinander unabhängige logische Adreßräume), da sich jede Adresse aus einer Segmentadresse und einer (relativen) Adresse innerhalb eines Segments zusammensetzt. Da Segmente noch zu groß sein können, um als ganzes in den Arbeitsspeicher geladen zu werden, wird jedes Segment zusätzlich in Seiten (wie beim Paging) unterteilt. Segmente können damit seitenweise in den Hauptspeicher gebracht werden.

Die Adreßumsetzung umfaßt jetzt gegenüber dem oben für das Paging skizzierten Verfahren einen weiteren Schritt: Eine virtuelle Adresse, welche aus einer Segment-Nummer s, einer Seiten-Nummer p sowie einem (Seiten-) Offset o besteht, wird in eine physikalische transformiert unter Rückgriff auf eine *Segmenttabelle* sowie auf dieser zugeordnete Seitentabellen. Dieses Verfahren ist in Abbildung 11.2 skizziert: Die Segment-Nummer o zeigt auf einen Eintrag in der Segmenttabelle, welcher (unter anderem) die Anfangsadresse der Seitentabelle für dieses Segment angibt. Die Seiten-Nummer p referenziert eine Seite in dieser Tabelle; der Offset o gibt eine relative Adresse innerhalb dieser Seite an. Die Umsetzung umfaßt also den zusätzlichen Schritt der Assoziierung einer Seitentabelle mit einem bestimmten Segment.

Eine Segmentierung findet z. B. Anwendung in Programmen, welche umfangreiche und dynamisch wachsende oder schrumpfende Tabellen unterhalten (wie etwa ein Compiler); eine solche Tabelle kann dann in einem eigenen Segment gehalten werden, so daß ihre Längenveränderung andere Programmteile nicht beeinflußt. Ein wesentlicher Unterschied zum Paging besteht darin, daß eine Segmentierung vom *Programmierer* vorgenommen bzw. gesteuert wird, während ein reines Paging — wie oben erwähnt — für ihn unsichtbar ist. Die Segmentierung ermöglicht ferner, einzelne Segmente mit unterschiedlichen Zugriffsberechtigungen oder Schutzvorkehrungen zu versehen (z. B. „read only", „read or write", „execute only").

Alle Paging-Strategien können jedoch zu Problemen führen, wenn die Maschine in der Lage ist, *Multiprogramming*-Betrieb durchzuführen. In diesem Fall werden im allgemeinen mehrere rechenbereite Programme bzw. einzelne Seiten davon gleichzeitig im Hauptspeicher gehalten. Wird nun jedem dieser Programme die CPU nur für eine sogenannte *Zeitscheibe* zur Verfügung gestellt, so können sich gemäß dem Working-Set-Prinzip aufeinanderfolgende Programme durch gegenseitige Überlagerung ihrer Working-Sets derart behindern, daß der Rechner überwiegend Seitenwechsel durchführen muß („Thrashing"). (Deshalb sollten sehr große Programme nicht im Multiprogramming-Betrieb verarbeitet werden, sondern mit zusammenhängenden „Blockzeiten" bedacht werden.)

Die zur Ausführung der oben beschriebenen Adreßabbildungen zu unterhaltenden Seiten- bzw. Segmenttabellen, welche unter Umständen nicht ständig im Hauptspeicher gehalten werden können, werden häufig durch erhöhten Hardware-Aufwand — etwa durch spezielle Register oder Speicher — unterstützt. Insbesondere kommen hier *Assoziativspeicher* zum Einsatz, deren Speicherplatz*adressen* einen Teil des Spei-

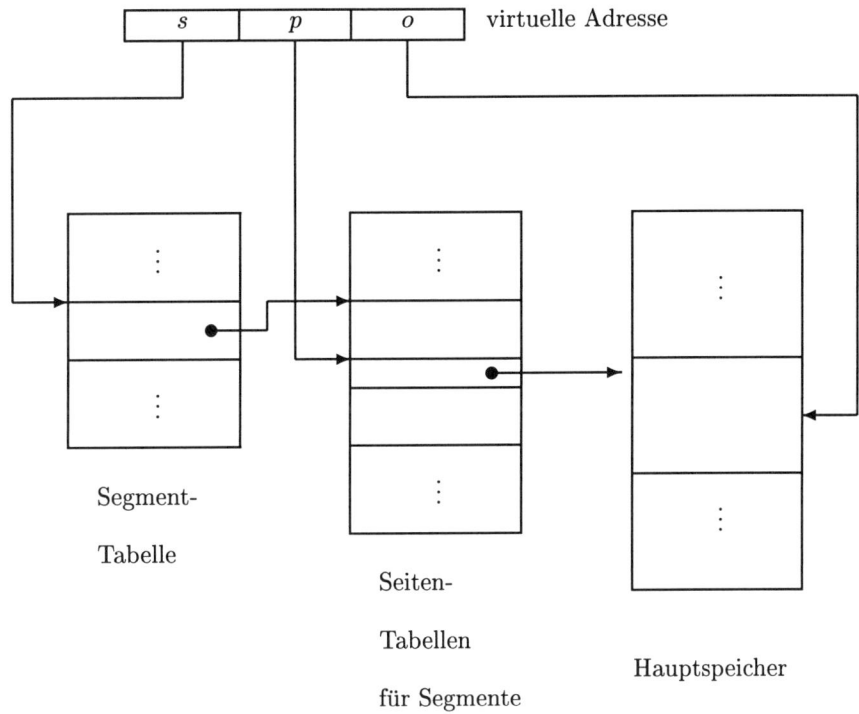

Abbildung 11.2: Adreßumsetzung bei einer Segmentierung.

cherplatz*inhalts* darstellen. Zur Unterstützung von Strategien zur Behandlung von Page-Faults finden heute auch in zunehmenden Maße die in Kapitel 8 bzw. 9 bereits erwähnten Cache-Speicher Verwendung; sie dienen dann zur Pufferung einzulagernder oder ausgelagerter Seiten entsprechend dem „lokalen" Programmverhalten. Moderne Prozessoren verfügen meist auch über auf dem Prozessor-Chip untergebrachte MMUs (vgl. Kapitel 9 und 10), welche die Speicherverwaltung in der hier beschriebenen Weise durchführen.

Wir beschreiben abschließend als Ergänzung unserer Betrachtungen in Kapitel 9 die virtuelle Speicherverwaltung des PowerPC 601, welche die gerade beschriebene Segmentierung verwendet, Segmente in Pages unterteilt und logische Adressen während der Ausführung eines Programms zunächst in virtuelle und schließlich in physikalische Adressen übersetzt. Wie oben beschrieben, erfordert eine Kombination von Paging und Segmentierung eine zweistufige Übersetzung, welche bei den 32-Bit-Implementierungen der PowerPC-Architektur wie folgt abläuft (vgl. Abbildung 11.3): Aus logischen Adresse der Länge 32 Bit bestimmen die Bits 0–3 die Nummer eines der 16 Segmentregister (SR), welche zusammen die Segmenttabelle bilden. Die nieder-wertigen 28 Bits der logischen Adresse legen eine Seitennummer (also einen Eintrag

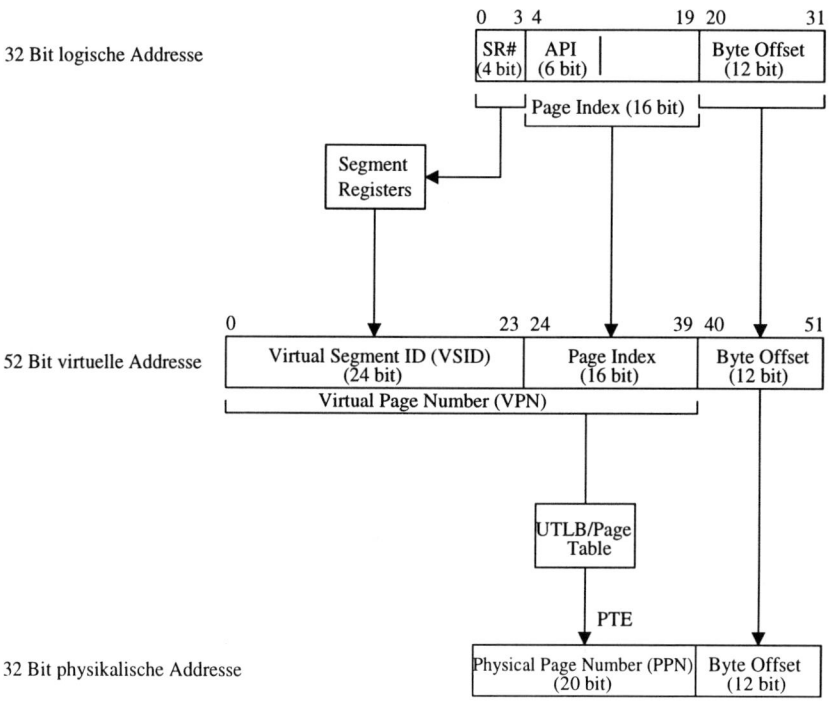

Abbildung 11.3: Transformation einer logischen in eine physikalische Adresse beim PowerPC 601.

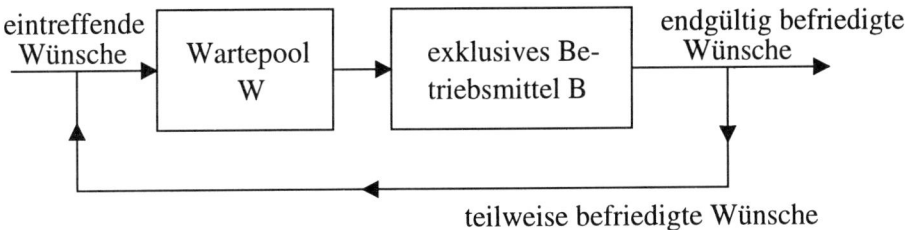

Abbildung 11.4: Vergabe exklusiver Betriebsmittel.

aus der Page-Table) von 16 Bits sowie einen Byte-Offset von 12 Bits innerhalb der adressierten Seite fest. Aus dem ausgewählten Segmentregister wird ein als *Virtual Segment Identifier* (VSID) bezeichneter Adreßteil der Länge 24 Bit zur Bildung einer virtuellen Adresse der Länge insgesamt 52 Bit entnommen. Die VSID und die 16 Bits der Page-Nummer bilden zusammen die *Virtual Page Number* (VPN), welche unter Verwendung der Seitentabelle bzw. des UTLB in eine physikalische Seitennummer der Länge 20 Bit transformiert wird. Diese bildet dann zusammen mit dem 12-Bit-Offset eine physikalische Adresse der Länge 32 Bit.

11.3.2 Scheduling im Multiprogramming- bzw. Multiprozessor-Betrieb

Der zweite Problemkreis, welchen wir hier ansprechen wollen, beschäftigt sich mit der Vergabe von Betriebsmitteln einer Rechenanlage. Hierzu bemerken wir zunächst, daß das „ideale" von Neumann-Konzept des SISD-Rechners heute praktisch nicht mehr realisiert wird, sondern verschiedenste Formen der Abweichungen hiervon praktiziert werden. Zur Verbesserung der Auslastung eines Rechners findet insbesondere bei mittleren und größeren Anlagen z. B. immer das Prinzip des *Multiprogramming* Anwendung. Wie im letzten Abschnitt bereits erwähnt, werden dabei *mehrere* Programme gleichzeitig in einem Hauptspeicher gehalten und abwechselnd ausgeführt; die Tatsache, daß der Rechner dem einzelnen Benutzer nicht exklusiv zur Verfügung steht, ist nur durch gewisse Wartezeiten erkennbar. Dabei tritt unter anderem das Problem auf, daß mehrere Benutzer bzw. Prozesse *gleichzeitig* die exklusiv verwendbaren (Hardware)-Betriebsmittel wie z. B. die CPU nutzen möchten. Die Aufgabe des Betriebssystems ist es dann, diese Anforderungen so zu verwalten, daß jeder Benutzerwunsch irgendwann befriedigt wird, andererseits das betreffende Betriebsmittel zu jedem Zeitpunkt optimal ausgelastet ist. Die vorliegende Situation läßt sich wie in Abbildung 11.4 gezeigt skizzieren. Alle eintreffenden Wünsche werden in einem Wartepool W gesammelt. Ist dieser bei Ankunft eines Wunsches leer, so kann diesem das Betriebsmittel B unmittelbar zugeteilt werden. Anderenfalls muß er warten, bis ihm B aufgrund einer *Scheduling-Strategie* zugeteilt wird. Dabei kann es passieren, daß ein Benutzerwunsch nach der ersten Zuteilung von B endgültig befriedigt wurde; dann kann er das System verlassen. War das nicht der Fall, kehrt er in den Pool zurück, um nach erneuter Zuteilung die vorhandenen Restwünsche zu befriedigen.

Die dabei Anwendung findenden Strategien lassen sich grob in *nichtunterbrechende* (engl. *non-preemptive*) und *unterbrechende* (engl. *preemptive*) Strategien einteilen. Im ersten Fall erhält der Benutzer das Betriebsmittel B so lange, wie er es benötigt. Bekannte Strategien sind z. B.:

- FIFO („First In First Out"):
  W besteht dann aus einer Warteschlange; die zuerst eingetroffene Anforderung wird auch zuerst bearbeitet (vgl. Abbildung 11.5).

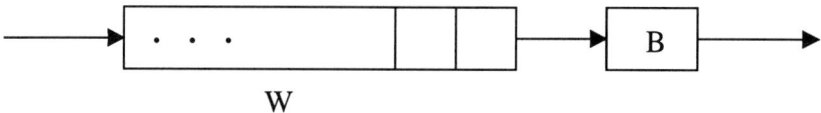

Abbildung 11.5: FIFO-Scheduling.

- LIFO („Last In First Out"):
  W besteht dann aus einem *Kellerspeicher* oder *Stack*; ein eintreffender Wunsch wird als neues oberstes Element auf dem Stack abgelegt, und der Stack wird „von oben nach unten" abgearbeitet (vgl. Abbildung 11.6).

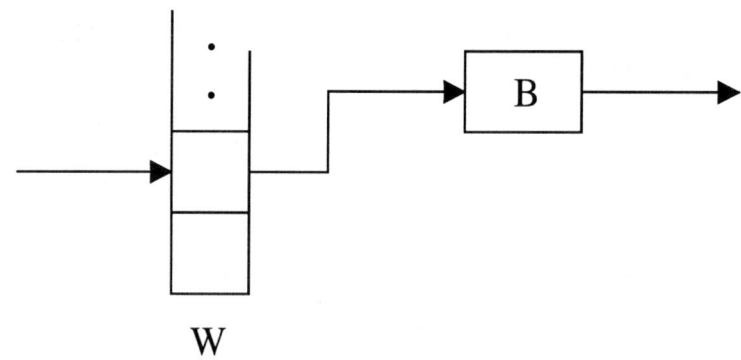

Abbildung 11.6: LIFO-Scheduling.

- Prioritäten-Steuerung:
  Dabei besitzt jeder Benutzer als Kennzeichen eine Priorität, und für jede Priorität existiert eine separate Warteschlange, in welche die Anforderung eingeordnet wird. Wird das Betriebsmittel B frei, so wird als nächstes die Anforderung mit der dann höchsten Priorität bedient (vgl. Abbildung 11.7).

Die Grundideen der geschilderten Verfahren finden auch bei unterbrechenden Strategien Anwendung. Hier wird dem Benutzer das betreffende Betriebsmittel nur für die Dauer einer sogenannten *Zeitscheibe* zur Verfügung gestellt; nach Ablauf der Zeitscheibe wird ihm das Betriebsmittel entzogen unabhängig davon, ob er seine Anforderung befriedigen konnte oder nicht. Derartige Strategien finden insbesondere in *Timesharing*-Betriebssystemen bei der CPU-Vergabe an Dialogjobs Anwendung. Ein

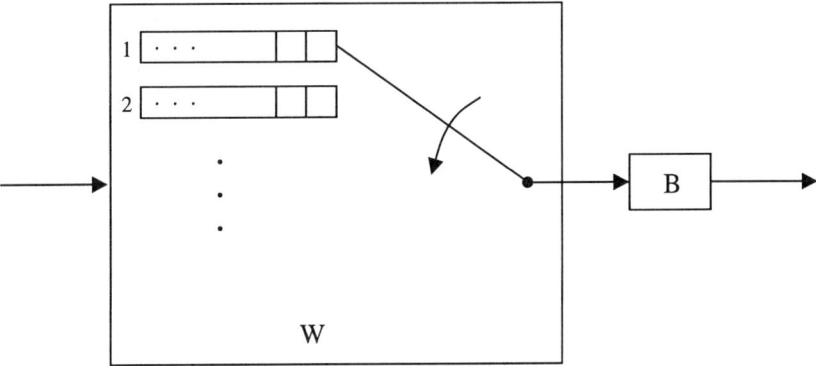

Abbildung 11.7: Prioritäten-Scheduling.

bekannter Vertreter dieser Klasse ist z. B. das *Round-Robin-Verfahren*: W enthält dabei nur *eine* Warteschlange (bzw. Prioritätenklasse), welche in FIFO-Manier bearbeitet wird. Wird B einem Benutzer zugeteilt, so nur für die Dauer s_i bei der i-ten Zuteilung; dabei wird im allgemeinen s_i von i unabhängig sein ($s_i = s_{i+1}$). Das Betriebssystem kann aber auch je nach Zuteilungsnummer unterschiedliche Dauern festlegen.

Eine andere Durchbrechung des (starren) von Neumann-Prinzips erfolgt durch *Pipelining*; die hierbei erfolgende Abweichung vom SISD-Prinzip ist bereits für den Singleprogramming-Betrieb relevant: An mehreren Stellen des Rechners werden Aktivitäten gleichzeitig durchgeführt, welche aufeinander aufbauen bzw. bei denen das Ergebnis der einen eine nachfolgende anstößt oder ermöglicht. Ein typisches Beispiel für Pipelining-Betrieb haben wir bereits in Abschnitt 7.4 bei der Bildung eines Matrix-Vektor-Produktes kennengelernt. Ein weiteres Beispiel ist die Verzahnung der Bearbeitungsphase eines Befehls: Während ein Befehl ausgeführt wird, wird der nächste auszuführende Befehl bereits decodiert.

Ein dritter Bereich, bei welchem eine Abweichung vom idealen von Neumann-Konzept erfolgt, ist der *Mehrprozessor-Betrieb*, welcher infolge der ständig sinkenden Hardware-Kosten immer mehr an Bedeutung gewinnt. Im einfachsten Fall — der Vorstufe zur „echten" Parallelverarbeitung — werden dabei mehrere Zentraleinheiten von *einem* Betriebssystem überwacht. Prozesse können dann verschiedenen Prozessoren zugeteilt werden, und eine Aufgabe des Betriebssystems besteht in der möglichst optimalen Auslastung aller Prozessoren. Der allgemeine Fall des „Parallel Processing" wird in Teil III behandelt. In diesem Abschnitt soll das soeben angesprochene Problem des *zentralen Scheduling von mehreren Jobs auf mehreren Prozessoren* näher betrachtet werden. Dabei wollen wir insbesondere andeuten, daß Scheduling-Probleme mit mathematischen Modellen und Methoden behandelt werden können, wie dies in der Theorie der Betriebssysteme geschieht. Darüberhinaus wird sich zeigen, daß z. B. zum Überdeckungsproblem oder zum Traveling Salesmann-Problem (vgl. Kapitel 3) in gewissem Sinne eine „enge" Verwandtschaft besteht.

Wir betrachten dazu folgendes Modell: n Jobs (Prozesse), deren einzelne Zeitdauern bekannt seien, sollen auf zwei Prozessoren, welche als gleichartig angenommen

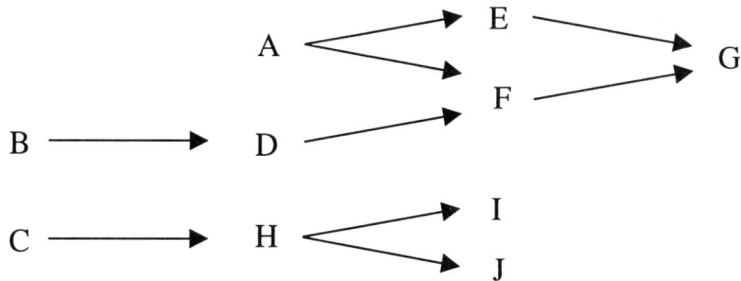

Abbildung 11.8: Präferenzordnung zu Beispiel 11.1.

Proz. P_0	B	C	D	F		G		
Proz. P_1		A		E	H	I		J

Abbildung 11.9: (Optimaler) Schedule zu Beispiel 11.1.

werden, non-preemptive bearbeitet werden, d. h. jeder angefangene Job wird beendet und vorher nicht unterbrochen.

Beispiel 11.1 Es sei $n = 10$; für die einzelnen Jobs seien folgende Längen bekannt:

Jobs	A	B	C	D	E	F	G	H	I	J
Längen	8	2	3	3	7	7	18	2	8	8

Weiter nehmen wir an, daß es auf der Menge der Jobs eine (z. B. technologisch bedingte) Präferenzordnung gibt, die angibt, welcher Job vor welchem anderen bearbeitet werden muß; in Beispiel 11.1 etwa sehe diese Ordnung wie in Abbildung 11.8 gezeigt aus. (Wir nehmen an, daß sich die Präferenzordnung als DAG darstellen läßt). Für die Bearbeitung der zehn Jobs soll weiter gelten, daß (nach Möglichkeit) kein Prozessor untätig sein darf, solange noch ein Job ansteht („no idle"). □

Für Beispiel 11.1 stellt dann der in Abbildung 11.9 gezeigte Plan einen möglichen Schedule dar (hier wie auch im folgenden dargestellt durch einen sogenannten „Gantt-Plan"; dies ist ein besonders in der Netzplantechnik übliches Beschreibungsmittel). Nach insgesamt 33 Zeiteinheiten sind alle Jobs unter Einhaltung der Ordnung bearbeitet, und kein Prozessor war während dieser Zeit untätig. Es ist klar, daß in diesem Beispiel eine kürzere Gesamtzeit nicht erreichbar ist, so daß dieser Schedule optimal ist.

Eine andere mögliche Reihenfolge ist in Abbildung 11.10 gezeigt; dieser Schedule ist nicht optimal, da P_0 eine Zeitlang unbeschäftigt ist, was, wie wir gerade gesehen haben, vermieden werden kann; außerdem werden jetzt 46 Zeiteinheiten für die gesamte Bearbeitung benötigt.

Bezeichnet man die kürzeste Zeit, in welcher eine gegebene Menge von Jobs bearbeitet werden kann, mit T_{opt}, so besteht die Aufgabe also darin, einen Schedule zu finden, welcher T_{opt} erreicht. Das Auffinden eines solchen „optimalen Schedules" bzw.

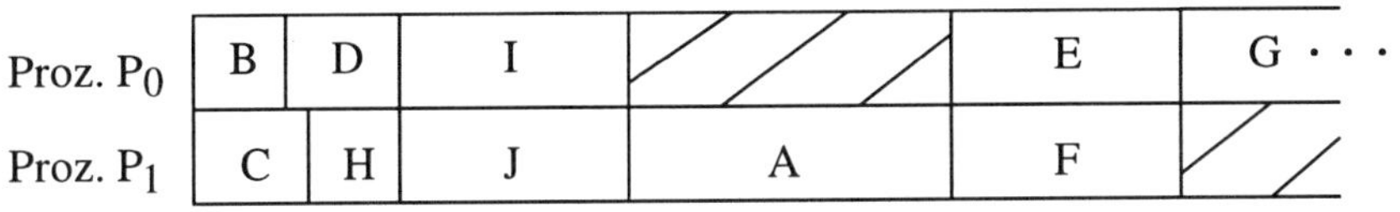

Abbildung 11.10: (Suboptimaler) Schedule zu Beispiel 11.1.

die Bestimmung von T_{opt} kann algorithmisch naiv wie folgt geschehen: Man ordne dem Job i (für $i = 1, \ldots, n$) den Wert 0 oder 1 zu, je nach dem, ob er auf Prozessor P_0 oder P_1 gerechnet wird. Jeder Schedule ist dann darstellbar als Folge von Nullen und Einsen der Länge n, und die Zeitdauer T eines Schedule erhält man als

$$T = \max\{ \sum_{p_i=0} t_i, \sum_{p_i=1} t_i \} \; ;$$

dabei sei t_i die Dauer von Job i und p_i die Angabe über den Prozessor, auf welchem Job i gerechnet wird. Der optimale Schedule ergibt sich dann durch Aufstellung aller relevanten Folgen, Berechnung der entsprechenden Werte von T und Auswahl eines Schedules mit minimalem T. Allerdings gibt es für n Jobs 2^n (also exponentiell viele!) derartige Bit-Folgen. Dieser naive Algorithmus ist also als nicht effizient einzustufen. Im Hinblick auf die Ausführungen in Kapitel 3 kann man sogar zeigen:

Satz 11.1 T_{opt} ist in polynomieller Zeit bestimmbar genau dann, wenn das Überdeckungsproblem in polynomieller Zeit lösbar ist.

Dies bedeutet, daß das hier betrachtete Scheduling Problem „n Jobs mit vorgegebenen Joblängen (> 1) und Präferenzordnung auf zwei Prozessoren" zur Klasse der NP-vollständigen Probleme zu rechnen ist.

Für das oben von uns betrachtete 2-Maschinen-Problem läßt sich eine Lösung „schnell" ermitteln, wenn alle Joblängen identisch sind (und daher zu 1 normiert werden können). Für den hier in Rede stehenden, allgemeineren Fall trifft dies jedoch nicht zu, und daher ist es naheliegend, nach *Heuristiken* zu suchen, welche nicht notwendig einen optimalen Schedule liefern, jedoch in polynomieller Zeit einen solchen, für den das Verhältnis seiner Zeitdauer T zu T_{opt} größenordnungsmäßig bekannt und günstig ist.

Zwei solche sogenannte *Approximationsalgorithmen* wollen wir hier vorstellen: Der weiter oben für die Situation aus Beispiel 11.1 angegebene optimale Schedule wurde mit der *CPM-Heuristik* (Critical Path Method) ermittelt. Dabei wählt man von den „rechenbereiten" Jobs, welche also in der Ordnung keinen noch abzuarbeitenden Vorgänger mehr haben, als nächstes einen solchen, für den eine Kette der von ihm ausgehenden unerledigten Jobs maximal ist. Im Beispiel oben wurde mit A auf Prozessor P_1, B und auf P_0 begonnen; für A hat jede „Nachfolgerkette" die Länge 2, für B die Länge 3. Da B fertig wird, während A noch rechnet, ist ein Nachfolger für B auf P_0 auszuwählen. Hierfür kommen C und D in Frage, und o. B. d. A. wird C ausgeführt. Nach Beendigung von C kommt nur D als nächster Job in Frage usw.

Naturgemäß liefert die CPM-Methode im allgemeinen nur „suboptimale" Lösungen:

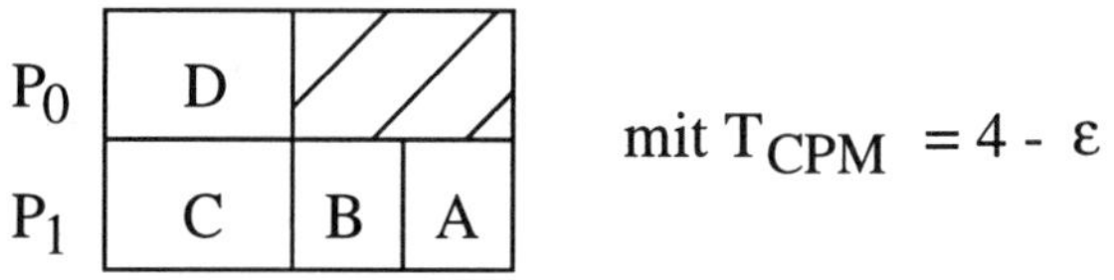

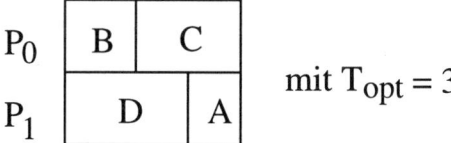

$$P_0 \quad D \quad \varnothing\varnothing\varnothing$$
$$P_1 \quad C \quad B \quad A \qquad \text{mit } T_{\text{CPM}} = 4 - \varepsilon$$

Abbildung 11.11: CPM-generierter Schedule zu Beispiel 11.2.

$$P_0 \quad B \quad C$$
$$P_1 \quad D \quad A \qquad \text{mit } T_{\text{opt}} = 3$$

Abbildung 11.12: Optimaler Schedule zu Beispiel 11.2.

Beispiel 11.2 Es sei $n = 4$, und für die Jobs seien folgende Längen vereinbart:

Jobs	A	B	C	D
Längen	$1 - \epsilon$	1	2	$2 + \epsilon$

mit der Ordnung „B < A". CPM liefert dann den in Abbildung 11.11 gezeigten Schedule, für welchen $T_{\text{CPM}} = 4 - \epsilon$ gilt. Dagegen hat ein optimaler Schedule die in Abbildung 11.12 gezeigte Form mit $T_{opt} = 3$.   □

Allgemein gilt:

Satz 11.2 Sei T_{CPM} die Gesamtdauer eines Schedules, welcher mit der CPM-Heuristik ermittelt wurde, und T_{opt} die Gesamtdauer eines optimalen Schedules, so gilt:

$$\frac{T_{\text{CPM}}}{T_{opt}} \leq \frac{4}{3}$$

bzw. allgemein für m Prozessoren

$$\frac{T_{\text{CPM}}}{T_{opt}} \leq 2 - \frac{2}{m + 1}$$

Das bedeutet, daß die CPM-Methode ein Ergebnis liefert, welches um höchstens 33% schlechter als das optimale ist.

In dem Spezialfall, daß der die Ordnung darstellende DAG eine leere Kantenmenge besitzt, daß also keine Präferenzordnung vorgegeben ist, geht die CPM-Methode in die sogenannte *Greedy-* oder *LPT-Heuristik* (Largest Processing Time) über. Dabei werden zuerst die Jobs mit der längsten Zeitdauer verarbeitet; die verbleibenden werden anschließend „irgendwie" auf die Prozessoren verteilt:

Beispiel 11.3 Es sei $n = 5$, und es seien fünf Jobs mit folgenden Längen gegeben:

Jobs	A	B	C	D	E
Längen	2	2	2	3	3

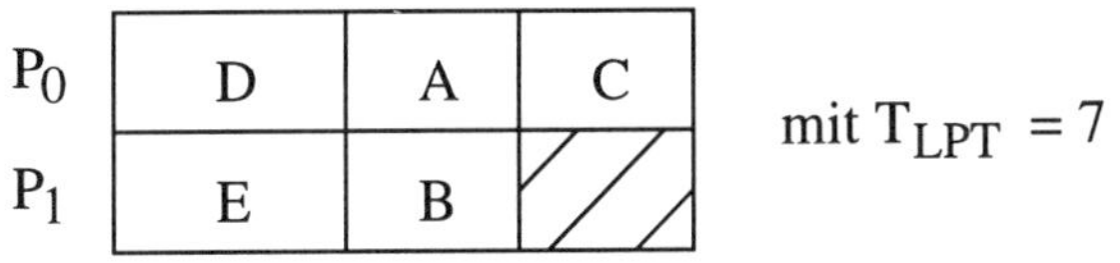

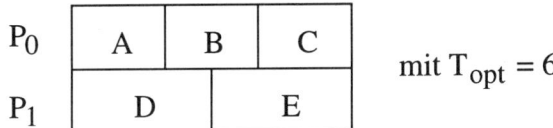

mit $T_{LPT} = 7$

Abbildung 11.13: LPT-generierter Schedule zu Beispiel 11.3.

P_0	A	B	C
P_1	D		E

mit $T_{opt} = 6$

Abbildung 11.14: Optimaler Schedule zu Beispiel 11.3.

LPT liefert dann den in Abbildung 11.13 gezeigten Schedule, für welchen $T_{LPT} = 7$ gilt. Optimal ist dagegen das in Abbildung 11.14 gezeigte Ergebnis mit $T_{opt} = 6$. □

Für die LPT-Methode gilt ein ähnlicher Satz wie für CPM:

Satz 11.3 Sei T_{LPT} die Gesamtdauer eines Schedules, welcher mit der LPT-Methode ermittelt wurde, und T_{opt} wie oben, dann gilt:

$$\frac{T_{LPT}}{T_{opt}} \leq \frac{7}{6}$$

bzw. allgemein für m Prozessoren

$$\frac{T_{LPT}}{T_{opt}} \leq \frac{4}{3} - \frac{1}{3m}$$

Man überlegt sich leicht, daß es sich bei den Verfahren CPM und LPT jeweils um polynomielle Verfahren handelt; so kommt man z. B. für LPT bei n Jobs mit größenordnungsmäßig $n \cdot \log_2 n$ Schritten aus (sogar unabhängig von der Anzahl der zur Verfügung stehenden Prozessoren), da ein Schedule im wesentlichen durch Sortieren der Jobs nach fallenden Dauern gefunden werden kann.

11.4   Assembler, Linker und Lader

In diesem Abschnitt kommen wir auf die Behandlung spezieller Teile der vom Betriebssystem eines Rechners kontrollierten Teile der System-Software zurück; wir knüpfen dabei an die Ausführungen aus Abschnitt 9.1 bzw. 9.2.2 an und beschreiben zunächst den Prozeß der Assemblierung genauer. Wie in Kapitel 9 erwähnt, steht dazu der *Assembler* zur Verfügung, welcher ein *Quellprogramm* in Assembler-Sprache als Input akzeptiert und hieraus ein *Objektprogramm* als Output erzeugt. Um dieses Objektprogramm zur Ausführung zu bringen, ist der Einsatz eines *Linkers* sowie eines *Laders* erforderlich; wir wollen auf die Einzel-Aufgaben und die Arbeitsweisen dieser Programme im folgenden kurz eingehen.

11.4.1 Der Assembler

Aus den Kapiteln 9 und 10 haben wir bereits eine gewisse Vorstellung über die Aufgaben, welche ein Assembler zu bewältigen hat:

1. Überprüfung der Syntax aller verwendeten Assembler-Direktiven und Prozessor-Instruktionen;

2. Verarbeitung der Pseudo-Instruktionen;

3. Auflösung symbolischer Referenzen in einem Programm unter Rückgriff auf den Location Counter LC;

4. Generierung von Maschinencode für jede Prozessor-Instruktion.

Im Prinzip ist es denkbar, daß ein Assembler ein gegebenes Quellprogramm einmal vollständig liest und dabei seine diversen Aufgaben erledigt. Die folgenden beiden Beispiele zeigen, welche Probleme dabei auftreten können; hier und im folgenden beziehen wir uns bei Beispielen für Befehle stets auf die aus Kapitel 10 bekannte Sprache des WE32100:

In einem Programm trete der Befehl JSB sub auf; hierdurch wird zu einem Unterprogramm namens sub verzweigt. Der Assembler muß das *Symbol* sub durch einen *Wert*, genauer also eine (Anfangs-) Adresse ersetzen können. Falls sub erst nach der .text-Sektion des rufenden Programms vom Assembler verarbeitet wird, ist dieser Wert unbekannt, wenn der Assembler sub „liest".

Ein ähnliches Problem tritt bereits dann auf, wenn ein Programm einen Befehl wie z. B. PUSHW X enthält, welcher ebenfalls einen symbolischen Namen verwendet. Falls X eine Variable bezeichnet, welche erst in der .data-Sektion des Programms deklariert wird, so ist der Wert von X noch unbekannt, wenn der Assembler das Symbol zum ersten Mal „sieht".

In beiden Fällen liegt eine *Vorwärtsreferenz* (engl. *forward reference*) vor, welche von einem Assembler nur dadurch behandelt werden kann, daß er das Quellprogramm *zweimal* durchläuft; man spricht dann von einem *2-Phasen-Assembler*. (Es sei bemerkt, daß ein 1-Phasen-Assembler verwendet werden kann, falls Vorwärtsreferenzen ausgeschlossen sind.) In diesen Phasen sind im einzelnen folgende Aufgaben zu bewältigen:

- *Phase 1:* Das Quellprogramm wird zunächst von einem *Scanner* vollständig gelesen und in *Token* genannte Einzelteile zerlegt; gleichzeitig werden verschiedene Tabellen generiert, von welchen vor allem die *Symboltabelle* genannt sei; diese enthält einen Eintrag für jedes im Quellprogramm vorkommende, vom Programmierer definierte Symbol.

- *Phase 2:* Sodann wird das Programm einem *Parser* übergeben, welcher eine Syntax-Überprüfung vornimmt; schließlich wird der *Objektcode* erzeugt.

Wir wollen die beiden Phasen mit ihren insgesamt vier Schritten genauer erläutern: Der *Scanner* ist das Subsystem (Unterprogramm) des Assemblers, welchem ein zu assemblierendes Quellprogramm zuerst übergeben wird. Seine Aufgabe besteht darin, das Programm in einzelne, nicht weiter zerlegbare Bestandteile zu zerlegen, welche als *Token* bezeichnet werden. Als Beispiel betrachten wir das folgende WE32100-Statement:

```
loop: MOVW X, %r0
```

Aus der Sicht des Scanners, welcher diese Zeile Zeichen für Zeichen liest, besteht diese zunächst aus 17 (ASCII-) Characters, wobei Blanks mitgezählt werden. Die Blanks sowie die Symbole „:" und „," dienen insbesondere zur Separierung einzelner Bestandteile des Befehls; entsprechend erkennt der Scanner in diesem Fall die folgenden neun Token:

Token-Nr.	Inhalt
1	loop
2	:
3	(Blank)
4	MOVW
5	
6	X
7	,
8	(Blank)
9	%r0

Offensichtlich kann jede Prozessor-Instruktion eines Assembler-Programms entsprechend zerlegt werden (unabhängig davon, ob sie syntaktisch korrekt aufgebaut ist oder nicht). Auf diese Weise entsteht eine umfangreiche Menge von Token, welche vom Scanner in (syntaktische) Klassen zerlegt wird; dabei werden insbesondere solche Token, welche sich im Hinblick auf die syntaktische Korrektheit des Programms gleich „verhalten", der gleichen Klasse zugeordnet. In obigem Beispiel ist es in diesem Sinne offensichtlich unerheblich, ob das im Befehl verwendete Symbol den Namen X oder irgendeinen anderen Namen hat; insbesondere können alle vom Programmierer verwendeten Namen einer Klasse („identifier") zugeordnet werden. Ähnliche Beobachtungen gelten etwa für die in den einzelnen Befehlen verwendeten Op-Codes oder für Operanden z. B. im Immediate-Modus.

Von besonderer Bedeutung in Phase 1 ist die Isolation des Op-Codes eines Statements, durch welche der Assembler erkennen kann, ob der aktuell assemblierte Befehl eine Prozessor- oder eine Pseudo-Instruktion ist, sowie die Erkennung aller vom Programmierer eingeführten Symbole und Literale; letztere sind im Programm verwendete Konstanten, für welche der Assembler Speicherplatz zu reservieren hat.

Zur korrekten Verarbeitung eines Statements in dieser Phase und speziell zur korrekten Aktualisierung des Location Counters muß der Assembler auf eine *Befehls-Tabelle* und eine *Pseudobefehls-Tabelle* zugreifen können. Die Befehls-Tabelle kann z. B. folgende Form haben:

Mnemocode	Opcode (hex.)	Format	Länge
⋮	⋮	⋮	⋮

Für jede Prozessor-Instruktion muß diese Tabelle über deren internen Opcode, das bzw. die möglichen Formate sowie die Länge (in Bytes) des entsprechenden Maschinenbefehls Auskunft geben. Das Format gibt dabei insbesondere an, welche Adressierungsarten für die in der Instruktion auftretenden Operanden erlaubt sind, da hiervon die Gesamtlänge abhängt. Die Pseudobefehls-Tabelle muß für jede mögliche Assembler-Direktive Angaben darüber enthalten, welche Aktionen vom Assembler als Reaktion auf diese Direktive im einzelnen auszuführen sind.

Die in Phase 1 anzulegende Symbol-Tabelle kann z. B. das folgende Format haben:

Name	bereits definiert	Wert (von LC)	Fehler
⋮	⋮	⋮	⋮

In das Namensfeld wird der Name eines gerade gelesenen Symbols eingetragen, falls dieses noch nicht in der Tabelle auftritt. In der zweiten Spalte wird notiert, ob das betreffende Symbol bereits definiert, d. h. ihm ein LC-Wert zugewiesen wurde. Dieser Wert wird gegebenenfalls in die dritte Spalte eingetragen. In der Fehler-Spalte kann z. B. notiert werden, ob ein bestimmtes Symbol nicht oder doppelt definiert wurde. Der erstere Fall liegt etwa dann vor, wenn in einer Instruktion eine Sprungmarke referenziert wird, welche im Programm nicht als Label einer (anderen) Instruktion auftritt; der letztere Fall ist gegebenen, wenn das gleiche Label mehreren Instruktionen vorangestellt wird.

Als Ergebnis der ersten Phase wird das ursprüngliche Quellprogramm im allgemeinen in einer sogenannten *Zwischenform* vorliegen, welche zusammen mit den in Phase 1 generierten Tabellen an Phase 2 übergeben wird. Die Aufgabe dieser Phase besteht im einzelnen in der Syntaxüberprüfung des Quellprogramms bzw. dessen Zwischenform, der Codegenerierung, der Erzeugung eines Listings (gegebenenfalls mit Fehlermeldungen) und der Erzeugung eines Objektmoduls, welches an den Linker oder direkt an den Lader übergeben wird.

Die Aufgabe des Parsers besteht darin, das Programm auf syntaktische Korrektheit zu überprüfen. Die folgenden Statements zeigen (für die Sprache des WE32100) Beispiele syntaktisch inkorrekter Instruktionen, welche also zurückzuweisen sind:

```
MOW %r0, %r1
ANDW2 %r0, %r1, %r2
ANDW2 %r0, &40
```

(Der Leser mache sich an dieser Stelle klar, worin jeweils der Fehler besteht.) Wir wollen auf den Entwurf eines Parsers hier nicht im einzelnen eingehen, bemerken jedoch, daß hierbei das in diesem Text bereits mehrfach erwähnte Konzept des *endlichen Automaten* (vgl. etwa Kapitel 4) ausreicht und zum Einsatz kommt. Grundsätzlich wird jedes im gegebenen Programm vorkommende Statement vom Parser tokenweise verarbeitet, wobei die Einhaltung der grammatikalischen Regeln der betreffenden Sprache überprüft wird. Dies läßt sich durch einen endlichen Automaten grob wie folgt modellieren: Zustände des Automaten, d. h. sein (endliches) Gedächtnis, werden dazu benutzt zu speichern, welche (korrekten) Teile eines aktuellen Statements bereits gelesen wurden. Aus dem Startzustand geht der Automat also z. B. nach dem Lesen eines Labels in einen Zustand „Label erkannt" über, in welchem er als nächstes einen mnemonischen Befehlscode oder eine Assembler-Direktive erwartet. Zustandsübergänge werden in Abhängigkeit vom aktuellen Input-Token vorgenommen, wobei von jedem Zustand aus der Übergang in einen Fehler-Zustand möglich sein muß. Wesentlich ist für den Parser einerseits, daß die Grammatik der zugrunde liegenden (Assembler-) Sprache vollständig (in Automatenform) „codiert" vorliegt, und daß ihm die in Phase 1 generierte Symbol- sowie die Literal-Tabelle zur Verfügung stehen.

Unter Rückgriff auf die Befehls- sowie die Pseudobefehls-Tabelle kann in Phase 2 schließlich der Maschinencode für das verarbeitete Quellprogramm erzeugt werden, wobei zu beachten ist, daß alle Programmadressen relativ zum Programmanfang

Objektfile UP1

Adr.	Instruktion
0	BRB 300
	:
	:
	:
300	MOVW Q, %r0
	:
	:
500	JSB UP2
	:
600	RSB

Objektfile HP

Adr.	Instruktion
0	BRB 200
	:
200	MOVW P, %r0
	:
300	JSB UP1
	:
400	RET

Objektfile UP2

Adr.	Instruktion
0	BRB 200
	:
200	MOVW R, %r0
	:
	:
400	RSB

Abbildung 11.15: Getrennt assemblierte, zusammengehörige Objektfiles.

(Adresse 0) angegeben werden. Das (im allgemeinen im Sekundärspeicher abgelegte) Objektprogramm ist also in der vom Assembler erzeugten Form noch nicht ausführbar; wie in Abschnitt 11.3.1 erläutert, muß zum Zwecke der Ausführung eine Umsetzung des logischen Adreßraums auf den physikalischen vorgenommen werden. Wir wollen als nächstes kurz auf die Teile der System-Software eingehen, welche diese Aufgabe erledigen.

11.4.2   Der Linker

Die Aufgabe eines *Linkers* besteht darin, ein assembliertes Programm für seine Ausführung vorzubereiten. Ein vom Assembler erzeugtes Obektprogramm kann z. B. aus den folgenden Gründen nicht unmittelbar ausführbar sein: Falls das Programm Teile einer Programmbibliothek benutzt, müssen diese zunächst bereitgestellt werden. Falls ein Programm aus einem Hauptprogramm besteht, welches eine Reihe von Prozeduren aufruft, und diese Prozeduren zum Zwecke der Modularisierung getrennt vom Hauptprogramm assembliert werden, so liefert der Assembler eine Reihe von Objektfiles, deren logische Zusammengehörigkeit für den Rechner nicht erkennbar ist; jeder einzelne dieser Files repräsentiert zunächst einen eigenen (bei Adresse 0 beginnenden) logischen Adreßraum. Der Linker hat dann dafür zu sorgen, daß diese Adreßräume zu *einem* Adreßraum zusammengesetzt werden. Das dabei zu lösende *Relokationsproblem* sowie das *Problem externer Referenzen* sei an folgendem Beispiel verdeutlicht:

Ein Hauptprogramm mit zwei Unterprogrammen sei in drei separaten Files gespeichert, welche einzeln assembliert und in Objektfiles abgelegt werden. Die resultierende Situation ist in Abbildung 11.15 gezeigt (wobei wir Instruktionen in mnemonischer Form angeben).

Falls HP, UP1 und UP2 im Hauptspeicher hintereinander ab Adresse 100 gespeichert würden, ergeben sich die folgenden Anfangsadressen:

Objektfile	ab Adresse
HP	100
UP1	500
UP2	1100

Offensichtlich sind damit alle Sprungzieladressen ungültig geworden, da sich durch die Veränderung der Anfangsadressen der einzelnen Files alle relativen Adressen innerhalb der Files verändert haben; das Programm ist also (noch) nicht ausführbar.

Der Linker hat dafür zu sorgen, daß die (in diesem Beispiel drei) verschiedenen logischen Adreßräume zu einem zusammen*gebunden* werden; dabei sind insbesondere Referenzen innerhalb eines Objektmoduls entsprechend zu korrigieren (man spricht von einer *Relokation*) und Referenzen auf externe Module (Unterprogramme) durch die jeweilige neue (logische) Anfangsadresse zu ersetzen. Dazu kann zunächst eine Tabelle aller „zu linkenden" Module angelegt werden, in welche insbesondere die Länge eines jeden Moduls eingetragen wird. Sodann ist jedem Modul eine aktuelle Startadresse zuzuweisen. Alle Instruktionen, welche eine Speicherreferenz in der oben gezeigten Form enthalten, müssen bestimmt werden; zu jeder solchen Referenz ist eine *Relokations-Konstante* zu addieren, bei welcher es sich um die (neue) Anfangsadresse des betreffenden Objektfiles handelt. Unterprogrammsprünge sind entsprechend zu korrigieren. Als Ergebnis entsteht ein „Lademodul", welcher dem Lader übergeben wird.

11.4.3 Der Lader

Die wesentliche Aufgabe eines *Laders* ist, ein assembliertes und vom Linker vorbereitetes Objektprogramm von Sekundärspeicher in den Hauptspeicher zu laden und dessen Ausführung zu starten (durch Laden des Program Counters mit der Anfangsadresse des Programms). Diese Aufgabe besteht aus den vier Teilschritten

1. Allokation (Zuweisung) von Speicherplatz für das Programm (bzw. — bei Verwendung von Paging — eines „Anfangsstücks" hiervon);

2. Binden, d. h. Ersetzen logischer Programm-Adressen durch physikalische Hauptspeicher-Adressen;

3. Relokation, d. h. Anpassung aller adreßabhängigen Referenzen im betreffenden Programm an dessen aktuelle Position im Hauptspeicher;

4. Laden des Programms in den dafür reservierten Bereich.

Während also ein Linker die einzelnen Teile eines Programms im logischen Adreßraum miteinander „verknüpft", falls diese separat assembliert wurden, hat der Lader unter Umständen ein Binden vorzunehmen. Hierunter wird allgemein das Ersetzen einer logischen (symbolischen oder virtuellen) Adresse durch eine physikalische verstanden. Offensichtlich kann dies auch zu einem anderen Zeitpunkt als zur Ladezeit vorgenommen werden (zur Assemblierzeit, zur Link-Zeit, zur Ausführungszeit oder sogar zum Zeitpunkt der Erstellung des Programms).

In Abhängigkeit davon, welche dieser Aufgaben tatsächlich dem Lader überlassen werden, können verschiedene Arten von Ladern unterschieden werden, von denen hier die wichtigsten genannt seien: Ein nach dem *Assemble-and-Go*-Prinzip arbeitender Lader ist de facto ein erweiterter Assembler, welcher generierten Code direkt im Hauptspeicher ablegt und am Ende von Phase 2 die Ausführung des erzeugten Codes initiiert. Wesentliche Nachteile dieses Ansatzes sind, daß keine Segmentierung verwendet werden kann und daß das Programm vor jeder Ausführung erneut assembliert werden muß.

Ein *Absolutprogramm-Lader* erwartet ein bereits gebundenes Programm, welches dann ab einer vom Programmierer anzugebenden („absoluten") Startadresse in den Hauptspeicher geladen wird. Das Binden muß in diesem Fall also abgeschlossen sein, bevor der Lader aktiv wird; es ist unter Umständen vom Programmierer selbst durchzuführen.

Ein *Relativprogramm-Lader* legt ein Programm nicht ab einer festen, sondern ab einer aktuell verfügbaren Adresse im Hauptspeicher ab. Dies setzt voraus, daß alle Programmadressen *relativ* zum Programmanfang gehalten sind; der Lader ersetzt diese durch ihren jeweils endgültigen Wert. Bei Verwendung eines solchen Laders fügt der Assembler häufig gewisse Zusatz-Informationen („Relokations-Bits") an die von ihm erzeugten Maschinenbefehle an, durch welche der Lader erkennt, ob dieser Befehl während einer Relokation zu bearbeiten ist. Derartige Information kann auch außerhalb des Programms in Form eines *Transfer-Vektors*, welcher auch die Namen der aufgerufenen Unterprogramme umfaßt, an den Lader übergeben werden. Ein Nachteil dieser Form des Laders besteht darin, daß nach dem Laden alle Adressen an feste Positionen gebunden sind. Eine Verallgemeinerung dieses Lader-Typs ist der *direktlinkende Lader*, welcher insbesondere zur Unterstützung eines segmentierten virtuellen Speichers verwendet wird.

Schließlich seien noch die *dynamischen* Lader erwähnt, welche besonders das in Zusammenhang mit einem Paging vorzunehmende Ein- bzw. Auslagern von Seiten im Hauptspeicher unterstützen. Falls eine Programmseite ausgelagert und zu einem späteren Zeitpunkt wieder in den Hauptspeicher eingelagert wird, hat sich im allgemeinen ihre Anfangsadresse verändert. Hieran müssen die relativen Programmadressen angepaßt werden, was ein dynamischer Lader im allgemeinen unter Verwendung eines *Basisregisters*, in welchem die aktuelle Anfangsadresse abgelegt wird, durchführt. In diesem Fall wird ein Binden also zur Laufzeit durchgeführt.

11.5 Übungen

11.1 Man gebe eine kurze Beschreibung der wesentlichen Aufgaben und Funktionen eines Betriebssystems.

11.2 Man überlege, auf welche Weise ein Betriebssystem *erstmalig* in den Hauptspeicher eines Rechners geladen werden kann.

11.3 Falls ein Betriebssystem Multiprogramming unterstützt, können mehrere Programmierer den betreffenden Rechner gleichzeitig benutzen. Dies kann zu Sicherheitsproblemen führen. Man überlege, worin diese bestehen können und welche Möglichkeiten der Abhilfe denkbar sind.

11.4 Ein virtueller Speicher bestehe aus 8 Seiten der Größe 1 KB, für welche im Hauptspeicher 4 Seitenrahmen zur Verfügung stehen. Seite 0 enthält die (Byte-)

Adressen 0 - 1023, Seite 1 die Adressen 1024 - 2047 usw. Weiter befinde sich aktuell Seite 0 [, 1, 4, 6] in Rahmen 3 [, 1, 2, 0]. Man gebe an, aus wievielen Bits eine virtuelle bzw. eine physikalische Adresse besteht, welche virtuellen Adressen einen Page-Fault verursachen können, und welche physikalischen Adressen den virtuellen Adressen 0, 3722, 1023, 1026, 4096, 5128 und 7600 entsprechen.

11.5 Bei der Verwendung von Paging wird stets unterstellt, daß alle Seiten eine unveränderliche (statische) Länge haben. Hieraus resultiert, daß Teile einer Page (etwa am „Ende" eines logischen Adreßraums bzw. eines Programms) ungenutzt bleiben. Diese Situation ist vermeidbar durch die Verwendung von *dynamischem Paging*, bei welchem Seitengrößen nach Bedarf verändert werden können. Man überlege, wie bei einem solchen Ansatz die Umsetzung virtueller auf reale Adressen vorgenommen werden kann und welche Probleme auftreten.

11.6 Eine Alternative zur in Abschnitt 11.3.1 beschriebenen LRU-Seitenersetzungsstrategie ist die *NRU-Regel* (kurz für *Not Recently Used*). Man überlege, unter welchen Voraussetzungen diese gegenüber LRU zu bevorzugen ist. Man stelle die gleiche Überlegung für eine FIFO-Strategie (*First In First Out*) an.

11.7 Ein segmentierter Speicher bestehe aus in Seiten unterteilten Segmenten. Eine virtuelle Adresse der Länge 16 Bits umfasse 3 Bits für die Segment-Nummer, 3 Bits für die Seiten-Nummer und 10 Bits für den Offset. Man bestimme die Größe des logischen Adreßraums.

11.8 Segmente können unter anderem zur Aufnahme von Programmen verwendet werden, welche von mehreren Benutzern gleichzeitig verwendet werden (wie etwa ein Compiler). Man entwerfe eine Segment-Tabelle, welche ein solches *Sharing* von Segmenten unterstützt.

11.9 In Analogie zu einem Page-Fault können bei einer Segmentierung *Segment-Faults* auftreten. Man gebe eine geeignete Strategie an, einen solchen zu beheben.

11.10 Bei der Ausführung nebenläufiger Prozesse kann es speziell bei der Vergabe exklusiver Betriebsmittel zu sogenannten *Deadlocks* kommen, etwa in folgender Situation: Ein Rechner verfüge über genau zwei Magnetband-Einheiten. Die Prozesse A und B benötigen im Laufe ihrer Ausführung beide Bänder; beide fordern zunächst jedoch nur ein Band an. Ein Deadlock entsteht wie folgt:

> A fordert Band 1 an; Band 1 wird zugewiesen;
> B fordert Band 2 an; Band 2 wird zugewiesen;
> A fordert Band 2 an; A wird blockiert (da Band 2 nicht verfügbar ist);
> B fordert Band 1 an; B wird blockiert.

Sowohl A und B warten auf das jeweils vom anderen Prozeß benutzte Betriebsmittel. Man überlege, wie ein Deadlock *erkannt, behoben* oder sogar *vermieden* werden kann.

11.11 Für die in den Beispielen 9.1 und 9.3 angegebenen Programme gebe man jeweils den Inhalt einer entsprechenden Symboltabelle an.

11.12 Man gebe eine möglichst vollständige Liste von (syntaktischen) Fehlern an, welche der Parser eines Assemblers erkennen können muß.

11.13 Assembler-Sprachen erlauben häufig die Verwendung sogenannter *Makros*, also von Abkürzungen für (vorher definierte) Befehlsfolgen. Bei der Assemblierung eines entsprechenden Programms (durch einen „Makro-Assembler") werden diese Makros *expandiert*, d. h. jeder Makro-Aufruf wird durch seine Definition ersetzt. Man überlege, wie die beiden Phasen der Assemblierung zu erweitern sind, falls Makros benutzt werden dürfen.

11.14 Der WE32100-Assembler unterhält de facto mehrere Location Counter, z. B. jeweils einen für die .text- und die .data-Sektion eines Programms. Man überlege, auf welche Weise in diesem Fall ein Objektmodul erzeugt werden kann.

11.15 Ein Linker verarbeite fünf Objektmodule mit den Längen 200, 800, 700, 400 und 1200 Bytes. Wie lauten die entsprechenden Relokations-Konstanten, falls die Module in dieser Reihenfolge gelinkt werden sollen?

11.16 Ein Prozeß fordere fünf Seiten a, b, c, d und e an in der Reihenfolge a, b, c, d, a, b, e, a, b, c, d, e. Man beschreibe, wie die Seitenersetzungsstrategien FIFO bzw. LRU die Anforderung verarbeiten (und wann sie dabei einen Page-Fault erzeugen) unter der Annahme, daß das Betriebssystem dem Prozeß

(a) maximal drei,

(b) maximal vier

Seitenrahmen gleichzeitig zur Verfügung stellt.

11.6 Bibliographische Hinweise

Umfassende Einführungen in die Theorie und Praxis von Betriebssystemen entnehme man z. B. Deitel (1990), Silberschatz und Galvin (1998) oder Tanenbaum (1992). Den Entwurf eines Betriebssystems beschreibt Comer (1984, 1987) am Beispiel Xinu und Tanenbaum und Woodhull (1997) am Beispiel Minix. Den Entwurf und die Implementierung des UNIX-Betriebssystems beschreiben Bach (1986) sowie Leffler et al. (1989). Allgemeine Einführungen in den Aufbau und den Gebrauch dieses Systems geben ferner AT&T (1987a, b), Bourne (1982), Christian (1988) oder Ritchie und Thompson (1974).

Einzelheiten zum Working-Set bzw. zum Working-Set-Prinzip entnehme man Denning (1968) oder Denning und Schwartz (1972). Eine Beschreibung der Speicherverwaltungsverfahren Paging bzw. Segmentierung findet man etwa bei Silberschatz und Galvin (1998) sowie Tanenbaum (1992). Zur Theorie der Betriebssysteme und insbesondere des Scheduling vergleiche man z. B. Coffman und Denning (1973) oder Krayl el al. (1975). Die Sätze 11.2 und 11.3 gehen auf Graham (1969) zurück; dieser Arbeit entnehme man auch weitere Einzelheiten zu den angegebenen Heuristiken. Zu dem in Abschnitt 11.3.2 behandelten speziellen Scheduling-Problem existiert eine Vielzahl von Varianten, von denen einige polynomielle Lösungsverfahren besitzen, viele ebenfalls NP-vollständig sind und für wieder andere die Frage nach dieser

Einordnung noch nicht geklärt ist. Insbesondere Ein-Maschinen-Probleme besitzen häufig effiziente Lösungen, welche oft durch Sortieren der Joblängen erzielt werden können. Für $n \geq 3$ sind eine Reihe von n-Maschinen-Problemen noch offen. Eine mit Computer-Unterstützung gewonnene Übersicht über mögliche Scheduling-Varianten nebst Ergebnissen findet man bei Lageweg et al. (1982).

Zum Entwurf sowie zur Implementierung von Assemblern, Linkern und Ladern sei verwiesen auf Donovan (1972), Schneider (1985), Schneider et al. (1987), Patterson und Hennessy (1997) sowie Tanenbaum und Woodhull (1997).

Teil III

Parallelverarbeitung (Alternative Rechnerkonzepte)

Wir wollen in diesem Teil das Umfeld des klassischen von Neumann-Rechners verlassen und alternative Architekturen studieren. Dabei knüpfen wir an die Ausführungen von Kapitel 7 an, in welchem wir Parallelverarbeitung bereits beim systolischen Feld kennengelernt haben. Die durch den Fortschritt der VLSI-Technologie erzielte hohe Verfügbarkeit preiswerter Hardware ist die Voraussetzung für die Entwicklung von Parallelrechnern und von Algorithmen, welche diese benutzen.

Wir beginnen in Kapitel 12 mit Grundkonzepten und Grundmodellen. Insbesondere erfolgt eine Behandlung typischer *Netzwerke*, welche Prozessoren so verbinden, daß eine parallele Verarbeitung möglich wird. Dabei wird sich einerseits zeigen, daß derartige Netzwerke als spezielle Graphen auch aus theoretischer Sicht auf interessante Probleme führen. Andererseits dient dieses Kapitel als Vorbereitung für Kapitel 13, in welchem wir exemplarisch einige prominente *Parallelrechner-Architekturen* vorstellen werden. Neben schon fast "klassisch" zu nennenden Vorschläge wie dem Illiac IV erwähnen wir z. B. auch die heute zunehmend Verbreitung findenden Multimikroprozessorsysteme. Kapitel 14 stellt als Alternative zur Parallelverarbeitung die Grundlagen der Rechnernetz-Technik vor. In einem Rechnernetz sind im allgemeinen mehrere autonome Rechner, welche unter Umständen nur ganz spezielle Aufgaben bearbeiten können (z. B. Datenbankmaschinen), über ein lokales bzw. globales Netz miteinander verbunden. Rechnerverbundsysteme finden heute immer stärkere Verbreitung, insbesondere in folgenden Erscheinungsformen: Entweder als lokales Netz z. B. in Zusammenhang mit der Büroautomation (Textverarbeitung, Electronic Mail etc.), oder als Netz, welches sich *öffentlicher* Leitungen bedient.

Kapitel 12

Grund-Konzepte und -Modelle für die Parallelverarbeitung

12.1 SIMD-Rechner. Das Speicherproblem. Die PRAM

Wir betrachten noch einmal das Problem der Matrix-Vektor-Multiplikation: In Abschnitt 7.4 haben wir zur Lösung dieses Problems (bei Matrizen vorgegebener Bandbreite) ein systolisches Feld skizziert, welches insbesondere durch einen hohen Grad an Parallelität gekennzeichnet war. Noch deutlicher wird der durch Parallelverarbeitung erzielbare Effekt bei der Matrix-Addition (sowie bei der Matrix-Multiplikation, vgl. Abschnitt 12.4): Seien $\mathcal{A}$ und $\mathcal{B}$ zwei $(n \times n)$-Matrizen, so ist deren Summe durch

$$\begin{aligned} \mathcal{A} + \mathcal{B} &= (a_{ik}) + (b_{ik}) \\ &= (a_{ik} + b_{ik}) \ , \ 1 \leq i, k \leq n \end{aligned}$$

beschreibbar. An n^2 Stellen wird dabei die *gleiche* Operation an jeweils *verschiedenen* Daten ausgeführt. Kurz ist dies durch „single instruction - multiple data" (SIMD, vgl. Kapitel 8) zu charakterisieren, und es ist naheliegend, zur Lösung dieser Aufgabe einen Rechner der gleichnamigen Kategorie heranzuziehen. Ein (parallel arbeitender) Rechner mit n^2 Prozessoren kann die Aufgabe offensichtlich in *einem* Schritt lösen, falls die Daten an den „richtigen" Stellen zur Verfügung stehen. Demgegenüber benötigt ein (von Neumannsches) Ein-Prozessor-System n^2 Schritte.

Wir werden in Abschnitt 12.3 und im nächsten Kapitel unter anderem „Array-Prozessoren" kennenlernen, welche für diese Form der Parallelverarbeitung konzipiert sind. Bei der Realisierung paralleler Systeme stellt sich das Problem, daß die Anzahl der verfügbaren Prozessoren begrenzt ist, wenngleich diese Zahl heute durch Verwendung von VLSI-Chips sehr hoch sein kann. Daher ist es noch nicht sinnvoll anzunehmen, daß — im Beispiel der Matrix-Addition — für *jeden* möglichen Wert von n tatsächlich n^2 Prozessoren verfügbar sind. Stattdessen wird (wie in Abschnitt 7.4)

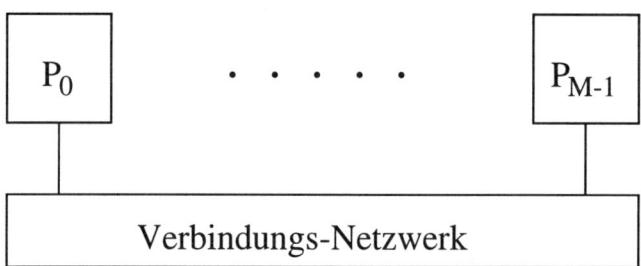

Abbildung 12.1: Prinzip der Vernetzung von Prozessoren.

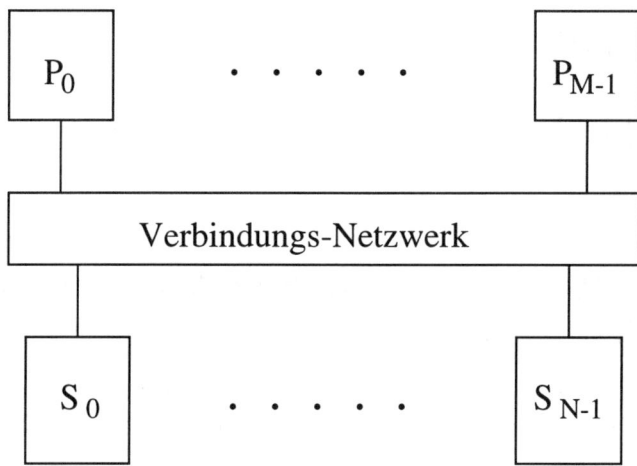

Abbildung 12.2: Vernetzte Prozessoren mit globalem Speicher.

die Anzahl der Prozessoren im allgemeinen wesentlich kleiner sein als die „Größe" der zu lösenden Aufgabe.

Abhilfe schafft in dieser Situation eine geeignete Kombination von Pipelining und Parallelverarbeitung durch ein sogenanntes *Verbindungsnetzwerk*, über welches die vorhandenen Prozessoren „kommunizieren" (Daten austauschen etc.). Die Ausgangssituation läßt sich dabei anschaulich wie in Abbildung 12.1 (sogenannte *Shared-Nothing-* bzw. *Distributed-Memory-Architektur*) darstellen. Dabei wird unterstellt, daß jeder der M Prozessoren $P_0, \ldots, P_{M-1}$ über einen eigenen Arbeitsspeicher verfügt, welcher nur ihm zugänglich ist. Häufig wird auch angenommen, daß der Arbeitsspeicher (etwa in Form von N getrennten Speicherboards $S_0, \ldots, S_{N-1}$) global verfügbar ist, so daß Prozessoren und Speicherblöcke zu verbinden sind (vgl. Abbildung 12.2, sogenannte *Shared-Memory-Architektur*).

In beiden Fällen lassen sich sogenannte statische oder starre sowie programmierbare Verbindungsnetzwerke unterscheiden: Bei *statischen* Netzwerken sind die Prozessoren untereinander bzw. mit den Speicherboards starr oder durch starre Alternativen, die nur als ganzes (global) schaltbar sind, verbunden. Bei *programmierbaren* Netzwerken können einzelne Verbindungen je nach Bedarf lokal hergestellt werden. Dazu verwendet man *Schalter*, welche häufig mehrstufig angeordnet sind. Den dabei offensichtlichen Nachteilen des hohen Hardwareaufwandes für Schalter sowie der dadurch erzwungenen höheren Bearbeitungszeit steht der Vorteil großer Flexibilität gegenüber. Dagegen sind statische Netzwerke im allgemeinen schnell, aber — wenn überhaupt — nur unter Zuhilfenahme geeigneter Algorithmen „universell" verwendbar. Für beide Klassen werden wir in den nächsten Abschnitten typische Vertreter vorstellen und andeuten, wie sie zur Lösung bestimmter Probleme benutzt werden können.

Wir wollen uns in diesem einleitenden Abschnitt zunächst mit Shared-Memory-Modellen für die Parallelverarbeitung befassen. Die Vorstellung, daß ein aus vielen Prozessoren bestehender Parallelrechner über nur *einen* — gemeinsamen — Speicher verfügt, ist gedanklich zunächst von hoher Attraktivität: Nicht nur erscheint dann eine Mehrfach-Speicherung der gleichen Daten bei verschiedenen Prozessoren überflüssig. Auch die Vorstellung, daß es einen verbindlichen Datenzustand gibt und nicht mehrere, möglicherweise inkonsistente Versionen bei verschiedenen Prozessoren, scheint ideal zu sein (vgl. das Problem der Cache-Kohärenz in Abschnitt 13.4.2). Deshalb ist dieses Rechnermodell der Parallelen-Random-Access-Maschine PRAM das nächstliegenste und auch allgemeinste Parallelrechner-Modell.

Das Shared-Memory-Konzept des gemeinsamen Speichers bringt allerdings auch zwei gravierende Probleme mit sich: Das erste ist *logischer* Natur: Paralleler Lese- oder Schreib-Zugriff aller Prozessoren auf einen Speicher könnte zu gegenseitigen Störungen führen. Während dies beim *Lese*-Zugriff relativ unproblematisch ist und höchstens dann technisch relevant sein würde, wenn etwa ein Lesevorgang eine Information schwächen würde, kann ein gleichzeitig stattfindender *Schreib*versuch mehrerer unabhängiger Prozessoren an die gleiche Stelle des gemeinsamen Speichers semantisch problematisch sein. Man kann sich in manchen Situationen hier durchaus ein sinnvolles (und technisch realisierbares) Vorgehen denken: So sind z.B., falls *Zahlen* als Daten zu speichern sind, das *kumulative* Modell (die *Summe* aller parallelen Eintragungen steht im Speicher) oder das *Kaliber*modell (das *Maximum* aller parallelen Eintragungen steht im Speicher) übliche Varianten einer sogenannten CRCW-PRAM (*Concurrent Read, Concurrent Write*). Der gebräuchlichste Typ der PRAM ist allerdings die CREW (*Concurrent Read, Exclusive Write*), bei der zwar alle Prozessoren gleichzeitig die an einer Stelle stehenden Daten lesen dürfen, ein Schreibvorgang allerdings nur von einem — durch das Programm festgelegten — Prozessor durchgeführt werden darf. Die rein theoretisch ebenfalls noch denkbaren PRAM-Varianten EREW (*Exclusive Read, Exclusive Write*) oder gar ERCW sind von geringerer Bedeutung. Es sei aber bemerkt, daß sich alle diese PRAM-Varianten prinzipiell gegenseitig simulieren können, wenn auch unter Umständen nur mit einem zusätzlichen Zeitaufwand.

Das zweite mit der PRAM auftretende Problem ist *technologischer* Natur: Es ist heute technisch noch nicht möglich, einen Parallelrechner zu bauen, bei dem *alle* von sehr vielen Prozessoren mit *allen* Adressen eines gemeinsamen Random-Access-Speichers direkt verbunden sind. So würde etwa eine PRAM mit $2^{10} = 1024$ Prozessoren und 2^{20} Speicherplätzen die immense Zahl von $2^{30} \approx 10^9$ Direktverbindungen erfordern. Man kann also eine ideale PRAM realistischer Größe heute (noch) nicht verwirklichen, höchstens durch mehr oder weniger indirekte Ersatzschaltungen simulieren. Hierauf wird mit dem Konzept der Speicherkopplung in Kapitel 13 eingegangen werden.

Trotz dieser Schwierigkeiten gilt die PRAM heute als ein wichtiges Rechnermodell

für die Parallelverarbeitung mit einer ähnlichen grundsätzlichen Bedeutung, wie es
die Turing-Maschine oder die Random-Access-Maschine für das sequentielle Rechnen
sind. Wichtige Probleme der parallelen Datenverarbeitung sind für die PRAM in
grundsätzlicher Weise durchanalysiert worden, insbesondere das Problem der Matrix-
Multiplikation oder das Sortier-Problem.

Als einziges und extremes Beispiel behandeln wir kurz das von uns immer wieder
beschriebene fundamentale Problem der Multiplikation zweier $n \times n$-Matrizen $\mathcal{A}$ und
$\mathcal{B}$ zu einer Produktmatrix $\mathcal{C}$. Auf einer CRCW-PRAM nach dem kumulativen Modell
ist dies mit n^3 Prozessoren in *beschränkter Zeit* wie folgt durchführbar: Bekanntlich
ist ja bei dieser Aufgabenstellung

$$c_{jk} = \sum_{i=0}^{n-1} a_{ji} \cdot b_{ik} \ .$$

für jedes j und k mit $0 \leq j, k \leq n - 1$ zu berechnen. Wir verwenden n^3 Prozessoren,
die wir mit dem Tripel ijk indizieren, sowie einen gemeinsamen Speicher, welcher drei
Matrizen $\mathcal{A} = (a_{ij})$, $\mathcal{B} = (b_{ij})$ und $\mathcal{C} = (c_{ij})$ enthält. Anfangs seien selbstverständlich
die Matrizen $\mathcal{A}$ und $\mathcal{B}$ bereits in den Speicher geladen. Die Rechnung verläuft nun in
vier Zeitschritten wie folgt ab:

1. Jeder Prozessor P_{ijk} holt sich a_{ji} aus der Matrix $\mathcal{A}$ und speichert es in seinem
   (wenigstens zweielementigen) separaten Speicher.

2. Jeder Prozessor P_{ijk} holt sich b_{ik} aus der Matrix $\mathcal{B}$ und speichert es.

3. Jeder Prozessor P_{ijk} berechnet das Produkt $a_{ji} \cdot b_{ik}$.

4. Jeder Prozessor P_{ijk} schreibt das in Schritt 3 berechnete Ergebnis in den Speicherplatz c_{jk} des gemeinsamen Speichers.

Die Annahme des *kumulativen* CRCW-Modells garantiert nun, daß hiernach an der
Stelle c_{jk} die erwünschte *Summe* steht. Damit ist die Rechnung nach vier Einzelschritten beendet.

Der Leser wird an der überraschenden Perfektion dieses Parallelrechners selbst ein
Gefühl für den hohen Grad an Idealisierung gewinnen, welcher mit dem Modell der
PRAM verbunden ist und welcher dieses unrealistisch macht. Wir werden uns deshalb in den folgenden Abschnitten nur noch mit solchen Parallelrechnern befassen,
bei denen ein verteilter Speicher vorliegt und die Prozessoren durch ein Verbindungsnetz miteinander kommunizieren oder bei denen bei einem gemeinsamen Speicher das
Idealkonzept der PRAM aufgelockert worden ist.

Es sei angemerkt, daß wir in diesem Kapitel an die jeweils beteiligten Prozessoren
nur die Anforderung stellen, daß sie durch einen endlichen Automaten beschreibbar sind. In der Literatur wird die Tatsache, daß es sich dabei nicht notwendig um
vollständige CPUs (im Sinne von Kapitel 8) handelt, durch die Bezeichnung „Processing Elements" zum Ausdruck gebracht. Damit beschäftigen wir uns auch mit sogenannten *zellularen Automaten*, welche bereits auf John von Neumann zurückgehen.
Wir nehmen an, daß jede Zelle (jeder Prozessor) autonom programmierbar ist und
keiner zentralen Steuerung bedarf. Da wir uns nur mit dem lokalen Problem von Verbindungen zwischen einzelnen Zellen befassen, werden wir auch auf das Problem der
hard- oder softwaremäßigen globalen Synchronisation parallel ablaufender Prozesse
nicht eingehen.

12.2 Kommunikation bei verteiltem Speicher: Superkonzentratoren

In der Parallelverarbeitung spielen Systeme mit verteiltem Speicher und mit Kommunikationsnetz, wie bereits erwähnt, eine maßgebende Rolle. Ihre Modellierung gibt uns nicht nur Hinweise für den Entwurf und die Programmierung von Parallel*rechnern*, sondern sie ist auch anwendbar auf andere Kommunikations-Szenarien wie z.B. auf den Telefonverkehr. Knoten mit ihren Inputs und Outputs sind dabei Teilnehmer, welche durch ein Netzwerk verbunden sind, das möglichst universell sein sollte. Der sogenannte Kreuzschienenschalter (vgl. Abbildung 12.19), der alle Inputs mit allen Outputs direkt verbindet, ist eine Verbindungsstruktur mit dieser Eigenschaft, jedoch hat er den Nachteil des hohen Hardware-Aufwands. Diese Tatsache führt auf einen Aspekt beim Entwurf von Netzwerken, der immer stärker in den Vordergrund rückt: die *Komplexität* von Verbindungsnetzwerken, d. h. die Anzahl der Schalter bzw. der „Netzknoten". Dieser Hardware-Aufwand hat auch Einfluß auf die Zeit, welche benötigt wird, um eine bestimmte Verbindung herzustellen. So kann man z. B. über eine Kreuzschiene (mit vielen Schaltern) sicher schneller eine Input-Output-Zuordnung vornehmen als z. B. über ein dreistufiges Ω-Netzwerk (welches unter Umständen mit weniger Schaltern auskommt, vgl. Abschnitt 12.5). Diese Überlegungen wollen wir nun präzisieren.

Wir beginnen mit einigen Begriffen aus der Graphentheorie:

Definition 12.1 Sei $G = (P, K)$ ein DAG (vgl. Kapitel 1).

(a) Ist $x \in P$ ein Input von G (im Sinne von Definition 1.7), so heißt die Anzahl der von x ausgehenden Kanten der *Outdegree* (Außengrad) von x. Entsprechend heißt für einen Output $y \in P$ die Anzahl der in y einmündenden Kanten der *Indegree* (Innengrad) von y.

(b) Eine Folge $w = (p_1, \ldots, p_n)$ von Punkten von G heißt ein *Weg* von p_1 nach p_n in G, falls für $i = 1, \ldots, n - 1$ gilt:

$$(p_i, p_{i+1}) \in K$$

(c) Zwei Wege w_1 und w_2 in G heißen *eckendisjunkt*, falls keine Ecke von w_1 in w_2 vorkommt und umgekehrt.

Damit lassen sich die hier zu betrachtenden Verbindungsnetzwerke auch wie folgt beschreiben:

Definition 12.2 Sei G ein DAG mit n Inputs und m Outputs.

(a) G heißt (n, m)-*Konzentrator* ($n \geq m$), falls sich je m Inputs eckendisjunkt mit den Outputs verbinden lassen.

(b) G heißt n-*Superkonzentrator*, falls $n = m$ gilt und sich für jedes $k \leq n$ je k Inputs eckendisjunkt mit k Outputs verbinden lassen.

Inputs   Outputs

G_1 :

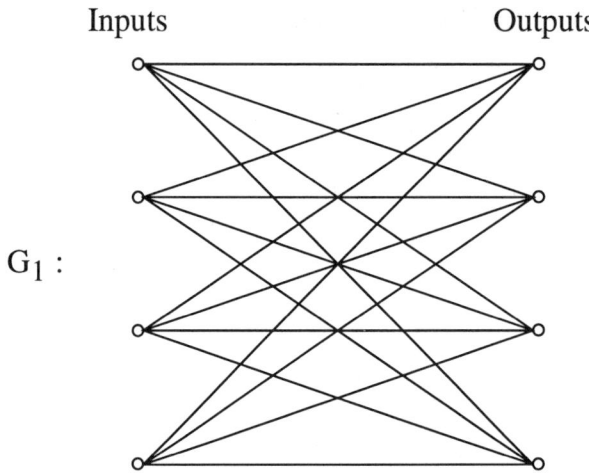

Abbildung 12.3: 4×4-Crossbar Switch G_1.

G_2 :

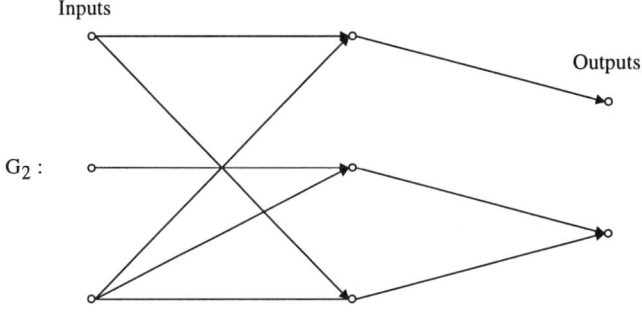

Abbildung 12.4: Graph G_2 zu Beispiel 12.2 ((3,2)-Konzentrator).

Beispiel 12.1 Gegeben sei ein 4×4-Crossbar Switch (vgl. Abbildung 12.3). Dabei sei angenommen, daß alle Kanten von links nach rechts orientiert sind. Offensichtlich ist G_1 ein (4,4)-Konzentrator und ein 4-Superkonzentrator. ☐

Beispiel 12.2 Gegeben sei der in Abbildung 12.4 gezeigte Graph G_2: G_2 ist ein (3,2)-Konzentrator, da sich alle Paare von Inputs eckendisjunkt mit den Outputs verbinden lassen. G_2 ist jedoch kein Superkonzentrator (wegen $n = 3 \neq 2 = m$). ☐

Beispiel 12.3 Wir betrachten den in Abbildung 12.5 gezeigten Graphen G_3: Wie in Beispiel 12.1 seien alle Kanten von links nach rechts orientiert. Man überlegt sich leicht, daß G_3 ein 4-Superkonzentrator ist. Vier eckendisjunkte Wege sind z. B.

$$
\begin{aligned}
w_1 &= (0, 4, 8, 14) \\
w_2 &= (1, 7, 10, 12) \\
w_3 &= (2, 6, 11, 15) \\
w_4 &= (3, 5, 9, 13).
\end{aligned}
$$

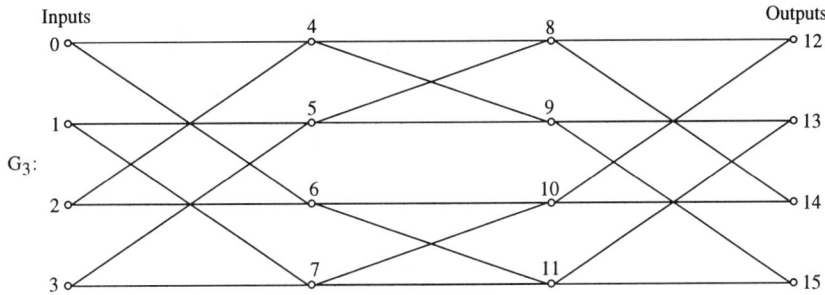

Abbildung 12.5: Graph G_3 zu Beispiel 12.3 (4-Superkonzentrator).

□

Über den Zusammenhang zwischen Konzentratoren und Superkonzentratoren seien folgende Tatsachen bemerkt:

1. Jeder n-Superkonzentrator ist ein (n, n)-Konzentrator.

2. Entfernt man in einem n-Superkonzentrator k Outputs mit allen Kanten, welche in diese einlaufen, so entsteht ein (n, m)-Konzentrator für $m = n - k$. Ein n-Superkonzentrator enthält also $2^n - 1$ Konzentratoren.

Die nachfolgende Tabelle stellt die wichtigsten Unterschiede zwischen den beiden 4-Superkonzentratoren der Beispiele 12.1 bzw. 12.3 zusammen:

$n = 4$	Anzahl Punkte	Anzahl Kanten	Anzahl Stufen
G_1	$8 = 2n$	$16 = n^2$	2
G_3	$16 = 4n$	$24 = 3n \log_2 n$	4

Die in dieser Tabelle enthaltenen Ergebnisse sollen darauf hinweisen, daß es n-Superkonzentratoren gibt, welche größenordnungsmäßig mit wesentlich weniger als n^2 Verbindungskanten auskommen. Der folgende Satz enthält dazu ein allgemeines Ergebnis; wir verzichten jedoch auf den Beweis, da er über den hier gesteckten Rahmen hinausgeht.

Satz 12.1 Für jedes $n > 0$ gibt es einen n-Superkonzentrator G mit folgenden Eigenschaften:

1. Für jeden Punkt x von G gilt: Indegree (x) + Outdegree $(x) \leq 16$;

2. G hat höchstens $40n$ Kanten;

3. G hat höchstens $c \cdot \log_2 n$ Stufen (für eine geeignete Konstante c);

4. G hat höchstens $k \cdot n$ Punkte (für eine geeignete Konstante k).

Wir wollen nun auf einige Anwendungen insbesondere der Superkonzentratoren zu sprechen kommen. Zunächst bemerken wir, daß diese Verbindungsnetzwerke mit wenig Kanten hohen Komfort bieten; dieser besteht darin, daß durch Betätigung der

„richtigen" Schalter *alle* Daten *gleichzeitig* von den Inputs zu den Outputs übertragen werden können. Daher kommen sie z. B. beim Anschluß vieler Terminals an einen oder mehrere Rechner zum Einsatz. Für den Telefonverkehr sind sie allerdings nur bedingt geeignet, da sie nur eine Menge-zu-Menge-Zuordnung und keine Punkt-zu-Punkt-Zuordnung garantieren. Für Kommunikationsaufgaben mit sehr aufwendigen Verbindungskosten (z.B. Transatlantikverbindungen) kann es durchaus interessant sein, daß man bereits mit *linearem* Aufwand *jede* Menge A durch eine geeignete bijektive Abbildung Φ mit einer gleichmächtigen (Ziel-) Menge B verbinden kann. Eine letztlich gewünschte gezielte Punkt-zu-Punkt-Kommunikation zwischen $a \in A$ und $b \in B$ vermöge einer vorgegebenen *Permutation* π von A nach B kann dann gegebenenfalls vor Ort (= am Ziel) durch eine weniger aufwendige lokale Permutationsschaltung zwischen den (mehr oder weniger zufällig bestimmten) durch Φ angewählten Kommunikationspartnern $\Phi(a) \in B$ und den eigentlich gewünschten Partnern $\pi(a) \in B$ hergestellt werden.

Nicht jeder Superkonzentrator ist ein universelles Permutationsnetz! Das Beispiel von Abbildung 12.6 zeigt einen 4-Superkonzentrator, der kein universelles 4-Permutationsnetz ist. Die Permutation

$$
\begin{array}{c|cccc}
i & 1 & 2 & 3 & 4 \\
\hline
\pi(i) & 2 & 3 & 1 & 4
\end{array}
$$

läßt sich nicht realisieren, nicht einmal die Teilpermutation

$$
\begin{array}{c|ccc}
i & 1 & 2 & 3 \\
\hline
\pi(i) & 2 & 3 & 1
\end{array}
$$

kann man schalten. Dagegen ist hier jede Menge A auf jede gleichmächtige Menge B durch eine geeignete Bijektion abbildbar. So ist z.B. $A = \{1, 2, 3\}$ auf $B = \{1, 2, 3\}$ durch die Bijektion Φ mit

$$
\begin{array}{c|ccc}
i & 1 & 2 & 3 \\
\hline
\Phi(i) & 1 & 2 & 3
\end{array}
$$

abbildbar.

Der Unterschied zwischen den Anforderungen an einen Superkonzentrator und an ein universelles Permutationsnetz läßt sich auch durch einen Vergleich der insgesamt zu erfüllenden Verbindungsaufgaben illustrieren: In einem n-Superkonzentrator muß jede der $\binom{n}{i}$ i-elementigen Input-Mengen mit jeder der $\binom{n}{i}$ i-elementigen Output-Mengen durch je i Verbindungen verschaltet werden ($1 \le i \le n$). Dies erfordert die Lösung von insgesamt

$$
s(n) = \sum_{i=1}^{n} i \cdot \binom{n}{i}^2
$$

(im allgemeinen nicht voneinander unabhängigen) Verbindungsaufgaben. Demgegenüber müssen zur Realisierung aller $n!$ Permutationen je n Verbindungen, insgesamt also

$$
t(n) = n \cdot n!
$$

Verbindungsmöglichkeiten garantiert werden. Man kann zeigen, daß

$$
s(n) = \frac{n}{2} \cdot \binom{2n}{n}
$$

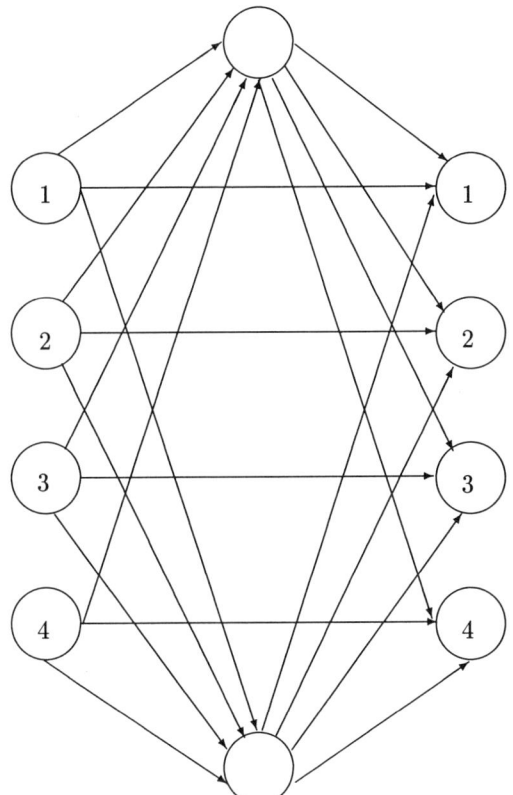

Abbildung 12.6: Nicht-universelles Permutationsnetz (4-Superkonzentrator).

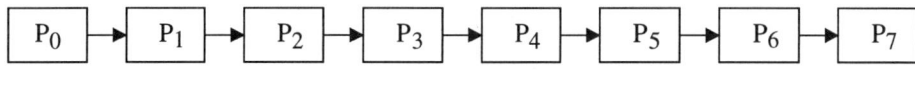

Abbildung 12.7: (Offene) Prozessor-Pipeline.

Abbildung 12.8: (Geschlossene) Prozessor-Pipeline (Ring).

ist und daß (ab $n = 6$) $t(n) > s(n)$ wird. So ist z.B. $t(8) = 322.560$ und $s(8) = 51.480$; für große n wächst $t(n)$ wesentlich schneller als $s(n)$. Die Schaltung von Permutationen ist also wesentlich aufwendiger als die Schaltung von Mengen-Bijektionen.

Offen bleibt an dieser Stelle allerdings das gesamte Routing-Problem, d. h. die Frage, *wie* gewünschte Verbindungen hergestellt werden können.

Eine wichtige Anwendung finden Superkonzentratoren in der theoretischen Informatik im Zusammenhang mit Komplexitätsuntersuchungen für bestimmte Probleme wie Polynom-Multiplikation oder diskrete Fourier-Transformation. Wir können hier nicht auf diese Probleme eingehen, bei denen als allgemeines Hilfsmittel zur Modellierung von Zeit- bzw. Platzbedarf das sogenannte *Pebble-Game* im Zusammenhang mit Superkonzentratoren benutzt wird.

Angesichts der relativen geringen Verbindungsleistung, welche also Superkonzentratoren gegenüber universellen Permutationsnetzen bieten, hat man sich für die Praxis mehr und mehr auf die Entwicklung und Verwendung der letztgenannten Netze konzentriert. Dieses Vorgehen ist umso vielversprechender, als sich der Aufwand bei universellen Permutationsnetzen keineswegs als dramatisch höher im Vergleich zum Aufwand für Superkonzentratoren darstellt. Wir werden uns deshalb in den folgenden Abschnitten nur noch mit dem Ziel beschäftigen, gute Permutationsnetze zu entwickeln.

12.3   Spezielle Permutationsnetze: Ring, Shuffle, Mesh, Hypercube

Wir beginnen mit einem dem Leser bereits vertrauten Beispiel für ein statisches Netzwerk, der *Pipeline*: Gegeben seien $M = 8$ Prozessoren. Eine Pipeline läßt sich damit wie in Abbildung 12.7 dargestellt aufbauen (vgl. Kapitel 7). Eine derartige Verbindungsstruktur, bei welcher die Prozessoren „am Rand" (hier P_0 und P_7) nicht verbunden sind, bezeichnet man auch als *offen*. Demgegenüber werden in einem *geschlossenen* System zyklisch benachbarte Ränder ebenfalls verbunden (*wrap-around*, vgl. hierzu auch die Definition des Karnaugh-Diagramms in Abschnitt 2.4.1); diese Konfiguration ist in Abbildung 12.8 gezeigt. In diesem Fall spricht man auch von einem *ringförmigen* Verbindungsnetzwerk oder kurz von einem *Ring*.

Man kann mit dieser Darstellungstechnik auch allgemeinere Situationen model-

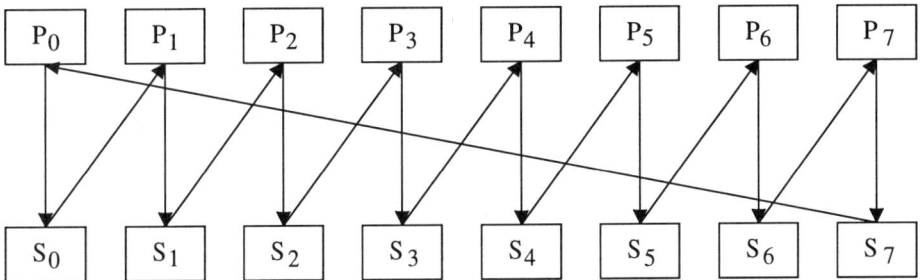

Abbildung 12.9: (Geschlossene) Prozessor-Speicher-Pipeline.

lieren: Für den Fall z.B., daß zusätzlich zu den M Prozessoren N Speichermodule an das Netzwerk angeschlossen sind, wobei wir zur Vereinfachung $N = M$ setzen, läßt sich dieses Verbindungsnetzwerk auch wie in Abbildung 12.9 gezeigt darstellen. Die Speichermodule werden dabei begrifflich ebenfalls als Prozessoren modelliert (vgl. Abschnitt 12.1).

Faßt man den Index i von Prozessor P_i als dessen Adresse auf, so läßt sich der in den Abbildungen 12.7 - 12.9 veranschaulichte Datentransfer formal durch eine bijektive *Verbindungsfunktion* auf der Menge der Prozessor-Adressen beschreiben. Im eben betrachteten Fall handelt es sich speziell um eine *Permutation* dieser Adressen, welche gegeben ist durch

$$\pi(i) := i + 1 \bmod M \ .$$

Allgemein bezeichnet man Verbindungsnetzwerke, deren Verbindungsfunktion durch eine Permutation darstellbar ist, als *Permutationsnetzwerke* oder kürzer als *Permutationsnetze*. Verallgemeinernd werden wir auch zulassen, daß die zentrale Schaltung mehrerer Permutationen $\pi_1, \ldots, \pi_k$ (wahlweise) möglich ist, so daß ein Verbindungsnetzwerk alternativ durch eine *Menge* von Verbindungsfunktionen beschrieben werden kann. Die Abbildung einer Prozessoradresse i durch eine Verbindungsfunktion f auf die Adresse $f(i)$ entspricht physikalisch dem Senden von Daten von Prozessor P_i an Prozessor $P_{f(i)}$.

Ein solches Permutationsnetzwerk wird als *universell* bezeichnet, wenn man *jede* Permutation einer Menge von M Prozessoradressen durch eine Folge in den Permutationen $\pi_1, \ldots, \pi_k$ darstellen kann. Die durch diese Folge realisierte Permutation entspricht dem gruppentheoretischen Produkt der in der Folge auftretenden Permutationen. Universalität ist aber eine sehr starke Anforderung, welche im hier diskutierten Zusammenhang noch unrealistisch ist.

Das oben angegebene Permutationsnetzwerk ist in diesem Sinne jedenfalls nicht universell. Wir bemerken aber, daß man durch eine geeignete Folge von Permutationen *ein* Datum von P_i nach P_j bringen kann für jede Wahl von i und j. (Dies bedeutet gruppentheoretisch die sogenannte Transitivität der von den Permutationen $\pi_1, \ldots, \pi_k$ erzeugten Untergruppe der symmetrischen Gruppe $\mathcal{S}_M$ über den M Prozessoradressen, während Universalität die sogenannte M-fache Transitivität bedeutet.) Im Mittel werden für die oben angegebene Transportaufgabe $\frac{M}{2}$ Schritte benötigt.

Es sei ferner erwähnt, daß es sich bei der Pipeline bzw. dem zyklischen Shift um einen Spezialfall des „<u>W</u>rap-Around <u>P</u>lus-<u>M</u>inus 2^i "- (WPM2I-) Netzwerkes handelt,

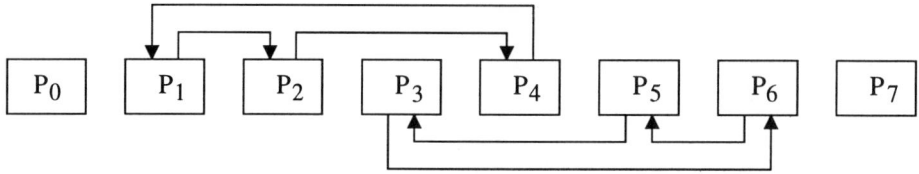

Abbildung 12.10: Perfect-Shuffle-Netzwerk.

dessen $2m$ Verbindungsfunktionen (bei $M = 2^m$ Prozessoradressen) wie folgt definiert sind:

$$\mathcal{W}_{+i}(j) = j + 2^i \bmod M$$

$$\mathcal{W}_{-i}(j) = j - 2^i \bmod M$$

mit $0 \le j \le M - 1$ und $0 \le i \le m - 1$. Für $i = 0$ und $M = 8$ erhält man hieraus z. B.

$$\mathcal{W}_{+0}(j) = j + 1 \bmod 8$$

und somit den in Abbildung 12.8 gezeigten Ring; die durch $\mathcal{W}_{-0}$ beschriebene Verbindung ergibt sich durch Umkehrung sämtlicher Pfeilrichtungen in dieser Abbildung.

Wir werden als nächstes ein (Permutations-) Netzwerk betrachten, welches Datentransport zwischen einzelnen Prozessoren im Mittel in weniger als $\frac{M}{2}$ Schritten bewerkstelligt. Dieses Netzwerk verbindet $M = 2^m$ Prozessoren gemäß Abbildung 12.10 (für $m = 3$). Diese Darstellung wird übersichtlicher durch Einzeichnung einer identischen Kopie jedes Prozessors (in Analogie zu Abbildung 12.8; vgl. Abbildung 12.11). Die Verbindungsfunktion dieses Netzwerkes ist offensichtlich durch die Permutation

$$\pi(i) := 2i \bmod (2^m - 1)$$

darstellbar. (Man erinnere sich hier an die Addition zweier Dualzahlen im Zweierkomplement in Abschnitt 5.1.2.)

Dieses Netzwerk wird als *Perfect-Shuffle*-Verbindung bezeichnet. Dieser Name leitet sich aus folgender Analogie zum „perfekten Mischen" von Spielkarten ab: Ein Stapel von 2^m Karten werde zunächst in zwei gleich große Hälften geteilt und sodann so gemischt, daß jede Karte aus der unteren Hälfte im neuen Stapel an einer gradzahligen Stelle liegt. Karte 0 (entsprechend Prozessor P_0) liegt danach also an der Stelle 0, Karte 1 an der Stelle 2, Karte 2 an der Stelle 4, Karte 3 an der Stelle 6 usw. Die Karten der oberen Hälfte liegen dann an ungradzahligen Stellen (z. B. bei 2^3 Karten: 4 an Stelle 1, 5 an Stelle 3, 6 an Stelle 5 usw.). Offensichtlich erhält man so genau die Perfect-Shuffle-Permutation.

Werden die Prozessor-Adressen $0, 1, \ldots, 2^m - 1$ dual codiert, so entspricht eine einmalige Anwendung dieser Permutation einem zyklischen Linksshift um eine Bitposition, so daß eine m-malige Anwendung genau die identische Abbildung liefert.

Bei einer Perfect-Shuffle-Verbindung ist ein Datenaustausch zwischen Prozessoren nicht immer möglich (z. B. ist ein Vertauschen von Registerinhalten zwischen P_1 und P_5 in Abbildung 12.10 bzw. 12.11 nicht möglich). Man kann aber zeigen, daß eine solche Verbindung, falls sie überhaupt funktioniert, im Mittel in größenordnungsmäßig höchstens $m = \log_2 M$ Schritten möglich ist.

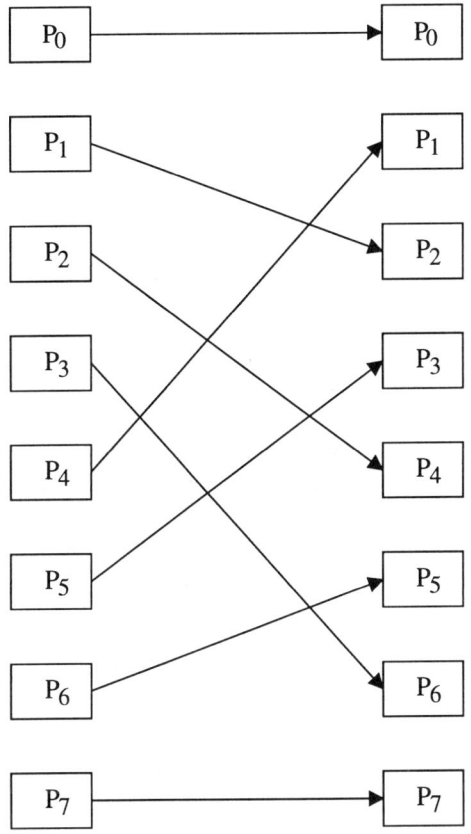

Abbildung 12.11: Perfect-Shuffle-Netzwerk mit separaten Ziel-Prozessoren.

Die Möglichkeiten dieser Verbindungstruktur lassen sich erweitern, wenn man zuläßt, daß Paare benachbarter Prozessoren auch untereinander Daten austauschen können (vgl. Abbildung 12.12). Betrachtet man wieder die Indizes der $M = 2^m$ Prozessoren als deren Adressen, und seien diese dual codiert, so läßt sich dieses *Shuffle-Exchange-Netzwerk* durch folgende zwei Permutationen $\pi_1 = S$, $\pi_2 = E$ formal beschreiben:

Shuffle: $S : B^m \to B^m$ mit
$$S((x_{m-1}, \ldots, x_0)_2) := (x_{m-2}, \ldots, x_0, x_{m-1})_2$$

Exchange: $E : B^m \to B^m$ mit
$$E((x_{m-1}, \ldots, x_1, x_0)_2) := (x_{m-1}, \ldots, x_1, \overline{x}_0)_2$$

Für $i = 0, 1, \ldots, 2^{m-1}$ ist also Prozessor P_i mit $P_{S(i)}$ und mit $P_{E(i)}$ verbunden. Benutzt man jetzt die Shuffle- bzw. die Exchange-Verbindungen in einer geeigneten Reihenfolge, so lassen sich eine Reihe von Aufgaben wie Sortieren oder Matrizentranspositionen parallel bearbeiten.

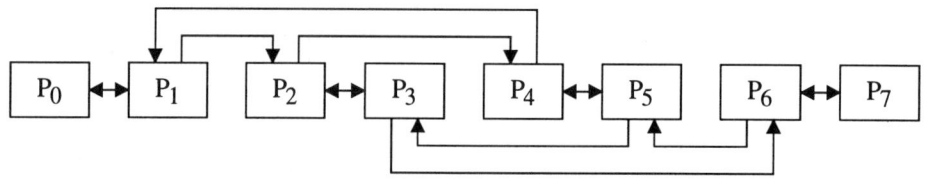

Abbildung 12.12: Shuffle-Exchange-Netzwerk.

Das Shuffle-Exchange-Netzwerk kann Austausche zwischen zwei beliebigen Prozessoren realisieren. Es kommt zur Herstellung solcher Verbindungen im Mittel mit etwa $\frac{3}{2}m$ Schritten aus; es ist allerdings als Permutationsnetzwerk ebenfalls nicht universell.

Da Shuffle und Exchange insgesamt nur als ganzes (starr) geschaltet werden können, wird dieses Netzwerk noch nicht als programmierbar eingestuft (vgl. Abschnitt 12.5).

Die praktisch vorkommenden Verbindungsprobleme sind nicht nur Permutationsaufgaben: Es kann erforderlich sein, z. B. die Registerinhalte einzelner Prozessoren zu löschen oder die anderer zu vervielfachen. Eine solche Aufgabe kann gelöst werden durch „Aktivieren" gewisser Teilmengen $\mathcal{A}$ der Prozessormenge $\mathcal{M}$; dies bedeutet, daß nur solche Verbindungen hergestellt werden, welche in $\mathcal{A}$ ihren Ursprung haben.

Durch sogenannte Prozessor-*Adreßmasken* kann man solche aktiven Mengen $\mathcal{A}$ spezifizieren. Eine Maske ist dabei ein String der Länge m, bei welchem an jeder Stelle eine Null, eine Eins oder ein „Blank" („Don't Care") erlaubt ist. Vor Ausführung eines Schrittes vergleicht jeder Prozessor die Dualdarstellung seiner Adresse mit dieser Maske und wird aktiv, falls beide „übereinstimmen", wobei Blanks in der Maske stets als Übereinstimmung gedeutet werden. Ist z. B. 1_01 eine Maske, so werden die Prozessoren P_9 und P_{13} aktiviert. (Man kann also nur solche Mengen $\mathcal{A}$ spezifizieren, deren Mächtigkeit eine Zweierpotenz ist; die nur aus Blanks bestehende Maske liefert dann die gewöhnliche Permutationsverbindung.)

Wir werden in Abschnitt 12.5 auf die Shuffle-Exchange-Verbindung noch einmal zurückkommen und erläutern, wie sie durch eine einfache Modifikation zu einer programmierbaren Verbindung gemacht werden kann.

Wir erwähnen abschließend noch einige weitere statische Netzwerke, welche für Parallel-, insbesondere SIMD-Rechner von Bedeutung sind: Eine sogenannte *Array*-Verbindungsstruktur liegt vor, wenn $M = n^2$ Prozessoren gemäß Abbildung 12.13 verbunden sind (hier $n = 4$). Ein derartiges Netzwerk liegt z. B. dem Rechner Illiac IV zugrunde, auf welchen wir im nächsten Kapitel noch eingehen werden. Das Array wird analog zur anfangs erwähnten Pipeline als *offen* bezeichnet, falls nur die nicht „auf dem Rand" liegenden Prozessoren mit ihren horizontalen bzw. vertikalen Nachbarn verbunden sind. Anderenfalls heißt das Array *geschlossen* oder *Torus*. Arrays werden in der Literatur auch als Maschen-Verbindung (*Mesh Connection*) bezeichnet.

Geschlossene Arrays, bestehend aus $M = n^2$ Prozessoren, lassen sich durch die folgenden 4 Verbindungsfunktionen beschreiben:

$$\mathcal{A}_{+1}(i) \;=\; i+1 \bmod n$$
$$\mathcal{A}_{-1}(i) \;=\; i-1 \bmod n$$

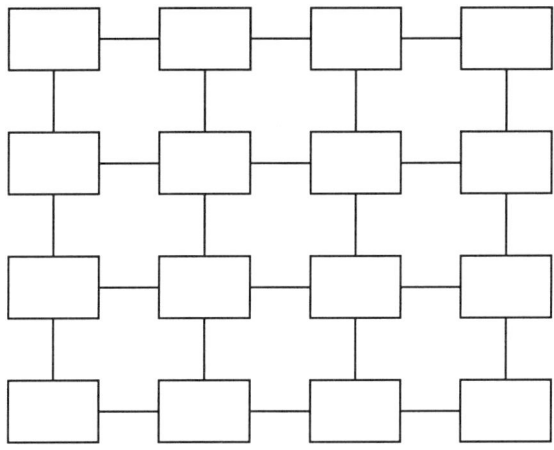

Abbildung 12.13: Array-Netzwerk.

$$\mathcal{A}_{+n}(i) = i + n \bmod M$$
$$\mathcal{A}_{-n}(i) = i - n \bmod M$$

mit $0 \leq i \leq M - 1$. Als Beispiel seien die in Abbildung 12.13 gezeigten $M = 16$ Prozessoren beginnend mit 0 oben links fortlaufend numeriert (d. h. erste Zeile 0, 1, 2, 3, zweite Zeile 4, 5, 6, 7 usw.). Für $i = 5$ gilt dann $\mathcal{A}_{+1}(5) = 6$, $\mathcal{A}_{-1}(5) = 4$, $\mathcal{A}_{+4}(5) = 9$, $\mathcal{A}_{-4}(5) = 1$, d. h. Prozessor P_5 ist mit P_6, P_4, P_9 und P_1 verbunden. Analog ist P_1 mit P_2, P_0, P_5 und P_{13} verbunden usw.

Eine m-*dimensionale Hypercube*-Verbindungsstruktur liegt vor, falls $M = 2^m$ Prozessoren so miteinander verbunden werden, daß jeder Prozessor mit all denen verbunden ist, deren Adreß-Binärdarstellung sich von der eigenen in genau einem Bit unterscheidet. Anschaulich denke man sich die Prozessoren als Ecken eines m-dimensionalen Würfels; die Verbindungen sind dann die Kanten des Würfels. Für $m = 3$ ergibt sich die in Abbildung 12.14 gezeigte typische Würfelstruktur (Cube), für $m = 4$ die in Abbildung 12.15 gezeigte Situation.

Wie die Perfect-Shuffle-Verbindung ist dieses Netzwerk nicht universell; es lassen sich sogar nur gerade Permutationen realisieren. Formal ist es durch die m Verbindungsfunktionen

$$C_i(x_{m-1}, \ldots, x_{i+1}, x_i, x_{i-1}, \ldots, x_0) = (x_{m-1}, \ldots, x_{i+1}, \overline{x}_i, x_{i-1}, \ldots, x_0) \, ,$$

$0 \leq i \leq m - 1$, beschreibbar. Für das in Abbildung 12.14 gezeigte Beispiel $m = 3$ ergibt sich hieraus z. B. $C_0(101) = 100$, $C_1(101) = 111$, $C_2(101) = 001$. Für das in Abbildung 12.15 gezeigte Beispiel $m = 4$ ergibt sich analog z. B. $C_0(1010) = 1011$, $C_1(1010) = 1000$, $C_2(1010) = 1110$, $C_3(1010) = 0010$.

Schließlich erwähnen wir noch die *Cube-Connected Cycles* (CCC), welche mit dem Hypercube verwandt sind. Dabei werden $M = m \cdot 2^m$ Prozessoren mit jeweils *konstant drei* Nachbarn verbunden, für $m = 3$ z. B. gemäß Abbildung 12.16. Der Nachteil des Hypercube, daß die Anzahl der Verbindungen pro Prozessor mit der „Dimension"

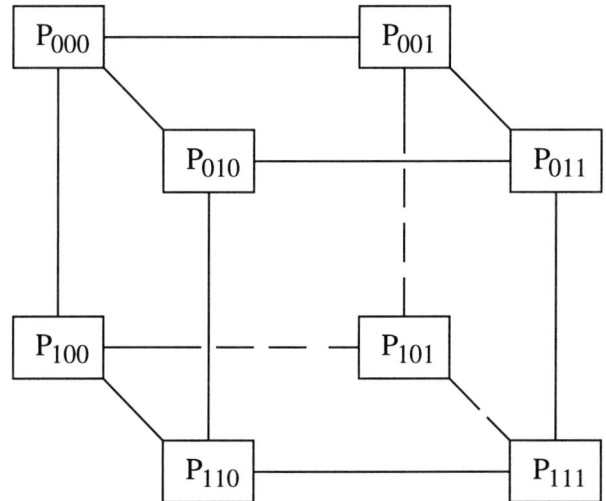

Abbildung 12.14: Hypercube der Dimension $m = 3$.

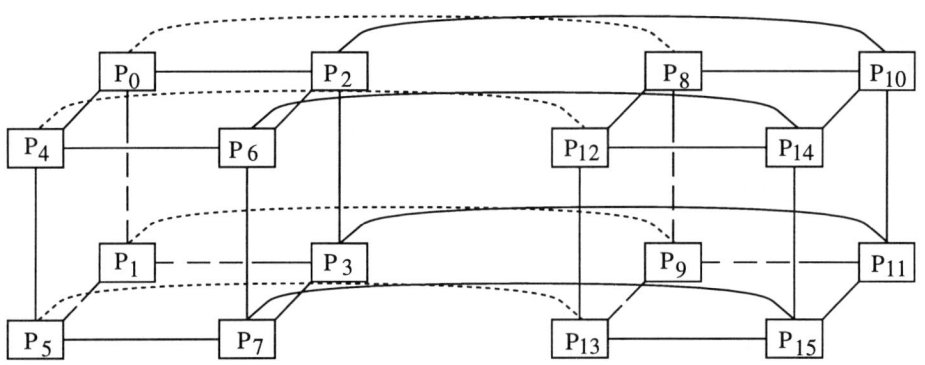

Abbildung 12.15: Hypercube der Dimension $m = 4$.

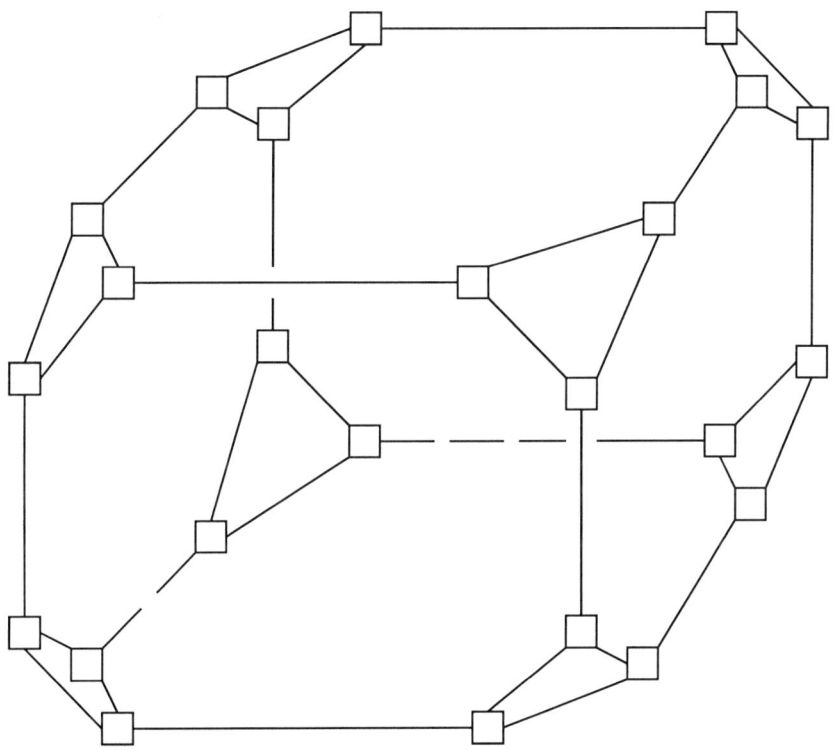

Abbildung 12.16: Cube-Connected Cycles.

m wächst, wird hier vermieden. Dies ist insbesondere für die Verdrahtung solcher Verbindungen auf VLSI-Chips von Bedeutung.

Wir bemerken noch, daß sich jede m-dimensionale Hypercube-Verbindung für $m = s + 2^s$ bzw. ein darauf basierender Datentransport durch einen CCC mit $M = 2^m$ Prozessoren besonders günstig „simulieren" läßt. Weitere Aussagen bezüglich der gegenseitigen Simulation von Hypercube-, Array-, Perfect-Shuffle- und WPM2I-Verbindungen findet man in der weiter unten angegebenen Literatur. Diese zeigen, daß auch starre Verbindungen vielseitige Aufgaben zu lösen im Stande sind.

12.4   Beispiel: Matrix-Multiplikation auf dem Hy- Hypercube

In diesem Abschnitt wollen wir darauf eingehen, in welcher Weise statische Verbindungsnetzwerke in parallelen Algorithmen Verwendung finden können. Wir wollen dies exemplarisch beschreiben am Beispiel der Matrix-Multiplikation und geben einen Algorithmus an, welcher sich der Hypercube-Verbindungsstruktur bedient. E. Dekel, D. Nassimi und S. Sahni haben erstmals ein ähnliches Verfahren entwickelt.

Es sollen zwei $(n \times n)$-Matrizen $\mathcal{A}$ und $\mathcal{B}$ multipliziert werden, wobei $n = 2^q$ eine Zweierpotenz sei. Zur Verfügung stehe ein Hypercube-Netzwerk mit $N = n^3 = 2^{3q}$ Prozessoren. Es wird eine Laufzeit erreicht, welche proportional zu $\log_2 n$ ist. Ist z. B. $q = 1$, so werden 8 Prozessoren, für $q = 2$ bereits 64 verwendet.

Die n^3 Prozessoren P_{ijk} werden in einem $(n \times n \times n)$-Würfel gedanklich so angeordnet, daß Prozessor P_{ijk} die Position (i, j, k) einnimmt. Ist z. B. $q = 2$ und daher $n = 4$ und $N = 64$, so werden die Prozessoren wie in Abbildung 12.17 gezeigt angeordnet.

Wie sind die Prozessoren gemäß der Hypercube-Struktur verbunden? Jeder der drei Indizes i, j und k läßt sich wegen $0 \leq i, j, k < n = 2^q$ als q-stellige Dualzahl schreiben. Damit läßt sich das Tripel (i, j, k) als $3q$-stellige Dualzahl darstellen. Prozessoren sind im *Hypercube* verbunden („H-benachbart"), falls sich die entsprechenden Dualzahlen in genau einem Bit unterscheiden. Jeder Prozessor hat also $3q$ H-Nachbarn, im Falle $q = 2$ also 6 Nachbarn. Diese H-Nachbarschaften sind leichter zu erkennen, wenn man bei der räumlichen Anordnung der Prozessoren im dreidimensionalen (i, j, k)-Würfel eine duale Indizierung vornimmt (vgl. Abbildung 12.18).

Man beachte, daß die Nachbarschaft im *Würfel* („W-Nachbarschaft") im allgemeinen nicht mit der H-Nachbarschaft übereinstimmt. Jeder Prozessor hat aber in jeder der drei Raumrichtungen i (nach unten), j (nach rechts) und k (nach hinten) genau q H-Nachbarn.

Jeder Prozessor P_{ijk} verfügt über drei ausgezeichnete Register mit den Inhalten A_{ijk}, B_{ijk} und C_{ijk}. Diese Register dienen zur Aufnahme der Koeffizienten von $\mathcal{A}$, $\mathcal{B}$ bzw. $\mathcal{C} = \mathcal{A} \cdot \mathcal{B}$ mit

$$c_{ik} = \sum_{j=0}^{n-1} a_{ij} \cdot b_{jk} \; .$$

Die Register werden wie folgt initialisiert (alle anderen Inhalte sind Null):

$$A_{ij0} = a_{ij} \; , \; B_{0jk} = b_{jk} \; ,$$

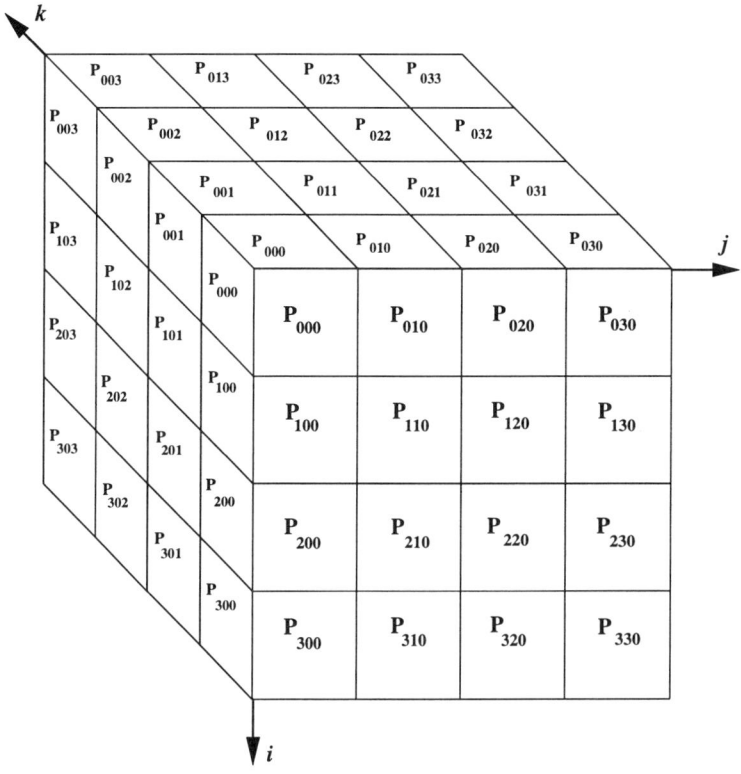

Abbildung 12.17: Anordnung der 64 Hypercube-Prozessoren zur Multiplikation von (4×4)-Matrizen (dezimale Indizierung).

d. h. auf die *Vorder*seite des Gesamtwürfels wird die Matrix $\mathcal{A}$ in den A-Registern aufgebracht, auf die *Ober*seite die Matrix $\mathcal{B}$ in den B-Registern. Ist z.B.

$$\mathcal{A} = \begin{pmatrix} 2 & 0 & 4 & -2 \\ -2 & 4 & 0 & 2 \\ 0 & 2 & -2 & 4 \\ 4 & -2 & 2 & 0 \end{pmatrix} \quad \text{und } \mathcal{B} = \begin{pmatrix} 1 & -1 & 5 & 3 \\ -1 & 1 & 3 & 5 \\ 5 & 3 & 1 & -1 \\ 3 & 5 & -1 & 1 \end{pmatrix}$$

und stellt man die Register-Inhalte des Prozessors P_{ijk} als Tripel $(A_{ijk}, B_{ijk}, C_{ijk})$ dar, so hat der Hypercube nach der Initialisierung die in Abbildung 12.19 angegebene Speicherbelegung.

Das Ziel der Rechnung besteht darin, am Ende in Prozessor P_{i0k} den Koeffizienten c_{ik} im C-Register vorzufinden. Damit kann die Produkt-Matrix $\mathcal{C}$ am linken Würfelrand parallel entnommen werden.

Der Algorithmus verläuft wie folgt:

1. Durch einen parallelen Broadcast werden die vorderen A-Werte in k-Richtung (nach hinten) durchgeschoben. Dies ist auf Grund der Verbindungsstruktur in

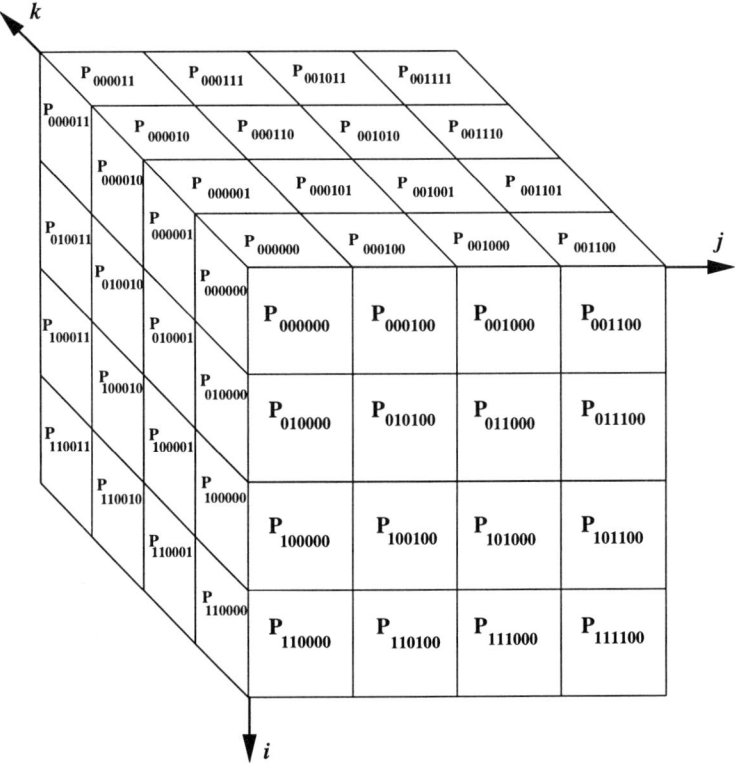

Abbildung 12.18: Anordnung der 64 Hypercube-Prozessoren zur Multiplikation von (4×4)-Matrizen (duale Indizierung).

q Schritten möglich: Während sich im Beispiel am Anfang die A-Werte nur in der Ebene $k = 0$ (dual $= 00$) befinden, sind sie nach einem Schritt auch in der Ebene $k = 1$ (dual $= 01$) und werden im zweiten Schritt

von $k = 0$ (dual $= 00$) nach $k = 2$ (dual $= 10$) und
von $k = 1$ (dual $= 01$) nach $k = 3$ (dual $= 11$),

also hier bereits überall hin, durchgeschoben.

Allgemein erfolgt im Schritt x $(1 \leq x \leq q)$ eine Kommunikation zwischen Prozessoren in der Weise, daß für alle k in der Dualdarstellung

$$k = (b_{q-1} b_{q-2} \ldots b_x \ldots b_2 b_1 b_0)_2$$

jeder Prozessor mit $b_{x-1} = 0$ seinen A-Wert zum Nachbarprozessor mit $b_{x-1} = 1$ schickt. Dabei besteht anfangs für alle k, die links von b_{x-1} noch ein nichtverschwindendes Bit haben, diese Kommunikation in einer an sich überflüssigen Scheinaktivität, nämlich der Übertragung von Nullwerten.

Nach q Schritten haben alle Prozessoren P_{ijk} also im A-Register A_{ijk} den Wert a_{ij}.

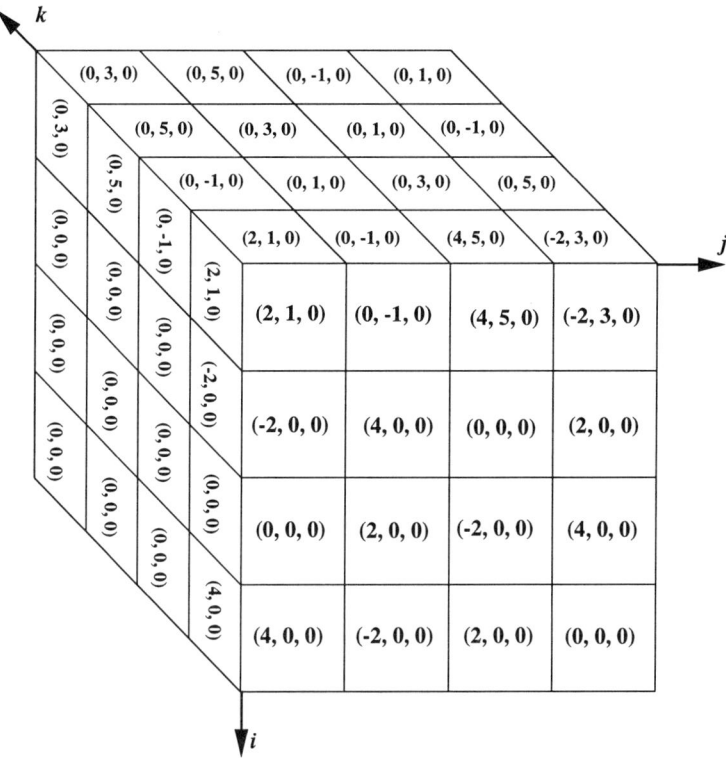

Abbildung 12.19: Beispiel: Initialisierung der Hypercube-Prozessoren zur Multiplikation von (4×4)-Matrizen.

2. Sodann werden durch einen analogen Broadcast die oberen b-Werte in i-Richtung (nach unten) durchgeschoben. Dies ist ebenfalls in q Schritten möglich. Nach weiteren q Schritten hat P_{ijk} also $B_{ijk} = b_{jk}$. Die Speicherbelegung nach Phase 2 ist in Abbildung 12.20 angegeben.

3. Alle Prozessoren bilden parallel in *einem* Schritt das Produkt $a_{ij} \cdot b_{jk}$ und speichern es in C_{ijk}. (Die Faktoren stehen zu diesem Zeitpunkt im A-Register bzw. im B-Register zur Verfügung!) Die Speicherbelegung danach wird in Abbildung 12.21 gezeigt.

4. Schließlich werden die n^2 Summen c_{ik}, welche die Ergebnismatrix C bilden, in allen j-Ebenen, insbesondere in der Ebene $j = 0$, berechnet. Hierzu sind wiederum q Schritte erforderlich: Im ersten Schritt werden im Beispiel die Inhalte der C-Register

   in der Ebene $j = 0$ und der Ebene $j = 1$ sowie
   in der Ebene $j = 2$ und der Ebene $j = 3$

   addiert und gegenseitig ausgetauscht. Im zweiten Schritt geschieht das gleiche zwischen Ebene $j = 0$ und $j = 2$ sowie

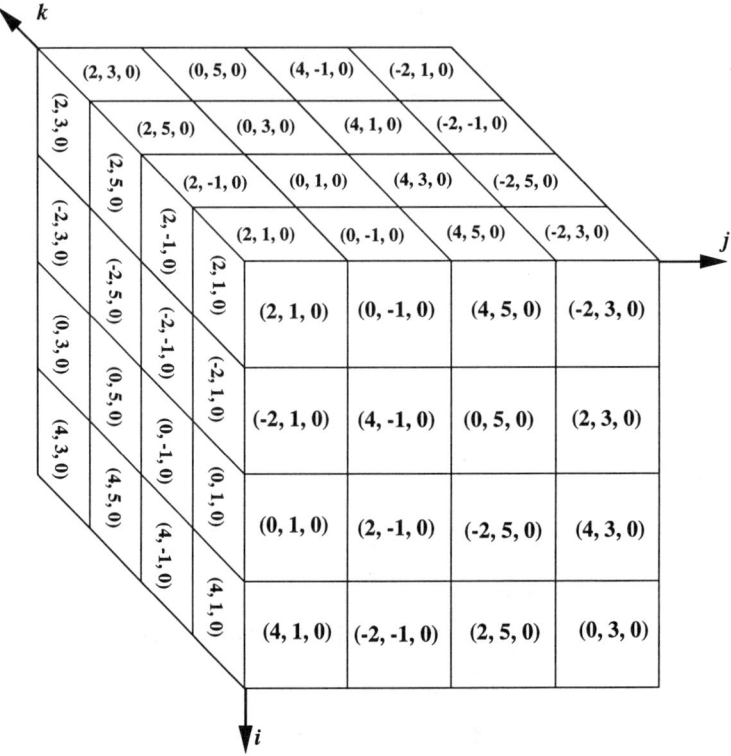

Abbildung 12.20: Beispiel: Speicherbelegung der Prozessoren nach Beendigung der Phase 2.

zwischen Ebene $j = 1$ und $j = 3$.

Es handelt sich auch hier um einen parallelen Broadcast, bei dem nunmehr die Art der Kommunikation (bei gleichem Partnermuster wie vorher) darin besteht, daß die C-Inhalte der beiden Partner addiert und gespeichert werden. Damit ist hier nach q Schritten in jeder j-Ebene die Summe

$$\sum_j C_{ijk} = \sum_j a_{ij} \cdot b_j k = c_{ik}$$

im C-Register vorhanden, und die Ergebnismatrix C kann insbesondere in der Ebene $j = 0$, also an der linken Fläche des Würfels, entnommen werden. Wir erhalten im Beispiel die Ergebnismatrix

$$C = \begin{pmatrix} 16 & 0 & 16 & 0 \\ 0 & 16 & 0 & 16 \\ 0 & 16 & 0 & 16 \\ 16 & 0 & 16 & 0 \end{pmatrix}$$

(vgl. Abbildung 12.22).

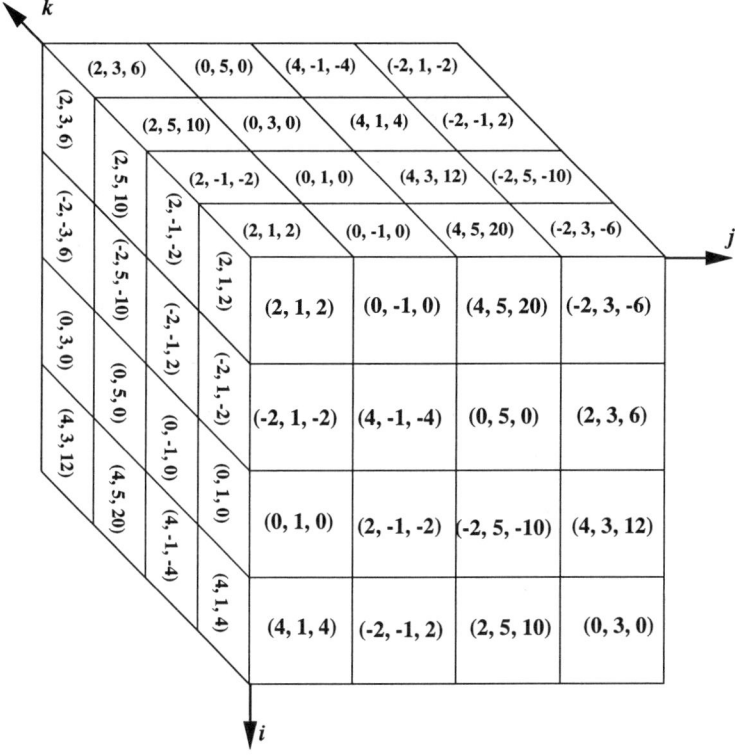

Abbildung 12.21: Beispiel: Speicherbelegung der Prozessoren nach Durchführung des Schrittes 3.

Die Gesamt-Schrittzahl beträgt

$$3q + 1 = 3\log_2 n + 1 \,,$$

die Gesamtkosten haben also, da n^3 Prozessoren vorliegen, die Größenordnung $O(n^3 \log n)$. Der Algorithmus ist also im Vergleich zum Schul-Algorithmus zwar nicht kostenoptimal, er hat aber eine logarithmische Laufzeit.

12.5 Routing in programmierbaren Permutationsnetzen. Das Ω-Netz als Bidelta-Netz

Programmierbare Netzwerke können — wie in Abschnitt 12.1 bereits erwähnt — über Schalter Verbindungen zwischen einzelnen Prozessoren je nach Bedarf herstellen. Schematisch sind sie wie in Abbildung 12.23 gezeigt darstellbar. Wir verallgemeinern unsere Interpretation nun dahingehend, daß die zu verbindenden Elemente nicht mehr notwendig Prozessoren sind; stattdessen werden wir allgemeiner von Inputs bzw. Outputs des Netzwerks reden und gegebenenfalls naheliegende Interpretationen dafür

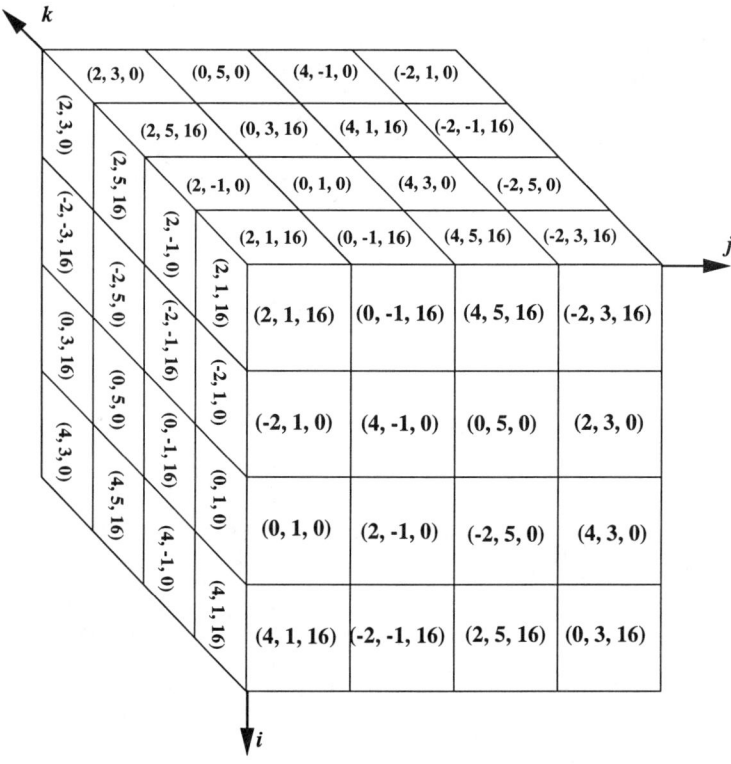

Abbildung 12.22: Beispiel: Speicherbelegung der Prozessoren am Ende der Rechnung.

geben. Im Unterschied zu starren Verbindungen verfügen programmierbare Verbindungen über eine *Steuerung*, welche die vorhandenen Schalter geeignet zu setzen hat.

Die mathematische Behandlung programmierbarer Netze geht bereits auf V. Beneš zurück (vgl. bibliographische Hinweise), der sich insbesondere mit dem Problem des Telefonverkehrs befaßt hat. Bei dieser wichtigen Anwendung geht es darum, zwei Teilnehmer miteinander zu verbinden, falls das möglich ist. Dies ist insbesondere dann problematisch, wenn bereits viele Teilnehmer telefonieren und ein weiterer hinzukommt, für den jetzt dynamisch eine neue Verbindung gefunden werden muß.

In diesem Zusammenhang sei erwähnt, daß man programmierbare Verbindungsnetzwerke nach verschiedenen Gesichtspunkten klassifizieren kann:

(1) Einerseits kann die Steuerung, d. h. das Setzen der Schalter, wie oben angedeutet, von außen erfolgen. Diese muß dann über einen geeigneten *Routing-Algorithmus* (vgl. auch Kapitel 14 im Zusammenhang mit Rechner-Netzen) verfügen, der zu einer gegebenen Verbindungsaufgabe die nötigen „Schalterzustände" berechnet. Andererseits kann man die Schalter mit einer Logik versehen, durch welche sie sich in Abhängigkeit vom anliegenden Input selbst setzen können. Derartige Verbindungen heißen auch *Selfrouting-Netzwerke*. Beispiele dafür sind das Sortier-Netzwerk von Batcher und das ursprünglich für den Telefonverkehr entwickelte Netzwerk von Beneš (vgl. Abbildung 12.29).

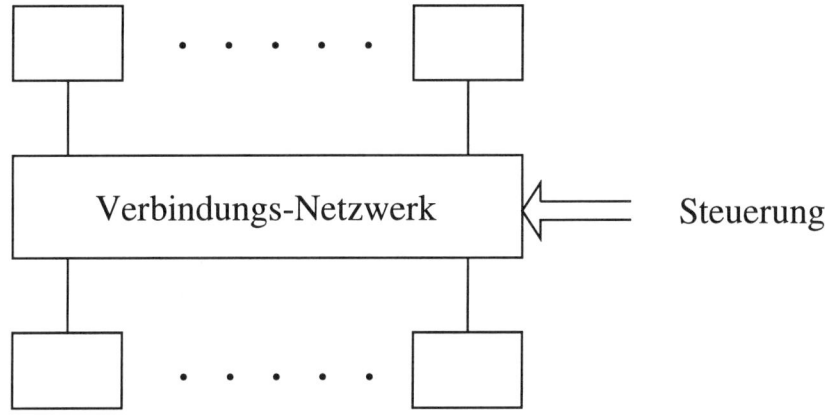

Abbildung 12.23: Prinzip der programmierbaren Vernetzung.

(2) Gegeben sei ein Verbindungsnetzwerk $\mathcal{N}$ mit der Menge V der durch $\mathcal{N}$ (statisch) lösbaren Verbindungsaufgaben. Jedes Element $v \in V$ kann als Menge von geordneten Paaren (Input, Output) angesehen werden. Eine Teilaufgabe v' von v ist demnach eine Teilmenge $v' \subseteq v$. Offenbar ist mit $v \in V$ auch jede Teilaufgabe $v' \subseteq v$ Element von V.

Ein Verbindungsnetzwerk $(\mathcal{N}, V)$ heißt *nicht-blockierend*, falls für je zwei Aufgaben v', v mit $v' \subseteq v \in V$ gilt: Ist eine Realisierung von v' gegeben, so läßt sich diese fortsetzen zu einer Realisierung von v.

Anderenfalls — und dieser Fall kann tatsächlich auftreten — heißt das Netzwerk *blockierend*. In blockierenden Netzwerken müssen im allgemeinen Realisierungen von Teilaufgaben aufgelöst (rearrangiert) werden, bevor größere Aufgaben realisiert werden können. Man bezeichnet die Klasse *aller* universellen Netzwerke deshalb als rearrangierbar bzgl. V bzw. kurz als *rearrangierbar*, und niemals blockierende Netze als *dynamisch*. Von den rearrangierbaren Netzwerken sind die blockierenden für den Telefonverkehr nicht brauchbar, da man einen neuen Verbindungswunsch nicht durch Auflösung bereits bestehender Gespräche erfüllen darf.

Man kann zeigen, daß mit wachsender Anzahl von Verbindungen in einem dynamischen Telefonnetz die Anzahl der Schalter, welche pro Anruf zu setzen sind, wenigstens logarithmisch in der Anzahl der Anrufe wächst. Jedoch kennt man bis heute kein Netzwerk, welches dieses theoretische Ergebnis realisiert. In dieser Stituation hat man sich mit sogenannten *selten-blockierenden* Netzwerken beholfen. Diese sind dadurch gekennzeichnet, daß Verbindungen für *fast alle* Anrufe hergestellt werden können. N. Pippenger hat dazu gezeigt, daß es zu jedem $\epsilon > 0$ ein Netzwerk mit einer Schalterzahl in der Größenordnung $n \cdot \log_2 n$ so gibt, daß die Wahrscheinlichkeit dafür, daß ein neu hinzugekommener Anrufer nicht verbunden werden kann, höchstens ϵ beträgt.

Für solche selten-blockierenden Netzwerke mit größenordnungsmäßig

$$n \cdot \log_2 n$$

Schaltern (bei n Inputs) gibt es sogar eine *explizite* Möglichkeit, sie zu konstruieren. Daher scheinen sie für praktische Belange besonders geeignet zu sein.

Ein einfaches Beispiel für ein programmierbares und dynamisches Netz ist der sogenannte *Kreuzschienenschalter* (Crossbar Switch, vgl. Abschnitt 12.2), welcher z. B. für je vier Inputs bzw. Outputs den in Abbildung 12.24 (oben) gezeigten Aufbau hat. Jeder Input ist direkt mit jedem Output verbunden, und jede Verbindungskante besitzt einen Schalter, welcher zur Realisierung einer speziellen Permutation entsprechend gesetzt wird. So wird z. B. (03)(12) wie in Abbildung 12.24 (unten) gezeigt geschaltet (diese Darstellung soll deutlich machen, woher der Name stammt). Dieses Verbindungsnetzwerk ist dynamisch, universell (d. h. V ist die Menge aller Permutationen über $\{0,1,2,3\}$) und leicht zu steuern, da das Setzen der Schalter unmittelbar gemäß der gewünschten Verbindung erfolgen kann. Andererseits sind für M Inputs bzw. Outputs M^2 Verbindungen und M^2 Schalter erforderlich. Wir werden weiter unten Verbindungen kennenlernen, deren Hardware-Aufwand geringer ist.

Zuvor wollen wir eine „programmierbare Variante" des Shuffle-Exchange-Netzwerkes vorstellen sowie deren Verallgemeinerung zum sogenannten Ω-Netzwerk: Gegeben seien je $M = 2^m$ Inputs und Outputs $0, 1, \ldots, M - 1$. Die Inputs werden paarweise an 2^{m-1} Exchange-Module angeschlossen, welche diese entweder durchschalten oder vertauschen (in Abhängigkeit von der Steuerung; vgl. Abbildung 12.25). Sodann werden sie in Perfect-Shuffle-Manier verbunden, so daß man insgesamt den in Abbildung 12.26 (oben) gezeigten Aufbau erhält (für $M = 8$). Vereinfacht kann diese Verbindungsstruktur auch wie in Abbildung 12.26 (unten) dargestellt werden.

Durch Hintereinanderschaltung dieser Verbindungsstruktur erhält man hieraus das Ω-*Netzwerk*, welches für 2^m Inputs aus genau m Stufen besteht, die jeweils eine Shuffle-Exchange-Verbindung darstellen. Abbildung 12.27 zeigt ein Ω-Netzwerk für $m = 3$: Die Eintragungen in die Exchange-Module sollen dabei andeuten, daß $\log_2 M = m$ Stufen gerade die identische Permutation liefern, falls alle Module durchschalten. Offensichtlich verwendet diese Verbindungsstruktur $\frac{M}{2} \cdot m$ solcher Exchange-Module und hat damit einen vergleichsweise geringen Hardware-Aufwand.

Wir werden zeigen, daß jeder Output von jedem Input aus erreichbar ist. Andererseits sind nicht alle Permutationen der M Inputs schaltbar; z. B. kann das oben gezeigte Netzwerk mit 12 Schaltern 2^{12} „Zustände" annehmen und also 4096 verschiedene Verbindungen herstellen. Für 8 Inputs lassen sich andererseits $8! = 40.320$ Permutationen angeben. Diese Überlegung deutet bereits die begrenzte Leistungsfähigkeit der Ω-Verbindung an. Allerdings ist dazu anzumerken, daß es Varianten hiervon gibt, welche z. B. durch Erhöhung der möglichen Zustandszahl der verwendeten Exchange-Box diesen Nachteil vermeiden.

Man kann das Routing im Ω-Netz auf sehr übersichtliche Weise gestalten: Ausgehend von der Beobachtung, daß die Shuffle-Permutation hinsichtlich der Adresse einen zyklischen Linksshift bewirkt, die Tauschpermutation hingegen eine Invertierung in der hintersten Bitstelle, kann man für das Routen von einer Adresse s (source) zur Adresse d (destination) wie folgt vorgehen: Hat das Ω-Netz $N = 2^n$ Inputs und Outputs, so wird beim Durchgang von s nach d genau n-mal geshuffelt und zwischendurch entweder getauscht oder durchgeschaltet. *Jede* binäre Adresse s läßt sich so auf eindeutige Weise in eine beliebige Adresse d umwandeln, wenn man die jeweils hinterste Bitstelle als „Änderungsfenster" benutzt: Um z.B. die Adresse $s = 22 = (10110)_2$ nach $d = 27 = (11011)_2$ zu routen, ist folgendes eindeutige Vorgehen zu wählen (wir verwenden die Abkürzungen S, T und $\emptyset$ für Shuffle, Tausch und Durchschalten):

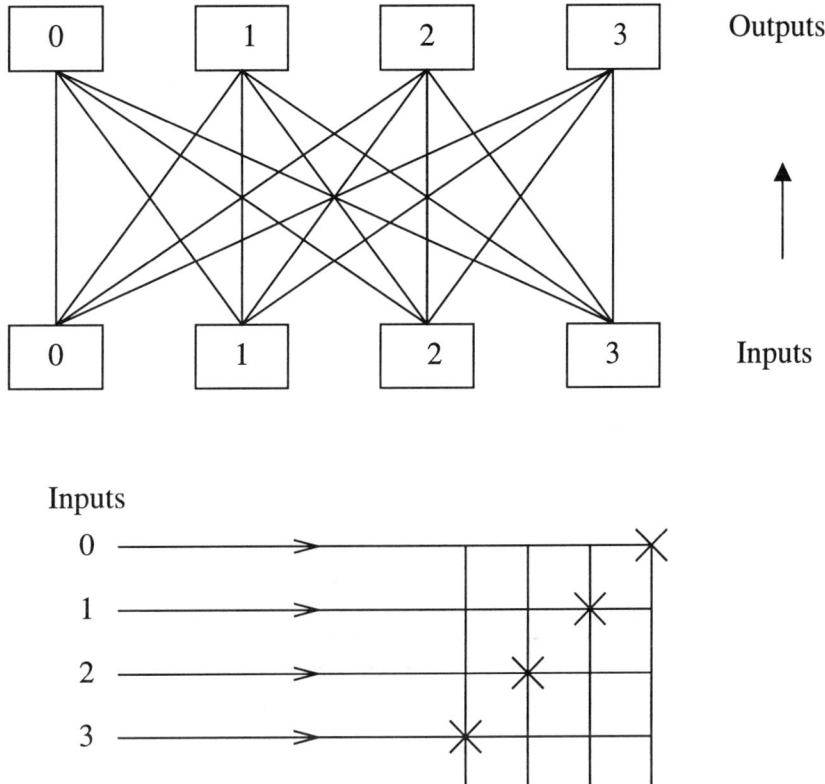

Abbildung 12.24: Kreuzschienenschalter (Crossbar Switch).

Abbildung 12.25: „Exchange-Modul".

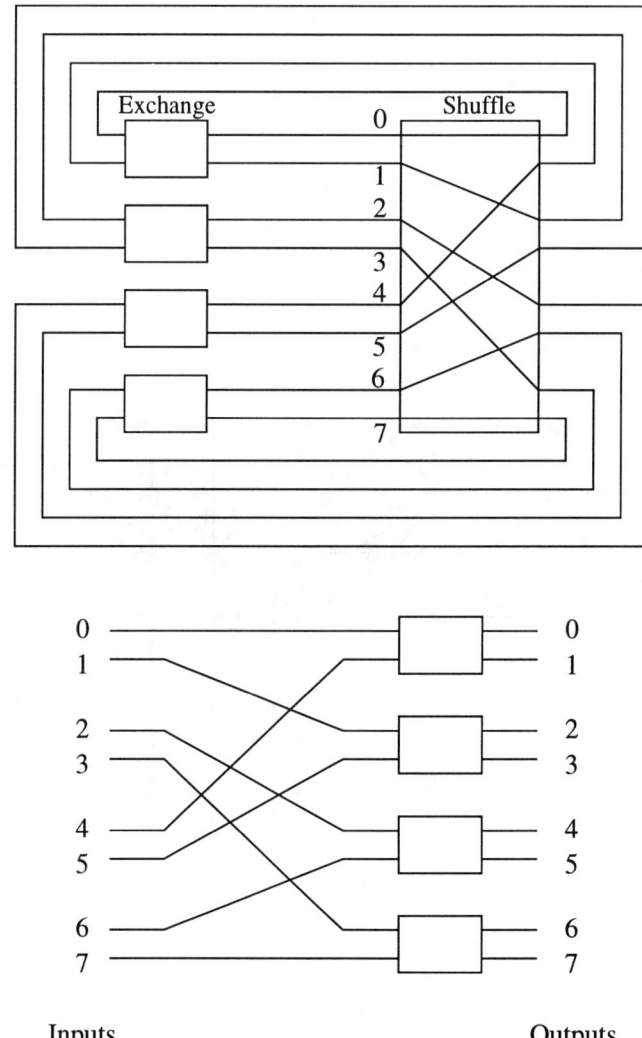

Abbildung 12.26: Programmierbares Shuffle-Exchange-Netzwerk.

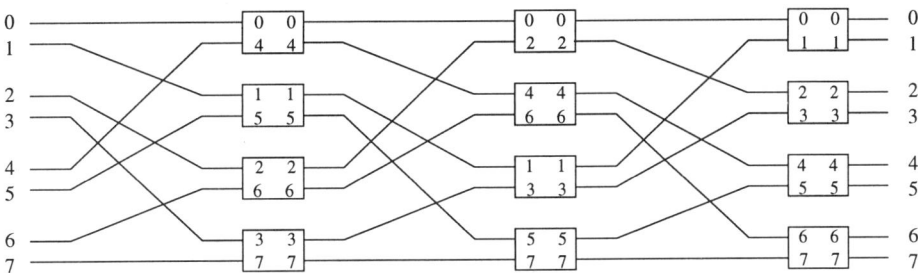

Abbildung 12.27: (Dreistufiges) Ω-Netzwerk.

$$S \,\emptyset\, S\, T\, S\, T\, S\, \emptyset\, S\, T$$

mit den Ergebnissen

$$s = \quad 10110\ 01101\ 01101\ 11010\ 11011$$
$$10111\ 10110\ 01101\ 01101\ 11010\ 11011 = d$$

Offenbar hat man im Rahmen der Möglichkeiten, die das Ω-Netz mit $n = 5$ bietet, gar keine Alternative, um d von s aus zu erreichen. Damit sieht man, daß jede s-d-Verbindung auf genau eine Weise geschaltet werden kann.

Nun findet man aber auch direkte Beispiele für *nicht* realisierbare Permutationen. Um z.B. im Ω-Netz mit $n = 3$ die Permutation mit $\pi(0) = 0$ und $\pi(4) = 3$ zu schalten, muß man einerseits von $s = 000$ nach $d = 000$ durch die Folge $S\,\emptyset\,S\,\emptyset\,S\,\emptyset$, andererseits von $s_1 = 100$ nach $d_1 = 011$ durch $S\,T\,S\,T\,S\,T$. Damit kollidieren beide Wege auf der obersten Horizontalen zwischen dem linken und dem mittleren Tauscher-Level (vgl. Abbildung 12.27).

Es ist leicht zu sehen, daß man das Ω-Netz auch in umgekehrter Richtung (Inputs rechts, Outputs links) benutzen könnte. Dieses inverse Ω-Netz ist ebenfalls in analoger Weise eindeutig routbar, aber ebenfalls nicht universell. Man sagt, daß ein solches Netz, welches in beiden Richtungen eindeutig routbar ist, die sogenannte *Bidelta-Eigenschaft* besitzt.

Es sind in den letzten Jahren eine Anzahl ähnlicher Bidelta-Netze mit vergleichbarer Tauscherebenen-Hierarchie entwickelt und studiert worden. Hierzu gehören insbesondere das sogenannte *Butterfly-Netz* (vgl. Abbildung 12.28), das *Baseline-*, das *de Bruijn-* und das *Flip-Netz*. Man hat sich erfolgreich bemüht, spezifische Eigenschaften und Anwendungsbereiche für diese Netze zu finden. Daß beim Studium solcher Bidelta-Netze aber keine absoluten Sensationen zu erwarten sind, zeigt ein Ergebnis von C.P. Kruskal und M. Snir, welches die topologische Äquivalenz *aller* (gleichdimensionierten) Bidelta-Netze aussagt. Trotz ihres häufig recht unterschiedlichen Aussehens sind also letztlich alle Bidelta-Netze strukturell gleichwertig, so daß man sich im Prinzip auf die Untersuchung eines einzigen Typs, z.B. auf das Ω-Netz, beschränken kann.

Es sei abschließend bemerkt, daß man als Variante beim Ω-Netz (und bei allen Bidelta-Netzen) sogar noch eine Shuffle-Stufe einsparen kann. Dies beruht auf der Tatsache, daß man beim systematischen Überführen der Adresse s nach d die rechte Bitstelle von s gar nicht zyklisch wieder in sich zurückführen muß, sondern diese nur

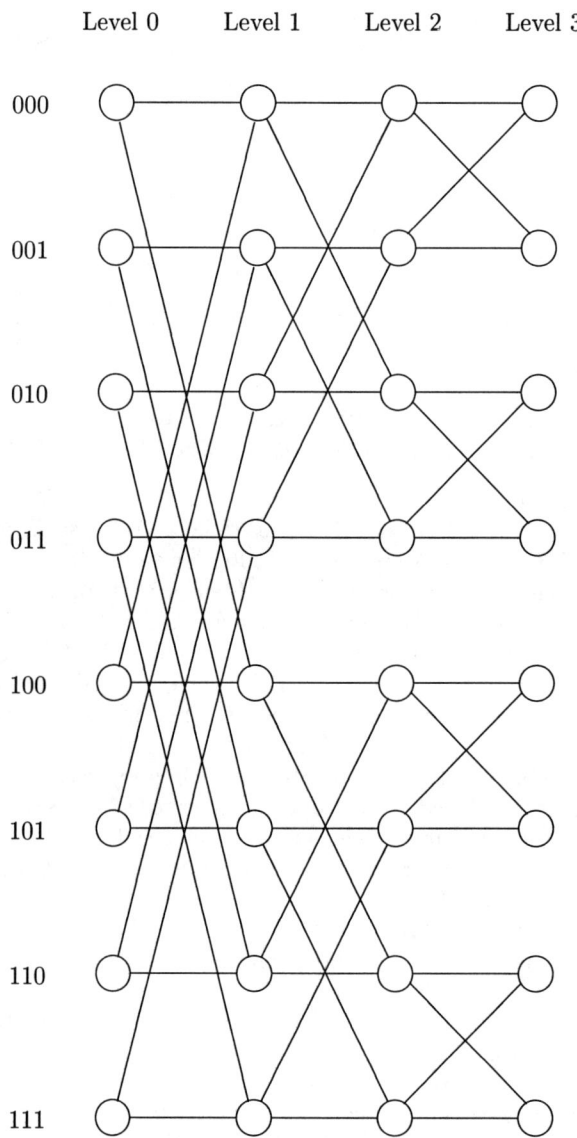

Abbildung 12.28: Das Butterfly-Netzwerk.

bis an den linken Rand geführt werden muß. Man muß dann allerdings gegebenenfalls *vor* dem ersten Shuffle mit dem Tauschen beginnen.

In der Literatur wird häufig zwischen Tauschern und bloßen Verbindungspunkten nicht klar unterschieden. Wir machen gelegentlich diese „Unsitte" mit und weisen insbesondere darauf hin, daß in Abbildung 12.28 die rechte Ebene (Level 3) das Butterfly-Netzes nicht mehr aus Tauschern besteht.

12.6   Universalität von Permutationsnetzen. Die Netze von Beneš und Clos

Die fehlende Universalität der Bidelta-Netze führt zu der Frage, ob man durch Erweiterung dieser Netze (ohne Änderungen an den Eigenschaften der Tauscher-Schaltbausteine) universelle Permutationsnetze konstruieren kann. In der Tat ist dies bereits Beneš 1965 gelungen bei der Entwicklung von Entwurfstechniken für Telefonnetze. Aus heutiger Sicht läßt sich ein solches Beneš-Netz wie folgt gewinnen: Man spiegelt ein Bidelta-Netz, z.B. den Butterfly, an der rechten Tauscher-Ebene. Damit entsteht ein Netz, welches bei $N = 2^n$ Inputs und Outputs $2n$ Tauscher-Ebenen mit jeweils $N/2$ Tauschern besitzt[1]. Es erscheint nun nicht unplausibel, daß man so ein *universelles* Permutationsnetz erhalten kann: Die Anzahl der Zustände des Netzes ist nunmehr nämlich (bei insgesamt $n \cdot N$ Tauschern [= binären Schaltern]) durch

$$s(N) = 2^{n \cdot N}$$

gegeben, und diese Zahl ist größer als die Zahl $t(N) = N!$ der insgesamt zu schaltenden Permutationen. So gilt z.B.

$$s(8) = 16.777.216 \qquad t(8) = 40.320$$
$$s(16) = 1{,}84 \cdot 10^{19} \qquad t(16) = 2{,}09 \cdot 10^{13}$$

In der Tat kann man beweisen, daß *jede* Permutation im Beneš-Netz routbar ist, und zwar ist dies immer auf mehrere Weisen möglich.

Dennoch haben die Beneš-Netze noch ein gravierendes Manko: Es kann passieren, daß beim schrittweisen Aufbau einer Permutation eine Blockade eintritt. Hat man z.B. in dem in Abbildung 12.29 gezeigten Beneš-Netz die Verbindungen

$$\pi(010) = 011; \quad \pi(011) = 010; \quad \pi(101) = 110;$$
$$\pi(110) = 101; \quad \pi(100) = 111; \quad \pi(111) = 100$$

durch die Schaltfolgen (0 bedeutet hier *horizontales* Durchschalten)

$$001000; \ 001000; \ 101011; \ 111001; \ 011000; \ 011000$$

realisiert, so ist jeder der 8 möglichen Wege von 000 nach 000 blockiert. Abhilfe erzielt man hier durch Auflösung bisher geschalteter Verbindungen, also durch Re-Arrangierung. Wählt man z.B. für $\pi(101) = 110$ die Schaltfolge 011000, so kann man $\pi(000) = 000$ durch die Schaltfolge 000000 realisieren.

---

[1]Entsprechend der Bemerkung am Ende des vorigen Abschnitts enthält das rechts stehende Level 6 keine Tauscher mehr. Es gibt auch Varianten des Beneš-Netzes mit $2n - 1$ Ebenen, bei denen die mittleren Ebenen verschmolzen sind.

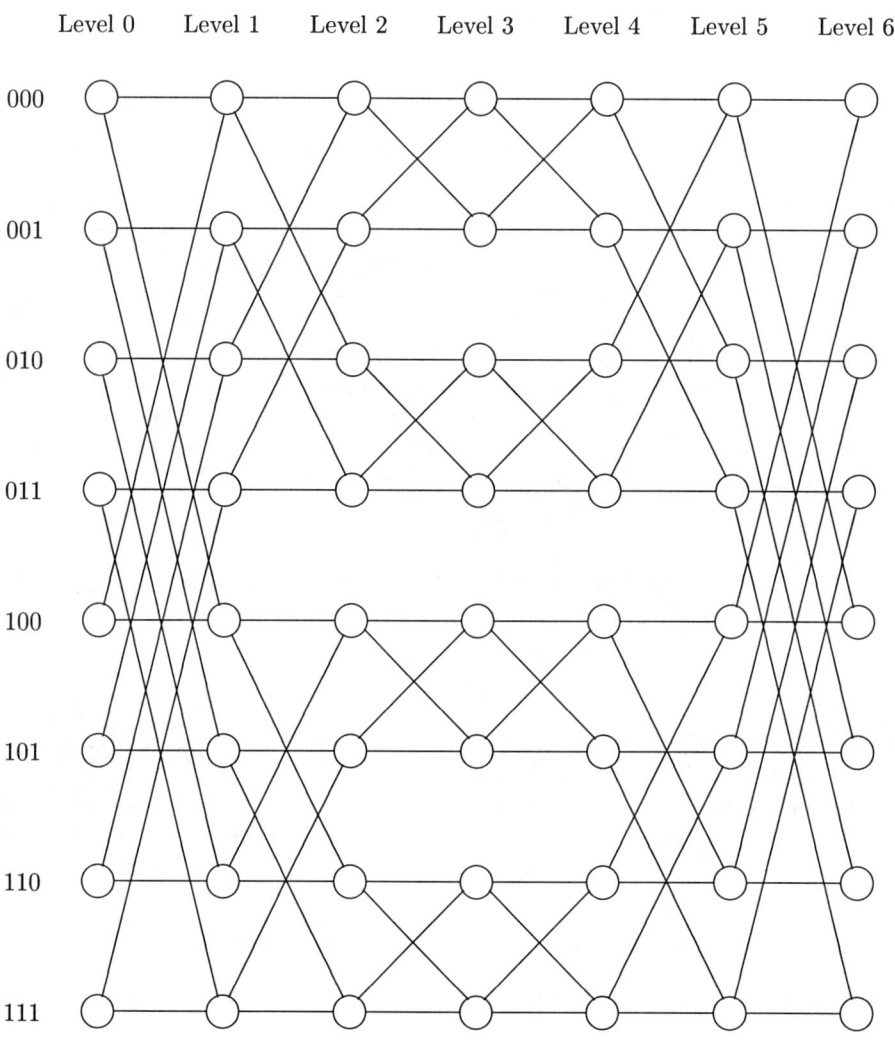

Abbildung 12.29: Das Beneš-Netz als universelles Permutationsnetz.

In vielen Anwendungen, z.B. im Telefonverkehr, ist ein solches Rearrangieren unzumutbar. Es erhebt sich deshalb die Frage, ob dynamische universelle Netze existieren, die (unter vertretbarem Hardware-Aufwand) *jede* bisher realisierte *Teil*-Permutation zu erweitern gestatten. Eine solche Lösung stellt das *Clos-Netz* dar, welches bereits 1953 gefunden wurde. Hierbei handelt es sich um ein dreistufiges Netz von niedrig dimensionierten Crossbar-Schaltungen: In der (linken) Input-Ebene stehen r Crossbars mit je n Eingängen und m Ausgängen, welche auf m in der Mittelebene positionierte $(r \times r)$-Crossbars geschaltet werden. Die rechte Seite der Schaltung ist spiegelbildlich zur linken. Abbildung 12.30 zeigt das Clos-Netz für den Fall $n = 3$, $m = 5$ und $r = 2$. Die Güte des Netzes hinsichtlich seiner Blockierungseigenschaften ist natürlich einerseits durch die Anzahl $N = n \cdot r$ der Inputs und Outputs bestimmt, andererseits durch die Höhe m der Mittelebene. Es kann recht leicht gezeigt werden, daß für $m \geq 2n - 1$ das Clos-Netz universell und dynamisch erweiterbar (niemals blockierend) ist:

Satz 12.2 Ist $m \geq 2n - 1$ (und $m, n, r \geq 2$), so ist das Clos-Netz ein dynamisches universelles Permutations-Netz.

Zum Beweis nehmen wir an, daß $k < N$ Verbindungen einer vorgegebenen Permutation π bereits geschaltet seien und daß o.B.d.A. $m = 2n - 1$ ist. Sei $\pi(s_1) = d_1$, ..., $\pi(s_k) = d_k$. Es soll $\pi(s_{k+1}) = d_{k+1}$ als nächste der durch π geforderten Verbindungen geschaltet werden. A sei der Input-Crossbar zu s_{k+1}, B der Output-Crossbar zu d_{k+1}. M_q sei irgendein Crossbar der Mittelebene ($1 \leq q \leq 2n - 1$). A und B sind durch je genau eine Leitung mit M_q verbunden. Wir unterscheiden vier Fälle im Hinblick auf die bisherige Benutzung der Leitungen AM_q und M_qB:

1. Beide Leitungen bereits benutzt,

2. AM_q benutzt, M_qB nicht benutzt,

3. AM_q nicht benutzt, M_qB benutzt,

4. beide Leitungen nicht benutzt.

Ist μ_j die Anzahl der Mittel-Crossbars, auf die der Fall j zutrifft ($1 \leq j \leq 4$), so gilt natürlich $\mu_1 + \mu_2 + \mu_3 + \mu_4 = m = 2n - 1$. Wenn wir zeigen können, daß $\mu_4 \geq 1$ ist, so ist die fehlende Verbindung über wenigstens einen der Mittel-Crossbars (vom Typ 4) schaltbar. Nun sind aber von den je $2n - 1$ Leitungen, die A und auch B mit der mittleren Ebene verbinden, je höchstens $n - 1$ bereits belegt, weil s_{k+1} ein noch freier Input von A und d_{k+1} ein noch freier Output von B ist. Damit trifft auf höchstens $2(n - 1) < 2n - 1$ mittlere Crossbars einer der Fälle 1 bis 3 zu, d.h. $\mu_4 \geq 1$.

Das Ergebnis unseres Satzes ist nicht mehr verbesserbar: Ist $m < 2n - 1$, so kann man eine Permutation π finden, die bei ungeschickter bzw. böswilliger Verbindung eines bestimmten Anfangsteiles nicht mehr fortgesetzt werden kann und die deshalb ein Rearrangement erforderlich macht.

Der Begriff der dynamischen Erweiterbarkeit eines Permutations-Netzes besitzt eine interessante Variante: Das von uns bisher vertretene Konzept kann dahingehend interpretiert werden, daß eine teilweise bereits geroutete Permutation in *jedem* Falle ohne Re-Arrangieren fortgesetzt werden kann, auch dann, wenn ein böswilliger Gegenspieler den Anfang der Permutation so ungünstig wie möglich geroutet haben mag. Die

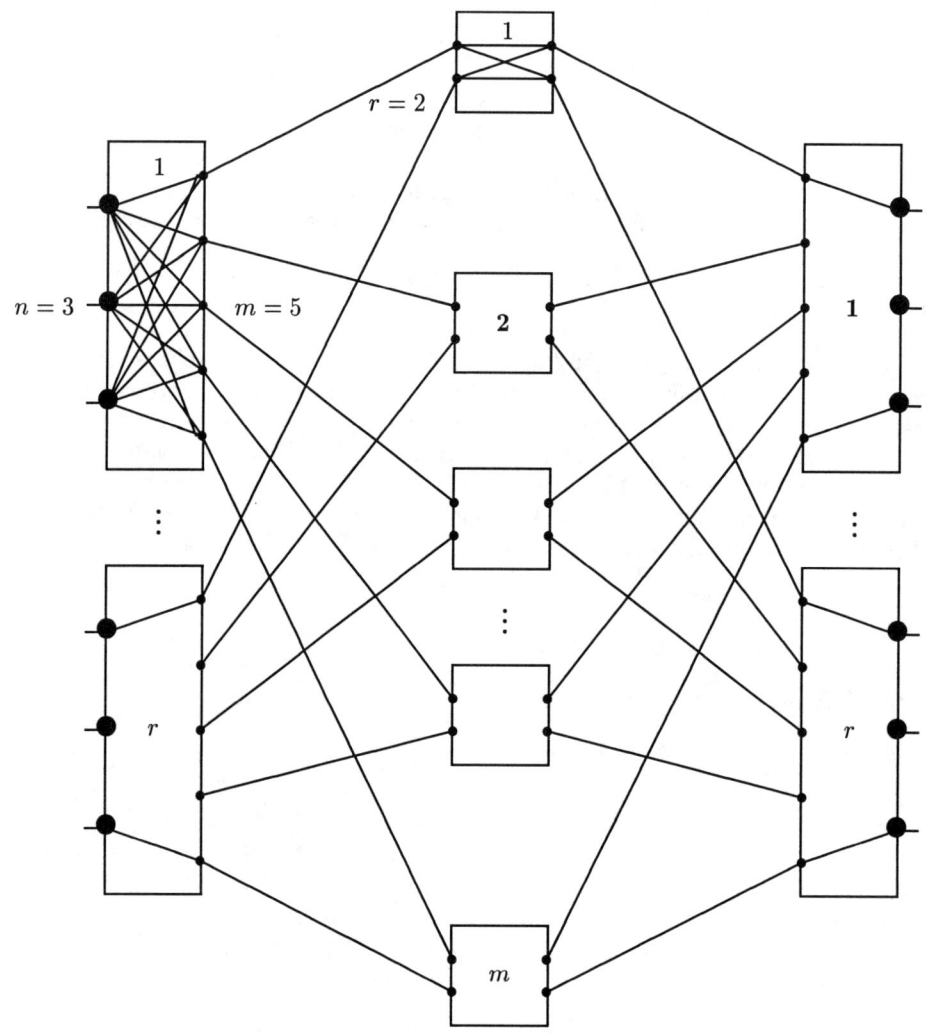

Abbildung 12.30: Clos-Netz als dynamisches Permutations-Netz.

Variante „geplant dynamisch" besagt, daß der Routende selbst jeden Permutations-anfang derart routen kann, daß eine Erweiterung stets möglich ist. Ein Gegenspieler ist also nicht vorhanden. Man kann zeigen, daß für das Clos-Netz (im wesentlichen) wenigstens $m \geq \frac{3}{2}n$ gelten muß, damit eine geplante Dynamizität garantiert werden kann.

Während das Beneš-Netz mit seiner eventuell rearrangierungsbedürftigen Dyna-mizität mit $O(N \log N)$ Schaltern und Drähten noch in die gleiche Aufwandsklasse wie die Bidelta-Netze gehört, ist dies für die Clos-Netze nicht mehr der Fall. Betrachten wir etwa die Anzahl der erforderlichen *Drähte*. Wir unterscheiden hier einen *inneren* Aufwand (Anzahl der Drähte *in* den Crossbars) und einen *äußeren* Aufwand (Anzahl der Drähte *zwischen* den Crossbars). Die Analyse wird schwieriger als bei Bidelta-Netzen, welche nur durch *einen* Größenparameter N bzw. $n = \log_2 N$ gekennzeichnet sind; beim Clos-Netz haben wir aber, selbst wenn wir $m = 2n - 1$ setzen, mit n und r immer noch *zwei* unabhängige Dimensionierungsparameter, aus denen sich $N = n \cdot r$ ergibt. Wählt man nun etwa n und r gleich groß, also $n = r = \sqrt{N}$, so ergibt für den inneren Aufwand eine Größenordnung $O(N \cdot \sqrt{N})$ und für den äußeren Aufwand $O(N)$, also insgesamt $O(N \cdot \sqrt{N})$. Man kann zeigen, daß auch durch eine anderweitige Festlegung des Verhältnisses von n und r ein entscheidend günstigerer Gesamtaufwand nicht erreichbar ist. Damit kennen wir den Preis für die dynamische Universalität: Der Aufwand steigt — zumindest bei Verwendung des Clos-Netzes — von $O(N \log N)$ auf $O(N \cdot \sqrt{N})$.

12.7 Übungen

12.1 Für $M = 8$ Prozessoren gebe man das durch $\mathcal{W}_{+1}$ bzw. $\mathcal{W}_{-2}$ definierte Verbin-dungsnetzwerk an.

12.2 Man beschreibe eine fünfdimensionale Hypercube-Verbindung durch Angabe der 5 Verbindungsfunktionen.

12.3 In einem SIMD-Rechner sei eine Hypercube-Verbindung für acht Prozessoren implementiert. Für eine bestimmte Anwendung wird vorübergehend eine Shuffle-Exchange-Verbindung benötigt. Man überlege, ob die Hypercube-Verbindung in der Lage ist, ein Shuffle-Exchange-Netzwerk zu „simulieren" und, falls ja, wie-viel Datentransfers zwischen Prozessoren für diese Simulation mindestens bzw. höchstens notwendig sind.

12.4 Man zeige, daß sich Hypercube-, Array- und Shuffle-Exchange-Verbindung durch ein WPM2I-Netzwerk simulieren lassen, und schätze den jeweiligen Aufwand ab.

12.5 Ein *perfektes Matching* eines Graphen mit M Punkten ist eine Menge von $M/2$ eckendisjunkten Kanten. Man zeige, daß in einem Hypercube der Dimension m (d. h. mit $M = 2^m$ Prozessoren) die Kanten der Dimension k ein perfektes Matching bilden für jedes k, $1 \leq k \leq m$.

12.6 Der *Durchmesser* (*diameter*) eines Verbindungsnetzwerkes ist die maximale Ent-fernung zwischen Paaren von Prozessoren. Man zeige, daß ein Hypercube mit $M = 2^m$ Prozessoren den Durchmesser m hat.

12.7 Die *Schnittweite* (*bisection width*) eines Verbindungsnetzwerkes bezeichnet die minimale Anzahl von Verbindungen, welche entfernt werden müssen, um das Netzwerk in zwei Hälften mit gleichen Prozessoranzahlen (bis auf 1) zu zerlegen. Man zeige, daß ein Hypercube mit M Prozessoren eine Schnittweite von $M/2$ besitzt.

12.8 Man überlege, wieviele disjunkte Hypercubes der Dimension n in einem Hypercube der Dimension $m \geq n$ enthalten sind (z. B. enthält ein zweidimensionaler Hypercube zwei eindimensionale Hypercubes).

12.9 Man führe die in Abschnitt 12.6 genannte Re-Arrangierung des Beneš-Netzes durch.

12.8 Bibliographische Hinweise und Ergänzungen

Eine gute Übersicht über Algorithmen auf der PRAM wird bei Gibbons und Rytter (1988) sowie von Leighton (1992) oder Jájá (1992) gegeben. Zellulare Automaten werden z. B. von Burks (1970) oder Vollmar (1979) ausführlich behandelt. Eine neuere Übersicht über die verschiedenen Arten von Verbindungsnetzwerken geben Schwederski und Jurczyk (1996).

Zu Superkonzentratoren vergleiche man insbesondere Pippenger (1990). Ein Beweis von Satz 12.1, der auch eine rekursive Konstruktion für n-Superkonzentratoren mit den angegebenen Eigenschaften beinhaltet, wird von Pippenger (1977) gegeben; man vergleiche auch Pippenger (1990). Allerdings ist zu dieser Konstruktion anzumerken, daß sie ein nichtkonstruktives Abzählungsargument der folgenden Art benutzt: Es wird eine bestimmte Klasse von Graphen, deren Kardinalität bekannt ist oder berechnet werden kann, betrachtet, und es wird gezählt, wieviele Elemente der Klasse eine bestimmte Eigenschaft *nicht* besitzen. Falls diese Anzahl kleiner ist als die Gesamtzahl der Elemente dieser Klasse, so ist gezeigt, daß es Graphen in der Klasse gibt, welche die geforderte Eigenschaft besitzen. Eine explizite Konstruktion von n-Superkonzentratoren findet man bei Gabber und Galil (1981); die in dieser Arbeit angegebene Technik konstruiert n-Superkonzentratoren mit $\approx 271{,}8n$ Kanten, deren Kantenzahl also linear in n beschränkt ist. Verschiedene Autoren haben sich seitdem um eine Reduzierung dieser Konstante bemüht; zur Zeit ist als bestes Ergebnis die von Alon et al. (1987) angegebene Konstruktion anzusehen, welche n-Superkonzentratoren mit $\approx 122{,}74n$ Kanten liefert. Resultate über das Pebble-Game sowie Anwendungen hiervon findet man z. B. bei Pippenger (1982), Hopcroft et al. (1977), Paul (1978) oder Lengauer und Tarjan (1982).

Das in Abschnitt 12.3 erwähnte WPM2I-Netzwerk, das Array, das Shuffle-Exchange-Netzwerk sowie der Hypercube werden von Siegel (1985) genauer untersucht; dort wird auch die Verwendung von Prozessor-Adreßmasken ausführlicher behandelt, und es werden Aussagen zur gegenseitigen Simulation der verschiedenen (statischen) Netzwerke gemacht (vgl. Aufgaben 12.3 und 12.4). Zum Hypercube und zu anderen Verbindungsnetzwerken vergleiche man ferner Moldovan (1993), Leighton (1992) und Valiant (1990); daneben sei auf den Zusammenhang dieser Verbindungsstruktur zum Aufbau des Gray-Codes (vgl. Abschnitt 2.3.1) hingewiesen. Anwendungen des Shuffle-Exchange-Netzwerkes werden etwa von Stone (1971) beschrieben; Die Cube-Connected Cycles gehen auf Preparata und Vuillemin (1981) zurück. Eine Simulation von m-dimensionalen Hypercubes durch geeignete CCCs wird von Galil und Paul (1983) beschrieben.

Hypercube-Algorithmen zur Matrizen-Multiplikation wurden u.a. von Dekel et al. (1981) beschrieben; man vergleiche hierzu auch Akl (1989). Zu parallelen Algorithmen verweisen wir ferner auf Leighton (1992), Moldovan (1993), Jájá (1992) sowie Quinn und Deo (1984).

Beneš (1965) behandelt dynamische Netzwerke speziell für den Telefonverkehr aus mathematischer Sicht; hierzu vergleiche man auch Pippenger (1978a). Selfrouting-Netzwerke werden z. B. von Batcher (1968) oder Beneš (1965) beschrieben. Rearrangierbare und nicht-blockierende Netzwerke werden von Pippenger (1978b) genauer untersucht; hierzu vergleiche man auch Pippenger (1990). Für selten-blockierende Netzwerke sei weiter auf Pippenger (1976, 1978a) verwiesen; in der ersten dieser beiden Arbeiten wird eine explizite Konstruktionsmöglichkeit für derartige Netzwerke angegeben.

Der Übersichtsartikel von Broomell und Heath (1983) schlägt verschiedene Klassifikationen für Verbindungsnetzwerke vor und beschreibt wichtige Vertreter aller Klassen. Es wird z. B. das auf Lawrie (1975) zurückgehende Ω-Netzwerk mit einer Reihe anderer Typen hinsichtlich seiner Komplexität und seiner Leistungsfähigkeit verglichen. Varianten des Ω-Netzwerks werden z. B. auch von Stone (1980) beschrieben. Die topologische Äquivalenz der Bidelta-Netze wird von Kruskal und Snir (1986) gezeigt. Die Tragweite dieses Ergebnisses wird in der künftigen Literatur sicher noch ihren Niederschlag finden. Erstaunlich ist die lange Zeitspanne zwischen der erstmaligen Entdeckung dynamischer universeller Permutations-Netze durch Beneš (1965) und Clos (1953) und deren Anwendung in realen Rechnerverbundsystemen. Eine Analyse verschiedener Varianten der Dynamizität mit einer Darstellung von Anwendungsperspektiven wird von Klingler (1993) gegeben. Man vergleiche hierzu auch Penner (1992).

Kapitel 13

Zur Evolution von Parallelrechner-Architekturen

13.1   Übersicht

In diesem Kapitel beschreiben wir die Evolution von Parallelrechner-Architekturen, wobei es uns wie in den Kapiteln 9 und 10 hauptsächlich darauf ankommt, wichtige Architekturprinzipien und Entwicklungslinien aufzuzeigen; hingegen erhebt unsere Beschreibung keinen Anspruch auf Vollständigkeit. Außerdem ist darauf hinzuweisen, daß wir uns in diesem Kapitel nur mit Hardware-Strukturen befassen und daher z. B. nicht auf spezielle Algorithmen für Parallelrechner (vgl. Kapitel 7 und 12) eingehen werden. Wir vernachlässigen hier ferner die — ebenfalls wichtigen — Aspekte der System-Software für Parallelrechner sowie der Parallelisierung von Programmen bzw. allgemeiner der Programmierung von Parallelrechnern. Für den Spezialfall, daß Parallelität durch eine *Vernetzung* (insbesondere sequentieller) Rechner erzielt wird, kommen wir auf diesen Aspekt jedoch im nächsten Kapitel zurück.

Wir haben in Kapitel 8 bereits erwähnt, daß insbesondere der von Neumannsche Flaschenhals Anlaß zur Entwicklung alternativer Rechnerarchitekturen gegeben hat. Modelle für Rechner, welche Parallelverarbeitung ermöglichen, haben wir ferner in Kapitel 7 in Form der systolischen Arrays und in Kapitel 12 in Form verschiedener Verbindungsnetzwerke kennengelernt. In diesem Kapitel beschreiben wir Parallelrechner-Architekturen, welche zum Teil auch kommerziell verfügbar sind. Wir orientieren uns dabei an der in Kapitel 8 bereits angegebenen Klassifikation von Flynn (vgl. Abschnitt 8.6), welche lediglich auf einer Zählung paralleler Instruktions- bzw. Daten-Ströme basiert:

Single Instruction — Single Data:	SISD
Single Instruction — Multiple Data:	SIMD
Multiple Instruction — Single Data:	MISD
Multiple Instruction — Multiple Data:	MIMD

Wie in Kapitel 8 bereits erwähnt, ist diese Einteilung umstritten (das Operationsprinzip einer Rechnerarchitektur wird nicht berücksichtigt, die MISD-Klasse ist de facto leer, und die einzelnen Klassen sind keineswegs disjunkt). Dennoch stellt diese

„klassische" Einteilung eine gute erste Näherung dar, und sie ist die nach wie vor am häufigsten verwendete.

Da wir SISD-Rechner bereits besprochen haben, konzentrieren wir uns hier auf SIMD- sowie MIMD-Architekturen. Bei diesen spricht man heute speziell bei Rechnern mit mehr als 100 Prozessoren auch von *massivem Parallelismus*. In Abschnitt 13.2 behandeln wir zunächst die wichtigsten Vertreter der SIMD-Klasse, die Vektorsowie die Feldrechner. Sodann beschreiben wir spezielle Vertreter der MIMD-Klasse, welche häufig als *Multiprozessorsysteme* bezeichnet werden. Für MIMD-Architekturen sind heute weitere Spezialisierungen üblich, auf welche wir in Abschnitt 13.3 eingehen werden. Insbesondere unterscheidet man Rechner, welche sich eines gemeinsamen Speichers bedienen („speichergekoppelte [*shared memory*] Multiprozessorsysteme"), und Mehrprozessor-Rechner, bei welchen jeder Prozessor über einen lokalen Speicher (*distributed memory*) verfügt und mit den anderen über einen Nachrichten-Austausch (*message passing*) kommuniziert („nachrichtengekoppelte Multiprozessorsysteme", vgl. Abschnitt 12.1). Bei beiden Spezialformen ergeben sich weitere Unterscheidungsmöglichkeiten anhand des Kopplungsmediums; hierbei kann es sich um einen einfachen Bus oder um eines der aus Kapitel 12 bekannten (statischen oder programmierbaren) Verbindungsnetzwerke handeln. Hierauf werden wir in den Abschnitten 13.4 und 13.5 eingehen.

Es sei an dieser Stelle auch erwähnt, daß es in der Vergangenheit eine Reihe von Alternativ-Vorschlägen zum Klassifikationsschema von Flynn gegeben hat, von denen ein bekannter das *Erlanger Klassifikations-System* (ECS) ist. Dieses auf W. Händler zurückgehende System klassifiziert Rechenanlagen z. B. nach der Anzahl der vorhandenen Daten- oder Befehlsprozessoren oder auch nach dem Grad des möglichen Parallelismus. Genauer wird im ECS ein Rechner beschrieben, indem für jede seiner sogenannten „abstrakten" Maschinen (Programmaschine, Prozeßmaschine, Maschinenbefehlsmaschine) jeweils die Form *(Nebenläufigkeit, Pipelining)* und der mögliche Parallelismus angegeben wird; eine Rechnerarchitektur wird charakterisiert durch

- die Anzahl parallel arbeitender Steuerwerke,

- die Anzahl der Steuerwerke, die mit Pipelining arbeiten,

- die Anzahl parallel arbeitender Rechenwerke pro Steuerwerk,

- die Anzahl der Rechenwerke, die mit Pipelining arbeiten,

- die Anzahl der parallel bearbeitbaren Datenbits der Operanden pro Rechenwerk und

- die Anzahl der unabhängig ausführbaren Phasen einer Maschinenoperation.

13.2 SIMD-Architekturen

Generell arbeitet ein SIMD-Rechner auf Vektoren von Daten. Werden z.B. in einer einzigen SIMD-Instruktion 64 Zahlen addiert, so sendet die Hardware 64 Datenströme an 64 ALUs zur Bildung von 64 Summen in einem einzigen Taktzyklus. Dabei werden alle parallelen Ausführungseinheiten synchronisiert, und alle reagieren auf eine einzige

Instruktion, welche vor der Ausführung von einem *einzelnen* Program Counter referenziert wird. Allerdings verfügt jede Ausführungseinheit über eigene Adreßregister,
so daß jede solche Einheit ihre Daten unter eigenen Adressen ansprechen kann.

In diesem Abschnitt behandeln wir exemplarisch die wichtigsten Vertreter von
SIMD-Rechnern, die Vektorrechner sowie die Feldrechner. Bei einem *Vektorrechner*
werden insbesondere arithmetische (Vektor-) Operationen in mehreren Ausführungseinheiten nach dem Pipeline-Prinzip verarbeitet. *Feldrechner* sind Rechner mit einem
regelmäßig aufgebauten Feld von Ausführungseinheiten, welche unter Aufsicht einer
zentralen Steuerung parallel dieselbe Maschineninstruktion auf unterschiedlichen Daten ausführen.

13.2.1 Vektor- und Pipeline-Rechner

Formen des Pipelining

Unter dem bisher schon mehrfach erwähnten Begriff des *Pipelining* (Fließbandverar-
beitung, vgl. insbesondere Abschnitt 10.2.2) versteht man allgemein die Zerlegung
einer bestimmten Aufgabe oder eines Prozesses in mehrere Teilaufgaben bzw. Teil-
prozesse, welche dann in einer (im allgemeinen linearen) Anordnung spezialisierter
Prozessoren taktsynchron bearbeitet werden. Wir erinnern z. B. an die Matrix-Vektor-
Multiplikation in einem linearen systolischen Array (Kapitel 7) oder an die in Kapitel 9 erläuterte Zerlegung einer Befehlsverarbeitung in Teilschritte („Befehlsphasen-
Pipelining"): Im ersten Fall werden Daten (eine Matrix bzw. ein Vektor) sukzessiv in
die Pipeline „geschoben", jedes Element in der Pipeline erledigt eine Teilaufgabe und
reicht das Ergebnis an einen Nachbarn weiter. Im zweiten Fall besteht das Pipelining
z. B. darin, daß während der Ausführung eines Befehls der nächste auszuführende
Befehl bereits in einer Befehlswarteschlange abgelegt wird (vgl. Abbildungen 10.6 -
10.8).

Wesentlich für das Pipelining ist, daß jeder Teilprozeß zwar alle Stufen der Pipeline zu durchlaufen hat, jedoch die Bearbeitung auf einer Stufe im wesentlichen
unabhängig von den anderen Stufen erfolgt. Wichtig ist ferner (für eine effiziente
Nutzung der Pipeline), daß alle Stufen in etwa gleiche Bearbeitungszeiten erfordern.

Auf einer „höheren" Stufe als der der Maschinenbefehle kann sich das Pipelining-
Prinzip auch auf die Bearbeitung komplexerer Operationen beziehen: Man spricht
von *arithmetischem Pipelining*, wenn die Ausführung arithmetischer Operationen wie
z. B. einer Gleitkommamultiplikation in Teilschritte zerlegbar ist, welche durch verschiedene Teile der betreffenden ALU unter Umständen zeitlich überlappt bearbeitet
werden. Typischerweise verfügt die ALU dann über mehrere Addierwerke, Shifter
und ähnliches, welche in Form einer Pipeline angeordnet sind; es können aber auch
getrennte ALUs für Addition, Multiplikation usw. vorhanden sein.

Pipelining ist im allgemeinen nur realisierbar, wenn die vorhandene Hardware
bestimmten Voraussetzungen genügt: So ist z. B. das räumlich getrennte Vorkommen
von „Processing Elements" (im Sinne von Kapitel 12) unabdingbar, denn die Existenz
z. B. *eines* universellen Prozessors, welcher unterschiedliche Prozesse gemäß einer
Steuerung von außen vollziehen kann, läßt noch kein Pipelining zu. Entsprechend
solchen Voraussetzungen über die Form oder Anordnung der physisch vorhandenen
Hardware lassen sich Pipeline-Rechner wie folgt klassifizieren:

Eine *Einfunktions-Pipeline* kann auf verschiedenen Input-Daten immer nur dieselbe Folge von Operationen ausführen. Demgegenüber ist eine *Multifunktions-Pipeline* in der Lage, in Abhängigkeit von einer Steuerung, welche z. B. die jeweils vorliegenden Daten abfragen kann, verschiedene Operationsfolgen durchzuführen. Die Häufigkeit, mit welcher Änderungen an der Funktion einer solchen Pipeline vorgenommen werden, führt auf eine weitere Differenzierung:

1. *Statisch konfigurierte* oder kurz *statische Pipelines* unterliegen nur relativ selten einer Funktionsänderung, welche häufig nur von einem Programmierer veranlaßt werden kann. In dieser Klasse sind die Vektorrechner anzusiedeln. Die Hardware ist in diesem Falle so beschaffen, daß ein Programmierer durch *einen* Befehl sowohl die Operation als auch die Operanden, bei denen es sich jetzt um vektorartige Datenmengen handelt, wie bei Skalaren spezifizieren kann. Zur Ausführungszeit wird dann eine geeignete Pipeline einmal konfiguriert, und die gesamte Datenmenge strömt durch sie hindurch. Ist die Vektoroperation vollständig abgeschlossen, kann eine neue gestartet werden.

2. Neben dieser Form erlauben andere Multifunktions-Pipelines einen Wechsel der auszuführenden Funktion z. B. für jeden neuen skalaren Input. Man spricht dann von *dynamisch konfigurierten Pipelines*. Sie finden z. B. bei der hardwaremäßigen Unterstützung von Maschinenbefehlen Anwendung.

Tabelle 13.4 (vgl. bibliographische Hinweise) gibt eine Übersicht über verschiedene, bis heute realisierte Pipeline- sowie Vektorrechner; die dort angegebenen Rechner sind allerdings alphabetisch nach Herstellern sortiert, da eine eindeutige Zuordnung dieser zu den gerade genannten Klassen nur in Ausnahmefällen möglich ist. Wir wollen uns im weiteren Verlauf dieses Abschnitts exemplarisch mit Rechnern des Produzenten Cray näher beschäftigen und dabei besonders das historisch erste Modell Cray-1 betrachten, in welchem die grundlegenden Architektur-Ideen bereits alle vorlagen.

Beispiel: Cray-1

Der Rechner *Cray-1* der Firma Cray Research, Inc., wurde erstmals 1976 im Los Alamos Scientific Laboratory im US-Bundesstaat New Mexiko in Betrieb genommen. Es handelt sich dabei um einen Vektorrechner mit parallel arbeitenden, jeweils als Pipeline organisierten Funktionseinheiten. Sein Entwicklungsziel war die Bereitstellung größtmöglicher Verarbeitungsgeschwindigkeit; dieses wird primär dadurch erreicht, daß zu verarbeitende Datenströme nicht dem Weg Hauptspeicher-Pipeline-Hauptspeicher folgen, sondern von einer Registerbank durch die Pipeline zurück zu einer Registerbank fließen, die Taktzeit sehr kurz ist und umfassender Gebrauch von Pipeline- und Parallelverarbeitung gemacht wird. Die Literatur zu diesem Rechner ist inzwischen sehr umfangreich (vgl. Tabelle 13.4); wir beschränken uns daher hier auf eine Beschreibung der wesentlichen Charakteristika seiner Organisation und seiner Arbeitsweise.

Die Cray-1 besteht grob aus drei Teilen: Zentraleinheit, Hauptspeicher und E/A-Einheit. Die *Zentraleinheit* enthält zwölf unabhängige Funktionseinheiten, deren Unterteilung in vier Gruppen in Tabelle 13.1 gezeigt ist, sowie rund 1000 Register, von denen die wichtigsten in Tabelle 13.2 zusammengefaßt sind. Die wesentliche Organisation läßt sich damit wie in Abbildung 13.1 gezeigt darstellen.

Tabelle 13.1: Funktionseinheiten der Cray-1.

(1) Adreß-Einheiten für	(a) Adreß-Addition
	(b) Adreß-Multiplikation
(2) Skalar-Einheiten für	(a) Skalar-Addition
	(b) Skalar-Shift
	(c) Logische Verknüpfung von Skalaren
	(d) Skalar-Population-Count
(3) Gleitkomma-Einheiten für	(a) Addition
	(b) Multiplikation
	(c) Reziproke Approximation
(4) Vektor-Einheiten für	(a) Vektor-Addition
	(b) Vektor-Shift
	(c) Logische Verknüpfung von Vektoren

Tabelle 13.2: Register der Cray-1.

Bezeichnung	Anzahl	Länge in Bits
A-Register	8	24
B-Register	64	24
S-Register	8	64
T-Register	64	64
V-Register	8×64	64
Vektor-Längen-Register VL	1	7
Vektor-Masken-Register VM	1	64
Instruction Buffer IB	4×64	16

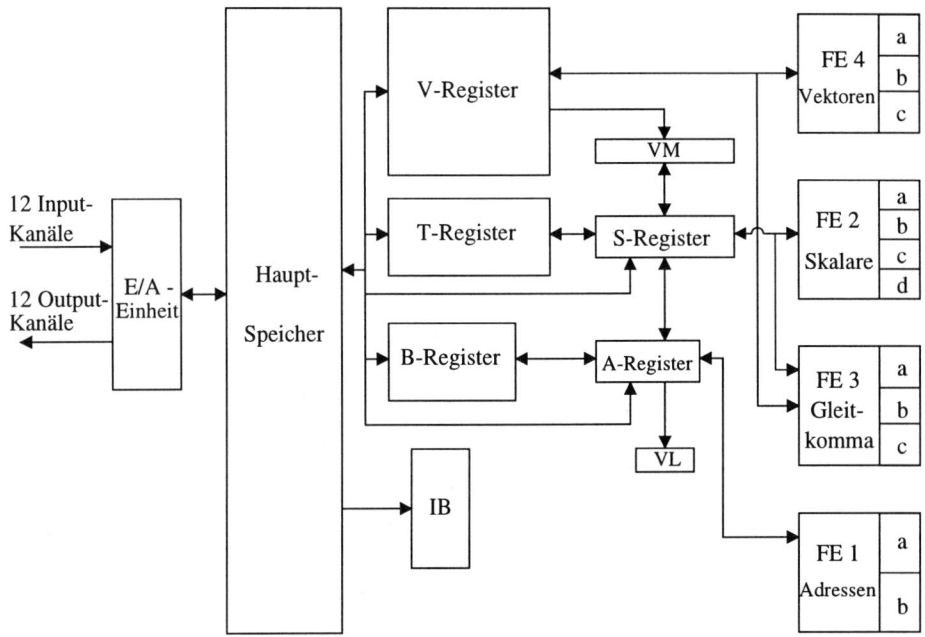

Abbildung 13.1: Organisation der Cray-1.

Die fünf Registerblöcke sind unterteilt in Primär-Register (A, S und V) und Zwischenregister (B und T). Die acht 24-Bit-*A-Register* werden hauptsächlich als Adreßregister für Speicherzugriffe sowie als Indexregister verwendet. Die vierundsechzig 24-Bit-*B-Register* dienen als Hilfsspeicher für die A-Register im Sinne eines Cache-Speichers; Daten aus dem Hauptspeicher können direkt in A-Register übertragen werden oder in B-Registern gepuffert werden. Außerdem kann der Inhalt eines Registers im A-Block an das Vektorlängen-Register VL weitergegeben werden. Daten können auch zwischen dem A- und dem S-Block ausgetauscht werden. Die acht 64-Bit-*S-Register* sind die Quell- bzw. Ziel-Operandenregister für arithmetische und logische Operationen auf Skalaren. Außerdem werden bei Vektor-Operationen eventuell beteiligte skalare Größen in ihnen abgelegt. Die vierundsechzig 64-Bit-*T-Register* dienen als Pufferspeicher für die S-Register, insbesondere auch zur Aufnahme von Zwischenergebnissen. Die acht Blöcke von je vierundsechzig 64-Bit-*V-Registern* schließlich sind für Vektor-Operationen vorgesehen. Werden die Register eines der acht Blöcke sukzessiv mit Daten geladen, so werden diese als Vektor betrachtet. Die Ausnutzung eines Blockes ist damit also optimal, falls der betreffende Vektor genau 64 Komponenten besitzt; andere Vektorlängen sind möglich unter Benutzung von VL. VM erlaubt das Ausblenden einzelner Vektorkomponenten z. B. bei Misch- oder Test-Befehlen.

Der *Instruction Buffer* IB besteht aus vier Bänken zu je vierundsechzig 16-Bit-Registern. Diese Wortlänge erlaubt gerade die Aufnahme einer sogenannten „Befehls-Parzelle": Die Cray-1 verfügt über 128 Maschinenbefehle, welche jeweils aus einer oder zwei 16-Bit-Parzellen bestehen. 16 Bits reichen z. B. aus für arithmetische, logische oder Shift-Befehle; dagegen benötigen z. B. Lese-, Schreib- oder Sprungbefehle $2 \times$

Tabelle 13.3: Takt-Perioden und -Dauern der Cray-1.

FE	Takt-Periode	Dauer in nsec
1a	2	25
b	6	75
2a	3	37,5
b	2 oder 3	25 oder 37,5
c	1	12,5
d	3 oder 4	37,5 oder 50
3a	6	75
b	7	87,5
c	14	175
4a	3	37,5
b	4	50
c	2	25

16 Bits.

Die Funktionseinheiten beziehen Operanden nur aus V-, S- oder A-Registern, und sie liefern Ergebnisse nur an diese. Alle zwölf Funktionseinheiten arbeiten unabhängig voneinander und können somit prinzipiell gleichzeitig aktiv sein. Jede für sich arbeitet nach dem Pipelining-Prinzip und ist intern in mehrere Stufen aufgeteilt. Die Gesamtzahl der Stufen hat dabei Einfluß auf die Zeit, welche für die gesamte Ausführung einer Operation benötigt wird, die sogenannte *Takt-Periode*.

Die Takt-Perioden der einzelnen Funktionseinheiten FE sind in Tabelle 13.3 angegeben; sie sind jeweils ein Vielfaches vom Grundtakt der Cray-1, welcher 12,5 nsec ($= 12,5 \times 10^{-9}$ sec) beträgt. Man kann grob davon ausgehen, daß jede Funktionseinheit soviele Stufen umfaßt, wie ihre Taktperiode lang ist; daher kann jede dieser Einheiten nach jedem Grundtakt mit neuen Daten versorgt werden, welche dann die betreffende Pipeline durchlaufen. Somit werden Ergebnisse alle 12,5 nsec geliefert. Soll also z. B. eine Gleitkomma-Addition von zwei 64-elementigen Vektoren ausgeführt werden, welche sich in den im folgenden mit V_0 und V_1 bezeichneten Bänken des V-Blocks befinden, so wird zunächst die Funktionseinheit 3a für (mindestens) 64 × 6 Taktperioden reserviert; sie kann während dieser Zeit von keiner anderen Instruktion benutzt werden. Sodann werden die Inhalte von V_0 und V_1 paarweise sequentiell an FE 3a geliefert; diese Funktionseinheit gibt nach jedem 6. Takt ein Element des Ergebnisvektors aus.

Darüberhinaus besteht die Möglichkeit, einzelne Funktionseinheiten — etwa bei aufeinanderfolgenden Vektoroperationen — zu verketten. Dieser Prozeß des *Chaining* kann z. B. für drei 64-elementige Vektoren V_0, V_1 und V_2, für welche $V_0 + V_1 * V_2$ zu berechnen ist, schematisch wie in Abbildung 13.2 dargestellt aussehen. V_3 dient dabei zur vorübergehenden Aufnahme des Multiplikationsergebnisses, und in V_4 wird das Resultat abgelegt.

Weitere Einzelheiten hierzu entnehme man der unten angegebenen Literatur zur Cray-1. Es sei noch bemerkt, daß dieser Rechner nicht über eine eigene Funktionseinheit für die Gleitkomma-Division verfügt; diese Operation wird nach der Methode

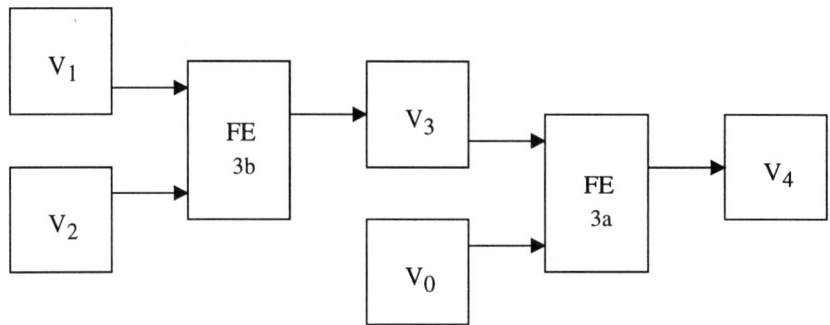

Abbildung 13.2: Beispiel zum Chaining von Funktionseinheiten der Cray-1.

der reziproken Approximation durchgeführt (FE 3c).

Der *Hauptspeicher* einer Cray-1 ist in 16 Bänke unterteilt. Jede Bank besteht aus 72 1-Bit-breiten Modulen der Länge 65.536 Bit. Von dieser physikalischen Wortbreite von 72 Bits stehen nur 64 zur Aufnahme von Daten zur Verfügung; 64 Bits werden hier auch als ein *Wort* bezeichnet. Die restlichen 8 Bits sind für Fehler-Testzwecke reserviert. Es können 1-Bit-Fehler korrigiert und 2-Bit-Fehler erkannt werden (vgl. Kapitel 4). Insgesamt umfaßt der Hauptspeicher damit also $16 \times 65.536 = 1.048.576 = 1$ M 64-Bit-Worte, welche dem Programmierer zur Verfügung stehen, bzw. physikalisch insgesamt 9 MB.

Wie aus Abbildung 13.1 bereits erkennbar ist, steht zur Kommunikation der Register mit dem Arbeitsspeicher nur *ein* sogenannter „Memory-Port" zur Verfügung. Der daran angeschlossene Datenbus hat eine Breite von einem Wort (= 64 Bits) und eine Übertragungsrate von 80 M Worten pro Sekunde. Letztere ergibt sich aus der Tatsache, daß der Zugriff zu einem Speicherwort 50 nsec erfordert, also die vierfache Länge des Grundtaktes, so daß von bzw. zu *einer* Speicherbank in einer Sekunde $\frac{1}{50} \times 10^9 = 20$ M Worte transportiert werden können. Da die einzelnen Bänke andererseits parallel aktiv sein und im Grundtakt-Abstand angesprochen werden können, beträgt die Transferrate das Vierfache dieses Wertes, falls mindestens vier verschiedene Bänke abwechselnd aktiviert werden.

Die vier Bänke des Instruction Buffers verfügen jeweils über separate, 64-Bit-breite Busse zum Empfang von Daten aus dem Speicher. Da diese ebenfalls gleichzeitig arbeiten können, beträgt die maximale Transferrate an dieser Stelle 4×80 M = 320 M Worte pro Sekunde.

Die *E/A-Einheit* besteht aus vier Gruppen von je sechs Kanälen, von denen zwei Gruppen allein für Eingabe und zwei für Ausgabe reserviert sind. An diese Einheit muß über einen Kanal ein sogenannter *Vorrechner* („Front-End-Computer") angeschlossen werden, welcher die Cray mit der Außenwelt verbindet, denn sie ist nicht für den „stand alone"-Betrieb gedacht. Als Vorrechner kann dabei schon ein Minicomputer, eine Workstation, aber auch ein (oder sogar mehrere) Mainframe(s) je nach Anwendung dienen.

Der extrem kurze Grundtakt der Cray-1 von 12,5 nsec, welcher zu einer maximalen Verarbeitungsgeschwindigkeit von 160 MFLOPS führt, hat eine Reihe von Konsequenzen auch für das Äußere dieses Rechners. Da die von einem elektrischen Impuls mit

Lichtgeschwindigkeit in 12,5 nsec durchlaufene Strecke nur 3,75 m beträgt, ist die physische Anordnung der einzelnen Elemente des Rechners besonders wichtig, damit interne Kabelwege nicht zu lang werden. Die Cray besteht daher aus 12 kreisförmig angeordneten Einzelschränken, welche 1,9 m hoch sind. Der von ihnen gebildete Kreis hat einen Durchmesser von rund 1,4 m. Der Rechner ist also vergleichsweise klein, benötigt aber eine Freon-Flüssigkeitskühlung und hat einen hohen Stromverbrauch. Kühlung und Stromversorgung waren bei der Cray-1 in Form einer „Sitzbank" rund um den Rechner untergebracht, wodurch der Gesamtdurchmesser auf knapp 3 m anwuchs.

Nachfolger der Cray-1

Von der Cray-1 wurden bis Ende 1981 35 Systeme installiert. 1979 wurde die verbesserte Version 1/S vorgestellt, welche sich von der Cray-1 im wesentlichen durch das Vorhandensein einer weiteren Funktionseinheit für die Vektorverarbeitung und durch die Ausbaufähigkeit des Hauptspeichers auf 4M Worte unterscheidet. Weitere Nachfolger der Cray-1 waren die Cray-1/M, die Cray X-MP (1982), die Cray Y-MP (1988) sowie die Cray-2 (1985). Wesentlicher Unterschied der 1/M-Serie zur 1/S-Serie war die Verwendung von MOS-Technologie für den Arbeitsspeicher (gegenüber schnellerer, aber teurerer Bipolar-Technologie bei der 1/S); sie wurde in 3 Versionen gebaut, welche sich im wesentlichen im Hauptspeicher-Ausbau unterschieden. Auf die anderen genannten Nachfolger der Cray-1 sowie neuere Rechner dieses Herstellers werden wir erst weiter unten eingehen, da es sich bei diesen de facto um speichergekoppelte Mehrprozessorsysteme handelt.

13.2.2 Feldrechner

Im Unterschied zu einem Vektorrechner besteht ein *Feldrechner* (engl. *Array Computer* oder *Array Processor*) aus einem Feld identischer Processing Elements (PEs), welche mindestens je über eine eigene ALU verfügen und unter der zentralen Steuerung *eines* Kontrollprozessors arbeiten. Die einzelnen PEs sind dabei linear oder (häufiger) matrixförmig angeordnet, und sie kommunizieren miteinander über ein Verbindungsnetzwerk, welches im allgemeinen einen flexibleren Datenaustausch als die Pipeline ermöglicht. Meist liegt einem Feldrechner eine der in den Abbildungen 13.3 bzw. 13.4 gezeigten Konfigurationen zugrunde. Diese allgemeinen Strukturen wurden in Abschnitt 12.3 bereits erläutert; neu ist jetzt lediglich das Vorhandensein der zentralen Steuerung der Rechner. Eine matrixförmige Anordnung der Prozessoren liegt z. B. dann vor, wenn das Verbindungsnetzwerk eine Maschen-Verbindung (Mesh Connection, vgl. Kapitel 12) realisiert; wir werden darauf weiter unten noch näher eingehen.

Der Kontrollprozessor steuert die Ausführung der einzelnen Befehle eines Programms. Dabei kann es sich um Vektorbefehle handeln: Feldrechner können auch als Vektorrechner organisiert sein. Andererseits befindet sich, wie bereits erwähnt, aufgrund der Existenz von nur *einer* Steuerung zu jedem Zeitpunkt immer nur eine Instruktion in Bearbeitung, unter Umständen jedoch von mehreren Prozessoren an verschiedenen Daten ausgeführt. Es ist bereits erwähnt worden, daß durch Maskierung ein variables Verhalten von Prozessoren erzielbar ist. Insofern ist der Feldrechner der typische Vertreter einer SIMD-Maschine.

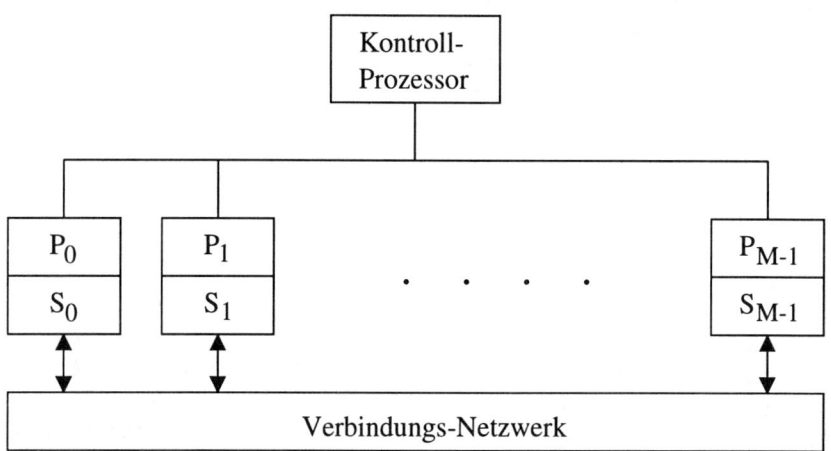

Abbildung 13.3: Feldrechner mit lokalen Speichern.

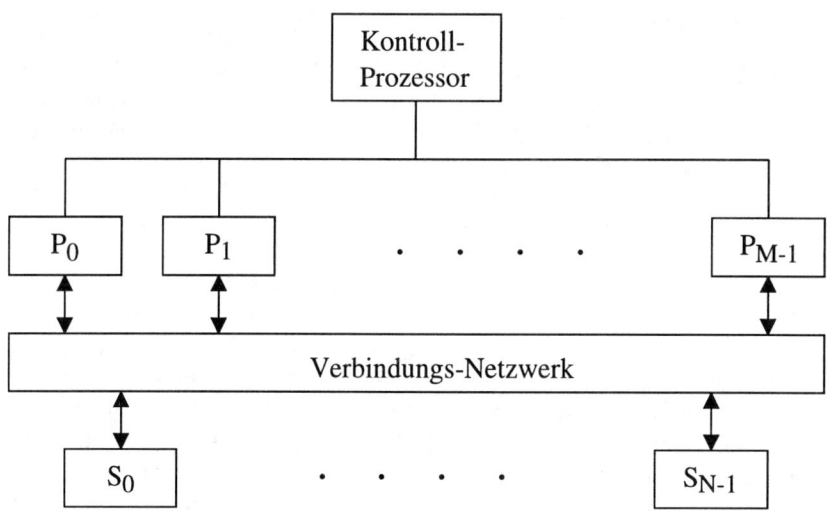

Abbildung 13.4: Feldrechner mit globalen Speichern.

Eine wichtige Teilklasse der Feldrechner bilden die sogenannten *Assoziativrechner*, deren wesentliches Charakteristikum das Vorhandensein eines assoziativen Speichers ist. Der Zugriff auf die gespeicherten Daten erfolgt dabei nicht über eine Adresse, sondern über die Daten selbst oder Teile davon. Wenngleich theoretisch verschiedene Arbeitsweisen eines solchen Speichers denkbar sind, so haben sich doch aufgrund technischer Probleme bei der Implementierung bis heute nur solche Speicher durchgesetzt, bei denen der Zugriff entweder bit-seriell (und wort-parallel) oder wort-seriell (und bit-parallel) erfolgt. Im letzten Fall z. B. wird ein (linear angeordneter, auf Wort-Basis organisierter) Speicher seriell nach einem Datum oder mehreren Daten durchsucht, wobei das Suchkriterium in Form einer Maske vorgegeben ist; der Vergleich eines Speicherwortes mit der Maske erfolgt parallel an allen Bit-Positionen. Typischerweise wird also *ein* (Such-) Befehl auf viele Daten angewendet (SIMD), wobei im Feldrechner dann mehrere Prozessoren auf ihren lokalen oder global verfügbaren (Assoziativ-) Speichern arbeiten.

Die Tabellen 13.5 und 13.6 (vgl. die bibliographischen Hinweise) geben eine Übersicht über typische Feld- bzw. Assoziativrechner. Wir wollen als nächstes eine kurze Beschreibung des historisch prominentesten Vertreters dieser Rechnerklasse, des Illiac IV, geben und sodann kurz auf ein auch kommerziell verfügbar gewordenes System, die Connection Machine 2, eingehen.

Im Hinblick auf die im letzten Kapitel erwähnten zellularen Automaten sei bemerkt, daß sich ein Feldrechner durch die Existenz einer *zentralen Kontrolle* von einem zellularen Automaten im von Neumannschen oder im Hollandschen Sinne unterscheidet; Zellularautomaten werden im allgemeinen *nicht* zentral gesteuert, sondern die Steuerung ist auf das Feld verteilt. Der Unterschied liegt damit nicht im Verbindungsnetzwerk, sondern im SIMD- (Feldrechner) bzw. MIMD- (zellularer Automat) Organisations- und Operationsprinzip.

Beispiel 1: Illiac IV

Der Feldrechner Illiac IV geht in seinem logischen Aufbau auf die in Tabelle 13.5 genannten Solomon-Rechner zurück und wurde Mitte der 60er Jahre von D. Slotnick an der Universität von Illinois entworfen. (Illiac ist eine Kurzform für Illinois Array Computer.) Sein Entwicklungsziel war eine Steigerung der Rechengeschwindigkeit durch „expliziten" Parallelismus anstatt durch Pipelining. Dazu wurde er konzipiert als Feldrechner mit 4 Feldern zu je 64 Prozessoren, von denen aus Kostengründen allerdings nur ein Feld realisiert wurde. Der Illiac IV wurde von Burroughs als Einzelstück gebaut und Anfang 1972 im Ames Research Center der NASA bei San Francisco installiert. Er arbeitete jedoch erst ab 1975 relativ zuverlässig und wurde dann z. B. zur Berechnung aerodynamischer Probleme eingesetzt. Illiac IV wurde im September 1981 stillgelegt.

Die Organisation dieses Rechners zeigt Abbildung 13.5. Das Prozessor-Feld besteht aus 64 Processing Elements $P_0, \ldots, P_{63}$, von denen jedes mit 4 Nachbarn kommunizieren kann. (Insofern kann die in Abbildung 13.5 als Ring gezeichnete Struktur auch als geschlossene Mesh Connection angesehen werden.) Jeder Prozessor P_i bearbeitet den gleichen Befehl, jedoch auf verschiedenen Daten; er besitzt dazu im wesentlichen eine ALU und vier 64-Bit-Register. Ferner verfügt jedes Element P_i über einen lokalen Arbeitsspeicher PM_i, welcher jeweils 2 K 64-Bit-Worte umfaßt. Neben dieser

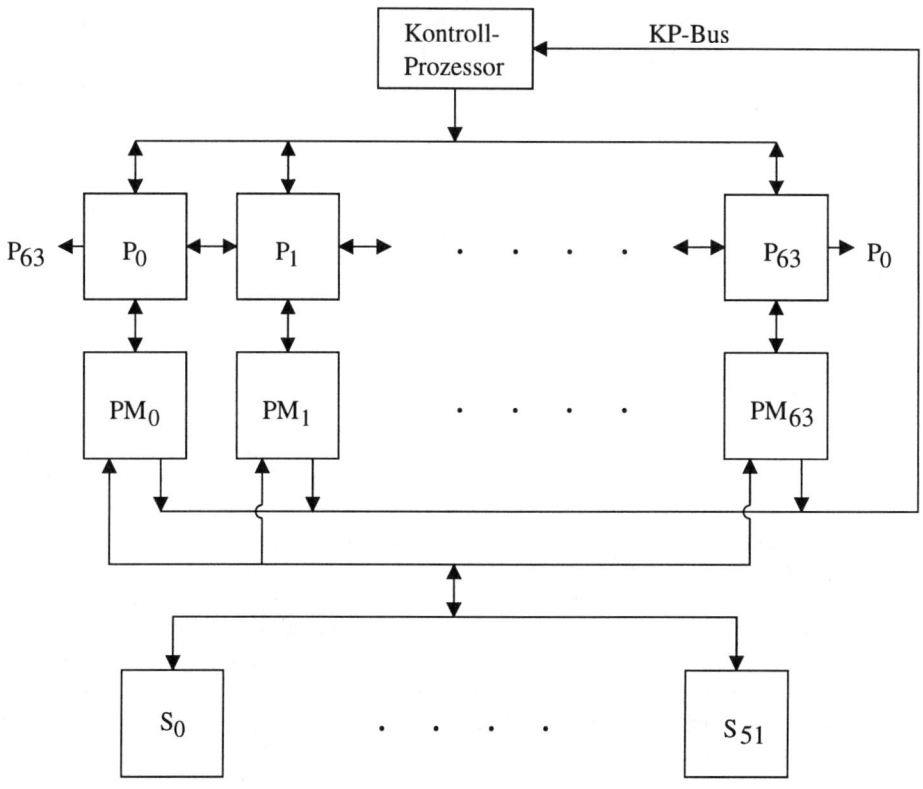

Abbildung 13.5: Organisation des Illiac IV.

Gesamtkapazität von 1 MB steht als „globaler" Arbeitsspeicher eine Magnettrommel zur Verfügung, welche logisch in 52 Bänder $S_0, \ldots, S_{51}$ zu je 300 Pages unterteilt ist. Jede Page umfaßt 1 K 64-Bit-Worte, so daß insgesamt rund 122 MB Sekundärspeicher verfügbar sind.

Beispiel 2: Connection Machine 2

Die Connection Machine wurde zunächst am Massachusetts Institute of Technology (MIT) und sodann von der Thinking Machines Corporation entwickelt und basiert auf der Idee, einen Rechner aus einer Vielzahl von Zellen aufzubauen, von denen jede eine relativ geringe Verarbeitungsleistung und nur einen kleinen Speicher hat, jedoch schnell mit jeder anderen Zelle kommunizieren kann. Hierbei liegt eine gewisse Analogie zur Funktion des menschlichen Gehirns zugrunde. Konkret besteht die Connection Machine 2 (CM-2) aus bis zu 65.536 Prozessoren, von denen jeder über eine 1-Bit-ALU, vier 1-Bit-Register und 64 Kilobit Speicher verfügt; ferner ist jeder Prozessor an ein Verbindungsnetzwerk angeschlossen. Optional kann ein zusätzlicher Floating-Point-Accelerator (FPA) eingesetzt werden, welcher von jeweils 32 der 1-Bit-Prozessoren gemeinsam benutzt wird; die CM-2 besitzt also bis zu 2.048 FPAs. Die

Prozessoren werden in Gruppen von 16 auf einem Chip untergebracht, d.h. ein voll ausgebautes CM-2-System hat 4.096 Prozessorchips, welche auch eine Kommunikationsschnittstelle zu anderen Prozessoren umfassen. Logisch besteht das Verbindungsnetzwerk aus zwei Teilen: ein lokaler Teil innerhalb eines Chips und ein globaler Teil zwischen den einzelnen Chips. Innerhalb eines Chips besitzt jeder Prozessor einen dezidierten Link zu jedem anderen Prozessor. Die Prozessorchips sind global als Hypercube vernetzt, bei vollem Ausbau also als als Hypercube der Dimension 12.

Jede ALU berechnet eine Schaltfunktion der Form $F : B^3 \to B^2$ und kann lediglich zwei Bits aus dem lokalen Speicher, deren Adresse jeweils durch 12 Bits spezifiziert wird, und ein Bit aus einem der Register lesen. Diese werden gemäß einer vorgegebenen Schaltfunktion verknüpft; bei zwei Output-Bits existieren hierfür $256 \times 256 = 2^{16}$ Möglichkeiten (vgl. Kapitel 1), von denen die jeweils gewünschte über die 16-Bit-Adresse einer Wahrheitstafel spezifiziert wird. Ein Output-Bit wird im Speicher (unter der Adresse eines der Operanden), das andere in einem der Register abgelegt. Offensichtlich ist eine einzelne ALU damit nicht in der Lage, komplexe Operationen auszuführen; zu diesem Zweck muß sie mit anderen kommunizieren. Speziell arithmetische Operationen werden von der CM-2 also bitweise ausgeführt, wobei das Programm für eine 32-Bit-Addition eine Ausführungszeit von etwa 21 msec hat. Allerdings werden bis zu 65.536 solche Additionen gleichzeitig ausgeführt.

Abbildung 13.6 zeigt die Organisation der CM-2. Der Rechner wird über einen sogenannten *Sequencer* (Mikrocode-Steuereinheit) an einen gewöhnlichen SISD-Rechner als Front-End angeschlossen. Letzterer führt das jeweilige Programm aus und sendet darin vorkommende SIMD-Instruktionen an den Sequencer, welcher diese an alle CM-2-Prozessoren und FPAs in einem parallelen Broadcast weitergibt. An die CM-2 können mehrere Platteneinheiten („*Data Vaults*") angeschlossen werden. Diese sind als sogenanntes *Disk Array* organisiert, d.h. als ein Feld von Plattenspeichern mit relativ geringer Kapazität, deren Mechaniken synchron arbeiten und welche eine hohe I/O-Bandbreite durch parallelen Zugriff erlauben.

13.3 Klassifikation von MIMD-Architekturen

Die zentrale Idee hinter einer MIMD-Architektur besteht darin, durch Zusammenschaltung vieler existierender Rechner einen neuen, leistungsfähigeren zu schaffen. Für Anwender ist dies aufgrund der *Skalierbarkeit* von MIMD-Maschinen interessant, da Hard- und Software überlicherweise so ausgelegt sind, daß sie für unterschiedliche Prozessoranzahlen funktionieren. Außerdem bieten MIMD-Rechner im allgemeinen einen gewissen Grad an Fehlertoleranz; falls einer der Prozessoren ausfällt, bleibt das restliche System funktionstüchtig.

MIMD-Architekturen sind heute in unterschiedlichen Leistungs- und Preisklassen kommerziell verfügbar. Während früher überwiegend Spezialprozessoren als einzelne Processing Elements eingesetzt wurden, finden heute immer häufiger Mikroprozessoren in MIMD-Rechnern Anwendung. Man kann inzwischen davon ausgehen, daß alle sogenannten Supercomputer, die Mehrzahl der Mainframes und ein zunehmender Anteil von File-Servern MIMD-Rechner sind.

Der Entwurf eines MIMD-Rechners wird im wesentlichen von zwei zentralen Aspekten bestimmt:

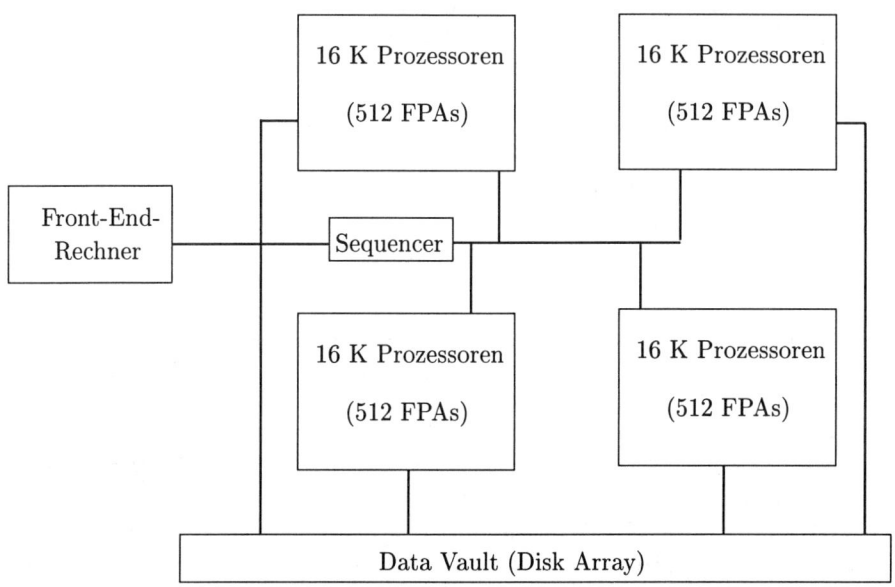

Abbildung 13.6: Organisation der CM-2.

1. Die Art und Weise, wie die parallelen Prozessoren auf gemeinsam benutzte Daten zugreifen, und

2. die Vorgehensweise zur Koordination der Parallelarbeit der einzelnen Prozessoren.

Hinsichtlich des Datenzugriffs werden heute zwei Konzepte unterschieden, das speichergekoppelte System und das nachrichtengekoppelte System. Bei einem *speichergekoppelten* (*shared memory*) MIMD-Rechner greifen, wie in Abschnitt 12.1 bereits erwähnt, alle Prozessoren physisch auf einen gemeinsamen Speicher zu und verwenden logisch einen einzigen Adreßraum. Die einzelnen Prozessoren kommunizieren über gemeinsame Variablen im Speicher und können über Load- und Store-Befehle auf jeden Speicherplatz zugreifen. Der Zugriff auf gemeinsame Daten bedarf dabei einer Koordination bzw. Synchronisation, worauf wir in Abschnitt 13.4.1 noch eingehen werden.

Bei einem *nachrichtengekoppelten* System kommunizieren die einzelnen Prozessoren über einen Austausch von Nachrichten (*message passing*) miteinander. Als extremes Beispiel kommunizieren die Prozessoren verschiedener Workstations durch Verschicken von Nachrichten über ein lokales Netz (vgl. Kapitel 14). Jeder Prozessor muß jetzt über Routinen zum Senden und Empfangen von Nachrichten verfügen; eine auch

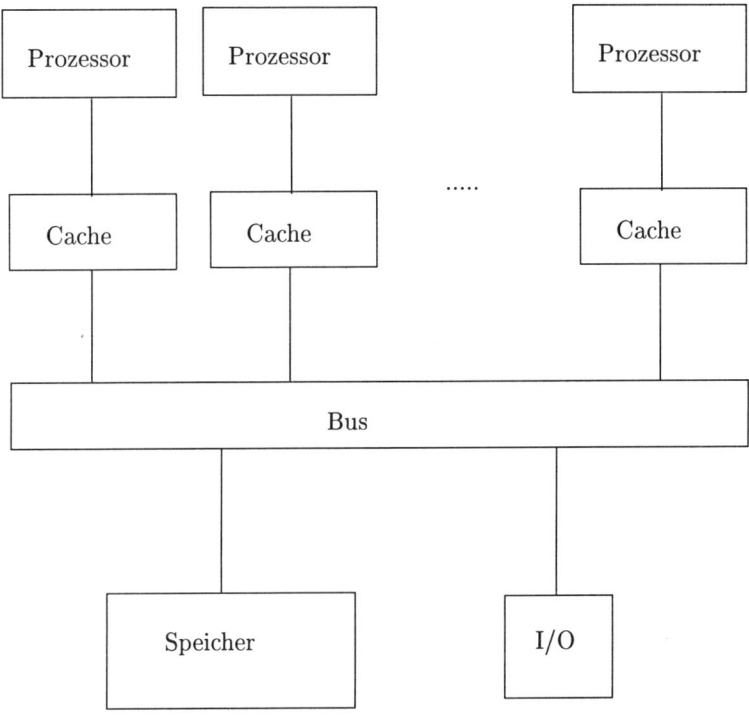

Abbildung 13.7: MIMD-Organisation mit einem Bus.

bei solchen Systemen notwendige Koordination wird durch spezielle Nachrichten und Versandprotokolle erzielt.

Für beide Klassen von MIMD-Rechnern lassen sich weitere Unterscheidungen treffen anhand der verwendeten Verbindungsstruktur: Bei speichergekoppelten Systemen unterscheidet man im wesentlichen die *Broadcast-Topologie* und *Punkt-zu-Punkt-Verbindungen* (vgl. Kapitel 14). Im ersten Fall sind sämtliche Prozessoren sowie der gemeinsame Speicher an einen Bus angeschlossen; eine solche Organisation ist in Abbildung 13.7 gezeigt für den Fall, daß lediglich ein Bus verwendet wird. Man spricht auch von *busgekoppelten* Systemen (vgl. Abschnitt 13.4.1). Bei Punkt-zu-Punkt-Verbindungen wird ein Verbindungsnetzwerk der aus Kapitel 12 bekannten Art verwendet, über welches insbesondere bilaterale Verbindungen herstellbar sind, die je nach Bedarf Daten oder Steuerungsinformationen transportieren; man spricht auch von *netzwerkgekoppelten* Systemen (vgl. Abschnitt 13.4.2). Abbildung 13.8 zeigt die allgemeine Organisation eines netzwerkgekoppelten MIMD-Rechners.

Bei nachrichtengekoppelten MIMD-Rechnern unterscheidet man demgegenüber *statische* und *programmierbare* Verbindungsstrukturen. Im ersten Fall sind die möglichen direkten Kommunikationsverbindungen durch das zugrunde liegende Netzwerk

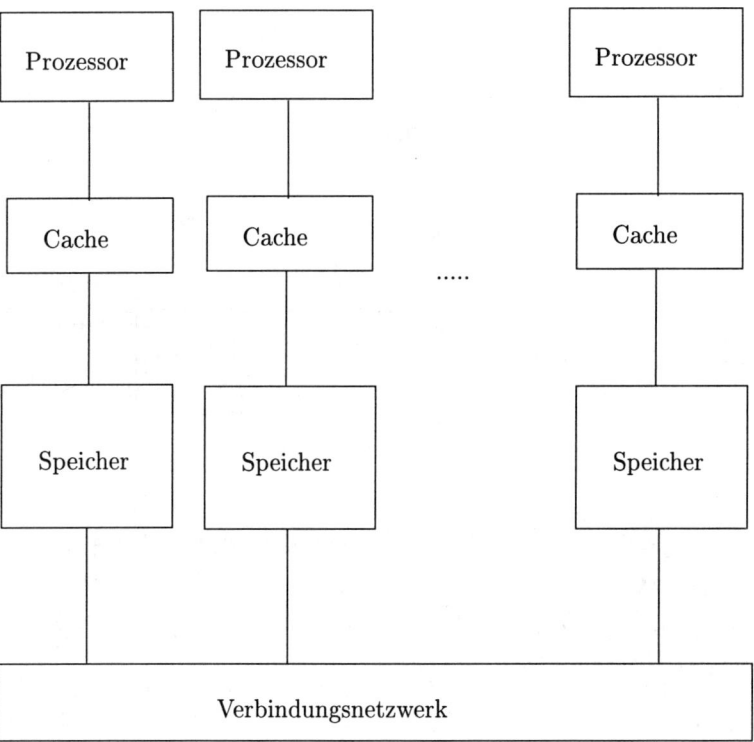

Abbildung 13.8: Organisation eines netzwerkgekoppelten MIMD-Rechners.

fest vorgegeben, im zweiten Fall sind diese variabel (vgl. Kapitel 12 sowie die Abschnitte 13.5.1 bzw. 13.5.3).

Es sei bemerkt, daß sich in der Literatur verschiedene andere Ansätze zur Klassifikation von MIMD-Rechnern finden. So kann man z.B. *homogene* und *heterogene* Systeme unterscheiden, bei welchen alle Prozessoren gleichartig sind bzw. nicht zu sein brauchen. Ferner spricht man von einem eng-gekoppelten (engl. *tightly coupled*) System, falls eine Speicherkopplung vorliegt *und* alle Komponenten des Systems von *einem* Betriebssystem gemeinsam verwaltet werden. Im Unterschied dazu bezeichnet man ein System als lose-gekoppelt (engl. *loosely coupled*), falls es aus weitgehend autonomen Rechnern mit eigenen Betriebssystemen zur selbständigen Bearbeitung spezieller Klassen von Aufgaben besteht; die Zusammenarbeit der Rechner beschränkt sich etwa auf die gemeinsame Nutzung von Sekundärspeichern oder auf den Austausch von Daten. Tauschen die einzelnen Rechner über ein Kommunikationssystem nur Daten (und keine Steuerungsinformationen) aus, spricht man auch von einem *verteilten* System.

Bezüglich der oben genannten Klasseneinteilung ist ferner zu bemerken, daß Überschneidungen zwischen den einzelnen Klassen möglich sind, da sich reale Systeme häufig nicht nur einer von diesen zuordnen lassen. Das gleiche gilt, wie bereits erwähnt, für die hier getroffene Unterteilung in Vektor-, Feld- und MIMD-Rechner. (So ist z. B. die weiter unten beschriebene Cray X-MP nach dem gerade Gesagten ein eng-gekoppeltes Multiprozessorsystem und gleichzeitig ein Vektorrechner; ebenso lassen sich strenggenommen auch Rechner mit intelligenten E/A-Kanälen [„E/A-Prozessoren"] als Multiprozessorsysteme bezeichnen.)

Es sei abschließend darauf hingewiesen, daß der oben bereits erwähnten Synchronisation parallel arbeitender Prozessoren oder — allgemeiner — parallel ablaufender Prozesse speziell in MIMD-Rechnern besondere Bedeutung zukommt. Als Beispiel sei die Ausführung eines (sequentiellen) Programms auf einem eng-gekoppelten Multiprozessor mit zwei CPUs genannt: Im allgemeinen wird es dem betreffenden Compiler des Systems überlassen sein, geeigneten Code so zu erzeugen, daß unabhängige Programmteile auf beiden Prozessoren parallel bearbeitet werden. Als einfaches Beispiel betrachten wir folgenden Programmausschnitt:

$$
\begin{array}{ll}
1: & X \leftarrow X * Y \\
2: & Z \leftarrow A + B \\
3: & X \leftarrow X + Z
\end{array}
$$

Die Befehle 1 und 2 können offensichtlich gleichzeitig von jeweils einem Prozessor bearbeitet werden. Unterstellt man nun, daß beide Prozessoren gleichartig sind und daß eine Multiplikation länger dauert als eine Addition, so muß der addierende Prozessor mit der Ausführung des dritten Befehls warten, bis der Wert X * Y auf Platz X abgelegt wird, da er sonst ein falsches Ergebnis berechnet.

Zur Behandlung derartiger Probleme ist es meist sinnvoll, sich zunächst ein geeignetes Modell zu verschaffen und sodann das Problem zu lösen durch eine Untersuchung des Modells. Ein bekanntes Modell zur Darstellung und Untersuchung parallel ablaufender Prozesse ist das *Petri-Netz*. Dieses Modell hat inzwischen eine weite Verbreitung und zahlreiche Variationen und Erweiterungen erfahren und ist damit zum Ausgangspunkt einer weitverzweigten Netztheorie geworden. Eine einführende Dar-

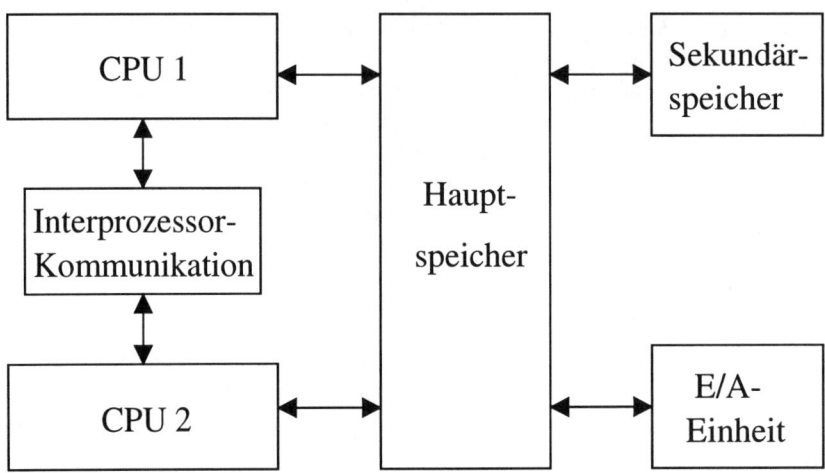

Abbildung 13.9: Organisation einer Cray X-MP/2.

stellung geht jedoch über den hier gesteckten Rahmen hinaus; wir verweisen daher
auf die weiter unten angegebene Literatur.

13.4 Speichergekoppelte MIMD-Rechner

13.4.1 Beispiel: Cray X-MP

Als erstes Beispiel für einen speichergekoppelten MIMD-Rechner wollen wir kurz auf
weitere Cray-Rechner eingehen, welche als Nachfolger der in Abschnitt 13.2.1 beschriebenen Cray-1 entwickelt wurden und in praktischen Anwendungen (speziell im
Bereich des sogenannten *Number Crunching*) häufig eingesetzt werden. Die 1982 vorgestellte Cray X-MP ist ein Mehrprozessor-System mit maximal 4 Prozessoren und der
in Abbildung 13.9 gezeigten Organisation (bei zwei Prozessoren). Die CPUs sind jeweils wie eine Cray-1 organisiert, jedoch wie eine Cray-1/S mit 13 Funktionseinheiten
ausgestattet. Der Grundtakt beträgt 8,5 nsec, wodurch (theoretisch) ein maximaler
Durchsatz von 1412 MFLOPS möglich wird. Ferner wurde die Speicher-Zugriffszeit
auf 34 nsec reduziert; der von den CPUs gemeinsam benutzte (bipolare) Hauptspeicher ist bis auf 16 M 64-Bit-Worte (128 MB) ausbaubar. Eine wichtige Verbesserung
gegenüber der Cray-1 besteht in der Erhöhung der Anzahl der Hauptspeicher-Ports
auf *vier* (pro CPU) sowie der Möglichkeit, das oben erwähnte Chaining gegebenenfalls
automatisch durchzuführen. (Bei der Cray-1 muß dies vom Programmierer initiiert
werden.) Ferner wurde die Kapazität des Instruction Buffers auf 4×128 16-Bit-
Register erweitert.

Der (optionale) Sekundärspeicher, im Cray-Jargon SSD (Solid-State Storage De-
vice) genannt, ist ein zusätzlicher Halbleiter-Speicher in MOS-Technologie, welcher
in den Größen 64, 128, 256 oder 512 M Worte verfügbar ist (die Maximalgröße ist
also 4 GB). Er ist wie der Hauptspeicher der X-MP in Bänke unterteilt und hat eine
Wortlänge von 72 Bits, von denen ebenfalls nur 64 verfügbar sind. Er wird über einen

oder zwei spezielle Kanäle, welche eine Transferrate von maximal 1000 MB/sec haben, an die X-MP angeschlossen.

Die E/A-Einheit dient zum Anschluß weiterer Sekundärspeicher wie z. B. Magnetplatten bzw. -bänder, Front-End-Rechnern sowie System-Konsolen. Sie besteht je nach Ausbaustufe aus zwei bis vier E/A-Prozessoren, welche insgesamt über 8, 32 oder 64 MB Puffer-Speicher verfügen und bis zu 48,6 GB Platten-Peripherie verwalten können.

Die Cray X-MP wird in verschiedenen Ausbaustufen angeboten. Wie die Cray-1 ist sie Assembler- oder FORTRAN-programmierbar; es sind auch Compiler für weitere höhere Programmiersprachen, insbesondere C und Pascal, verfügbar. Das Betriebssystem COS („Cray Operating System") wurde auf die Möglichkeit der Verwaltung mehrerer Prozessoren hin erweitert; es unterstützt nicht ein virtuelles, sondern ein Realspeicher-Konzept. Neben diesem kann eine X-MP auch mit dem von UNIX System V (vgl. Kapitel 11) abgeleiteten Betriebssystem UNICOS gefahren werden.

Weitere Multiprozessorsysteme, welche hier erwähnt seien, sind die Systeme Cray Y-MP und Cray-2. Bei der Y-MP, welche etwa die 30fache Leistung einer Cray-1 liefert, stehen acht Prozessoren zur Verfügung, welche sich einen gemeinsamen Speicher teilen. Jeder Prozessor hat im wesentlichen eine Cray-1-Architektur, wobei im Unterschied auch zur X-MP die A- und die B-Register (vgl. Tabelle 13.2) auf eine Länge von 32 Bits erweitert wurden. Bei der Cray-2 wird zwischen einem *Foreground*-Prozessor und zwei oder vier *Background*-Prozessoren unterschieden. Letztere haben jeweils eine Cray-1-Architektur, verfügen jedoch auch über einen *lokalen* Speicher (für Daten), so daß dieses System über eine reine Speicher-Kopplung hinausgeht. Der Foreground-Prozessor dient zur Steuerung aller Aktivitäten im System. Der (globale) Hauptspeicher ist bis auf 2 GB (256 M 64-Bit-Worte) ausbaubar und kann aus DRAM-Chips (Dynamic RAM) oder schnelleren SRAM-Chips (Static RAM) aufgebaut werden. Durch die auf 4,1 nsec reduzierte Taktzeit ist bei diesem Rechner ein Maximaldurchsatz von 2 GFLOPS (bei 4 Prozessoren) erzielbar.

13.4.2 Buskopplung

Die allgemeine Organisation eines busgekoppelten MIMD-Rechners (mit einem Bus) wurde in Abbildung 13.7 bereits gezeigt. Derartige Rechner werden heute im allgemeinen aus leistungsfähigen Mikroprozessoren aufgebaut. Die Gründe hierfür liegen einerseits in der preiswerten Herstellbarkeit solcher Prozessoren, andererseits darin, daß der Anschluß mehrerer Mikroprozessoren an einen gemeinsamen Bus technisch keine großen Probleme aufwirft: Ein solcher Bus kann kurz sein im Vergleich zu dem Bus eines Prozessors, welcher mehrere Chips umfaßt, und die lokal vorhandenen Cache-Speicher erlauben es, den Verkehr auf dem Bus zu reduzieren.

Die auch in Abbildung 13.7 gezeigten Cache-Speicher der einzelnen Prozessoren enthalten lokal benötigte Daten häufig repliziert, insbesondere dann, wenn mehrere Prozessoren Kopien derselben Daten in einer Rechnung benötigen. Dabei kann es zu Inkonsistenzen in Datenwerten zwischen der Version im globalen Speicher und der Version in einem oder mehreren Cache-Speichern kommen. Man spricht vom Problem der *Cache-Kohärenz* (engl. *cache coherency problem*). Cache-Kohärenz bezeichnet die Eigenschaft, daß nach einem Schreibzugriff eines Prozessors auf ein Datum, von welchem im System (insbesondere also in lokalen Caches) mehrere Kopien existieren, alle

Replikate unmittelbar aktualisiert (oder für ungültig erklärt) werden. Ein busgekoppelter MIMD-Rechner muß also in der Lage sein, Cache-Kohärenz zu gewährleisten. Diesem Zwecke dienen spezielle Protokolle, welche im wesentlichen folgendes sicherstellen müssen:

- Jeder lokale Cache muß feststellen können, ob er Kopien von gemeinsam benutzten Daten speichert;

- zum Schreiben derartiger Daten muß ein Prozessor exklusiven Zugriff erhalten;

- jeder Prozessor muß zum Lesen auf die zuletzt geschriebene Version eines Datums zugreifen können.

Zum Problem des parallelen Schreibzugriffs vergleiche man auch Abschnitt 12.1.

Als Beispiel eines busgekoppelten MIMD-Rechners sei hier lediglich die Sequent Symmetry genannt, bei welcher an den zentralen 64-Bit-Systembus zwischen 2 und 30 Intel 80386 Mikroprozessoren angeschlossen werden können; jeder dieser ist mit einem Cache-Speicher der Größe 64 KB ausgestattet. An den Bus können ferner bis zu sechs Memory Controller angeschlossen werden und an jeden dieser zwischen 8 und 40 MB Speicher (d.h. bis zu 240 MB Hauptspeicher).

13.4.3   Netzwerkkopplung

Ein älteres Beispiel für einen netzwerkgekoppelten MIMD-Rechner ist die Carnegie-Mellon University-Entwicklung C.mmp, welche aus 16 PDP-11/20- bzw. -11/40-Rechnern bestand, die über einen Kreuzschienenschalter (vgl. Kapitel 12) an 16 Speichermodule gekoppelt wurden. Ein modernerer Vertreter dieser Kategorie ist der Butterfly Parallel Processor von BBN, bei welchem zwischen 128 und 256 Motorola 68000 Mikroprozessoren und ebensoviele Speichereinheiten der Größe 256 KB bis 4 MB verwendet wurden, welche über ein Bidelta-Verbindungsnetzwerk so verbunden wurden, daß jeder Prozessor auf jede Speichereinheit zugreifen kann.

13.5   Nachrichtengekoppelte MIMD-Rechner

Während ein wesentliches Kennzeichen der im letzten Abschnitt behandelten MIMD-Rechner eine Speicherkopplung, d. h. die gemeinsame Benutzung *eines* Hauptspeichers durch *alle* Prozessoren, ist, besteht ein nachrichtengekoppelter MIMD-Rechner (in der Literatur auch als *Multicomputer* bezeichnet) aus Processing Elements mit folgenden Charakteristika:

- lokaler Speicher in jedem PE,

- Kommunikation der PEs über ein Verbindungsnetzwerk (vgl. Kapitel 12) mittels Austausch von Nachrichten,

- lokales Betriebssystem.

Die allgemeinen Organisation eines solches Systems wurde in Abbildung 13.8 bereits gezeigt. Insbesondere der Speicher ist über das Gesamt-System verteilt; jedes PE arbeitet insbesondere auf seinem privaten Adreßraum. Das lokale Betriebssystem unterstützt ferner im allgemeinen ein *Prozeßkonzept*, wobei die Anzahl der parallel zur Durchführung einer „Berechnung" ablaufenden Prozesse durch (lokales) Multiprogramming größer als die Anzahl vorhandener PEs sein kann. Zur optimalen Nutzung eines Multicomputers ist offensichtlich eine Unterstützung des Programmierers von Seiten des Programmier-Systems erforderlich; ein Beispiel hierfür ist die Sprache OCCAM mit der Möglichkeit, im Quell-Code alle benötigten Prozesse statisch festzulegen. Wir werden diese im Zusammenhang mit dem Transputer weiter unten kurz behandeln.

13.5.1 Statische Kopplung

Bei einer *statischen* Kopplung sind, wie bereits erwähnt, die direkten Kommunikationsmöglichkeiten der einzelnen Prozessoren durch das betreffende Verbindungsnetzwerk fest vorgegeben. Bei Rechnersystemen dieser Kategorie kommen heute im wesentlichen drei Topologien zum Einsatz, der Hypercube, der Baum (Tree) und der Torus. Wir geben als nächstes einige konkrete Beispiele an.

Hypercubes

Als Beispiele für MIMD-Rechner, welche auf einer Hypercube-Verbindungsstruktur (vgl. Kapitel 12) basieren, seien die folgenden genannt:

Der zu Beginn der 80er Jahre am California Institute of Technology (Caltech) entwickelte *Cosmic Cube* besteht aus 2^6 PEs, von denen jedes einen Intel 8086 Mikroprozessor, einen Intel 8087 Coprozessor, 128 KB RAM und 8 KB ROM umfaßt. Diese Geräte kommunizieren über einen Hypercube der Dimension 6.

Kommerzielle Nachfolger dieses Projekts waren der 1985 von Intel vorgestellte iPSC/1 (Intel Parallel Supercomputer) sowie der 1987 eingeführte iPSC/2. Der iPSC/1 war aus 16, 32, 64 oder 128 PEs aufgebaut, von denen jedes aus einem Intel 80286 Mikroprozessor, einem Intel 80287 Coprozessor, zwischen 512 KB und 4,5 MB lokalem Speicher und 8 Kommunikations-Coprozessoren bestand. Der iPSC/2 verwendet demgegenüber den Intel 80386 als Grundbaustein.

Connection Machine 5

Bei der 1991 von der Thinking Machines Corporation vorgestellten Connection Machine 5 (CM-5) war ein zentrales Entwurfsziel das Erreichen von 1 TFLOPS (eine Million MFLOPS) Rechenleistung. Zum Erreichen dessen wurde eine Skalierbarkeit aller Systemkomponenten, insbesondere des Datennetzwerks, als wesentlich angesehen. Bei der CM-5 sind sowohl die Prozessorknoten als auch die I/O-Einheiten an dieses Netzwerk angeschlossen, so daß sowohl die Rechenleistung als auch die I/O-Bandbreite je nach Anwendung variiert werden können. Bei diesem System, welches aus 32 bis 1.024 Prozessoren bestehen kann, werden sowohl SIMD- als auch MIMD-Techniken verwendet; insbesondere existiert neben dem traditionellen Datennetzwerk ein separates *Kontrollnetzwerk*, welches SIMD-Kommunikationsoperationen unterstützt.

Ein CM-5-PE besteht aus einem SPARC-Mikroprozessor mit optionaler Vektor-Verarbeitungseinheit, bis zu 32 MB Hauptspeicher und einem Netzwerk-Interface. Abbildung 13.10 zeigt eine solche Einheit. Die Netzschnittstelle verbindet einen Knoten sowohl mit dem Daten- als auch mit dem Kontrollnetzwerk. Das Datennetzwerk

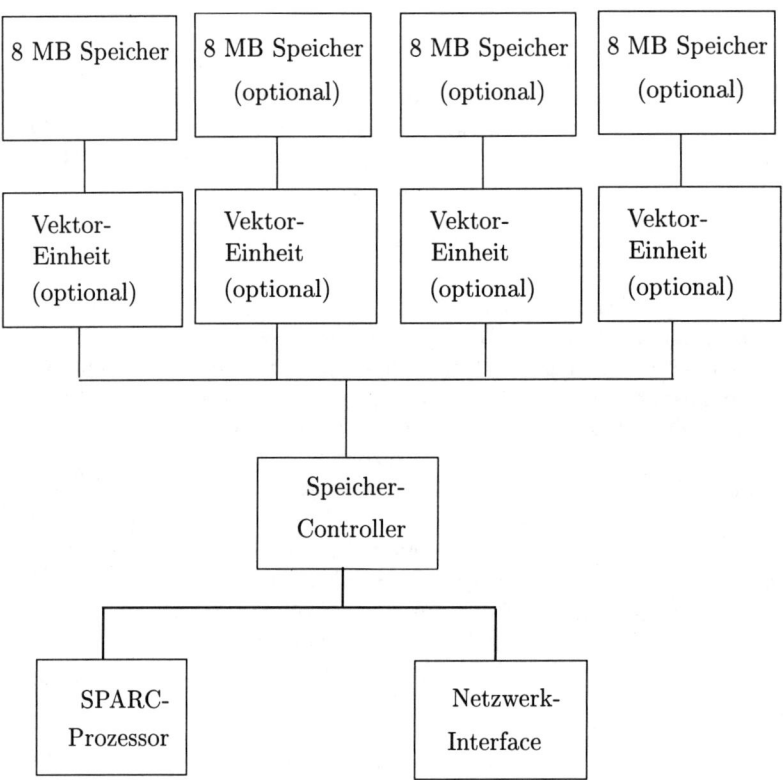

Abbildung 13.10: Der Verarbeitungsknoten einer CM-5.

hat eine spezielle baumstrukturierte Topologie, welche als *Fat Tree* bezeichnet wird. Diese ermöglicht verschiedene Kommunikationspfade zwischen Paaren von Knoten.

Cray T3D

Als letztes Beispiel der hier betrachteten Rechnerkategorie erwähnen wir das 1993 vorgestellte System Cray T3D, welches ebenfalls auf der Verwendung moderner RISC-Mikroprozessoren basiert. Bei der T3D wird für jedes PE der DEC Alpha-Prozessor 21064 verwendet, welcher bis zu 64 MB lokalen Speicher haben kann. Die einzelnen PEs werden durch eine Torus-Verbindungsstruktur vernetzt, deren Aufbau schematisch in Abbildung 13.11 gezeigt ist. In der Sprechweise von Kapitel 12 handelt es sich bei einem Torus um ein geschlossenes Array. Eine T3D besteht aus 128 bis 2.048 PEs mit insgesamt 2 bis 128 GB Speicher und erreicht damit eine maximale Leistung von über 300 GFLOPS.

13.5.2   Transputer als dedizierte Bausteine für Parallelrechner

Bevor wir auf die dynamische Kopplung als Alternative zur statischen eingehen, wollen wir einen speziellen Prozessor genauer beschreiben, welcher in der Vergangenheit im Zusammenhang mit Parallelrechnern eine große Rolle gespielt hat.

Der Ende 1983 von Inmos vorgestellte *Transputer*[1] vereinigt auf *einem* Chip eine CPU mit 16- bzw. 32-Bit-Architektur und einer Befehlszykluszeit von 50 nsec, 2 oder 4 KB RAM sowie eine Kommunikations-Schnittstelle, welche insbesondere für die Kopplung mehrerer Transputer konzipiert ist. Jeder Transputer verfügt dabei über vier serielle, bidirektionale „Links" (also keine Busse), über welche die CPU eines Transputers mit bis zu vier anderen Transputern gleichzeitig Daten austauschen kann. Wesentlich ist dabei einerseits, daß die Steuerung für jeden dieser Kanäle fest verdrahtet auf dem Transputer-Chip untergebracht ist, so daß zur Kommunikation weder Software noch externe Hardware benötigt wird. Andererseits sind diese Links wohlunterschieden von dem 32-Bit breiten Daten-Adreß-Bus, welcher die CPU mit ihrem „privaten" Arbeitsspeicher verbindet, und vom 8-Bit breiten Peripherie-Interface zum Anschluß von Sekundärspeicher oder I/O-Geräten.

Die Grobarchitektur des Transputers zeigt Abbildung 13.12. Über die Kommunikationskanäle lassen sich also z. B. ring- oder matrixförmige Transputer-Verbindungen realisieren. Es ist zu erwähnen, daß die Links insbesondere zur Unterstützung des Prozeßkonzepts der von Inmos entwickelten Sprache OCCAM effizient und für den Programmierer transparent eingesetzt werden können.

Der Transputer ist auf natürliche Weise in der Sprache OCCAM zu programmieren. Obwohl diese Sprache auch höhere Sprachelemente besitzt, welche für problemorientierte Programmiersprachen wie z.B. Pascal typisch sind (z.B. Schleifen, Prozeduren sowie höhere Datenstrukturen wie Arrays), so sind die entscheidenden Konzepte dieser Sprache (insbesondere das Prozeß-Konzept) so eng mit der Transputer-Hardware verbunden, daß man OCCAM sogar als die *Assembler*-Sprache des Transputers bezeichnet.

Es erscheint an dieser Stelle notwendig, einige typische Sprachkonzepte von OCCAM zu erläutern. Das Grundverarbeitungselement eines OCCAM-Programms ist

---

[1]Der Name „Transputer" ist aus den Wörtern „Transistor" und „Computer" abgeleitet.

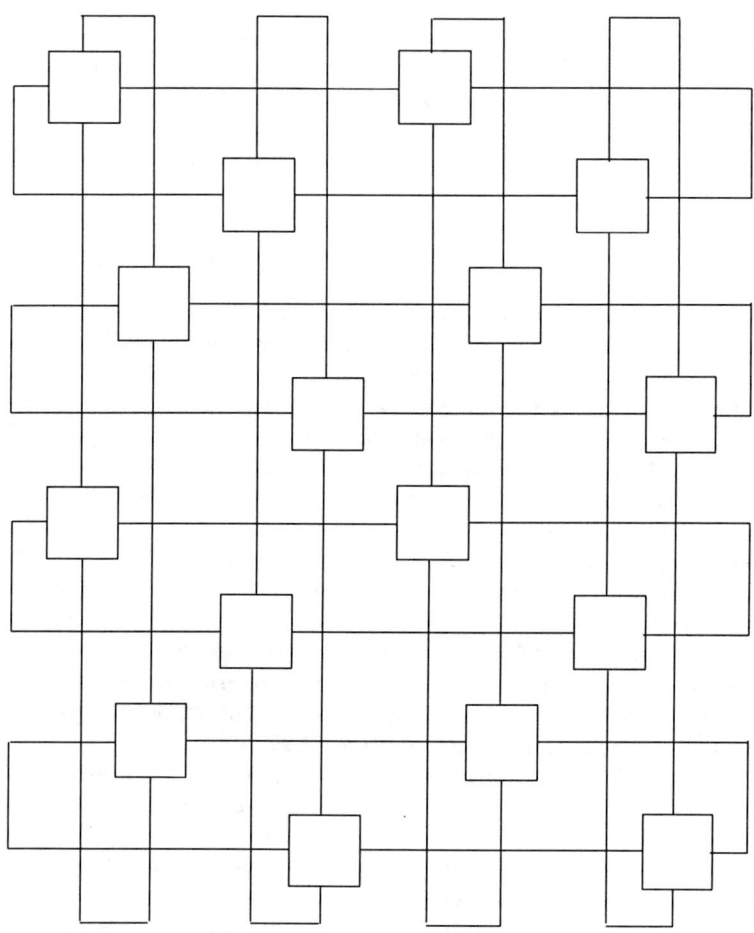

Abbildung 13.11: Eine 4 × 4-Torus-Verbindung.

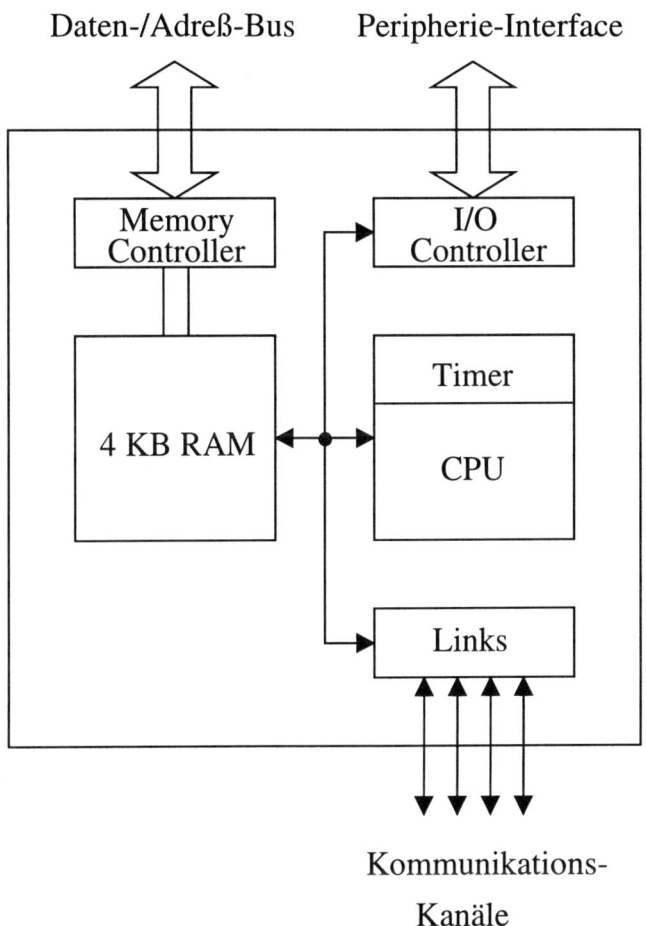

Abbildung 13.12: Grobarchitektur des Inmos Transputers.

der *Prozeß*: Ein Prozeß startet, arbeitet und endet schließlich. (Ein Transputer kann mehrere Prozesse bearbeiten, gemäß seinem Charakter als von Neumann-Prozessor zu jedem Zeitpunkt immer nur einen. Jeder Prozeß ist andererseits nur einem einzigen Transputer zugeordnet.) Die Arbeitsfähigkeit eines Prozesses ist im allgemeinen an Voraussetzungen geknüpft, z.B. daran, daß Daten anderer Prozesse zur Verfügung stehen. Neben *Variablen* als Korrelate zu Speicherplätzen gibt es *Kanäle*, welche Informationen zwischen Prozessen befördern können.

Außer der üblichen sequentiellen Abarbeitung von Prozessen gibt es die fundamental neue Ablaufstruktur PAR (*parallel*), bei welcher mehrere Prozesse unabhängig voneinander *scheinbar* gleichzeitig bearbeitet werden, bis auch der letzte von ihnen beendet ist. Daneben kann man mehrere Prozesse durch ALT in sogenannter *alternativer* Weise bearbeiten: Es wird dabei nur ein einziger dieser Prozesse bearbeitet, und zwar derjenige, welcher als erster arbeitsbereit geworden ist.

Im folgenden sollen die einzelnen Bausteine der Transputer-Architektur genauer beschrieben werden.

Der Prozessor verfügt über eine klassische von Neumann-CPU: Diese besitzt nur wenige Register: Es stehen für die Verarbeitung eines *sequentiellen* Prozesses derer 6 zur Verfügung (ferner noch zwei weitere für die der Parallelauswertung dienende Prozeßwarteschlange). Drei der Register, A, B, und C, entsprechen der üblichen Akku-Puffer-Ausstattung eines von Neumann-Prozessors. Sie sind hardwaremäßig als ein Stack organisiert (sogenannter Auswertungs-Stack) und ermöglichen damit eine elegante Durchführung zweistelliger Operationen unter Benutzung einer nur geringen Overhead erfordernden Null-Adressen-Befehlsstruktur: Laden eines 32-Bit-Operanden in den Stack (Push) bedeutet Laden in A, während der bisherige Inhalt von A nach B und der von B nach C geht (der Inhalt von C geht verloren). Wegspeichern eines Wertes aus dem Stack (Entladen, Pop) bringt den Inhalt von A an den gewünschten Bestimmungsort, verlagert den Inhalt von B nach A und den von C nach B (C wird mit Nullen besetzt). Damit ist die Möglichkeit gegeben, durch adreßlose Befehle wie

add,

exclusive or,

greater than

den Inhalt der Register A und B entsprechend zu verknüpfen und das Resultat nach A zu bringen (z.B. im Fall add die Summe). Der Auswertungsstack enthebt die Befehle der Notwendigkeit, die Lage der Operanden zu spezifizieren. Es wäre auch die Verwendung eines Stacks aus zwei (klassischer Fall, d.h. Akku und Puffer) oder aus mehr als drei Registern denkbar gewesen. Die Wahl von drei Registern ist eine Design-Entscheidung, welche auf der Auswertung einer Statistik über viele Programme basiert.

Ein viertes Register WORKSPACE ist als ein Pointer auf die aktuelle Speicher-Adresse anzusehen. Die unten erwähnten lokalen Adressen in den Maschinenbefehlen geben relative Abstände zu der im Workspace-Register definierten aktuellen Adresse an. Ein fünftes Register ist als Pointer auf den nächsten auszuführenden Befehl anzusehen (Program Counter). Schließlich dient ein sechstes Operandenregister dazu, die Operanden einer Instruktion aufzuarbeiten, insbesondere zu formatieren.

Trotz der Tatsache, daß die Maschinenbefehle des Transputers dem normalen Benutzer nicht zugänglich sind, lohnt ein kurzer Blick auf einige Details, da wir mit dem Transputer auch über ein sehr gutes Beispiel einer modernen RISC-Architektur verfügen. Der Befehlssatz enthält nur 1-Byte-Befehle, so daß vier Befehle mit einem Maschinenwort übertragen werden können. Dies wird ermöglicht durch einen kleinen Befehlssatz: Die höchstwertigen 4 Bits werden normalerweise als Op-Code, die niedrigstwertigen 4 Bits als Datenteil benutzt. Die Daten, welche damit lediglich 16 verschiedene Werte annehmen können, fungieren im allgemeinen als kleine Konstanten (z.B. zum Inkrementieren) oder als kleine Adreßdifferenzen bezüglich der aktuellen Adresse. Das Daten-Halbbyte wird bei der Befehlsausführung in die rechten Bits des Operandenregisters gebracht.

Es soll nun erläutert werden, wie die Kommunikation zwischen verschiedenen Prozessen realisiert wird: Die über einen Kanal C zwischen zwei Prozessen von P (Output) nach Q (Input) übertragene Information wird unterschiedlich behandelt, je nachdem, ob P und Q auf dem *gleichen* oder auf *verschiedenen* Transputern liegen — es wurde bereits erwähnt, daß jeder Prozeß genau einem Transputer zugeordnet ist.

Im ersten Fall (sogenannte *interne* Kanal-Kommunikation) kann der Kanal C mit einem einzigen Speicherwort identifiziert werden. Dieses Speicherwort ist normalerweise leer. Wird aber C für eine Mitteilung von P an Q benötigt, so müssen zuvor P bzw. Q sende- bzw. empfangsbereit sein. Das Speicherwort nimmt Informationen über den ersten zeitlich bereiten Prozeß auf (unabhängig davon, ob dies P oder Q ist); falls auch der zweite Prozeß bereit ist, so wird die zu übermittelnde Nachricht „kopiert", d.h. hier dem für den Empfang bei Q vorgesehenen Speicherbereich, welcher im allgemeinen durch eine lokale Variable des Prozesses Q bezeichnet wird, zugewiesen. Das dem Kanal C entsprechende Speicherwort wird danach wieder auf Null gesetzt.

Sind die durch den Kanal C verbundenen Prozesse P und Q auf *verschiedenen* Transputern positioniert (sogenannte *externe* Kanal-Kommunikation), so wird beim Senden einer Nachricht die Übermittlung durch ein von der CPU unabhängiges, auf dem Transputer befindliches, für jedes der vier Links vorhandenes Link-Interface geregelt. Das Link-Interface sorgt dafür, daß für die Dauer der Übertragung P und Q von ihren jeweiligen CPUs nicht weiter verarbeitet werden und daß eine ungestörte Übertragung stattfindet. Währenddessen können die jeweiligen CPUs auf den beiden Transputern von P bzw. Q eventuell andere ihnen zugeordnete Prozesse verarbeiten. Die verschiedenen Links zwischen Transputern sind als bidirektionale Leitungen entworfen: Die Übertragung erfolgt seriell und synchronisiert: Jede Nachricht wird Byte für Byte bestätigt. Durch ein sinnreiches Protokoll kann aber ein Link auch als Kanal in der *umgekehrten* Richtung genutzt werden. Die Bestätigung — als kurze Bitfolge codiert — bringt zum Ausdruck, daß der empfangende Prozeß das übertragene Byte erfolgreich lesen konnte und daß ein weiteres Byte gesendet werden kann. Für diese Übermittlungstechnik ist auf beiden Link-Interfaces nur ein einziges Byte als Puffer zu halten, und die Übermittlung kann in beiden Richtungen kontinuierlich laufen, falls auf beiden Seiten Sende- und Empfangsbereitschaft gegeben sind.

Besonders wichtig für die Programmierung eines Transputersystems ist die Tatsache, daß die Entscheidung darüber, ob ein Kanal intern oder extern ist, dem Transputersystem bekannt ist, so daß die je nach Situation unterschiedlichen Mikro-Abläufe automatisch angestoßen werden, ohne daß der Programmierer die Art des Kanals kennen muß.

Wie kann ein Transputersystem Prozesse *parallel* ablaufen lassen? Für den Fall, daß diese auf *verschiedenen* Transputern liegen, ist diese Möglichkeit evident. Für Prozesse, welche auf *ein und demselben* Transputer liegen, kann diese Parallelität selbstverständlich nur vorgetäuscht werden. Um diese zu erzielen, wird eine dem Multiprogramming-Betrieb ähnliche Technik (vgl. Abschnitt 11.3.2) verwendet, welche allerdings statt der starren Zeitscheibe eine dynamische Behandlung der Prozesse realisiert.

Die Organisation ist derart, daß sich ein Prozeß zu einem Zeitpunkt in einem von fünf Zuständen befindet:

1a: Aktiv, in Ausführung;

1b: Aktiv, in einer Warteschlange auf Ausführung wartend;

2a: Inaktiv; Eingabe-bereit, aber Absender nicht bereit;

2b: Inaktiv; Ausgabe-bereit, aber Empfänger nicht bereit;

2c: Inaktiv; Wartezustand (bis aktivierendes Ereignis eintritt).

Die zu *einem* Transputer gehörenden aktiven Prozesse werden in eine Warteschlange eingereiht, während die inaktiven Prozesse über Aufrufpointer zur schnellen Verfügung gehalten werden, aber keinen weiteren Overhead erfordern. Ein Prozeß wird solange verarbeitet, bis er inaktiviert werden muß (z.B. durch Input-Output-Mangel) oder endet. Es ist Aufgabe insbesondere der Link-Interfaces, nach Übertragung einer Nachricht über Links die dann wieder aktivierbaren Prozesse in die Warteschlange ihres jeweiligen Transputers einzureihen. Die Links des Transputers haben — wie erwähnt — die sehr große Übertragungskapazität von 10 MBit pro Sekunde. Diese reicht aus, um die bei parallelen Rechnungen auf verschiedenen Transputern erforderlichen Kommunikationsprobleme voll zu bewältigen und kein Flaschenhals-Phänomen aufkommen zu lassen. Erfahrungen mit Transputersystemen, zumindest mit etwa $n \approx 10$ Transputern, haben gezeigt, daß ein zu n proportionaler Speedup erzielt wird, also kein Parallelisierungs-Overhead entsteht. Damit ist der Transputer ein Hilfsmittel, um Vorgänge, die mit parallelen Algorithmen erledigt werden können, durch vermehrten Einsatz von Hardware im Prinzip beliebig beschleunigen zu können. Hierzu gehören insbesondere Probleme der künstlichen Intelligenz (z.B. die parallele Verarbeitung von Prolog) und der Bildverarbeitung.

13.5.3 Programmierbare Kopplung

Als Alternative zur statischen Kopplung kann, wie bereits erwähnt, eine programmierbare oder auch eine dynamische verwendet werden. Hierbei werden Verbindungen zwischen einzelnen PEs des betreffenden MIMD-Rechners gemäß einer Strategie für das Routing oder nach aktuellem Bedarf (z.B. Selfrouting) hergestellt. Dazu ist eine hardwaremäßige Unterstützung durch den in der PE verwendeten Prozessor nützlich; aus diesem Grund bedienen sich dynamische Kopplungen unter anderem des Transputers. Wir erwähnen in diesem Abschnitt daher als Beispiel lediglich das *Megaframe-Supercluster*. Bei diesem werden jeweils 16 T800 oder T801 Transputer über eine Netzwerk-Konfigurationseinheit zu einem sogenannten *Computing Cluster* verbunden. Derartige Cluster sind weiter in Gruppen von vier zu sogenannten *Superclustern* verbindbar.

13.6 Übungen

13.1 Man gebe die wesentlichen Unterschiede zwischen einem SISD-, einem SIMD- und einem MIMD-Rechner an.

13.2 Man beschreibe Vor- und Nachteile eines Multiprozessor-Systems mit gemeinsamem Hauptspeicher im Vergleich zu einem solchen mit lokalen Speichern für jeden Prozessor.

13.3 Man überlege, welche der in Kapitel 8 erwähnten Typen von I/O-Controllern zur Verwendung in einem speichergekoppelten MIMD-Rechner geeignet sind.

13.4 Man wiederhole Aufgabe 13.3 für nachrichtengekoppelte MIMD-Rechner.

13.5 Man stelle allgemeine Anforderungen an ein *verteiltes* Betriebssystem zur Steuerung mehrerer, voneinander unabhängiger CPUs zusammen.

13.6 Man überlege, wie die in Kapitel 11 beschriebenen Verfahren zur Speicherverwaltung auf MIMD-Rechner erweitert werden können.

13.7 Gegeben sei ein speichergekoppeltes Multiprozessorsystem, bei welchem jede CPU lesend oder schreibend auf den Hauptspeicher zugreifen kann. Vor jedem derartigen Zugriff werde das betreffende Datum *gesperrt*, d. h. für gleichzeitige Zugriffe durch andere unzugänglich gemacht. Gegeben sei weiter die folgende, als *Deadlock* bezeichnete Situation: CPU A sperre Datum x, sodann sperre CPU B das Datum y. Bevor beide CPUs die von ihnen gesperrten Daten wieder freigeben, verlangt jede von ihnen nach einem Zugriff auf das jeweils andere Datum, welcher offensichtlich nicht durchgeführt werden kann.

Man überlege, wie diese Situation *erkennbar*, sodann *behebbar* oder sogar grundsätzlich *vermeidbar* ist.

13.8 Gegeben sei ein der Connection Machine 2 ähnliches Rechnersystem mit 8 PEs, welche jeweils über eine 1-Bit-ALU verfügen und über eine dreidimensionale Würfelverbindung miteinander kommunizieren können. Man überlege, wie dieses System zur Addition von zwei 8-Bit-Zahlen verwendet werden kann.

13.9 Man entwerfe ein Protokoll zur Gewährleistung von Cache-Kohärenz in einem busgekoppelten MIMD-Rechner.

13.10 Bei einem nachrichtengekoppelten MIMD-Rechner kann die Kommunikation zwischen PEs erheblich mehr Taktzyklen verbrauchen als die Ausführung von Operationen. Man überlege, welche Hard- bzw. Software-Techniken zur Verringerung dieses Mißverhältnisses beitragen können.

13.7 Bibliographische Hinweise und Ergänzungen

Alternative Vorschläge zur Klassifikation von Rechnersystemen findet man z. B. bei Hockney und Jesshope (1988); Einzelheiten zum Erlanger Klassifikationssystem entnehme man Händler (1975), Bode und Händler (1983) oder Karl (1993).

Eine Literaturübersicht zu speziellen Parallelrechnern, welche vor allem aus historischer Sicht bedeutsam waren, ist in den Tabellen 13.4–13.6 zusammengefaßt; Tabelle 13.4 gibt Hinweise zu Vektorrechnern, Tabelle 13.5 zu Feldrechnern, Tabelle 13.6 schließlich zu Assoziativrechnern.

Parallelrechner werden in zahlreichen Übersichtsartikeln und Lehrbüchern zur Rechnerarchitektur behandelt; wir verweisen insbesondere auf Duncan (1990), Giloi (1993), Patterson und Hennessy (1997), Ungerer (1989) sowie Waldschmidt (1995); in diesen Werken finden sich zum Teil weitere Einzelheiten zu den hier beschriebenen Architekturbeispielen. Stone (1987) oder Moldovan (1993) gehen auch auf Verbindungsnetzwerke und ihre Verwendung in Algorithmen für Parallelrechner ein. Der an Algorithmen für Parallelrechner interessierte Leser sei ferner für Algorithmen der linearen Algebra auf Hoßfeld (1983) oder für parallele Algorithmen in der Graphentheorie auf Quinn und Deo (1984) verwiesen; man vergleiche hierzu auch die bibliographischen Hinweise zu Kapitel 12.

Tabelle 13.4: Vektorrechner.

Entwickler	Typ	Literatur
Amdahl Corp.	470 V/6	Ramamoorthy und Li (1977)
Bell Labs.	PEPE	Bode und Händler (1983), Yau und Fung (1977)
CDC	6600/7600	Bode und Händler (1983), Thornton (1964), Zakharov (1984)
	Cyber 175/176	Bode und Händler (1983)
	Cyber 203/205	Gorsline (1986), Hockney und Jesshope (1988), Hwang et al. (1981), Levine (1982), Purcell (1985), van der Vorst (1985)
	MAP III	Schütt (1980)
	STAR 100	Hintz und Tate (1972), Hwang et al. (1981), Zakharov (1984)
Cray Research, Inc.	Cray-1 (1/S, 1/M, X-MP, Y-MP, 2)	Baskett und Keller (1977), Bode und Händler (1983), Cray (1983, 1987a,b, 1988), Engeln-Müllges (1980), Giloi (1993), Gorsline (1986), Hockney und Jesshope (1988), Hwang et al. (1981), Kogge (1981), Ramamoorthy und Li (1977), Russell (1978), Levine (1982), van der Vorst (1985), Zakharov (1984), August et al. (1989), Cheng (1989), Robbins und Robbins (1989)
Datawest	ATP	Hwang et al. (1981)
Denelcor	HEP	Kowalik (1985), Hockney und Jesshope (1988)
Floating Point Systems	AP-120 B	Hwang et al. (1981)
	FPS-164/MAX	Charlesworth und Gustafson (1986)
	FPS-5105	Gorsline (1986)
	FPS-264	Hockney und Jesshope (1988)
Fujitsu	VP-100/200, VP-400	Hockney und Jesshope (1988)
Hitachi	S-810	Hockney und Jesshope (1988)
IBM	360/91	Kogge (1981), Ramamoorthy und Li (1977), Siewiorek et al. (1982), Kap. 18
	360/195	Ramamoorthy und Li (1977), Siewiorek et al. (1982), Kap. 52
	2938, 3838, 3033	Kogge (1981), Gorsline (1986)
	3081, 3083, 3084	Gorsline (1986)
	3090 VF	Cheng (1989), Padegs et al. (1988)
NEC	SX1/SX2	Hockney und Jesshope (1988)
Texas Instruments	ASC	Ramamoorthy und Li (1977), Siewiorek et al. (1982), Kap. 45, Watson (1972), Cragon und Watson (1989)

Tabelle 13.5: Feldrechner.

Entwickler	Typ	Literatur
Burroughs	BSP	Hockney und Jesshope (1988), Gorsline (1986)
Univ. of Illinois/ Burroughs	Illiac IV	Bode und Händler (1983), Giloi (1993), Gorsline (1986), Hord (1982), Levine (1982), Mies und Schütt (1976), Siewiorek et al. (1982), Kap. 20
Goodyear Aerospace	MPP	Batcher (1980, 1985), Gorsline (1986), Hwang et al. (1981), Potter (1985)
ICL	DAP	Hockney und Jesshope (1988), Zakharov (1984)
Westinghouse Electric	Solomon I, II	Mies und Schütt (1976)

Tabelle 13.6: Assoziativrechner.

Entwickler	Typ	Literatur
Burroughs	PEPE	Evansen und Troy (1973), Yau und Fung (1977)
Goodyear Aerospace	STARAN	Bode und Händler (1983), Gorsline (1986) Mies und Schütt (1976), Siewiorek et al. (1982), Kap. 21, Yau und Fung (1977)
Honeywell	ECAM	Yau und Fung (1977)
Sanders Ass.	OMEN-6	Schütt (1980)
Universität Lund	LUCAS	Fernstrom et al. (1986)

Die im Text erwähnten Petri-Netze gehen auf Petri (1962) zurück; einführende Darstellungen der Netztheorie geben Peterson (1977), Reisig (1986) und Herzog et al. (1984). Zu verteilten Betriebssystemen sei auf Tanenbaum (1995) hingewiesen.

Zum Problem der Cache-Kohärenz verweisen wir auf Tomasevic und Milutinovic (1993). Einzelheiten zum Multiprozessorsystem C.mmp entnehme man Mashburn (1982). Der Cosmic Cube wird von Seitz (1985) beschrieben; weitere Einzelheiten zur Connection Machine 2 entnehme man Hillis (1985) oder Waltz (1987). Der Inmos Transputer wird z.B. von Bermond (1986), Hockney und Jesshope (1988), Inmos (1986, 1987) und Mitchell (1986) genauer vorgestellt; Einführungen in die Sprache OCCAM geben Inmos (1988) oder Pountain (1986). Das Arbeiten mit dem Transputer wird von Umland und Vollmar (1992) beschrieben. Eine grundlegende Einführung gibt auch Penner (1992).

Weitere Alternativen zum von Neumann-Konzept, welche wir nicht behandeln, sind Datenstruktur-, Sprach- sowie Datenfluß-Architekturen; man vergleiche hierzu Moldovan (1993), Ungerer (1989) und insbesondere Giloi (1993).

Beispiele für hier ebenfalls nicht behandelte Systeme *spezialisierter* Prozessoren lassen sich vor allem in Zusammenhang mit Forschungsarbeiten auf dem Gebiet der *künstlichen Intelligenz* angeben, welche sich z. B. mit automatischer Beweisführung, Verarbeitung natürlicher Sprache oder Robotersteuerung befassen. Zwei Aspekte sind dabei wesentlich: Einerseits werden zur Lösung von in diesem Bereich anfallenden Problemen bzw. zu deren Beschreibung und Programmierung Sprachen (wie die funktionale Sprache LISP, die logik-orientierte Sprache Prolog oder die objekt-orientierte Sprache Smalltalk) eingesetzt, welche auf einem höheren Abstraktionsniveau als „herkömmliche" Programmiersprachen angesiedelt sind; auf Grund ihrer hohen Ausdrucksstärke bereiten sie jedoch Probleme hinsichtlich einer effizienten Implementierung. Andererseits ist — speziell im Zusammenhang mit der Entwicklung von sogenannten *Expertensystemen* — die rechnerinterne Darstellung von *Wissen* erforderlich, aus welchem mit Hilfe von *Regeln* neues Wissen abgeleitet werden kann, oder auf Grund dessen der Rechner Entscheidungen fällen kann. Eine Einführung in Rechnerarchitekturen für die künstliche Intelligenz geben Hwang et al. (1987); man vergleiche hierzu auch Moldovan (1993) sowie Ungerer (1989).

Kapitel 14

Grundlagen der Rechnernetz-Technik

14.1 Einführung

In diesem letzten Kapitel knüpfen wir an eine Bemerkung aus Abschnitt 13.3 an: Ein *verteiltes System* ist ein System lose-gekoppelter, weitgehend autonomer Rechner, welche durch Austausch von Daten (oder allgemeiner *Messages*) miteinander kommunizieren. Die Kommunikation erfolgt dabei über ein *Netzwerk*, welches die beteiligten Rechner (oder auch nur bestimmte Teile von ihnen) über Leitungen verbindet; man spricht dann von einem *Rechnernetz*. Es sei angemerkt, daß wir hier zur Vereinfachung der Darstellung nicht zwischen sogenannten „Distributed Systems" und „Computer Networks" unterscheiden, wenngleich diese Unterscheidung allgemein sinnvoll ist; nach einer in diesem Zusammenhang verwendeten „Faustregel" heißt ein System *verteilt*, falls es für jeden Benutzer in dem Sinne transparent ist, daß es ihm verborgen bleibt, welchen Einzelrechner des Systems er de facto benutzt. Wir betrachten hier lediglich die „Kommunikationsinfrastruktur" eines verteilten Systems.

Die Entwicklung von Rechnernetzen ist eng verbunden mit der historischen Entwicklung der technologischen Möglichkeiten, welcher wir auf logischer Ebene auch in den vorangegangenen Kapiteln gefolgt sind: Bis gegen Ende der sechziger Jahre waren Rechenanlagen ausschließlich *zentralisierte Systeme. Eine* Zentraleinheit — bestehend aus CPU und Hauptspeicher — wurde dabei mit geeigneter und hinreichend dimensionierter Peripherie verbunden, und typischerweise füllte eine solches System (z. B. IBM/370) einen ganzen Raum („Maschinenhalle") in einem Rechenzentrum aus. Wichtigstes Kennzeichen eines solchen Systems war lange Zeit die serielle Verarbeitung gemäß den von Neumanschen Prinzipien. Mit fortschreitendem Sinken der Hardware-Preise und mit dem Vormarsch der Mikroprozessoren war dann eine ständige Erhöhung der Verarbeitungsleistung erreichbar, insbesondere durch Parallelverarbeitung. Dies führte auf Rechnerarchitekturen, wie wir sie z. B. in Kapitel 13 kennengelernt haben, welche aber immer noch logisch zentralisiert sind, solange sie unter *einer* zentralen Kontrolle arbeiten. Hauptproblem eines solchen Systems ist die Anfälligkeit gegen einen Ausfall oder eine Fehlfunktion der Kontrolle: In diesem Fall erleidet das gesamte System einen „Zusammenbruch"; auch Teile, welche noch

intakt sind, können nicht mehr benutzt werden. Wir erwähnen nur ein konkretes Beispiel: Wird ein großer Datenbestand (eine *Datenbank*) von *einem* Rechner verwaltet
und physikalisch auf einer Magnetplatte gehalten, so ist bei Ausfall dieser Platte (z.
B. durch fehlerhaft arbeitende Schreib/Lese-Köpfe) und in Abwesenheit geeigneter
Sicherungsmaßnahmen der *gesamte* Datenbestand verloren.

Diese und ähnliche Probleme haben zur Entwicklung von dezentralen oder verteilten Systemen bzw. von Rechnernetzen geführt. Die wesentlichen Ziele eines solchen
Netzes lassen sich wie folgt zusammenfassen:

1. *Leistungsverbund*: Rechenleistung ist an denjenigen Stellen verfügbar, an denen
   sie benötigt wird. Die Leistung einzelner Rechner läßt sich erhöhen durch „Hin-
   zuschalten" weiterer Rechner, welche an das Netz bereits angeschlossen sind.

2. *Erhöhte Zuverlässigkeit*: Bei Ausfall eines oder mehrerer Rechner im Netz kann
   auf andere zurückgegriffen werden, falls diese vom gleichen oder von einem vergleichbaren Typ sind (oder zumindest die gleiche „Systemumgebung", d. h. das
   gleiche Betriebssystem, bereitstellen).

3. *Erhöhte Verfügbarkeit*: Das gleiche wie unter (2) gilt, wenn ein einzelner Rechner
   zu Wartungszwecken vorübergehend aus dem Netz-Verbund (logisch) entfernt
   wird.

4. *Gleichmäßige Lastverteilung*: Momentan überlastete Rechner können entlastet
   werden durch eine Übertragung von Aufgaben auf andere, momentan schwach
   ausgelastete Rechner.

5. *Verbreitertes Dienstleistungsangebot*: Die Benutzer eines Netzes können auf ein
   erweitertes Spektrum von Dienstleistungen hinsichtlich Hard- und Software-
   Ressourcen (Programme für spezielle Anwendungen, Datenbanken, Graphik-
   Systeme, multimediale Anwendungen, Laser-Drucker, Möglichkeiten des File-
   Transfers, der elektronischen Post, des „Remote Login" usw.) zurückgreifen, da
   im Prinzip die Funktionen aller Netzkomponenten zur Verfügung stehen.

6. *Verbesserte Kommunikationsmöglichkeiten*: Rechner-Benutzer an physikalisch
   verschiedenen Orten können sich über ein Rechnernetz im allgemeinen schneller
   und zeitsparender als über herkömmliche Wege (z.B. Telefon) verständigen.

Zum Erreichen dieser Ziele wird es im allgemeinen nötig sein, eine Vielzahl gleichar-
tiger und auch verschiedenartiger Rechner bzw. Komponenten zu „vernetzen". Dem
kommt nach wie vor der Preisrückgang im Hardware-Bereich entgegen. Während noch
um 1970 Computer teuer waren im Vergleich zu den Einrichtungen, welche eine Kommunikation ermöglichen, ist heute das Gegenteil der Fall. Dies gilt in besonderem
Maße im Personal-Computer-Bereich, wenngleich heute auch der Zugang zu einem
Netz sogar im privaten Bereich finanziell erschwinglich geworden sind. (Eine Voraussetzung für das zufriedenstellende Funktionieren eines Rechennetzes ist, daß das
Kommunikationsmedium selbst (d. h. das eigentliche Netzwerk) zuverlässig arbeitet;
diesen Punkt werden wir hier weitgehend vernachlässigen.)

Die allgemeine Situation, welche in einem Rechnernetz vorliegt, ist in Abbildung
14.1 dargestellt. „Außerhalb" des Netzwerkes befinden sich die sogenannten *Endkno-*
ten, welche zu verbinden sind; dabei handelt es sich um universelle Rechner oder

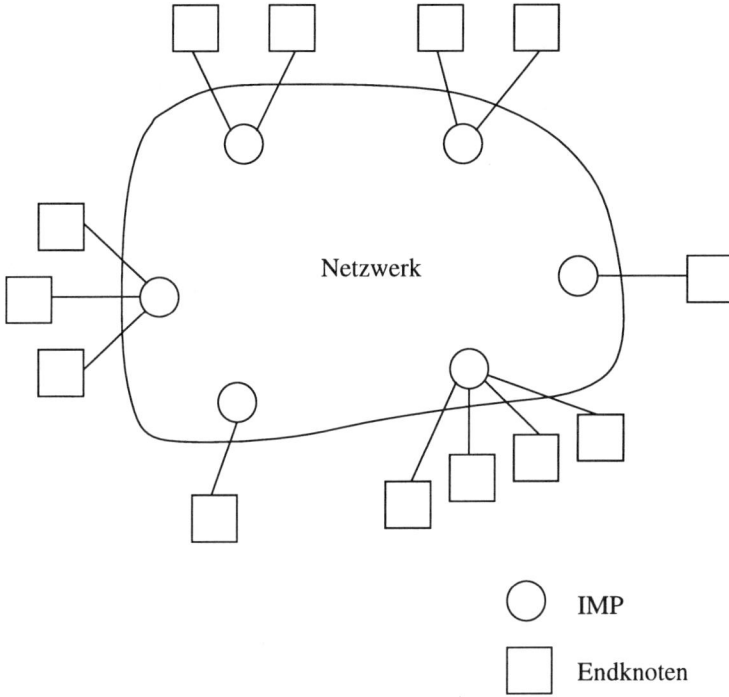

Abbildung 14.1: Grobarchitektur eines Rechnernetzes.

auch um solche für spezielle Aufgaben. Für die Endknoten ist allgemein die Bezeichnung *Host Computer* oder kurz *Hosts* gebräuchlich; für solche, die spezielle Aufgaben erledigen oder Dienste erbringen können, ist die Bezeichnung *Server* üblich.

Die Aufgabe des Netzwerkes besteht darin, Daten von Host zu Host zu übertragen. Dazu verfügt es hardwareseitig über zwei wesentliche Komponenten: Spezialisierte Prozessoren, deren Aufgabe darin besteht, bestimmte Verbindungen zu schalten, und Übertragungsleitungen. Ein solcher Spezialprozessor wird häufig als Interface Message Processor, kurz *IMP* bezeichnet; die Leitungen heißen auch *Kanäle*. Jeder Verkehr zwischen zwei Hosts wird über die zugeordneten IMPs gesteuert. Er wird durch spezielle Software abgewickelt, welche die Schnittstellen der Hosts zum Netz durch wohldefinierte, einheitliche Kommunikationsalgorithmen, sogenannte *Protokolle*, verbinden. Ein solches Protokoll läßt sich grob „definieren" als die Gesamtheit aller Vereinbarungen zwischen zwei Anwendungsprozessen hinsichtlich Format, Interpretation und zeitlichem Ablauf der auszutauschenden Daten- und Kontroll-Einheiten; es umfaßt daneben Vorkehrungen für die Behandlung von Fehlern sowie den Austausch von Bestätigungen. Es sei bemerkt, daß ein Protokoll formal durch die bereits mehrfach erwähnten endlichen Automaten beschrieben werden kann. Ferner existieren mittlerweile die Standards *LOTOS* und *Estelle* zur formalen Beschreibung von Protokollen.

Rechnernetze lassen sich nach einer Vielzahl von Kriterien unterscheiden. Ein wesentliches dieser Kriterien, welches in diesem Kapitel als grobe Richtschnur dienen soll, ist die größenordnungsmäßige *Länge* der einzelnen Verbindungsleitungen: Beträgt diese Länge höchstens 10 km, so spricht man von einem *lokalen Netz*, anderenfalls von einem *globalen Netz*. Auf weitere Unterscheidungen werden wir weiter unten noch zu sprechen kommen; insbesondere die *Anzahl* vorhandener Kanäle (*einer* bei einem *Broadcast*-Subnetz, *mehrere* bei einem *Punkt-zu-Punkt-Netz*) oder die *Topologie* des Subnetzes sind in diesem Zusammenhang zu nennen. Gemeinsam ist allen Netz-Typen jedoch eine gewisse Komplexität der verwendeten Protokolle. Letztere hat dazu geführt, Netzwerke aus logischer Sicht in verschiedene (Funktions-) *Ebenen* (Layers) zu gliedern und jeder Ebene ein spezielles Protokoll zuzuordnen. Einheitliche Schnittstellen sind gerade für ein Rechnernetz, an welches im allgemeinen Komponenten verschiedener Hersteller angeschlossen werden, besonders wichtig. Historisch wurde zur Beschreibung der Architektur eines Netzes lange Zeit das *ISO-Referenz-Modell* herangezogen, was sich jedoch als de facto zu komplex erwiesen hat. Wir erläutern daher im nächsten Abschnitt lediglich die wesentlichen Ideen, welche in diesem Standard realisiert wurden; das ISO-Modell kann auch heute noch als Möglichkeit angesehen werden, komplexe Abläufe in einem Netzwerk zu strukturieren.

Sodann werden wir uns mit *lokalen* Netzen näher beschäftigen und am Beispiel dieses Netz-Typs gebräuchliche Topologien, Übertragungsmedien und Netzzugangsverfahren beschreiben. Schließlich werden wir auf *globale* Netze eingehen, wobei es uns einerseits darauf ankommen wird, die Unterschiede zu den lokalen zu verdeutlichen. Andererseits stellen wir anhand des *Internets* eine heute verbreitete Abwandlung des ISO-Modells vor.

14.2   Das ISO-Referenz-Modell

In jedem Rechnersystem läßt sich — wie wir wissen — eine Hierarchie von Ebenen bzgl. *Funktion* und *Service* erkennen (vgl. Abschnitt 11.1). Auf der untersten Ebene befindet sich die CPU, welche nur in der Lage ist, Bitfolgen zu verarbeiten. Auf der zweiten Ebene läßt sich z. B. die Assemblersprache des speziellen Rechners einordnen, welche den Benutzer der CPU davon befreit, Programme als Bitfolgen abzufassen. Stattdessen kann sich der Programmierer eines mnemonischen Befehlssatzes bedienen, welcher durch einen Assembler in Bitfolgen überführt wird. Auf der dritten Ebene befindet sich das Betriebssystem. Dieses befreit den Benutzer von der im allgemeinen recht umständlichen Assemblerprogrammierung dadurch, daß es Übersetzer (Compiler) für höhere Programmiersprachen bereithält. Darüber hinaus ermöglicht es z. B. die Bearbeitung von Dateien mit Hilfe spezieller Befehle der Steuersprache. Auf der vierten Ebene kann z. B. ein Datenbanksystem angeordnet sein, welches dem Benutzer für ad hoc-Manipulationen an Dateien, die in spezieller Form organisiert sind, eine eigene Anfragesprache zur Verfügung stellt; Anfragen an eine Datenbank werden von diesem System dann z. B. in Kommandos der Steuersprache des Betriebssystems automatisch übersetzt.

In völlig analoger Weise lassen sich auch bei der *Kommunikation* von Rechnern verschiedene „Abstraktionsebenen" unterscheiden. Will z. B. der Benutzer eines Rechners Daten verarbeiten, welche auf der Magnetplatte eines anderen Rechners gespeichert sind, so wird er seinem eigenen Rechner vor einem Start des entsprechenden Programms den Befehl geben, diese Daten (über das verfügbare Netz) zu holen. Dazu wird er angeben müssen, von welchem Rechner welche Daten zu holen sind. Im allgemeinen wird der Benutzer sich aber nicht dafür interessieren, wie dieses Holen tatsächlich abläuft. Daher ist es Aufgabe des von ihm benutzten Rechners, die verfügbare Kommunikationssoftware, also die betreffenden Protokolle, aufzurufen und zu starten. Der Rechner wiederum hat im allgemeinen kein „Wissen" über das physikalische Medium, über welches die zu holenden Daten letztlich transportiert werden: Der ihm zugeordnete IMP muß daher insbesondere die Übertragung kontrollieren. Dies kann z. B. bedeuten, daß die Daten vor der Übertragung geeignet zu codieren sind, um sie gegen Fehler bei der Übertragung (z. B. Blitzeinschlag in eine Leitung) zu schützen, und daß die Daten nach erfolgter Übertragung decodiert werden müssen.

Diese Bemerkungen sollen einen kleinen Eindruck davon vermitteln, daß es sich bei der Kommunikation zwischen Rechnern im allgemeinen um eine komplexe Angelegenheit handelt, bei welcher verschiedene Aspekte zu berücksichtigen sind. Dieser Problematik trägt das im folgenden beschriebene Modell Rechnung, welches in der ersten Hälfte der 80er Jahre von der International Standards Organization (ISO) als ein erster Schritt in Richtung auf eine internationale Vereinheitlichung verschiedener Protokolle bzw. Protokollebenen vorgeschlagen wurde. Dieses Referenz-Modell für „Open Systems Interconnection" (OSI) zerlegt ein Netz in eine Hierarchie von insgesamt sieben Ebenen. Die zugrunde liegende Idee ist dabei, datenverarbeitungsorientierte Funktionen, transportorientierte Funktionen und physikalische Übertragung getrennt voneinander zu betrachten und zu realisieren. Die Unterteilung in verschiedene Ebenen wird dabei bestimmt von einem „von unten nach oben" zunehmenden Abstraktionsgrad, welcher sich aus der Vorstellung ableitet, daß jede Ebene eine wohldefinierte Funktion ausführen soll, welche von der Aufgabe einer benachbarten Ebene klar abgegrenzt ist, so daß ein möglichst geringer Informationsaustausch zwischen den Ebenen erforderlich ist. Jede Ebene „sieht" lediglich *ihr* Pendant am anderen Ende einer Kommunikationslinie; sie benutzt gewisse Dienste der nächst tieferen Ebene und leistet solche für die nächst höhere.

Abbildung 14.2 gibt einen Überblick über den Aufbau des ISO-Referenz-Modells. Zur Erläuterung dieses Bildes bemerken wir zunächst, daß hier unterstellt wird, daß *genau zwei* Hosts zu verbinden sind. Jedoch läßt sich dieser Fall offensichtlich leicht auf mehr als zwei beteiligte Hosts verallgemeinern. Des weiteren ist — im Hinblick auf die allgemeine, oben skizzierte Situation — hier auch ausgeschlossen, daß mehrere Hosts an einen IMP angeschlossen sind. Eine entsprechende Erweiterung ist ebenfalls leicht möglich.

Die oben erwähnte klare Trennung eines Kommunikationsvorganges zwischen zwei Hosts A und B in verschiedene Funktionen bzw. Aufgaben wird — wie bereits angedeutet — in diesem Modell dadurch präzisiert, daß nur die Partner auf gleicher Ebene einander verstehen können. Sie tauschen jeweils ebenenspezifische Steuer- und Nutzdaten über sogenannte *Schichtenprotokolle* aus. Die im ISO-Modell verwendeten Bezeichnungen für die einzelnen Ebenen sind in Abbildung 14.2 für Host A in Deutsch und für Host B in Englisch angegeben. Jede Ebene mit Ausnahme der physikalischen empfängt darüber hinaus Dienstleistungen von der darunterliegenden Ebene; der entsprechende Datenaustausch wird über sogenannte *Dienst-* oder *Serviceprotokolle* abgewickelt. Wesentlich ist dabei, daß für jede einzelne Ebene lokal gesehen die Aufteilung und Durchführung der Kommunikationsfunktionen in den unteren Bereichen völlig unsichtbar ist. (In Analogie zum virtuellen bzw. physikalischen Speicher spricht man auch bei einem auf diesem Modell basierenden Netzwerk auf der untersten Ebene von

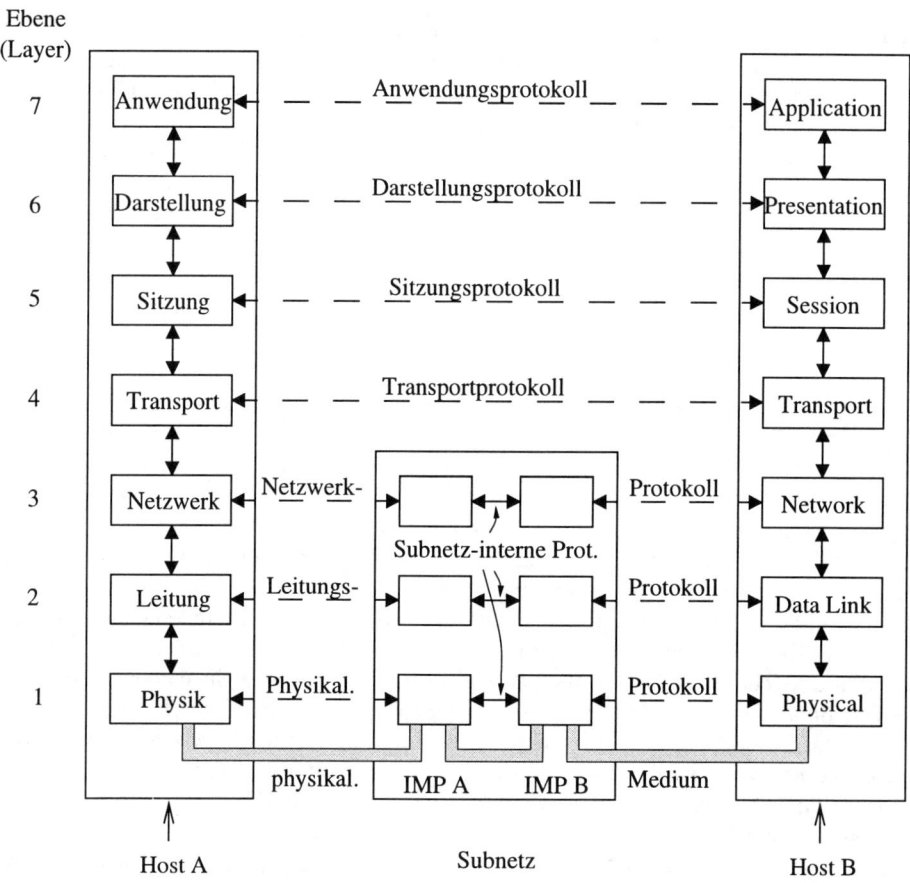

Abbildung 14.2: Das ISO-Referenz-Modell.

physikalischer, auf allen höheren Ebenen von *virtueller Kommunikation*.)

Grundsätzlich unterscheidet man bei jeder Kommunikation die drei Phasen

1. Verbindungsaufbau,

2. Übertragung,

3. Verbindungsabbau.

Bei einer Schichtenarchitektur werden diese Phasen in *jeder* Schicht unterschieden, da — wie bereits mehrfach erwähnt — aus logischer Sicht nur die Partner auf gleicher Ebene miteinander kommunizieren. Für jede Ebene sieht der allgemeine Ablauf damit wie in Tabelle 14.1 gezeigt aus; die von jeder Seite abgesetzten Kommandos speziell in der ersten und der dritten Phase müssen daher vom von der jeweils darunterliegenden Ebene angebotenen Dienst „realisiert" werden. In Tabelle 14.1 ist unterstellt, daß Service-Benutzer A einen Verbindungs*aufbau* und B einen -*abbau* initiiert.

Tabelle 14.1: 3 Phasen einer Kommunikation.

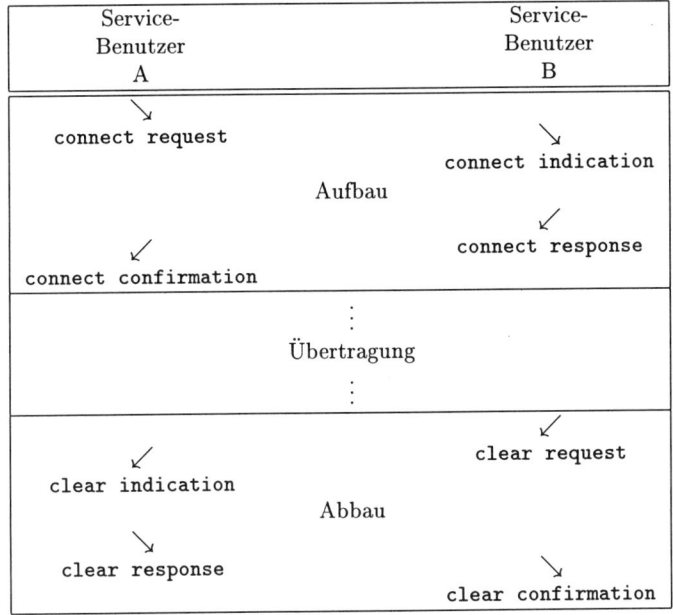

Der Ablauf eines Transfers von z. B. Daten von Host A zu Host B insgesamt kann dann prinzipiell wie folgt beschrieben werden: Ein Senden beginnt auf Ebene 7 bei A und durchläuft von dort die Ebenen 6, 5 usw. Erst auf Ebene 1 findet die physikalische Übertragung an Host B statt, in welchem sodann die Ebenen 2 bis 7 zu durchlaufen sind. Wesentlich ist, daß jede Ebene die zu übertragende Einheit mit speziellen Kontroll-Informationen, einem sogenannten *Header* versieht, welche in A top-down hinzugefügt und in B bottom-up wieder entfernt werden.

Allgemein sind beim Entwurf einer Ebene bzw. eines Ebenen-spezifischen Protokolls z. B. folgende Aspekte zu berücksichtigen:

- Mechanismen zum Auf- bzw. Abbau einer Verbindung,

- Mechanismen für Adressierung und gegebenenfalls Routing,

- Regeln für den Transfer,

- Regeln für Fehlererkennung bzw. -korrektur,

- Mechanismen zum Erhalt der Ordnung von Übertragungseinheiten, in welche eine gegebene Nachricht zerlegt wird,

- Geschwindigkeits-Synchronisation.

Da das ISO-Referenz-Modell heute lediglich noch von historischer Bedeutung ist, werden wir im folgenden nur kurz auf seine Ebenen (und zwar gemäß obigem Bild von

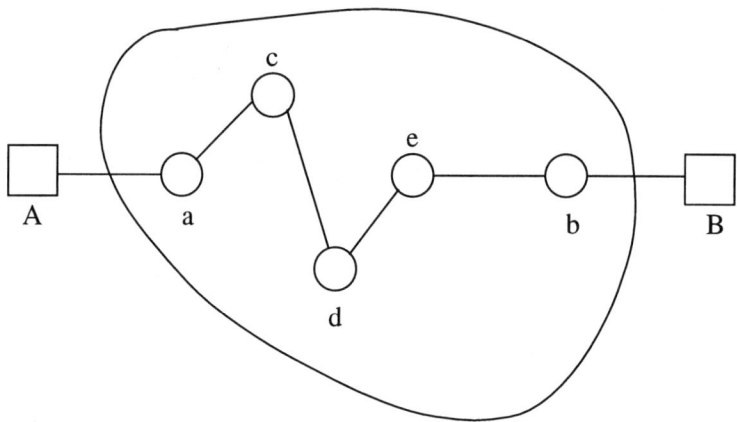

Abbildung 14.3: Punkt zu Punkt-Netzwerk.

unten nach oben) eingehen. Allerdings sind die seinerzeit im Rahmen dieses Modells entwickelten Prinzipien auch auf andere Netz-Modelle (wie z.B. das weiter unten beschriebene TCP/IP-Modell) übertragbar, so daß wir diese allgemeinen Aspekte bereits in diesem Abschnitt vorstellen. Dazu seien noch einige Begriffe erwähnt, welche zum Verständnis wichtig sind:

Gemäß der in Abbildung 14.1 gezeigten allgemeinen Situation bildet all das, was sich *innerhalb* der Begrenzungslinie befindet — also die den einzelnen Hosts zugeordneten IMPs und die Verbindungsleitungen —, das sogenannte Kommunikations-*Subnetz* (vgl. Abbildung 14.2). Es gibt grundsätzlich zwei Typen derartiger Subnetze: In einem *Punkt-zu-Punkt-Subnetz* werden bestimmte Paare von IMPs direkt durch Leitungen miteinander verbunden; typische derartige Netztopologien werden wir im Zusammenhang mit lokalen Netzen noch vorstellen. Falls dann zwei Hosts A und B kommunizieren möchten, deren IMPs a bzw. b nicht direkt verbunden sind, so muß die Verbindung indirekt, d. h. über andere IMPs c, d, ... aufgebaut werden, wie z. B. in der in Abbildung 14.3 gezeigten Situation. Die Zwischenstationen müssen dann in der Lage sein, die weiterzureichenden Daten gegebenenfalls zwischenzuspeichern und nach Freiwerden der benötigten Leitung abzusetzen. Aufgrund dieser Eigenschaft werden Punkt-zu-Punkt-Verbindungen auch als *Store-and-Forward*-Subnetze bezeichnet.

Der andere Typ ist das sogenannte *Broadcast-Subnetz*. Dabei teilen sich alle IMPs *einen* Kommunikations-Kanal; werden Daten von einem IMP ausgesandt, so stehen diese *allen* anderen angeschlossenen IMPs zur Verfügung, und die Daten müssen ihren Adressaten selbst spezifizieren. Insbesondere bei der Satellitenkommunikation findet diese Form des Subnetzes Anwendung.

Zur Herstellung physikalischer Verbindungen bedient man sich sogenannter *Vermittlungstechniken*: In der Praxis verwendet man fast ausschließlich zwei solcher Techniken: Bei einer *Leitungsvermittlung* werden zwei Stationen für die Dauer einer Übertragung fest miteinander verbunden. Dagegen werden zwei Endknoten bei einer *Paketvermittlung* während der Kommunikation nur virtuell miteinander verbunden; Teile („Pakete") der insgesamt zu übertragenden Daten können dann im Netz zwischengespeichert werden.

Ebene 1 im ISO-Modell, die sogenannte *physikalische Ebene* (Physical Layer), sorgt für die Übertragung von *Bits* über eine physikalische Verbindungsleitung. Dies beinhaltet (wie auch bei den Ebenen 2 und 3) die beiden Aspekte Host-IMP-Kommunikation und (Subnetz-interne) Kommunikation zwischen IMPs. In beiden Fällen hat man sich jedoch mit physikalischen Problemen wie z. B.

- wieviel Volt werden zur (elektrischen) Darstellung einer (dualen) Eins bzw. Null benötigt,

- welches Verbindungskabel wird verwendet,

- wie lang ist dieses Kabel,

- erfolgt die Bitübertragung gleichzeitig in beide Richtungen (*duplex*) oder nur abwechselnd in eine Richtung (*half-duplex*),

- welche Steckerverbindungen werden benutzt,

- welche zusätzlichen Übertragungseinrichtungen sind nötig

zu beschäftigen. Ein typischer, häufig anzutreffender Fall ist der, daß *Telefon*leitungen zur Datenübertragung benutzt werden. Dabei sind *digitale* Daten vom Rechner in *analoge* Signale der Leitung zu konvertieren bzw. umgekehrt, was durch ein sogenanntes *Modem* geschieht. Ein physikalisches Medium wird im allgemeinen in logische Subkanäle unterteilt, wodurch es für mehrfache Übertragungen zur gleichen Zeit brauchbar wird („Multiplexing"). Auf heute verwendete Multiplexverfahren werden wir weiter unten im Zusammenhang mit lokalen Netzen kurz eingehen.

Telefonleitungen haben für mehr als ein Jahrhundert die primäre internationale Kommunikations-Infrastruktur dargestellt; sie wurden entworfen für analoge Sprachübertragung und sind generell ungeeignet für eine schnelle Übertragung hoher Datenvolumina, wie sie etwa bei Facsimiles (Fax) oder Video-Bildern auftreten. Das zunehmende Interesse von Anwendern an Medien, welche zur Übertragung multimedialer Information geeignet sind, hat dazu geführt, daß analoge Telefonleitungen heute in vielen Ländern durch digitale ersetzt werden. Das Resultat ist ISDN (*Integrated Services Digital Network*), bei welchem nicht nur digitale Leitungen zwischen Vermittlungsstationen, sondern auch digitale Anschlußleitungen zwischen Endteilnehmern bzw. -geräten und den ihnen unmittelbar zugeordneten Vermittlern, also voll-digitale End-zu-End-Verbindungen verwendet werden. Dadurch wird es möglich, Sprache *und* eine Reihe von anderen „Daten-Arten" bzw. Diensten (wie Telefax, Teletex oder Videotex), welche sehr unterschiedliche Anforderungen an die Qualität und vor allem an die Kapazität des Übertragungskanals stellen, über *dieselben* Telefonanschlüsse zu übertragen bzw. verfügbar zu machen.

Die Aufgabe der ISO-*Ebene 2*, der sogenannten *Leitungsebene* (Data Link Layer), ist der Aufbau einer Datenverbindung (Data Link) zwischen zwei benachbarten Kommunikationseinheiten sowie die Durchführung und Überwachung der Datenübertragung, wobei jetzt bereits das Vorhandensein der physikalischen Verbindung (Ebene 1) vorausgesetzt wird. Wesentlich ist dabei, daß diese Aufgabe so zu erledigen ist, daß aus der Sicht der nächsthöheren Ebene 3 ein *fehlerfreier* logischer Kanal zur Verfügung steht. Die Leitungsebene hat also insbesondere dafür zu sorgen, daß Übertragungsfehler erkannt und gegebenenfalls korrigiert werden; daneben hat sie eine sogenannte

Flußkontrolle durchzuführen, durch welche unterschiedliche (Schreib- bzw. Lese-) Geschwindigkeiten auf Seite des Senders bzw. des Empfängers ausgeglichen werden. Dazu werden die zu übertragenden Daten zunächst in Blöcke oder *Frames* unterteilt, welche individuell codiert und übertragen werden können. Ein *Leitungsprotokoll* („Netzzugangsverfahren") muß dazu unter anderem folgende Teilaufgaben behandeln:

- Ausstattung eines jeden Frames mit einem geeigneten Header, welcher z. B. über Art und Folgenummer des Frames Auskunft gibt,

- Angabe von Anfang und Ende eines Datenblockes,

- Erkennung und Behandlung von Übertragungsfehlern, (z. B. durch Verwendung fehlererkennender Techniken und Wiederholung von fehlerhaften Blöcken),

- Senden und Empfangen einzelner Blöcke in der richtigen Reihenfolge ihrer Folgenummern,

- richtige Adressierung einer zusammengehörenden Menge von Blöcken,

- Synchronisation der blockweisen Übertragung verschiedener Daten über eine Leitung (bei mehreren beteiligten Rechnern).

Wesentlich ist auf dieser Ebene bereits, daß eine Kommunikation zwischen einem Sender und einem Empfänger neben dem Austauschen von „Nutzdaten" auch das von Kontrolldaten und insbesondere von Empfangsbestätigungen (*Acknowledgements*) beinhaltet.

Ein bekanntes Protokoll für die Ebene 2 ist HDLC (<u>H</u>igh-level <u>D</u>ata <u>L</u>ink <u>C</u>ontrol); das von diesem Protokoll verwendete Frame-Format hat den folgenden Aufbau:

Flag	Address	Control	Data	Checksum	Flag

Die ersten drei dieser Felder sowie das letzte sind jeweils 8 Bits lang, das Checksum-Feld hat die Länge 16 Bits, die Länge des Datenfeldes wird durch die nächst höhere Ebene 3 bestimmt. Auf das Prinzip der Berechnung einer solchen Prüfsumme zur Fehlerkontrolle werden wir im nächsten Abschnitt kurz eingehen.

Es sei bemerkt, daß auf dieser Kommunikationsebene heute zunehmend das Protokoll ATM (*Asynchronous Transfer Mode*) verwendet wird. Bei diesem wird Information in sogenannten *Zellen* übertragen, bei welchen es sich um kurze Pakete fester Länge (insgesamt 53 Bytes) mit einem Header handelt. Der Header dient im wesentlichen zur Identifikation und Adressierung der Zelle, so daß Zellen im Netz geroutet und Verbindungen zwischen beliebigen Endsystemen vermittelt werden können. Zellen können sehr schnell transportiert werden, da insbesondere auf Fehlersicherung verzichtet wird (unter der Annahme, daß bei digitaler Übertragung über Glasfaserkabel die Bitfehlerrate gering ist, so daß Fehlersicherung — in Abweichung vom ISO-Modell — dem Endgerät überlassen werden kann).

Auf der *Ebene 3*, der *Netzwerkebene* (Network Layer), wird das gesamte Netzwerk aus logischer oder virtueller Sicht betrachtet. Es wird der Transport von Daten zwischen Quelle und Ziel, gegebenenfalls über Zwischenstationen, bewerkstelligt, wobei jetzt unterstellt wird, daß mit den Data-Link Protokollen (Ebene 2) einzelne Frames über eine unter Umständen fehlerbehaftete Leitung *fehlerfrei* ausgetauscht werden. Auf der Ebene 3 werden unter anderem die wesentlichen Charakteristika der Schnittstelle zwischen *End-Systemen* festgelegt, während sich Ebene 2 mit der *Host-Imp-*Verbindung und Ebene 4 mit der Kommunikation zwischen *Prozessen* befaßt. Ferner wird bestimmt, welchem Weg die zu übermittelnden Daten im Netz zu folgen haben (*Routing*). Grundsätzlich empfängt das Netzwerkprotokoll Daten von einem Host A, wandelt diese in *Pakete* um und sorgt dafür, daß mit Hilfe der Wegsteuerung die Pakete zu Host B gelangen.

Bezüglich der Dienstleistungen der Netzwerkebene für die darüberliegende Transportebene (Ebene 4) lassen sich 2 Arten von Service unterscheiden:

(a) Beim *Virtual Circuit Service* wird dem Host vom Subnetz ein „perfekter" logischer Kanal zur Verfügung gestellt; dieser sorgt für Verbindungs-Auf- und Abbau und garantiert eine fehlerfreie, vollständige Übertragung. Pakete kommen in der Reihenfolge des Absendens an; die Wegwahl erfolgt einmalig während des Verbindungsaufbaus, danach bleibt der Übertragungsweg unverändert.

(b) Der alternativ dazu mögliche *Datagram Service* („Connectionless Service") nimmt Datenpakete von einem Host (bzw. dessen Transportebene) an und versucht, diese einzeln als isolierte Einheiten zu übertragen. Insbesondere wird also für jedes Einzelpaket gegebenenfalls eine neue Route gewählt, so daß die Pakete einer Nachricht zu unterschiedlichen Zeiten und ungeordnet beim Empfänger eintreffen können; außerdem können Pakete verlorengehen.

Der Unterschied dieser Dienstleistungen wird deutlicher durch eine Analogie zu bekannten Post-Diensten: Eine Netzwerk-Ebene mit Virtual Circuit Service hat ihre Entsprechung im *Telefondienst*, bei welchem der Anrufer zuerst wählt (Aufbau der „virtuellen" Verbindung), dann spricht (Datenübermittlung) und schließlich auflegt (Abbau der Verbindung). Alle Abläufe im Telefon-(Sub-)Netz sind für ihn transparent, er hat es (scheinbar) mit einer fehlerfreien Punkt-zu-Punkt-Verbindung zu tun. Dem Datagram-Service entspricht dagegen der *Briefverkehr*. Jeder Brief wird als isolierte Einheit befördert und muß als solche eine vollständige Adresse enthalten. Bei Verlust eines Briefes verschickt die Post nicht automatisch ein Duplikat, und Briefe kommen nicht notwendig in der Reihenfolge des Absendens an.

Ein heute weit verbreitetes Netzwerkprotokoll, welches im Zusammenhang mit dem unten erwähnten Arpanet entwickelt wurde, ist IP (*Internet Protocol*); dieses wird typischerweise in Verbindung mit dem Transportprotokoll TCP eingesetzt, auf welches wir weiter unten eingehen werden.

Auf der *vierten Ebene*, der sogenannten *Transportebene* (Transport Layer), treten zum ersten Mal Programme zweier Host-Rechner A und B direkt in Verbindung. Die Aufgabe dieser Ebene besteht darin, einen zuverlässigen und effizienten End-zu-End-Transportservice zwischen Benutzer*prozessen* zu gewährleisten. Sie ist damit der Prozeß-Kommunikationskomponente eines Betriebssystems vergleichbar. Sie unterscheidet sich also wie auch die höheren Ebenen 5-7 wesentlich von den Ebenen 1-3 dadurch, daß die Kommunikation nicht mehr die (maschinennahe) Host-IMP-Host-Beziehung betrachtet. Die Transportebene empfängt Daten aus der Ebene 5, unterteilt diese in kleinere Einheiten, versieht sie gegebenenfalls mit Kontrolldaten sowie geeigneten Identifikatoren (Headern) und überträgt sie (mittels des Subnetzes)

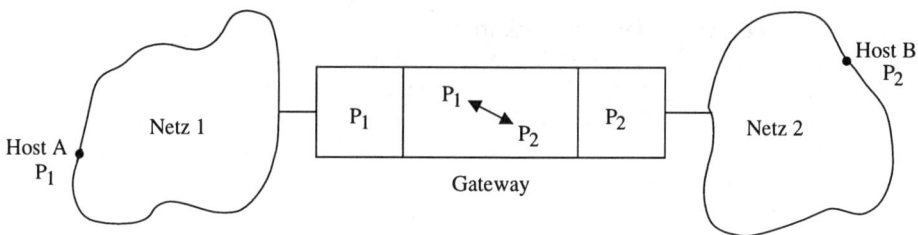

Abbildung 14.4: Prinzip des Internetworking mittels Gateway.

unter Umständen über mehrere Netzwerke hinweg zur Transportebene eines anderen Hosts. Ihre Funktionen umfassen damit unter anderem

- Benennen von Hosts („Naming"),

- Adressierung,

- Auf- bzw. Abbau der Transportverbindung,

- Multiplexen mehrerer Datenströme auf einem physikalischen Kanal,

- Fehlerbehandlung und Flußkontrolle,

- Zwischenspeicherung von Nachrichten,

- Synchronisation der Hosts,

- Wiederherstellung einer Verbindung nach einem Host- oder Subnetz-Zusammenbruch,

- Internetworking.

Bei der Adressierung und beim Verbindungsaufbau wird dabei unterstellt, daß der Transportservice den höheren Ebenen an sogenannten *Service Access Points* (SAPs) angeboten wird; jeder SAP hat einen eigenen Namen sowie eine Adresse. Ein sendewilliger Prozeß kann den Empfänger damit über einen Namen ansprechen, welcher von der Ebene 4 in eine Adresse umgewandelt wird; ist dies geschehen, kann die Verbindung aufgebaut werden.

Die Aufgabe des Internetworking, also die Möglichkeit, Daten von einem Host A an einem Netz 1 zu einem Host B an einem Netz 2 zu transportieren, läßt sich dann realisieren, wenn beide Netze einen Berührungspunkt haben. An dieser Stelle ist dann ein sogenannter *Gateway-Rechner* einzusetzen, welcher die im allgemeinen unterschiedlichen Protokolle der Netze 1 und 2 geeignet umwandelt, prinzipiell gemäß Abbildung 14.4. Der in dieser Abbildung dargestellte Ansatz wird auch als „vollständiges" Gateway bezeichnet; eine Alternative hierzu besteht darin, Gateway-Funktionen in einem speziellen Knoten eines jeden Netzes vorzusehen („halbes Gateway"). Insbesondere wenn mehr als zwei Netze miteinander in Verbindung treten können sollen, kann auch ein *Gateway-Netzwerk* Verwendung finden, zu welchem *alle* Netze Zugang haben.

Die ISO-Ebenen 1-4 werden zusammen als *Transportsystem* bezeichnet (entsprechend die höheren Ebenen 5-7 zusammen als das *Anwendersystem*). Insgesamt wird durch die Ebenen 1-4 erreicht, daß ein Host-Programm mit seinem „Gegenüber" kommunizieren kann wie mit einem räumlich unmittelbar benachbarten Partner. Alle darüberliegenden Ebenen werden von der Beschäftigung mit Hardware-, Software- oder topologischen Details befreit. Es sei an dieser Stelle bemerkt, daß sich heutzutage verwendete Netz-Modelle meist auf ein Transportsystem beschränken, welchem unmittelbar eine Anwendungsebene aufgesetzt wird (vgl. Abbildung 14.17).

Ein heute weit verbreitetes Transportprotokoll ist das ursprünglich im Rahmen des Arpanet entwickelte Protokoll TCP (*Transmission Control Protocol*); es wurde so entworfen, daß es ein unzuverlässiges Subnetz tolerieren kann. Wir werden auf dieses Protokoll in Abschnitt 14.5 näher eingehen. Es sei erwähnt, daß die Protokoll-Kombination TCP/IP für die OSI-Schichten 3 und 4 heute in vielen kommerziellen Netzen verwendet wird.

Ebene 5, die sogenannte *Sitzungsebene* (Session Layer), standardisiert Formalia, welche mit dem Aufbau und mit der Beendigung einer Sitzung, d. h. einer Benutzung des Transport-Systems, zusammenhängen, wobei ein Ziel in der Hinzufügung weiterer benutzer-orientierter Dienste zu den vom Transport-System angebotenen besteht. Zu den Aufgaben dieser Ebene zählt daher die Synchronisation einer Kommunikation zwischen zwei Partnern sowie die Zerlegung eines Kommunikationsvorgangs in logische Einheiten, deren Anfang und Ende jeweils von beiden Seiten verstanden werden kann.

Die *Darstellungsebene* (Presentation Layer, *Ebene 6*) umfaßt Funktionen, welche den verwendeten Zeichensatz, die Codierung zu übertragender Daten sowie die Darstellung der Daten auf einem Bildschirm oder einem Drucker betreffen; allgemeiner besteht das Hauptziel auf dieser Ebene in einer Darstellung zu übertragender Daten in einer gemeinsamen Sprache des offenen Systems. Auch Datenschutzaspekte (vgl. nächster Abschnitt) wurden ursprünglich dieser Ebene zugeordnet.

Ebene 7 des ISO-Modells, die sogenannte *Anwendungsebene* (Application Layer), beschäftigt sich mit solchen Kommunikationsfunktionen, welche direkt aus der Sicht des Benutzers bzw. des Netzanwenders relevant sind. Hierzu zählen insbesondere die folgenden:

1. Elektronische Post (*electronic mail*), allgemeiner *Message Handling Systems* (MHS),

2. File-Transfer zwischen verschiedenen Hosts,

3. *Remote Login*, d. h. die Möglichkeit, von einem Rechner aus auf einem anderen zu arbeiten,

4. *Remote Job Entry* (RJE), *Remote File Copy* (`rcp`) und *Remote Procedure Call* (RPC).

Speziell für die erstgenannte Anwendung sei X.400 erwähnt, der erste weithin akzeptierte Standard für Ebene 7, welcher insbesondere die Realisierung elektronischer Post in heterogenen Rechnernetzen ermöglicht. Die Empfehlung X.400 unterteilt die Ebene 7 in einen *User Agent Layer*, welcher *genau einen* Benutzer bedient, sowie einen (darunterliegenden) *Message Transfer Layer*. Für den File-Transfer zwischen netzwerk-verbundenen Rechnern existieren z.B. die Protokolle FTAM (*File Transfer, Access, and Management*) und FTP (*File Transfer Protocol*).

Neben der Behandlung dieser allgemeinen Anwendungen werden auf dieser Ebene Funktionen bereitgestellt, welche in speziellen Anwendungen, in denen das Vorhandensein des Netzes aus der Sicht des Benutzers transparent ist, benötigt werden. Ein typisches solches Anwendungsgebiet sind sogenannte *verteilte Datenbanken.* Dabei wird ein logisch zusammengehörender Datenbestand auf geographisch verstreute Rechner, welche über ein Netz kommunizieren können, verteilt. Die beteiligten Rechner verfügen jeweils über einen Teil des Gesamtbestandes, mit welchem Benutzer „vor Ort" autonom arbeiten können; Benutzer an verschiedenen Orten arbeiten somit parallel mit *einer* logischen Datenbank. Das *Anwendungsprotokoll* der Ebene 7 hat jetzt z. B. *Ortstransparenz* zu gewährleisten: Der Benutzer kennt nur die logische Konzeption der gesamten Datenbank, nicht aber die genaue physikalische Verteilung der Daten. Bezüglich möglicher Anfragen bedeutet dies, daß, falls ein Benutzer Daten anspricht, welche nicht in „seinem" Rechner gespeichert sind, diese Daten über das Netz beschafft werden müssen, und zwar ohne daß der Benutzer dies bemerkt.

Verteilte Datenbanken sind ein anschauliches Beispiel für parallele, verteilte Verarbeitung mit ihren in Abschnitt 14.1 bereits genannten Zielen bzw. Vorteilen wie erhöhte Zuverlässigkeit und Verfügbarkeit gegenüber zentralisierten Systemen, leichte Erweiterbarkeit und Flexibilität hinsichtlich Veränderungen in den Anwendungen.

Probleme, welche vielen solchen Anwendungen gemeinsam sind, sind z. B. die Synchronisation parallel ablaufender Prozesse oder die Wiederherstellung einer konsistenten Situation nach einem Hard- oder Software-Fehler. In diesem Zusammenhang ist insbesondere der CASE (*Common Application Service Elements*) genannte Standard zu erwähnen, welcher eine Reihe derartiger gemeinsamer Funktionen für verschiedene Anwendungen enthält. Diese stellen zum Teil dieselbe Funktionalität wie die Sitzungsebene zur Verfügung und werden unter anderem von Anwendungsprotokollen für die Architektur von *MAP* (*Manufacturing Automation Protocol*) verwendet. MAP bezeichnet eine unter Leitung von General Motors entwickelte Kommunikationsarchitektur für die industrielle Fertigung und Produktion, welche das Ziel verfolgt, einen Datenaustausch zwischen den in der automatisierten Fertigung und Produktion eingesetzten Systemen (wie z. B. Roboter oder NC-Maschinen) und Rechnern verschiedener Hersteller zu ermöglichen.

Wie bereits betont, ist das ISO-Referenzmodell heute nur noch von historischer Bedeutung, denn es wird in keinem heute verbreiteten Netz in vollständig implementierter Form verwendet. In den 80er Jahren war dieses Modell populär, weil es die komplexen Vorgänge einer Kommunikation zwischen Rechnern und über diverse Protokolle erstmalig in überschaubare und verständliche Einheiten zerlegte. Allerdings hat sich die Aufteilung in 7 Ebenen als zu detailliert erwiesen. Daher existieren heute alternative „Protokoll-Suiten", von denen wir auf *eine* weiter unten noch eingehen werden. Bei diesen kommen im allgemeinen manche ISO-Ebenen nicht mehr vor, und für andere wurde die ihnen ursprünglich zugeordneten Dienste verlagert.

14.3 Codierung von Daten in Netzen

Am Beispiel des oben erwähnten HDLC-Protokolls wollen wir kurz auf einen weiteren Aufgabenbereich der Ebene 2, die Fehlerkontrolle, eingehen. Dazu erinnern wir zunächst an die in Kapitel 4 behandelten Grundlagen der Codierungstheorie und insbesondere der zyklischen Codes: Wie wir dort erläutert haben, entspricht in diesem Zusammenhang das Codieren einer (als Polynom aufgefaßten) Folge von Elementen eines Körpers (in der Regel des Körpers mit den zwei Elementen 0 und 1) der Multiplikation mit einem vorgegebenen *Generatorpolynom*:

$$f(x) = a(x) \cdot g(x)$$

Falls $a(x)$ bzw. $g(x)$ vom Grad $k-1$ bzw. $n-k$ ist, so ist $f(x)$ vom Grad $(k-1) + (n-k) = n-1$. Eine zu codierende Nachricht besteht jetzt konkret aus $k-1$ Bits, welche von Ebene 3 an Ebene 2 übergeben werden. Dieser werden $n-k$ Bits einer *Prüfsumme* (engl. *checksum*) angehängt, welche wie folgt berechnet wird:

1. Berechne $a'(x) = a(x) \cdot x^{n-k}$; hierdurch werden $n-k$ Nullen an $a(x)$ angehängt;

2. berechne $c(x)$ als Rest der Division von $a'(x)$ durch $g(x)$;

3. $f(x) = a'(x) + c(x)$

Als Erzeugerpolynom $g(x)$ wird von HDLC das Polynom

$$g(x) = x^{16} + x^{12} + x^5 + 1$$

verwendet. Dieses allgemeine Verfahren zur Bestimmung einer Prüfsumme wird ferner zur Berechnung der *Frame Checking Sequence* wie folgt modifiziert: Es sei $\mathrm{grad}(a(x)) = k-1$:

1. $a'(x) = x^{16} \cdot a(x) + x^{k-1} \cdot (x^{15} + x^{14} + \ldots + 1)$;

2. berechne den Rest $c(x)$ der Division von $a'(x)$ durch $g(x)$;

3. berechne $\mathrm{FCS}(x) = c(x) + x^{15} + x^{14} + \ldots + 1$;

Übertragen wird dann die dem Polynom $f(x) = a(x) \cdot x^{16} + \mathrm{FCS}(x)$ entsprechende Koeffizientenfolge.

Zur *sicheren* Übertragung von Daten im Sinne eines Schutzes von Daten gegen unberechtigtes Lesen (z. B. durch „Anzapfen" eines Netzes durch einen „Hacker") wird in Rechnernetzen meist eine Verschlüsselung (*Data Encryption*) verwendet, welche über die Codierung von Daten zum Zwecke der Fehlererkennung oder -korrektur hinaus geht. Speziell in Broadcast-Netzen kann eine gesendete Nachricht zwar von vielen empfangen werden , sie ist im allgemeinen aber nur an einen bestimmten Adressaten gerichtet. Zur Gewährleistung dieser sogenannten *Datensicherheit* (Data Security) und dem Schutz von Mitteilungen privaten Charakters (Privacy) existieren eine Reihe von Techniken, welche unter der Bezeichnung „*Kryptographie*" zusammengefaßt werden. Die jeweils verwendete Technik ist vom Benutzer zu wählen; die Verschlüsselung wird im Host-Rechner vorgenommen. Ursprünglich war dies der ISO-Ebene 6 zugedacht, jedoch wird eine Verschlüsselung heutzutage durch entsprechende Programme bereits auf der Anwendungsebene erledigt. Die Krypto*graphie*, d. h. die Wissenschaft der offenen, also als solche erkennbaren Geheimschriften, und ihr „Gegner", die Krypto*analysis* (die Lehre von der nicht autorisierten Entzifferung), werden auch unter dem Begriff *Kryptologie* zusammengefaßt.

Wir wollen auf dieses Problem etwas näher eingehen und beschreiben dazu zunächst die allgemeine Situation. Ein *kryptographisches System* umfaßt fünf Komponenten: Zu verschlüsselnde Nachrichten („Klartext"), bei welchen es sich insbesondere um Bit-Folgen handeln kann, entstammen einem *Nachrichtenraum* (engl. *plaintext message space*) $\mathcal{M}$. Durch eine *Verschlüsselungsmethode* werden diese in einen *Chiffreraum* (engl. *ciphertext message space*) abgebildet; eine solche Methode stellt eine (durch einen dem *Schlüsselraum* entnommenen Schlüssel k) parametrisierte Abbildung

$$E_k : \mathcal{M} \to \mathcal{C}$$

dar, welche auch als *Chiffre* bezeichnet wird, und welche jedem $P \in \mathcal{M}$ einen Chiffretext $C = E_k(P) \in \mathcal{C}$ zuordnet. C ist der zu übertragende Text, welcher schließlich unter Verwendung einer *Entschlüsselungsmethode*

$$D_k : \mathcal{C} \to \mathcal{M}$$

so in einen Klartext $D_k(C) = P'$ zurücktransformiert wird, daß (hoffentlich) $P = P'$ gilt.

Ein einfaches Beispiel für eine Klasse von Verschlüsselungsmethoden bilden die *Substitutions-Chiffren*: Die Idee besteht darin, einen Buchstaben bzw. eine Gruppe von Buchstaben des Klartextes durch einen anderen Buchstaben bzw. eine Gruppe anderer Buchstaben zu ersetzen. Im einfachsten Fall wird eine Substitution durch eine (zyklische) Verschiebung des Klartext-Alphabets gewonnen: Man numeriere die Buchstaben von A bis Z mit 0 bis 25 und ersetze jeden Klartext-Buchstaben a durch

$$f(a) = (a + k) \bmod 25 \ .$$

Der Schlüssel k gibt hierbei lediglich an, um wieviel Buchstaben verschoben wird. Die sogenannte *Cäsar-Chiffre* etwa benutzt $k = 3$ und bildet damit z. B. den Klartext

$$P = \text{RENAISSANCE}$$

auf den Schlüsseltext

$$E_3(P) = \text{UHQDLVVDQFH}$$

ab. Selbstverständlich ist diese primitive Chiffre sehr leicht zu brechen.

Eine andere Klasse von Verschlüsselungsmethoden bilden die *Transpositions-Chiffren*, bei welchen die Buchstaben des Klartextes so rearrangiert werden, daß die Ordnung innerhalb des Klartext-Alphabets *nicht* erhalten bleibt. Als Beispiel sei folgende *Matrix-Transposition* genannt: Die Buchstaben des Klartextes werden in einer bestimmten Ordnung in eine Matrix vorgegebener Größe geschrieben und in anderer Ordnung aus dieser wieder ausgelesen. Wird z. B. der Text RENAISSANCE fortlaufend von oben links beginnend wie folgt in einer (3×4)-Matrix notiert

1	2	3	4
R	E	N	A
I	S	S	A
N	C	E	

und anschließend in Spalten-Ordnung 2-4-1-3 ausgelesen, so erhält man den Schlüssel-text ESCAARINNSE.

Ein häufig verwendetes Schema zur Nachrichtenverschlüsselung ist der *Data Encryption Standard* (DES), welcher Substitution und Transposition kombiniert. Dieser verschlüsselt Daten-Blöcke der Länge 64 Bits unter Verwendung eines Schlüssels der Länge 56 Bits in vier Schritten, welche wie folgt beschrieben werden können: Gegeben sei ein „Klartext" $T = t_1 t_2 t_3 \ldots t_{63} t_{64}$. Im *ersten* Schritt wird eine Permutation π auf T angewendet, welche jedem einzelnen Bit eine neue Position zuordnet; insbesondere gilt $\pi(T) = t_{58} t_{50} t_{42} t_{34} t_{26} \ldots$. Im *zweiten* Schritt wird folgende Berechnung durchgeführt:

$$\texttt{for } i := 1 \texttt{ to } 16 \texttt{ do } T_i := (L_i, R_i);$$

mit

$$L_i = R_{i-1} \text{ und } R_i = L_{i-1} \oplus f(R_{i-1}, K_i)$$

und

$$T_0 = \pi(T)$$

Hierbei bezeichnet R_i [L_i] die rechte [linke] Hälfte des jeweiligen 64-Bit-Wortes. In jeder Iteration wird also die rechte Hälfte der vorhergehenden zur neuen linken Hälfte, und die rechte Hälfte wird neu berechnet. Die Berechnung der dabei verwendeten Funktion f verläuft wie folgt: R_{i-1} wird zunächst unter Verwendung einer Transpositions-Tabelle auf 48 Bits erweitert, wobei 16 der gegebenen Bits an verschiedenen Stellen wiederholt werden. Das Ergebnis $E(R_{i-1})$ wird durch $\oplus$ mit einem Schlüssel K_i verknüpft, wobei in jeder Iteration ein anderer, aus dem vorgegebenen 56-Bit-Schlüssel abgeleiteter Schlüssel der Länge 48 Bit verwendet wird. Die resultierenden 48 Bits werden in 8 Blöcke der Länge 6 Bit zerlegt, welche einzeln durch eine Substitution auf 4 Bits abgebildet werden. Die hieraus entstehenden 32 Bits werden einer abschließenden Transposition unterzogen, woraus sich $f(R_{i-1}, K_i)$ ergibt.

Im *dritten* Schritt werden linke und rechte Hälfte des Resultats T_{16} vertauscht; im *vierten* Schritt wird hierauf eine zu π inverse Permutation angewendet.

Zur Decodierung einer DES-verschlüsselten Nachricht kann das gleiche Verfahren angewendet werden, wobei die Schlüssel K_1 bis K_{16} in umgekehrter Reihenfolge angewendet werden. Weitere Einzelheiten hierzu entnehme man der unten angegebenen Literatur. Es sei bemerkt, daß der DES heute in Soft- und Hardware-Realisierungen verfügbar ist; es sei auch erwähnt, daß er auf Grund seiner Verletzbarkeit umstritten ist.

Bei den bisher beschriebenen Ansätzen und insbesondere beim DES wird davon ausgegangen, daß Sender und Empfänger sich vor einer Übertragung über den zu verwendenden Schlüssel verständigen bzw. diesen über einen gesicherten Kanal austauschen („Single-Key-Kryptosysteme"). Ist dem Empfänger der Schlüssel bekannt, so kann er aus diesem das Entschlüsselungsverfahren ableiten. Ein anderer Ansatz besteht darin, diese Herleitung schwierig zu machen sogar dann, wenn der Schlüssel (öffentlich) bekannt ist. Dieser wird in einem *Public-Key-Kryptosystem* prinzipiell wie folgt realisiert: Benutzer A verwendet eine öffentlich bekannte (d. h. in einem allgemein zugänglichen File abgelegte) Verschlüsselungsmethode E_A sowie eine „private" Entschlüsselungsmethode D_A, wobei E_A als „Public Key" bezeichnet wird. Falls dann B an A eine Nachricht P senden will, berechnet er $E_A(P)$; A kann hieraus $D_A(E_A(P)) = P$ berechnen. Entsprechend geht A bei einer Sendung an B vor.

Für weitere Einzelheiten zu diesem Ansatz sei auf die Literatur verwiesen. Es werden insbesondere sogenannte *Einweg-Funktionen* benutzt, welche die unterschiedliche Schwierigkeit ausnutzen, eine Zahl in ihre Primfaktoren zu zerlegen (schwierig) bzw. ein Produkt aus zwei Primfaktoren zu berechnen (leicht).

14.4 Lokale Netze

Nach der oben gegebenen allgemeinen Einführung in den logischen Aufbau eines Rechnernetzes mit seinen verschiedenen Abstraktionsebenen wollen wir uns in diesem Abschnitt mit einer Klasse von Netzen beschäftigen, welche in den letzten 15 Jahren stark an Bedeutung gewonnen hat. Dabei handelt es sich um die sogenannten *lokalen Netze*, welche im englischen Sprachgebrauch auch *Local Area Networks*, kurz LANs heißen.

14.4.1 Charakteristika

Wir geben zunächst eine „Definition" eines lokalen Netzes anhand seiner wichtigsten technischen Merkmale. Diese lassen sich wie folgt zusammenfassen:

1. Das Netz ermöglicht eine Kommunikation zwischen unabhängigen Stationen (Rechner, Terminal, Workstation, Drucker, Fileserver, Gateway usw.).

2. Das Netz ist in seiner räumlichen Ausdehnung auf ein bestimmtes, geographisch zusammenhängendes Gebiet begrenzt; typischerweise verläuft es innerhalb eines Hauses („In-House-System") bzw. auf einem privaten Gelände, auf welchem keine postalischen Vorschriften zu beachten sind. Physikalische Leitungen sind höchstens 10 km, meist jedoch weniger als 2 km lang.

3. Das physikalische Übertragungsmedium besitzt eine kurze Signallaufzeit sowie eine hohe Bandbreite, welche durch Verwendung von z. B. Koaxial- oder Glasfaserkabeln heute mehrere hundert Mbps[1] betragen kann. (Um eine solche Geschwindigkeitsanforderung realisieren zu können, ist es bei der verfügbaren Technologie wesentlich, daß die unter (2) genannte Längenbeschränkung erfüllt ist.)

4. Kurze Antwortzeiten für den einzelnen Benutzer durch die unter (3) genannte hohe Übertragungsrate, typischerweise unter 10 msec.

5. Die Kommunikation zwischen einzelnen Komponenten im Netz ist billig und sehr ausfallsicher. Kosten entstehen nur für Installation oder Wartung, nicht aber für die Netzbenutzung.

6. Die Anzahl der an das Netz angeschlossenen Hosts bzw. Endgeräte ist zeitlich im wesentlichen konstant; sie kann sich verringern z. B. durch Ausfall oder Wartung eines Hosts oder eines Servers, während nach Beendigung einer Übertragung Geräte im allgemeinen angeschlossen bleiben, da keine zusätzlichen Kosten entstehen.

---

[1] Megabit pro Sekunde

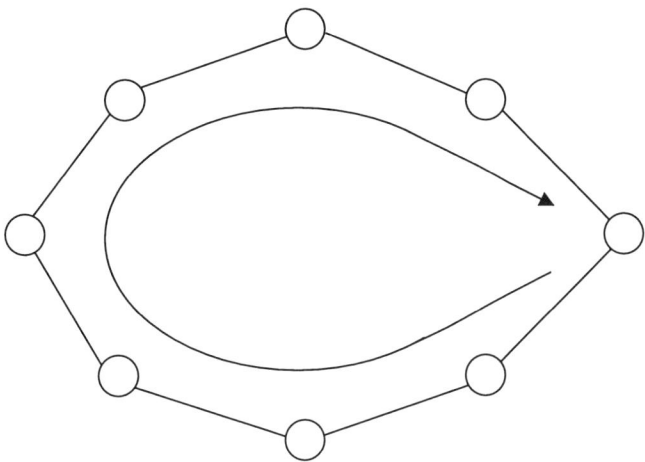

Abbildung 14.5: Ring-Topologie.

7. Der gerade erwähnte Aufbau eines Netzes hat eine Offenheit der Netzarchitektur im technischen Sinne zur Folge: Erweiterungen oder Veränderungen sind praktisch ohne eine Unterbrechung des laufenden Betriebs möglich, denn sie geschehen sehr selten und können selbst in kritischen Fällen z. B. in einer Betriebspause durchgeführt werden.

8. Das Netz mit allen Hard- und Software-Komponenten gehört *einer* (im allgemeinen privaten) Institution, welche bei der Installation des Netzes nicht an postalische Vorschriften gebunden ist.

Neben diesen Charakteristika lokaler Netze, welche sie insbesondere gegen die globalen Netze abgrenzen, gibt es inzwischen einen umfangreichen Katalog von Anforderungen an die Leistungsfähigkeit derartiger Netze z. B. im Hinblick auf ihren Einsatz in einer Büroumgebung oder auf die Verwendung von Personal Computern (PCs).

14.4.2 Topologien und Übertragungsmedien

Im Gegensatz zu Netzen, welche geographisch weit auseinanderliegende Stationen verbinden, weisen lokale Netze aus logischer Sicht eine einfache, regelmäßige Struktur auf. Wir werden in diesem Abschnitt gebräuchliche Topologien kurz vorstellen und sodann einige Bemerkungen zu heute verwendeten Übertragungsmedien machen. Die wichtigsten Topologien, auf welchen lokale Netze basieren können, sind die im folgenden beschriebenen Strukturen; es sei bereits vorweg erwähnt, daß von diesen Ring und Bus heute dominieren.

Punkt-zu-Punkt-Topologien:

(1) *Ring* (vgl. Abbildung 14.5): In einem ringförmigen Netz verläuft der Datenaustausch im allgemeinen nur in einer Richtung. Eine Kommunikation verläuft dann über mehrere Zwischenstationen, wobei jetzt deren Store-and-Forward-Fähigkeit zum

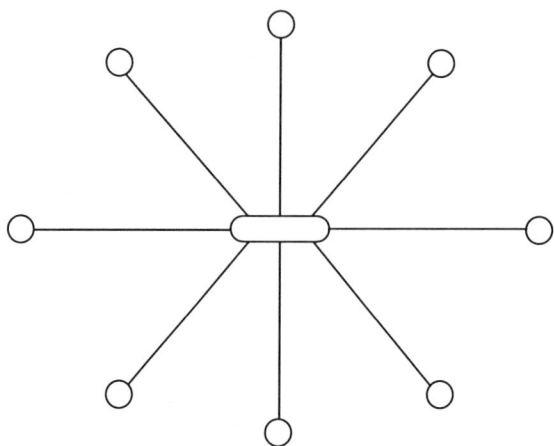

Abbildung 14.6: Stern-Topologie.

Einsatz kommt. Ein Ring kommt mit vergleichsweise wenig Verbindungsleitungen aus und ist leicht erweiterbar. Andererseits ist er sehr anfällig gegen Störungen: Bereits der Ausfall *einer* Leitung legt den gesamten Ring lahm; aus diesem Grunde werden die einzelnen Leitungen häufig doppelt (und in jeweils entgegengesetzte Richtungen) realisiert.

(2) *Stern* (vgl. Abbildung 14.6): In einem sternförmigen Netz laufen alle auszutauschenden Daten über einen zentralen Schalterknoten, welcher als einziger die Store-and-Forward-Fähigkeit besitzen muß. Diese Zentrale muß ferner eine hohe Verfügbarkeit aufweisen, da sie über das Funktionieren des gesamten Netzes bestimmt.

Der Stern wird de facto kaum verwendet, da ein zentraler Vermittler der Idee der Dezentralisierung des Gesamtsystems widerspricht. Eine Ausnahme bilden sogenannte PABX-Systeme (*Private Automatic Branch Exchange*), welche (als spezielle Telefonvermittlungs-Systeme) insbesondere in Büro-Anwendungen verwendet werden zur Übertragung von z. B. Sprache oder Text; ein PABX-System basiert auf einer Leitungsvermittlung und wird im allgemeinen nicht als LAN klassifiziert.

Logisch liegt eine sternförmige Verbindung auch bei Fileserver-Workstation-Konfigurationen vor, da dabei der zentrale Server einerseits alle im Netz benutzten Daten und Programme verwaltet und andererseits alle Kommunikation über diesen abgewickelt werden muß.

(3) *Baum* (vgl. Abbildung 14.7): Eine Baumtopologie wird bei Anwendungen eingesetzt, welche von ihrer Natur her hierarchisch sind, wie z. B. eine Prozeßsteuerung. Der Ausfall einer Verbindung bewirkt das „Abkoppeln" eines Teilbaumes vom übrigen Netz, jedoch bleiben der Teilbaum selbst und das Restnetz funktionsfähig.

Broadcast-Topologie:

(4) *Bus* (vgl. Abbildung 14.8): Im Fall lokaler Netze ist als Topologie der *Bus* besonders wichtig. Bei einem Bussystem steht allen Netzstationen ein globales Übertra-

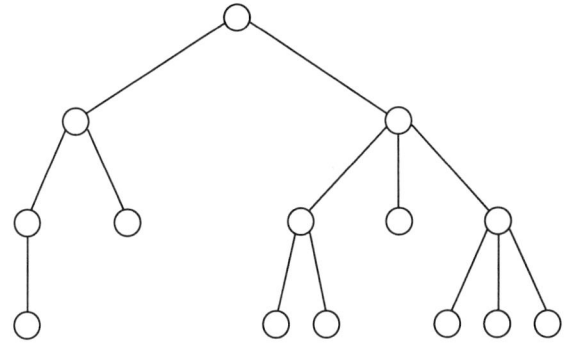

Abbildung 14.7: Baum-Topologie.

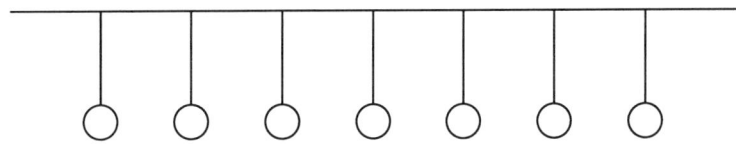

Abbildung 14.8: Bus-Topologie.

gungsmedium zur Verfügung; gesendete Daten können prinzipiell von allen angeschlossenen Geräten empfangen werden (man spricht auch von einem „passiven" Transport). (Das Arbeitsprinzip einer Bus-Topologie ist also konzeptionell vergleichbar mit dem der in Kapitel 9, 10 und 12 aufgetretenen Busse von Mikroprozessoren oder dem eines busgekoppelten MIMD-Rechners.) Jedoch muß die Benutzung des Busses bei mehreren Sendern durch geeignete Protokolle geregelt werden. Den Vorteilen der sehr einfachen Erweiterbarkeit und der Unempfindlichkeit gegen den Ausfall von Endknoten steht der Nachteil des Totalausfalls bei „Zusammenbruch" des Mediums gegenüber.

Schließlich sei noch erwähnt, daß die gerade vorgestellten Topologien in der Praxis auch kombiniert werden, z. B. bei der Zusammenschaltung mehrerer Busse mit Hilfe von Store-and-Forward-Knoten.

Bei allen genannten Topologien lassen sich die Verbindungen physikalisch mit verschiedenen Kabel-Typen realisieren, die wir hier der Vollständigkeit halber erwähnen: Verdrilltes Kabel, Koaxialkabel und („optisches") Glasfaserkabel. Üblicherweise werden dabei jeweils mehrere „logische" Übertragungskanäle durch einen Multiplexer gleichzeitig über *ein* physikalisches Medium realisiert. Bekannte Multiplexverfahren sind das *Frequenzmultiplexen*, welches sogenannten *Breitbandnetzen* zugrunde liegt, sowie das (asynchrone) *Zeitmultiplexen*, welches bei sogenannten *Basisbandnetzen* verwendet wird. Bei ersterem wird das zur Verfügung stehende Frequenzband in mehrere Teilbänder zerlegt, welche parallel benutzt werden können; bei letzterem steht sendewilligen Stationen das gesamte Band für eine bestimmte Zeit zur Verfügung.

höhere Ebenen

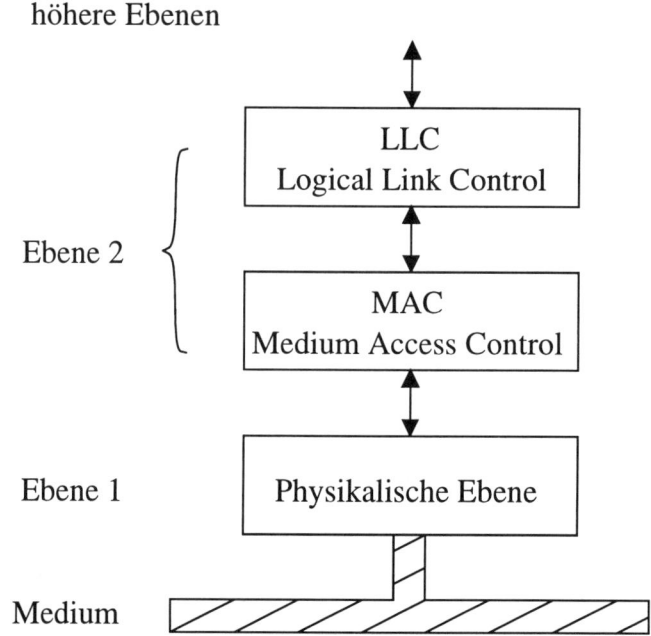

Abbildung 14.9: Modifikation von ISO-Ebene 2 für lokale Netze.

14.4.3   Netzzugangsverfahren

Die gerade behandelte Topologie eines lokalen Netzes betrifft das Verbinden von End-
punkten eines Netzes aus rein logischer Sicht. Im Hinblick auf das ISO-Referenz-
Modell steht dabei also das Subnetz zur Diskussion, und die Betrachtungen bewegen
sich noch „unterhalb" der Ebene 1. Ist nun in einem konkreten Fall die Frage der
zu verwendenden Topologie geklärt, so sind durch die Protokolle der Ebene 1 wie
erläutert z. B. die im Zusammenhang mit dem benutzten Kabel auftretenden physikalischen Aufgaben der Übertragung zu regeln. In diesem Abschnitt bewegen wir
uns dagegen auf der ISO-Ebene 2, wobei allerdings einzuschränken ist, daß Netzzugangsverfahren lediglich einen Teilaspekt der Protokolle dieser Ebene betreffen.
Aufgrund der zunehmenden Verbreitung lokaler Netze werden für diesen „Spezialfall"
eines verteilten Systems über das allgemeine ISO-Modell hinausgehende Standardi-
sierungsbemühungen unternommen. Speziell beschäftigen sich das Projekt 802 des
Institute of Electrical and Electronics Engineers (IEEE) und das Technical Commit-
tee (TC) 24 der *European Computer Manufacturers Association* (ECMA) mit der
LAN-Standardisierung. Das von diesen Gremien erarbeitete LAN-Modell, unter der
Abkürzung IEEE 802 bekannt, sieht eine Aufteilung der ISO-Ebene 2 gemäß Abbildung 14.9 vor; Ebene 1 wird in diesem Zusammenhang auch als *Medium Attachment
Unit* (MAU) bezeichnet. Die Leitungsebene 2 wird in die beiden Subebenen LLC (*Logical Link Control*) und MAC (*Medium Access Control*) unterteilt, von welchen nur
die letztere vom verwendeten Übertragungsmedium abhängt. Oberhalb von LLC befindet sich ferner die optionale *Multi-Point*-Subebene, welche zur Unterstützung von

Multiplexing und Virtual-Circuit-Service aus mehreren logischen Adressen innerhalb einer Station (*Service Access Points*, SAPs) besteht. Man erkennt also hier bereits Abweichungen vom ursprünglichen ISO-Modell. Grundsätzlich kann jeder SAP ein eigenes Data-Link-Protokoll benutzen; bei Verwendung von IEEE 802 jedoch wird der Ebene 3 nur einer der folgenden beiden Dienste angeboten:

1. Klasse A: *Unacknowledged Connectionless Service*, ein gewöhnlicher Datagram-Service zum Senden und Empfangen;

2. Klasse B: *Connection-oriented Service*, ein Dienst zwischen SAPs im Stile der Virtual Circuits.

Für LLC beschreibt IEEE 802 ein HDLC-ähnliches Data-Link-Protokoll mit dem Namen LNDLC (*Local Network Data Link Control*). Die speziellen Eigenschaften und Ausprägungen lokaler Netze verschiedener Hersteller werden durch diese Aufteilung in zwei bzw. drei Subebenen auf das Medium, die Ebene 1 und auf den MAC-Anteil der Ebene 2 beschränkt. Genau diesem Anteil obliegt nun die Bereitstellung geeigneter Protokolle, durch welche Endknoten Zugang zum Medium erhalten.

Wir werden in diesem Abschnitt einige bekannte Vertreter solcher MAC-Verfahren kurz vorstellen, wobei wir uns auf die gebräuchlisten Topologien beschränken: Für Punkt-zu-Punkt-Netze stellen wir lediglich Zugangsmethoden bei *Ringsystemen*, für Broadcast-Netze solche bei *Bussystemen* vor.

Das prominenteste Zugangsverfahren bei Ringsystemen ist der sogenannte *Token-Ring*: Die an das Netz angeschlossenen Stationen sind ringförmig verbunden; eine Kommunikation kann nur in einer Richtung verlaufen. Auf diesem Ring kreist nun ein sogenanntes *Token*; dabei handelt es sich um ein Signal (eine spezielle Bitfolge), welches von einer sendebereiten Station als Sendeberechtigung interpretiert wird. Diese Station wandelt dann das (Frei-) Token in ein belegtes Token um und hängt die zu übertragenden Daten daran an.

Schematisch ist der Ablauf in den Abbildungen 14.10 - 14.13 gezeigt:

- Phase 1: A will Daten nach B übertragen; hierzu wird das Frei-Token in ein Belegt-Token verwandelt.

- Phase 2: B schickt die empfangene Nachricht als Quittung an A zurück.

- Phase 3: A vergleicht die Quittung mit der ausgesandten Nachricht und zieht beide aus dem Ringverkehr; unabhängig davon wird die Sendung fortgesetzt.

- Phase 4: Nach Abschluß der Sendung generiert A ein neues Frei-Token. Dadurch erhält der Nachfolger von A im Ring als erster das Senderecht.

Das gerade beschriebene Verfahren kann auf verschiedene Weisen variiert werden: Der Sender kann z. B. ein neues Frei-Token unmittelbar an das Ende seiner Nachricht anhängen, so daß sich mehrere Belegt-Token und damit mehrere Nachrichten gleichzeitig auf dem Ring befinden können. Der Sender kann ferner ein Frei-Token erzeugen, sobald er (als Quittung) den Kopf seiner Nachricht zurückerhalten hat. Ein typischerweise verwendetes Frei-Token [Belegt-Token] ist die Bitfolge 11111111 [11111110]. Diese unterscheiden sich nur in der letzten Stelle; um ein Frei- in ein Belegt-Token

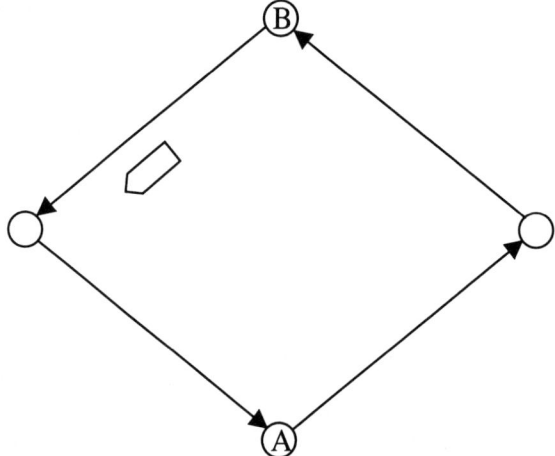

Abbildung 14.10: Token-Ring Phase 1.

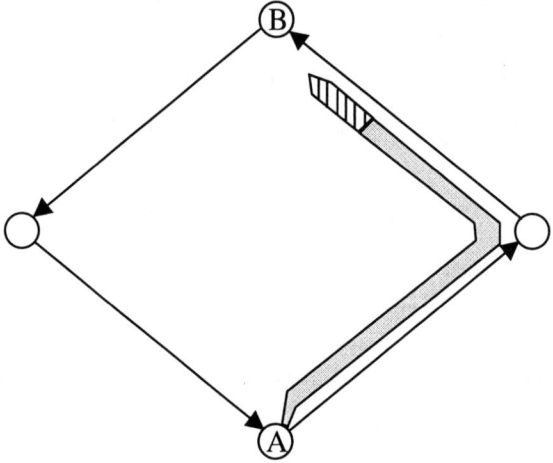

Abbildung 14.11: Token-Ring Phase 2.

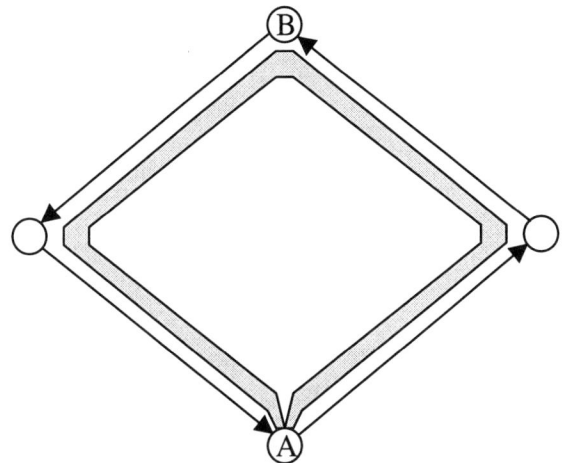

Abbildung 14.12: Token-Ring Phase 3.

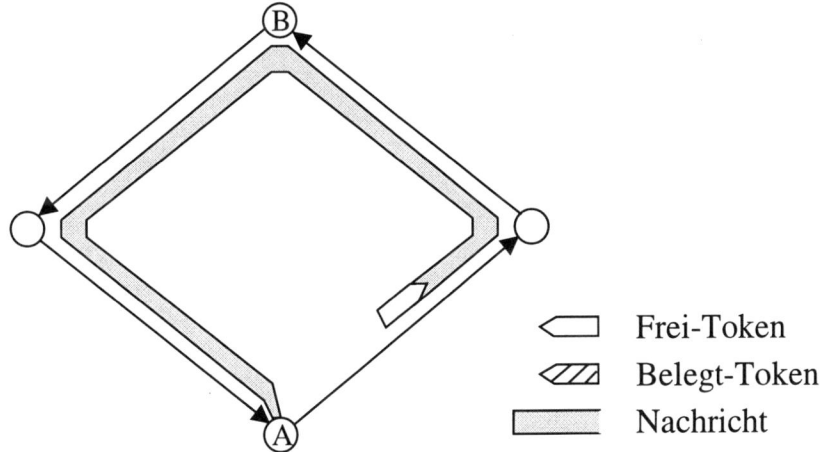

Abbildung 14.13: Token-Ring Phase 4.

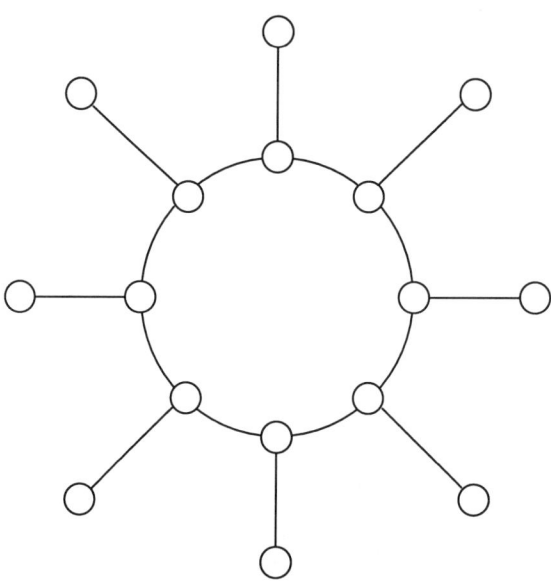

Abbildung 14.14: Sternförmiger Ring.

umwandeln zu können, benötigt jede Station daher eine Verzögerung von (mindestens) 1 Bit. Die Verwaltung von Token muß ferner auf verschiedene Ausnahmesituationen vorbereitet sein. Ein Token kann z. B. „verlorengehen" in dem Sinne, daß es durch eine Störung in eine nicht einem Token entsprechende Bit-Folge verwandelt wird.

Beim sogenannten *Slotted Ring* wird unterstellt, daß eine Station als zentraler Monitor fungiert. Dieser schickt ständig leere Pakete („Slots") im Ring herum, welche von sendewilligen Stationen aufgefüllt werden können. Wie beim Token-Ring ist auch hier der Empfang einer Sendung zu quittieren, und der Sender ersetzt schließlich das von ihm geschickte Datenpaket wieder durch ein leeres.

Ein weiteres Ring-Zugangsverfahren ist der sogenannte *Register-Insertion-Ring*, welcher auch unter dem Namen Distributed Loop Computer Network, kurz DLCN bekannt ist. Dabei verfügt jede an den Ring angeschlossene Station über zwei Zwischenspeicher. Während eine Station aus ihrem Sendepuffer überträgt, kann sie gleichzeitig eintreffende Daten im Empfangspuffer aufnehmen. Nach Beendigung des Sendens geht bei einer Zwischenstation der Inhalt des Empfangspuffers an den Sendepuffer über, falls die Station erkennt, daß sie nicht der Adressat für die empfangene Sendung gewesen ist.

Es sei bemerkt, daß diese Zugangsverfahren nicht auf solche Netztopologien beschränkt sind, welche im *physikalischen* Sinne Ringe darstellen. Sie sind auch bei sogenannten *logischen Ringstrukturen* anwendbar. Ein Beispiel für eine derartige Struktur ist der *sternförmige Ring*, bei welchem sich ein „logischer Stern" eines physikalischen Ringes als logischen Mittelpunktes bedient, etwa wie in Abbildung 14.14 gezeigt.

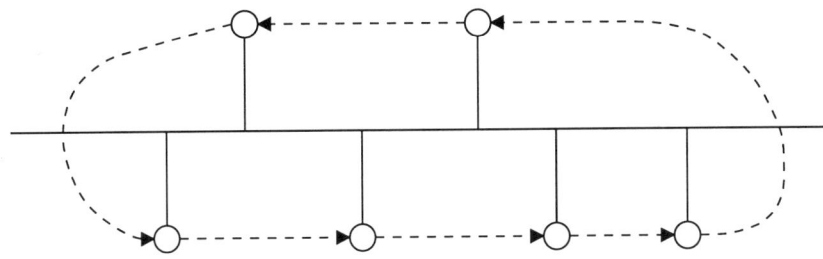

Abbildung 14.15: Token-Bus.

Bei *Bussystemen*, bei welchen im Unterschied zu seriell arbeitenden Ringen alle angeschlossenen Stationen *parallel* auf das Übertragungsmedium zugreifen können, lassen sich Netzzugangsverfahren in die Klassen

- Auswahltechniken

- Random-Access-Methoden

- Reservierungsverfahren

einteilen.

Bei Verwendung einer *Auswahltechnik* wird nach Beendigung einer Übertragung der nächste sendeberechtigte Benutzer ausgewählt, und zwar von einem zentralen Monitor oder dezentral von der Station, welche gerade eine Übertragung beendet hat. Ein typischer Vertreter dieser Klasse ist der sogenannte *Token-Bus*, bei welchem physikalisch ein Bus, logisch aber wieder ein Ring vorliegt (vgl. Abbildung 14.15). Die Arbeitsweise des Token-Busses ist der des Token-Rings analog; wir können daher auf ihre Beschreibung verzichten. Der wesentliche Unterschied zum Token-Ring besteht darin, daß hier keine Ordnung auf den angeschlossenen Stationen a priori (durch die physikalischen Verbindungen) vorgegeben ist, sondern daß prinzipiell frei festlegbar ist, wer für jede einzelne Station deren (logischer) Vorgänger bzw. Nachfolger sein soll.

Die ältesten *Random-Access-Methoden* sind die sogenannten *Aloha-Verfahren*, bei welchen jede an den Bus angeschlossene Station Daten überträgt wann immer sie möchte. Senden zwei Stationen gleichzeitig, so kommt es zu einer Kollision, für deren Behebung geeignete Strategien bereitgestellt werden müssen. Je nach dem, ob der Netzzugang zu beliebigen Zeitpunkten oder getaktet erfolgt, unterscheidet man *Pure Aloha* bzw. *Slotted Aloha*. Beide Verfahren arbeiten nur solange zufriedenstellend, wie der Verkehr auf dem Bus gering ist. Bereits aus diesem Grund sind sie für lokale Netze ungeeignet. Es sei angemerkt, daß diese Methode ursprünglich für das die Inseln von Hawaii verbindende Rundfunkübertragungssystem *Alohanet* verwendet wurde; der Name dieses Netzes wurde später für diese Verfahren übernommen. Die mit Pure bzw. Slotted Aloha erzielte Kanalauslastung betrug dabei 18,4% bzw. 36,8%, d. h. nur dieser Prozentsatz der Zeit wurde für eine erfolgreiche Übertragung genutzt.

Wesentlich besser ist der Bus-Durchsatz z. B. bei Verwendung einer der zahlreichen Varianten des *Carrier-Sense-Multiple-Access-Verfahrens (CSMA)*, dessen Prinzip sich kurz durch „listen before talk" beschreiben läßt: Jede übertragungswillige

Station prüft zunächst, ob der Bus belegt ist („Carrier Sensing"). Ist das nicht der Fall, so kann sie senden; anderenfalls muß sie warten. Konflikte können offensichtlich dadurch auftreten, daß zwei oder mehr Stationen den Bus praktisch gleichzeitig abhören, als frei erkennen und mit der Übertragung beginnen („Multiple Access"). Ein solcher Konflikt kann z. B. durch das *CSMA/CD-Verfahren* (Collision Detection) erkannt werden, bei welchem jede angeschlossene Station aus dem Erkennen einer unzulässigen Signalform darauf schließen kann, daß eine Kollision aufgetreten ist. Sobald ein Netzknoten auf diese Weise eine fehlerbehaftete Situation aufdeckt, sendet er ein Störsignal („jam signal") aus, durch welches alle noch aktiven Sender ihre Übertragung abbrechen und zu einem späteren Zeitpunkt neu starten. Durch das Störsignal wird erreicht, daß der Bus schon kurz nach dem Erkennen eines Konflikts wieder frei ist. Damit sich beim Wiederholen der einzelnen Übertragungen nicht die gleiche Situation wie beim ersten Mal wiederholt, sollten erneute Konflikte vermieden werden, z. B. durch *CSMA/CA* (Collision Avoidance). Dieses Verfahren vergibt Prioritäten an die beteiligten Stationen und ermöglicht den Netzzugang gemäß diesen Prioritäten.

Findet eine sendewillige Station während der „Sensing-Phase" den Bus belegt vor, muß sie ihren Übertragungswunsch zurückstellen und das Sensing nach einer bestimmten Zeit wiederholen; die dazu verwendeten CSMA-Varianten sind:

- *non-persistent*: Die sendewillige Station wartet eine zufällig gewählte Anzahl von Zeitintervallen (Slots), bis sie das Medium erneut abhört.

- *p-persistent*: Die Station wartet, falls sie das Medium belegt vorfindet. Wird es frei, so überträgt sie im nächsten freien Slot mit der Wahrscheinlichkeit p.

- *1-persistent*: Im Spezialfall $p = 1$ beginnt die Station unmittelbar nach Freiwerden des Mediums mit der Übertragung.

Bei Verwendung eines *Reservierungsverfahrens* steht einer (sendewilligen) Station das Medium für die Dauer einer bestimmten Zeitscheibe exclusiv zur Verfügung. Das bekannteste Verfahren dieser Klasse ist die *Time-Division-Multiple-Access-Methode* (TDMA); diese verteilt Zeitscheiben in Round-Robin-Manier unabhängig davon, ob eine Station senden will oder nicht. Sie wird insbesondere in der Satellitenkommunikation verwendet.

Es sei bemerkt, daß IEEE 802 für die MAC-Ebene im wesentlichen die drei Alternativen CSMA/CD (802.3), Token-Ring (802.5) oder Token-Bus (802.4) vorsieht. Der Standard IEEE 802.3 dient speziell für 1-persistente CSMA/CD-LANs und ist unter anderem in dem heute weit verbreiteten *Ethernet* implementiert. Dieses Netz wurde in der zweiten Hälfte der 70er Jahre am Xerox Palo Alto Research Center in Kalifornien entwickelt und ist bereits seit 1979 kommerziell verfügbar. Ethernet ist ein Broadcast-Netz mit einer bidirektionalen Bus-Topologie. Das physikalische Übertragungsmedium ist ein Koaxial-Kabel; Netz-Endknoten werden über sogenannte *Transceiver* daran angeschlossen. Das Ethernet-Konzept wird heute von zahlreichen Herstellern unterstützt. Ein Beispiel einer Ethernet-Konfiguration zeigt Abbildung 14.16.

14.4.4 Hochgeschwindigkeitsnetze

Während in früheren Jahren hauptsächlich verdrillte Kupferkabel und Koaxialkabel als physikalisches Übertragungsmedium verwendet wurden, kommen heute zuneh-

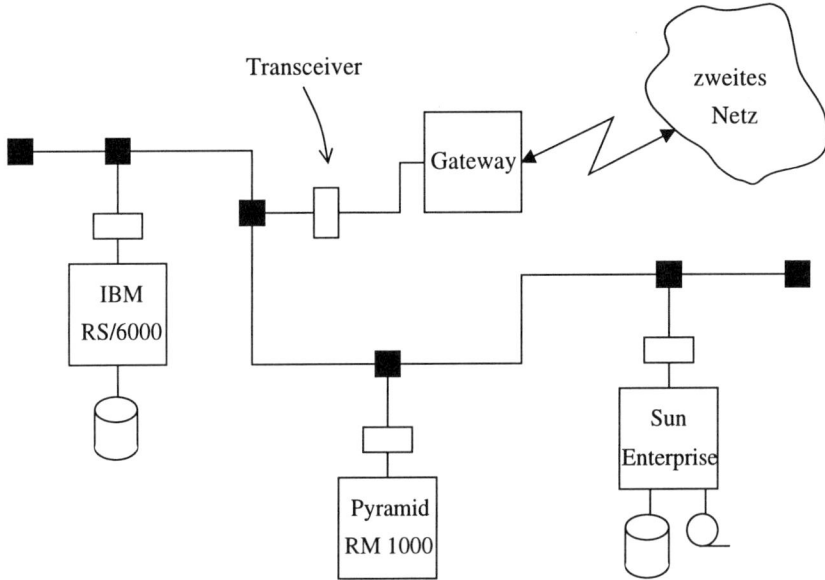

Abbildung 14.16: Beispiel einer Ethernet-Konfiguration.

mend Glasfaserkabel sowie Lichtwellenleiter zum Einsatz. Hierdurch wurde insbesondere eine enorme Steigerung der Übertragungsleistung speziell im Bereich der lokalen Netze möglich; man rechnet heute damit, daß sogar mehrere tausend Gbps[2] erreichbar sind. Insbesondere sind in den letzten Jahren auch Hochgeschwindigkeits-LANs (*High-Speed Local Area Networks*, HSLANs) verfügbar geworden, bei welchen Datenübertragungsraten jenseits von 100 Mbps möglich sind. Derartige Netze finden z.B. in Rechenzentrums-Umgebungen und bei campus-weiten Vernetzungen Anwendung.

Wesentlich ist, daß HSLANs neue Entwurfsprobleme aufwerfen, da Protokolle wie CSMA/CD, welche ursprünglich für „langsame" Netze entwickelt wurden, häufig nicht ohne weiteres auf HSLANs übertragen werden können. Modifikationen an existierenden Protokollen bzw. neue Protokolle sind also erforderlich, wenn von der durch das physikalische Medium bereitgestellten hohen Übertragungsrate effizienter Gebrauch gemacht werden soll. In diesem Zusammenhang wurden in den letzten Jahren insbesondere die Protokolle

- FDDI (*Fiber Distributed Data Interface*),

- FDDI-II und

- DQDB (*Distributed Queue Dual Bus*, IEEE 802.6)

- SMDS (*Switched Multimegabit Data Service*)

entwickelt. Bei konkreten Netzkonfigurationen, in welchen diese Protokolle eingesetzt werden, sind die zu Beginn dieses Abschnitts genannten Charakteristika lokaler Netze,

---

[2]Gigabit pro Sekunde

insbesondere die Längenbegrenzung, nicht mehr streng bindend. Speziell sind heute die Übergänge zwischen einem LAN und einem sogenannten MAN (Metropolitan Area Network) teilweise fließend. Sogar der Übergang von einem LAN in ein Weitverkehrsnetz (siehe nächster Abschnitt) ist durch die Anwendung von Internet-Techniken (siehe ebenfalls nächster Abschnitt) auf lokale Gegebenheiten im Rahmen sogenannter *Intranets* auf logischer Ebene oft nicht mehr erkennbar.

14.5 Globale Netze. Das Internet

Zum Abschluß dieses Kapitels gehen wir auf globale Netze (Fernübertragungsnetze; engl. *Remote Networks* oder *Wide Area Networks*, manchmal auch *Long Haul Networks*) sowie deren heute wichtigste Erscheinungsform, das *Internet*, ein.

14.5.1 Charakteristika

Globale Netze lassen sich von lokalen Kommunikationseinrichtungen klar abgrenzen; aufgrund des derzeitigen Standes der Technologie sind die Grenzen hier noch nicht fließend, da sich Anforderungen wie Datenübertragung im Megabit-Bereich heute noch nicht über *beliebige* Distanzen und rund um den Globus gleichermaßen erfüllen lassen. Diese Abgrenzung wird auch durch folgende Charakteristika globaler Netze verdeutlicht:

1. Das Netz ist in seiner räumlichen Ausdehnung nicht beschränkt, d. h. kommunikationswillige Endknoten dürfen im wahrsten Sinne des Wortes „global" verteilt sein.

2. Das physikalische Übertragungsmedium verfügt über eine geringere Übertragungskapazität als ein LAN (z.B. 34 Mbps im Deutschen Forschungsnetz [Stand 1997] gegenüber 100 Mbps in einem FDDI-LAN).

3. Antwortzeiten sind dementsprechend lang.

4. Kommunikation zwischen Netzkomponenten ist im allgemeinen mit hohen Kosten verbunden, welche jetzt erheblich höher als die Installations- und Wartungskosten bei lokalen Netzen sind. Sie sind an den Betreiber des Netzes (z. B. die Telekom oder einen privaten „Provider") zu entrichten.

5. Die Anzahl angeschlossener Hosts bzw. Endknoten ist zeitlich nicht konstant; Verbindungen werden im allgemeinen für jede Datenkommunikation neu aufgebaut.

6. Die Benutzung des Netzes ist an (postalische) Vorschriften gebunden.

7. Die Netzarchitektur ist nicht nur im technischen, sondern auch im rechtlichen Sinne offen; so darf z. B. ein öffentliches Netz von jedem benutzt werden, der die technischen Voraussetzungen für einen Netzanschluß erfüllt und die Gebühren bezahlt.

Punkt 1 dieser Charakterisierung impliziert, daß eine Kommunikation in einem globalen Netz unter Umständen nicht nur über Leitungen, sondern auch über geostationäre Satelliten erfolgen kann. Punkt 5 besagt, daß es sich bei einem globalen Netz im allgemeinen um ein Wählnetz handelt, welches auf feste Verbindungen (Standleitungen) völlig verzichtet.

Weltweit werden globale Netze in zunehmendem Maße von privaten Gesellschaften entwickelt und betrieben. In diesem Zusammenhang sind insbesondere die *Forschungsnetze* zu erwähnen, welche ursprünglich für die Kommunikation zwischen verschiedenen Forschungseinrichtungen wie z. B. Hochschulen gedacht waren. Prominentester Vertreter dieser Klasse ist das amerikanische *Arpanet*, welches unter Federführung der Defense Advanced Research Projects Agency (DARPA) des US-Verteidigungsministeriums entwickelt wurde. Es wurde bereits seit 1969 betrieben und umfaßte speziell innerhalb der USA weit über hundert Netzknoten. Über Gateways waren schon bald vom Arpanet aus andere Netze erreichbar, und bereits in den 70er Jahren wurde darüber nachgedacht, welche Protokolle zur Vereinheitlichung speziell von „Internetworking" herangezogen werden konnten. Ein Durchbruch wurde erzielt durch die Forderung des US-Verteidigungsministeriums, daß alle Hostrechner im Arpanet das TCP/IP-Protokoll zu „fahren" hatten. Hierdurch wurde ein Rahmen geschaffen, aus welchem sich das heutige *Internet* entwickeln konnte.

14.5.2   Das Internet

Allgemein kann man das Internet charakterisieren als einen Zusammenschluß aller Netzwerke, welche das TCP/IP-Protokoll verwenden, welche über Gateways miteinander verbunden sind, und welche sich der gleichen Namens- sowie Adreßstruktur bedienen. Dies impliziert, daß eine Reihe anderer Netze (wie z.B. Bitnet oder Usenet) strenggenommen nicht Teil des Internet sind, da sie andere Protokolle betreiben. Das Internet umfaßt heute zehntausende lokaler Netze weltweit, welche durch ein WAN als sogenannten „Backbone" verbunden sind.

Anwender können sich im wesentlichen auf zwei Arten Zugang zum Internet verschaffen: entweder durch den Anschluß eines Rechners an ein LAN mit Internet-Zugang oder durch Einwählen in den Rechner eines Providers, der seinerseits einen Internet-Zugang bietet. Das Internet hatte bereits 1995 rund 30 Millionen Nutzer weltweit und ist nach wie vor durch rasante Zuwachsraten gekennzeichnet. Hierfür sind verschiedene Aspekte maßgebend: Einerseits hat die Verbreitung von Rechnern insbesondere im privaten Bereich in den letzten Jahren enorm zugenommen, und die für einen Netzanschluß notwendige Hardware ist heute bereits bei PCs häufig eingebaut. Durch die zunehmende Konkurrenz unter den Providern sind auch die Netzbenutzungsgebühren inzwischen für eine breite Nutzerschaft erschwinglich. Außerdem sind dem Internet neben traditionellen Anwendungen wie elektronische Post (*Electronic Mail*, kurz *Email*), File-Transfer und Remote Login bzw. Telnet heute auch Anwendungen wie das *World-Wide Web* (WWW) verfügbar, welche die Suche nach im Netz verfügbarer Information durch leicht bedienbare Benutzerschnittstellen („Browser") unterstützen. Hierauf gehen wir weiter unten ein.

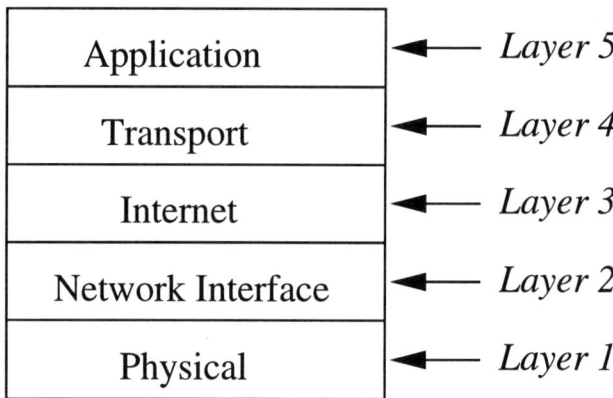

Abbildung 14.17: Die 5 Ebenen des TCP/IP-Modells.

14.5.3   TCP/IP-Protokolle

Das Internet ist ein weltweiter Verbund von Rechnernetzen; es umfaßt ein Backbone-Netzwerk von Punkt-zu-Punkt-Verbindungen, welches die regionalen Gateways miteinander verbindet. Lokaler Zugang wird über sogenannte *Router* bereitgestellt, an welche die einzelnen Computer über ihr jeweiliges LAN angeschlossen sind.

Abbildung 14.17 zeigt die 5 Protokollebenen des Internets; da im Internet einheitlich TCP/IP verwendet wird, kann man diese Ebenen auch als das *TCP/IP-Modell* bezeichnen. Man erkennt an diesem Bild die Gemeinsamkeiten, aber auch einige wesentliche Unterschiede zum ISO-Referenzmodell:

- Die unteren Ebenen 1 und 2 entsprechen weitgehend denen des ISO-Modells; es kommen speziell auf Ebene 2 Ethernet, FDDI, Token Ring, ATM, ISDN oder andere Protokolle zur Anwendung.

- Die Ebene 3 hat im ursprünglichen ISO-Modell keine Entsprechung, da Internetworking zunächst nicht vorgesehen war.

- Ebene 4 ist wie bei ISO die Transportebene.

- Ebene 5 ist eine Zusammenfassung der ISO-Ebenen 5–7 und besteht aus den Anwendungen wie Telnet, FTP, `rcp`, `rlogin` usw.

Wie bereits erwähnt, wird auf der Internet-Ebene 3 das IP-Protokoll verwendet. IP ist verbindungslos, d.h. es stellt einen Datagram Service zur Verfügung. Dabei wird unterstellt, daß Internet-Datagramme zwar transparent, aber nicht notwendig zuverlässig von einem Quell- zu einem Ziel-Host transportiert werden. Mechanismen zur Gewährleistung zuverlässiger Übertragung werden bei IP als durch die Transportebene (insbesondere das TCP-Protokoll) gewährleistet betrachtet. Ein IP-Datagram kann bis zu 64 KB lang sein und besteht aus einem Header und einem Text-Teil; die derzeit verwendete Version ist IPv4 (Internet Protocol Version 4), auf welche wir als nächstes eingehen.

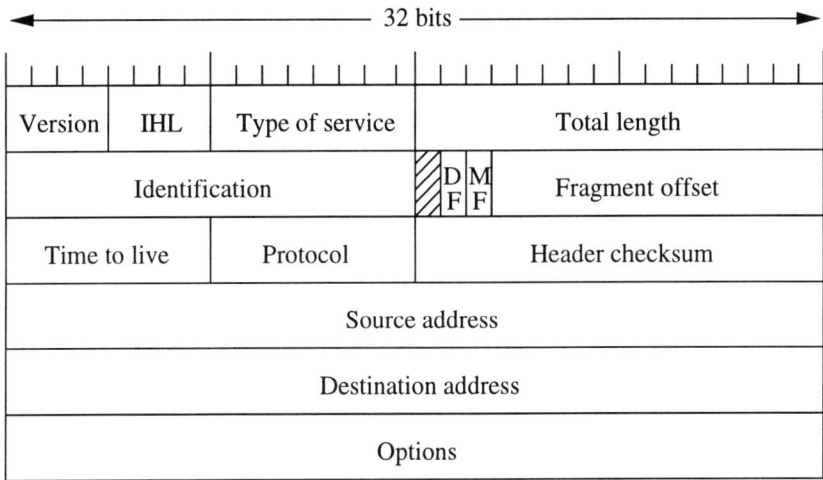

Abbildung 14.18: Format des IPv4-Headers.

Ein IPv4-Header hat eine Länge von mindestens 20 Bytes und besteht aus einem festen und einem variablen Anteil wie in Abbildung 14.18 gezeigt. Er beschreibt unter anderem Quell- und Zieladresse der betreffenden Nachricht, die verwendete Protokollversion, die Länge des Headers (IHL), die Art des Dienstes (*low delay, high throughput, very reliable*), Nettodatenlänge und Optionen. Die *Time to live* gibt die Lebenserwartung des betreffenden Pakets an; ihr Wert wird von jedem Router, der das Paket erhält, um 1 vermindert, und das Paket wird vernichtet, wenn der Wert 0 erreicht ist. Der Header spezifiziert ferner das für die Übertragung gewünschte Protokoll, so daß der Empfänger die Nachricht verarbeiten kann. Unter den optionalen Diensten befindet sich z.B. eine Protokollierung der Route, auf der ein Paket transportiert wird; wird dies gewünscht, werden die Adressen aller Zwischenknoten nach und nach im Header vermerkt.

Einzelne Rechner, im Kontext des IP-Headers also Sender (Source) und Empfänger (Destination), sind über ihre Internet-Protokoll-Adresse (IP-Adresse) eindeutig identifizierbar. Eine solche Adresse ist 32 Bit lang und aus einer Netz- sowie einer Endsystemkennung zusammengesetzt. Die Aufteilung zwischen diesen beiden Kennungen orientiert sich an Bytegrenzen; abhängig von der Länge der Kennungen werden die in Abbildung 14.19 gezeigten Klassen A–C unterschieden. Netze mit mehr als 2^{16} angeschlossenen Rechnern benötigen Klasse-A-Adressen, kleinere Netze kommen mit Klasse-B- oder sogar Klasse-C-Adressen aus. Klasse-D-Adressen, ebenfalls in Abbildung 14.19 gezeigt, sind unabhängig von der Netzgröße für Gruppenkommunikation vorgesehen. Die übliche Schreibweise für IP-Adressen hat die Form z.B.

128.176.184.86

bzw. binär

10000000.10110000.10111000.01010110

und wird über einen Verzeichnisdienst mit dem Namen des betreffenden Rechners in Verbindung gesetzt, in diesem Fall dem Rechner

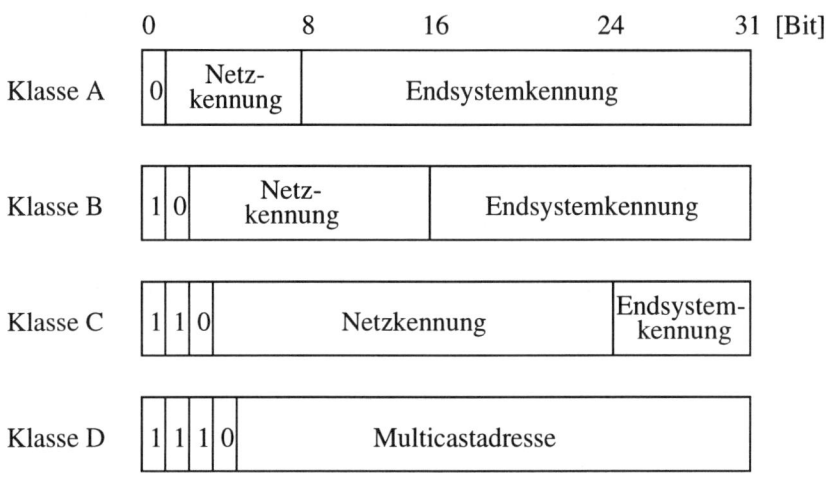

Abbildung 14.19: Aufbau einer IP-Adresse (Klassen A–D).

helios.uni-muenster.de ,

auf welchem der Zweitautor dieses Buches seine Email empfängt (Klasse B). Hierzu
sei bemerkt, daß das Internet nicht zentral verwaltet wird, so daß es keine „Kataloge"
über vorhandene Rechner und deren Nummern gibt: Über den *Domain Name Service*
(DNS) wird die Nummernvergabe gesteuert, so daß Eindeutigkeit zwar gewährleistet
wird, aber eine Zuordnung in umgekehrter Richtung ist nicht möglich.

Ein zentrales Problem des IPv4-Protokolls ist die limitierte Anzahl von Netzadres-
sen, denn durch die oben beschriebene Aufteilung stehen ja keineswegs 2^{32} verschiedene Adressen zur Verfügung, und die Zahl der zu adressierenden Rechner wächst
noch immer sehr schnell. Außerdem wird der Header inzwischen als zu komplex und
zu inflexibel für Optionen und Erweiterungen angesehen, so daß bereits an der Nach-
folgeversion IPv6 (Version 6, auch *Internet Protocol next Generation* oder kurz IPnG
genannt) gearbeitet wird. Der Aufbau eines IPv6-Headers ist in Abbildung 14.20 gezeigt. Wie man an dieser Abbildung erkennt, ist der neue Header zwar doppelt so
lang wie der alte, enthält jedoch weniger Information und ist erheblich einfacher aufgebaut. Insbesondere können IP-Adressen jetzt 16 Byte lang sein. Ein IPv6-Header
kann durch bis zu 6 Folgeheader erweitert werden. Ein Router kann das *Priority*-Feld
zur Feststellung der Dringlichkeit des betreffenden Pakets verwenden. Das *Flow Label*
kann zur Beschreibung der Charakteristika der Übertragung, zu welcher das Paket
gehört, benutzt werden. Die *Payload Length* gibt die Anzahl der Bytes im Paket nach
dem Header an. Das *Hop Limit* wird in ähnlicher Weise wie die *Time to live* bei IPv4
verwendet.

Auf der Ebene oberhalb der IP-Ebene liegt das eigentliche Transportprotokoll, im Fall des Internet, wie erwähnt, das *Transfer Control Protocol* (TCP). Die Aufgabe von TCP besteht allgemein in der Herstellung ge-
sicherter End-zu-End-Verbindungen zwischen zwei Netzteilnehmern. TCP stellt
seine Dienste in Form von *Primitiven* zur Verfügung, wobei *Anfragepri-
mitive* (wie z.B. Unspecified Passive Open, Fully Specified Passive Open,

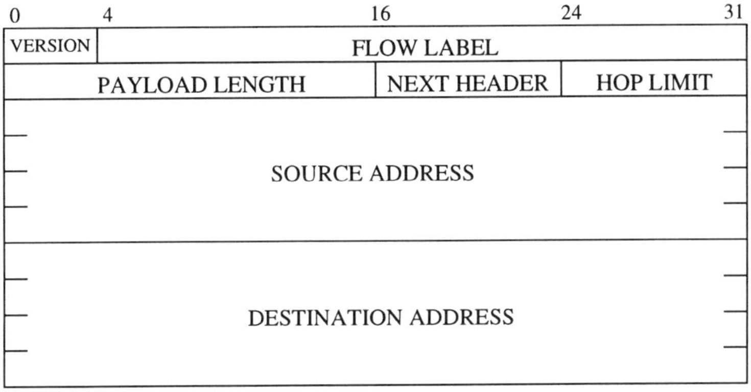

Abbildung 14.20: Format des IPv6-Headers.

Active Open, Active Open With Data, Send, Close, Abort) und *Antwortpri-mitive* (wie z.B. Open ID, Open Failure, Open Success, Deliver, Closing, Terminate, Error) unterschieden werden. Die Adressierung erfolgt auch hier in der Form „Subnetz.Host.Port". Zur Fehlererkennung wird ein Prüfsummen-Verfahren verwendet.

14.5.4 Das World-Wide Web

Erst durch die verschiedenen, heute verfügbaren und oft kostenlos bereitgestellten *Dienste* wird das Internet richtig genutzt. Hierzu zählen die bereits erwähnten Dienste Telnet zum Arbeiten auf entfernten Rechnern, FTP oder Email mittels SMTP (*Simple Mail Transfer Protocol*). Allgemein versteht man unter *Internet-Diensten* Anwendungen (also Programme oder allgemeiner „Dienstleistungen"), welche oberhalb der Transportschicht liegen (Ebene 5 im Sinne von Abbildung 14.17).

Durch den populärsten Internet-Dienst, das WWW, hat die Vernetzung ein ungeahntes Wachstum erfahren, und zwar sowohl hinsichtlich der Anzahl im Internet verbundener Rechner als auch hinsichtlich der Anzahl von WWW-Servern; allein deren Anzahl ist von 130 im Juni 1993 auf 100 000 im Juni 1996 gestiegen. Man geht derzeit von einer Verdoppelung der Anzahl Server jedes halbe Jahr aus.

Durch das World-Wide Web (auch kurz Web) ist es einerseits möglich, auf einfache Art Zugang zu Informationen zu erhalten, die über das ganze Internet verteilt sind. Andererseits können ebenso einfach Informationen bereitgestellt werden, auf die andere Benutzer über das Internet zugreifen können. Da das Web (und auch die Zahl seiner Benutzer) in hohem Tempo anwächst, benötigt man geeignete Werkzeuge zum Umgang mit der angebotenen Information. Auf der Anbieterseite ist dies insbesondere die Sprache HTML (Hypertext Markup Language) zur Beschreibung von Informationen; auf der Benutzerseite sind dies in erster Linie *Browser* sowie sogenannte *Suchmaschinen*. Browser können HTML-Dokumente anzeigen; mit Hilfe von Suchmaschinen lassen sich Web-Seiten nach unterschiedlichen Suchkriterien lokalisieren.

Beim Web handelt es sich um einen sogenannten *Client/Server-Dienst*: Auf Dienstanbietern oder *Servern* werden Daten vorgehalten, die von Diensterfragern oder

Clients, in diesem speziellen Fall den WWW-Browsern, abgerufen werden können. Jeder Internetnutzer kann selbst Server einrichten (und auch wieder entfernen) und so zum globalen Informationsangebot beitragen. Es ist (bisher) nicht geregelt, in welcher Form die Dateien bereitgestellt werden sollten. Meistens handelt es sich um HTML-Dateien, welche mittels des *Hypertext Transfer Protocol* (HTTP) übertragen und sodann von einem Browser verarbeitet werden können.

Eine wichtige Eigenschaft der Sprache HTML ist die Möglichkeit der Definition sogenannter *Hyperlinks*, welche im Browser sichtbar gemacht werden und auf andere Dateien verweisen; diese können an beliebiger Stelle im Internet, also weltweit verteilt liegen und werden durch Anwählen im Browser (Mausclick) geladen. Das Nachverfolgen solcher Hyperlinks („Surfen") stellt eine Form *navigierenden* Zugriffs auf Information dar, wie er auch in bestimmten Typen von Datenbanksystemen verwendet wird.

Alle bereitgestellten Dateien sind durch ihren jeweiligen *Uniform Resource Locator* (URL) eindeutig identifizierbar. Zwei Beispiele für derartige „Adressen" haben wir in den bibliographischen Hinweisen zu Kapitel 9 bereits kennengelernt:

```
http://www.sun.com/microelectronics/products/microproc.html
http://www.mot.com/SPS/PowerPC/products/semiconductor/chips.html
```

Eine solche Adresse beginnt mit der Angabe des Übertragungsprotokolls (hier `http`), so daß auch andere Internet-Dienste wie z.B. `ftp` von einem WWW-Client genutzt werden können. Dem Protokoll folgt die IP-Adresse des betreffenden Servers (hier `www.sun.com` bzw. `www.mot.com`), während im letzten Teil der Pfad sowie der Dateiname des bereitgestellten bzw. gewünschten Dokuments zu finden sind; dieser letzte Teil kann entfallen, sofern es sich um die Adresse einer *Startseite* („Home Page") handelt, von der aus weiter verzweigt wird. Es sei bemerkt, daß wir uns hier bewußt auf die Angabe dieser beiden URLs beschränken. Einerseits ist URL-Information erfahrungsgemäß einer schnellen Veränderung unterworfen; hier gemachte spezifische Angaben könnten bei Drucklegung des Buches bereits veraltet sein. Andererseits kann man sich zum Auffinden von Information der Suchmaschinen bedienen, auf welche wir unten eingehen.

Außer der Eigenschaft, durch statische Verknüpfungen bereits vorhandene Dokumente zu laden, bietet das WWW die Möglichkeit, durch Hyperlinks *Common Gateway Interface*-Programme (CGI-Skripte) auf dem jeweiligen Server ausführen zu lassen. Dabei kann es sich um beliebige Skripte und Programme handeln, welche über eine normierte Schnittstelle sowohl Parameter und Daten übergeben bekommen als auch HTML-Dokumente zurückgeben. Die Eingabedaten können interaktiv vom Benutzer über in HTML definierte Formulare definiert werden. Auf diese Weise können dynamische HTML-Seiten (einschließlich Hyperlinks) generiert werden, welche aktuelle Informationen wie Statistiken enthalten oder Daten aus anderen Informationssystemen (z.B. Wetterdaten) für das Web aufbereiten.

Wie bereits erwähnt, werden zur Informationsauffindung im Web heute meist *Suchmaschinen* verwendet, mit welchen man Anfragen an den global verfügbaren Datenbestand stellen kann, ohne die dezentrale Verwaltung zu beeinflussen. Ein Benutzer kann auf einen solchen Dienst per HTML-Formular zugreifen, um dort Selektionskriterien anzugeben. Als Antwort erhält man eine Liste von URLs, auf welche diese Kriterien zutreffen. Allen Suchmaschinen liegt die gleiche Arbeitsweise zugrunde: Durch ein spezielles Programm, welches in diesem Zusammenhang auch als *Robot, Spider* oder *Worm* bezeichnet wird, werden verschiedenste WWW-Server erfaßt sowie deren bereitgestellte Information (d.h. die dort vorhandenen Dateien) katalogisiert und analysiert. Ein Anwender kann diese Kataloge wie den Index eines Buches nutzen, jedoch werden anstelle einer Seitenzahl für das betreffende Schlagwort der URL oder die URLs zurückgegeben. Anders als ein Buch verhält sich die bereitgestellte Information jedoch dynamisch, d.h. neue Server entstehen, andere stellen ihren Betrieb ein oder werden umstrukturiert, so daß derartige Indexlisten immer wieder aktualisiert werden müssen.

Für die Arbeit mit Suchmaschinen ist es wichtig zu wissen, daß verschiedene Suchsysteme (z.B. *Lycos, Yahoo!, WebCrawler* oder *Fireball*) bei der gleichen Anfrage im allgemeinen unterschiedliche URL-Listen zurückgeben, da die jeweils verwendeten Suchstrategien trotz grundsätzlich gleicher Arbeitsweise sehr verschieden sind: Zu den verwendeteten Optionen gehören z.B.:

- Besuchen möglichst vieler Server und Registrierung jeweils nur weniger Dokumente;

- Besuchen nur weniger Server und vollständiges Katalogisieren von deren jeweiligem Dokumentenbaum;

- Betrachtung von lediglich Titel und „Überschriften" bei der Analyse lokaler Dokumente;

- Registrierung sämtlicher HTML-markierter Teile (einschließlich Hyperlinks);

- Untersuchung des vollständigen Textes pro Dokument.

Auch beim Aktualisieren gibt es verschiedene Vorgehensweisen. Es ist hier auf absehbare Zeit keine Vereinheitlichung zu erwarten.

14.5.5 Ausblick

Die nahe Zukunft des Internet ist durch einen vorläufig ungebremsten Nutzerzustrom gekennzeichnet sowie durch eine weitere Verbreitung von Anwendungen (wie dem WWW), die gegen Verzögerungen auf dem Netz einigermaßen unempfindlich sind. Daneben wird intensiv am weiteren Ausbau der Netzkapazität und der Übertragungsraten gearbeitet; es sind bereits heute (Sommer 1997) Backbone-Links von 155 Mbps und mehr im probeweisen Einsatz. Grundsätzlich muß ein globales Netz wie das Internet die folgenden sechs Eigenschaften aufweisen:

1. *Heterogenität:* die Fähigkeit zum Umgang mit einer großen Vielzahl von Transport- und Endbenutzertechnologien und -anwendungen;

2. *Dienstqualität* (Quality of Service): die Fähigkeit, innerhalb des Netzes Ressourcen *reservieren* zu können und dadurch für eine bestimmte Anwendung sowie einen wohldefinierten Zeitraum vorgegebene Leistungsanforderungen garantieren zu können;

3. *Mobilität:* die Fähigkeit der Unterstützung von mobilem Zugriff auf das Netz (etwa von einem in ein Mobiltelefon eingebauten Browser oder einem mit einem Handy gekoppelten Laptop aus);

4. *Erweiterbarkeit:* Skalierbarkeit bei weiter wachsenden Benutzerzahlen und steigenden Anwendungsanforderungen sowie Anpaßbarkeit an neue Technologien;

5. *Sicherheit und Zuverlässigkeit:* Gewährleistung von abhörfreier, nicht-lokalisierbarer Kommunikation sowie hohe Verfügbarkeit aller angebotenen Dienste.

6. *Kosten-Transparenz:* Gewährleistung einer kostengerechten Gebühren-Abrechnung und Transparenz der zu erwartenden Kosten für den Benutzer.

Speziell die unzureichende Dienstqualität, insbesondere die fehlende Möglichkeit des Reservierens von Bandbreite im Netz, wird heute als ein Haupthinderungsgrund für die Umsetzung zahlreicher Anwendungen angesehen, für welche das Internet ansonsten prädestiniert ist (z.B. multimediale Telemedizin). Für die Zukunft sind hier dramatische Fortentwicklungen zu erwarten, welche unter anderem auf einem virtuellen Netzwerk „oberhalb" des Internet, dem *Multicast Backbone* (MBone), basieren werden, der z.B. Audio- und Video-Daten zu übertragen gestattet.

Das Protokoll TCP/IP sieht keine Ermittlung der Entfernungen, welche von den Datenpaketen im Netz zurückgelegt werden, vor. Dieses Manko führt zu einer gewissen Pauschalisierung der Gebühren, die sich nur noch an der Übertragungszeit und an der übertragenen Datenmenge orientieren kann, aber nicht mehr an der Benutzungs-Intensität der Backbones. In der Tat sind die wirklich anfallenden Kosten ja auch weitgehend Fixkosten. Ob diese Abrechnungsphilosophie aber langfristig durchgehalten werden wird, bleibt abzuwarten. Man stelle sich eine Abrechnung von Fluggebühren vor, welche allein am Gewicht des Passagiers und an dessen Verweilzeit auf dem Flughafengelände orientiert ist.

Für viele Benutzer — insbesondere im Wissenschaftsbereich — ist das Internet z. Zt. scheinbar gebührenfrei, da die Institutionen die Kosten — oft über staatliche Subventionen — noch pauschal übernehmen (ganz im Gegensatz etwa zu anfallenden Telefongebühren). Diese an sich begrüßenswerte Situation kann aber zu einer Beeinträchtigung des Kostenbewußtseins führen. Hier liegt vielleicht auch einer der Gründe, warum im kommerziellen Bereich mit seinen andersartigen Abrechnungskriterien das Internet in seiner Akzeptanz z. Zt. noch deutlich nachhinkt.

14.6 Übungen

14.1 Man vergleiche ein Rechnernetz mit einem Multicomputer und gebe Unterschiede zwischen beiden Konzepten an.

14.2 Man gebe eine kurze „Definition" der folgenden Begriffe an:

Broadcast-Subnetz	Punkt zu Punkt-Subnetz
Store-and-Forward-Subnetz	Protokoll
Leitungsvermittlung	Paketvermittlung
CSMA/CD	Token Ring
TCP/IP-Modell	Internet
Suchmaschine	WWW

14.3 Gegeben sei die Nachricht $a = 1101011011$. Mit dem in Abschnitt 14.3 angegebenen allgemeinen Verfahren zur Berechnung einer Prüfsumme bestimme man unter Verwendung von $g(x) = x^4 + x + 1$ als Erzeuger die übertragene Bitfolge, welche dem Polynom $f(x)$ entspricht.

14.4 Für die Nachricht $a = 101$ bestimme man die 16 Bits lange Frame Checking Sequence, welche durch das von HDLC verwendete Prüfsummen-Verfahren bestimmt wird.

14.5 Man gebe ein Verfahren zur *Decodierung* einer mit einer Prüfsumme versehenen Nachricht an und überlege, auf welche Weise Fehler erkannt werden können.

14.6 Bei einer Paketvermittlung können Pakete den Empfänger ungeordnet erreichen. Zur Rekonstruktion der gesendeten Nachricht muß dieser die Pakete zwischenspeichern und sodann ihre ursprüngliche Ordnung wiederherstellen. Man beschreibe ein Verfahren, welches dieses leistet. Dabei unterstelle man
(a) eine beliebige Puffer-Größe,
(b) eine Puffer-Größe, welche zur Aufnahme einer vollständigen Nachricht nicht ausreicht.

14.7 Welche Funktionen muß die ISO-Ebene 3 in einem LAN mit Bus-Topologie (Ring-Topologie, Stern-Topologie) umfassen?

14.8 In welchem Sinne sind ein Slotted-Ring und ein Token-Ring zueinander komplementär?

14.9 Man beantworte die in Munson (1988) zusammengestellten Fragen zur Datenkommunikation.

14.7 Bibliographische Hinweise

Die Ziele des Einsatzes von Rechnernetzen wurden bereits von Händler (1976) diskutiert. Eine aktuelle Darstellung aus technologischer sowie aus konzeptioneller Sicht findet man bei Walrand und Varaiya (1996). Eine ausführliche Darstellung des ISO-Referenzmodells und seiner sieben Schichten findet man z.B. bei Tanenbaum (1996). Weitere Informationen zu diesem Modell und den daran orientierten Protokollstandards entnehme man Stallings (2000). Prosser (1993) gibt genauere Hinweise zu den ISO-Dokumenten, in welchen die Standards des OSI-Modells im einzelnen festgelegt sind. Eine Einführung in ATM-basierte Netzwerke geben Handel und Huber (1991), Hochmuth und Wildenhain (1995) oder Sultan und Basso (1995). Einzelheiten zu ISDN entnehme man Housley (1987), Prosser (1993), Stallings (1999) oder Tanenbaum (1996). Zur Satellitenkommunikation vergleiche man Gagliardi (1984) oder Spaniol (1983).

Zur Kryptographie sei auf Denning (1982) und Tanenbaum (1996), die beide eine ausführlichere Darstellung des DES geben, sowie auf Beth (1982) verwiesen, zur Kryptologie ferner auf Bauer (1994). Eine Einführung in das Gebiet der Public-Key-Kryptosysteme geben Rivest et al. (1978) und Horster (1985).

Baum (1986) beschreibt den IEEE-Standard 802 für lokale Netze; weitere Einzelheiten hierzu entnehme man ferner IEEE (1985a-d, 1988), Prosser (1993) und Dittmann et al. (1993). Zu LANs vergleiche man ferner Stallings (1997) oder Walrand und Varaiya (1996), zu FDDI auch Pieper et al. (1992). Zu CSMA-Verfahren vergleiche man Spaniol (1982). Die Grundlagen von Ethernet werden von Metcalfe und Boggs (1976) oder Thurber (1981) beschrieben. Christensen et al. (1995) beschreiben die Evolution von LANs über mittlerweile vier Generationen hinweg.

Die Literatur zum Arpanet und zu anderen speziellen Netzen (wie z. B. CSnet) ist sehr umfangreich; der Leser sei z. B. auf Comer (1983), Händler (1976), Roberts und Wessler (1973), Tanenbaum (1996) verwiesen. Eine vergleichende Darstellung von CSnet, Bitnet, Earn, UUCP und anderer WANs geben Quarterman und Hoskins (1986). Techniken zum Internetworking behandeln Zitterbart und Schmidt (1995). Eine ausführliche Darstellung des Einsatzes von TCP/IP geben Comer (1995) sowie Comer und Stevens (1999); man vergleiche auch Comer und Droms (1999). Britton et al. (1995) behandeln TCP/IP in der aktuellen sowie der kommenden Version. Eine Einführung in das Internet geben Hinden et al. (1983), Tolksdorf (1997) oder Walrand und Varaiya (1996); in dessen Benutzung führen Krol (1994) oder Gilster (1996) ein. Das World-Wide Web geht auf eine Entwicklung am CERN zurück, vgl. Berners-Lee et al. (1994) oder auch Vetter et al. (1994). Den im Text erwähnten MBone beschreiben z.B. Eriksson (1994) oder Macedonia und Brutzman (1994).

Einen Ausblick auf strategische Richtungen bei der weiteren Entwicklung von Netzwerken geben Clark et al. (1996).

Literaturverzeichnis

Verzeichnis wichtiger Abkürzungen

ACM   Association for Computing Machinery, New York
BI   Bibliographisches Institut
CACM   Communications of the ACM
IEEE   Institute of Electrical and Electronics Engineers, New York
ITP   International Thomson Publishing
JACM   Journal of the ACM
JCSS   Journal of Computer and System Sciences
LNCS   Lecture Notes in Computer Science

Abramovici, M., M.A. Breuer, A.D. Friedman (1995): *Digital Systems Testing and Testable Design*; IEEE Computer Society Press, Los Alamitos, CA, revidierte Auflage

Aho, A.V., J.D. Ullman (1992): *Foundations of Computer Science*; Computer Science Press, New York; deutsche Übersetzung erschienen unter dem Titel *Informatik — Datenstrukturen und Konzepte der Abstraktion*, ITP Bonn, 1996

Akl, S.G. (1989): *The Design and Analysis of Parallel Algorithms*; Prentice-Hall, Inc., Englewood-Cliffs, NJ

Alon, N., Z. Galil, V.D. Milman (1987): Better Expanders and Superconcentrators; Journal of Algorithms 8, 337 - 347

Andrews, M. (1987): *Computer Organization*; Computer Science Press, Inc., Rockville, MD

AT&T Technologies, Inc. (1985): *WE32100 Microprocessor Information Manual — Maxicomputing in Microspace*; Morristown, NJ

AT&T Technologies, Inc. (1986): *AT&T 3B2/3B5/3B15 Computers Assembly Language Programming Manual*; Morristown, NJ

AT&T Bell Laboratories (Hrsg.) (1987a): *UNIX System Readings and Applications. Volume I: UNIX Time-Sharing System*; Prentice-Hall, Inc. Englewood Cliffs, NJ

AT&T Bell Laboratories (Hrsg.) (1987b): *UNIX System Readings and Applications. Volume II: The UNIX System*; Prentice-Hall, Inc. Englewood Cliffs, NJ

Augarten, S. (1984): *Bit by Bit — An Illustrated History of Computers*; Ticknor & Fields, New York

August, M.C., G.M. Brost, C.C. Hsiung, A.J. Schiffleger (1989): Cray X-MP: The Birth of a Supercomputer; IEEE Computer 22 (1), 45 - 52

Baase, S. (1992): *VAX-11 Assembly Language Programming*; Prentice-Hall, Inc., Englewood Cliffs, NJ, 2. Auflage

Bach, M.J. (1986): *The Design of the UNIX Operating System*; Prentice-Hall, Inc., Englewood Cliffs, NJ

Backus, J. (1978): Can Programming be Liberated from the von Neumann Style? A Functional Style and its Algebra of Programs; CACM 21, 613 - 641

Baskett, F., T.W. Keller (1977): An Evaluation of the Cray-1 Computer; in: D.J. Kuck, D.H. Lawrie, A.H. Sameh (Hrsg.): *High-Speed Computer and Algorithm Design*; Academic Press, Inc., Orlando, FL, 71 - 84

Batcher, K.E. (1968): Sorting Networks and their Applications; AFIPS Conference Proceedings Vol. 32, 307 - 314

Batcher, K.E. (1980): Design of a Massively Parallel Processor; IEEE Transactions on Computers 29, 836 - 840

Batcher, K.E. (1985): MPP: A High-Speed Image Processor; in: L. Snyder, L.H. Jamieson, D.B. Gannon, H.J. Siegel (Hrsg.): *Algorithmically Specialized Parallel Computers*; Academic Press, Inc., Orlando, Florida, 59 - 68

Bauer, F.L. (1994): *Kryptologie — Methoden und Maximen*; Springer-Verlag, Berlin, 2. Auflage

Baum, D. (1986): IEEE-802-Standard für lokale Netze; Informatik-Spektrum 9, 361 - 362

Bell, C.G., A. Newell (1971): *Computer Structures: Readings and Examples*; McGraw-Hill Book Company, New York

Beneš, V.E. (1965): *Mathematical Theory of Connecting Networks and Telephone Traffic*; Academic Press, Inc., Orlando, FL

Bermond, R. (1986): Transputer; Informatik-Spektrum 9, 359 - 361

Berners-Lee, T., R. Cailliau, A. Luotonen, H.F. Nielsen, A. Secret (1994): The World-Wide Web; CACM 37 (8), 76 - 82

Beth, T. (1982): Kryptographie als Instrument des Datenschutzes; Informatik-Spektrum 5, 82 - 96

Blum, M., H. Wasserman (1996): Reflections on the Pentium Division Bug; IEEE Transactions on Computers 45, 385 - 393

Bode, A. (Hrsg.) (1990): *RISC-Architekturen*; Reihe Informatik Band 60, BI Wissenschaftsverlag, Mannheim, 2. Auflage

Bode, A., W. Händler (1983): *Rechnerarchitektur II*; Springer-Verlag, Berlin

Boole, G. (1854): *An Investigation of* The Laws of Thought *on which are founded the Mathematical Theories of Logic and Probabilities*; Walton und Maberly, London

Bourne, S.R. (1982): *The UNIX System*; Addison-Wesley Publ. Co., Reading, MA

Brady, M.L., D.J. Brown (1984): VLSI Routing: Four Layers Suffice; in F.P. Preparata (Hrsg.), *Advances in Computing Research*, Vol. 2 *VLSI Theory*, JAI Press, Inc., Greenwich, CT, 245 - 257

Brayton, R.K., G.D. Hachtel, C.T. McMullen, A.L. Sangiovanni-Vincentelli (1984): *Logic Minimization Algorithms for VLSI Synthesis*; Kluwer Academic Publishers, Boston, MA

Brent, R.P., H.T. Kung (1981): The Area-Time Complexity of Binary Multiplication; JACM 28, 521 - 534

Brent, R.P., H.T. Kung, F.T. Luk (1983): Some Linear-Time Algorithms for Systolic Arrays; in: R.E.A. Mason (Hrsg.): *Information Processing 83*; North-Holland, Amsterdam, 865 - 876

Brey, B.B. (1994): *8086/8088, 80286, 80386, and 80486 Assembly Language Programming*; Macmillan Publishing Company, New York

Britton, E.G., J. Tavs, R. Bournas (1995): TCP/IP: The Next Generation; IBM Systems Journal 34, 452 - 471

Broomell, G., J.R. Heath (1983): Classification Categories and Historical Development of Circuit Switching Topologies; ACM Computing Surveys 15, 95 - 133

Burks, A.W. (1970): *Essays on Cellular Automata*; University of Illinois Press

Burks, A.W., H.H. Goldstine, J. von Neumann (1946): Preliminary Discussion of the Logical Design of an Electronic Computing Instrument; U.S. Army Ordonance Dept. Report; nachgedruckt in Bell und Newell (1971), 92 - 119, sowie in Randell (1973), 371 - 385

Carrano, F.M. (1988): *Assembler Language Programming for the IBM 370*; Benjamin Cummings Publ. Co., Menlo Park, CA

Charlesworth, A.E., J.L. Gustafson (1986): Introducing Replicated VLSI to Supercomputing: The FPS-164/MAX Scientific Computer; IEEE Computer 19 (3), 10 - 23

Cheng, H. (1989): Vector Pipelining, Chaining, and Speed on the IBM 3090 and Cray X-MP; IEEE Computer 22 (9), 31 - 46

Christensen, K.J., L.C. Haas, F.E. Noel, N.C. Strole (1995): Local Area Networks — Evolving from Shared to Switched Access; IBM Systems Journal 34, 347 - 374

Christian, K. (1988): *The Unix Operating System*; Wiley & Sons, New York, 2. Auflage

Chvatal, V. (1979): A Greedy Heuristic for the Set-Covering Problem; Mathematics of Operations Research 4, 233 - 235

Clark, D., J. Pasquale et al. (1996): Strategic Directions in Networks and Telecommunications; ACM Computing Surveys 28, 679 - 690

Claus, V. (1973): Die mittlere Additionsdauer eines Paralleladdierwerks; Acta Informatica 2, 278 - 291

Clos, C. (1953): A Study of Non-Blocking Switching Networks; Bell System Technical Journal 32, 406 - 424

Coffman, E.G., P.J. Denning (1973): *Operating Systems Theory*; Prentice-Hall, Inc., Englewood-Cliffs, NJ

Comer, D. (1983): The Computer Science Research Network CSNET: A History and Status Report; CACM 26, 747 - 753

Comer, D. (1984): *Operating System Design: The XINU Approach*; Prentice-Hall, Inc., Englewood-Cliffs, NJ

Comer, D. (1987): *Operating System Design II: Internetworking with XINU*; Prentice-Hall, Inc., Englewood-Cliffs, NJ

Comer, D. (1995): *Internetworking with TCP/IP*, Volume I: *Principles, Protocols and Architecture*; Prentice-Hall, Inc., Englewood-Cliffs, NJ, 3. Auflage

Comer, D., R. Droms (1999): *Computer Networks and Internets*; Prentice-Hall, Inc., Upper Saddle River, NJ, 2. Auflage

Comer, D., D.L. Stevens (1999): *Internetworking with TCP/IP*, Volume II: *Design, Implementation and Internals*; Prentice-Hall, Inc., Englewood-Cliffs, NJ, 3. Auflage

Cragon, H.G., W.J. Watson (1989): The TI Advanced Scientific Computer; IEEE Computer 22 (1), 55 - 64

Crawford, J.H. (1990): The i486 CPU: Executing Instructions in One Clock Cycle; IEEE Micro 10 (2), 27 - 36

Cray Research, Inc. (1983): The Cray X-MP Series of Computers; Publication No. MP-0001A, Minneapolis, Minnesota

Cray Research, Inc. (1987a): The Cray X-MP Series of Computer Systems; Publication No. MP-0102B, Minneapolis, Minnesota

Cray Research, Inc. (1987b): The Cray-2 Series of Computer Systems; Publication No. CCMP-0201D, Minneapolis, Minnesota

Cray Research, Inc. (1988): The Cray Y-MP Computer System; Publication No. CCMP-0301, Minneapolis, Minnesota

Damm, W. (1987): *Entwurf und Verifikation mikroprogrammierter Rechnerarchitekturen*; Informatik-Fachbericht Nr. 146, Springer-Verlag, Berlin

Davio, M., J.P. Deschamps, A. Thayse (1978): *Discrete and Switching Functions*; McGraw-Hill Book Company, New York

Deitel, H.M. (1990): *Operating Systems*; Addison-Wesley Publ. Co., Reading, MA, 2. Auflage

Dekel, E., D. Nassimi, S. Sahni (1981): Parallel Matrix and Graph Algorithms; SIAM Journal on Computing 10, 657 - 675

Denning, D.E. (1982): *Cryptography and Data Security*; Addison-Wesley Publ. Co., Reading, MA

Denning, P.J. (1968): The Working Set Model for Program Behaviour; CACM 11, 323 - 333

Denning, P.J., S.C. Schwartz (1972): Properties of the Working Set Model; CACM 15, 191 - 198

Diefendorff, K., M. Allen (1992): Organization of the Motorola 88110 Superscalar RISC Microprocessor; IEEE Micro 12 (4), 40 - 63

Dittmann, R., T. Stock, P. Tran-Gia (1993): Das DQDB-Zugriffsprotokoll in Hochgeschwindigkeitsnetzen und der IEEE-Standard 802.6. Ein Überblick; Informatik-Spektrum 16, 143 - 158

Donovan, J.J. (1972): *Systems Programming*; McGraw-Hill Book Co., New York

Duncan, R. (1990): A Survey of Parallel Computer Architectures; IEEE Computer 23 (2), 5 - 16

Edenfield, R.W., M.G. Gallup, W.B. Ledbetter, R.C. McGarity, E.E. Quintana, R.A. Reiniger (1990a): The 68040 Processor: Part 1, Design and Implementation; IEEE Micro 10 (2), 66 - 78

Edenfield, R.W., M.G. Gallup, W.B. Ledbetter, R.C. McGarity, E.E. Quintana, R.A. Reiniger (1990b): The 68040 Processor: Part 2, Memory Design and Chip Verification; IEEE Micro 10 (6), 22 - 35

Eichelberger, E.B. (1965): Hazard Detection in Combinational and Sequential Switching Circuits; IBM Journal of Research and Development, Vol. 9 (2), 90 - 99

Engeln-Müllges, G. (1980): Systemuntersuchungen zur Vektormaschine Cray-1; Bericht des Rechenzentrums der RWTH Aachen

Eriksson, H. (1994): MBone: The Multicast Backbone; CACM 37 (8), 54 - 60

Eschermann, B. (1993): *Funktionaler Entwurf digitaler Schaltungen*; Springer-Verlag, Berlin

Evansen, A.J., J.L. Troy (1973): Introduction to the Architecture of a 288-Element PEPE; Proceedings of the Sagamore Conference on Parallel Processing, 162 - 169

Feldman, J. (1997): Digital Logic; in: A.B. Tucker, Jr. (Hrsg.): *The Computer Science and Engineering Handbook*; CRC Press & ACM, New York, 382 - 411

Fernstrom, C., I. Kruzela, B. Svensson (1986): *LUCAS Associative Array Processor*; Springer-Verlag, Berlin, LNCS 216

Flynn, M.J. (1972): Some Computer Organizations and Their Effectiveness; IEEE Transactions on Computers 21, 948 - 960

Gabber, O., Z. Galil (1981): Explicit Constructions of Linear-Sized Superconcentrators; JCSS 22, 407 - 420

Gagliardi, R.M. (1984): *Satellite Communications*; van Nostrand Reinhold, New York

Gajski, D.D., N.D. Dutt, A.C. Wu, S.Y. Lin (1992): *High-Level Synthesis: Introduction to Chip and System Design*; Kluwer Academic Publishers, Boston, MA

Gajski, D.D., D.E. Thomas (1988): Introduction to Silicon Compilation; in: D.D. Gajski (Hrsg.): *Silicon Compilation*; Addison-Wesley Publ. Co., Reading, MA, 1 - 48

Galil, Z., W.J. Paul (1983): An Efficient General-Purpose Parallel Computer; JACM 30, 360 - 387

Garey, M.R., D.S. Johnson (1979): *Computers and Intractability — A Guide to the Theory of NP-Completeness*; Freeman, San Francisco, CA

Gerner, M., W. Görke, M. Marhöfer (1986): Prüfgerechter Entwurf von IC; Informatik-Spektrum 9, 235 - 246

Gibbons, A., W. Rytter (1988): *Efficient Parallel Algorithms*; Cambridge University Press

Giese, J. (1976): Informatik III; Schriften zur Informatik und angewandten Mathematik, RWTH Aachen, Bericht Nr. 27

Giloi, W. (1993): *Rechnerarchitektur*; Springer-Verlag, Berlin, 2. Auflage

Gilster, P. (1996): *Finding It On the Internet: The Internet Navigator's Guide to Search Tools and Techniques*; John Wiley & Sons, Inc., New York, 2. Auflage

Glasser, L.A., D.W. Dobberpuhl (1985): *The Design and Analysis of VLSI Circuits*; Addison-Wesley Publ. Co., Reading, MA

Gorsline, G.W. (1986): *Computer Organization: Hardware/Software*; Prentice-Hall, Inc., Englewood Cliffs, NJ, 2. Auflage

Graham, R. (1969): Bounds on Multiprocessor Timing Anomalies; SIAM Journal on Applied Mathematics 17, 416 - 429

Händler, W. (1975): On Classification Schemes for Computer Systems in the Post-von Neumann-Era; Proceedings der 4. GI-Jahrestagung 1974, Springer-Verlag, Berlin, LNCS 26, 439 - 452

Händler, W. (1976): Rechnerverbund: Motivation, Möglichkeiten und Gefahren; Proceedings der GI/NTG-Fachtagung über Rechnernetze und Datenfernverarbeitung, Aachen, Informatik-Fachbericht Nr. 3, Springer-Verlag, Berlin, 3 - 17

Hamacher, V.C., Z.G. Vranesic, S.G. Zaky (1996): *Computer Organization*; McGraw-Hill Book Company, New York, 4. Auflage

Handel, R., M. Huber (1991): *Integrated Broadband Networks*; Addison-Wesley Publ. Co., Reading, MA

Hayes, J.P. (1998): *Computer Architecture and Organization*; McGraw-Hill Book Company, New York, 3. Auflage

Hennessy, J.L., N.P. Jouppi (1991): Computer Technology and Architecture: An Evolving Interaction; IEEE Computer 24 (9), 18 - 29

Hennessy, J.L., D.A. Patterson (1995): *Computer Architecture – A Quantitative Approach*; Morgan Kaufmann Publishers, San Francisco, CA, 2. Auflage

Herzog, O., W. Reisig, R. Valk (1984): Petri-Netze: Ein Abriß ihrer Grundlagen und Anwendungen; Informatik-Spektrum 7, 20 - 27

Hillis, W.D. (1985): *The Connection Machine*; The MIT Press, Cambridge, MA

Hinden, R., J. Haverty, A. Sheltzer (1983): The DARPA Internet: Interconnecting Heterogeneous Computer Networks with Gateways; IEEE Computer 16 (9), 38 - 48

Hintz, R.G., D.P. Tate (1972): Control Data STAR 100 Processor Design; Proceedings of the IEEE COMPCON Conference, 1 - 4

Hochmuth, M., F. Wildenhain (1995): *ATM-Netze — Architektur und Funktionsweise*; Thomson's Aktuelle Tutorien (TAT) Nr. 10, ITP Bonn

Hockney, R.W., C.R. Jesshope (1988): *Parallel Computers 2*; Adam Hilger Ltd., Bristol, 2. Auflage

Hopcroft, J., W. Paul, L. Valiant (1977): On Time Versus Space; JACM 24, 332 - 337

Hopcroft, J.E., J.D. Ullman (1979): *Introduction to Automata Theory, Languages, and Computation*; Addison-Wesley Publ. Co., Reading, MA

Hord, R.M. (1982): *The ILLIAC IV — The First Supercomputer*; Springer-Verlag, Berlin

Horster, P. (1985): *Kryptologie*; Reihe Informatik Band 47, BI Wissenschaftsverlag, Mannheim

Hoskins, J. (1993): *IBM ES/9000 — A Business Perspective*; J. Wiley & Sons, Inc., New York, 2. Auflage

Hoßfeld, F. (1983): *Parallele Algorithmen*; Informatik-Fachbericht Nr. 64, Springer-Verlag, Berlin

Housley, T. (1987): *Data Communications and Teleprocessing Systems*; Prentice-Hall, Inc., Englewood-Cliffs, NJ, 2. Auflage

Huang, V.K.L., J.W. Seery, W.S. Wu, S.K. Altabet, M.J. Killian, S. Aymeloglu, T.J. Gabara, A.L. Fisher, I.S. Hwang, D.W. Thompson (1989): The AT&T WE32200 Design Challenge; IEEE Micro 9 (4), 14 - 25

Husson, S.S. (1970): *Microprogramming, Principles and Practices*; Prentice-Hall, Inc., Englewood-Cliffs, NJ

Hwang, K. (1979): *Computer Arithmetic — Principles, Architecture, and Design*; Wiley & Sons, Inc., New York

Hwang, K., J. Ghosh, R. Chowkwanyun (1987): Computer Architectures for Artificial Intelligence Processing; IEEE Computer 20 (1), 19 - 27

Hwang, K., S.P. Su, L.M. Ni (1981): Vector Computer Architecture and Processing Techniques; Advances in Computers 20, Academic Press, Inc., Orlando, FL, 115 - 197

IBM (1994): *The PowerPC Architecture: A Specification for a New Family of RISC Processors*; Morgan Kaufmann Publishers, San Francisco, CA, 2. Auflage

IEEE (1985a): *Standard 802.2, Local Area Networks: Logical Link Control*; IEEE Computer Society Press, Los Angeles, CA

IEEE (1985b): *Standard 802.3, Local Area Networks: Carrier Sense Multiple Access with Collision Detection*; IEEE Computer Society Press, Los Angeles, CA

IEEE (1985c): *Standard 802.4, Local Area Networks: Token-Passing Bus Access Method and Physical Layer Specifications*; IEEE Computer Society Press, Los Angeles, CA

IEEE (1985d): *Standard 802.5, Local Area Networks: Token Ring Access Method and Physical Layer Specifications*; IEEE Computer Society Press, Los Angeles, CA

IEEE (1988): *Standard 802.3, Local Area Networks: Supplements to Carrier Sense Multiple Access with Collision Detection*; IEEE Computer Society Press, Los Angeles, CA

Inmos Limited (1986): *The Transputer Family — Product Information*; Publication No. 72 TRN 094 00, Bristol, England

Inmos Limited (1987): *Transputer Reference Manual*; Publication No. 72 TRN 048 02, Bristol, England

Inmos Limited (1988): *OCCAM 2 Reference Manual*; Prentice-Hall International (UK) Ltd., Hemel Hempstead, England

Jacobs, H. (1986): Verification of a Second-Generation 32-Bit Microprocessor; IEEE Computer 19 (4), 64 - 70

Jájá, J. (1992): *An Introduction to Parallel Algorithms*; Addison-Wesley Publ. Co., Reading, MA

Kacmar, C.J. (1988): *IBM 370 Assembly Language with ASSIST, Structured Concepts, and Advanced Topics*; Prentice-Hall, Inc., Englewood Cliffs, NJ

Kain, R.Y. (1996) *Advanced Computer Architecture — A Systems Design Approach*; Prentice-Hall, Inc., Englewood Cliffs, NJ

Kameda, T., K. Weihrauch (1973): *Einführung in die Codierungstheorie*; Reihe Informatik Band 7, BI Wissenschaftsverlag, Mannheim

Karl, W. (1993): *Parallele Prozessorarchitekturen*; Reihe Informatik, Spektrum Akademischer Verlag, Heidelberg

Katz, R.H. (1994): *Contemporary Logic Design*; The Benjamin/Cummings Publ. Co., Redwood City, CA

Klenke, R.H., R.P. Williams, J.H. Aylor (1992): Parallel-Processing Techniques for Automatic Test Pattern Generation; IEEE Computer 25 (1), 71 - 84

Klingler, A. (1993): *Datenparallele Auswertung rekursiver logischer Programme*; Dissertation, RWTH Aachen

Könemann, B., B. Bennetts, N. Jarwala, B. Nadeau-Dostie (1996): Built-In Self-Test: Assuring System Integrity; IEEE Computer 29 (11), 39 - 45

Kogge, P.M. (1981): *The Architecture of Pipelined Computers*; McGraw-Hill Book Company, New York

Kolla, R., P. Molitor, H.G. Osthof (1989): *Einführung in den VLSI-Entwurf*; Teubner-Verlag, Stuttgart

Kowalik, J.S. (1985): *Parallel MIMD Computation: The HEP Supercomputer and its Applications*; The MIT Press, Cambridge, MA

Kramer, M.R., J. van Leeuwen (1983): The VLSI Complexity of Boolean Functions; in: E. Börger, G. Hasenjäger, D. Rödding (Hrsg.): *Logic and Machines: Decision Problems and Complexity*; Springer LNCS 171, 397 - 407

Krayl, H., E.J. Neuhold, C. Unger (1975): *Grundlagen der Betriebssysteme*; de Gruyter-Verlag Sammlung Göschen Nr. 2051

Krick, R.F., A. Dollas (1991): The Evolution of Instruction Sequencing; IEEE Computer 24 (4), 5 - 15

Krol, E. (1994): *The Whole Internet — User's Guide & Catalog*; O'Reilly & Associates, Inc., Sebastopol, CA, 2. Auflage

Kruskal, C.P., M. Snir (1986): A Unified Theory of Interconnection Network Structure; Theoretical Computer Science 48, 75 - 94

Kung, H.T. (1979): Let's Design Algorithms for VLSI Systems; Proc. Caltech Conference on VLSI, 66 - 90

Kung, H.T., C.E. Leiserson (1978): Systolic Arrays (for VLSI); in: J.S. Duff, G.W. Stewart (Hrsg.): *Sparse Matrix Proceedings*; 256 - 282

Lageweg, B.J., E.L. Lawler, J.K. Lenstra, A.H.G. Rinnooy Kan (1982): Computer Aided Complexity Classification of Combinatorial Problems; CACM 25, 817 - 822

Langdon, G.G. (1986): Self-Assessment Procedure XVI: A self-assessment procedure dealing with computer organization and logic design; CACM 29, 1051 - 1059

Lawrie, D.H. (1975): Access and Alignment of Data in an Array Processor; IEEE Transactions on Computers 24, 1145 - 1155

Leffler, S., M. McKusick, J.S. Quarterman, M. Karels (1989): *The Design and Implementation of the 4.3 BSD UNIX Operating System*; Addison-Wesley Publ. Co., Reading, MA

Leighton, F.T. (1992): *Introduction to Parallel Algorithms and Architectures: Arrays, Trees, Hypercubes*; Morgan Kaufmann Publishers, San Francisco, CA; deutsche Ausgabe erschienen unter dem Titel *Einführung in Parallele Algorithmen und Architekturen*, ITP Bonn, 1997

Leiserson, C.E. (1980): Area-Efficient Graph Layouts (for VLSI); Proc. 21st IEEE Symposium on Foundations of Computer Science, Syracuse, 270 - 281

Lengauer, T. (1990a): VLSI Theory; in: J. Van Leeuwen (Hrsg.), *Handbook of Theoretical Computer Science, Volume A: Algorithms and Complexity*, North-Holland, Amsterdam, 835 - 868

Lengauer, T. (1990b): *Combinatorial Algorithms for Integrated Circuit Layout*; Teubner/Wiley, Stuttgart/New York

Lengauer, T., R.E. Tarjan (1982): Asymptotically Tight Bounds on Time-Space Trade-offs in a Pebble Game; JACM 29, 1087 - 1130

Levine, R.D. (1982): Supercomputers; Scientific American 246 (1), 118 - 135; deutsche Übersetzung erschienen in Spektrum der Wissenschaft 1982 (3), 26 - 43

Lidl, R., H. Niederreiter (1986): *Introduction to Finite Fields and their Applications*; Cambridge University Press

Lipski, W., Jr. (1982): An NP-Complete Problem Related to Three-Layer Channel Routing; Manuskript, Institute of Computer Science, PAS, Warschau, Polen

Louden, K.C.V. (1993): *Programming Languages – Principles and Practice*; PWS-Kent Publ. Co., Boston, MA ; deutsche Übersetzung erschienen unter dem Titel *Programmiersprachen — Grundlagen, Konzepte, Entwurf*, ITP Bonn, 1994

Lyndon, R.C. (1964): *Notes on Logic*; van Nostrand Publ. Co., Princeton, NJ

Macedonia, M.R., D.P. Brutzman (1994): MBone Provides Audio and Video Across the Internet; IEEE Computer 27 (4), 30 - 37

Maly, W., D. Greve, A. Strojwas, M. Syrzycki, J. Ruzyllo (Hrsg.) (1987): *Atlas of IC Technologies: An Introduction to VLSI Processes*; Benjamin Cummings Publ. Co., Menlo Park, CA

Mashburn, H.M. (1982): The C.mmp/Hydra Project: An Architectural Overview; in Siewiorek et al. (1982), Kapitel 22

McCluskey, E.J. (1986): *Logic Design Principles with Emphasis on Testable Semicustom Circuits*; Prentice-Hall, Inc., Englewood-Cliffs, NJ

Mead, C., L. Conway (1980): *Introduction to VLSI Systems*; Addison-Wesley Publ. Co,, Reading, MA

Mehlhorn, K. (1986): Über Verdrahtungsalgorithmen; Informatik-Spektrum 9, 227 - 234

Messmer, H.-P. (1994): *Pentium*; Addison-Wesley Publ. Co., Bonn

Metcalfe, R.M., D.R. Boggs (1976): Ethernet: Distributed Packet Switching for Local Computer Networks; CACM 19, 395 - 404; nachgedruckt in Siewiorek et al. (1982), Kapitel 26

Mies, P., D. Schütt (1976): *Feldrechner*; Reihe Informatik Band 21, BI Wissenschaftsverlag, Mannheim

Mitchell, H.J. (Hrsg.) (1986): *32-Bit Microprocessors*; McGraw-Hill Book Company, New York

Möhring, R.H. (1990): Graph Problems Related to Gate Matrix Layout and PLA Folding; in: G. Tinhofer et al. (Hrsg.), *Computational Graph Theory*, Computing Supplement 7, Springer-Verlag, Wien, 17 - 51

Möhring, R.H., D. Wagner, F. Wagner (1994): VLSI Network Design; in: M. Ball, T.L. Magnanti, C.L. Monma, G.L. Nemhauser (Hrsg.), *Handbooks in Operations Research and Management Science, Volume "Networks"*, North-Holland, Amsterdam

Moldovan, D.I. (1993): *Parallel Processing – From Applications to Systems*; Morgan Kaufmann Publishers, San Francisco, CA

Motorola (1993): *PowerPC 601 RISC Microprocessor User's Manual*; Document No. MPC601UM/AD, Motorola Inc.

Mudge, T. (1996): Strategic Directions in Computer Architecture; ACM Computing Surveys 28, 671 - 678

Munson, J.C. (1988): Self-Assessment Procedure XVIII: A self-assessment procedure dealing with the fundamentals of data communications; CACM 31, 334 - 340

Muroga, S. (1982): *VLSI System Design*; John Wiley & Sons, Inc., New York

Murray, B.T., J.P. Hayes (1996): Testing ICs: Getting to the Core of the Problem; IEEE Computer 29 (11), 32 - 38

Navarro, J.J., J.M. Llaberia, M. Valero (1987): Partitioning: An Essential Step in Mapping Algorithms into Systolic Array Processors; IEEE Computer 20 (7), 77 - 89

Noor, A. (1994): *System Design with the MC68020, MC68030, and MC68040 32-Bit Microprocessors*; van Nostrand Reinhold, New York

Oberman, S.F., M.J. Flynn (1997a): Design Issues in Division and Other Floating-Point Operations; IEEE Transactions on Computers 46, 154 - 161

Oberman, S.F., M.J. Flynn (1997b): Division Algorithms and Implementations; IEEE Transactions on Computers 46, 833 - 854

Oberschelp, W., D. Wille (1976): *Mathematischer Einführungskurs für Informatiker*; Teubner-Verlag, Stuttgart

Padegs, A., B.B. Moore, R.M. Smith, W. Buchholz (1988): The IBM System/370 Vector Architecture: Design Considerations; IEEE Transactions on Computers 37, 509 - 520

Papadimitriou, C.H. (1994): *Computational Complexity*; Addison-Wesley Publ. Co., Inc., Reading, MA

Patterson, D.A., J.L. Hennessy (1997): *Computer Organization & Design: The Hardware/Software Interface*; Morgan Kaufmann Publishers, San Francisco, CA, 2. Auflage

Paul, W. (1978): *Komplexitätstheorie*; Teubner-Verlag, Stuttgart

Peleg, A., S. Wilkie, U. Weiser (1997): Intel MMX for Multimedia PCs; CACM 40 (1), 25 - 38

Penner, V. (1992): *Parallelität und Transputer*; Vieweg-Verlag, Wiesbaden

Peterson, J.L. (1977): Petri Nets; ACM Computing Surveys 9, 223 - 252

Peterson, W.W., E.J. Weldon (1972): *Error-Correcting Codes*; The MIT Press, Cambridge, MA

Petri, C.A. (1962): Kommunikation mit Automaten; Schriften des Rheinisch-Westfälischen Instituts für Instrumentelle Mathematik an der Universität Bonn, Heft 2

Pieper, K., W.J. Cronin, Jr., W.A. Michael (1992): *FDDI — Fiber Distributed Data Interface for Local Area Networks*; Prentice-Hall, Inc., Englewood-Cliffs, NJ

Pippenger, N. (1976): The Complexity of Seldom-Blocking Networks; Conference Record of the IEEE International Conference on Communication, Philadelphia, PA, 7.8 - 7.12

Pippenger, N. (1977): Superconcentrators; SIAM Journal on Computing 6, 298 - 304

Pippenger, N. (1978a): Complexity Theory; Scientific American 238 (6), 90 - 100

Pippenger, N. (1978b): On Rearrangeable and Non-Blocking Networks; JCSS 17, 145 - 162

Pippenger, N. (1982): Advances in Pebbling; Proc. 9th ICALP Conference, Springer-Verlag, Berlin, LNCS 140, 407 - 417

Pippenger, N. (1990): Communication Networks; in: J. Van Leeuwen (Hrsg.), *Handbook of Theoretical Computer Science, Volume A: Algorithms and Complexity*; North-Holland, Amsterdam, 805 - 833

Potter, J.L. (Hrsg.) (1985): *The Massively Parallel Processor*; The MIT Press, Cambride, MA

Pountain, D. (1986): *A Tutorial Introduction to OCCAM Programming*; Inmos Ltd., Bristol, England

Preas, B., M. Lorenzetti (Hrsg.) (1988): *Physical Design Automation of VLSI Systems*; Addison-Wesley Publ. Co., Reading, MA

Preparata, F.P., W. Lipski, Jr. (1984): Optimal Three-Layer Channel Routing; IEEE Transactions on Computers 33, 427 - 437

Preparata, F.P., J. Vuillemin (1981): The Cube-Connected Cycles: A Versatile Network for Parallel Computation; CACM 25, 300 - 309

Prosser, A. (1993): *Standards in Rechnernetzen*; Springer-Verlag, Wien

Protopapas, D.A. (1988): *Microcomputer Hardware Design*; Prentice-Hall, Inc., Englewood-Cliffs, NJ

Purcell, C.J.(1985): An Internal View of the Cyber 205 Operating System; in: J. Van Leeuwen, J.K. Lenstra (Hrsg.): *Parallel Computers and Computations*; CWI Syllabus 9, Centrum voor Wiskunde en Informatica, Amsterdam, 81 - 90

Quarterman, J.S., J.C. Hoskins (1986): Notable Computer Networks; CACM 29, 932 - 971

Quinn, M.J., N. Deo (1984): Parallel Algorithms and Data Structures in Graph Theory; ACM Computing Surveys 16, 319 - 348

Ramamoorthy, C.V., H.F. Li (1977): Pipeline Architecture; ACM Computing Surveys 9, 61 - 102

Randell, B. (Hrsg.) (1973): *The Origins of Digital Computers — Selected Papers*; Springer-Verlag, Berlin

Ravi, S.S., E.L. Lloyd (1993): Graph Theoretic Analysis of PLA Folding Heuristics; JCSS 46, 326 - 348

Reisig, W. (1986): *Petrinetze — eine Einführung*; Springer-Verlag, Berlin, 2. Auflage

Ritchie, D.M., K. Thompson (1974): The UNIX Time-Sharing System; CACM 17, 365 - 375

Rivest, R.L., A. Shamir, L. Adleman (1978): A Method for Obtaining Digital Signatures and Public-Key Cryptosystems, CACM 21, 120 - 126

Robbins, K.A., S. Robbins (1989): *The Cray X-MP/Model 24 — A Case Study in Pipeline Architecture and Vector Processing*; Springer-Verlag, Berlin, LNCS 374

Roberts, L.G., B.D. Wessler (1973): The ARPA Network; in: N. Abramson, F.F. Kuo (Hrsg.): *Computer-Communication Networks*; Prentice-Hall, Inc., Englewood-Cliffs, NJ, 485 - 500

Rubin, S.M. (1987): *Computer Aids for VLSI Design*; Addison-Wesley Publ. Co., Reading, MA

Russell, R.M. (1978): The Cray-1 Computer System; CACM 21, 63 - 72

Salisbury, A.B. (1976): *Microprogrammable Computer Architecture*; American Elsevier Publ. Co.

Sandweg, G., C.H. Séquin (1986): Entwurfsautomatisierung bei höchstintegrierten Schaltungen; Informatik-Spektrum 9, 247 - 252

Savage, J.E. (1976): *The Complexity of Computing*; John Wiley & Sons, Inc., New York

Schneider, G.M. (1985): *The Principles of Computer Organization*; John Wiley & Sons, Inc., New York

Schneider, G.M., R. Davis, T. Mertz (1987): *Computer Organization and Assembly Language Programming for the VAX*; John Wiley & Sons, Inc., New York

Schütt, D. (1980): Parallelverarbeitende Maschinen; Informatik-Spektrum 3, 71 - 78

Schwederski, T., M. Jurczyk (1996): *Verbindungsnetze — Strukturen und Eigenschaften*; Teubner-Verlag, Stuttgart

Seitz, C.L. (1985): The Cosmic Cube; CACM 28, 22 - 33

Siegel, H.J. (1985): *Interconnection Networks for Large-Scale Parallel Processing — Theory and Case Studies*; Lexington Books, Lexington, MA

Siewiorek, D.P., C.G. Bell, A. Newell (1982): *Computer Structures: Principles and Examples*; McGraw-Hill Book Company, New York

Silberschatz, A., P.B. Galvin (1998): *Operating System Concepts*; Addison-Wesley Publ. Co., Reading, MA, 5. Auflage

Smith, J.E., S. Weiss (1994): PowerPC 601 and Alpha 21064: A Tale of Two RISCs; IEEE Computer 27 (6), 46 - 58

Spaniol, O. (1976): *Arithmetik in Rechenanlagen*; Teubner-Verlag, Stuttgart

Spaniol, O. (1982): Konzepte und Bewertungsmethoden für lokale Rechnernetze; Informatik-Spektrum 5, 152 - 170

Spaniol, O. (1983): Satellitenkommunikation; Informatik-Spektrum 6, 124 - 141

Stallings, W. (1997): *Local and Metropolitan Area Networks*; Prentice-Hall, Inc., Englewood-Cliffs, NJ, 5. Auflage

Stallings, W. (1999): *ISDN and Broadband ISDN with Frame Relay and ATM*; Prentice-Hall, Inc., Englewood-Cliffs, NJ, 4. Auflage

Stallings, W. (2000): *Data and Computer Communications*; Prentice-Hall, Inc., Englewood-Cliffs, NJ, 6. Auflage

Staudt, H.M. von (1994): *Das professionelle PowerPC-Buch*; Franzis-Verlag, Poing

Stone, H.S. (1971): Parallel Processing with the Perfect Shuffle; IEEE Transactions on Computers 20, 153 - 161

Stone, H.S. (Hrsg.) (1980): *Introduction to Computer Architecture*; SRA Inc., Chicago, IL, 2. Auflage

Stone, H.S. (1987): *High-Performance Computer Architecture*; Addison-Wesley Publ. Co., Reading, MA

Stone, H.S., J. Cocke (1991): Computer Architecture in the 1990s; IEEE Computer 24 (9), 30 - 38

Stritter, E., T. Gunter (1979): A Microprocessor Architecture for a Changing World: The Motorola 68000; IEEE Computer 12 (12), 43 - 52

Sultan, R.A., C. Basso (1995): ATM: Paving the Information Superhighway; IBM Systems Journal 34, 375 - 389

Swartzlander, E.E., Jr. (1997): High-Speed Computer Arithmetic; in: A.B. Tucker, Jr. (Hrsg.): *The Computer Science and Engineering Handbook*; CRC Press & ACM, New York, 462 - 481

Tabak, D. (1995): *Advanced Microprocessors*; McGraw-Hill, Inc., New York, 2. Auflage

Tanenbaum, A.S. (1992): *Modern Operating Systems*; Prentice-Hall, Inc., Englewood-Cliffs, NJ

Tanenbaum, A.S. (1995): *Distributed Operating Systems*; Prentice-Hall, Inc., Englewood-Cliffs, NJ

Tanenbaum, A.S. (1996): *Computer Networks*; Prentice-Hall, Inc., Englewood-Cliffs, NJ, 3. Auflage

Tanenbaum, A.S. (1999): *Structured Computer Organization*; Prentice-Hall, Inc., Englewood-Cliffs, NJ, 4. Auflage

Tanenbaum, A.S., A. Woodhull (1997): *Operating Systems — Design and Implementation*; Prentice-Hall, Inc., Englewood-Cliffs, NJ, 2. Auflage

Thompson, C.D. (1980): A Complexity Theory for VLSI; Ph. D. Dissertation, Carnegie-Mellon University

Thompson, C.D. (1983): The VLSI Complexity of Sorting; IEEE Transactions on Computers 32, 1171 - 1184

Thornton, J.E. (1964): Parallel Operation in the Control Data 6600; AFIPS Conference Proceedings 26, Part II, 33 - 40; nachgedruckt in Siewiorek et al. (1982), Kapitel 43

Thurber, K.J. (1981): Architecture and Strategies for Local Networks: Examples and Important Systems; Advances in Computers 20, 83 - 114

Tolksdorf, R. (1997): *Internet — Aufbau und Dienste*; Thomson's Aktuelle Tutorien (TAT) Nr. 23, ITP Bonn

Tomasevic, M., V. Milutinovic (Hrsg.) (1993): *The Cache Coherence Problem in Shared-Memory Multiprocessors: Hardware Solutions*; IEEE Computer Society Press, Los Alamitos, CA

Ullah, N., P.K. Brownfield (Hrsg.) (1994): The Making of the PowerPC; Special Section of CACM 37 (6), 22 - 69

Ullman, J.D. (1984): *Computational Aspects of VLSI*; Computer Science Press, Rockville, MD

Umland, T., R. Vollmar (1992): *Transputerpraktikum*; Teubner-Verlag, Stuttgart

Ungerer, T. (1989): *Innovative Rechnerarchitekturen — Bestandsaufnahme, Trends, Möglichkeiten*; McGraw-Hill Book Company GmbH, Hamburg

Ungerer, T. (1995): *Mikroprozessortechnik — Architektur und Funktionsweise superskalarer Mikroprozessoren*; Thomson's Aktuelle Tutorien (TAT) Nr. 11, ITP Bonn

Valiant, L.G. (1990): General Purpose Parallel Architectures; in: J. Van Leeuwen (Hrsg.), *Handbook of Theoretical Computer Science, Volume A: Algorithms and Complexity*; North-Holland, Amsterdam, 943 - 971

Vetter, R.J., C. Spell, C. Ward (1994): Mosaic and the World-Wide Web; IEEE Computer 27 (10), 49 - 57

Vollmar, R. (1979): *Algorithmen in Zellularautomaten*; Teubner-Verlag, Stuttgart

van der Vorst, H.A. (1985): Comparative Performance Tests of Fortran Codes on the Cray-1 and Cyber 205; in: J. Van Leeuwen, J.K. Lenstra (Hrsg.): *Parallel Computers and Computations*; CWI Syllabus 9, Centrum voor Wiskunde en Informatica, Amsterdam, 33 - 54

Waldschmidt, K. (Hrsg.) (1995): *Parallelrechner: Architekturen — Systeme — Werkzeuge*; Teubner-Verlag, Stuttgart

Wallace, C.S. (1964): A Suggestion for a Fast Multiplier; IEEE Transactions on Electronic Computers 13, 14 - 17

Walrand, J., P. Varaiya (1996): *High-Performance Communication Networks*; Morgan Kaufmann Publishers, San Francisco, CA

Wakerly, J.F. (1981): *Microcomputer Architecture and Programming*; John Wiley & Sons, Inc., New York

Waltz, D.L. (1987): Applications of the Connection Machine; IEEE Computer 20 (1), 85 - 97

Watson, W.J. (1972): The TI ASC — A Highly Modular and Flexible Super Computer Architecture; AFIPS Conference Proceedings 41, Part I, 221 - 228

Wegener, I. (1987): *The Complexity of Boolean Functions*; John Wiley & Sons, Inc., New York

Weicker, R.P. (1990): An Overview of Common Benchmarks; IEEE Computer 23 (12), 65 - 75

Weiss, S., J.E. Smith (1994): *POWER and PowerPC: Principles, Architecture, Implementation*; Morgan Kaufmann Publishers, San Francisco, CA

Weste, N., K. Eshraghian (1993): *Principles of CMOS VLSI Design — A Systems Perspective*; Addison-Wesley Publ. Co., Reading, MA, 2. Auflage

Wilkes, M.V. (1951): The Best Way to Design an Automatic Calculating Machine; Report of the Manchester University Computer Inaugural Conference, Electrical Engineering Department of Manchester University, 16 - 18

Winner, R.J., E.M. Carter (1984): Self-Assessment Procedure XII: Computer Architecture; CACM 27, 29 - 36

Wunderlich, H.-J., M.H. Schulz (1992): Prüfgerechter Entwurf und Test hochintegrierter Schaltungen; Informatik-Spektrum 15, 23 - 32

Yau, S.S., H.S. Fung (1977): Associative Processor Architecture — A Survey; ACM Computing Surveys 9, 3 - 27

Zakharov, V. (1984): Parallelism and Array Processing; IEEE Transactions on Computers 33, 45 - 78

Zargham, M.R. (1996): *Computer Architecture — Single and Parallel Systems*; Prentice-Hall, Inc., Upper Saddle River, NJ

Zitterbart, M., C. Schmidt (1995): *Internetworking — Brücken, Router und Co.*; Thomson's Aktuelle Tutorien (TAT) Nr. 8, ITP Bonn

Zolnowsky, J., N. Tredennick (1979): Design and Implementation of System Features for the MC 68000; Proceedings of the IEEE COMPCON Fall Conference, 2 - 9

Index